人口
营商学

陈敬东 陈沫 著

RENKOUYINGSHANGXUE

经济管理出版社
ECONOMY & MANAGEMENT PUBLISHING HOUSE

图书在版编目（CIP）数据

人口营商学/陈敬东，陈沫著 . —北京：经济管理出版社，2021. 12
ISBN 978 - 7 - 5096 - 8281 - 4

Ⅰ. ①人… Ⅱ. ①陈… ②陈… Ⅲ. ①市场营销学 Ⅳ. ①F713. 50

中国版本图书馆 CIP 数据核字（2021）第 261723 号

组稿编辑：白 毅
责任编辑：杨国强 白 毅
责任印制：黄章平
责任校对：张晓燕

出版发行：经济管理出版社
（北京市海淀区北蜂窝 8 号中雅大厦 A 座 11 层 100038）
网 址：www. E - mp. com. cn
电 话：(010) 51915602
印 刷：唐山昊达印刷有限公司
经 销：新华书店
开 本：720mm × 1000mm/16
印 张：30. 25
字 数：576 千字
版 次：2022 年 1 月第 1 版 2022 年 1 月第 1 次印刷
书 号：ISBN 978 - 7 - 5096 - 8281 - 4
定 价：88. 00 元

前　言

　　《人口营商学》是继《人气营商学》《人群营商学》之后出版的第三本教材，是营商学理论体系的最后一本书，也是笔者从事多年产品营销学教学、研究积累的结果。昌盛时期的营销理论是奢侈品时期营商理论的支撑，本书运用产品营销理论框架，在《人气营商学》的房价、股价、物价的"三价"比较价值投资和《人群营商学》的证券板块相对价值投资研究基础之上，深刻体会奢侈品龙头个股的绝对价值投资。从事证券投资的几十年经验，使笔者为人口营商学寻求到了最为合适的研究对象——信任的奢侈品龙头个股头部高度绝对价值投资，这是人类的学习心理和传播行为理论研究得到更加具体应用、学习心理学和传播行为学产生价值共享的个股顶格思维，进行信任龙头个股股价的绝对价值投资，是证券投资理论与人口营商理论相结合，从一个全新的视角研究龙头个股奢侈品价值投资的系统理论。

　　笔者从事证券投资研究几十年，经过理论和实践积累，最后形成抉择个股投资经验和理论的积累，个股投资正确与否，直接决定投资的成功和失败。证券投资实践是抽象思维形成的源泉，无论是证券投资的基本面分析，还是技术分析、指数的波浪理论、循环周期理论等，都对本书的龙头个股投资研究有着重要的支撑。本书的写作是笔者对个股投资理论研究和实践探索的一个全新总结，个股投资让人非常快乐，也让人非常困惑，通过深入研究和本书的写作，使笔者逐渐理解了个股股价投资的秘诀，让营商理论真正站在金融投资理论的基础之上，形成超过金融理论的营商理论中国话语权，同时将奢侈品龙头个股价值投资理论与现实的消费奢侈品进行了完美结合。这也是人口绝对价值投资营商理论真正从金融学价值投资研究者手中接过价值投资接力棒的重要时间拐点，是使金融学更好地回归资产模型和金融工具的核心研究。龙头个股股价投资是专业投资人投资的真本事，也是商科对于投资研究的最高境界，工科对于技术的追求永无止境，商科对于龙头个股投资思维的研判更加仔细和注重关键细节，个股股价投资成功与否是检验专业奢侈品投资人智慧的重要表现之一。今天，承接奢侈品个股价值投资思维体系和理论框架的第三本著作《人口营商学》，作为教材终于与大家见面了，也算为笔者几十年的个股投资理论和实践的坚持交出了满意的答卷！

本书沿着"兴盛""昌盛""鼎盛"时期的思维体系，站在时期演进的时间拐点，深刻领悟专业投资人如何利用龙头个股股价的变化使全体人民在鼎盛时期过上美好生活，增加获得感。本书自然规律、科学方法、哲学思维，以心理学、行为学、社会学、管理学、经济学、金融学等学科为基础，系统地提出鼎盛时期的核心是奢侈品龙头个股绝对价值创造，创新性地提出奢侈品龙头个股价值概念，即奢侈品龙头个股价值＝（定期＋周期＋时期）增值／（时间＋精力＋体力＋金钱）损失，以人类学习心理学和传播行为学为出发点，从信任领先的思维抽象、具象到人口信任的含义是信任头部，顶格思维、心理神往、共建共享、价值共享构成了人口信任；从差异后悔的思维抽象、具象到人口后悔的含义是后悔龙头，个股计量、心理期冀、绝对价值、价值特征构成了人口后悔；从产品策略的思维抽象、具象到人口的含义是集中，人口顶、人口矩阵、心理持续、专注力、价值多极构成人口策略；从价格策略的思维抽象、具象到饥饿的含义是地位，心理站位、心理预估、地位势头、价值分工构成饥饿策略；从渠道策略的思维抽象、具象到圈子的含义是核心，心理接口、心理承接、个股总市值、价值单元构成圈子策略；从促销策略的思维抽象、具象到标杆策略的含义是象征，时间拐点、心理端口、爆发力、价值元素构成标杆策略。本书着重研究人们普遍关注的个股股价投资理论和实践，并以此为切入点。鼎盛时期每个国家只有正确分析信任头部，利用龙头后悔，运用好四个策略，抽象、具象培养个股，才能吸引全球专业投资人，专业投资人进行有效投资，才能带动该国和世界的相关产业迅速发展，让全世界人民共享人口价值投资的成果。

本书是从事证券投资活动和生活在鼎盛时期的人们必须学习和领悟的一本教材，让人们认识到创造奢侈品龙头个股价值是鼎盛时期人们的共同追求；是一本弘扬社会正能量的"课程思政"；是大力提倡共建共享的理论教材；是从事营商投资学习的所有大学生、研究生（包括 MBA 和 EMBA 学生），共建共享的个人和团队，社会各界追求绝对价值的投资人士，价值营商的政府和金融投资领域的专业人士共同关注的一本书籍。书中创新了很多词汇，可以引发人们的深入思考，读者需要非常用心地体会和感悟，才能理解其深刻的含义，只有循序渐进地把握这些词汇，才能帮助理解前面的人气营商、人群营商两门课程。人口与人气、人群营商共同构成价值营商理论体系，填补价值投资思维理论研究的营商学空白。这也是中国为全世界社会科学作出的一点贡献。

本书的写作是基于笔者对于鼎盛时期的营商价值投资理论和实践的深入思考，特别是传统营销理论思维的长期训练与鼎盛时期的证券投资的丰富实践经验的有机结合，以及近十年来 EMBA 的教学工作，本书的完成使笔者的理论研究进入了一个新的领域。能够写出这本书必须感谢近 600 名 EMBA 和 700 名 MBA 学生的陪伴和思维碰撞，是他们对于这些创新课程的鼓励，让我坚定信心沿着人气营商的思维继续走下去，讲出人群营商、人口营商的新故事；感谢我的妻子和孩子，支持我在投资领域的无尽探索，我不只是交了学费，还有了更多的时间和精力，现在终于有了结晶，写出了这本书；感谢西安理工大学经济与管理学院这个大家庭，老师们的支持使我永远坚持自己的研究方向，成就了《人口营商学》；感谢学术研究生陈沫、刘嘉伟、王安邦、李志虎、郑晗、禚誌璞、万月珍，他们一直陪伴我进行由浅入深的思维碰撞和勤奋学习，特别是陈沫的思考对于本书思维体系的深化和构架作出了贡献；感谢经济管理出版社的杨国强、白毅编辑及其同仁们积极有效的工作，为本书的出版提出了许多宝贵意见，并付出了辛勤劳动；还要感谢国家的"双一流"学科建设，经济与管理学院的国家级工商管理"一流专业"获批，成为我写这本教材的重要支撑和时间拐点，本书得到了经济与管理学院学科建设经费的大力支持；特别要感恩和感谢的是我们生活在这样一个伟大的时代和伟大的国家！我们"60 后"一代人经历了中国兴盛时期后期、昌盛时期整个历史进程和鼎盛时期的进入阶段，没有时期的演进我无法感悟出这本书，没有伟大祖国的悠久历史、灿烂文化和相关产业的高速发展，我无法寻求研究的思想源泉和成功的动力、信心。

由于这本书是一个全新的研究领域，涉及的学科门类相当广泛，是跨学科的研究成果，也是对传统学科的一个挑战，笔者希望通过这本书抛砖引玉，从一个全新的视角开拓营商学科研究的新起点，使中国人在鼎盛时期用抽象、具象思维讲出的"故事"帮助世界人民追求美好生活，增加获得感，为真正形成全球共建共享的命运共同体作出自己的一点贡献。笔者的知识和阅历还有不足，所以书中难免有错误和不足之处，恳请广大读者批评指正！笔者邮箱为2274634176@qq.com。

陈敬东

2021 年 8 月于西安

目　录

第一章　人类鼎盛时期的到来

第一节　人口集中的时期演进

对于"演进"这一词汇，尽管人们在频繁地使用，但很少有人对其内涵定义给出具体的阐述。演进意为演变发展，出自鲁迅《中国小说史略》第二篇、朱自清《中国歌谣》。鲁迅《中国小说史略》第二篇："迨神话演进，则为中枢者渐近于人性，凡所叙述，今谓之传说。"朱自清《中国歌谣》："又潘力山先生有'自然民谣'、'技巧民谣'之说，则系就歌谣的演进而言，与此有别。"

迄今为止，人类经历了不同的时期演进。站在人类历史的长河中，从今天的角度划分，人类经历的第一个时期为兴盛时期。在兴盛时期，人们因地制宜，不同地域生产各地的特产，"一方水土养育一方人"，通过精耕细作，生产不同地域的特产。"地方特产"如字面上所说，普遍意义指的是：在一定的区域范围条件下，最具地方代表性、最为人所熟知的单个或多个有产业或无产业的产品。地方特产本身具有多个特点与个性，从宏观的角度看，地方特产是一处地域历史积淀、文化环境和当地人民智慧的结晶。"各个地方的特产承载了特别的回忆或联想"，在特殊条件下，特产往往可以超过物品原本所具有的功能，这依托于地方特产的以下几类特征：首先是独特性，地方特产由于各地的自然资源和历史环境各异，不同地区的特产区别性大，具有很强的独特性与地域性，此点是地方特产与其他产品产生界定的基础特征。刘玉来将特色产品的独特性分为稀有型独特性、优势型独特性、新颖型独特性和强势型独特性。而相对来说独特性具有地域局限性，在特殊环境下同类型的产品与其他地域特产相比也大不相同，所以特产类产品往往在某一局限区域内才能发挥出最大价值。其次是媒介性，地方特产承载着地方的历史积淀、文化氛围以及风土人情等。随着地方特产镇与镇、区与区之间交易活动的产生，它自然也成为了人们传递感情、沟通交流的物质媒介。近年来，地方政府愈加重视地方特产的销量，地方特产成为了宣传地方文化的重要手段之一，正因如此，更应注重对其形象设计的打造，并以合理高效的渠道进行包装，成为人们所熟悉的上品传播推广。最后是稀缺性，地方特产往往对起源环境具有很强的依赖性，一类特产的产生往往受特定的环境、工艺、文化所局限，这直接导致了特产的稀缺性。"物以稀为贵"，稀缺性为特产增加了更多的价值，一定层次上也满足了消费者对上品的档次需求。

昌盛时期是继兴盛时期之后的时期演进的阶段，从时期演进的历程来看，人们追求精密，精益求精是推动昌盛时期演进的主要动力，昌盛时期在一次又一次的专业化中演进。萌芽时期可以一直远溯到地球上不同地区的部族、民族之间的交往。但由于当时经济具有封闭性，那时的专业化具有外在性、偶然性和不自觉性的特征。发展时期始于近代资本主义的对外扩张和世界性发展。其发端可追溯到 15 世纪的地理大发现。残酷竞争的外在压力和资本追求最大利润的内在驱动，促使资本主义在不到 300 年的时间内迅速地建立起庞大的世界市场和殖民体系，初步形成世界范围的产业链。形成时期以两次世界大战为标志和起点，这时的专业化已经成为一种世界性潮流，成为一种不可阻挡的世界发展大趋势。第三次科技浪潮的到来，特别是一批精品的出现，例如瑞士的手表、德国的汽车，使人们感受到专业化浪潮的震撼。

随着人们对投资学和金融学关注的增加，一门研究商业投资的崭新学科——营商学进入到人们的视野中，人类社会由昌盛时期逐渐过渡到鼎盛时期。本书在金融投资的基础上，提出人口营商投资思维，创新性地提出鼎盛时期到来，人类社会已经由昌盛时期演进到鼎盛时期。鼎盛时期，每个国家的经济、社会、文化都非常繁荣，投资人热衷于通过学习集中形成奢侈品，信任龙头个股的头部顶格极度，只选择每个行业的龙头个股进行投资，例如，白酒方面，贵州茅台就是专业化龙头；证券板块中，中信证券就是专业化龙头等。这一时期，世界大势是和平与发展，各国之间，人们只有通过营商的思维集中龙头，才能带动相关产业的发展，进而引领世界前进的步伐，如当代美国的苹果手机作为移动终端的龙头对于世界互联网产业带来了深远的影响。

一、时期特征划分根源

"时期"的使用可谓五花八门：有用于时期的演进，有用于技术形态的进步，有用于政治形态的变革；有以社会性质命名，有以标志性生产工具命名，有以社会变革的首领命名，林林总总，不一而足。关于时期划分的不同观点：有学者做过归纳，以全球化是分为两阶段还是三阶段或是四阶段为标准，分别谓之两分法、三分法或四分法。时期的划分，是分析和研究营商学在鼎盛时期发展的一个重要方面。对"时期"划分的不同理解，使学界对全球化时期划分的观点很不一致。不同观点的不同依据主要是经济、社会、制度等。

（一）依据经济

人们在研究全球化的时期划分时，倾向于从经济发展的历史进程来把握不同时期的特点，这是多数学者认同和接受的一种划分方法。德国社会学教授狄特玛尔·布洛克把全球化划分为两个时期：第一个时期称为"历史上的全球化"，从16世纪欧洲现代国家体系形成开始，是全球劳动分工和经济体系的全球化；第二个时期称为"今天的全球化"，从20世纪70年代中期全球网络结构的形成开始。这两个时期就是从民族的国民经济到全球化的世界经济的发展过程。还有学者认为，全球化的第一个阶段是自由资本主义时期商品贸易的全球化，从19世纪40年代开始；第二个阶段是垄断资本主义时期金融资本的全球化，是从20世纪中叶特别是20世纪90年代以来的全球化阶段。

一些学者认为，从经济角度可以将全球化分为三个阶段：第一阶段是从16世纪初到"二战"以前，第二阶段是从"二战"结束后到"冷战"结束以前，第三阶段是"冷战"结束以来的全球化浪潮。有的学者认为全球化从开始发展至今共经历了三个时期：第一个时期是从18世纪中叶到19世纪，19世纪末20世纪初进入第二个时期，"二战"以后特别是到了20世纪八九十年代进入第三时期。约翰·H. 丹宁、小岛清对全球化作了如下区分：第一，封闭经济；第二，部分开放经济，通过自由化扩大贸易；第三，完全开放经济，通过直接投资和企业合作提高世界和结构性一体化程度；第四，形成过程中的全球化经济。今后的全球化将进入第五阶段。在这一阶段中，随着全球市场逐步形成，无国界、无国籍经济日趋繁荣的全球化形态不断形成，是真正意义上的全球化。

有学者指出，全球化的历史进程实际上就是资本的产生、发展过程，据此可以把全球化分为四个时期：第一个时期是原始资本积累的全球化，第二个时期是商业资本的全球化，第三个时期是工业资本的全球化，第四个时期是金融资本的全球化。

（二）依据社会

从社会变迁的角度来考虑全球化时期的划分，也是一种具有代表性的观点。但因社会变迁包含更多的内容，所以笔者倾向于称之为泛全球化观点。王逸舟认为："我们倾向于从宏观、抽象的层面上理解全球化，即把它看作人类走向单一社会的长时期、大规模的社会变迁过程。"李慎之认为，全球化作为一种社会变迁过程（不仅仅表现为经济方面），并不是当代才有的事情，应该说它至今已有500年的历史。全球化运动开始于15世纪的地理大发现，以1492年哥伦布发现美洲新大陆为发端经历了两个阶段，第一阶段从 1492 年到 1992 年，这 500 年为不自觉的全球化时期；从 1992 年以来将进入下一个为期 500 年的自觉的全球化时期。有学者提出，人类最早从非洲翻山越岭、漂洋过海而到世界各地，应该算是第一次全球化浪潮；处于不同地方的原始部落的交往和冲突，是第二次全球化浪潮；从原始的部落联盟到大大小小的国家的形成，是第三次全球化浪潮；从许多小国家中诞生出罗马帝国和中华帝国等覆盖广大地域的政权，是第四次全球化浪潮；从哥伦布发现新大陆到 20 世纪如火如荼的全球化运动，是第五次全球化浪潮。

著名学者戴维·赫尔德等把全球化划分为四个阶段：①前现代时期，大约开始于 9000～11000 年前，结束于 16 世纪，标志是在欧亚大陆、非洲大陆出现了分散的定居的农业文明中心，是"稀疏全球化"。②现代早期全球化时期，大约从 1500 年到 1850 年，推动全球化的是欧洲、美洲以及大洋洲之间的人口流动、环境转变以及流行病的传播，全球经济交往不断加深，远距离联系更加便利，出现了早期的跨国公司等。③现代全球化时期，从 1850 年到 1945 年。在这个时期，欧洲社会建立了工业化的资本主义经济体制和不断完善的国家制度，在所有领域中，全球联系的强度都增强了。④当代全球化时期，从 1945 年开始一直到现在。1945 年以来，全球流动和相互联系浪潮获得了新的生命力，从如何组织和复制全球化的意义上讲，在几乎所有领域全球化的当代模式都不仅在量上超过了前面的时代，而且还在经济、政治、社会等领域表现出了与前时代的质的差别。

（三）依据制度

制度变迁往往是考察历史时期的一个重要方法，因为制度的变迁本身就意味着一个新的时代的开始。全球化离不开与它相联系的社会制度，在全球化进程中，制度性因素起了相当大的甚至是决定性的作用，正因如此，有的学者把制度变迁作为考察全球化发展时期的一个标准和线索。有学者以资本主义为界把全球化分为两个时期，认为原始社会部落间的冲突和融合产生了全球化的最初萌芽，这种萌芽在资本主义产生以前只表现为简单的时断时续的相互联系，由于这种联系处于自然状态而缺乏推动力，因而未能建立持久而广泛的有机联系，不是真正意义上的全球化，至多只能算是局部的全球化。真正意义上的全球化与资本的产生发展密切相关，其实质就是资本全球化的过程，资本的全球化才是真正意义上的全球化。

有学者认为，社会主义与资本主义两种社会制度的竞争对全球化进程产生了重要和决定性的影响，因此全球化可有以下三个阶段：第一阶段，从资本主义生产方式的出现及其全球扩张到"一战"爆发。这一阶段，全球化实质上就是资本主义或西方的扩张过程。第二阶段，从俄国十月革命胜利到"冷战"结束前。

第三阶段，从"冷战"结束后的 90 年代初（确切地说是 1992 年）至今，是全球化进程不断加快并日趋明朗化的阶段。这一阶段资本主义和社会主义双方互相吸收有益成果，在一定意义上超越了制度偏见，进入了不同社会制度国家达成共识的新境界的全球化。

　　还有学者从世界革命的角度，把全球化以"二战"为界分为前后两个完全不同的时期。这种观点认为，全球化的最早进程可追溯到文艺复兴时期，伴随着资本主义的兴起开始了自身的发展历程。这一时期的全球化运动和资产阶级革命发生发展相联系，是资产阶级主导着的单一性全球化运动。第二个全球化时期始于"二战"后，随着科学技术的进步和世界无产阶级革命的出现而得到新的发展，这一时期的全球化是各阶级、各国家、各民族共同主导着的全球化运动，全球化运动呈现出多样化的特点和格局。具体如表 1-1 所示。

表 1-1　对时期演进的划分

划分依据	专家	时期演进划分
经济	狄特玛尔·布洛克	历史上的全球化时期、今天的全球化时期
	约翰·H. 丹宁、小岛清	封闭经济时期、部分开放经济时期、完全开放经济时期、形成过程中的全球化经济时期、全球化第五阶段时期
社会	戴维·赫尔德	前现代时期、现代早期全球化时期、现代全球化时期、当代全球化时期
制度	崔兆玉	前资本主义时期、后资本主义时期

　　以上林林总总的时期或时期的分法，都是经典作家根据论述的不同语境、不同需要而作的。但是，无论是哪一种分法，都是从历史唯物主义原理出发的，都是对社会基本矛盾运动的某种阶段性特征的概括。从人类自身主观和客观自然相互融合的角度，站在奢侈品为主的鼎盛时期的时间节点上，看待人类每个时期演进的过程，可以将人类社会划分为三个时期：从上品为主的兴盛时期保障上品特色，到精品为主的昌盛时期满足精品特别，最后到达奢侈品为主的鼎盛时期创造奢侈品赞美，追求富强、民主、和谐、生态文明，使人类进入全新的鼎盛时期。具体如图 1-1所示。

二、时期特征划分内容

（一）以保障上品特色为目的时期划分

以保障上品特色为目的时期划分中，把时期划分为丝绸时期、陶器时期、瓷器时期，体现为定期性。

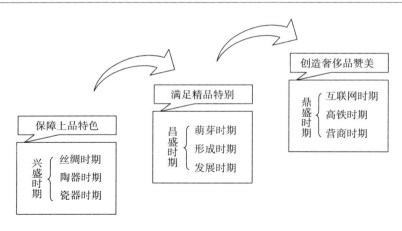

图1-1 时期划分根源

丝绸是中华文明的标志物之一，在中国古代政治、经济、文化领域有举足轻重的地位。中国因盛产丝绸，曾被冠以"丝国"之称，张骞对西域的"凿空之旅"以及"丝绸之路"概念的提出，乃至后来的"海上丝绸之路"，丝绸都是珍贵的礼品和商品，扮演着重要的角色。丝绸的用途随着时代的发展也在发生着转变，从最初的"敬鬼神"，到后来成为备受青睐的商品乃至一定程度上代替了货币，这些转变中无一不彰显了其独特地位。丝绸真正应用到服饰中是在文明灿烂的春秋战国、列国争霸时期，最初流行在王公贵族间。春秋战国时期，各国忧患意识很强，大力发展农桑以求强国富民，甚至将农桑发展水平作为评判百官业绩的指标之一，这使得丝绸的产量和质量均大幅度提高。自此，绫罗绸缎成为王公贵族、达官贵人特有的衣服材料。春秋战国时期，作为上等织品的丝绸也成为"分尊卑、别贵贱"的礼制工具之一。按照代代传承的舆服制度，穿戴丝绸是一种显赫的特权。在中国古代士、农、工、商的"四民"结构中，虽然商人最有钱，但却不可以穿丝绸衣物。这种禁令在秦汉时就很严厉，直至明朝初年，即便农民可以穿绸纱，但商人仍不被准许。明朝后期，万历皇帝多年不上朝，导致地方官员职位大量空缺，政府对百姓生活的各方面的管控都开始放宽，农民可以进城打工，商人可以穿原来不允许他们穿的丝绸，也自然解除了对商人的限制。由此可见，丝绸从最初的用于"敬鬼神"到后来的用于服饰，走入寻常百姓家，经历了漫长的过程。

陶器是用黏土或陶土经捏制成形后烧制而成的器具。陶器历史悠久，在新石器时代就已初见简单粗糙的陶器。陶器在古代作为一种生活用品，在现在一般作为工艺品收藏。陶器的发明是古人造物活动的飞跃，制陶之前的人类造物活动是对自然的材料进行加工，制陶则表明人类已经能够通过化学方法改变自然材料的性质。陶的烧结性、不漏水、耐火烧等优良特性，大大超越了人类以往使用自然物做成的器皿的性能。陶器成为史前时期人们日常生活中广泛使用的器物。中国最早的陶器出现于新石器时期早期。大约在距今15000年时，首先在中国南方可能已经开始了制陶的试验，到距今9000年左右大致完成了陶器的发明和探索。1962年于江西省万年县仙人洞遗址发现的圆底罐，其年代据放射性碳素测试为公元前6875±240年，为夹砂红陶，外表有绳纹。裴李岗文化（公元前5500～前4900年）中的陶器则多为泥质或夹砂红陶，亦有少量灰陶。从接下来的磁山文化（公元前5400年～前5100年）、大地湾文化（公元前5200年～前4800年）、仰韶文化、马家窑文化、大汶口文化、龙山文化可以看出古代中国人的制陶工艺在不断发展，品质提高，种类增多。

瓷器由瓷石、高岭土、石英石、莫来石等烧制而成，外表施有玻璃质釉或彩绘的物器。瓷器的成形要通过在窑内经过高温（约1280℃～1400℃）烧制，瓷器表面的釉色会因为温度的不同从而发生各种化学变化，是中华文明展示的瑰宝。中国是瓷器的故乡，瓷器是古代劳动人民的一个重要的创造。谢肇淛在《五杂俎》记载："今俗语窑器谓之磁器者，盖磁州窑最多，故相延名之，如银称米提，墨称腴糜之类也。"当时出现的以"磁器"代窑器是磁州窑产量最多所致。这是迄今发现最早使用瓷器称谓的史料。瓷器是中国劳动人民的一个重要的创造。瓷器的发明是中华民族对世界文明的伟大贡献，在英文中"瓷器"（china）与中国（China）同为一词。大约在公元前16世纪的商代中期，中国就出现了早期的瓷器。因为其无论在胎体上，还是在釉层的烧制工艺上都尚显粗糙，烧制温度也较低，表现出原始性和过渡性，所以一般称其为"原始瓷"。经历了陶器时期，进入瓷器时期，中国瓷器是从陶器发展演变而成的，原始瓷器起源于3000多年前。至宋代时，名瓷名窑已遍及大半个中国，是瓷业最为繁荣的时期。当时的汝窑、官窑、哥窑、钧窑和定窑并称为宋代五大名窑，当时比较有名的还有柴窑和建窑。被称为瓷都的江西景德镇在元代出产的青花瓷已成为瓷器的代表。青花瓷釉质透明如水，胎体质薄轻巧，洁白的瓷体上敷以蓝色纹饰，素雅清新，充满生机。青花瓷一经出现便风靡一时，成为景德镇的传统名瓷之冠。与青花瓷共同并称四大名瓷的还有青花玲珑瓷、粉彩瓷和颜色釉瓷。另外，还有雕塑瓷、薄胎瓷、五彩胎瓷等，均精美非常，各有特色。这些都是以手工作坊为主，在一定的时期生产的手工制品，并不断地被替代。

（二）以满足精品特别为目的时期划分

在昌盛时期，人们追求精密，精益求精是推动昌盛时期演进的主要动力。以满足精品特别为目的，把时期划分为萌芽时期、形成时期、发展时期，体现为周期性。

萌芽时期从珍妮机的问世开始。在英国各个工业部门中，为了提高生产的产品质量和效益，给人们提供特别的精品，珍妮机开始在纺织业中被应用，这种在当时非常精密的机器并不是出现在英国传统的工业中，而是出现在新兴的工业部门棉纺织业中。这是因为棉纺织业作为一个年轻的工业部门，没有旧传统和行会的束缚，容易进行技术革新和开展竞争。同时，棉纺织品的价格比毛纺织品便宜，市场需求量大，为满足市场不断增长的需求，需要扩大生产规模以增加产量，所以对技术革新的要求比较迫切。精密机器的发明和使用是第一次工业革命的第一阶段，珍妮机的出现是棉纺织业第一项具有深远影响的发明，使纺织效益提高了40倍以上。珍妮机的发明，一般被认为是英国工业革命的开始。之后，为了在别的行业中提升产品质量和生产效率，提供各个行业的精品，有更多的精密机器被发明出来并得以应用，在冶金、采煤等其他行业，也出现发明和使用精密机器的高潮。

形成时期从交通运输革命开始。进入19世纪后，随着蒸汽机技术的不断完善，它成为车辆、船舶等交通工具上通用便利的动力机器，促成了以铁路建设为代表的交通运输业的繁荣。1800年后，人们开始研究用蒸汽机作为牵引动力。1814年，英国人史蒂芬孙研制出的世界上第一台蒸汽机车试运行成功。1825年，英国建成世界上第一条铁路，史蒂芬孙的火车头拖着一长列客车和货车前进，时速达25千米。此举开拓了陆地交通运输的新纪元，人类进入了所谓的"铁路时代"。铁路运输的优越性一经确认，英国迅速掀起一股铁路建筑的狂热。1840年以后，欧洲大陆和美国也相继开始大力兴建铁路。人类水上交通技术的变革，同样始自蒸汽机的使用。1807年，美国人富尔顿发明蒸汽汽船。他使用从英国进口的万能蒸汽机，驱动客轮在哈得孙河航行，拉开了蒸汽轮船时代的序幕。1811年，英国人利用这项发明也很快造出了自己的汽船。这样，英国担任远洋航运的商船队力量大大加强了。远洋货轮把英国的消费商品运销到世界每个角落，又把英国所需要的各种工业原料、生活用品运回。交通运输革命从根本上改变了地球上各地区彼此隔绝的状态。它迅速地扩大了人类的活动范围并加强各地之间的交往，为世界市场的形成提供了条件。火车出现以后，英国掀起修建铁路的热潮，不到30年的时间就修建了近万千米的铁路，把各个城市都连接起来。

发展时期从内燃机的创制和使用开始，这是昌盛时期技术上的一个重大成就。19世纪80年代中期，德国发明家戴姆勒和卡尔·本茨提出了轻内燃发动机的设计，这种发动机以汽油为燃料。19世纪90年代，德国工程师狄塞尔设计了一种效率较高的内燃发动机，因它可以使用柴油作燃料，又名柴油机。内燃机的发明，一方面解决了交通工具的发动机问题，引起了交通运输领域的革命性变革。19世纪晚期，新型的交通工具——汽车出现了。19世纪80年代，德国人卡尔·本茨成功地制成了第一辆用汽油内燃机驱动的汽车。1896 年，美国人亨利·福特制造出他的第一辆四轮汽车。与此同时，许多国家都开始建立汽车工业。随后，以内燃机为动力的内燃机车、远洋轮船、飞机等也不断地涌现出来。1903 年，美国人莱特兄弟制造的飞机试飞成功，实现了人类翱翔天空的梦想，预告了交通运输新纪元的到来。另一方面推动了石油开采业的发展和石油化学工业的产生。石油也像电力一样成为一种极为重要的新能源。1870 年，全世界开采的石油只有 80 万吨，到 1900 年猛增至 2000 万吨。这一时期，欧洲国家开始逐步形成各自国家的工业精品，例如，德国汽车、瑞士手表等。这些都是实体企业的兴起和科学技术的发展的结果，产生—成长—成熟—衰退，周期制造产品，不断迭代。

（三）以创造奢侈品赞美为目的的时期划分

以创造奢侈品赞美为目的，把时期划分为互联网时期、高铁时期、营商时期。

以电子计算机为代表的信息技术被广泛应用于生产与生活的各个方面，信息技术和信息产业在技术体系和产业结构中迅速占据了主导地位，从而进入了互联网时期。人类时期的演进，最终由社会生产力所决定。鼎盛时期，科学技术的第一生产力作用日益凸显，信息科学技术作为现代先进科学技术体系中的前导要素，它所引发的社会信息化则将迅速改变社会的面貌、改变人们的生产和生活方式，对社会生活产生巨大影响。生产力的技术工艺性质的重大变化总会导致人们的生产活动方式的变化。正如机器的普遍采用将手工工场的生产方式改造成为精密机器大工业的生产方式一样，互联网也形成了新的生产方式。互联网时期，传统的机械化生产方式被自动化的生产方式所取代，最大限度地提高了人类的生活品质。

高铁时期是从精品制造的汽车、飞机、普通火车的昌盛时期演进而来的，鼎盛时期对高铁的想象更加丰富，高铁速度快、平稳舒适、安全性能高，成为人们出行的首选，其他交通工具成为补充，高铁成为拉动相关产业的龙头，其产生的各项效应日益显现，如同互联网时期的移动终端——苹果手机，对于互联网时期的演进起到重要的助推作用，高铁的生产和研发、人们思维的转变，成为推动和形成高铁时期的强劲动力。这些都是人们思维的转变，从而产生新的产业，题材炒作—业绩稳定—未来成长，不同时期投资的奢侈品都反映着时期的演进。

营商时期是指人们通过思维的进步创造价值，每个投资人从自己的经历、阅历、学历出发，给自己进行自我形象设计，希望创造自己的人生绝对价值和辉煌，这是一个个性张扬、自我发展、自我激励、自我展现、自我退出的具象思维逻辑。营商理论表现在人气关注的"三价"的商品投资、人群跟随的衍生品投

资、人口集中的奢侈品投资上，通过营商思维来带动人类社会发展、时代变迁、时期演进。

三、时期特征划分意义

每当一个旧的时期特征被新的时期特征所取代的时候，历史时期就会有所前进和上升，虽然历史发展过程中总免不了少许的退后和停滞，但终究会伴随着时期特征的不断改变而前进，正如列宁所指出的："把人类历史设想成为一帆风顺的向前发展，那是不辩证、不科学、在理论上不正确的。"时期特征的不断向前发展是必然的。

时期的不断演进就仿佛车轮在一轮一轮地向前滚动，清晰科学地解析划分不同的时期特征，在理论上对不同的时期特征进行统一归纳、具体把握，对于每一种时期特征下的生产运作方式、经济文化、政治制度的掌握使得时期历史的步伐在思想和理论上更加完善充实，只有清晰地划分了时期特征演变的全过程，人们才能在回顾历史前进脚步时更系统成熟，从而有助于揭示出演进所内含的逻辑，因此，时期特征的划分也是推动人类历史进步的一个重要动力。正确把握时期演进的脉搏、科学预测时期演进的未来走向，是推动时期进步的重要因素，是制定一切路线、方针、政策的基础。

划分时期特征是历史唯物主义用以研究和把握时期的基本方法，正确划分时期演进形态，不仅关系到对时期特征沿革的准确把握，而且关系到对未来时期演进形态的科学预测。这不仅符合时期演进的本来面貌，而且对促进时期演进具有重要意义。学习各个时期演进的特点和本质，正确把握时期演进的脉搏，是人类自身进行正确珍惜过去、学习现在、抉择未来的重要依据，推动时期演进的重要因素，是制定一切行动方案和正确决策的基础。划分时期演进形态的准确与否，不仅关系到对时期特征沿革的准确把握，而且关系到对未来时期演进形态的规律探索、科学预测和哲学判断，对于人类认识过去、把握现在、走向未来具有十分重大的现实意义和历史意义。

四、时期特征创新划分

时期特征的划分无论以经济特征、社会特征还是制度特征划分都伴随着全球化、证券化、专业化发展的过程，这些都是当时时期演进的产物和必然。本书是站在哲学社会科学新时期的时间节点上，体现以人为本的思想，按照时期演进进程，从人们思维认知形成的人气线角度创造性地提出兴盛时期、昌盛时期和鼎盛时期三个时期，这是人气营商理论在人口营商学研究中的灵活运用，是对于人类准确划分时期演进的理论探索和深刻把握。

本书在汲取以往研究成果的基础上，依据时期演进的客观实际，提出一种新的时期特征划分标准，具体如图1－2所示。

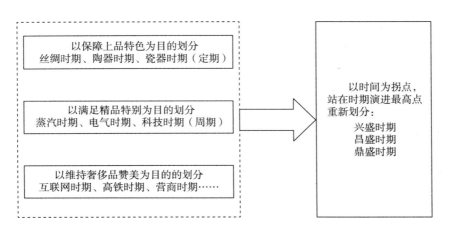

图1－2 时期特征创新划分

中国兴盛时期的文明非常发达，传统文化源远流长，对整个时期的演进有着深远的影响，对人们的思想观念、生活方式有着重大的影响。中国丝绸是中华民族的骄傲。中国曾被外国学者誉为"丝绸之源"。丝的发明和丝绸的制作，是中华文明的见证。同时，中国是瓷器的故乡。瓷器这种工艺化学产品，最早由中国发明制造。商朝时已烧制出原始瓷器。东汉烧出成熟的青瓷，北朝烧出成熟的白瓷。至唐朝，已形成南青北白两大制瓷系统。宋朝时，中国制瓷技术大放异彩，瓷窑遍布全国各地，并出现了五大名窑。明清时期瓷器种类丰富，青花瓷、彩瓷、珐琅彩争奇斗艳。明宣德年间制造的青花瓷，至今被人们奉为珍品。江西景德镇是著名的瓷都。古代中国就处在兴盛时期，瓷器是中华民族对世界文明作出的又一伟大贡献。

经历了兴盛时期之后，昌盛时期每个国家都在努力形成自己国家的名牌。国家经贸委、国家技术监督局指出，名牌产品是指产品质量好、市场占有率高、信誉良好、经济效益显著的产品，名牌的构成需要产品质量、市场占有率、企业效益等要素的结合，在一定程度上，名牌产品可以反映一个国家的经济及科技发展水平。名牌是指企业通过实施名牌战略，不断提高产品质量和服务水平，以使产品和企业获得较高的知名度、市场占有率及巨额的信誉价值，获得名牌商标。当一个品牌拥有较高、较好的声誉和信誉时，那该品牌可以被称为名牌。名牌产品至少具有四个特征：法律注册商标、较高的知名度、较高的美誉度、较高的市场占有率。实施名牌战略可以为企业带来很多有形或无形的价值：名牌战略可使企业获得丰厚的经济收益，名牌可以使企业获得更高的市场占有率，名牌战略可以激发企业不断创新发展的潜能，名牌战略可以为企业带来知名度、声誉等附加价值。

2005～2007 年人民币币值平台上升，以及 2014～2015 年的金钱杠杆的运用形成了中国股市 A 股的两轮大牛市，特别是 2016 年以来，贵州茅台个股股价持续上涨，人们在昌盛时期对名牌的热爱形成的购买也转向了鼎盛时期对高端的奢侈品的持续集中投资。自此，人类已经由昌盛时期演进到鼎盛时期，鼎盛时期人口集中高端奢侈品投资形成人口顶。从兴盛时期、昌盛时期再到鼎盛时期，上品、精品和奢侈品之间的关系由浅到深、环环递进，具体如图 1－3 所示。上品是一种地域文化代表性的物品及品种，精品是指技术发展代表性的产品及品牌，奢侈品则是思维抽象和具象代表的商品及衍生品。

图 1－3　上品、精品和奢侈品之间的关系

在鼎盛时期，人们追求高端奢侈品的品质生活，如同昌盛时期消费者追求优质精品的物质生活，高端奢侈品这一概念在不同历史时期、社会阶段都有其特定的适应时代潮流的表现形式。事实上，回顾历史，无论是古埃及的裙褶、克里特时期的豪华与优雅、古希腊的装饰品，还是罗马的繁华与奢靡、拜占庭的珠宝、中世纪的巴黎裁缝，都是适应当时社会发展需要的奢侈品。相较于欧洲奢侈文化的源远流长，亚洲的奢侈文化兴起得较晚。一方面是受到第二次世界大战重创的日本，在经济萧条的背景下人们对物质的追求热情有所降低；另一方面是在当时的中国，奢侈本身就是个奢侈的话题。20 世纪二三十年代的上海宛如东方巴黎，设计独到、做工精致的中式旗袍是当时最富有时代特征的"奢侈产物"，成为那个年代上层社会追逐的奢侈焦点。由此看来，奢侈品的发展经历了从最初的彼此馈赠以提高威望的原始阶段，到接下来代表阶级和地位的炫耀阶段，再到文艺复兴后艺术化的生活方式，最后到如今大众化的富有创造性的奢侈工业四个阶段。它的诞生和发展具有极强的时代感、社会感和历史感，站在鼎盛时期的时间拐点上，中国奢侈品文化也开始慢慢发展，以贵州茅台为代表的白酒形成 A 股市场上独特的奢侈品。中国酒历史绵长几千年，最早可追溯到夏商时期，文化底蕴和内涵极为丰厚，某种程度上映射着中华民族的历史发展和变迁。从奢侈品管理和发展的角度看，中国白酒大概经历了三个阶段，分别是白酒奢侈品形成时期、白酒奢侈品产量化与产品化时期、白酒奢侈品形象强化时期。在奢侈品形成时期，

一、二线城市的名酒及具有较强地域特色的白酒得到发展壮大，白酒品牌的数量也在该背景下倍增，这是品牌初步发展壮大的体现，同时也体现出中国白酒行业对其发展的重视。奢侈品产量化与产品化时期，是与中国消费者的消费能力的提升息息相关的。品牌管理在该阶段的特点是白酒产品品牌与企业品牌逐渐开始分离，产品的销量也与企业整体销量出现层次划分，以老白酒品牌为核心，其他新兴白酒品牌及其建设逐渐兴起，这也为第三个阶段的白酒品牌管理奠定了坚实的市场份额基础。在第三个时期，奢侈品建设在白酒行业品牌管理中的地位逐渐上升，以贵州茅台为代表的奢侈品开始出现在人们的视野中。近年来，规模快速扩大的白酒行业，不断提升产量、品质，先进酿酒技术与新颖的白酒品牌管理理念也不断被应用于实际的品牌发展中。但在 2008 年金融危机的影响以及进入鼎盛时期的大背景下，随着经济结构调整与升级，与白酒相关的产业政策也进行了相应调整。因此，中国白酒企业在形成奢侈品的战略上也开始寻求新的资源配置手段和方式，选择适合市场变化的奢侈品发展战略，更加注重奢侈品资产的培育，注重目标市场的细化，提供个性化服务，以此来满足消费者多样化的需求，提高白酒奢侈品在消费者心目中的稳定地位，进而提升奢侈品资产价值含量。

第二节　人类鼎盛时期的提出

从依靠精细的纺织和冶炼技术进行丝绸和陶瓷生产的兴盛时期，到依靠精密的数学、物理、化学知识设计手表、汽车、飞机等精品的昌盛时期，上古兴盛时期人们对于悠闲生活的追求终究还是被昌盛时期人们对于物质生活的追求所取代。时期的演进从未停止过，从兴盛时期到昌盛时期，时期主客体、时期秩序等各方面都发生了翻天覆地的变化，并且是在对这种变化的学习中不断地向前推进，昌盛时期也必然不是整个时期的终点，还将向更加高级的时期继续演进。此时期正处在演进的十字路口，传统昌盛时期正在逐渐消逝，一种具有新型特征的时期——鼎盛时期正在加速向人们走来。

一、人类鼎盛时期提出的背景

丝绸和陶瓷时期，先进的纺织和冶炼技术使中国历史上出现了较长的兴盛时期，而欧洲没有经历过这个时期。一般说来，中国古代政府采取的鼓励、重视农业发展的措施，直接目的是发展经济，根本目的是巩固统治。每个王朝建立的初期，统治集团都比较奋发向上、励精图治，都有自己的治理目标，他们的政策往往行之有效，也充分说明了生产关系对生产力、上层建筑对经济基础的反作用。兴盛时期的特点是以农业为基础的纺织业、冶炼、制瓷业的发展，这种经济的主要部门是农业，它关系国计民生和国家兴衰存亡。因此，历代统治者都十分重视农业，"农本"和"以农立国"思想是历代统治者一贯的指导思想，从战国的商鞅变法到清朝统治者都在推行"重农抑商"政策。这种做法是中国古代封建自然经济和专制主义中央集权制度发展的产物，它的实行，在封建社会初期，对国家安定、新兴地主阶级政权的巩固和社会经济的发展起过一定的积极作用，应该给予肯定。但该政策把工商业和农业对立起来，进行压制，其结果必然是阻碍商品经济的发展，使农业长期停滞在自然经济的低水平上，其弊端在明清时期更加严重，它阻碍了资本主义萌芽的成长，是中国落后于世界的重要原因之一。

改革开放40多年来，中国已经成为世界第二大经济体，中国是一个拥有14亿人口的绝大经济体，在这短短的40多年间，不仅中国发生了翻天覆地的变化，而且整个世界也发生了很大变化。中国经济近30年保持高速增长，当然，从昌盛时期演进到鼎盛时期，中国经济增长速度从高速增长转变为中高速增长，人们对名牌的关注逐渐转变为对更高端的奢侈品的关注，中国开始逐渐形成本国的奢侈品。将人口更多地集中到高端奢侈品上，推动时期演进，是昌盛时期进入鼎盛时期的内生动力。

二、人类鼎盛时期提出的时机

在哲学社会科学进入新时期的时间拐点，提出鼎盛时期的到来，对国家和民族未来的发展至关重要，如果一个国家不能认识到鼎盛时期的新特点，这个国家就会在创造绝对价值的过程中被淘汰，导致国家整体落后。典型的例子就是荷兰的郁金香泡沫，17世纪荷兰的郁金香一度在鲜花交易市场上引发异乎寻常的狂热，郁金香球茎供不应求、价格飞涨，荷兰郁金香市场俨然已变成投机者施展拳脚的、无序的赌池。"郁金香泡沫"是人类历史上第一次有记载的金融泡沫。16世纪中期，郁金香从土耳其被引入西欧，不久，人们开始对这种植物产生了狂热。到17世纪初期，一些珍品卖到了不同寻常的高价，而富人们也竞相在他们的花园中展示最新和最稀有的品种。到17世纪30年代初期，这一时尚导致了一场经典的投机狂热。人们购买郁金香已经不再是为了其内在的价值或作观赏之用，而是期望其价格能无限上涨并因此获利。郁金香原产于小亚细亚，直到1593年才传入荷兰。17世纪前半期，由于郁金香被引种到欧洲的时间很短，数量非常有限，因此价格极其昂贵。在崇尚浮华和奢侈的法国，很多达官显贵家里都摆有郁金香，作为观赏品和奢侈品向外人炫耀。1608年，就有法国人用价值3万法郎的珠宝去换取一只郁金香球茎。不过与荷兰比起来，这一切都显得微不足道。当郁金香开始在荷兰流传后，一些机敏的投机商就开始大量囤积郁金香球茎以待价格上涨。不久，在舆论的鼓吹之下，人们对郁金香表现出一种病态的倾慕与热忱，并开始竞相抢购郁金香球茎。1634 年，炒买郁金香的热潮蔓延为荷兰的全民运动。但在 1637 年 4 月，荷兰政府决定终止所有合同，禁止投机式的郁金香交易，从而彻底击破了这次历史上空前的经济泡沫。在这个打击之下，荷兰的郁金香投机市场一蹶不振，再也没有恢复元气。这些历史的经验和教训告诉人们奢侈品投资导致的金融危机，对于投资人和整个世界是一种灾难，昌盛时期的精品与鼎盛时期的奢侈品研究理论完全不同，人们不能正确认识鼎盛时期已经到来，利用全新的营商理论对于"抱团"集中带来资产泡沫破灭进行充分研究，势必影响一个国家和世界的发展。

三、人类鼎盛时期提出的意义

当今世界正经历百年未有之大变局，世界经济增长乏力，贫富分化日益严重、地区利益分歧不断加大，各类非传统安全威胁持续蔓延，国际经济、科技、文化、安全、政治等格局都在发生深刻调整，世界进入动荡变革期，特别是新型冠状病毒性肺炎疫情在全球大流行，使这个大变局加速演进，不稳定性、不确定性明显增加。大变局呼唤大格局，新时期需要大智慧。越是在国内国际环境复杂多变的局势下，越要看到一个全新的鼎盛时期对实现国家繁荣富强的价值。在鼎盛时期，加快形成以国内大循环为主体、国内国际双循环相互促进的新发展格局至关重要。正如习主席所说的："中国开放的大门不会关闭，只会越开越大！"即使在逆全球化趋势明显、疫情影响叠加的大环境下，中国也不会停止开放的脚步。在当前国内外不确定性加剧的情况下，中国为保证经济稳定增长，必须以"内循环"为主。"双循环"相互促进的战略不仅可以有效缓解国内对外围环境的依赖，也能够推动全产业链的发展，在全球化分工中拥有更强的话语权，对国内经济的稳定也将起到一定的提振作用。同时，中国要继续秉持开放包容、合作共赢的精神，坚持实施更大范围、更宽领域、更深层次的对外开放，以高水平开放带动改革全面深化，建设更高水平的开放型经济体制，逐渐形成国际合作和竞争新优势，为全球经济增长和世界共同发展释放更多"中国红利"。推动"一带一路"高质量发展，加强中国与沿线国家以及世界各国的深度合作，积极构建人类命运共同体。深度参与全球经济治理体系改革，为建立公平正义的国际新秩序、建设一个更加繁荣美好的世界贡献中国智慧和中国力量。总而言之，适时提出鼎盛时期来临，对于把握当前国际发展大势、认识营商学对促进时期演进的重要性具有重要意义。

四、人类鼎盛时期的演进分析

（一）兴盛时期以永久保持为核心

在兴盛时期，最重要的上品就是丝绸、陶瓷，以永久保持为核心，纺织和制瓷技术以及广泛应用对提高劳动生产率、制造具有特色的上品具有非常重要的作用。除此之外，丝绸和陶瓷也大多被用来当作贡品献给帝王。每一种具有特色的上品都代表了一个时期的文明，从丝绸时期到陶器时期再到瓷器时期，人类的文明不断进步，技术和生产效率不断提高。因此，兴盛时期具有特色的上品大体上可以细分为三个阶段，具体如表1-2所示。

表1-2　兴盛时期的上品

时期	代表	来源	特点
丝绸时期	丝绸	用蚕丝或合成纤维、人造纤维、短丝等织成	吸、放湿性好
陶器时期	陶器	用黏土或陶土经捏制成形后烧制而成	既耐用又脆弱
瓷器时期	瓷器	由瓷石、高岭土、石英石、莫来石等烧制而成	典雅含蓄，高贵朴实

人在不同时期追求的顶级生活是不同的，按照人气线划分，悠闲、自由、受尊敬的生活是三个不同时期的顶级，而且不同的个体在鼎盛时期达到的顶级是不同的。在兴盛时期，特别是春秋战国的诸子百家时期，各个国家来往密切，每个国家都在谋求成为中原霸主，如齐国、楚国、秦国等，这些国家通过定期相互进贡本国的特色上品，永久保持战略上的同盟，依靠强大的军队进攻其他国家。从图1-4可以看出兴盛时期的核心就是依靠先天出身永久保持上品特色。是否提供具有本国特色的上品与他国形成同盟关系直接影响一个国家在兴盛时期的兴衰，因此，通过特色上品往来成为一个国家能否在兴盛时期立足、永久保持国家地位的关键。实际上，春秋战国时期，周王朝衰微，诸侯列国产生，基本上形成了一个独立的政治产业，初具"国"的雏形。特别是后期的各个诸侯国之间各自拥有相对明确的领土和人口，具有了独立的政权，国家内部完全不受周王朝的控制，在对外事务上则相互承认各自的权力，直接绕过周王朝进行互相的往来，已形成独立的国际关系主体的地位。齐国、晋国、郑国、宋国、楚国、秦国、吴国、越国都是当时兴起的独立国家。这些新兴的独立国家，虽然其样貌还比较原始，但它们已经具备了近代国家的基本内容，与欧洲《威斯特伐利亚和约》后产生的近代独立主权国家相比，只是发展程度的高低不同，并没有本质的区别。这也使春秋战国时期在此基础上形成了一个早于西欧体系的华夏体系。可以看到，古代意义上的外交关系、国家间关系，都是未完全成形的初步阶段。但是未

成形，并不意味着没有价值，我们仍可以用今天的概念和理念来回顾和解读古代的国家之间的来往关系。列国之间，信使不断，盟会频繁，在丰富的外交实践上更产生了许多相对成熟的外交思想，具有早熟和惊人的现实性和普遍性。一个国家，甚至是一个人如果出身环境不好，则名不正言不顺，即使通过上品往来也难以立足于兴盛时期。国家之间是如此，当时下级进贡上级也是这样；同时，民间的友好来往也不断，以五缘文化为核心的来往是上品的顶级表现，都是人们用自己心爱的东西进行相互来往，体现友情、亲情。本书用来往、挑选、交易分别对应上品、品种、物品。

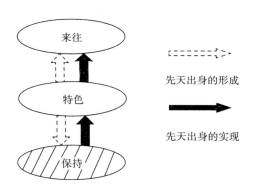

图 1-4　以"保持"为主形成的先天出身

（二）昌盛时期以寻求特别为核心

与兴盛时期各个国家通过相互进贡本国的特产与其他国家来往，形成密切的同盟关系不同，昌盛时期注重贸易往来的国家朝着正确的方向演进，封闭的封建王朝开始没落，在长时间"闭关锁国"政策的影响下，中国逐渐落后于西方国家，开放的欧洲各国通过频繁的贸易交往寻求精品的特别，保证技术生产效率。在昌盛时期，产品的技术进步速度非常快，每一种产品，都有自己的生命周期。产品生命周期理论（Product Life Cycle Theory）一开始是研究产品进入市场后销售量的变化规律。随着时期的演进，产品生命周期的概念发生变化。目前，经济学家用产品生命周期来表达产品的国内外循环及国际间的经济技术交往关系。20世纪90年代，产品生命周期又被赋予了要满足可持续发展的要求的理念，是产品研发模式的新内涵。从营销学的角度来看，产品生命周期是指为交换而生产出来的产品从投入市场到被市场淘汰的全过程，即生产产品在市场上的寿命，与产品的物质寿命或使用寿命无关。因为产品的物质寿命反映精品的物质消耗的过程，与产品自身属性有关，而市场寿命反映的是产品的经济价值，是市场上的变化过程。产品生命周期的首次提出，始于 20 世纪 50 年代，"二战"结束后世界发生了巨大的变化，贸易的发展使得产品的竞争日益激烈，这样的环境促使人们开始研究产品的销售趋势和规律，希望在产品生产的过程中树立品牌意识，制造出精品，只有在生命周期中生产精品，才能说明该国进入了昌盛时期。到了 1957 年的时候，美国学者波兹、阿隆等提出，产品是具有生命周期的，可以依据销量划分为投入期、成长期、成熟期和衰退期。品牌的迭代和精品的周期都离不开科学技术的进步，因此，各国应该大力发展科学技术，实施科教兴国、人才强国战略，设置严格的考试制度，通过会考帮助国家挑选一流科技人才，使国家在产品的周期生产中始终处于领先地位，寻求特别是精品获得消费者周期购买的心理关键，实现从产品、品牌、精品对应交换、选择、交往，具体如图 1 - 5 所示。

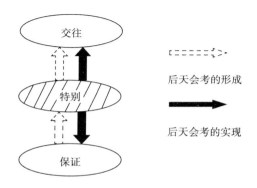

图 1 - 5   以"特别"为主形成的后天会考

（三）鼎盛时期以共同赞美为核心

昌盛时期发展到顶峰，精品通过贸易交往以及各种经济活动形成的名牌不足以反映人们的心理需求，而各种投机产生的资产泡沫破灭，进而引发郁金香金融泡沫危机，严重影响荷兰以及西欧各国经济发展，表明鼎盛时期即将到来。鼎盛时期，人们在日常生活中通过购买高端奢侈品来享受品质生活，以共同赞美为核心，实际上是投资人通过培养个别奢侈品龙头个股实现资产的快速升值。对个人投资者而言，未来股市的投资机会从居民资产角度来看，地位会逐渐显现。从 2018 年开始，房地产市场进入到比较严厉的调控阶段，中央出台房价调控政策，力度不可谓不大。同时央行又通过几次降准来提高货币的流动性，中国 A 股"入摩"和"入富"以及金融对外开放的进一步扩大都会给中国股市带来大量的增量资金，更多的居民未来可能会把资金投向股市。股市将成为新的资金蓄水池。在鼎盛时期，人们投资是以奢侈品所获的赞美为依据，哪一个个股奢侈品获得的赞美越多就投资哪里，从而推动鼎盛时期的演进。昌盛时期人们通过参加会考进入优秀团队制造精品的时期已经变为鼎盛时期人们通过智慧思维对奢侈品龙头个股的投资抉择，人们投资奢侈品获得更多的人口集中，受到大多数人的赞美，确定性更高。一个国家要获得全世界的认可，也需要培养个别的能代表本国的奢侈品吸引全世界的人口集中。例如，法国的红酒、中国的白酒等。每个投资人都希望自己抉择投资的奢侈品能获得较大增值，拥有更多优质资产。只有享有奢侈品增值的个别资产才能够带来巨大投资收益。个别资产必须通过专业培养才能形成和实现，打开奢侈品的增值空间、减少奢侈品投资的损失（时间、金钱、精力、体力损失）是奢侈品投资的关键。培养个别头部奢侈品需要通过不断对奢侈品进行赞美获得价值。因此在鼎盛时期演进中，投资人保持对奢侈品的赞美将是绝对价值创造的主流，由赞美、个别和培养构成的以奢侈品赞美为主的时期将是鼎盛时期的主导模式，具体如图 1 - 6 所示。

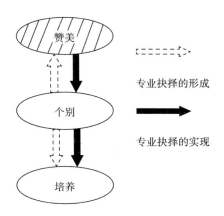

图 1 - 6　以"赞美"为主形成的专业抉择

兴盛时期的文明非常发达，传统文化源远流长，对整个时期的演进有着深远的影响，对人们的思想观念、生活方式有着强大的影响。中国的丝绸和陶瓷都是中华民族的骄傲。各诸侯国通过相互朝贡特色上品，永久保持来往，形成同盟关系。昌盛时期每个国家都在努力制造特别的国家名牌。各个国家通过频繁的贸易交往，提供本国的精品，促进各行各业的经济繁荣和昌盛，积累更多的财富。人类经由昌盛时期演进到鼎盛时期，使得赞美成为这个时期的热词，培养个别的奢侈品就是为了持续获得赞美，无论是哪个投资板块都应该培养板块中的"奢侈品"，形成板块中的龙头，获得人们的赞美，使人口进一步地集中到该板块的奢侈品龙头上，以此带动整个产业的发展，利国利民。兴盛时期、昌盛时期、鼎盛

时期的演变过程如图 1 - 7 所示。

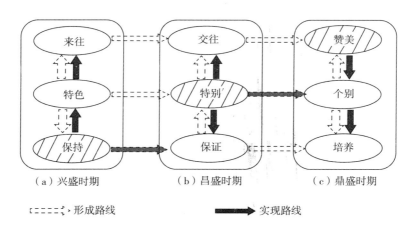

(a) 兴盛时期　　　　　(b) 昌盛时期　　　　　(c) 鼎盛时期

┈┈┈► 形成路线　　　　━━━► 实现路线

图 1 - 7　从先天出身到后天会考再到专业抉择的演进过程

综上所述，在鼎盛时期，必须以奢侈品的赞美为核心。鼎盛时期奢侈品持续获得专业投资人的赞美将是时期演进的主流方式，由培养、个别和赞美构成的以赞美为主的鼎盛时期将是时期演进的主导模式。

第三节　人类鼎盛时期的共建研究

一、人类鼎盛时期赞美概念共建

以时期演进划分，用共建代替创新，是基于"双创""双互""双共"的思维认知，用赞美取代商业社会的价值和虚拟时代的寄托，赞美也是价值和寄托，赞美与时期相对应，是对价值和寄托的提升，人口营商学以赞美的概念研究为基础，以时期特征为标准，将赞美划分为三个方面：兴盛时期的赞美、昌盛时期的赞美和鼎盛时期的赞美。

（一）兴盛时期的赞美

在兴盛时期中，拥有特色上品的国家会获得其他国家的赞美，例如中国因丝绸、陶瓷获得欧洲国家的赞美。兴盛时期，最大的投入要素则为人们精细的投入，劳动力精细投入的必要性是由于人们要生产制造一些区域特产。在兴盛时期通过精细的投入，人们因地制宜，生产本地的特产，例如，中国的丝绸、陶瓷等，因此，兴盛时期赞美的根本来源是不同特色上品的定期产出，如图1-8所示。兴盛时期赞美主要由具有艺术的上品所表现出来，工艺美术品之所以被称为艺术品，是因为其被赋予了文化价值。根据商品属性的二重性使用价值和价值的相关概念来阐述的话，艺术品具备了使用价值和价值，它的使用价值和价值是合二为一的，满足人们某种审美情感的需求。比如陶瓷大师设计制作的陶瓷花瓶，就其使用价值而言与普通花瓶没有区别，但由于是陶瓷大师之力作，因此价值不菲。拥有几千年古文化的中国，具备艺术品属性的工艺美术品不胜枚举、应有尽有，涉及人们生活方面的有陶瓷、漆器、刺绣、丝绸、书画、绘画、金银器、青铜器、玉器、印石等，可谓数不胜数。这些中国古代的"特产"具有种类多、品种全、品质优良、艺术审美性高的特征；这些工艺美术品承载了中国工匠大师的技艺精湛、精雕细琢、精益求精，力求每一件作品能够达到真、善、美的完美统一，是一个国家在兴盛时期长期保持的特色，是立足本国、放眼世界、专业打造上品的表现。工艺美术品之所以被称为器物，是因为它具备了器物的属性。器物有上品和下品之分，上品为精神层面的文化载体，下品为生活中使用的物体。工艺美术品的一系列代表，主要是陶瓷、丝绸、漆器等，其体现上品的赞美价值，影响范围涉及东南亚和欧洲一些国家。这些上品获取别的国家的赞美，使古代中国获得世界的认可。

图1-8 兴盛时期的赞美

（二）昌盛时期的赞美

在昌盛时期特征中，产生了对于名牌精品的赞美。精品的赞美也是随着时期的演进而变化的，从赞美的定义可以看出，兴盛时期的上品赞美 = 定期产出/投入，昌盛时期精品赞美 = 周期利益/成本。

人类经过兴盛时期的漫长进程之后，纺织、冶炼以及制瓷技术逐渐成熟，生产的上品知名度越来越高，影响全世界，例如中国的丝绸、陶瓷等。随着尖端科学技术的发展，人类由兴盛时期进入昌盛时期，尖端技术精密制造主要有精密和超精密加工技术和制造自动化两大领域，前者追求加工上的精度和表面质量的极限，后者包括了产品设计、制造和管理的自动化。因此，工业革命所带来的不仅是巨大的时期演进，还有崭新的尖端技术，这些技术给社会带来了前所未有的变化，兴盛时期需要永久保持特色。在昌盛时期，先进的尖端技术大大提高了精品的质量保证，使得人们从少量的、低级的产品供给转变到大量高级的精品保证，尖端技术的进步成为人类迈进昌盛时期的最好支撑，兴盛时期的上品结构也渐渐被昌盛时期的精品组合所取代。昌盛时期，庞大的机器设备和尖端技术早已不需要人们大量地投入体力辛勤劳作，最大限度地投入已经发挥不出实质性的作用，而增加利益成为关键，昌盛时期的赞美从兴盛时期的永久保持上品特色转变为寻求保证精品特别，购买者通过精品周期性的演进来获取更多利益。如果说兴盛时期赞美的最高境界在于让人们尽快过上悠闲的生活、减少体力投入，那么昌盛时期赞美的最高境界是让人们尽快实现生活、财务自由，这也就改变了人们对于赞美的认知，相比于体力轻松的悠闲生活，财务自由的生活显得更加诱人。

先进的尖端技术促使生产规模不断扩大，功能利益越来越强大，使产品成本稳定下降，因此，精品的周期利益提升成为赞美的重点。企业为了获得更多的赞美，提升精品在顾客中的地位，必须使得精品周期利益最大化并且伴随着成本尽可能的降低，企业的活动在昌盛时期本质上就是使生产出来的精品不断获得赞美的过程，具体如图 1-9 所示。

图 1-9　昌盛时期的赞美

（三）鼎盛时期的赞美

兴盛时期人们追求体力轻松的闲适生活，昌盛时期人们追求财务自由的物质生活，而鼎盛时期人们更在意受人尊重的精神生活，最终落脚在对精神层面受人尊敬的追求。鼎盛时期人们对于精品的热爱，已经转向对于奢侈品的心心想念，每个人都有自己想念的奢侈品，不是简单的利益，而是精神的愉悦，赞美体现在奢侈品增值空间的放大和时间损失的减少上，是在鼎盛时期获得投资人赞美的重要思维。从增值和损失的双向思维入手，加大增值的空间和减少时间损失都有利于奢侈品获取投资人的赞美，可以帮助人们真正理解奢侈品赞美的含义并进行有效的运用，让奢侈品获取更多人的赞美。在人气定义中，商品价值 = 增值/损失，体现人气关注社会、经济、文化价值内涵；本书定义鼎盛时期的奢侈品赞美 = 增值/损失，体现不同时期的人口集中，具体如图 1-10 所示。

共建奢侈品赞美概念作为鼎盛时期的核心内容，鼎盛时期共建奢侈品赞美（增值/损失）是人们共同的愿望，与前面两种时期特征所表现出来的赞美不同，在鼎盛时期，奢侈品赞美的增值和损失是紧密相关的，是二者共同作用的结果。

奢侈品赞美通过不同时期进行增值，形成奢侈品赞美增值龙头。与此同时，体力损失、时间损失、精力损失以及货币损失紧密伴随着奢侈品赞美的共建。鼎盛时期进行投资就是为了最大可能地增加奢侈品赞美带来的时期增值，同时减少时间损失，提升时期增值空间，并且减少各项损失，这才是获取赞美的正确思维，所以要从增值和损失两方面同时入手，增值和损失是相生相伴的，不仅要注重增值，还要减少损失，分子、分母必须同时加以判断，否则会出现判断失误。与兴盛时期的上品赞美概念不同，兴盛时期的定期产出基本一定，主要考虑投入最小化，分母最小化；与昌盛时期的精品赞美概念不同，昌盛时期成本是市场的平均成本，主要考虑利益最大化，分子最大化；鼎盛时期奢侈品赞美价值概念必须同时考虑时期增值空间和时间损失，使分子最大化、分母最小化，这是人们突破传统思维的一次重大转变，高铁一定是中国进入鼎盛时期赞美的奢侈品，其他国家不可能产生赞美，这是因为其他国家增值空间太小和时间损失太大。

图 1 - 10　鼎盛时期的赞美

赞美思维和商科智慧是创造绝对价值的基本保证，利用人气营商、人群营商、人口营商，创造比较、相对和绝对价值是商科的核心，超出人们传统观念中过上悠闲田园生活和财务自由物质生活的追求，在专业化的背景下，过上受人尊敬的精神生活成为鼎盛时期人口集中的核心，也表明受人尊敬的精神生活在这个时期实现增值空间最大化，前两者的想象空间已经受到极大限制。

二、人类鼎盛时期人口营商概念共建

分配、购买、投资人气线相对应的人口顶是出身、会考、抉择。兴盛时期，出身是兴盛时期的顶格，出身好坏，可以在很大程度上决定一个人的命运，出身于地主家庭或者名门望族，绝对丰衣足食；出身贫下中农，打长工、短工，衣不蔽体，食不果腹，只靠勤劳是很难养家糊口的，如果分配不均，穷人只有造反闹革命。出身好只要永久保持住家族的辉煌，就会少投入，家庭出身可以说是兴盛时期营生的顶点，也就是人们常说的"干得好不如生得好"，所以不能笼统地说出身对错，不能唯出身论，只能说出身在兴盛时期对一个人一生的命运很重要。

昌盛时期，会考是决定一个人命运的关键。会考是昌盛时期的顶格，只有考上大学进入城市，城市让人们的生活更美好，学习好工科知识，进入工矿企业，生产优质产品，进行精品营销，畅销国内外……个人会考成绩好坏，直接影响自己的前途和命运，考上大学和考上好大学，国家投入的培养师资和实验设备是不同的。会考中数理化是考试内容的核心，昌盛时期有一句话"学好数理化，走遍天下都不怕"，中国从来没有像昌盛时期这样崇尚会考，虽然中国是考试制度的故乡，考试制度在中国历史悠久，成绩是评价一个人文化水平的重要指标。

鼎盛时期是一个继全球化、证券化之后，专业化抉择的时期，在这个时期，人们依靠多增值和少损失地共同赞美。抉择是鼎盛时期的顶格，是决定一个人命运的关键。人口集中的奢侈品成为鼎盛时期人们的赞美对象，正确抉择奢侈品进行赞美是一个人在鼎盛时期成功的核心要求。这个时期的出身和会考对于抉择奢侈品有一定影响，但是一个人抉择的正确与否需要专业分析，需要长期的坚持和对于抉择的奢侈品空间的把握和时间的掌控。本书的核心赞美是帮助专业投资人正确抉择具有 8 倍增值空间的龙头个股奢侈品赞美，创造绝对价值最大化，这是人口营商理论研究的重点，即通过培养、进行赞美，把这个个股作为人口集中的奢侈品，通过人气理论、人群理论研究，结合人口理论，准确抉择个股的奢侈品龙头进行赞美投资。多增值和少损失地共同赞美是鼎盛时期人口营商的基本概念。由培养、个别和赞美构成的以奢侈品研究为主的鼎盛时期将是未来抉择的主导模式。营商概念的共建如图 1–11 所示。

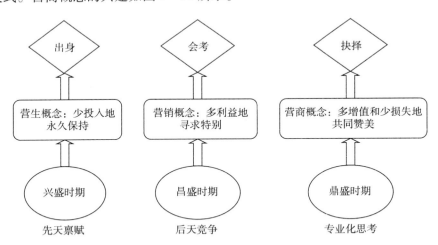

图 1–11　鼎盛时期演变过程中的营商概念共建

三、人类鼎盛时期赞美载体——奢侈品概念共建

昌盛时期演进到鼎盛时期的过程，也是人们从精品交往走向奢侈品赞美的过程，赞美奢侈品逐渐成为鼎盛时期的主流。从兴盛时期来往的上品到昌盛时期交

往的精品最终转变为鼎盛时期赞美的奢侈品，这是营生、营销、营商在兴盛、昌盛、鼎盛三个时期的顶格思维。

奢侈品的历史由来已久，近几十年来，随着奢侈品市场的飞速发展，奢侈品市场中又增添了许多新成员。食品和饮料也日益成为奢侈品市场的重要组成部分，比如日本的酱油、新西兰的牛奶、希腊的橄榄油、澳大利亚的啤酒和阿拉斯加的大马哈鱼以及中国的白酒（贵州茅台）。现在对于奢侈品的定义也更为广泛，奢侈品市场从以往单一的货物发展到包含商品、服务等多个方面。为了满足广大奢侈品消费者的需求，市场上的奢侈品种类也一直在不断增多。一些主要的奢侈品种类有香水、化妆品、家居装饰、美食、服装、皮革制品以及手表、珠宝……其中服装和皮革制品是奢侈品市场最主要的商品，在美国奢侈品市场中，挎包每年的交易额达到 7000 万美元，并且是增长最快的奢侈品。奢侈品能够展现和提升消费者的社会地位，购买奢侈品也就获得了一个高品位、高档次的标签，它可以满足消费者的精神需求。上述这些特点便是大多数奢侈品的共性，现在奢侈品消费在中国突飞猛进，消费者也出于各种原因，不惜花重金购买奢侈品。

上述奢侈品概念是学者从不同角度对奢侈品进行定义的。关于奢侈品的概念在不同时代和文化之中也是不同的。电视机在 20 世纪七八十年代的中国是奢侈品，但是现在却成为了普通品；某些物品对于一个人来说是奢侈品，可能对别人来说却是普通品。不同的消费者也是从不同的角度对奢侈品进行定义的，经济学上对奢侈品的定义是功能性价值远远低于其价格比值的产品，简单地说就是有形的价值远远低于其无形价值的产品。基于对鼎盛时期的研究，本书给奢侈品赋予新的含义：由学习心理形成的越来越多的专业人士心理抽象并持续喜爱的、长期赞美的具体表现载体。奢侈品是通过专业人士抽象、具象思维，形成人口集中心理依赖的所有物品、产品、商品、品种、品牌、衍生品、上品、精品，有形和无形载体。如人们对于白酒的长期喜爱，产生茅台酒奢侈品；教授对于研究的热爱，产生学问奢侈品。只不过，很多奢侈品不是一个学科或者几个学科可以研究的，本书着重研究人气关注的物价、股价、房价"三价"商品，人群环研究的金融衍生品，最后落脚在成长板块的龙头个股上。上品、精品和奢侈品在不同时期含义的变化如表 1-3 所示。

表 1-3　上品、精品和奢侈品在不同时期含义的变化

类别	兴盛时期	昌盛时期	鼎盛时期
上品	保障上品特色的东西，包括茶叶、木耳等农产品	本地特产中涉及产业流动的生产资料、保障工业生产的正常进行所需最基本供应的东西，如澳大利亚的铁矿石、新疆的天然气	即时推出、适合本国的金融上品种类，如股票、期货、期权等金融品种

续表

类别	兴盛时期	昌盛时期	鼎盛时期
精品	兴盛时期中能满足精品特别的东西，如中国的丝绸、陶瓷	能够集中生产、提供市场购买，并能满足人们需求的优质产品，如格力空调、宝马、奔驰汽车等精品	金融衍生品的行业、地区、指数板块，如上海主板A股、深证主板A股每个个股
奢侈品	兴盛时期能够创造绝对价值的任何东西，如古玩、名人字画	昌盛时期高档、稀缺、物超所值任何东西，如新西兰牛奶、法国香水、瑞士手表	鼎盛时期能够创造绝对价值的个别龙头个股股票，如茅台股票

四、婚姻制度共建——象征婚姻

鼎盛时期的到来，婚姻制度也发生演变，影响每一个家庭和孩子的成长，引起人们的广泛关注和社会学家的研究，但是从另外一个角度来看，它是时期演进的必然产物，是时期演进的表现，鼎盛时期这种注重精神层面的象征婚姻是一种时期进步。三个时期的婚姻，即包办婚姻、自由婚姻、象征婚姻都是人们顶格思维的表现。在户主的决策下，一个家庭以效用最大化为目标，通过对有限资源的合理配置来进行家庭生产。Wong（2016）研究了同族婚姻的婚后生活情况，发现相较于异族婚姻，同族婚姻对养育孩子、住房投资产生了积极效应，但是减少了妻子的劳动力供给，并且发现这些效应呈现出逐年下降的趋势，说明异族婚姻在一些不易察觉的方面提高了婚姻福利。上述婚姻概念是学者从不同角度对婚姻进行研究的，本书站在鼎盛时期的时间节点上指出，兴盛时期的婚姻是包办婚姻，昌盛时期的婚姻是自由婚姻，鼎盛时期的婚姻是象征婚姻。

兴盛时期的婚姻特征是包办婚姻，是当时婚姻的最高境界。所谓的包办婚姻，就是指遵从"父母之命，媒妁之言"达成的婚姻，不考虑男女双方当事人的意见，全权由双方父母做主。包办婚姻是封建社会和奴隶社会的婚姻缔结的主要方式。恩格斯在《家庭、私有制和国家的起源》一书中曾说过："一定历史时代和一定地区内的人们生活于其下的社会制度，受两种生产的制约，一方面受劳动的发展阶段的制约，另一方面受家庭的发展阶段的制约。"传统的包办婚姻作为封建社会的主要婚姻制度也毫不例外。在兴盛时期，一个人基本的人身自由不是最重要的，生活是吃饭穿衣，女人的地位较低。将地位低下、不受重视的女性购买赠送给其他人都是很正常的，在这种情况下，包办婚姻更是理所当然的存在。在封建社会中，封建地主阶级基于对物质生产资料的绝对掌控，从而在政治、经济、文化等社会生活的各个方面都拥有绝对的主导权。在这种社会环境下产生的婚姻关系，其婚姻关系缔结的成功与否就是建立在男女双方经济条件和政治条件之上的。决定两性婚姻的不是男女之间的爱，而是家族的利益。以婚姻为媒介，男女两家可构成一定的联合体，形成家族资源的有效重组，使两个家族通过联姻得以更好地发展壮大。在"父命不可违"的思想观念下，子女必须要对父母绝对服从。从最高统治者到最底层的人民大众，在婚姻大事上，首先要考虑的问题就是门当户对。夫妻之间的爱情在婚姻面前沦落到附属品的位置。不论是王公贵族，还是普通的老百姓，婚姻均由双方的父母决定，婚姻当事人完全丧失婚姻的自主权。

昌盛时期的婚姻特征是自由婚姻，这是这个时期婚姻的最高境界，自由婚姻存在的基本前提是男女关系平等。没有爱情的婚姻，如同鲁迅先生援引一青年读者所控诉的："仿佛两个牲口，听着主人的命令。"恩格斯在《家庭、私有制和国家的起源》一书中，阐述了撰写人类婚姻史的目的，科学地论证了人类家庭的起源、演变的历史和发展的趋势，系统地分析了人类社会在不同发展阶段所对应的家庭形式以及婚姻的模式，深刻剖析了人类婚姻基础的演变发展过程，论述了爱情在人类社会中产生、发展的过程。恩格斯第一次将人类的婚姻与爱情在历史唯物主义的角度上进行了统一，从恩格斯的论述中我们开始真正意识到，在社会主义初级阶段，爱情可以成为婚姻的基础。自由婚姻正是在爱情这块基石上成长出来的。新文化运动为婚姻自由创造了条件，李峙山在《打破翁姑儿媳的关系与应取的步骤》一文中曾说过："自由恋爱是建立在坚定的人生观基础之上的，只有在追求共同事业、目标的过程中相互了解而结交的朋友才有可能产生爱的萌芽，这才是自由恋爱；而那些对自由恋爱观念错误的理解只能更加阻碍包办婚姻乃至传统大家庭制度的打破。"戊戌变法、五四运动等历史大事件的发生使无产阶级登上历史舞台。一个个历史事件的发生不仅促进了中国伦理思想的变革，更促进了中国现代婚姻伦理的嬗变。恋爱婚姻是人群营商研究的问题，而自由婚姻是昌盛时期人口营商研究的问题，是与包办婚姻相对立的，男女平等，都有自己的经济收入，没有主从地位之分，这时的婚姻才真正演变为现实婚姻，人们不只是为了生存，只有双方富裕了，婚姻才可能自由。

鼎盛时期的象征婚姻是这个时期婚姻的最高境界，适应人们追求美好的生活——受人尊敬的精神生活。鼎盛时期人们所认同的美好生活肯定不再只是幸福和富裕，而且还要追求更加高级的精神生活。为了赢得别人的尊敬，更加追求获得人们的认可，在道德、法制的框架下，寻找象征婚姻，是在自由婚姻的前提下发展，选择适合自己、提升自己、精神愉悦的配偶，不会被传统的物质婚姻所束缚，各自追求自己受人尊敬的精神生活。在遵守法制、道德前提下，更要关注社会舆论，处理好婚姻关系，否则可能因为婚姻身败名裂，特别是名人的婚姻更容易受到关注。在鼎盛时期可以看出象征婚姻是婚姻制度更加高级的形式，象征婚姻处理得好，可以获得名誉，成为模范夫妻、别人学习的榜样和经典的案例，双方都会受人尊敬。象征婚姻意味着既可以受人尊敬，但也可以让人们拿来说事，能体现夫妻二人对于婚姻的智慧。象征婚姻的实质是通过婚姻实现个人 8 倍增值和 8 倍减值，是人们进行赞美和贬低的核心，特别是具有名人效应的婚姻更加需要谨慎，其婚姻会起到对于社会的 8 倍正面、负面影响效应，特别是对于年轻人影响较大，很多艺人因为婚内出轨而成为污点艺人，负面效应 8 倍减值，可能因此要长久离开舞台，得不偿失。农业社会、自然时代以及兴盛时期是相互平行的时间状态，只是研究的角度不同，农业社会着重研究德治婚姻，自然时代着重研究媒妁婚姻，兴盛时期着重研究包办婚姻；工业社会着重研究法制婚姻，物质时代着重研究恋爱婚姻，昌盛时期着重研究自由婚姻；商业社会着重研究契约婚姻，虚拟时代着重研究优化婚姻，鼎盛时期着重研究象征婚姻。不同社会发展、时代变迁、时期演进的婚姻制度如表 1 - 4 所示。

表 1 - 4　不同社会发展、时代变迁、时期演进的婚姻制度

	农业、自然、兴盛	工业、物质、昌盛	商业、虚拟、鼎盛
人气营商学	德治婚姻	法制婚姻	契约婚姻
人群营商学	媒妁婚姻	恋爱婚姻	优化婚姻
人口营商学	包办婚姻	自由婚姻	象征婚姻

综合上面分析可以看出，婚姻是人类家庭生活一个重要的时间节点，人们对于婚姻的研究可以帮助人们启发思维，变得更加智慧。按照人气线的研究，男女相互吸引是：爱情—婚姻—陪伴，陪伴是比婚姻更加高级的要求，年轻人追逐爱情，中年人注重婚姻，老年人注重陪伴，只是随着人口老龄化进程的加快，陪伴将成为人们的主流研究，怎样实现陪伴为主、三者兼顾，是每一个智慧的人着重思考的问题，婚姻地位将会下降。

五、人口制度共建——领军人物

社会是由每个个体共同构成的，人口制度的变化和研究是社会学家研究的重要课题，也是营商学者必须研究的新内容，否则对于世界、国家和民族的进步是不利的。时期的演进给人口制度的变化提供了与社会发展、时代变迁不一样的抽象和具象思维。兴盛时期的人口制度是鼓励多子多孙，昌盛时期的人口制度是提倡独生子女，鼎盛时期的人口制度是共建领军人物。

兴盛时期人们主要还停留在体力劳动、吃饱肚子、寿命短阶段，选择的生育观是鼓励多子多孙。两三千年前的原始先民就对人类繁衍生息有着美好的愿望。

不仅《诗经》中有很多处表达了这样一种"宜尔子孙，振振兮"的愿望，"多子多福""生生不息"的生命理念在中国古代文化中一直占据着极其重要的地位，在民间也处处可见这种愿望和理念的留痕。《庄子·天地》记载了"华封人三祝"的故事："尧观乎华。华封人曰：请祝圣人，使圣人富，使圣人寿，使圣人多男子。"在尧的时代，"富、寿、多男子"就是见面最热忱的祝福。《列子·汤问》则记载了"愚公移山"的民间故事，更表达了古之先民"虽我之死，有子存焉；子又生孙，孙又生子；子又有子，子又有孙；子子孙孙无穷匮也"的美好愿望。为什么古人如此急迫地表达子孙不息的愿望，这与中国人所处之"黄土—黄河"生存环境有着莫大的关系。黄仁宇《中国大历史》认为："易于耕种的纤细黄土、能带来丰沛雨量的季候风，和时而润泽大地、时而泛滥成灾的黄河，是影响中国命运的三大因素。""黄土—黄河"是中华文化的根基，也是洪水、干旱等自然灾害的摇篮。柏杨《中国人史纲》一书中说，"黄河每一次改道，都是一场恐怖的屠杀。仅次于改道灾难的小型泛滥，也每次都造成人畜的可怕伤亡。所以黄河也是世界上吞没生命财产最多的一条河流""尼罗河泛滥后留下的是沃土，黄河决口后留下的却是一片黄沙。然而就在这种艰苦的环境中，产生了灿烂的古中国文明"。在"黄土—黄河"的生存背景下，一场灾难往往造成的是人口减少、部落势微、族群衰落，于是先民就只有祈求能够多生多育，"子子孙孙无穷匮也"。

昌盛时期人的寿命在延长、体力劳动大幅减少，减少人口过快增长是保证人们过上富裕生活的前提，提倡独生子女是这个时期的人口制度。独生子女是指一对夫妻生育唯一子女，无论是男还是女，换句话说，一家一个孩子。独生子女的父母往往用较多的时间和精力来关心子女的智力发展。要求孩子认真读书，参加小学、中学、大学的各项考试，通过会考，考上好大学，进入好城市，毕业后有好的工作，努力奋斗，拿到高工资，就过上富裕生活。一家夫妻都有工作，收入就会不错，工作和就业是昌盛时期人口政策制定的重要依据。多子多孙不可能是昌盛时期的人口政策取向，多个子女不但没有兴盛时期的多子多福，子女如果不上进，没有工作还可能产生啃老现象，独生子女不一定比多个子女过得差。独生子女是昌盛时期的人口制度最高境界。开始时人们有些接受不了这种制度，还留有传宗接代、男孩比女孩重要的封建思维模式，实践证明独生子女是少生少育、男女平等人口制度思维的高级体现。同时，经济迅速发展，城镇化水平不断提高，人口大量向城市聚集，而且随着人们生活水平的提高，人的寿命延长，城市人口就会迅速暴涨，为了保障城市人口的就业、资源的有效分配，减少人口过快增长产生的环境污染，昌盛时期必须树立独生子女的观念。昌盛时期生产率大大提高，许多生产活动中机器可以代替人进行生产，根本没有必要通过多子多孙来获得劳动力，相反，多子多孙可能会导致许多人失业，成为社会不稳定的因素和增加家庭经济负担，因此必须树立独生子女的观念，昌盛时期的大多数人都选择独生子女。

人类进入鼎盛时期，人口政策随着时期必须演进，又要发生改变，独生子女的生育观念不能适应鼎盛时期，人们选择的生育观念是共建领军人物。各个时期的演进依靠杰出人物的带领和不懈努力，产生重大转折和变化。中国革命的历史就可以说明这一点，没有一大批革命先驱，中国社会没有这样大的飞跃，特别是一些核心领袖人物的作用非常明确。鼎盛时期领军人物是人口制度的顶格，更能说明领军人物的作用重大，是专业人才，而并不只是表现在政治、经济方面的才能，需要分清领袖、领导和领军人物。领军人物是各行各业的灵魂人物，智能手机、移动终端没有乔布斯，互联网时期就没有了领军人物，互联网就不可能发展这么快速和完善；钟南山是新型冠状病毒防控方面的领军人物，没有领军人物在关键时期的正确判断、决策、执着、担当，在推动重大时期演进的过程中，就会贻误时机。每一个领域的领军人物都可以推动时期的演进，领军人物不一定开始就会被大家认可或者永远保持不变，需要通过时期演进得到验证，共建领军人物。领军人物就是鼎盛时期人口制度的核心，优生优育、社会精英是鼎盛时期人口制度的前提，领军人物才是人口制度的最高境界。不同社会、时代、时期人口制度如表1-5所示。

表1-5　社会发展、时代变迁、时期演进的人口制度思维

	农业、自然、兴盛	工业、物质、昌盛	商业、虚拟、鼎盛
人气营商学	多生多育	少生少育	优生优育
人群营商学	男尊女卑	男女平等	社会精英
人口营商学	多子多孙	独生子女	领军人物

农业社会、自然时代和兴盛时期是平行的，只不过研究角度不同，农业社会研究多生多育，自然时代研究男尊女卑，兴盛时期研究多子多孙；工业社会研究少生少育，物质时代研究男女平等，昌盛时期研究独生子女；商业社会研究优生优育，虚拟时代研究社会精英，鼎盛时期研究领军人物。

第四节　人类鼎盛时期的特征

鼎盛时期是在兴盛时期和昌盛时期的基础上发展起来的，具有更加高级、复

杂的时期特征，在这个时期特征中，共建奢侈品赞美是这个时期的主题，而围绕鼎盛时期的奢侈品赞美形成不同于以往的时期特征。本书依据丹尼尔·贝尔对社会的划分，对时期特征进行了划分，从职业、资源、时期主体等方面进行对比，分析鼎盛时期的一些基本特征，具体如表1-6所示。

表1-6 鼎盛时期的特征

	兴盛时期	昌盛时期	鼎盛时期
部门	以纺织业、制瓷业为主	以机械制造业为主	以开拓思维的营商学教育为主
职业	第一产业，农、林、牧业	第二产业，制造业	第三产业，服务业
资源	精细	精密	卓越
资源配置	出身	会考	抉择
社会主导	上品特色	精品特别	奢侈品赞美
战术	先天禀赋	后天竞争	终身进步
思维	稳健—激进	现实—想象	抽象—具象
时间观点	定期观	周期观	时期观
中轴原理	以生产特色上品为核心	以制造特别精品为核心	以营造奢侈品赞美为核心
时期主体	拓荒者、师徒	指挥长、设计师	领军人物、营商大师

一、鼎盛价值思维

（一）兴盛时期——以稳健思维为主

在兴盛时期，人们的思维受着各种各样的局限，包括文化的、地理的、阅历的以及时期的局限。兴盛时期的思维以稳健为主，什么叫稳健思维？稳健不是平衡，稳健也不是持久，稳健的科学定义是对外界干扰的抵抗能力。换言之，稳健不关乎状态的好坏，只关乎是否能保持原来的状态，哪怕这个状态并不那么理想。在兴盛时期，人们不用考虑物质生产，也不用考虑价值投资，因为兴盛时期思维具有稳健性，稳健意味着失去了改变的可能性，不管这个改变是好的，还是坏的。当然，稳健思维也有好处，因为它杜绝了变坏的可能；但稳健思维也有坏处，因为它把变好的可能也一并屏蔽了。是利大于弊，还是弊大于利，需要每个人自己掂量。兴盛时期，由于交通运输工具不发达，人们只能被局限在某一片很小的区域，学习自己部落的文化、习俗。所以，直到欧洲的哥伦布发现新大陆（美洲）之前，人们一直以为地球是平面的，地球才是宇宙的中心，这些都是兴盛时期人们追求稳健造成的，人们不愿意创新，不愿意尝试新的东西。因此，兴盛时期以稳健思维为主。同时也有一些人的思维激进，尝试变化，需要打破自己的认知，所以人们应该尽量地多去跟世界接触，去认识更多的人，去看更多的风景，去经历更多的事情。这样才可以拓宽自己的视野，更全面地认识整个世界。

（二）昌盛时期——以现实思维为主

兴盛时期演进到昌盛时期，科学技术飞速发展，兴盛时期的稳健思维逐渐被打破，开始进入昌盛时期的现实思维。文化可以表现为经典思想、艺术作品、道德标准、生活方式等各种形式，然而贯穿其中的核心是思维方法。思维方法是筌，各种文化形式是鱼。不同文化有不同的思维方法，文化差异的本质是思维方法的差异。当前弘扬传统文化，重要的是要认识和总结中国文化中的思维方法。中国文化中的思维方法，与西方最为不同、对中国社会发展影响最大的当数"现实思维方法"。李泽厚先生把中国人的思维概括为"实用理性"。理性思维方法本书暂不论及，但就"实用"而言，与"现实"指的是同一思维特点。"实用"是从目的和效果而言的，"现实"是从前提和方法而言的。与中国文化中的现实思维方法相比，本体思维方法研究的问题不是来自现实，而是来自人的思维。世界的本质不是现实的存在物，而是思维的产物。西方哲学家最初认为，世界是由水、气、土、火之类的具体事物构成的，后来转向数、理念、上帝等抽象的概念。今天看来，这些认识结果都是难以成立的。本体思维方法最有影响的产物是宗教，这是其对西方社会最重要的影响之一。马克思主义的产生，终止了本体思维方法对西方文化的统治。马克思提出："全部社会生活在本质上是实践的。"实践是一个不断发展变化的过程，人类的实践活动以其所处的时代为基点，向历史和未来两个方向发展，永无止境。马克思主义作为一种思维方法，核心是"具体问题具体分析"，毛泽东将其表述为"实事求是"，其最鲜明的特征就是强调一切从现实出发。这与中国文化中的现实思维方法有异曲同工之妙。现实思维方法是中国文化中重要的思维方法。由于对儒学的神化和外来本体思维方法的影响，唐代以后现实思维方法在中国文化中逐渐失去了主流地位。当现实思维方法居主流时，社会就会呈现勃勃生机，反之则会裹足不前。现实思维用在昌盛时期表现明显，一切都是现实，是看得见、摸得着的，不是凭空而来的，但是在这个时期又出现了想象思维，没有想象就无法突破，只是这种想象经常被现实拉回。

（三）鼎盛时期——以抽象思维为主

在鼎盛时期，稳健—激进、现实—想象的思维方式很难进行奢侈品抉择，对奢侈品的抉择是在想象思维中，通过大胆的抽象思维，进行具象分析，唤起投资人对于个别奢侈品的持续集中赞美。因此，鼎盛时期的奢侈品赞美只能靠抽象思维和具象思维来分析推理。

所谓的抽象思维，是指用词进行判断、推理并得出结论的过程。抽象思维以词为中介来反映现实。这是思维的最本质特征，也是人的思维和动物心理的根本区别。抽象思维凭借科学的抽象概念对事物的本质和客观世界发展的深远过程进行反映，使人们通过认识活动获得远远超出靠感觉器官直接感知的知识。科学的抽象是在概念中反映自然界或社会物质过程的内在本质的思想，它是在对事物的本质属性进行分析、综合、比较的基础上，抽取出事物的本质属性，撇开其非本质属性，使认识从感性的具体进入抽象的规定，形成概念。空洞的、臆造的、不可捉摸的抽象是不科学的抽象。科学的、合乎逻辑的抽象思维是在社会实践的基础上形成的。抽象思维作为一种重要的思维类型，具有概括性、间接性、超然性的特点，是在分析事物时抽取事物最本质的特性而形成概念，并运用概念进行推理、判断的思维活动。抽象思维深刻地反映着外部世界，使人能在认识客观规律的基础上科学地预见事物和现象的发展趋势，预言"生动的直观"没有直接提供出来的但存在于意识之外的自然现象及其特征。它对营商学的研究具有重要意义。抽象思维与形象思维不同，它不是以人们感觉到或想象到的事物为起点，而是以概念为起点去进行思维，进而再由抽象概念上升到具体概念——只有到了这时，丰富多样、生动具体的事物才得到了再现，"温暖"取代了"冷冰冰"。可见，抽象思维与具体思维是相对而言、相互转换的。只有穿透到事物的背后，暂时撇开偶然的、具体的、繁杂的、零散的事物的表象，在感觉所看不到的地方去抽取事物的本质和共性，形成概念，才具备了进一步推理、判断的条件。没有抽象思维，就没有科学理论和科学研究。然而，抽象思维不能走向极端，而必须与具体思维相结合，由抽象上升到具体。抽象思维是用概念来代表现实的事物，而不是像形象思维那样用感知的图画来代表现实的事物；抽象思维是用概念间的关系来代表现实的事物之间的联系，而不是像形象思维那样用图画的变换来代表现实的事物之间的联系。这为人类超越自己的感官去认清或者更加宏观或者更加微观或者更加快速变化的世界提供了可能性。但是，如果没有抽象思维的准确性，即不能准确界定概念和概念与概念间的关系，这种可能性就无法变成现实性。因此，准确地形成概念以及概念间的关系是抽象思维方法的最基本规则。例如营商学的研究，先要准确地形成一套完整的概念词语，然后按照股票的实践经验找出各个概念词语之间的联系。在鼎盛时期中，人们必须树立抽象思维，依靠推理是时期演进的主要趋势。时期正在演进，人们的抽象思维正在逐渐形成。表1－7为不同时期思维方式的差异和特点。

人类进入鼎盛时期，人们从会考进入抉择，奢侈品赞美是时期的主旋律，无论是中国的机构资金抱团投资，还是美国的散户大战机构都是人们抽象思维和具象思维成功抉择奢侈品个股的典范，只要有被严重低估的和增值空间巨大的奢侈

表 1-7　不同时期思维方式的差异和特点

	思维特点	制胜条件	追求目标
兴盛时期	稳健—激进	先天	及第
昌盛时期	现实—想象	后天	级别
鼎盛时期	抽象—具象	终身	极致

品个股，就会集中人口赞美，导致股价大幅上涨，未来还会继续演进，虽然不能科学预测，但还是可以对未来作出哲学判断的。哲学社会科学要符合时期演进，更加抽象出绝对价值，具象个别赞美对象。本书就是利用人们的抽象、具象思维寻求四个投资策略，进行共建赞美，形成个别龙头个股，具体如图 1-12 所示。

图 1-12　人口营商四个策略

二、人类鼎盛时期主体的转变

随着时期的演进，不同时期的主体是不一样的，只有在不同时期正确把握时期主体，厘清每个时期主体对于时期演进的重要作用，才能正确地将人口集中到时期主体，不与时期脱节。区分不同时期的主体可以帮助人们更好地理解时期演进的关键。

（一）兴盛时期的主体——军备

军备，意思是军事编制和军事装备，从古代一直沿用至今。中国古代十分重视军备，提出军备程度高低对战争有重大影响。如《宋书·颜师伯列传》记载："军备夙固，逆时殄，颇有力焉。"《清史稿·鄂莫克图列传附安达立列传》记载："崇德三年，从贝勒岳托伐明，将至墙子岭，闻明军备甚固，安达立与固山额真恩格图率所部趋岭右，陟高峰间道入边，击败明军。"意为得知明军战争准备充分，安达立等率部沿山岭右侧山道袭击，打败明军。有时，军备也指兵役、动员工作，如《清史稿·属国三·缅甸列传》记载："军备仿德国征兵制，常备军三万人，战时可增十倍。"后来，军备泛指武器装备、军队人员及其战备程度，说明军备即一个国家的军事实力，至今仍然得到广泛应用。在兴盛时期，各个部落为了领土和权力，频繁地进行战争，军备是影响战争胜败的重要因素之一。粮食、甲兵等军备是保障国家安全的重要储备，例如，秦始皇二十五年（公元前222年）建迁陵县，直至岭南三郡建立，迁陵县都位于秦西南边境地区，有戍卒成守，储藏大量甲兵等军备物资。迁陵县隶属于洞庭郡，汉代隶属于武陵郡，有都乡、贰春乡、启陵乡三乡，地形崎岖，崇山峻岭。传世古籍对迁陵县的记载主要于《汉书·地理志》。随着里耶秦简的出土，我们对迁陵县的相关资料得以进一步了解。湖南里耶秦简记载了秦迁陵县及其下属三乡的官方活动，其中涉及地方戍边人员口粮享领、借贷问题，以鸟雁为代表的畜产管理问题，甲兵制造和输运往来，迁陵县库的设置等相关内容。迁陵县仓作为禀粮单位，在里耶禀粮简中还存在乡直接给罚戍、屯戍人员发放粮食的记录，由乡基层行政官员直接参与。由于迁陵县地形的特殊性，其成为制造羽箭的重要原料产地，县乡多次派遣人手组织捕羽活动，鸟雁成为迁陵县较为独特的物产。迁陵县设有县库，由徒隶参与兵器制造原料获取、兵器的制造与储藏等劳作，库具有制造和储藏的双重职能。再比如三国时期的诸葛连弩，诸葛连弩是三国时期蜀国的诸葛亮制作的一种连弩，又被称作元戎弩，一次能发射十支箭，火力很强，帮助蜀国多次在同魏国的战争中取得胜利。在兴盛时期，皇亲国戚、世家大族为了维护皇权，保证权力的稳定，拥有强大的军备成为关键，包括军备的规模大小还有人的数量。军备是以设施为主，是兴盛时期保证权力、赢得权力的根本保障，因此，军备成为兴盛时期的主体。农业社会主体是军队，自然时代主体是军事，兴盛时期主体是军备，按照这样的主体发展，这个国家才有强大的武装力量，美国的军备力量在全世界有目共睹，本书理论也很好地解释了美国、苏联两国多年来从事的军备竞赛。

（二）昌盛时期的主体——产业

产业是时期演进和生产率不断提高的产物，昌盛时期的主体是产业。产业的内涵是生产物质产品的集合体，包括农业、工业、交通运输业等，一般不包括商业。有时专指工业，如产业革命。有时泛指一切生产物质产品和提供劳务活动的集合体，包括农业、工业、交通运输业、邮电通信业、商业饮食服务业、文教卫生业等。产业是指由利益相互联系的、具有不同分工的、由各个相关行业所组成的业态总称，尽管它们的经营方式、经营形态、企业模式和流通环节有所不同，但是，它们的经营对象和经营范围是围绕着共同产品而展开的，并且可以在构成业态的各个行业内部完成各自的循环。20 世纪 20 年代，国际劳工局最早对产业作了比较系统的划分，即把一个国家的所有产业分为初级生产部门、次级生产部门和服务部门。后来，许多国家在划分产业时都参照了国际劳工局的分类方法。第二次世界大战以后，西方国家大多采用了三次产业分类法。在中国，产业的划分是：第一产业为农业，包括农、林、牧、渔业。第二产业为工业，包括采掘、制造、自来水、电力、蒸汽、热水、煤气和建筑业。第三产业分流通和服务两部分，共 4 个层次：流通部门，包括交通运输、邮电通信、商业、饮食、物资供销和仓储等业；为生产和生活服务的部门，包括金融、保险、地质普查、房地产、公用事业、居民服务、旅游、咨询信息服务和各类技术服务业等；为提高科学文化水平和居民素质服务的部门，包括教育、文化、广播、电视、科学研究、卫生、体育和社会福利业等；为社会公共需要服务的部门，包括国家机关、政党机关、社会团体以及军队和警察等。产业集群发展规划是产业链有效整合，通过确立产业链环节中的某个主导企业通过调整、优化相关企业关系使其协同行动，提高整个产业链的运作效能，最终提升企业竞争优势的过程。产业链整合发展具有降低成本、创新技术、开拓市场、扩张规模、提高效益、可持续发展的强大竞争优势，同时它还是发展区域经济、促进产业转型的重要形式。产业集群发展就是要形成强大的板块效应，如 A 股市场上的茅台酒大幅上涨，带动白酒板块，既是金融证券服务业以及第三产业，又有力推动了白酒形成第一、第二产业链。

产业链是对产业部门间基于技术经济联系，而表现出的环环相扣的关联关系的形象描述。区域产业链条则将产业链的研究深入区域产业系统内部，分析各产业部门之间的链条式关联关系，探讨城乡之间、区域之间产业的分工合作、互补互动、协调运行等问题。在经济实践中不少地区也在进行产业链构建与延伸的积极尝试。以整合企业在产业链上所处的位置划分，可分为横向整合、纵向整合以及混合整合三种类型。横向整合是指通过对产业链上相同类型企业的约束来提高企业的集中度，扩大市场势力，从而增加对市场价格的控制力，从而获得垄断利润。纵向整合是指产业链上的企业通过对上下游企业施加纵向约束，使之接受一体化或准一体化的合约，通过产量或价格控制实现纵向的产业利润最大化。混合整合又称为斜向整合，是指和本产业紧密相关的企业进行一体化或是约束，它既包括了横向整合又包括了纵向整合，是两者的结合。以整合是否涉及股权的转让可分为股权的并购、拆分以及战略联盟。股权并购型产业链整合是指产业链上的主导企业通过股权并购或控股的方式对产业链上关键环节的企业实施控制，以构筑通畅、稳定和完整的产业链整合模式。拆分是指原来包括多个产业链环节的企业将其中的一个或多个环节从企业中剥离出去，变企业分工为市场分工，以提高企业的核心竞争力和专业化水平。战略联盟型产业链整合是指主导企业与产业链上关键企业结成战略联盟，以达到提高整个产业链及企业自身竞争力的目的。美国苹果手机出现以后，核心技术产生，对于美国以及全世界的互联网产业链形成、发展、深化作用巨大，奠定了美国在互联网产业全世界的领导地位。世界各国在昌盛时期的主体是牢牢抓住产业链主体进行竞赛，完善、发展、创新、共建以本国企业为龙头的产业链，是昌盛时期的顶格思维和顶层设计。

（三）鼎盛时期的主体——营商

鼎盛时期的主体是营商，这来源于教育—金融—营商的人气线。这条人气线会带来名誉，类似于军队—军事—军备，是维护权力的人气线，企业—实体—产业，是赢得金钱的人气线，将人气营商、人群营商、人口营商三个理论联系起来理解就会比较容易，教育—金融—营商，也不难理解，正当人们在拼命发展产业时，实际上全世界专业人士已经在从事营商活动，讲出最好的故事吸引专业投资人，逐渐在营商领域进行人口集中龙头个股，通过营商带动产业，美国在芯片领域与中国的斗争就是防止华为等企业超过苹果，确保苹果的全球饥饿地位，从而确保美国在互联网时期的全球领导地位。充分说明营商活动对于产业形成和产业竞争的重要作用。各国政府、相关企业和全社会都会参与到这个宏大的故事之中，有时掌握核心思维比掌握核心技术还要厉害，错误的思维就会导致产业失败、投资失误，反过来还以为只是尖端技术本身的原因。一定要参与到全球化、证券化、专业化的宏大故事之中，为人类社会发展、时代变迁、时期演进作出应有的贡献。

营商的核心就是要站在更加开放的全球视野，进行形象的虚拟证券化运作、抽象的专业化把控，长期积累，把一件件小事慢慢变成大故事；立足本国实际，精心谋划，长远实施，技术突破，长期坚持，这个故事就会从一个国家影响到全世界，成为一个时期的大故事。互联网时期就是美国牵头，全球参与的一个大故事。每个国家必须补足短板，学习别的国家，更要讲出自己国家的故事影响世界，这个国家在全世界才有地位，可以有理由相信中国的高铁故事，立足中国实际，补足运输短板，寻求技术突破，长期坚持，中国的高铁故事会影响全球公共交通运输产业发展。高铁时期是以中国中车这个龙头企业牵头的中国故事，高铁真正成为中国的高端制造。

营商是在接受各种文科、工科等多领域、多学科教育，系统学习商科教育，掌握心理学、行为学、社会学，广泛接触社会实践基础上，通过深入思考运用人气理论研究人气关注的房价、股价、物价"三价"，正确利用四个对策，促进"三价"的投资，使人类社会真正进入商业投资的社会，让人们越来越智慧；运用人群理论研究股价的人群环，寻求可以寄托的指数板块，进行推动指数上涨的契合成长行业板块分析，通过金融带动实体，实体支撑金融，让衍生品成为虚拟时代人们必须熟悉的新名词，自然时代—物质时代—虚拟时代，品种—品牌—衍生品；运用人口营商理论着重研究人口集中的奢侈品龙头个股实现 8 倍增值的人口顶，通过信任头部的顶格思维极度，以及后悔分析，饥饿、圈子、标杆策略正确引导和培养龙头个股，带动各国相关产业的发展，推动时期不断向前演进，使这个国家和全世界人们共建共享这些营商顶级智慧带来的高品质生活，真正实现人类的尊严、尊重和尊敬的生活目标。农业社会、自然时代以及兴盛时期是相互平行的时间状态，只是研究的角度不同，农业社会的主体是军队，自然时代的主体是军事，兴盛时期的主体是军备；工业社会的主体是企业，物质时代的主体是实体,昌盛时期的主体是产业;商业社会的主体是教育,虚拟时代的主体是金融,鼎盛时期的主体是营商。不同社会、时代、时期的主体变化如表1-8所示。

表1-8 不同社会、时代、时期的主体变化

	农业、自然、兴盛	工业、物质、昌盛	商业、虚拟、鼎盛
人气营商学	军队	企业	教育
人群营商学	军事	实体	金融
人口营商学	军备	产业	营商

第五节 人类鼎盛时期的人口营商学框架

昌盛时期的营销是企业以产品需求为出发点,根据经验获得产品需求量以及购买力的信息、企业界的期望值,有计划地组织各项经营活动。营销理论也是一个循序渐进的发展过程,营销不是管理的规律,也不是经济科学方法,它是哲学思维,不能将营销学等同管理学、经济学,或者是其分支,它是应该独立于管理学、经济学之外的一门学科,共同形成管理学、经济学、营销学三大商科门类,才能凸显营销学的重要性,如果将营销学并入其他学科,就会阻碍营销学的发展,只是在昌盛时期商科的核心学科是经济学,更主要的是宏观经济调控。营销学将现代企业看作一个独立的运营系统,与企业外的营销环境有着相互牵连的关系,营销学的研究内容是微观企业的经营活动,它成为经济学的辅助。营销学在兴盛时期、昌盛时期的地位都比较低,但是营销的理论思维框架为其在鼎盛时期的发展打下了坚实基础,赢得了空间。鼎盛时期产品营销学成为人口营商学,一方面离不开已有的营销理论和其他学科的支撑,另一方面也不能只是简单地在现有营销理论的基础上再添加新的内容,必须在深刻理解、总结现有营销理论的同时,结合大量的营商投资实践,顺应时代的变化,深入思考,抽象思维、具象分析得来。本节对传统的产品营销理论框架向未来的人口营商理论框架的转化进行了一些分析,以便于大家更好地理解本书的内容。

在经历了通过来往来保障上品特色的兴盛时期、利用交往来满足精品特别的昌盛时期、以奢侈品价值为主导的鼎盛时期后,人们不再拘泥于满足精品特别的交往,而更重视创造奢侈品价值的投资,从增值中达到营商目的。传统营销学告诉人们如何进行4P策略、4C对策、4R决策分析,从而研究如何满足市场需求。

营销理论研究立足点从产品市场—顾客市场—关系方市场转变。鼎盛时期以奢侈品价值为核心的营商理论研究立足点从全球化、证券化向专业化营商主体转化，市场化是经济的载体，专业化是价值的载体。从昌盛时期的产品营销学向鼎盛时期的人口营商学的转变如图 1 – 13 所示。

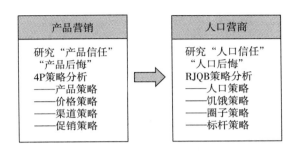

图 1 – 13　从昌盛时期产品营销学向鼎盛时期人口营商学的转变

　　笔者对昌盛时期产品营销学进行研究总结，并与长期的投资实践相结合，运用抽象思维推论出产品营销学向人口营商学转变的理论框架。产品营销学中的 4P 策略与人口营商学中的四大策略构造人的"四肢"框架，使得人们认识到鼎盛时期的人口营商思想也必须进行策略分析，进而再去寻求属于鼎盛时期的人口营商核心内容。人口营商的研究正是继承产品营销的思维框架，站在鼎盛时期的角度，在实现人口信任和减少人口后悔的基础上寻求适合投资人的价值投资思维，认识到通过人口、饥饿、圈子以及标杆四个策略研究人口营商；产品营销中的产品后悔理论引出人口的后悔理论；产品营销中的产品信任转化为人口信任，只是产品营销的核心是四个策略，因为产品是形成交换的前提，没有好的产品，一切都是空谈；人口营商的核心是信任，不是策略，没有值得信任的头部高度，顶格思维不能形成，个股就没有投资的绝对价值空间，不值得专业人士投资，减少后悔和四个策略都是围绕信任来进行分析的。

　　鼎盛时期以共同赞美为主，目的是在一定时期持续获得专业投资人的赞美集中，获得流量。因此鼎盛时期的人口营商学已经不单单是追求奢侈品产品销量、利润，已经独立于管理学、经济学的延伸发展，涵括管理学、经济学甚至是人文哲学方面的思想，探讨时期的演变和人口营商价值重心。很多人认为投资是行为经济学、金融学应该研究的范畴，其实不然。在鼎盛时期，以保证精品购买特别为主的经济学已经不是时期的主流学科，经济学地位逐渐被金融学取代，这在西方国家已经成为现实，金融学所提供的更多是投资方法、投资工具，进行资产的研究，而人口营商学提供的是人口营商思维，进行专业投资人赞美的价值创造，这在本章已进行了认真阐述。鼎盛时期的商科核心都是研究不同时期的奢侈品赞美，就像昌盛时期的所有商科都是研究特别精品一样，进入鼎盛时期后，人们从会考进入抉择，人们心中抉择奢侈品赞美是时期的主旋律和主导。因此鼎盛时期的人口营商学是继承了产品营销理论的发展，而营商学科地位将会在鼎盛时期得到极大提升。

为了更好地满足鼎盛时期人口对奢侈品个股投资的需求，产品营销研究应该转向价值导向的人口营商研究，鼎盛时期是奢侈品赞美的时期，运用学习心理学形成的人口顶，结合龙头个股的投资实践，总结出专业投资人利用人口营商学理论投资龙头个股更易实现绝对价值的创造，龙头个股投资的特点——股价可以人口集中增值 8 倍，投资策略运用得当，作出正确的投资策略，吸引资本投资龙头个股，有利于产业链的形成，龙头个股站在产业链的价值分工的顶端，价值单元的内卷能力强大，价值元素的质变真正形成，使龙头个股投资成为绝对价值创造的研究重点，人口营商投资在绝对价值的研究中脱颖而出，使人口营商学的鼎盛时期奢侈品个股研究基于虚拟时代衍生品板块研究成为可能，金融衍生品的投资研究帮助实体经济发展，营商学的奢侈品投资研究有利于产业链形成。鼎盛时期的信任理解为学习信任的共建共享分析，奢侈品后悔表现为 8 倍计量的奢侈品投资细分因素、目标确定、价值定位。后悔研究帮助投资人减少对于未能正确抉择营商奢侈品而感到的后悔，能够减少投资人后悔的就是营商奢侈品的龙头个股的准确把握和正确投资。虽然本书已经提及后悔、强调产品后悔过程的细分、确定、定位、调整，但是这样的研究似乎无法脱离昌盛时期保证精品特别的思想禁锢。很多理论仅仅停留在保证特别的产品层面上而没有将眼光转向获得投资人的赞美的奢侈品流量上，对于如何在大千世界全球众多的产品奢侈品中投资具有升值空间的后悔奢侈品股票的个股，投资人很难一下子转变成为统一的理论认识。在这样的背景下，基于后悔分析的人口营商学理论体系创新就显得十分必要，后悔龙头的价值体征是人们投资成功的检验标准，特别是专业投资人在 8 倍先、中、后的奢侈品个股上涨空间中，不断地创造最大化绝对价值，因此说人口后悔分析也是人口营商学研究的重点，人口营商学还对四个策略进行了研究，只有充分认识策略的理论和实践由来、把握和利用策略，才能创造最大化绝对价值，为全人类的共同价值研究作出贡献。与产品营销相对应，人口营商也有一个完整的理论体系框架，分为以下三大部分：首先是人口信任分析，它如同产品营销中的产品信任分析；其次是后悔原理分析，它如同产品营销中的产品后悔分析；最后是专业投资人针对人口顶做出相应的四个营商策略，从而创造奢侈品绝对价值。这就是人口营商的总体思路与框架（见图 1－14）。受篇幅所限，不再一一介绍，详细内容在每章的理论来源中都有涉及。

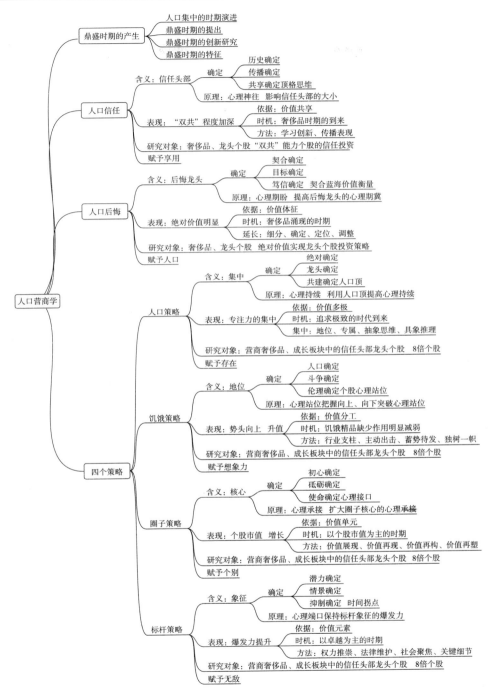

图1-14　人口营商学的理论框架

本章练习

简答题

1. 简述鼎盛时期提出的意义。
2. 简述三个时期的价值区别。
3. 如何理解鼎盛时期以创造绝对价值为核心？
4. 如何理解鼎盛时期的象征婚姻？
5. 简述鼎盛时期的特征。

第二章 人口信任

第一节 如何理解信任

一、信任的理解

（一）信任含义

信任是社会秩序的基础之一，没有了信任，社会自身的正常运转将会出现危机。《辞海》中对于信任的解释为"相信而敢于托付"。在中国儒家、道家文献中，包括了很多信任文化的论述。《论语》中关于"信"的讲述充分体现了中国人对于信任的高度重视，人们认为"信"是社会道德不可或缺的一部分。"从人从言"是《说文解字》中关于信的阐释，即人与人在交往的过程中首先要有诚实可信的言论。综合来看，信任在中国涉及方方面面，有信、诚信、信赖、相信、信誉、信息、信用，也牵扯到真诚、诚实、善意、忠义、欺诈等道德和伦理品质。在西方，亚当·斯密首先关注信任与行为的关系，但是当时并没有进行更加系统的研究。直到1990年，社会学家西蒙明确指出"信任是社会最重要的综合力量之一"，才进一步开始了对信任更为系统的研究。关于信任的研究最早起源于心理学领域，心理学认为"信任"是一种心理预期，即对某件事情是否发生给出心理预期，据此采取相应的占优策略，即便此事未必发生。从此以后，"信任"被不同学科领域的学者们进行研究探讨。信任概念由于其抽象性和结构复杂性，在社会学、心理学、营销学、经济学、管理学等不同的领域，定义信任是不同的，没有一个统一的定义，但是达成共识的观点是：信任是涉及交易或交换关系的基础，被定义为愿意相信、依赖另一方的信念或意图。

现在学界普遍认为信任是社会资本的一种，越来越多的研究也将信任作为影响经济增长变动的重要因素，目前成为社科领域关注的热点。在社会科学中，信任被认为是一种依赖关系。值得信任的个人或团体意味着他们寻求实践政策、道德守则、法律和其先前的承诺。相互依赖表示双方之间存在着交换关系，无论交换内容为何，都表示双方至少有某种程度的利害关系，己方利益必须靠对方才能实现。因此从社会科学的观点也可以发现信任与承诺、共赢具有重大的关联，这与人气营商学、人群营商学和人口营商学的研究观点一致。无论是在经济交换还是在社会交换中，信任都起着举足轻重的作用，是陌生人之间进行交易的纽带，是个体做出策略的重要影响因素。如在传统电子商务中，由于买卖双方存在着严重的信息不对称，消费者面临着信息泄露以及财产损失的风险，信任成为促进其做出购买决策的前提条件。在对信任需求更高的价值投资中，投资人面临的不只是财产损失的风险，还面临着错失最佳投资机会契机的风险，风险程度更高，要想促成交易的完成，需要更高的信任。信任是基于不确定环境产生的，伴随着风险。同时信任是人们面对不确定性时降低环境复杂性的一种机制，对营商环境下的决策行为有显著影响。

在人口营商学中，信任是研究的核心，主要是因为只有在投资人相信龙头个股可以创造绝对价值的前提下，投资人才会做出投资策略。因此，信任在价值投资中可以帮助投资人选择具有绝对价值的龙头进行人口集中。可见，信任是人口营商学的核心，是决定投资人能否实现百倍绝对价值的关键因素。对于人口营商学的价值投资来说，信任可以帮助投资人把握不同行业中的奢侈品龙头个股的最大空间和恰当投资时机，减少选择龙头过程中伴随的风险，增强投资人对于资产增值的心理神往，不断实现绝对价值的创造。

（二）信任演变

从信任的概念中，可以看出信任作为《人口营商学》核心研究的重要性。信任是持久追求价值投资最大化的关键，能够帮助主体双方实现价值共享。在不同的时期，信任的概念均存在，但含义不同，因此研究信任，必须对信任的时期演进进行梳理。信任的概念早在兴盛时期就已经存在，信任是中国民族的传统美德，是人和社会、人与人之间建立关系的桥梁。古人便对信任十分重视，孔子在《论语·颜渊》写道："子贡问政。子曰：'足食，足兵，民信之矣。'子贡曰：'必不得已而去，于斯三者何先？'曰：'去兵。'子贡曰：'必不得已而去。于斯二者何先？'曰：'去食。自古皆有死，民无信不立。'"指出一个国家不能得到老百姓的信任就会垮掉。在天然资源缺少的兴盛时期，人们相互之间达成信任的关系，来弥补这种缺陷，进而实现目标，推动时期演进。

兴盛时期的生产以资源禀赋为主要依据，是指由于各区域的地理位置、气候条件、天然资源蕴藏等方面的不同所导致的各区域专门从事不同的生产局面。因此，人们因地制宜，不同区域生产各自具有优势的特产。兴盛时期，天然资源是生产和发展的基础，特产形成的类型都与其相关。天然资源的空间分布及其组合对区域特产生产与发展的影响主要表现为：天然条件的地理差异是特产生产地域分工的天然基础。兴盛时期由于生产的最基本特点就是经济再生产过程同自然再生产过程的一致性，因此，影响动植物生长的光、热、水、土、地貌等自然因素就成为影响特产生产与发展的重要资源条件，其时空分布及组合直接影响到生产布局和区域间的生产分工。天然资源由于区域性的限制，其所在的位置往往不能够移动，并且由于资源稀缺，生产力低下，产出上品的概率更是有限。在兴盛时期，对于经常处于动荡不安、缺乏安全感的人们来说，满足基本生活需要和安全是人们的美好愿望和向往，而由于天然资源的决定权往往掌握在领头手中，因此领头是通过一定的规则形成的，比如决斗和战争。人们为了满足基本生活需要和安全感，会向拥有资源决定权的领头靠拢。兴盛时期，强大的中原王朝以天朝自居，唐朝各附属国都要向天朝进贡，各属国的地方政府也会向本国君主进贡贡品，将各地品质优秀、稀缺珍罕的上品进贡给信任的领头。因此，信任在兴盛时期主要解释为领头信任，拥有天然资源与优势的领头起事并带领别人行动。国家早期的形式就是通过身为领头的"共主国"带领邦国共同成立以血缘（族姓）为基础、具有互相信任的亲缘体，通过这样的方式壮大了信任主体的实力。不仅领头扩大了势力范围，跟随者也弥补了生活资料和天然资源的短缺。

昌盛时期是继兴盛时期之后的时期演进阶段，其显著特征之一便是以经济增长为核心。亚当·斯密认为，有两种方式能够促进经济增长，第一种是劳动生产力的增加，第二种是劳动生产率的提高。目前，学者们普遍偏向于第二种。在昌盛时期，由于技术的不断进步，天然禀赋资源在生产流程中所占的重要性逐渐降低，社会整体生产力有了质的提升，科学技术极大地改变了人们的生活方式和追求目标，创造信任的前提转变为领先的尖端技术，尖端技术对于国家的军事、经济实力以及政治影响力都有很重要的作用。以经济增长为核心，加快经济发展方式转变的关键在于持续的科技发展和创新，特别是高水平的高新尖端技术产业化、流程化。企业充分利用并受益于科技创新所创造的新知识、新材料、新意识、新工艺、新服务、新战略、新模式等不同形式的精品成果。生产流程的各个环节存在着错综复杂的关联关系，流程中的各个步骤合力影响了精品的产出率。昌盛时期，企业是技术创新的主体，因此关于技术创新驱动经济增长的动力机制的研究通常将企业设定为研究对象。技术创新的动力源有外在动力源和内在动力源，外在动力源是时期需求拉动力和科技进步推动力，而内在动力源是企业这一创新主体对利润的追求。企业既是技术创新的实施主体，也是技术创新成果的直接受益者，企业具备创新的内在动力和外在动力，经由技术创新提高自身竞争力，从而增强区域、国家的后发优势。因此，进入昌盛时期，"信任"的概念发生了重大变化。昌盛时期的信任更加重视的是制造流程、信任掌握的尖端技术。在这个时期，信任的含义理解为信任领先。领先信任源于尖端技术的领先，只有领先的企业会获得社会大众信任，会引来行业内其他企业的模仿和学习，能推动一个行业的整体发展，从而带动时期的整体进步。

进入鼎盛时期，专业化与哲学社会科学思维加快了时期的演进。在专业化背景下，全球范围内互联互通，各区域主动或被动地参与国际分工合作，利用各自比较、相对优势，最后形成绝对优势——专业化共建共享。在专业化领域中，具有 8 倍增值空间的龙头个股才能成为人口集中的头部，头部高的个股能获得更多的人口集中，拥有更多的投资人。头部是所在各个行业中的个股绝对价值的体现。一旦成为某个领域内的 8 倍头部，领域内就会产生正反馈。8 倍头部带来更多的声望，声望会进一步为头部高的个股发展带来更多的投资人，结果就是 8 倍头部获得最高的价值增值与赞美，成为人们集中抉择的"奢侈品"。白酒行业的龙头茅台酒就是人们信任 8 倍头部的表现，个股实现的极度决定龙头个股是否实现 8 倍和 8 倍实现的次数。茅台酒个股实现了最少 2 个 8 倍，从 20 元上涨至 160 元，从 100 元上涨至 800 元，再从 500 元上涨至 2600 元，达到该行业内龙头个股的极度。因此实现百倍价值增值与信任头部密切相关，没有 8 倍增值空间的头部极度，投资人是不可能集中的，这样投资人就可以更大程度上降低不确定性投资的风险性，在鼎盛时期，信任的含义理解为头部信任。鼎盛时期的信任主要解释为投资人以专业化为背景，通过信任头部，进而创造百倍的价值空间。人们对于专业化龙头的投资，是对创造绝对价值的心理神往，没有对于头部的信任，就不会形成人口的集中，信任头部的选择是投资人抽象、具象思维的整合。通过信任头部的理论研究可以增强投资人对于预期百倍价值增值的肯定性，减少在专业化市场中投资的失误，保证投资选择个股的正确性。信任是顶格思维，后悔龙头、人口策略、饥饿策略、圈子策略、标杆策略展现出头部极度，本章重点从如何实现鼎盛时期信任头部的角度分析基于顶格思维形成的价值共享。

综上所述，信任在三个时期的信任理解及演变如图 2-1 所示。

二、信任表现

信任的表现主要是从信任在三个时期中的目标与能力来衡量的。总体来说，信任在三个时期中呈现出三种不同的变化特征。在兴盛时期，"信任"是在天然禀赋资源要素集中的情形下实现领头信任，表现为"双继"——继续继承，保障人们的基本生活需要与禀赋资源的有效传递；在昌盛时期，"信任"是在重视生产流程的情形下实现信任领先，表现为"双奋"程度，进而促进尖端技术不断发展与保持领先；在鼎盛时期，"信任"是投资人为追求特有的绝对价值情形下选择信任头部，表现为"双共"程度，帮助投资人实现顶格生活追求，实现与头部共享绝对价值创造。

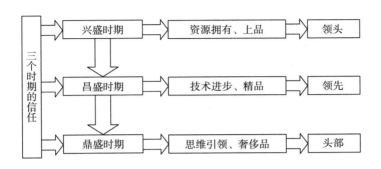

图 2 - 1　三个时期的信任理解及演变

（一）兴盛时期——表现为"双继"能力

兴盛时期，核心是土地、权力、军队，能够拥有土地、权力，军队发挥的作用是不可替代的，能够表现出对于土地、权力长期拥有的继续和继承能力，才能成为兴盛时期的领头，继续对于土地的热爱和权力的把握，是信任的基本前提，对于拥有土地和权力的家族继承，也成为当时人们的共识，因此"双继"——继续继承是信任领头的表现所在。没有"双继"能力，作为领头信任是不可能的。"双继"能力既表现信任的起点，也表现信任的延伸，表现在没有"双继"能力，领头信任无法实现，既是个体自己的选择，也是人们的基本共识。继续和继承也是一种重要的能力，没有坚持和毅力是很难继续的，没有对于历史的了解和把握也是很难继承的，从中国历代皇帝的更替，就可以看出每个朝代的继续继承能力，这决定了人们对于领头的信任，兴盛时期的人们只要年年风调雨顺，生意兴隆就会满足，就会遵从领头，服从统治；不能够很好地传承，让人们衣食无忧，农民就会造反，表示对领头的"双继"能力不满意。

兴盛时期是农业社会、自然时代同时并存，在人类生产力低下、资源相对集中的背景下，人们利用各地有限的资源生产出只有在当地才能生产的物品，例如，中国的丝绸、陶瓷，法国的香水，新西兰的牛奶等。自然资源禀赋论指出由于各区域的地理位置、气候条件、自然资源蕴藏等方面不同，导致出现各区域专门从事不同部门物品生产的格局。各区天然资源禀赋不同基础上的特产形成主要有两个方面的原因：第一是天然资源的"有与无"产生分工。这种有与无决定了一些区域要生产这种物品，而另一些区域根本不能生产这种物品，只能依赖购入。第二是"多与少"产生分工。一些区域尽管蕴藏着较少的自然资源，但其需求量却很大，另一些区域尽管天然资源蕴藏量比较大，但其需要量相对比较小，这就形成了一些区域要向产量小于需求的区域提供一部分天然资源。因此区域的地质、地貌条件，决定了区域的水、土（包括森林、草场等）、能源和矿产资源基础，进而影响区域的开发条件、潜力、方式和前景。

在兴盛时期，天然资源的决定权是由领头掌握的，这也是领头获得信任的关键因素。兴盛时期，强大的军队发展成为军备是领头实力的象征，只有强大的军备才能保障领头对天然资源的掌握，由于生产力的低下以及天然资源具有的区域特性，领头和其追随者需要互相信任，领头将天然资源分配给其追随者，追求者付出自己的劳动要素，通过双方的信任，不仅维持了领头统治的稳定，同时也弥补了兴盛时期资源短缺的问题，保障了人们的基本生活需要。兴盛时期，领头拥有禀赋资源更容易获得人们的信任。本质规律决定领头拥有的先天禀赋资源越多，其资源可以被继承的程度就越大，如图 2－2 所示。因此"双继"——继续继承是兴盛时期信任的主要表现。

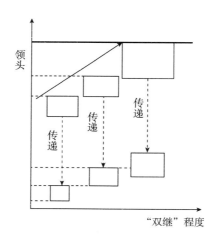

图 2－2　兴盛时期信任表现

（二）昌盛时期——表现为"双奋"能力

昌盛时期信任领先，是基于技术的不断进步，前沿技术层出不穷，导致尖端技术应用快速发展，是企业"双奋"——奋力奋发的结果。企业在尖端技术上的领先是人们信任的前提，掌握和拥有尖端技术企业必须奋力奋发，进行科研能力培养和大量投入科研经费，只有这样才能赢得市场信任。西方国家在科研方面的投入走在世界前面，我们必须奋力追赶，后天的努力非常重要，只要技术落后，这个国家就会挨打，企业就会停滞不前。进入昌盛时期，科学技术的不断迭代以及尖端技术的周期演进，成为经济增长的核心推动力，必须奋发图强。由于技术的不断进步，天然禀赋资源在工业生产流程中的重要性逐渐降低，知识和科技成为经济增长的主要内生变量。新经济增长理论指出，在经济增长的内生过程中，边际生产率在知识和经济的影响下可以产生积极效果。昌盛时期的国家之所以一直保持积极的经济增长，是因为科技与知识随着需求的增长而增长，国家也因知识的积累和科技的发展而增强信心，进一步加大工业投资力度，由此形成了良性的循环。在昌盛时期，只有奋力奋发实现尖端科技，产业才能形成和发展。

为了实现科技发展驱动经济增长和实现尖端技术领先的目标，必须重视流程的建设，打造研发链、产业链、资金链、人才链、政策链相互嵌入、彼此支撑科技领先地位的链条。研发链是科技进步的源泉，基础研究、应用基础研究、应用技术开发、技术成果商业化形成的链条，要嵌入产业的每一个环节，方能够驱动实体经济发展，这也是产学研协同的过程，既有供给侧进路，也有需求侧进路。产业链的节点或者环节是企业，要联系上游供应商和下游客户，联合开展技术研发，高度重视产业链上的"基础材料、基础零部件、基础工艺、基础设备和基础软件"的研发链嵌入。资金链逻辑是基础研究（政府公共研发投资）—应用基础研究（政府公共研发投资为主，企业为辅）—关键技术研发（企业资金投入为主，政府政策性补贴为辅）—工程化集成与验证（企业资金投入为主，政府政策性补贴为辅）—市场化应用（企业资金投入、市场资本介入）。人才链是以"科学家、工程师、企业家"为主体的由技术工人、技术员、工程师、研究员（教授）和院士等多层次人才构成的链条。政策链是围绕着以上四个链条制定相应的政策。五链交错融合、有序嵌入的尖端技术发展网络是昌盛时期经济增长体系的神经脉络。

昌盛时期信任领先目的是通过奋力奋发获得更大的利润主体，发挥自身领先的核心技术优势。因此"双奋"——奋力奋发，是昌盛时期信任的主要表现。在昌盛时期，尖端技术已经成为提高综合国力和企业发展的关键支撑，为世界经济提供源源不断的发展动力，谁把握了世界新一轮科技革命和产业变革大势，谁就能增强经济创新力和竞争力，获得信任。如图 2－3 所示，在昌盛时期，现代工业生产流程所需的所有知识、资源及尖端技术是经过后天学习的，奋力奋发才会获得领先的优势以及信任。

（三）鼎盛时期——表现为"双共"能力

"双共"——共建共享，进入鼎盛时期，信任的表现不再仅仅是昌盛时期尖端技术的"双奋"能力，而是思维的哲学社会科学，更重要的是突出顶格思维

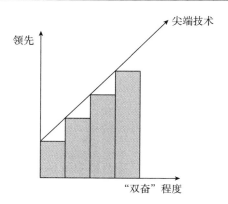

图 2 – 3　昌盛时期信任表现

共建共享能力，共同建设，共享成果。鼎盛时期，信任的概念已经发生了变化，强调投资人为了实现头部价值的百倍增值，需要专业化眼光把握头部，实现头部的价值共享，创造绝对价值。在鼎盛时期，核心是哲学社会科学。进入鼎盛时期，信任的表现是投资人加深对共建共享发展理念的认识，通过信任头部，将价值共享化，强调共建共享，在共建中共享、在共享中共建，推动时期不断演进，创造顶格的价值空间，实现绝对价值创造。

　　共建共享能力是头部高度形成的前提，没有共建共享能力，头部信任无法实现，只有高的头部，才有必要共建共享，清晰了解个股的头部可以达到高度，是投资人投资最终的追求。共建共享理念形成与发展也不是一蹴而就的，它经历了源远流长的时期演进，并在时期演进中不断地被赋予新的意义。在中国几千年文明史中，虽然并未明确提出共享发展理念，但共享思想却始终贯穿其中。儒家思想中提及的"大同世界"，其基本原则是达到一种"天下为公"的理想社会：生产资料和社会财富是公共所有的；与人之间的关系是平等友好的；社会秩序亦是和谐稳定的。这样的一个理想社会就是大同社会，人人都能获得公平的生活保障与发展条件，是人们对共同分享社会发展成果这样一个理想社会极度向往与追求的充分表达。旧时期产生的这些关于财富均等与共享的理论，均是鼎盛时期共建共享理念的基石。共建共享不是一种经济的运作模式，而是一种发展理念，是以价值取向和目标为要求，与信任双方密切相关。信任方与被信任方的主体通过共建进而共享发展成果，为双方都带来价值增值。比如白酒板块中的头部——茅台便诠释了在鼎盛时期共建共享理念的重要性，消费者、投资人信任茅台，茅台作为白酒板块和大消费板块龙头，是消费者品质生活的象征，消费者赞美茅台，茅台不仅产能逐渐扩张，股价也不断突破历史新高，茅台作为龙头个股上涨与主板指数上涨又有必然的联系，联动大盘指数，带动行业板块和指数上涨。所以，龙头个股的特征及分析非常深刻，没有信任头部的理念，投资人很难抓到8倍空间的龙头个股，只有保持坚定的头部信任，才能对龙头个股赞美进而实现价值共享。

进入鼎盛时期，受哲学社会科学思维的影响，投资人通过信任头部，强调将赞美价值与哲学社会科学思维共建共享，共享演进机遇、共同推进股票市场专业化，创造"百倍"价值空间，为实现绝对价值打下坚实的基础。因此"双共"——共建共享，是鼎盛时期信任的主要表现。鼎盛时期信任表现如图2-4所示，图中表示在专业化个股投资时，个股信任头部、"双共"程度和时间构成三者的关系，三者构成的锥形就是绝对价值。随着时间的推移，共建共享的程度越高，对个股头部高度信任的程度就越高。"双共"程度越强，信任头部创造的价值便会越大，这也是鼎盛时期投资人最希望的状态。在鼎盛时期，投资人通过对个股头部的信任，不仅使得个股获得更多的关注与更多资源，同时头部的良好的发展预期也会为投资人带来百倍的价值增值。"双共"程度越高，人口集中信任龙头的时间越久，创造的绝对价值便越大，反之则相反。

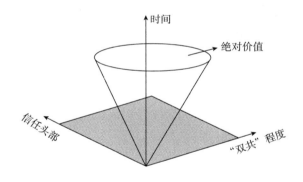

图2-4　鼎盛时期信任表现

三、信任作用

信任在不同时期，其作用也发生了不同的变化。三个时期中，信任的作用是不同的，信任是投资人抽象思维和具象思维的结合，帮助投资人对于个股头部实现价值共享，进而创造绝对价值。总体来说，如图2-5所示，兴盛时期的信任领头在天然资源短缺和区域固定的背景下，通过形成领头与跟随者的方式，充分利用了各地固有的天然资源，实现原产地保持；昌盛时期的信任领先更加重视的是制造流程、信任掌握的尖端技术，因此，领先的技术可以实现原装地保证；鼎盛时期的信任头部是指人们为追求的百倍价值增值的心理神往，通过选择信任头部,增强投资人对于预期百倍价值增值的肯定性,减少在专业化市场中投资的失误,保证投资选择的正确性,实现最好的原版地培养,形成人口集中投资。

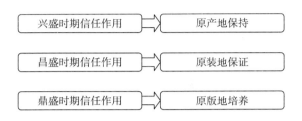

图 2 - 5　信任在三个时代的作用

(一)兴盛时期信任作用:原产地保持

在兴盛时期,精细是核心,上品的形成是原产地天然资源精细化的结果,精细在兴盛时期起到了重要作用。此时,信任的含义是信任领头,通过形成互相信任的关系体,不仅扩大了领头的实力与势力范围,也弥补了信任主体的生活资料和天然资源的短缺。当时生产力较低,兴盛时期的粮食生产量十分有限,并不是在任何时候、所有人都可以满足最基本的生活需要,生存是人们考虑的首要问题,人们需要信任领头。信任关系的形成之一便是人们向领头提供上品来获取信任。据《禹贡·疏》载:"贡者,从下献上之称,谓以所出之谷,市其土地所生异物,献其所有,谓之厥贡。"可见,贡赋之物,为一地"所生异物",也就是优质的特产之物——上品。上品多为全国各地或品质优秀、或稀缺珍罕、或享有盛誉、或寓意吉祥的极品和精华。

兴盛时期的生产效率低下,人们以精细为原则,只有对天然资源精细化的探索,才能解决人们的温饱、生存问题。兴盛时期交通不便,人们只能利用当地的资源生产属于当地的特产。原产地,是指特产的来源地,生产地在特产的流通过程中具有标志性的意义。特产,是指在兴盛时期具有地理位置标志和专有特性的产品,如贵州茅台酒、宜宾五粮液酒、安溪铁观音、中宁枸杞、金华火腿、宣威火腿、杭州龙井茶、文山三七、云南普洱茶、山西老陈醋、库尔勒香梨、绍兴黄酒、阳澄湖大闸蟹、五常大米、固城湖螃蟹、镇江香醋、陕西苹果、烟台苹果、赣南脐橙等都是由具有地理标志特性的粮食作物和经济作物等天然资源精细化加工形成的。结合上述的单独定义可知,原产地具有地理效应以及光环效益,即:通过标志原产地可使人们清楚地辨别其来源及评价。在此基础上,不同地区的人们利用当地的固有资源通过精细化的工艺获得具有地方特色的上品。由此可见,上品的形成与特色保持一方面来自当地的得天独厚的自然禀赋,另一方面也离不开精细的观念做支撑。原产地的地理标志是人们对上品信任的关键,每个地区所具有的不同天然资源与地域特色的文化，是地区特色上品发展的基础。这些上品成为各区域的地理标志产品，数代的传承是质量与品质的象征，人们自然而然地将地理位置与上品相关联，意味着在人们的意识中，上品具有明确的地理标志性，人们会认为只有该地区最适宜种植、生产和加工该种特产，别的地方种植和生产，口味和品质就无法得到保障，人们已经习惯了这个地方的品质。

因此，信任的首要目的是实现原产地保持，通过对具有地理属性的天然资源进行精细化加工，进而保持上品的特色，实现信任关系的建立，有助于禀赋资源向下的传递，推动时期向前演进。

兴盛时期信任的作用如图 2-6 所示。

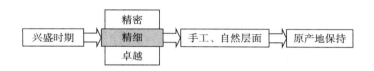

图 2-6 兴盛时期信任的作用

（二）昌盛时期信任作用：原装地保证

进入昌盛时期，制造技术的发展日新月异，科学技术的发展与生产力产生了质的提升，以欧美为代表的发达地区均逐渐走上了工业化进程，机器逐渐替代了手工。机器的精密决定了生产效率的高低，精密的重要性逐渐增加。精密加工是国家制造工业水平的重要标志之一，精密加工所能达到的精度、表面粗糙度、加工尺寸范围和几何形状是一个国家制造技术水平的重要标志，精密加工技术对尖端技术的发展具有重大影响，掌握精密加工技术并具备相应的生产能力是现代国家实现尖端技术的必经之路。

在经济一体化进程逐步深化和推进的背景下，全球的品牌越来越多地进入各国市场，各国的消费者有更多可能性去接触世界各地品牌。技术落后的国家与技术领先的国家在竞争的过程中，比如在中国，国内消费者普遍认为国外产品比国内产品要好，这是国内消费者在长期品牌消费过程中产生的一种先入为主的固定印象。可以说，领先国家的产品品牌在总体上优于国内品牌已是消费者存在的一个刻板印象。这就意味消费者在消费时往往会基于品牌来源国这一因素来评价产品好坏，因此可以看出品牌来源国是衡量消费者品牌形象感知的重要指标。也就是说，中国消费者会由于品牌来源国的不同而存在着不同的感知心理，并且会对产品产生不同的评价和购买行为，这种现象在技术落后的国家市场中十分普遍。由此可见，原装的属性对消费者的选择具有很大的影响。

目前，随着生活水平的日益提升，人们越来越注重物质上的享受，消费者对产品的要求也越来越高，消费者会选择质量更好的精品。人们在选择和购买精品时，对精品的原装地信息有着清晰的了解。目前，许多学者对"原装地"的具体界定还没有得到统一，一般情况下会认为原装地是指制造国。1965 年，学者 Schooler 对原装地来源进行研究后，发现许多消费者都喜欢利用原装地来源来定义产品的好坏。Nebenzall 等（1997）对原装地来源国的内涵进一步深化，从消费者角度出发，认为原装地来源国不仅可以引起消费者对产品本身的联想，还可以引起消费者对产品来源国的联想，由此来对消费者产品的评价和购买意愿产生影响。在此基础上，将原装地来源国定义为"消费者将所要购买的产品和品牌联系在一起，考虑产品的原装组装的地方"。Phau 和 Prendergast（2000）提出原装地来源国对消费者认识和评价产品有显著影响，是衡量产品好坏的一种有效工具，以此来影响消费者的购买行为。Jafife 和 Nebenzahl（2001）认为原装地来源国可以降低消费者对产品的感知风险偏好，会对原装产品产生更多的情感信任。

由于国外技术的领先优势，中国在技术发展的过程中会遇到很多技术壁垒和专利限制，存在较多的生产条件不完善、生产技术不过硬的厂家，不断受制于某些知名品牌，只能生产产品的零部件，或贴牌，或合资生产，但由于自身的原因，导致最终产品总体上参差不齐，所以消费者心里总有对"原装"的渴望。总希望能选择到性能、品质等各方面都比较好的"原装"产品，可以看出消费者对于原装地的信任，如消费者信任原装进口的汽车。

昌盛时期的信任指的是信任领先，技术领先是精密化发展的前提，由于昌盛时期精密化程度增加，各个产业内部都有精品脱颖而出，消费者更加信任精品的原装地，来实现对于物质的追求，于是信任的作用从兴盛时期的上品的原产地保持发展到昌盛时期的精品原装地保证，昌盛时期信任的作用如图 2 - 7 所示。

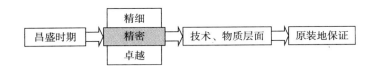

图 2 - 7　昌盛时期信任的作用

（三）鼎盛时期信任作用——原版地培养

进入鼎盛时期，个人的物质需求逐渐得到满足，人们对精品精密技术的追求已经转变为奢侈品卓越思维追求。卓越与奢侈品在本质上有着相同的属性，在人口营商学的研究中，龙头个股的顶格思维极度是投资的关键，增加信任头部就是帮助投资人做出正确的选择，选择正确的价值投资中的奢侈品——百倍增值的个股。找到价值共享的奢侈品，培养奢侈品是鼎盛时期信任的核心作用。只有头部顶格思维极度高的个别龙头个股奢侈品才能获得更多的人口集中，获得大多数人们的赞美。发现顶格思维极度高的龙头个股后，人们必须对它保持信任，对它进行培养。一个国家要获得全世界的人口的集中，就需要不断培养本土龙头，通过可以代表本国的卓越思维的奢侈品吸引全世界人口集中。例如美国的波音飞机、苹果手机，新西兰的牛奶，法国的香水、红酒，中国的茅台白酒、高铁动车。人们不仅要求原产的地理属性和原装的技术属性，更加重视原版的思维属性为其带来预期增值。在专业化的证券市场中，人口集中的 8 倍龙头个股是需要通过投资人共建共享才能实现的，2 倍、4 倍增值个股比较容易实现价值增值，没有投资人的信任头部，无法实现 8 倍龙头个股培养。人气营商研究是研究 2 倍个股，人群营商研究 2 倍、4 倍个股，人口营商学研究 2 倍、4 倍、8 倍龙头个股，并且在人口营商学的 8 倍研究中包含 8 倍先、8 倍中、8 倍后。完成三个 8 倍是投资人对奢侈品心理神往的最好代表，所有的投资人都期望自己在龙头个股上涨的初期就对其进行投资，通过对培养龙头个股获得较大的价值增值。龙头个股培养需要通过投资人、企业、社会等主体共建共享。人口信任的研究核心就是判断如何选择龙头个股、判断龙头个股的空间和时机。当个股的共建共享能力不断增加，那就意味着能够创造更大的头部价值空间，实现百倍绝对价值增值。

鼎盛时期哲学社会科学思维成为了能够创造绝对价值的关键，符合大多数人赞美的原版、卓越思维形成，信任头部就开始聚集，表现为以专业化为背景的共建共享。鼎盛时期中的信任头部是一种共建共享思维，是投资人实现绝对价值的必要条件。通过提高鼎盛时期的共建共享程度，让投资人培养原版、卓越思维，与龙头共同实现绝对价值创造。鼎盛时期信任的作用如图 2-8 所示。

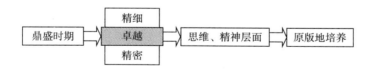

图 2-8 鼎盛时期信任的作用

四、信任形成

由于在不同时期，信任的主体与含义都有所改变，因此信任的形成在三个时期也有着不同的形成机理。在兴盛时期，实现信任头部是人们生存的保障，受天然资源属性的限制，具有地理标志属性的上品是兴盛时期信任头部的基础。在昌盛时期，主要是企业通过奋力奋发，增加在全球市场中的竞争优势，实现决定时期演进的尖端技术，保障可持续发展。在鼎盛时期，奢侈品的出现需要投资人对原版、卓越思维学习创新和传播表现进行分析，对绝对价值赞美进行分析，判断顶格思维，培养绝对价值龙头个股，人们才可以专业化程度分析出奢侈品。信任头部是判断绝对价值的基础，在价值赞美过程中，投资人要做到与人气营商学底线思维与人群营商学界限思维相结合，进而准确运用顶格思维，创造最大化的绝对价值，获得成功投资。

兴盛时期，本质规律是人类赖以生存的基础。天然资源是农业生产和发展的基础，是传统农业布局的依据。农业资源的空间分布及其组合对区域农产品生产与发展的影响主要表现为：自然条件的地理差异是农业生产地域分工的自然基础。在兴盛时期，受限于交通条件，天然资源禀赋的属性决定了各个区域的地理位置、气候条件、自然资源蕴藏等方面的不同，进而导致不同地区从事不同上品生产的格局，形成一定的本质规律。规律是事物之间的内在的必然联系，决定着事物发展的必然趋向。规律亦称法则。客观事物发展过程中的本质联系，具有普遍性的形式。规律和本质是同等程度的概念，都是指事物本身所固有的、深藏于现象背后并决定或支配现象的方面。然而本质是指事物的内部联系，由事物的内部矛盾所构成，而规律则就事物的发展过程而言，指同一类现象的本质关系或本质之间的稳定联系，它是千变万化的现象世界中相对静止的内容。规律是反复起作用的，只要具备必要的条件，合乎规律的现象就必然重复出现。人类早期对万物规律的认识和沿用，不仅使人类了解生存环境与存在价值，还对理性思维的缘起提供了条件，推动时期的演进。

在兴盛时期，人们对于土地、资源、手工艺、天文地理等规律的认识是有限的，人们的认识是通过沿用规律，利用天然资源来实现生存保障。从沿用的定义里，不难发现沿用和规律的内在联系是十分密切的。在兴盛时期，对于经常处于动荡不安、缺乏安全感的人们来说，满足基本生活需要和安全是人们的美好愿望和向往，而由于天然资源的决定权往往掌握在领头手中，人们为了满足基本生活需要和安全感，会向拥有资源决定权的领头靠拢。选择信任领头便是一种规律的沿用，对于封建统治有着稳固的作用，沿用是兴盛时期形成信任领头的决定因素，也是兴盛时期上品形成的关键。沿用是指在兴盛时期所存在的主体，继续使用经过长期时间形成的已有规律，基于这种状态，兴盛时期的天然资源会通过继承的方式来向下传递，实现信任领头，这便是信任的基础。

在兴盛时期，沿用形成了信任领头，可被沿用的自然禀赋资源可以更好地促成资源向下继承，也决定了原产地保持。兴盛时期的劳动力与天然资源的整合，促进了人们生活水平的提升，人们的初级需要得到了基本的满足，品种质量便得到了解决。兴盛时期信任的形成如图 2-9 所示。

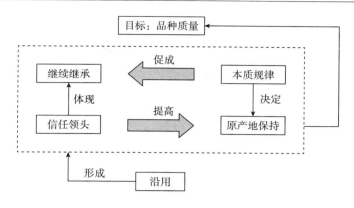

图 2 - 9 兴盛时期信任的形成

进入昌盛时期，伴随着经济的全球化发展及技术水平的提高，社会生产效率得到了极大的提升，产品的种类越来越丰富，组成每件产品的功能、结构、材料以及影响它的审美观念、文化系统、社会因素等也更加复杂和丰富，产品的功能也越来越多，同时产品的同质化也日益加重，相同的产品，质量相差很大。因此，消费者仅仅通过企业的描述，很难获得体验感受，只有在确切地使用之后才能做出评价，才能更容易对产品产生信任。

在昌盛时期，人们对天然资源的依赖减少，使用机器代替体力，依靠科学技术和工业机器从事大规模的产品生产。科学技术迅速发展，使生产效率大幅度提高，以大机器的使用和无生命能源的消耗为核心的专业化社会大生产占据了社会经济的主导地位。在昌盛时期，信任代表着对产品质量的认可，只有在使用产品过程中所获得的直接感受，才可以决定消费者的信任。在这个时期，信任的含义可以理解为信任领先，昌盛时期的信任发生了重大飞跃，这时期的信任是对于领先技术制造的产品的信任，产品性能、质量、维修、服务都是信任的影响因素，只有领先的技术才能被消费者实际感知到，才能获得消费者信任。

昌盛时期信任的形成如图 2 - 10 所示，不同于兴盛时期的信任领头，昌盛时期的信任主要体现在"双奋"程度。在昌盛时期，信任主要是体现在通过奋力奋发的方式，掌握尖端科学技术。在消费者对于物质追求的推动下，为了实现创造利润的目标，企业通过掌握尖端技术，在消费者确切地使用产品的过程中，进而实现信任领先，这是信任的支撑。在昌盛时期，消费者和企业之间形成信任领先，只有切实地使用产品，才可以形成信任领先。在原装地购买的过程中"双奋"程度得到不断提升，也促进了消费者对于原装产品的购买，进而稳固了顾客对于产品的信任与品牌的忠诚。

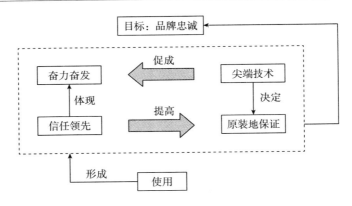

图 2 - 10   昌盛时期信任的形成

进入鼎盛时期，随着信息技术的飞速发展，新技术、新产业、新业态、新模式不断涌现，移动支付、共享经济、生活服务和公共服务平台等创新不断，成为世界经济发展新的增长点。其中建立共享经济的方式——共建共享（"双共"）无疑是时期主题，改变习惯的精神层面享用成为创造绝对价值的关键。绝对价值创造是驱动人们实现心理神往的最关键因素。共享概念早已有之。在传统社会，朋友之间借书或共享一条信息，包括邻里之间互借东西，都是一种形式的共享。共享经济将成为各个行业内最重要的一股力量。在住宿、交通、教育服务以及生活服务旅游、投资等领域，优秀的共享经济公司不断涌现：从宠物寄养共享、车位共享到专家共享、社区服务共享及导游共享，甚至移动互联强需求的 Wi-Fi 共享。新模式层出不穷，在供给端整合线下资源，在需求端不断为用户提供更优质体验。共享经济其主要特点是：经济牵扯到三大主体，即商品或服务的需求方、供给方和共享经济平台。但这种共享受制于空间、关系两大要素：一方面，信息或实物的共享要受制于空间的限制，只能仅限于个人所能触达的空间之内；另一方面，共享需要有双方的信任关系才能达成。

在共享经济模式下，传统的逻辑"你的就是你的，我的就是我的"转变为"你的还是你的，我的也还是我的，但让我们一起来享用"，在人口营商学中，对共享经济的理解进行了更深层次的研究。享用是一种状态，代表着精神层面的满足。"享"意味着精神层面的信任，"用"意味着实践层面的拥有，奢侈品便是经过历史长河中无数的消费者的"享用"而形成的，如茅台酒个股人口持续集中从 20 多元上涨至几千元，便是由于通过消费者长期的享用，打造出中国的国酒代表——"茅台"，消费者享用茅台，投资人对茅台个股充满心理神往，茅台个股自身更是从 20 多元上涨至几千元，这便是享用形成信任个股头部的结果。鼎盛时期，随着时代演进，投资人以价值共享的思维去进行奢侈品投资，以更加宏大的战略视野，通过共建共享的方式，构建信任头部，实现绝对价值创造。因此，在鼎盛时期，信任是由于具有价值共享属性的享用而形成的。

鼎盛时期，信任表现为"双共"程度。如图2－11所示，鼎盛时期的享用体验形成鼎盛时期的信任。由于投资人享用专业化的奢侈品，奢侈品的"双共"程度在不断提升。人们的学习思维不断提升，龙头个股与投资人实现价值共享，投资人会追求时期价值标的进行人口投资，抓住股市中的龙头个股百倍增值空间，是投资人在鼎盛时期追求的目标。随着信任头部的龙头个股投资人数量增多，个股与投资人可以实现更好的价值共享。具有绝对价值空间的龙头个股会吸引人口集中，实现绝对价值创造，投资人可以获得资产的大幅增值。

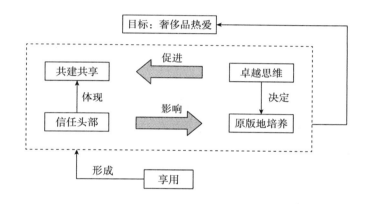

图2－11 鼎盛时期信任的形成

第二节 人类鼎盛时期的信任

一、人类鼎盛时期信任角色变化

（一）信任头部与专业化密切相关

在鼎盛时期，研究个股头部高低是人们投资的核心，头部高低与专业化紧密相关，头部越高，投资人越信任，投资人信任个股，实际上是信任个股本轮行情能够达到的头部高度，而不是信任领头、领先，没有极高价位和非常明晰的低头部个股，投资人不会投资，但是能够有高的头部个股，一定是在本领域极其专业。笔者在人口策略章节已经说明是行业前三甲，投资人才可能集中个股，三甲不一定集中，集中必须是三甲，足以体现专业的重要性。信任头部专业化是对传统信任领先市场化模式的重大突破。信任专业化头部（个股）实现 2 倍、4 倍、8 倍增值是学习心理和传播行为共同作用的结果，与其他商品（物价、房价）投资相比优势非常明显和清晰。虽然信任理论用在物价、房价的头部一样行得通，但是头部只有投资个股的研究更加顺手，更加容易得到投资人认同。物价是关系国计民生的重要价格指数，直接影响人们的基本生活，不可能也不允许在短期内发生成倍和百倍的增值，政府必须密切关注和干预；因为房价参与的人数太多，影响范围广等，一旦出现资产泡沫破灭，影响将是毁灭性的，而且房子是用来住的，不能用来炒作，这已经成为专业人士的共识，就这样也会产生如面条会上涨到 40 ~ 50 元/碗的情况（香港早已实现），每个城市都有楼王，上海是汤臣一品，每平方米 20 万 ~ 30 万元。而龙头个股的人口理论研究可以促进共建共享，支持产业链发展，通过人气、人群、人口营商带动产业全面发展具有积极作用。纵观欧美等发达国家的发展历史也可以发现，产业发展的变化必然要求投资能力的专业化。各个产业细分领域众多，各细分领域的发展阶段也不一样，对应的投资阶段和投资方法、资源要求也不一样。对投资人而言，专业化是基础，根据专业能力选择信任头部是价值赞美的关键，只有这样才能创造更好的收益，未来投资只有专业化，才能实现百倍价值增值，德国汽车的专业化、美国飞机的专业化才能成为头部信任。

专业化是全球化、证券化的进一步提升，一个国家没有全球化不可能形成价值投资，就不能进入商业社会，在全球范围内吸引人气关注，房价、股价、物价"三价"上涨是全球人气关注的结果。证券化是推动实体经济发展的有力手段，只有证券化的人群跟随，行业成长，才能产生更多的新型行业，证券化是物质时代向虚拟时代变迁的必经之路，没有证券化的大力推进，资本市场快速发展是不可能实现的，金融带动实体的人心所向就无法真正落地。专业化进一步提升，共赢共轭的指数板块人群环才能真正形成。专业化是人口集中的内在动力，没有专业化，人们不会信任个股所能达到的高度，这种专业化与个体的价值体征紧密联系，与成长的行业相关，与全球化相关，更与个股在价值创造过程中的共建共享紧密相关，投资人对于个股的头部不能清晰地理解和明确地分析，信任就不会产生。专业化不只是技术层面的专业化，还有历史的渊源。正确抉择自己的专业发展，持之以恒，与投资人共建共享，是投资人对于个股顶格达到的头部信任。

只要真正理解专业化的重要性，个股就会在自己热爱的领域深耕，打下坚实的理论基础，进而通过广泛的实践锻炼、深刻的思想领悟，始终把握前沿和尖端技术，与产业链的所有投资人共同建设、共同分享，信任头部的专业化是在全球的专业化分工和产业形成的大背景下加以理解，这是专业化的核心思想，没有专业化，不可能形成头部信任，不是所有的专业化通过努力都能够形成头部信任，如全世界信任德国的汽车头部、美国的飞机头部，其他国家的汽车、飞机头部信任就会很难形成。

（二）信任头部与各国联动关系更为密切

在专业化的鼎盛时期，专业投资是共建共享，信任头部的龙头个股必然产生各国的价格联动，绝对价值的龙头个股，形成对于头部的信任，并且形成人口的集中，对于各国产业和世界经济发展影响巨大。全球化、证券化的资本市场，龙头个股需要获得专业投资人的信任，才能形成价值共建共享，世界各国的利益与命运也更加紧密地联系在一起。不再局限在一国内部，不再是一国之力所能应对，全球性挑战更需要各国联动起来共同去应对，因为专业化投资也是各国联动的。

当一个国家的信任头部的绝对价值得到其他各国的集中，其他各国的资金也会流向该龙头个股，龙头个股对同行业板块的其他股票具有影响力和号召力，它的涨跌往往对同行业板块股票的涨跌起引导和示范作用，进而带动整个行业板块的上涨，在价值共享的基础之上，形成龙头个股的人口集中，通过投资人共建共享龙头个股，促成头部顶格的实现，创造绝对价值。

互联网的龙头是移动终端美国苹果公司，专业人士共建共享，产生了全球对于互联网龙头的头部信任，而苹果龙头，带动全球互联网产业的发展和繁荣，形成了以苹果公司为核心的互联网行业的投资人共建共享，全球互联网企业纷纷到美国上市，又进一步帮助美国的互联网企业龙头加快形成和发展，这些都是信任头部与各国联动关系的真实写照。苹果公司在技术上的领先和超前探索，形成了一定的专业性，而全球各国的积极响应，让美国苹果成为龙头有了底气，关键和尖端技术发展为龙头形成了强有力支撑。这个实例也说明信任头部对于全球产业的影响，没有头部的信任，互联网企业发展只能是题材，让投资人看不到行业的成长性。一旦龙头的头部体征和个股价格明显表现出来，该行业发展的繁荣时期可能已接近尾声。

在鼎盛时期，信任头部形成投资人与绝对价值个股之间的共建共享，绝对价值又将各国投资人联系在一起，培养成长价值蓝海板块的龙头个股赞美，降低不确定性价值投资的风险。专业化是共建共享鼎盛时期演进的必然结果。在专业化的背景下，各国在斗争更加激烈的同时又会紧密地联系在一起，通过信任头部，各国交往日益频繁，联系日益紧密。鼎盛时期信任头部确定个股顶格的极度。中国的茅台白酒、高铁等，美国的苹果手机、波音飞机个股实现的顶格极度，都是典型的可以带动全球产业联动的龙头个股。信任头部强调顺应鼎盛时期专业化的

趋势，通过龙头个股人口集中推动专业投资人走向产业共建、价值共享，确立心理神往的龙头个股带动作用，激发各国自身和全球共建共享的强大活力。

二、人类鼎盛时期信任新要求

（一）信任的广泛影响力

在鼎盛时期，信任头部具备广泛的影响力才能形成个股集中。信任头部的广泛影响力是由投资人与龙头个股共建共享的结果，龙头个股获得专业投资人集中，成为满足投资人心理神往的奢侈品。专业投资人赞美人口集中的奢侈品，奢侈品符合创造 8 倍绝对价值的思维。鼎盛时期的信任头部是一种共享思维，投资人更重视培养原版龙头个股百倍增值，因此，鼎盛时期对信任的新要求便是：信任头部必须具备广泛影响力，具备创造 8 倍绝对价值的可能性。

在鼎盛时期，随着专业化的时期演进，全球化的价值共识、证券化的价值共同、专业化的价值共享形成，信任头部也一步步地从分散的个体、聚焦前三，逐渐演变为人口集中龙头，广泛的影响力使其形成专业投资人集中。因此信任头部必须具备广泛的影响力。只有信任头部具有广泛影响力，才会进入专业投资人的视野，帮助创造绝对价值。从国家层面来看，信任头部对一个国家的发展有着重要的影响。一个国家信任头部的影响力，代表该国向全世界展示这个国家某个行业龙头未来发展潜力，会引来专业投资人的集中，带动该国相关产业的迅速发展。尤其是当专业投资人达成价值共享，便会有大量的资金流向该国，使这个国家可以在鼎盛时期不断累积资本，资产大幅升值，提高该国在全球的话语权，一个国家信任头部的多少，决定了这个国家发展的实力和后劲的大小。

在鼎盛时期，信任头部的绝对价值创造是专业投资人的心理神往。由于每个个股创造的价值大小不同，只有能够形成绝对价值的信任头部，才会进入专业投资人的视野。头部影响成长板块，板块契合大盘指数，只有当头部的影响面越广时，证券市场的关注度才会提高。个股的信任头部绝对价值实现，才会使投资人集中，没有信任头部的个股，说明这个行业龙头没有影响力。无论是国内和国际的影响力，表现的都是信任头部绝对价值。在鼎盛时期，将影响力大小与绝对价值联系在一起，即信任头部可以创造 8 倍绝对价值，才会具有广泛的吸引力。

（二）信任的主动性和独立性

信任头部的主动性与独立性相互联系，对实现龙头个股的绝对价值起着巨大的作用，其基本含义是信任头部更多地由头部最高位主动调整形成，并且受其他因素变动的影响较少。主动性与独立性要求对具有 8 倍绝对价值的龙头个股保持信任，成为决定和调整信任头部不可缺少的因素。信任主动性是指主体（国家或个人投资者）可以根据环境、形势的变化主动信任行业中的龙头个股的头部。

在国内供给侧改革、国内大循环为主的双循环背景下，主动培养奢侈品创造绝对价值，是提升国家整体影响力的关键，要想成为奢侈品必须具备两方面特质：一是国家必须在这个赛道和行业里面培养主导或是龙头，否则该国其他行业会受到更大影响；二是获得专业人士和投资人的信任，不满足上述两点无法成为具备 8 倍价值的奢侈品。投资人会投资信任头部的、主动培养的奢侈品个股，大消费板块的白酒板块茅台酒奢侈品，就是主动培养的信任头部。2005～2007 年股价行情的信任头部钢铁板块个股奢侈品也是如此，没有中国钢铁产量的世界地位和政府的坚强决心，没有钢铁奢侈品个股产生，中国的基础工业就将受制于人，钢铁奢侈品个股也因此而产生。投资银行业的发展决心和能力，会造就证券奢侈品个股。有些行业既不可能形成奢侈品信任头部，也没有必要形成信任头部，如中国的飞机制造、汽车制造。信任主动性主要体现在人口集中自主寻找并选择 8 倍慢、8 倍中或 8 倍快的头部。在股票市场上，信任头部体现在对龙头奢侈品个股的坚定信心，华尔街有句名言：平庸的交易者用技术交易，顶尖的交易者用信念交易。这句话充分说明平庸的交易者和交易大师的差别不在于技术的高低，而在于对龙头个股奢侈品的坚定信心上。

信任头部独立性是指自主地思考和行动的心理倾向性。信任头部独立性的主要内容有：学习方面的独立性，包括思维的独立性，判断的自主性，知识、信息获取的独立性，传播方面的独立性。同依赖性是相反的，即独立性越强，依赖性就越小，反之亦然。

信任头部的形成，是个体投资人与奢侈品龙头个股的价值共享，双方的核心目标保持一致，将头部思维的价值观共享，投资人就会受到信任头部思维价值观念的影响。在价值共享的整体趋势下，投资人并不能盲目地参与人口集中，只有具备创造绝对价值且独立性高的人口集中，才能实现投资人的 8 倍价值增值。相反，如果受制于多种不确定因素影响的人口集中，则可能会导致个体价值的 8 倍减少。投资人选择信任头部必须要保持绝对独立性，不能受其他信息的约束与影响。比如 2020 年仁东控股的连续 14 个跌停，从 64 元下跌至 9 元，形成 8 倍下跌，投资人损失惨重，就是受到蚂蚁金服不能上市的影响，独立性较差。

要正确看待信任头部独立性的发展，独立性的发展是培养原版思维奢侈品的前提。比如中国最具有原版思维的高铁，中国高铁走出国门，从原始创新到技术引进，经历了"高铁换大米"的历程，中国高铁从引进、消化、吸收到再创新，在短短的几年间，已经完成了从"追赶"到"引领"的华丽转身。资本市场中的高铁板块的龙头个股绝对价值更是明显，可以实现头部 8 倍绝对价值创造，同时可以带动主板指数板块实现价值的倍增和成倍增值。信任头部独立性不是培养原版奢侈品的充分条件，但却是一个必要条件。

三、信任头部与个股价格的关系

个股价格的上涨核心思想是信任头部理论，人口信任是人口营商学的核心，对于投资人进行个股投资意义重大。笔者将在本章第三节对人口信任的理论和意义进行详细的阐述。只有判断出个股的头部，才能准确选择投资个股的空间与时机。人口后悔以及四个策略都是为了更好地实现信任头部理论，判断出龙头个股，形成 8 倍价值投资。如果个股的头部不确定以及增值倍数少，无法利用人口营商学的信任头部进行顶格思维的极度判断，结合人口后悔分析以及四个策略理论，不能找到人口集中的 8 倍先、中、后个股，价值投资、寄托固化、赞美抉择都会落空。

信任头部的研究起到关键作用便是降低投资 8 倍个股结果的不确定性，帮助投资人对个股建立起顶格思维的价值共享，使得投资人的心理神往得以实现。信任头部分析对个股抉择都具有现实意义，保障投资人 8 倍绝对价值创造的安全性，同时也促成个股的人口集中。通过人口集中的个股带动整体板块和相关板块上涨，没有信任头部的个股判断和上涨，其他个股上涨也是非常不安全的，空间也会受到限制。头部不清晰、判断不准确和头部空间太小的个股，都是抉择的失误。

信任头部个股是否上涨、何时上涨，也是人口营商研究的核心，通过人口信任理论，需要清晰地把握 8 倍个股上涨的空间和时机，这与人气对策有关，与人群契合有关，所以个股的信任头部不是人口营商学一门课程研究出来的，必须系统学习三门课程——人气、人群、人口营商学。如有人问中国石油个股什么时候还会上涨到 48 元，这就必须是三门课程知识的运用，股价上涨的人气对策可以通过推动股价指数的倍增、成倍上涨进行度量。石油板块契合指数上涨的人群理论告诉投资人，石油板块成长的时代已经过去了；人口理论告诉投资人 48 元就是石油板块龙头的头部，无论股价指数如何上涨，再也不可能让投资人信任中国石油的头部还会达到 48 元或者超过 48 元，甚至倍增至 96 元，清洁能源正在不断取代传统能源，形成新能源的头部。在证券市场中，8 倍增值个股是所有投资人神往的奢侈品，奢侈品的头部决定了奢侈品 8 倍增值的价格，只有具有 8 倍增值的奢侈品，才会被人们信任，形成人口集中抉择，早已过去的奢侈品和未来没有 8 倍增值的奢侈品，都不会成为人们抉择的个股。运用信任头部理论，同时结合人口后悔理论和四个策略，才能实现龙头个股奢侈品的 8 倍绝对价值创造。

在研究鼎盛时期中，信任头部和龙头个股股价的关系如图 2 - 12 所示，信任头部帮助投资人选择具有绝对价值的投资标的——奢侈品龙头个股，形成大量的人口集中在龙头个股，资金的流入以及思维的共享进一步推动龙头个股价格上涨，为投资人与龙头个股带来财富的增值。信任头部与龙头个股价格的影响关系中，人口后悔理论和其他四个策略在其中起到辅助作用。

图 2-12　信任头部和龙头个股股价的关系

四、人类鼎盛时期的信任确定

在鼎盛时期，确定信任头部主要有三种方式，分别是历史确定、传播确定和共享确定。这三种确定方式在相互联系、相互作用之中构成了头部的确定方式，从而促进信任的建立以及推动其创造绝对价值。

（一）历史确定

人口营商学确定信任头部的第一步便是历史确定。对于龙头个股而言，历史确定是实现顶格思维的基础，龙头个股的历史价位可以体现出其核心能力积累、未来前景，可以推动其价格上涨，不同时期的个股头部均经过一定时期的积累。只有历史积累，才能使龙头个股真正超过过去历史高位实现上涨，历史高位具有参照物作用，否则，就会出现不断盘整下跌的局面。所以，足以看出历史确定对于龙头个股价格上涨的重要作用。历史价位的高低有助于减少不确定性，依托专业化的思维和判断，投资人可以判断哪些确定性是可以把握的，在初始阶段尽可能地做出正确的投资策略，减少人口集中 8 倍投资的盲目性。

历史确定对于个股投资而言，如果曾经实现板块龙头个股 8 倍增值，只要没有特殊情况，继续具备龙头个股的价值体征，再次实现 8 倍增值的可能性远远大于历史没有实现 8 倍高位的个股，如图 2-13 所示。例如，父辈的努力就会成为儿孙学习的榜样，儿孙成功的可能性增大；美国的政治家族有总统世家都是历史确定的表现。

历史确定还有一层意思，该板块没有龙头个股，新的板块形成新的龙头个股，8 倍增值龙头是成长性行业龙头，如果该板块历史上没有龙头个股，那么谁最先具备龙头个股体征谁就有机会实现 8 倍增值，如苹果手机就是新型行业——互联网的龙头个股。苹果表现出明显互联网龙头个股价值体征，虽然互联网行业

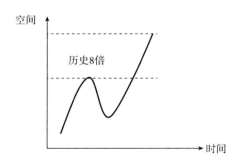

图 2 - 13　历史实现板块龙头个股 8 倍情形

产生了很长时间,但是龙头个股一直没有产生,一旦形成龙头个股,互联网行业便具备了成熟的特征,如图 2 - 14 所示。中国的农业社会,陈胜、吴广起义就是为了形成新的王朝,想成为新龙头。

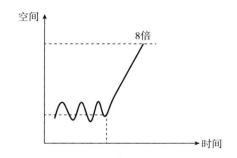

图 2 - 14　新型板块产生龙头个股 8 倍情形

　　历史确定还有一种含义,是在过去相当长时间曾经辉煌、有历史的故事,但是那个社会还没有进入商业社会,社会发展让历史的积累重新发出光彩,龙头个股 8 倍增值容易实现,如茅台酒的 8 倍增值,就是历史故事告诉投资人,曾经伟人赞颂过茅台酒,曾经历史的辉煌,后人继承和发扬,才有茅台今天的 8 倍增值龙头个股,如图 2 - 15 所示。中国在商业社会一定辉煌就是因为农业社会的盛世就在中华大地,历史告诉未来。

　　历史确定最后的理解是:历史价位高低与现实价位之间有落差,形成 8 倍空间增值会超过个股的头部高度(不同行业龙头头部高度是定值),8 倍龙头个股就不可能集中到该个股上;历史高位与现实落差较大,实现 8 倍增值后,达到的个股价位不能超过个股头部价位,同时头部高度最少超过历史高位的倍增位,只有二者都能够满足,投资人才会集中,如图 2 - 16 所示。2005 年宝钢股份就是历

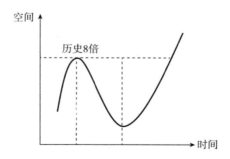

图 2 – 15 历史故事龙头个股 8 倍情形

史高位与最低价位落差较小，而宝钢股份的 8 倍增值超过钢铁龙头的头部价位，投资人抉择武汉钢铁最低价位 2 元多，8 倍空间增值低于钢铁头部价位，同时实现超过历史高位 9 元的倍增位，所以投资人集中的龙头个股是武汉钢铁。

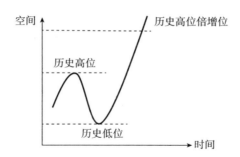

图 2 – 16 历史高位与低位落差情形

（二）传播确定

传播是在沟通和互动的基础上，更加强调龙头个股的绝对价值赞美的确定方式，形成绝对价值共享。所谓传播，就是在全球范围内利用一定的媒介和途径所进行的、有目的的信息传递活动，投资人借此可以抓住价值共享投资点，巧妙找到证券市场上个股上涨的最好投资时机和最大的绝对价值增值空间的信任头部龙头。由于价值的多极思维，有价值多极才能形成不同的价值共享，没有更多投资人形成价值共享，投资人的信任头部很难实现，信息的传播对龙头个股投资意义重大，只有形成正面的传播效应，更多投资人与龙头个股才能更好地共建共享，形成顶格思维的 8 倍增（减）价值共享。传播帮助投资人建立起对龙头个股投资对象信任头部 8 倍增（减）价值共享。

传播是信任龙头个股的起点，没有有效传播的个股，成为 8 倍龙头个股的可能性大幅降低，成为龙头必须进行有效传播，必须有流量，特别是即将成为龙头时必须传播，如茅台酒在成为龙头个股时，一定是在不同的时间和地点，都有投资人的广泛传播，无论八大名酒、四大名酒都离不开茅台酒，什么类型的喝酒人，都会提及茅台酒。

在传播过程中，会及时淘汰没有提及的龙头个股，提及的频率越来越高的个股成为龙头个股的可能性越来越大，开始可能是几个个股，随着实力的增强，龙头地位越来越稳固，其他个股挑战权威的可能性下降。凸显个股的产品优势、规模优势，必须在广泛传播的过程中壮大实力，排除落后的个股，茅台酒在传播过程中，排除了许多与之抗衡的白酒品牌，剩下茅台酒、五粮液、泸州老窖1573位列前三，茅台酒位列第一，其他白酒已经在传播中掉队了。

传播过程中，龙头个股的股价会及时上涨，创造新的高位，有些龙头个股在传播中创造一个又一个8倍，无论是第一个，还是第二个8倍高位，都离不开传播能力的衡量。没有持续的传播能力和持续的被投资人传播的价值空间，个股可能会在传播的过程中夭折，2005年钢铁板块传播中有武汉钢铁和宝钢股份，最后传播能力被武汉钢铁夺走，其实现了8倍增值。个股的价值体征更为明显，能够持续两次及以上实现龙头个股8倍增值的个股具有一定实力，第三次8倍增值的个股非常罕见，茅台酒就是在第三个8倍增值的过程中因市值过大而没有继续实现8倍个股增值，意味着8倍次数越多，不确定性也越大。

传播过程中，8倍实现到了高位，或者是在8倍实现的过程中，可能是第一个，也可能是第二个，还可能是第三个，都有可能出现夭折，高处不胜寒，必须保持高度警惕，不传播实现不了8倍，但是传播就会有负面声音，可能发酵，控制不了舆论就会出现高位下跌，能够实时控制高位，保持相对稳定和传播适度，是8倍个股增值实现的最终目标。

沟通是形成价值共识的前提，广泛沟通对于底线思维的形成具有很大帮助，这在人气营商中进行了重点阐述。互动是形成价值共同的前提，各个领域的互动对于形成界限思维具有很大帮助，发现自身的长处和不足，特别是各个行业成长板块的契合，更是互动的结果，别国已经拥有的行业是本国必须紧紧跟上的板块，本国引领的行业更是推动指数板块上涨的动力，没有互动，各个板块的形成和成长板块的引领都会成为空谈，这些都在人群营商中进行了重点阐述。传播是形成价值共享的前提，加强个股的传播力度，对于形成个股顶格思维具有很大帮助，特别是对于龙头个股的头部信任就是传播的结果，没有强有力的正面传播，龙头个股的顶格思维就无法实现。

传播在现实中的应用非常广，无论是传媒、政治、营销、金融、医疗健康、金融等领域，传播均起到重要作用。当下最典型的莫过于病毒学，由于全球新型冠状病毒性肺炎疫情暴发，为了寻求控制疫情的方法，传播动力学的理论成为当下研究的热点。

如图 2 - 17 所示，这是最典型的传播动力模型，包括新型冠状病毒在内的传染病通常由易感人群 A 传染给 B，B 再传染给 C。事实上 A 可能感染了不止一个人，然后被 A 感染的人群又感染了更多的人，于是该传染病感染人群就会在短期内迅速扩大。假设传染系数为 3，即每个感染者会新感染 3 个人，那么每当病毒传播一轮，新感染人群就扩大 3 倍，当经历 N 次传播时，新感染人群就会变为 3 的 N 次方。

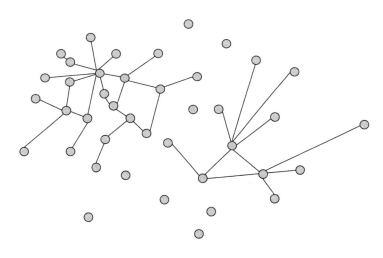

图 2 - 17　传播动力模型

疫情的传播原理与股市龙头个股上涨有相似之处。假如龙头个股初期有一定数量的专业投资人集中，增量资金导致股价上涨，这就会吸引更多的专业投资人集中。不断循环，越来越多的专业投资人入场带来了更多的增量资金，更多的增量资金推高龙头个股吸引更多的投资人。龙头个股形成人口集中，龙头个股的上涨信息在专业人士中传播起来，形成价值共享，投资人抓住绝对价值投资点，巧妙找到成长行业板块中龙头个股上涨的最好投资时机和最大的绝对价值增值空间，形成 8 倍的增值上涨，也就是通常所说的机构抱团股票上涨。

传播确定一般是在龙头个股上涨初期，传播速度较慢，不容易被投资人重视，一旦加速，可能使投资人无法加入投资队伍，往往伴随重大消息刺激，如利好政策、资产重组、兼并等停牌，复牌后涨停板，无法买进，很快到达顶格思维的极度，聪明的投资人只能提前进场，积极等待。这些都是急速的信息传播，导致个股的加速上涨，是大盘指数上涨契合的成长行业龙头个股上涨节奏，对指数推动作用明显。一般的业绩板块龙头个股 8 倍上涨速度比较慢，该个股对于指数的推动作用也有限。

传播确定也与大盘指数上涨的对策有关系，平台对策使大盘指数上涨 8 倍快，龙头个股也就上涨快，信息传播速度也快，相互叠加，龙头个股 8 倍很快完成。金钱杠杆开始慢慢聚集，大盘上涨不快，一旦大量资金聚集，大盘上涨加快，龙头个股爆发式上涨速度加快，龙头个股上涨速度与参与的资金杠杆紧密相连，也就是与大盘成交量紧密相关，是社会闲散资金通过各种渠道大量入市的结果。契约对策使大盘指数 8 倍慢，龙头个股上涨速度长期而持久，是长期资金和机构资金的缓慢加入，不可能形成急速的资金入市。反映传播速度快慢的核心标志就是资金量的大小，资金量越大，意味着传播的速度越快。

中国互联网普及率明显加速，很多家庭都开始安装宽带，与此同时，各种炒股软件也开始走红（比如大智慧、同花顺），很多家庭购买了电脑，安装了宽带，下载了炒股软件。在此之前，中国更多是营业部炒股，很多人都是去证券公司营业部炒股，那个时候证券公司营业部一到交易日就挤满了人。但互联网革命使交易效率明显提升，很多投资人可以做到足不出户就能在家炒股，下单效率和获取信息的效率也大幅增加。互联网革命增加了关于个股信息传播的效率，成交量大幅增长，在信息传播的带动下，市场情绪被极大带动，个股更容易出现大涨。随着中国开启移动互联网革命，互联网公司的股价开启暴涨之路。2013 年开始，微信逐渐取代 QQ 成为最重要的社交工具，传播效率明显提升。到了 2014 年，微信普及率已经接近全社会一半。除此之外，包括知乎、微博等 App 的大规模应用也明显提升了信息传播效率。在这种背景下，牛市和龙头个股的信息扩散效率被大幅提升。在十多年前，很多股市散户很可能是最后才知道的消息，但 2015 年恰恰相反，由于微信等社交 App 的崛起，散户很快就获知了股市暴涨的信息，然后火速入场。在信息传播加快的情况下，全国的散户被大量调动起来，形成超级牛市。

在专业化的鼎盛时期，思维的传播实际表现在龙头个股形成的 8 倍增值投资传播上。表面上看似技术进步导致传播效率提升，实质上是人们共享 8 倍价值增值思维的进步。强有力的正面传播是个股上涨 8 倍的前提，没有形成投资人认可的正面传播，个股不可能形成人口集中，导致个股上涨 8 倍增值。而共享思维是投资人之间思想的传播，实际表现在龙头个股价格上，更加突出价值共享的重要性。有效的传播将信息、情感和价值共享，促进龙头个股的"双共"能力，是人口集中前提。传播不仅是信息扩散的过程，需要由信息的传递和反馈来共同组成，同样也是专业人士信任头部的过程。信任头部强调共享发展，如果没有实现价值共享，意味着个股信任头部无法实现 8 倍价值增值，信任头部也不会达成。

（三）共享确定

共享确定是信任头部确定过程中的核心，历史确定与传播确定都是为了帮助投资对象选择信任头部。而真正的信任头部，是龙头个股表现的 8 倍价值空间。历史确定、传播确定是信任头部的基础，没有历史的参考、专业人士的传播，信任头部基本无法实现。实现个股人口顶的龙头绝对价值创造，是判断龙头个股是否有 8 倍，投资 8 倍龙头个股需要专业投资人保持坚定的信心才能实现，8 倍实现的过程需要时间考验和高度的定力。承诺结果的共识确定主要判断人气线物价、股价、房价"三价"比较价值底线的倍增（减）位，是指投资主体之间在底线思维上达成一致的 2 倍（倍增）、4 倍（成倍）或者 8 倍（百倍）的价值共识。共赢共轭的共同确定是强调股价的指数板块在底线思维 2 倍（最低要求）基础上至顶格思维 8 倍（最高要求）中间的 2 倍、4 倍人群环的界限思维与推动指数上涨的成长行业板块的共轭实现过程。信任头部的共享确定主要判断个股 8 倍人口顶的顶格与推动龙头个股价格上涨的价值共享，只有 8 倍增值，才能价值共享，共享实现 8 倍价值增值。

共享概念早已有之。传统社会，朋友之间借书或共享一条信息，包括邻里之间互借东西，都是一种形式的共享。共享受制于空间、关系两大要素，一方面，信息或实物的共享要受制于空间的限制，只能仅限于个人所能触达的空间之内；另一方面，共享需要有双方的信任关系才能达成。共享可以促进社会财富流动，提高社会财富的循环效率，扩大人们投资需求，满足更多人资产增值。共享经济一直是研究的热点，经常出现于各大投资新闻并创造出无数个投资案例。其实共享经济这个名词主要是从国家和企业的角度来说的，如果从消费者的角度去看，其实就是共享消费。比如共享单车、共享汽车、共享厨房、共享充电宝等，本质上跟公共交通系统差不多，只不过从实体共享经济发展到个股价值共享，是思维抽象的结果。从人口营商学角度分析，投资龙头个股才是真正价值共享的具体表现，通过投资，投资人分享个股的绝对价值，可以切切实实地享受到个股创造的价值带给投资人的投资收益。投资人价值共享，可以实现资金向龙头个股的有效集中。

进入鼎盛时期，投资人学习心理和传播行为形成绝对价值人口顶，是投资人信任头部、价值共享的结果，与形成"明星"商品的倍增比较价值人气线的认知心理和沟通行为达成价值共识；"蓝海"衍生品的成倍相对价值人群环的动机心理和互动行为形成价值共同；龙头奢侈品的 8 倍绝对价值人口顶的学习心理和传播行为形成价值共享。信任头部的顶格思维的判断需要与人气营商学承诺结果底线思维和人群营商学共赢共轭界限思维相结合。投资人在投资过程中寻求人气线的商品倍增比较价值，这在人气营商学中研究得非常清晰，这是人类认知心理、跳跃思维的结果，无论从理论上和实践上都得到充分证明。倍增是投资的起点，无论从动机心理研究来看，还是从投资实践来看，都可以明确发现股市大盘指数上涨的人群环（2倍、4倍）正好代表指数板块的整体表现，但是指数板块是不能单独投资的，必须投资契合影响指数上涨的行业板块，行业板块的龙头个股才是真正投资的对象，从以上的分析中可以充分理解三种思维的连续性，没有人群板块的分析，人气投资股价就无法落实，人口投资的个股就无法寻求。理解了信任头部，就清楚了龙头个股的人口顶上涨的重要原因，是龙头个股头部顶格极度推动的结果。顶格思维，是研究个股形成绝对价值人口顶（8倍）的过程中的哲学社会思维。顶格思维是投资人判断龙头个股8倍实现过程以及具体位置的重要依据。

顶格作为建立价值共享的基础，根据时间及空间的变化，需要进行不断的判断。顶格的8倍位是判断投资人之间是否达成共享的重要依据。顶格思维作用在个股最为精确。顶格思维实现于信任头部的龙头个股，是投资人长期的观察和总结，与人气营商学底线思维与人群营商学界限思维相结合，既有相互的联系，又有很大的区别，如表2-1所示。

表 2-1　底线思维、界限思维、顶格思维关系

营商思维	底线思维	界限思维	顶格思维
研究学科	人气营商学	人群营商学	人口营商学
研究对象	商品——"三价"	衍生品——股价指数	奢侈品——个股
研究核心	承诺结果	共赢共轭	信任头部
价值确定	价值共识	价值共同	价值共享
重点关注	承诺实现倍增价值 结果——底线限度	共赢形成成倍价值 共轭——界限跨度	信任达到百倍价值 头部——顶格极度

从投资的实践来看，在个股投资过程中，满足投资人心理神往的条件首先要通过判断股价是否符合底线思维和指数是否符合界限思维的逻辑，进而通过个股顶格思维判断三种个股的上涨逻辑：个股直接下跌至8倍顶格极度，有一次或多次顶格极度；个股4倍后下跌，反弹至8倍顶格极度，此前有一次顶格参考；个股4倍后下跌、倍增至8倍的顶格极度，只是第一次顶格，没有过去参考。如果判断个股的顶格8倍位超过信任头部，则需要重新判断个股顶格，进行再次判断，以此类推。顶格思维的判断如图2-18所示。

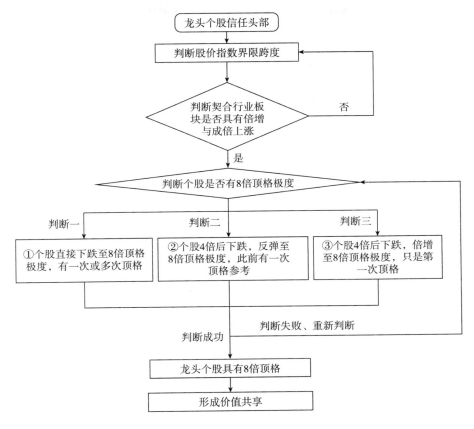

图 2-18 顶格极度判断逻辑

（1）信任头部——个股直接下跌至 8 倍顶格极度，这种情况可能是业绩原因，开始价位低，后来业绩越来越好，有一次或多次顶格，至于顶格的次数是由业绩增长和不同行业个股头部高低、市值大小、上涨逻辑清晰程度多因素综合决定的。如图 2-19 所示。

（2）信任头部——个股 4 倍后下跌，反弹至 8 倍顶格极度，此前有一次顶格参考，这是由于个股受指数波动的周期性影响，或者由行业周期决定，成长行业龙头以前有 8 倍顶格极度参考，如图 2-20 所示。

（3）个股 4 倍后下跌，倍增至 8 倍顶格极度，可能只是第一次顶格，没有过去参考，这是推动指数上涨形成新的行业板块，是第一次形成了 2 倍指数上涨，个股上涨 4 倍，而且行业板块明确及龙头个股明显，形成 8 倍极度是肯定的，至于能否产生第二个 8 倍极度，可能是由行业周期和个股头部决定的。如图 2-21 所示。

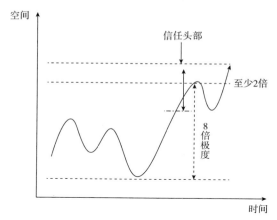

图 2-19   个股下跌至 8 倍的顶格极度

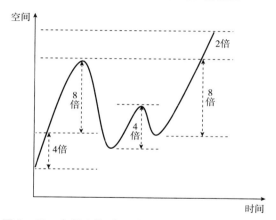

图 2-20   个股 4 倍后下跌，反弹至 8 倍的顶格极度

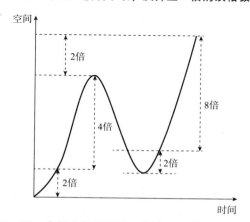

图 2-21   个股 4 倍后下跌，倍增至 8 倍的顶格极度

综上所述，应当从鼎盛时期专业化的角度去研究龙头个股股价，顶格思维是影响投资人心理神往的关键变量。龙头个股与投资人之间在顶格思维实现的过程中形成价值共享，才能实现龙头个股绝对价值的信任头部。通过人气对策、人群契合、人口信任的作用，实现投资人的心理神往，人口投资个股在顶格思维上形成价值共享，促成信任头部。

第三节　人类鼎盛时期的信任头部原理

一、信任头部原理的理论来源

　　鼎盛时期的信任是信任头部，在专业化证券市场中个股的投资需要 8 倍的增值空间和把握先、中、后的节奏，才能吸引更多人进行集中投资。从头部的视角来分析龙头个股与投资人之间的共建共享，不仅使专业化证券市场投资研究在内容上更加丰富，也拓展了信任在营商学中的研究。信任在鼎盛时期，其角色和要求都发生了根本性的变化，"头部"概念的引入为本书提供了一个新的视角，进一步揭示出奢侈品投资的新特质、新事实和新规律，对哲学社会科学产生了深远影响。信任头部原理也并非无迹可寻，其具备大量的理论基础。"头部"是一个生物学、生理学、医学名词。近年来，这个名词和"头部+"概念（头部效应、头部公司、头部资源等）越来越多地被用于多种学科。世界上任何领域都具有头部的存在，头部的社会影响大，关注度高，容易形成人口的集中，属于营商价值属性的研究范畴。本章主要从社会学和营销学两个领域来进行阐述。其中，社会学为信任头部原理提供了全新的思维视觉，而营销学则为信任头部原理提供了发展的脉络。

　　（一）社会学来源

　　1897 年，意大利经济学家维尔弗雷多·帕累托在 19 世纪英国人的财富和收益模式的调查取样中，发现了一个规律：大部分金钱和社会影响力，都来自20% 的上层社会优秀分子，从而提出了帕累托法则（又叫 80/20 法则）。帕累托法则指出，在任何特定群体中，重要的因子通常只占少数，而不重要的因子则占多数，因此只要能控制具有重要性的少数因子即能控制全局。80/20 的法则认为：原因和结果、投入和产出、努力和报酬之间本来存在着无法解释的不平衡。

　　在社会生活中，最能体现帕雷托法则的，就是品牌的"头部效应"。所谓头部就是所在赛道里的高价值并且有优势的领域。在任何一个领域内，人们通常只能记得 1~2 个品牌。比如购物网站，首先便会想到淘宝、京东，即使拼多多的体验和发展也很不错；世界上能叫得上名的高峰，永远是珠穆朗玛峰，就算排名第二的乔戈里峰也只矮了 233 米。

1. 头部优势

头部的优势主要体现在两个方面：一是头部的收益更高。头部在一个领域中，往往会获得更多的关注，拥有更多的资源。在一个系统里边，头部吸引的注意力大概占 40%，第二名占 20%，第三名占 7%~10%，其他所有人共分其余的30%。头部会带来更多的关注和个人品牌影响力，这些都会提高头部能力的溢价，带给头部更高的收益。二是头部的加速度更快。一旦成为某个系统的头部，系统就开始产生正反馈——微小的优势会带来更多的名声，名声会带给更多的机会、更高的收益，从而可以继续投入更多的资源，继续扩大优势，最后的结果就是头部可以获得最高的增长率。

2. 头部矩阵

"头部矩阵"用来帮助找到头部。如果把竞争领域分为高价值和低价值两个维度，把竞争力分为高优势和低优势两个维度，高价值定义为投入产出比最高的20% 的赛场，高优势定义为实力排在赛场序列的前 20%，这样一来，所有的选择都能被分成 4 个区块，如图 2-22 所示，头部位于矩阵中的高价值—高优势区域，肥尾位于高价值—低优势区域，小山头位于低价值—高优势区域，沙漠位于低价值—低优势区域。

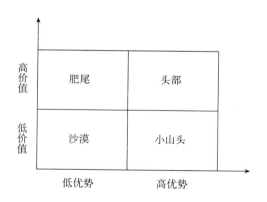

图 2-22　头部矩阵

从认识论的视角来看，信任从更新的视野和更深邃的意蕴，揭示了事物的本质及其运动规律，在各个领域内只有头部才能获得更多的关注，拥有更多的资源，其本质内涵影响着研究思维方式的转变。鼎盛时期，信任视角让投资人在分析个股价格的时候，将头部龙头个股和奢侈品紧密结合。信任形成了绝对价值创造投资增长驱动研究的创新视角之一。

（二）营销学来源

"信任"指的是人与人之间的一种状态，它的产生与风险有关，它的存在又可以减少人际交往活动中存在的不确定性和风险，促进社会经济活动的发展。不过虽然信任作为社会生活的一个重要组成部分，从古至今也流传着许多与信任有关的故事，但是针对信任的系统化研究却是从 20 世纪中叶才开始的。信任这一概念具有跨学科、多维度的特征，它起源于心理学和哲学，后来经过社会学的研究而逐步发展壮大，之后延伸到了经济学、管理学、营销学以及计算机等学科领域。在营销学中，对于信任的研究主要关注买卖双方之间的产品营销。与经济学强调的一样，信任能够减少交易成本。此外，信任还可以提高客户对产品和品牌的信任，进而提高忠诚度，因此信任也起到了影响消费者行为的作用。

营销学对信任的研究始于 20 世纪 80 年代上半期，20 世纪 90 年代频繁出现。产品营销作为以产品为核心概念的营销理论，对信任的研究是其发展过程中的重要构成部分。营销学最早将信任定义为：企业对另一个企业将采取导致积极结果的信念，这种信念的力量引导企业做出信任反应或行动。国内学者认为营销中的信任呈现出以下特点：①制造商与中间商之间的信任是相互的；②两者之间信任的建立和消失在速度上是不对称的；③销售渠道中的信任往往指向某一具体行为，希望该行为发生或不会发生；④销售渠道中的信任关系必须进行管理和控制，避免误信或信任过度。

营销学对信任的研究主要聚焦在交易活动中，顾客信任的形成是随着企业与顾客双方信息的不断获取和积累而逐步形成的，是一种复杂多变（感性与理性）的认知过程，在市场营销中，顾客与企业的每一次接触都是关系的建立，无论是与企业中人的接触，还是非人的信息类接触、物品环境等的接触，都决定着顾客对企业的判断，是选择进一步发生关系，直至产生交易，还是放弃更多的了解，导致交易失败。在很多学者对信任的研究成果基础上，结合顾客信任的具体交往过程，本书构建了顾客信任形成的机理模型，作为对顾客信任演化过程与形成机理的一般解释，如图 2-23 所示。

可靠性是建立信任的起点，只有使顾客觉得企业有能力按时、按质提供承诺的产品和服务，顾客才会有信心与企业进行交易。在这个过程中，企业持续的践诺能力非常重要，顾客与企业进行交易，实际就是向企业发出了愿意选择信任的初步信号，如果企业能合乎预期地达成顾客的满意，并与顾客共享产品、服务相

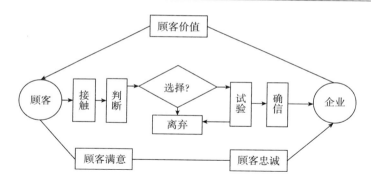

图 2-23　信任形成机理模型

关信息，呵护与顾客的关系，那么顾客就将受到激励，愿意与企业建立起情感互动，进而产生基于情感的诚实性信任。在此特别强调的是企业传递企业能力的有关信息的过程非常重要，对于形成顾客预期和对企业的整体评价有参照系的作用，如果在实际交易互动过程中能够名副其实，那么会形成积极的信任情感系统。

如果顾客形成了对企业的诚实性的认知，顾客还可能会对企业偶尔的能力信任危机提供宽容和缓冲的机会。当信任度较低时，换言之，可靠性信任占主导地位时，顾客将主要通过比较短期收益与成本来决定是否与企业维持关系；相反，当信任度较高时，换言之，诚实性信任占主导地位时，顾客对收益与成本的比较更趋向于长期权衡，并且还兼顾了与企业及其员工之间情感的考虑。因此，在关系营销过程中，必须以基本的商业交易为起点，不断提高企业能力，形成顾客的可靠性信任，这是诚实性信任的前提。然后，通过情感投资建立顾客关系资产，提升顾客的诚实性信任。反过来，诚实性信任又将进一步增强顾客交易信心，强化顾客的可靠性信任。如此，形成了一个企业信任的良性循环圈，并成为长期顾客关系的基石，产品信任、顾客承诺、关系共赢分别是产品营销、顾客营销、关系营销三个营销学的头部。

鼎盛时期的信任是为了创造绝对价值，头部才会被投资人信任。人口营商学来源于营销学信任理论的支撑，信任头部的理论来源于信任领先的抽象思考。信任头部就是个股与投资人之间实现共建共享，通过顶格思维的实现，判断个股实现绝对价值的空间和时机。人口营商学信任头部部分也与人气营商学的承诺结果部以及人群营商学共赢共轭紧密相连。人气营商学承诺结果研究重在分析实现底线思维的价值共识，人群营商学共赢共轭研究重在分析形成界限思维的价值共同，人口营商学共建共享信任头部的研究重点则在分析达到顶格思维的价值共享，如图 2-24 所示。

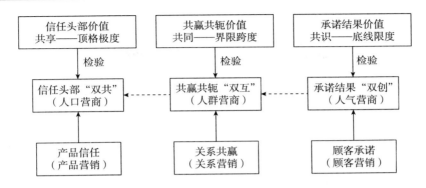

图 2-24 信任头部与产品信任、共赢共轭、承诺结果的关系

熟悉产品营销理论研究，很容易理解传统的产品营销学是从环境变化和核心竞争力角度来分析信任产品技术领先的，是偏重于科学的方法，而人口营商学从人类的学习心理学、传播行为学角度出发，分析信任顶格思维头部，是偏重于哲学社会科学的思维，是从人类自身思考出发的。具象思维能够了解人们学习心理的诱因、刺激物、驱动力，人类必须利用好这种思维方式，信任个股头部是人口营商学的核心，通过判断价值共建共享和顶格思维，分析龙头个股绝对价值的实现，形成赞美投资。这些都是信任头部产生的理论基础和源泉。

二、人类鼎盛时期信任头部原理

（一）基本原理

鼎盛时期信任头部原理主要是指投资人的心理神往形成的 8 倍人口顶，与通过"双共"（共建共享）形成的顶格思维，用来判断龙头个股头部的极度。心理神往是人们对价值的判断提前勾画出的一种标准，达到了这个标准就是达到了期望值。共建共享加强生态中顶层规划设计，充分发挥头部的核心引领作用，加大了资金的投入力度。在个股的投资中，共建共享为实现个股头部的实现提供了新的引擎，为"双创"和"双互"提供了新的动能，为龙头个股的 8 倍增值提供了新的支撑。共建共享有利于畅通上市公司、中介机构、投资者等市场参与主体的信息交换，促进市场融合创新，依托更先进的技术方法和信息资源，全面提升监管能力和风险识别能力，有效应对日益复杂的市场环境和风险变化。投资人的心理神往是由信任龙头个股的头部而形成，进而使得信任头部呈现出基于顶格思维，具有 8 倍的心理神往，"双共"形成的价值共享则是连接心理神往与信任头部的桥梁。因为鼎盛时期信任与头部结合在一起，只有头部才会使个股投资人信任，研究个股如何达到头部价位是信任头部原理的核

心，其作用机理如图 2 - 25 所示。鼎盛时期心理神往直接影响信任头部的大小以及变动方向，信任头部的价值共享变动情况影响投资者的心理神往，两者相互作用。

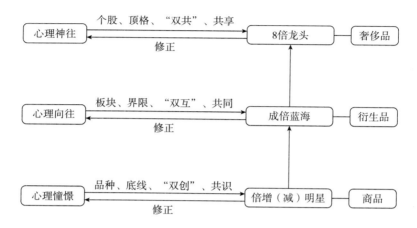

图 2 - 25　信任头部原理的作用机理

心理神往之所以可以影响信任头部是因为投资 8 倍增值的个股是投资人梦寐以求的价值真谛，商品品种形成 8 倍快、中、慢人气线；衍生品指数板块形成 8 倍不足、正好、超过的人群环，但是这些都是理论意义大于现实意义，都必须落实到具体的个股上。研究个股的 8 倍先、中、后人口顶投资，既有价值空间，又可以真正落地实施。人口营商学专门研究个股 8 倍绝对价值投资更加具有现实意义。人口营商学龙头个股的 8 倍人口顶绝对价值时间和空间（2 倍、4 倍、8 倍）产生信任头部是本章的研究重点。同时，顶格思维的研究也需要综合分析底线思维、界限思维的深刻含义以及研究对象。三种思维汇集在一起，更容易帮助投资人实现绝对价值创造，如图 2 - 26 所示。

同样地，信任头部也会反作用于心理神往，信任头部的共建共享，会促使鼎盛时期的投资人寻求绝对价值的龙头心理神往，吸引更多的资本流入龙头个股，从而影响股票价格的心理神往，提升专业投资人士的人口集中，对该个股充满心理神往。构建共建共享，加强价值共享，对于投资意义重大。共建共享可以让投资人与个股之间保持相同的心理神往。个股的"双共"程度越高，会给个股带来更大的资金流入，推动股价上涨，减少下跌波动；对于投资人而言，有助于投资人抓住培养龙头个股实现绝对价值创造的机会，降低投资的风险。投资人与信任头部共建共享的构建，可以保持投资人更长时间的心理神往，对于龙头个股有着积极的正面影响。投资人的心理神往作为专业投资人判断的依据，需要信任头

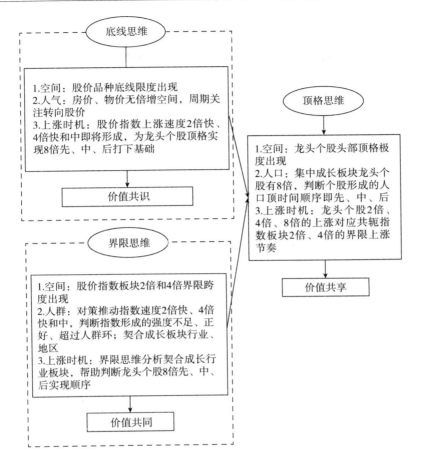

图 2-26 底线思维、界限思维对顶格思维的影响

部的龙头个股价格变动来实现。通过信任头部，正确把握和影响投资者的心理神往，不是盲目想象。在鼎盛时期信任的本质是头部，投资主体的心理神往便会因为这种头部变化而发生改变。

（二）信任作为头部的逻辑

要理解信任头部，必须要理解信任头部的逻辑。首先，鼎盛时期信任头部的根本目的是追求龙头绝对价值的创造，而龙头绝对价值创造的过程是通过个股投资实现的（商品"三价"投资只能创造明星比较价值，板块投资只能实现蓝海相对价值），因此鼎盛时期信任头部的过程也就是个股投资的过程，是绝对价值创造的落地实现；其次，投资人投资哪个个股是对个股头部的信任，即通过个股与投资人的"双共"程度，专业投资人产生心理神往，才会选择该个股进行投资，才能创造确定的 8 倍绝对价值；最后，信任头部是投资的一个目标，也是投资人选择投资的主要参考，投资人通过学习心理学和传播行为学，结合顶格思维投资龙头个股，没有 8 倍顶格思维的个股不可能成为投资人心理神往的奢侈品，只有奢侈品才会形成投资人的集中，比如，茅台酒与投资人，消费者之间形成价值共享，成为投资人、消费者眼中的奢侈品，符合顶格思维的判断逻辑，茅台个股价格才有不少于一次 8 倍上涨的必然结果。

从心理学视角研究，信任头部是选择个股投资的必然。为何信任头部是人口营商研究的核心？从人气研究的承诺结果、人群研究的共赢共轭出发，很容易理解真正的信任才是确定 8 倍增值的个股龙头头部的条件，承诺结果不能保证实现 8 倍，只能确保速度和空间倍增快的底线；共轭也不能保证 8 倍，只能保证在速度基础上具有强度的 2 倍、4 倍不足、正好、超过的界限；头部能够保证实现 8 倍，是在保证 2 倍、4 倍、8 倍速度、强度基础上的顺序先、中、后 8 倍的顶格。培养龙头个股需要长期的积累、专业人士坚定的信任，投资人需要充分结合人口信任理论，把握成长行业板块 8 倍龙头个股的上涨先、中、后顺序，把三个 8 倍龙头个股紧紧抓住，进行有效投资，利用顶格思维的极度分析头部，进行龙头个股心理神往的时间和空间把控，使每一轮行情投资个股的绝对价值最大化。每个行业都有龙头个股，投资龙头个股是专业人士的追求和必须认真研究的核心问题。在现实投资中，很多投资人无法判别龙头个股以及龙头上涨的空间和时间，往往在龙头个股上涨初期不敢保持信任和坚持，在涨到高位时选择入场，往往便会被套。

信任头部的龙头个股，必将会形成人口集中，这是因为，个股的共建共享创造的绝对价值会让投资人产生神往，增加对不确定性个股投资的信心，会潜意识主动朝其集中，鼎盛时期的个股信任头部可以实现投资人绝对价值的心理神往，就会引起全球投资人对该国奢侈品的龙头个股进行相应的投资。当信任某一奢侈品个股的头部时，必然会带来速度快的全球化、强度大的证券化、顺序明确的专业化资金流入龙头个股，该奢侈品龙头个股的价格才能上涨，从而使得价值发生增值，实现 8 倍的涨幅，如茅台酒龙头个股的形成就是全球化、证券化、专业化投资的结果，美国的苹果股票也是如此，如图 2-27 所示。因此，鼎盛时期信任头部的根本目的是创造绝对价值，而创造绝对价值的过程是通过投资实现的。因此鼎盛时期信任头部的过程就是投资者选择奢侈品龙头个股进行投资的过程。

图 2-27　信任头部的逻辑

（三）心理神往变化的内在含义

《人口营商学》中的信任是在学习心理学研究引起投资人的心理神往，具体个股的绝对价值发生变化。随着投资人对于个股心理神往程度的变化，其信任头部会发生变化，其绝对价值也随之发生改变，进而对信任头部的价值创造产生影响。信任头部的股价表现是投资人与个股之间的"双共"程度，只有不断地增强"双共"程度，才能做到正确地把握个股的顶格思维，长期保持投资人的绝对价值心理神往。如果无法正确把握顶格思维及其形成的极度，也就是准确把握心理神往发生的变化，龙头个股的绝对价值创造就会很难实现，投资人就会选择培养其他有价值的龙头个股，专业化的投资人会寻求有价值的个股进行培养。

心理神往会引导投资龙头个股的不同人口 8 倍持续集中，为自己投资板块中的龙头个股寻找投资理由，不断对其进行赞美。心理神往是信任头部原理的核心所在，明确心理神往的变动，实质是个股信任头部变化。如果没有信任头部的表现，人们将很难对具体的价值投资情形进行判断。随着时间的推移，投资者对个股的心理神往会随着该个股的头部变化而发生改变。当对个股的心理神往发生改变后，就意味着投资人对该个股绝对价值顶格思维人口顶发生调整。

心理神往这个概念源于心理学，本书中心理神往主要是指投资人对于个股投资回报的期待与向往。投资人心理神往发生变化，即投资人对投资个股回报的期待和向往发生变化，也就是契合的板块构成的共赢共轭对于界限的人群环贡献和作用发生变化。

随着投资人对于个股心理神往的变化，其个股信任头部会发生变化，其绝对价值也随之发生改变，进而对信任头部的价值创造产生影响。心理神往的变化会引导投资龙头个股的不同人口 8 倍持续集中，为自己投资板块中的龙头个股寻找投资理由，不断对其进行赞美。所以对于投资者来说，会对一国股票有自己的心理憧憬，期望上涨；一个具体的地区板块或者行业板块是投资者的心理向往，期盼该板块上涨；"双共"程度加强，心理神往最终会期冀个股 8 倍的增值，形成的共建共享会使其在鼎盛时期的绝对价值上升，投资人对共建共享形成的核心资产顶格思维的心理神往不断提升，使得更多专业投资人抓住共建共享的投资机会。反之，"双共"程度减弱也会导致心理神往减小，该共建共享形成的顶格极度对于投资人的吸引力将降低，不可能形成有价值的人口集中，这也说明个股的心理神往、共建共享形成的顶格极度与人口顶理论高度一致，如茅台酒生产的历史相当悠久，在大消费板块成长的鼎盛时期，个股信任头部的心理神往使个股股价投资的人口持续集中，个股股价从 20 多元上涨至

2600 多元，消费者享用茅台，投资人对茅台个股充满心理神往，专业投资人
以价值共享的思维去进行奢侈品投资，符合人口顶理论，个股的培养形成了多
个 8 倍的价值空间。同时人们再也不会对石油板块、钢铁板块等龙头个股产生
心理神往，所以开盘在 48 元的中国石油从此再也没有 8 倍增值空间。人气营
商的心理憧憬、底线思维，人群营商的心理向往、界线思维，人口营商的心理
神往、顶格思维的对比如表 2 - 2 所示。

表 2 - 2　股价的心理憧憬、板块的心理向往和个股的心理神往

心理状态	营商思维	指数或个股价格波动幅度及满足的基本条件	
心理憧憬	底线思维	指数板块实现倍增快（2 倍）的限度保住底部	2 起步，可能是反弹，可能形成界限思维
心理向往	界限思维	指数板块形成先倍增（2 倍）快，再成倍（4 倍）快、中的跨度，2 倍在前，4 倍在后，上涨的分界	2→4，4 倍形成的头部至少达到前期高位的倍增或更多
心理神往	顶格思维	在指数界限形成的同时，共赢共轭契合成长板块，共建共享龙头个股头部，必须有达到 8 倍的极度，形成 8 倍先、中、后，使底线守住、界限实现、顶格确保	4、8；8、2；4、8、2；2、4、2、8；8、8……

（四）信任头部的类型和适用对象

　　了解信任头部原理，研究过心理神往后，就要研究信任头部本身。鼎盛时
期的每一个国家都会自觉或者不自觉地通过信任头部影响投资人的心理神往变
化，因此，可以将信任头部按照对人们心理神往的影响程度以及人口顶绝对价
值理论主要分为九种类型，这九种典型类型分别是：“8 倍先”“8 倍中”“8
倍后”，“4 倍先”“4 倍中”“4 倍后”，“2 倍先”“2 倍中”“2 倍后”，如
图 2 - 28 所示。

　　其中信任头部的核心是“8 倍先”“8 倍中”“8 倍后”，三种共建共享的划
分主要是对于鼎盛时期的专业投资人的心理神往影响程度和人口顶为基础来进行
划分的。共建共享的表现是：“8 倍先”是指人们的心理神往较大，且头部的
“双共”程度先形成，可以先形成人口集中的共建共享，导致该个股绝对价值创
造的 8 倍先；“8 倍中”是指信任对于人们心理神往影响较大，但是个股的“双
共”程度在适中的时间进行增值，需要一定的耐心，导致该个股价值创造的 8 倍
中；“8 倍后”是对于人们心理神往更加往后推移，其受“双共”影响对比其他
两种时间往后，实现创造绝对价值的时间比较延后，导致该个股绝对价值创造的

· 84 ·

8 倍后，一般都是共建共享的最后阶段。

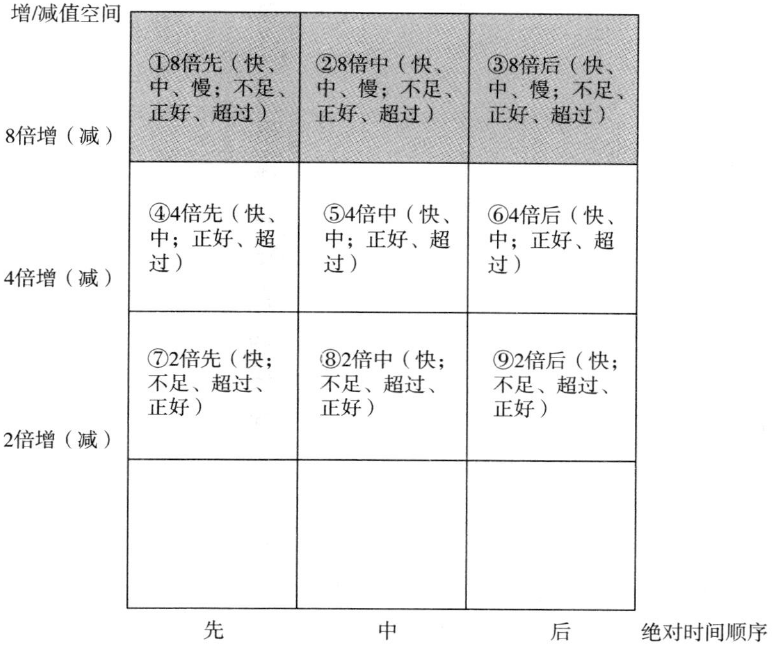

增/减值空间	先	中	后
8倍增（减）	①8倍先（快、中、慢；不足、正好、超过）	②8倍中（快、中、慢；不足、正好、超过）	③8倍后（快、中、慢；不足、正好、超过）
4倍增（减）	④4倍先（快、中；正好、超过）	⑤4倍中（快、中；正好、超过）	⑥4倍后（快、中；正好、超过）
2倍增（减）	⑦2倍先（快；不足、超过、正好）	⑧2倍中（快；不足、超过、正好）	⑨2倍后（快；不足、超过、正好）
	先	中	后　　绝对时间顺序

图 2 - 28　信任头部心理神往适用对象

1. 8 倍先（时间快、中、慢；不足、超过、正好）

特征描述：8 倍先是龙头价值创造初始阶段的投资选择。8 倍先是龙头 8 倍投资时间顺序的最优先选择，8 倍先的增值空间最大，只有通过抽象思维正确把握个股的价值体征和板块轮动价值体现的投资人能够识别该个股，专业人士领先其他投资人，引领新一轮绝对价值创造。8 倍先作为人口后悔的第一投资标的，是 8 倍中与 8 倍后的前提铺垫，充分考验投资人的抽象思维能力及具象抉择能力。该个股会广泛吸引各方资本流入，相应的资产价格就会上涨。不同的价值板块 8 倍先的绝对时间损失与强度是不确定的。也就是说，8 倍先可以是 8 倍快、中、慢，不一定 8 倍先就是 8 倍快，由于指数板块的套牢盘很多，契合的行业板块 8 倍先就成为 8 倍慢了，2020 年指数板块从 2440 点上涨至 5178 点，一路的套牢盘，契合上涨证券板块龙头中信证券就是 8 倍慢，指数板块套牢盘较少，8 倍先就变快了，2005 ~ 2007 年上证指数从 1500 点上涨，套牢盘很少，契合的钢铁板块、证券板块龙头就成为 8 倍快。8 倍先可以是 8 倍不足、正好、超过，8 倍先的强度也是随着指数板块形成的对策作用产生的，如金钱杠杆对策形成的板块资金充足，8倍先在头部顶格思维确定的情况下，不会出现8倍不足，2005～2007年行情，币值平台对策使股票上涨，速度快，时间短，可能出现8倍不足，8倍中就开始上涨，必须密切注意，否则错失8倍中的投资机会。对以上个股进行投资，可以实现几何级数的价值增长。由于心理持续的程度增强，必须随时保持高度警惕，不断保持价值共享。

适应对象：指数板块实现4倍增值，力图领先别人实现第一个8倍，引导全球范围内各国及其投资者向其集中；善于通过抽象思维与独到的投资经验（或者是人生阅历）正确把握个股的价值体征和板块轮动价值体现，准确判断大盘与龙头的联动效应；追求在资产升值空间最大的投资者；对于资产增值有较高要求的投资者；心理神往程度较高，可以承受双向波动风险的投资者。

2. 8倍中（时间快、中、慢；不足、超过、正好）

特征描述：8倍中是龙头8倍投资时间顺序的中间阶段选择，它在绝对价值创造上同样也具有8倍的升值空间，具有非常可观的投资回报，因此存在较高的集中专注力，心理持续的程度较强并趋于稳定。在8倍先实现后，8倍中将会成为投资人的重点研究对象，其在人口集中的百倍价值创造策略中连接8倍先与8倍后，起到承上启下的作用，是这个过程中举足轻重的一环。不同的价值板块8倍中的绝对时间损失与强度是不确定的。也就是说，8倍中也可以是8倍快、中、慢，但是8倍中一般都是速度快、中，不会慢，因为这时大盘指数上涨到一定高度，没有大量套牢盘，资金推动个股速度加快，同时8倍中上涨也表明主力资金进入市场，如果8倍先是试探，8倍中则是坚定信心的表现，推动大盘超过前期高位需要8倍中个股龙头上涨，牛市启动，大量资金进场；8倍中可以是8倍不足、正好、超过，这与推动股市上涨的对策逻辑紧密相关，如果是金钱杠杆对策，8倍中肯定是正好和超过，因为8倍中龙头个股起到推动大盘大幅上涨的作用，如果8倍上涨不足，大盘指数无法实现4倍超过。

适应对象：指数板块实现4倍增值，已经实现8倍先，希望继续引导一定范围内国家及其投资者向其集中；希望创造较大的绝对价值的投资者。心理持续在一定时间内改变人口集中的专注力，从8倍先转向8倍中，绝对价值增值空间很大。8倍中是投资人在8倍增值中的第二次选择，应该毫不犹豫。

3. 8倍后（时间快、中、慢；不足、超过、正好）

特征描述：8倍后虽然也具有8倍的空间，不过实现起来比较困难，是百倍价值创造的最后一个环节，是人们的最终目标，可遇而不可求，但仍然有集中的必要，因为其也能实现8倍增值，在一般情形下能够推动一部分投资者集中。8倍后的实现与否决定了整个绝对价值集中策略的完整性与科学性，是真正意义上从量变到质变的过程。具备"8倍后"的集中对象，其创造绝对价值的时间可能快、中、慢，但是一般应该是快，大盘上涨至后期，大盘没有多少空间，龙头个股会加速上涨实现8倍后增值，这时很多投资人把握不住8倍后，可能是8倍后与8倍中的时间交叉，错失投资8倍后，只要大盘上涨空间足够和时间允许，一般在金钱对策、指数实现4倍超过，实现8倍后的可能性就会加大。进入百倍价值投资的最后阶段，更多的是利用对于信任章节顶格思维与大盘空间的准确把握加以判断，发现该个股在未来是否继续具有"8倍空间"。在8倍先与8倍中完成的前提下，该个股空间同样具有集中的必要，因为该集中对象同样可以创造8倍的价值增值，可以获得具有敏捷投资思维和持续专注投资人的集中。8倍后需要冒险精神，可能成为最后的接棒者，长期套牢，胜败就在此一举，只有最后实现8倍后增值，才能真正成功，只有成为院士的专家才是实现了8倍先、8倍中、8倍后的优秀人才。

适应对象：指数板块实现4倍增值，8倍先、8倍中都已实现，必须选择8倍后，可遇而不可求，留给龙头的时间和空间完美结合才能实现8倍后；可能8倍后龙头与8倍中时间交叉，或者就没有8倍后空间，也可能大盘指数没有空间，都会使8倍后投资落空，使投资人的几何级数$8 \times 8 \times 8 = 512$倍增值不能实现；强烈追求非常短期增值的投资者、实现人生梦想的投资人、具有长期投资经验和丰富阅历的投资人，心理持续程度最为强烈，可以承受双向波动风险和巨大压力的投资者。

4. 4倍先（时间快、中；正好、超过）

4倍先是蓝海价值投资中的指数板块实现2倍增值空间，龙头个股初始阶段选择，具有4倍的价值升值空间。此时投资人在时间层面可以容忍4倍快和中，在强度层面可以容忍4倍正好和超过，对于4倍慢与4倍不足的龙头不予考虑，这是由龙头价值增值空间与板块蓝海契合的成长行业龙头属性决定的，也是后续8倍龙头判断的初始依据，没有在指数板块上涨实现2倍时，个股上涨4倍，可能在指数上涨4倍时实现龙头8倍，如2005～2007年行情，大盘指数上涨2倍，龙头个股武汉钢铁就没有上涨，后来指数上涨4倍时，第一个上涨8倍的是武汉钢铁。这是由契合的行业板块龙头顶格和大盘指数上涨空间决定的。但是指数上涨2倍时，龙头个股上涨4倍，在大盘上涨4倍时，龙头个股肯定上涨8倍，如2005～2007年行情，大盘指数上涨2倍，证券板块龙头中信证券从4元上涨至16元，大盘指数上涨4倍，中信证券从12元上涨至117元。

5. 4倍中（时间快、中；正好、超过）

4倍中是蓝海价值投资中指数板块实现2倍增值空间的中间阶段选择，龙头个股具有4倍的价值升值空间。此时投资人在时间层面可以容忍4倍快和中，在强度层面可以容忍4倍正好和超过，对于4倍慢与4倍不足不予考虑，一般在指数板块实现 2 倍增值时，至少存在 4 倍中龙头个股，只有 4 倍先龙头个股，大盘指数无法上涨 2 倍。如 2005～2007 年行情，大盘指数上涨 2 倍不足，证券板块龙头中信证券从 4 元上涨至 16 元，黄金板块龙头从 7 元上涨至 30 多元，船舶板块龙头中国船舶从 5 元上涨至 20 多元，只是三个契合的行业 4 倍龙头时间交叉，很难分别依次投资，创造更大价值，这是由其价值增值空间与板块蓝海属性决定的。

6. 4 倍后（时间快、中；正好、超过）

4 倍后是蓝海价值投资中指数板块实现 2 倍超过增值空间的末尾阶段选择，龙头个股具有 4 倍的价值升值空间。此时投资人在时间层面可以容忍 4 倍快和中，在强度层面可以容忍 4 倍正好和超过，对于 4 倍慢与 4 倍不足不予考虑，只有指数板块明确有 2 倍超过增值空间，4 倍后才有可能出现，并且依次排序，否则即使有三个板块龙头，也是很难依次投资的，2014～2015 年的行情中，4 倍先是证券龙头中信证券，4 倍中是高铁龙头中国中车，4 倍后是航母龙头中信重工，这样依次按照时间排序是由指数 2 倍超过的增值空间和时间长度决定的，其实在具体投资中也很难实现 4×4×4＝64 倍的增值投资，其中可能出现重组停牌，耽误投资时间，成功投资两个 4 倍已经很好了。

7. 2 倍先（时间快；不足、超过、正好）

2 倍先是指数板块实现 2 倍、4 倍增值空间，龙头个股出现 2 倍投资机会，是龙头个股增值空间需要在 4 倍、8 倍上涨之前上涨 2 倍，也有可能是下跌过程的反弹，改变龙头个股的下跌趋势，出现准确的 4 倍或者 8 倍上涨空间，是龙头个股上涨的起始判断和上涨空间的进一步拓展。个股具有 2 倍的价值升值空间，是为了判断龙头个股 4 倍或者 8 倍投资的基础，重点不是投资 2 倍个股。具有 8 倍价值的个股，4 倍、2 倍增值现象的准确把握，是 2 倍、4 倍价值增值的正确落地。如 2015 年 9 月，中信证券从 12.84 元反弹至 22.14 元，实现 2 倍不足，证明中信证券龙头 8 倍先基本形成。在大盘下跌至 2018 年 10 月 19 日的 2449 点时，中信证券为 14.72 元，中信证券的 8 倍先更加明确，14.72×8＝117.76，大盘在 2019 年 1 月 4 日再次下跌至 2440 点，中信证券再也没有下跌至 14.72 元，可以看出中信证券的 2 倍先就是 8 倍先的前奏，使下跌趋势扭转，为龙头 8 倍打下坚实基础。在 4 倍个股增值形成时也先出现 2 倍增值，如中国中车 2014 年 10 月先上涨 2 倍超过，从 5 元多上涨到 14 元，为中国中车从 10 元多上涨至 39 元多打下基础。

8. 2 倍中（时间快；不足、超过、正好）

2 倍中是指出现一个 2 倍个股增值使 8 倍先龙头出现后，又出现 2 倍个股增值，一定要密切关注，可能新的龙头 8 倍又会出现，并不一定要立即投资，因为

8 倍先没有实现之前，新的 8 倍空间还比较难以形成，既要耐心等待，还要清晰新的 8 倍龙头形成的价位应该是多少，否则投资过早，既占用资金，还要等待较长时间。如中信重工在 2019 年 2 月从 2 元多上涨到 6 元多，结合航母板块以及上轮行情上涨空间，说明新的龙头 8 倍已经开始形成，但是价位应该在 7 元多，无论从时间、业绩、价位来看，都不可能达到龙头 8 倍形成的最合适时机，不能投资，不能被 2 倍超过吸引，一定会下跌的。在 4 倍增值个股形成时也有这种现象，中信重工在 2018 年 8 月从 3 元多上涨到 2018 年 12 月的 7 元多，实现 2 倍增值，后面才形成从 6 元多上涨至 30 元的 4 倍增值。

9. 2 倍后（时间快；不足、超过、正好）

2 倍后可能是继出现第二个 2 倍增值个股，再次出现 2 倍增值个股，这时可能是又一个新的 8 倍增值龙头出现，结合上轮行情进行分析，以及板块的契合分析，最后一个龙头个股产生了。如 2021 年 1 月的中国中车出现 5 元多的上涨，结合前期 40 元的高位以及高铁板块，可以清晰判定最后一个龙头个股开始启动，但是并不会立即实现 8 倍，只是 2 倍上涨而已。因为证券龙头的 8 倍先还没有完成，只有金钱杠杆对策、指数板块 4 倍超过，才一定会形成完整的三个 8 倍龙头个股。第三个 2 倍个股形成的最后一个龙头个股，并不是最后一个上涨的龙头，还要结合指数板块上涨的推动力、大盘的具体点位，才能正确判断 8 倍先、8 倍中、8 倍后的顺序。

（五）信任头部的选择步骤

投资人在选择共建共享、调整心理神往的时候要遵循以下三个步骤：

第一步，判断大盘上涨的逻辑。大盘上涨的时间快、中、慢，指数人群环强度不足、正好、超过，都与大盘上涨的逻辑紧密相关，如果不能准确判断上涨逻辑，投资龙头个股就会犯错误。如币值平台对策推动股票上涨，指数板块上涨快，契合成长板块也会明确，龙头个股把握准确而鲜明；金钱杠杆推动股票上涨，大盘 2 倍快、超过，契合成长板块明确，龙头个股也会清晰，大盘 4 倍超过上涨，由于前期的套牢盘非常严重，大盘开始上涨慢，成长板块上涨也不会快，所以成长板块龙头个股上涨 8 倍先、慢。随着前期套牢盘的释放，指数上涨就会加快，契合大盘的成长板块就会加快，成长板块龙头个股 8 倍中、8 倍后都会上涨加快。不分析清楚，既耽误时间，还会引起投资人的误判，因为开始上涨的板块对于大盘推动作用不明显，可能怀疑成长板块和龙头个股判断出错，只要大盘上涨的逻辑驱动没有错误，成长板块龙头个股 8 倍上涨是必定的。

第二步，判断共建共享的个股信任头部，即什么板块共建共享个股 8 倍顶格极度实现的可能性最大。大盘指数是人群环理论研究，而契合大盘指数的板块是在大盘上涨空间打开时，成长行业龙头上涨 8 倍。如果大盘平稳，不能上涨，判断个股信任头部就显得非常重要，个股上涨不会依赖指数上涨。无论如何，判断个股信任头部上涨 8 倍的时间顺序是最为迫切的，如 2020 年中国股市大盘指数没有大幅上涨，不可能使推动指数上涨的成长板块龙头个股上涨 8 倍，但是大消费的白酒板块对于大盘的依赖较少，龙头个股茅台酒上涨 8 倍。这是个股独立指数大幅上涨形成 8 倍增值的典型代表。龙头个股上涨，是吸引资金进入股市推动大盘指数上涨的前奏，同时也表明大盘指数上涨的 4 倍空间明确，如同股市的指数 2 倍、4 倍上涨，吸引人气关注股市是一样的，人气关注"三价"，同时人群环的 2 倍、4 倍上涨，帮助吸引人气关注股价。特别是 2015 年股市受到创伤，没有赚钱效应，长期资金不会进入股市，仅仅短期资金进入股市，对于股市的伤害已经非常明确。

第三步，投资人需要判断共建共享的个股价值投资时间顺序，对投资者来说，时间顺序是非常重要的。时间不能正确把握，节奏把握不好，一样会导致投资失败，也就是人们常说的"选择比努力更重要"。首先是把握主板指数板块的上涨时间，没有大盘指数上涨，炒作个股一般来说是非常危险的，其实很容易理解，大盘整体下跌，任何板块都不会幸免，也是共轭的，不能把大盘下跌的反弹当成上升趋势形成，如前文所述，除大盘指数稳定时，投资业绩股票外，题材、成长等其他股票投资时机都是大盘上涨，否则都不合适。

及时选择和把握投资契合大盘指数上涨的成长板块龙头个股的投资时机是至关重要的。大盘不上涨，共建共享的成长板块龙头个股不会大幅上涨，有些小幅波动，投资人就会放弃成长板块的跟随，甚至都会怀疑自己对于龙头个股的分析的正确性，放弃留意成长板块的龙头投资时机（通过人口营商进行龙头个股研究），这是人气的对策、人群的契合、人口的信任的理论结合，最终就是正确把握成长板块龙头个股的投资时机。理论分析是这样把握共建共享投资时机的。龙头个股 8 倍实现速度，决定了行业板块和地区板块的增值速度，如 2005 ～ 2007 年中国股市个股龙头 8 倍价值实现速度快，使大盘上涨 8 倍，需要的时间是一年半左右，行业和地区板块上涨时间变换较快，证券板块上涨 5 个月左右，立即转换为钢铁板块等。一般情况下，投资人在大盘指数实现 2 倍快和 4 倍快的龙头价值时间周期内耐心等待和把握行业转换是非常有必要的。一旦大盘指数龙头价值实现后，一个新的大盘指数龙头价值实现需要相当长时间的等待，如 2005 ～ 2007 年指数 8 倍实现后，新一轮龙头价值实现，直到 2014 年新的龙头价值实现才开始进行，需要等待 7 年时间，而真正实现 8 倍需要继续等待到 2021 年。虽然投资人没有办法准确把握指数上涨较慢时的非主流板块龙头个股上涨 8 倍，但是人们可以分析出个股龙头价值实现的对策和契合成长行业板块、实现龙头个股的基本路径、形成一次龙头到形成另一次龙头的时间，以及每一个龙头完成的具体时间表，个股龙头就相当容易了。契合分析行业和地区板块时间先后顺序就显得非常重要了。绝对价值的每个计量是投资人对于龙头个股进行一次次的价值判断，是8倍先、8倍中、8倍后三者之间形成8倍的人口顶组合。具体如图2-29所示。

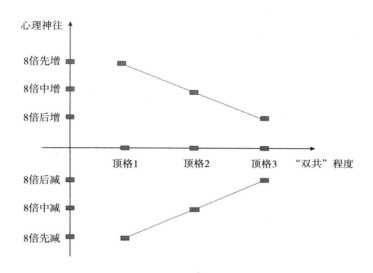

图2-29 利用顶格判断信任头部示意图

（六）鼎盛时期信任头部的目标

对于处在鼎盛时期的国家而言，为了吸引专业人士投资，并使投资人能找到不同领域的个股龙头，是每个国家信任头部的目标。通过投资人对龙头投资标的的抉择，实现绝对价值的人口集中。本书将鼎盛时期的投资聚焦在营商奢侈品的投资中，所以鼎盛时期的龙头目标就是在营商奢侈品领域中实现的。在一定时期内，鼎盛时期的国家，具有代表性的衍生品股票指数和契合成长板块的赞美奢侈品龙头个股。不同的龙头个股上涨反过来带领行业板块上涨，进而带领大盘指数上涨，直至实现股票的价值创造。

鼎盛时期共建共享的具体目标是对板块龙头个股顶格思维的正确把握，把握顶格是为了预估所投资的各板块预期收益空间和资产增值成长速度，也就是8倍先、中、后的顶格把控，看似非常简单，就是指数板块上涨后三个龙头个股数字的转换和组合，实际体现在共建共享上就非常复杂了。这里需要的不只是对于指数上涨要把握好，还需要与契合的其他板块界限的共轭，以2014~2015年股市行情为例，股市融资融券的改革，是股市改革必须经历的，国外早就有成熟的经验，也符合人气营商学——金钱杠杆对策研究的结论。

融资融券改革对于股市主板指数的影响造成的界限结果是 2 倍快超过，上海证券主板指数从 1849 上涨到 5178，此轮行情共建共享的第一成长行业板块就是证券板块。因为中国股市第一次可以合法加杠杆了，一定是证券板块最先共轭指数板块。随着指数板块与证券板块的共轭，通过人口营商研究，指数上涨 2 倍，龙头没有上涨 8 倍，这时当证券板块龙头上涨 4 倍时，中信证券从 9 元多上涨到 38 元，必须培育推动指数上涨的更大成长板块，也就是为大量的融资寻找出路，为指数板块共轭，正确的经济相对价值成长板块就是高铁行业板块，这使高铁龙头中国中车从 10 元上涨 4 倍到 40 元，让中国股市主板上海指数彻底完成了 2 倍快。文化相对价值成长板块迅速反应补涨，航母板块龙头上涨 4 倍（为了保密起见，不说个股名称），文化价值板块对于股价指数影响不大，三大成长价值板块共建共享龙头个股，共赢共轭指数板块形成指数板块 2 倍超过的界限人群环。其实还有一个板块就是题材板块，业绩板块一般不会在股价的指数大幅上涨时凑热闹，但是题材可能是成长的先兆，往往比成长板块炒作更凶猛，题材板块陪伴成长板块，也可能就是政府扶持的板块。只要政策把握得好，投资一样成功，也不会大幅影响指数波动，股市有时需要题材活跃投资热情和赚钱情绪，共轭股市初期上涨，稳定股市，吸引资金，留住资金，带来成交量后共轭其他板块上涨。从这个例子可以看出投资股票需要较为复杂的思考。

顶格思维是绝对价值创造的思考起点，如果没有顶格思维的极度分析，顶格分析还会判断错误，如同界限思维跨度、底线思维的限度一样重要，底线到底在什么对方？顶格是 8 倍先、8 倍中、8 倍后实现的具体表现，上涨强度可能超过、不足、正好，还有速度快、中、慢，不是铁板一块，最主要是先、中、后，结合人气不同对策形成的指数跨度界限、契合蓝海形成的各种板块响应界限、相对价值判断形成的成长板块转移界限、绝对价值判断形成的龙头个股空间极度。只有通过顶格思维，结合以上的分析才能准确判断顶格，并且利用顶格进行有效的板块和个股价值投资，简单地说就是每个龙头个股集中一次需要的时间长短不同，而且能够集中的次数也不相同，即使次数相同，形成龙头个股的绝对价位还不相同，能够连续三次集中 8 倍、价位极高的个股寥寥无几，如钢铁板块的龙头个股集中次数就只有一次，2005～2007 年行情实现了，高度就是 20 多元，从此再也不可能有了；证券板块龙头可以集中两次，2005～2007 年一次，2020～2021 年还有一次，以后再也没有了，最高价位就是 240 多元；茅台酒三次连续集中时间较近，最高价位几千元。并且投资人的个股集中有些是区域化、国家内部的循环，很难得到全球、行业、专业人士认可，但是必须共建龙头，各国投资人也会集中，可以与世界同行比肩投资集中，如钢铁、投资银行等，比较容易形成集中，是任何想进入商业大国的国家都不可放弃的。自己能够吸引全球独特龙头集中独特价值更加明显，如中国高铁就会超过世界其他国家，实现国内、国际双循环，比肩和超过全球最好的交通工具——波音飞机，而中国学习美国飞机制造，时间长，投资大，全球、行业、专业价值集中难以形成，即使形成，可能得不偿失，可以紧跟制造 C919，防止美国"卡脖子"，能够三次集中的龙头个股可以成为专业人士赞美的奢侈品，持续时间相当长久，无可替代的个别龙头个股价位可能超过人们的想象。通过分析可以看出，培养和赞美本国龙头个股是投资的真谛和目标，因为有了龙头个股，产业就会形成，吸引全球、证券、专业资金进入本国，资本市场就会活跃，但是坚定龙头个股的头部信任是投资人的智慧和各国政府必须努力的方向，真正实现国际、国内的双循环。

三、信任头部的"双共"能力选择

（一）信任头部绝对价值投资时机选择：奢侈品时期到来

不同于《人气营商学》对商业社会发展的强调以及《人群营商学》对虚拟时代变迁的强调，《人口营商学》的研究背景需要强调鼎盛时期的演进。其价值共享为了投资奢侈品，越来越多的投资人对自己的投资对象有了长时间和深入的专业了解，没有奢侈品的产生，信任头部是无法形成的，判断个股是否头部，实际上就是判断奢侈品。

奢侈品是一种具有独特、稀缺、珍奇等特点的消费品，奢侈品中常常包含着或一定量的短缺资源（如紫檀木、黄梨木等），或很高的科技含量，或很高的人文因素，或可以被称作"绝活儿"的很高的制作技巧（如手工制造）。另外，一些奢侈品是限量生产，营造了稀缺的状态而使其弥足珍贵。例如，箱包类的全球顶级品牌路易威登（LV），曾是拿破仑皇后的专宠；劳斯莱斯轿车、宾利跑车全球限量发行，因此很难觅其踪迹、睹其芳容。稀有性使得奢侈品对于许多人而言是可望而不可即的，也正由于稀有性，奢侈品才具有了使人憧憬的神秘感。一旦让大多数人感觉可望而不可即，那目标消费者的优越感也就保住了。只有认识的人与实际拥有的人在数量上形成巨大反差，奢侈品也才能够成为真正的奢侈品，也就是我们常说的二八原则，20%的人占有80%的财富。因此稀有性堪称奢侈品的又一显著特征。

经济学上对奢侈品的定义是功能性价值远远低于其价格比值的产品，简单地说就是有形的价值远远低于其无形价值的产品。基于对鼎盛时期的研究，营商学对奢侈品应该赋予新的含义，即学习心理形成的越来越多的投资人心心想念的、持续喜爱的、长期投资的具体商品。如人们对于白酒的长期喜爱，产生茅台酒奢侈品。奢侈品是通过价值思维，通过人们不断赞美形成的，具有鼎盛价值属性，能进行投资的、创造价值的东西，无论上品还是精品，凡是能进行投资，创造鼎盛时期赞美价值的都是奢侈品，美国的苹果手机也是奢侈品，中国的高铁正在培养成为奢侈品，奢侈品的个股具有 8 倍增值空间，带动产业发展。奢侈品的新概念、新理论，全面、真实地反映和概括了奢侈品世界和奢侈品投资活动。"物有所值"与"物之所值"是以物质通过投资并进入消费领域创造出奢侈品赞美为条件才能计量的。奢侈品积压在仓库里和货架上，谁能承认其使用价值和价值？按照生产的数量和市场的价格来计算产量和产值又有什么实际意义？创造价值，才能使奢侈品成为真正意义的奢侈品；投资才能使奢侈品的价值真正得以实现；只有投资创造绝对价值，奢侈品产生的实际意义才能够被承认。

在定期、周期、时期的演进中，人们一直在不断进步，不断地形成共建共享思维，这是人们的学习心理发挥作用。营商是人们充分发挥主观能动性的表现，而人口集中也是人们学习心理驱动的主观行为，这既是时期演进的抽象，也是人们不同时期共建形成的具象，要让投资人明确：很多奢侈品国外有，本国也必须共建，自己也应该有，如钢铁、服装、投资银行、航母等；有些奢侈品国外没有，本国必须有，如白酒、高铁、新能源汽车；有些奢侈品别国有，本国不一定有，如啤酒、飞机、传统汽车等，有所为，有所不为，本书一些章节对此进行了详细描述。如何利用人们的学习心理、传播行为，分析人口集中专注力的变化，这是鼎盛时期价值共建的重要内容之一。

（二）信任头部价值投资情形选择

鼎盛时期的国家都希望投资人对于本国奢侈品信任头部心理神往程度处于不断上升的方向。信任头部的"双共"表现反映在人们心理神往的快慢、强弱和先后上，利用价值共享对于人们心理神往的影响，分析共建共享的"双共"具体表现情形。只有不断地创造人口绝对价值，才能保证共建共享的发展方向是向上的。

价值共享不只是营商学研究的范畴，如同人气营商学研究的价值共识以及人群营商学研究的价值共同一样，是投资人对于顶格思维的积极学习，是专业投资人对于一个国家经济、社会、文化的最高看法。具体表现在人气线关注商品的价值共识，能否形成倍增快的"明星"比较价值判断。价值共同是证券投资人对于引领各国商品价格实现底线的同时，人群跟随的各个行业板块的倍增快、4 倍增快和中的蓝海相对价值人群环的价值判断，是投资人对于各个板块的相对价值看法，综合分析经济、社会、文化发展的方方面面，认真把握板块发展的脉络和方向。价值共享是在专业投资中证券投资人与龙头个股价之间形成共建共享的关系，专业投资人集中某只龙头个股，可以增强龙头个股的辨识度，龙头个股又同时可以满足投资人对于资产增值的 8 倍心理神往。只有这种综合分析判断，才能真正实现最大化绝对价值创造。

1. 共享的定义

共享是共享经济中的核心理念，强调物品的使用权而非所有权。共享经济是公众将闲置资源通过社会化平台与他人共享，进而获得收入的经济现象。2016 年，共享单车的兴起将共享的概念带入了人们的视野中。2017 年，共享经济更加发展壮大起来，涉及行业不断增加，规模不断扩大。共享单车、共享汽车、共享雨伞、共享充电宝……种种创新体现了人们的想象力，同时也是对社会闲散资源进行合理利用的尝试。而价值共享是指在投资中专业投资人与龙头个股价之间形成共建共享的关系，专业投资人集中某只龙头个股，可以增强龙头个股的辨识度，龙头个股又同时可以满足投资人对于 8 倍资产增值的心理神往。

2. 三个时期的价值共享类型

定期、周期和时期都会形成价值共享，但是由于时期带来的价值增值远远超过兴盛时期的定期和昌盛时期的周期，因此鼎盛时期形成的价值共享增值空间最大，时间顺序最明确。在不同的时期中，价值共享的情形都会有所区别，总体分为三类：兴盛时期的少量价值共享、昌盛时期的较多价值共享和鼎盛时期的大量价值共享。

兴盛时期受限于上品品种，绝大多数的乡村人口都生活在自给自足的基础上，精细的上品作用也主要是名门之后的及第决定上品的供奉，人们首要解决的是吃穿问题，因此心理神往程度较少，形成较少的、简单规律性的价值共享。昌盛时期，精密的精品出现推动了各个国家的经济总量的增加，各种新技术、新发明应用于物质生产中，人们对于生活有了更高的要求，形成较多的、技术性的产品，根据级别高低，人们享有精品的价值共享。进入鼎盛时期，人们可以通过投资奢侈品实现资产的极致增值。奢侈品存在于大量的龙头个股之中，不同龙头个股的价值共享远远大于兴盛时期与昌盛时期，必须形成更多的、更为极致思维的价值共享。为了总结和思考奢侈品龙头个股，将投资人较为熟悉的成长板块与文化、经济、社会价值内涵板块综合分析龙头个股，具体如表 2－3 所示。人群营商研究以成长板块为主，是因为成长较为容易把握，与主板指数密切相关，投资相对安全，题材和业绩板块往往对于主板指数贡献较少，共建共享程度小一些，但是对于大盘的启动、指数的稳定和吸引资金流入都会有作用。

表 2-3 成长板块与价值内涵综合分析龙头个股

分类	基于成长板块的龙头个股判断依据					关系	举例
文化价值	国内自身形成的文化,别国无法效仿	业绩好、国内长期坚持、逐渐被专业人士认可	政府政策支持或者政府决心大	与人们生活密切联系的传统文化	对于大盘指数上涨贡献不大	一旦上涨,8倍的速度和上涨次数明显	每一次大的行情,都会伴随三种价值内涵的龙头个股8倍上涨,可能还有题材、业绩龙头的参与,只是契合指数上涨的成长行业龙头更为明确,更为安全	茅台酒、服装、航母、黄金等个股龙头
经济价值	有好的应用场景、别国实现起来成本高、技术有依托、在发展中成熟	业绩将来有保证,增长有空间、经济体量大,形成产业链	政府全力支持和市场未来的认同密切相关	基础工业支撑、高品质、高端制造引擎	在于主板之中没有这个龙头,主板无法上涨	上涨8倍往往超过人们的预期,每个国家斗争的焦点龙头		汽车、钢铁、飞机、高铁、移动终端
社会价值	普遍熟悉,广泛认可,一次次加深理解,不参与就会后悔	有业绩、周期性强,上涨速度快,未来可期	与社会整体发展紧密相关,必须经常动态分析、判断	品质生活和人类欲望表现具体载体	把握这些龙头,就是把握社会发展未来	是指数板块上涨的明确推动力,相对容易把握,一旦上涨,速度快		投资银行、保险、教育

3. 鼎盛时期的价值共享情形

在鼎盛时期,后悔龙头8先、8倍中、8倍后,与承诺2倍快,4倍快和中,8倍快、中和慢不同,承诺在商品人气线上寻求,信任在个股人口顶上寻求,价值共享极度多少,需要具体分析。股价指数信任头部的上升情景是8倍先、8倍中、8倍后组合的形态。在一次完整的人群环4倍快、正好,4倍快、超过,4倍中、超过实现过程中,可以实现8倍快、8倍中、8倍慢,8倍不足、8倍正好、8倍超过,依据对策的驱动逻辑不同,形成人群环,具体研究个股龙头的价值共享。只有具备这种体征的龙头个股,才能实现8倍先、8倍中、8倍后的人口顶,如同只有房价、股价、物价构成的"三价"具有倍增快,成倍快和中,8倍快、8倍中、8倍慢,投资人必须尽早完善自己的价值体系,否则在商业社会是落后的。2倍快、配合成倍快(4倍快)和成倍中(4倍中)形成指数人群环,按照人气线分析的成长板块一般都有三次实现8倍龙头个股价值的情况。2倍快、不足,4倍快实现8倍快、不足人群环;2倍快、超过,4倍快、超过实现8倍、正好人群环;2倍快、正好,4倍中、超过实现8倍慢、超过人群环,这三种情况分别对应了人气的三个对策下三种龙头个股价值上升情形。

情形 1：平台对策、无意识动机形成的 8 倍快、不足指数人群环，学习心理促成个股心理神往，8 倍龙头个股绝对价值共享交叉。

特点：完成时间短，两次龙头实现之间间隔时间短，来不及转换。

优点：可以在较短时间，实现最大化绝对价值创造，没有其他个股龙头干扰股价。

缺点：板块轮动太快，同时上涨的板块较多，无法抓住所有 8 倍投资机会。

要求：需要耐心的等待和丰富经验提前发觉龙头个股。

形成原因：币值对策推动的信任头部趋势上升情形速度较快，所以一般龙头的实现总体时间较短。

具体如图 2－30 所示。

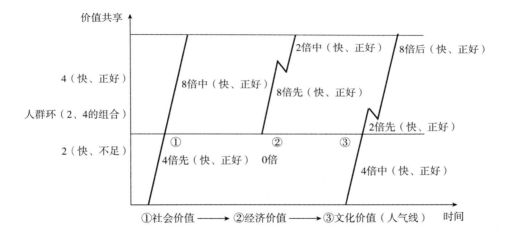

图 2－30　币值对策引发的龙头价值共享

情形 2：金钱对策、双因素动机形成的 8 倍中、正好指数人群环，学习心理促成个股心理神往，8 倍龙头个股绝对价值共享合适。

特点：完成时间中等，两次龙头实现之间时间正好、波动空间大。

优点：可以实现最大化绝对价值创造，有相对较长的时间供投资人发掘龙头个股，易把握；可以实现投资板块的多次转换，实现价值增值空间巨大。

缺点：第一个 8 倍实现时间长，两次龙头实现波动幅度大，不易把握两次龙头实现调整的顶部和底部。

要求：需要不断进行价值判断，关注 4 倍人群环实现过程中成长板块的变化，以免错失先、中、后三个 8 倍投资机会。

形成原因：金钱对策推动的信任头部趋势上升情形速度也相对较快，所以龙头的实现总体时间中等。

具体如图 2 – 31 所示。

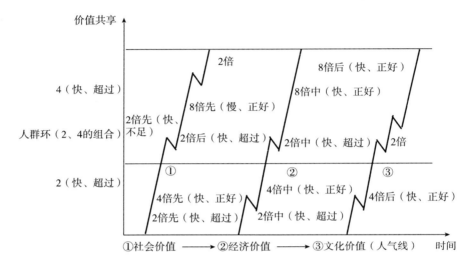

图 2 – 31　金钱对策引发的龙头价值共享

情形 3：权力对策、层次动机形成的 8 倍慢、超过指数人群环，学习心理促成个股心理神往，龙头个股 8 倍绝对价值共享延长。

特点：完成时间长，两次龙头实现之间间隔有较长的盘整时间。

优点：相对稳定，可以稳定实现价值增值，可以进行多次不同板块的价值投资。

缺点：时间较长，不能实现短时间的价值增值，融资成本高。

要求：由于时间相对较长，对资金的占用时间长，要有长期自有资金投资的耐心。

形成原因：权力对策推动的后悔龙头价值上升情形速度就比较慢，所以一般每次龙头的实现总体时间最长。

具体如图 2 – 32 所示。

（三）信任头部"双共"程度不断增加的方法

鼎盛时期，保持共建共享"双共"程度的不断提升，是一个国家、地区专业人士投资奢侈品的追求，只有"双共"程度不断提升，形成价值共享，顶格思维形成的龙头心理神往才能实现，龙头绝对价值创造，才能吸引人口持续集中。"双共"程度是从兴盛时期"双继"程度，即继续继承程度和昌盛时期"双奋"程度，即奋力奋发程度提升的结果。分析"双共"程度不断提升的方法，可以从SWOT分析方法入手，从优势、劣势、机会、威胁四个方面进行研究，将环境变化和竞争分析进行改造，从学习创新和传播表现角度进行共建共享分析，从而保证"双共"程度不断得到提升。

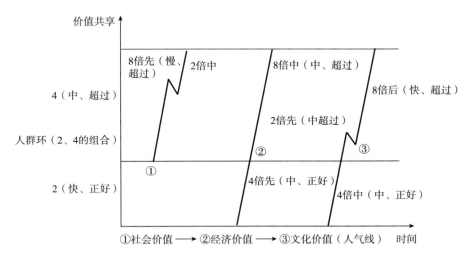

图2-32 权力对策引发的龙头价值共享

1. SWOT方法简介

SWOT分析方法（Strengths Weakness Opportunity Threats），又称为态势分析法或优劣势分析法，是一种企业内部分析方法，即根据企业自身的既定内在条件进行分析，找出企业的优势、劣势及核心竞争力所在，从而将公司的战略与公司内部资源、外部环境有机地结合起来。其中，S代表Strength（优势），W代表Weakness（劣势），O代表Opportunity（机会），T代表Threat（威胁），S、W是内部因素，O、T是外部因素。其中营销机会存在三个来源：①现有产品供应不足；②使用一种新的或者优良的方式去提供现有的产品和服务；③开发一个全新的产品或服务。环境威胁是一些不利因素的发展趋势所构成的挑战，如果缺乏防御性的营销行动，将导致更低的销售额或者利润。识别有吸引力的机会是一件事情，另外一件事情就是把握住这些机会。因此只有外部环境分析对一个企业来说是不够的，还必须对企业内部的环境进行分析，每个企业都需要评估其内部的优势和劣势，具体如图2-33所示。

（1）优势与劣势分析（SW）。由于企业是一个整体，并且由于竞争优势来源的广泛性，所以，在作优劣势分析时必须从整个价值链的每个环节上将企业与竞争对手作详细的对比。如产品是否新颖、制造工艺是否复杂、销售渠道是否畅通，以及价格是否具有竞争性等。如果一个企业在某一方面或几个方面的优势正是该行业企业应具备的关键成功要素，那么，该企业的综合竞争优势也许就强一些。需要指出的是，衡量一个企业及其产品是否具有竞争优势，只能站在现有潜在用户的角度上，而不是站在企业的角度上。

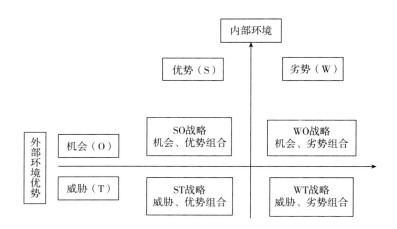

图 2 – 33　SWOT 矩阵分析

（2）机会与威胁分析（OT）。机会和威胁是购买者需求变化和外部影响因素共同作用的共同体，包括政治、经济、文化、技术和社会方方面面的影响因素，给企业的产品需求带来机会和威胁，企业自身是不可控制的，要适应、利用环境变化带来的需求机会和面临的威胁，及时调整企业的产品。对于企业来讲永远面临机会和威胁，只是需要企业经常动态地分析机会和威胁，辨析企业的机会和威胁，结合企业的优势和劣势进行分析，二者结合越紧密，分析越透彻，企业进步就会越快，从而会增强购买者的信任感，增加购买量。

从整体上看，SWOT 可以分为两部分：第一部分为 SW，主要用来分析内部条件；第二部分为 OT，主要用来分析外部条件。利用这种方法可以从中找出对自己有利的、值得发扬的因素，以及对自己不利的、要避开的东西，接着发现存在的问题，找出解决办法，并明确以后的发展方向。根据这个分析，可以将问题按轻重缓急分类，明确哪些是急需解决的问题，哪些是可以稍微拖后的事情，哪些属于战略目标上的障碍，哪些属于战术上的问题，并将这些研究对象列举出来，依照矩阵形式排列，然后用系统分析的思想，把各种因素相互匹配起来加以分析，从中得出一系列相应的结论，有利于领导者和管理者做出较正确的决策和规划，如图 2 – 34 所示。

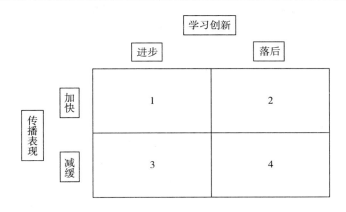

图 2 - 34　学习传播矩阵

2. 保持信任头部"双共"程度不断增加的方法

在图 2 - 34 所示的动机互动矩阵中，类似于 SWOT 矩阵分析里面的机会矩阵和威胁矩阵，左上角的单元格 1 表示学习创新进步并且传播表现加快，处在这个单元的板块"双共"程度也就越高，所以在这个单元格的板块共建共享容易受到投资人的集中。右下角单元格 4 表示学习创新落后并且传播表现减缓，处在这个单元格的板块几乎没有"双共"程度，没有学习进步和加快传播，不能形成共建共享。右上角单元格 2 和左下角单元格 3 表示板块的"双互"程度的情况值得密切观察以便于做出决策。

保持共建共享"双共"程度长期提升的方法包括学习进步和传播加快。

学习是人的本质，对个体的行为和活动有引发、指引、激励功能。学习心理学是专门研究个体学习的一门科学，是研究个体在后天经验或练习的影响下心理和行为变化的过程和条件的心理学分支学科。学习心理学立足于个体的学习本质，从人的学习过程、思维方式、行为方式、生理机制、学习类型、认知理论、信息加工、记忆原理、学习策略、学习技巧、学习迁移等领域的研究，总结出一系列的学习理论和学说。影响学习心理的三个构成要素主要是驱动力、刺激物以及诱因，三者相互作用。

（1）驱动力。奥苏伯尔认为，学习主要由三个方面的内驱动力组成：认知的内驱动力、自我提高的内驱动力和附属的内驱动力。①认知的内驱动力是一种要求了解和理解周围事物的需要，要求掌握知识的需要，以及系统地阐述问题和解决问题的需要。在学习活动中，认知内驱动力指向学习任务本身（为了获得知识），是一种重要的和稳定的学习影响因素。由于需要的满足（知识的获得）是由学习本身提供的，因而也称为内部驱动力。②自我提高的内驱动力是一种通过自身努力，胜任一定的工作，取得一定的成就，从而赢得一定的社会地位的需要。自我提高的内驱动力指向的是一定的社会地位，它以赢得一定的地位为满足。对地位的追求是学习的直接目标；成就的获得和能力的提高是间接的目标。显然，自我提高的内驱动力是一种外部驱动力。③附属的内驱动力是指个体为了获得长者的赞许和同伴的接纳而表现出来的提升学习的一种需要。自我提高和交往的内驱动力都是一种间接的学习需要，都属于外部驱动力。认知驱动力、自我提高内驱动力和附属内驱动力在影响学习因素结构中所占的比重并非一成不变，通常是随着年龄、性别、个性特征、社会地位和文化背景等因素的变化而变化的。

（2）刺激。联结学习理论认为，所有的学习都是刺激反应联结形成的结果，行为是学习的依据，行为是在刺激与反应之间建立神经联系并不断增强的结果，这样就形成了习惯，学习的过程就是形成习惯的过程，是刺激与反应之间牢固联结的过程。任何反应若有强化刺激随后出现，都会具有重复的倾向；强化刺激可以是增强操作反应概率的任何刺激物。学习的公式就是：一个操作发生后，接着就给一个强化刺激，其强度就会增强。

（3）诱因物。诱因是指能够涉及到其有机体的定向行为，并能满足某种需要的外部条件，是把态度的形成看作是权衡各种可能情况的趋近和退避后采取最好抉择的过程。凡是使个体产生积极的行为，即趋向或接近某一目标的刺激物称为积极诱因。消极的诱因可以产生负性行为，即离开或回避某一目标。诱因属于外部学习影响因素，许多心理学家认为，不能用驱动力理论来解释所有的学习行为，外部影响因素诱因在唤起行为时也起到重要的作用，应该用诱因物和有机体的特定的生理状态之间的相互作用来说明。

从心理学的学习理论分析个股投资创新的来源。鼎盛时期的信任就是信任头部，只有实现绝对价值创造，才能使得更多的投资人集中龙头个股，推动龙头个股价位，准确判断顶格思维的极度。鼎盛时期龙头个股信任头部的学习创新来源于国内历史高位的顶格学习、国际龙头价位的顶格学习、地区板块龙头的顶格学习、不同行业龙头的顶格学习，结合龙头个股8倍顶格极度的把握，才能更好地实现学习创新进步，形成龙头个股的顶格，具有绝对价值的信任头部。

（1）龙头历史高位顶格学习。龙头历史高位可以用来超越的顶格。每个龙头个股都会有自己的历史高位，这个高位是顶格学习的参考，很多个股历史高位成为个股的不可逾越的高位，如2007年的中国石油龙头个股48元/股，就是该股票最辉煌的时期价位，很难逾越。2005～2007年，武汉钢铁的历史高位是8元多，这个高位就在这轮行情中成功逾越，实现8倍顶格。不能用来逾越的历史高位，8倍顶格是不可能实现的，如商业银行龙头、房地产龙头、汽车龙头等都不可能超越历史高位，8 倍顶格肯定无法实现。

龙头历史高位可以超越，并且至少实现倍增的顶格。龙头历史高位可以用来超越，是龙头历史高位顶格学习的前提，否则龙头个股的历史高位只能成为永久的记忆，龙头个股历史高位可以超越，8 倍的顶格至少应该在历史的高位上，或者在历史高位的倍增位上，必须保证新的高位超过历史高位至少一倍之上，投资人才能将手中的筹码顺利卖给后知后觉的投资人。

龙头个股历史高位不下跌，并且具有 8 倍顶格上升。龙头个股下跌寻求上涨 8 倍顶格空间，这是很多龙头个股的基本表现特征，但是这种下跌在一些个股上不是如此表现，而是基本不会下跌，在不断突破龙头个股的历史高位的同时，形成新的 8 倍顶格，可能不只是一个 8 倍顶格，还有两个或者三个 8 倍顶格，如茅台酒就是典型，其不断实现一个又一个 8 倍顶格。

（2）国际龙头高位顶格学习。国际龙头的高位顶格，国内龙头能否实现。国际龙头高位顶格，是各国学习的榜样，但是如何学习以及能否学习成功，是基本的判断，并不是国际龙头的高位顶格，别国都可以学习，如传统行业的很多龙头顶格，中国都是无法学习或者没有必要完全学习的，必须有所为有所不为，集中优势兵力，突破关键领域的顶格，大飞机制造就说明这一点，波音飞机的龙头地位全球很难撼动，中国在发展大飞机上必须退后一步。

国内龙头实现顶格的决心和能力有多大？能否实现、有没有必要实现国际龙头高位顶格是一个初步的判断，如果需要实现国际龙头高位顶格，那么实现顶格的决心和能力有多大，如 2005～2007 年股市的行情中，表现出中国在基础工业实现国际龙头高位的决心，即必须在此轮行情中显现，否则就不可能使中国的基础工业在世界上拥有话语权，这就必须使中国钢铁行业龙头个股实现 8 倍顶格高位，没有钢铁龙头高位的实现，其他行业的国际龙头高位实现的决心就没有像钢铁那么坚定和拥有信心。

国际龙头高位就是国内龙头顶格的参考。一旦实现国际龙头高位的决心已下，能力足够，那么国际龙头高位的价位就是国内龙头高位的参考，很多行业龙头个股，国际实现的价位，国内必须实现，否则一定会受制于人，如投资银行龙头个股的价位就是国际龙头高位的顶格学习，否则中国的资本市场发展一定会受到制约和影响，国内证券龙头的对标就是美国的高盛投行，钢铁龙头国际顶格是 20 多元，就是武汉钢铁的个股价位参考。

（3）行业板块龙头顶格学习。行业板块龙头顶格学习的可能性。有些行业板块龙头顶格实现基本不可能，如中国的啤酒行业与西方国家的啤酒龙头顶格学习，不会存在可比性，如同全世界没有办法与中国学习乒乓球顶格一样，每个国家都会有自己的优势行业，成为全球的奢侈品行业，而这些奢侈品可能别的国家无法学习，而且学习付出的成本远远大于收益，得不偿失，或者在斗争中一定失败。

行业板块龙头顶格实现的迫切性。有些行业是一个国家崛起必须实现的行业龙头顶格，是国家意志的表现，这些行业龙头顶格实现的可能性大幅提高，如中国的钢铁行业、证券行业、航母行业等，这些行业基本上是国际顶格已经实现的龙头个股，所以投资起来相对容易得多，这个故事别国已经讲过，本国必须讲好，成功的概率极大。

如何真正实现行业板块龙头顶格。真正实现行业板块龙头顶格，有些可能一次8倍顶格就实现超越，有些需要多次8倍顶格努力才能实现超越，如钢铁行业龙头一次实现超越，证券就必须两次；有些行业龙头顶格实现的时间是随着指数板块的人群环波动，相应实现行业板块龙头顶格，有些是行业龙头顶格带动指数人群环，如证券是指数波动形成证券龙头顶格，而高铁的行业龙头上涨带动指数板块人群环上涨。

（4）新型板块龙头顶格学习。传统行业龙头顶格无法突破，必须另辟蹊径。有些行业板块龙头顶格是无法突破的，或者突破需要的时间太长、成本太高，各国必须创新，在新型行业寻求突破，如大飞机行业突破，学习美国波音顶格基本上不可能，也没有完全的必要性，中国另辟蹊径发展适合国情的高铁行业，高铁也是出行的重要交通工具，出行改变不了，但是中国在寻求有利于中国人出行的交通工具，高铁应用场景非常好，形成新型行业。

新型行业龙头顶格兴起以及成功的预判。不是所有的新型行业都可以投资，或者一定能够成为龙头顶格投资，有可能是题材炒作，互联网在20世纪90年代就炒作，后来互联网的成功则在美国，龙头顶格苹果手机引领了互联网的发展。没有认真的分析和预判，轻易投资龙头是会犯下大错的。如对2021年的互联网金融龙头顶格仁东控股的判断，判断错误，结果个股下跌8倍，损失惨重。只有确定性的新型行业龙头顶格才可以投资，尖端技术的拥有、本质规律的把握是成功预判新型龙头顶格的关键。

新型板块的龙头顶格实现。新型龙头顶格实现需要共建共享，没有芯片尖端技术的进步，没有软件系统的开发，没有移动终端硬件技术配合，新型板块龙头顶格是无法实现的，只有专业性的分析和逐渐把握，形成完整的产业链，龙头个股顶格才能实现，如高铁的龙头顶格是其业务范围完善和主业发生重大变化导致的，新型龙头在专业人士的理解和支持下，专业人士讲好故事，引起证券化、全球化投资，龙头个股顶格一定实现。

从行为学的传播理论分析个股投资传播表现来源。传播过程分为信源、信息、通道、接收者四个维度，每一个维度又由数个基本元素构成。传播的效果与效率不是由四要素中的单个要素所决定的，而是多个维度互相影响共同决定的。

传播模式的四个维度之间的运作关系具体表现为："信源"根据自身属性（传播技术、态度、知识、文化）中所需要的几项相关要素，来决定"信息"传播的内容和形式（成分、结构、符号）并且进行"编码"，再通过"通道"的行为（视觉、听觉、触觉、嗅觉、味觉）对信息进行"解码"，进行信息的传递。"受传者"根据自身的属性（传播技术、态度、知识、文化）有选择地接收信息并且进行再传播。在传播过程中，由"信源"传达至"接收者"的信息可能会受到损耗，但也可能发生再次"编码"的情况，此时，原"受传者"转换为新"信源"，将新"内容"传达至原"信源"，而原"信源"则转变为新"接收者"以此来达到信息交互的目的。

加强传播考虑龙头个股8倍价值上涨思维，才能更有效地推动龙头个股达到顶格思维的极度。不断加快和扩大价值传播的范围，选择合适的专业传播媒介和内容，确定明确的顶格思维，创造价值。传播的内容和对象源于个股上涨逻辑顶格传播、个股上涨演绎顶格传播、个股上涨具象顶格传播、个股上涨先后顶格传播，分析个股传播表现的具体影响和内容，才能更好地加快传播，实现价值创造，形成具有绝对价值的信任头部，实现投资人的心理神往。

（1）个股上涨逻辑顶格传播。投资对策影响个股上涨顶格传播。人气对策影响个股的顶格，没有投资对策的分析和实施，个股上涨逻辑顶格无法确定，必须清晰股价每次上涨的逻辑，相应对策的股价上涨产生个股顶格，如果清晰理解和把握上涨对策，个股顶格实现就会更为确切，如2005~2007年股市上涨的对策是币值平台，证券板块、黄金板块龙头个股上涨的顶格可以清晰地了解和投资。

不同的对策上涨的个股顶格传播是不同的。人气对策有4个，不同的对策产生的个股龙头顶格是不同的，清晰投资对策，并且把握每个对策的不同对于龙头个股的影响，如币值平台对策是证券龙头个股和黄金龙头个股顶格的实现，金钱杠杆对策是证券龙头个股顶格的实现，权力契约对策就不是证券个股的顶格实现。

上涨逻辑是个股上涨顶格的基础。投资龙头个股，确定性的个股顶格是股价上涨逻辑，即对策决定的是最为安全的投资，没有投资对策，其他龙头个股顶格的实现是不可能的，所以上涨逻辑是个股顶格实现的基础，必须在此基础上分析其他板块龙头个股顶格，因为推动股价上涨的龙头个股还要随着契合的行业板块进行相对价值分析，有些龙头个股显而易见，有些龙头个股需要详细分析。如2005~2007年的行情中，龙头个股顶格的实现是钢铁龙头个股，而不是汽车等其他行业龙头个股。

（2）个股上涨演绎顶格传播。个股上涨顶格受到板块波动影响。板块波动是龙头个股顶格上涨的前提，没有板块上涨，龙头个股顶格无法产生，特别是指数板块上涨的波动幅度直接影响行业板块龙头个股的顶格，没有指数上涨的 4 倍空间，行业波动的龙头个股不可能实现 8 倍顶格，指数上涨 2 倍，板块波动的行业龙头个股最大上涨 4 倍。

契合板块影响个股上涨顶格。契合指数板块上涨的价值内涵、成长行业板块是产生顶格龙头个股的保证，只有契合的行业板块龙头个股顶格最为安全、可靠。题材和业绩板块龙头个股顶格一般比较难以把握，是吸引资金进入资本市场的前奏。如 2005～2007 年的证券、钢铁、黄金板块龙头个股都是契合指数的行业板块龙头顶格实现。

上涨演绎是个股上涨顶格的支撑。上涨演绎是龙头个股在板块上的价值体现，没有板块的整体反应，龙头个股顶格是很难实现的。演绎的板块动态是吸引专业人士寻求龙头个股上涨顶格的支撑，板块不能整体上涨，个股龙头顶格人口集中是不可能形成的。

（3）个股上涨具象顶格传播。个股上涨顶格是受到具象思维影响。每个个股上涨的顶格是否产生，能否产生顶格都是个股的具象表现，是个股价值体征决定的，没有 8 倍空间的前三，个股具象表现不佳，不可能人口集中，创造绝对价值。每一个龙头个股的起始价位和 8 倍空间价位，决定个股上涨顶格，看似一个很好的个股，因为起始价位过高，可能产生不了上涨 8 倍的顶格，超过了行业板块龙头个股头部高位，因此丧失一次 8 倍顶格的机会。2005～2007 年股市行情中，武汉钢铁与宝钢股份龙头个股价值集中产生的顶格，决定了武汉钢铁是 8 倍龙头个股顶格，而不是宝钢股份。

不同个股具象影响个股上涨顶格。有些个股是直接下跌至 8 倍顶格的价位底部，上涨顶格后最少到历史高位；有些个股上涨顶格超过历史高位，头部在历史高位的倍增位之上；有些个股顶格就在历史高位的倍增位上。个股顶格会因为具象不同，顶格实现的情况不一样，但是它们都可以实现上涨顶格。

上涨具象是个股上涨顶格的落地。上涨具象是逻辑、演绎的最后表现，每一个个股上涨顶格的情形可能不同，但是都必须实现顶格上涨，否则就不能称之为龙头个股，投资人就不会集中该个股。综合个股头部与顶格之间的平衡分析，不能落地的上涨顶格和上涨顶格超过个股头部，该个股的龙头地位就会削弱。

（4）个股上涨先后顶格传播。个股上涨先后是顶格传播的核心。个股上涨顶格速度快慢、强度大小是专业投资人士都能够宽容的，而个股上涨的先后是顶格传播的核心，不能清晰了解顶格上涨的先后，就会错失投资的机会，或者导致投资的重大时机损失，把握好时间的先后，是价值最大化、形成几何级数增值的重要保证。

上涨先后顶格清晰，但是上涨速度快慢不一定清晰。个股上涨的先后顶格，可能与上涨的速度快慢紧密相连，如平台对策导致的股票上涨，龙头个股顶格上涨先后非常清晰，上涨速度也非常快，指数的界限变化节奏快；金钱杠杆对策导致股票上涨，龙头个股顶格上涨先后非常清晰，但是上涨速度就不是非常快捷，很容易产生混淆。

上涨先后顶格清晰，但是上涨速度快慢、强度大小不一定清晰。个股上涨的先后顶格，可能与强度大小紧密相连，如金钱杠杆导致股票上涨，龙头个股上涨先后清晰，快慢不清晰，但是上涨的强度足够；权力契约对策导致龙头个股股票先后上涨，但是个股顶格上涨的速度不一定快，强度大小不一定足够。

四、心理神往价值共享的把握调整

(一) 心理神往调整的类型：主动和被动

对于商业社会的商品投资人来说，心理憧憬的价值共识，是投资房价、股价、物价"三价"形成底线思维的基本前提、对于虚拟时期的衍生品投资人来说，心理向往的价值共同，是投资股价的指数板块、行业板块形成界限思维的基本前提。对于鼎盛时期的奢侈品投资人来说，心理神往的价值共享，是投资龙头个股形成顶格思维的基本前提。心理神往的价值共享是一个根据专业化的特点把握和调整投资人的价值共享，形成共建共享。调整类型分为主动和被动。主动调整是指共建共享中的投资人运用顶格思维主动对信任头部的心理神往进行调整。而被动调整指的是价值共享的个股顶格变动超出了投资人的预期，事先不能准确预测，共建共享需要谨慎地应对心理神往被动调整的情形，从而通过共建共享为投资人创造龙头绝对价值。

培养龙头个股的专业投资人应该主动利用共建共享，实现投资人的心理神往。心理神往主动调整时，投资人应该重视调整产生心理神往的时机与实现心理神往的最大空间。判断当前是否是投资龙头个股共建共享的最佳时机。若是合适的时机，则应当结合学习心理学、传播行为学保持共建共享；若当前不是投资龙头个股共建共享的最佳时机，则需要主动调整心理神往的程度，否则可能会造成创造 8 倍减价值。实现投资人心理神往个股顶格的空间和时间，受到的影响因素很多，书中进行了详细论述。投资人是否投资该龙头个股的重要因素之一是投资人与龙头个股的共建共享，形成价值共享。如中国白酒茅台能够吸引更多的投资人集中，就是因为该个股包含的价值与投资人、消费者等主体形成了较为完美的价值共享，能够代表和体现龙头个股头部的特征，并不只是茅台酒的售价越高越好，而是投资人与个股形成价值共享，个股特征实现了 8 倍价值增值，奢侈品茅台个股的龙头地位稳定。

价值共享能否形成，人们一直在不断探索，每个国家都会培养本国具有代表性的龙头个股来寻求全球化、证券化、专业化价值共享，并不是每一个国家或者每一个龙头个股都能培养成功，但是人们必须不断寻求价值共享，培养具有绝对价值的个股。一旦形成价值共享，赢得专业化投资人的价值共享，形成顶格思维的心理神往，使得投资人集中，个股主动的价值共享就是成功的。被动调整是由于心理神往预期与现实存在巨大的差异，在极其不确定的鼎盛时期的价值投资活动中，这是投资人也会经常遇到的情形，需要谨慎地应对。比如全球互联网的集中龙头苹果公司在美国，中国上市的互联网公司很难成为互联网的龙头，在这种被动的局面下，中国的互联网行业不能掉队，更要培养本国具有头部的龙头个股，否则在专业化鼎盛时期将缺少话语权，影响国际、国内双循环的实现。只有经过这样的发展，成为在本国范围内的可以价值共享的龙头个股，才能创造绝对价值，使绝大部分投资的人口集中在本国，这对于一个人口众多的国家来说，是非常好的抉择，但是有些龙头个股培养起来比较困难，缺乏尖端技术，如芯片技术影响互联网龙头的形成；有些龙头个股可以培养，如钢铁龙头可以形成，无论从技术还是从规模上来说，都可以成为世界信任的头部。

从个股自身去分析，由于专业人士的心理神往创造绝对价值，无法实现投资人对 8 倍价值增值的心理神往，也无法继续通过信任创造出新的增值空间，心理神往出现转移，转向其他具有头部 8 倍空间的个股。从头部的角度分析，鼎盛时期个股头部的绝对价值出现变化，出现个股头部比该个股具有更大的绝对价值创造，使得人口集中于其他个股共建共享。可以出现在龙头个股之间的转移，也可以是专业化投资人之间的转移，比如，美国波音飞机龙头个股已经形成，中国核心技术学习难度加大以及高铁技术在中国应用场景更好，在出行行业的龙头个股就会发生转移，高铁龙头个股将会替代大飞机龙头，会引起国际投资者的人口集中，全球专业投资人士纷纷将目光投向这个潜力巨大的市场，投资人会从飞机龙头转向高铁龙头，专业投资人不得不被动调整。

（二）信任头部心理神往把握：内部和外部价值共享

共建共享心理神往的把握，是时期不断演进、专业投资人价值共享引起的，对龙头个股培养过程中学习不断加深，形成的信任，对于该个股头部以及价值共享的理解加深。专业投资人以顶格思维为判断依据，对个股人口绝对价值进行判断，形成龙头个股的共建共享。一个国家要把握心理神往对于价值共享的影响，要从影响龙头个股人口顶的因素加以衡量，可以从一个国家内部和外部两个方面来进行论述和把握，具体如图 2 - 35 所示。

1. 建立国内人口营商与产业之间的价值共享

首先，只有人口营商的集中龙头个股，才能带动相关产业的迅速发展。龙头

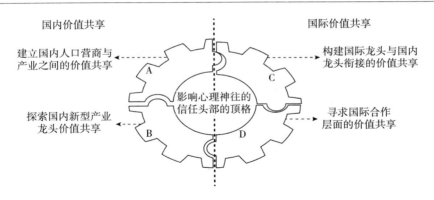

图 2 - 35 心理神往顶格的价值共享影响因素

个股是产业体系之中最有活力、最具创新能力的经营主体，在带动产业迅速发展的过程中发挥着号召的作用。通过国内人口营商集中龙头个股，会带动产业的技术与市场规模的不断升级扩展，形成人口集中的高效化产业体系，实现产业链条的纵向延伸与横向联动。龙头企业的发展，对整个产业的发展是利好的。如中国的白酒茅台酒、西方的啤酒龙头个股。中国贵州茅台酒作为白酒产业的龙头，在市场上以高质量的品牌意识和坚持不懈的品牌战略，不仅缔造了中国名酒的代表品牌，捍卫了白酒产业的社会地位，并且茅台酒以其精湛工艺和高贵品位倡导和展示了白酒的物质属性和精神属性，作为行业龙头，为产业中的其他白酒品牌树立了标杆，对整个产业有着很强的引领性和示范性。在股市上，白酒板块和大消费板块是 A 股长线走势最好的板块之一，茅台则是整个白酒板块和大消费板块价格体系的风向标。茅台作为白酒板块和大消费板块龙头，是消费者品质生活的象征，消费者赞美茅台，茅台不仅产能逐渐扩张，股价也不断突破历史新高，茅台作为龙头个股上涨带动行业板块和大盘指数上涨。

其次，相关产业链的产生和延长，都是围绕龙头个股的人口集中。龙头个股的企业可以做到以大带小，上下联动，相关产业协同发展，可以拓展相关产业链的技术创新。如移动终端苹果手机带动互联网的产业链发展，如移动支付、网上购物、互联网金融等。苹果手机的普及，导致了许多移动应用程序的出现，对移动互联网造成了很大的影响。作为科技创新以及互联网的龙头，苹果是科技创新的引领者。作为全球市值最大的公司，其带动了产业链上下游公司的发展，尤其是消费电子产业链。一旦进入苹果的供应体系，意味着将有机会和苹果一起由共建共享带来价值增值，对上市公司的业绩带来极大的推动力。资本市场对于苹果概念股的热情就源于此。目前 A 股中，苹果概念股主要包括蓝思科技、莱宝高科、长信科技、欣旺达、歌尔声学、立讯精密等。

最后，培养龙头个股，专业人士赞美是龙头个股价值共享的前提。随着网络技术的发展，信息的传播效率得到有效的提升。在鼎盛时期，无论是线上还是线下，专业人士分析股票的文章、讲座比比皆是，专业人士赞美的龙头个股成为投资人的重要参考，为龙头个股带来了人口集中，如机构抱团投资。机构抱团股简单地说就是指有多家机构同时持有一只股票，并且机构的资金在其中占有一定的比例。之所以会出现机构抱团这种现象，一方面是因为市场优质标的较少，另一方面是因为机构的资金庞大，无法做到像散户一样快进快出，业绩压力又紧迫，这就导致了众多机构跟风买入当前市场中的优质股票，从而导致机构抱团的现象。机构抱团的股票通常是比较优质的股票，比如新能源电池类个股宁德时代、高科技医疗设备个股迈瑞医疗、光伏类个股隆基股份。

2. 探索国内新型产业龙头价值共享

新型产业是产生龙头个股价值共享的核心。新型产业是指以重大技术突破和重大发展需求为基础，对经济社会全局和长远发展具有重大引领带动作用，成长潜力巨大的产业，与新型科技的深度融合，既代表着科技创新的方向，也代表着产业发展的方向，具有科技含量高、市场潜力大、带动能力强、综合效益好等特征。加快培育和发展战略性新型产业是构建国际竞争新优势、掌握发展主动权的迫切需要。当前，全球经济竞争格局正在发生深刻变革，科技发展正孕育着新的革命性突破，世界主要国家纷纷加快部署，推动节能环保、新能源、信息、生物等新型产业快速发展。新型产业在竞争中占据有利地位有利于掌握关键核心技术及相关知识产权，增强自主发展能力。如创业板上市的宁德时代，市值超过了同属于能源股在主板上市的中国石油。随着新型产业的发展，特别是资本市场忽视传统产业而推崇新型产业的行为被不断强化，股市中传统产业公司的地位大幅度下降，这方面一个较为极端的例子是，美国以生产传统汽车为主的各大汽车公司，市值不但远远小于生产电动汽车的特斯拉，甚至还小于来自中国的"造车新势力"公司，而后两者的汽车产量与前者相比，要少一个乃至几个数量级。因此可见，新型产业是目前以及未来龙头个股价值共享的核心。

新型行业龙头个股价值共享的不确定性增强。新型产业产生龙头个股，但是新型产业具有不确定性，表现出五个特征：第一，没有显性需求。在产业处于朦胧当中，或者是在超前的五年时间当中，没有可精确描述的。第二，没有定型的设备、技术、产品以及服务。以太阳能行业为例，20世纪90年代初，生产核心部件，以及服务、技术、产品、市场、模式一律都是空白，后来才逐渐地提升。第三，没有参照。汽车、冰箱、彩电、计算机等这些产业，都由国外大规模地引进。太阳能这个产业，国外是没有的，国内也没有参照，所以在这种情况下，靠的完全是系统创新。第四，没有政策。国家只要有产业，就有产业政策，包括贷款、科技投入、扶持等各方面都有产业政策，而新型产业则要忍耐相当长一段时间的寂寞。第五，没有成熟的上游产业链。上游产业链甚至比下游产业链的技术、水平、保障、体系更强，比如飞机发动机，最起码是在一个水平线上，但是太阳能没有。投资新型产业具有一定的风险性，如互联网金融科技的个股仁东控股，从 2020 年 2 月的 20 元涨到了 11 月 19 日的 65 元，涨幅超过 200%，从 11 月 20 日这天开始不断下跌，而且后面是连续跌停，连续 14 个跌停板，仁东控股作为新型产业，存在技术以及政策的不确定性，投资人错误地选择仁东控股，造成了资产的极大亏损。

新型产业龙头个股价值共享的专业性更强。新型产业是科技创新和思维创新的共同成果，必须大幅度提升自主创新能力，着力推进原产、原装、原版创新，提升专业性，突破一批关键核心技术，掌握相关知识产权。在投资新型产业的专业性方面，往往题材大于成长。从讲故事角度，将技术专业性以及政策的作用放大，当这种概念开始炒作时，就会有很大幅度的波动。如医疗行业龙头个股迈瑞医疗，医疗器械研发往往是螺旋式，技术是改进型进步，龙头的专业性先发优势强，后来者不易追赶。创新药的特点是研发难、模仿易，医疗器械则是研发易、模仿难，器械比创新药的产品周期更长，专业性壁垒更高。迈瑞医疗作为中国医疗器械龙头，成为机构资金调研频率最高的个股，从长远来看，全球医疗器械龙头的市值大多在万亿元以上，未来十年，以成熟产品为参照，预计迈瑞医疗在中国市占率将达 20%～30%，合理市值空间可达万亿元。

3. 构建国际龙头与国内龙头衔接的价值共享

国际龙头个股必然带动国内龙头个股，形成个股价值共享。如传统行业钢铁龙头个股、黄金龙头个股。随着经济全球化的不断推进，各国股市关系紧密，相互影响。国际龙头个股可以带动国内龙头形成价值共享和示范作用，对龙头个股顶格思维的判断具有积极影响，虽然国际龙头个股不一定在本国产生龙头个股，但是可以为传统产业和必然形成产业龙头的个股提供参考。在此情形下的价值共享有利于提供借鉴，给国内龙头个股提供发展的方向，促进其发展。由于我国传统行业大多为原有国有企业改制而来，上市公司质量不高的问题一直比较突出。在国外龙头个股的带动下，可以使它们以此为标杆向规范化、规模化发展。

国际龙头个股与国内龙头个股的比肩，形成个股价值共享。如中国的证券龙头个股中信证券比肩美国的投资银行龙头高盛集团，中信证券作为国内证券行业龙头公司，中信证券的业绩远超同行业其他券商，各项业务开展的广度及深度均处于行业绝对领先地位。根据最新报表数据，2020 年上半年，中信证券的营业收入以及归母净利润规模在行业内都遥遥领先，从证券行业四大业务的净收入来看，中信证券手续费及佣金净收入是该业务净收入第二名——海通证券的近 2

倍，代理买卖证券业务、资产管理业务、证券承销业务的净收入也比其他公司高。中信证券在规模上已经与国际龙头个股高盛比肩，目前高盛的价格超过 300 美元，因此，作为可以比肩的中信证券未来必然会上涨到相同的高度，如果没有优秀的投资银行，金融的国际地位就无法形成，这对于崛起的中国是相当不利的。

国际龙头个股类比国内龙头个股，形成个股价值共享。如中国的出行高铁龙头个股类比美国的波音飞机龙头出行个股。目前中国的高铁产业已经成为中国的一张名片，在国际上享有很高的声誉。中国是全球高铁建设里程和高铁站数量最长和最多的国家，相反作为全球综合国力最大的美国，国内的高铁几乎为零。中国高铁通过国内、国际双循环比肩和超过全球最好的交通工具——波音飞机，与国际出行龙头的类比有利于加强中国高铁市场在国际上的地位，将会增强中国高铁个股的影响力、提升中国高铁龙头个股的国际竞争力，同时推动 8 倍价值的增值。类比国际相同行业龙头，给国内龙头的发展带来启示，中国经济正处于快速发展时期，经济规模已超越日本，成为全球第二大经济体，未来几十年中国经济规模很可能超越美国，成为全球第一大经济体。中国经济的发展历程将会在中国股市中得到体现，中国股市也会经历通货膨胀和经济危机，过程中也会出现波折，但长期趋势一定是向上的，从长远来看，与国际龙头类比，个股形成价值共享是有投资价值的，而且是安全的。

4. 寻求国际合作层面的价值共享

国际广泛合作形成龙头价值共享。如互联网、新能源行业龙头，没有全球合作和认可，一个国家龙头个股无法实现。只有始终走在世界前沿，国际广泛合作达到顶点的龙头个股才会形成价值共享。当今世界是一个共建共享的世界，人、财、物以及信息等在全球加速流动，前所未有地把世界各国紧密联系起来。今天，没有一个国家可以在封闭中发展自己，也没有一个国家可以独善其身。要实现自身发展，共建是必然选择。世界已经成为"你中有我、我中有你"的"地球村"，各国经济社会发展日益相互联系、相互影响，推进共建共享、加快融合发展成为促进共同繁荣的必然选择。同时，各国发展环环相扣，一荣俱荣、一损俱损，不同发展阶段的国家面对的各类矛盾相互交织、日益复杂。因此，国际广泛合作形成的价值共享是影响个股顶格思维形成的关键要素之一。

国际关键技术合作促进国内龙头价值共享的实现。科学技术是世界性的、专业性的，发展科学技术必须具有全球视野，需要以全球视野谋划和推动创新，全方位加强国际关键技术合作创新。多年来，国内外的实践证明，积极开展国际科技合作，在技术引进、人才引进的基础上，实施消化吸收再创新，是实现科技进步的共建共享，是发展中国家和落后地区实现技术跨越的有效手段。学习和借鉴欧、美、日、韩等发达国家开展国际科技合作的经验，对促进企业国际科技合作工作的开展有一定的启示作用。国际之间的核心技术保密是防止龙头个股发生转移的通常做法，但是为了形成有效的国际竞争格局，想方设法掌握尖端技术也是每个国家的强烈愿望。一旦一种技术被其他国家拥有，就会形成该国的龙头个股。如国际航母技术合作，促进中国航母龙头价值共享。中国在航母领域起步较晚，而航母的技术被西方掌握在手中，因此，达成国际关键技术合作，对促进国内龙头价值共享实现非常重要。

国际思想交流合作有助于国内龙头价值共享的实现。进入鼎盛时期，世界各国前所未有地紧密联系起来，要实现自身发展，共建共享是必然选择。单纯的竞争已经不能满足时期演进的要求，鼎盛时期已经步入价值共享的新阶段，要用价值共享的思维打开国际思想交流的新局面。多层次、多渠道、全方位推进国际思想合作与交流，符合专业化进程的要求，专业化是全球思想集中的表现，国内外思想交流有助于实现龙头个股的价值空间，如证券龙头个股价值共享就是国际金融思想交流合作的必然结果。目前券商行业龙头估值处于历史不高位置，流动性相对宽松以及资本市场改革深化估值中枢都有望抬升。目前一级市场政策已经落地，包括科创板及存量板块的注册制发行、再融资新规的推出，以及新三板一系列盘活政策。为匹配一级市场政策效果，更好地服务实体经济，后续投资端政策值得期待，包括引导长期资金入市、完善交易制度和衍生品扩容的政策。国际上思想交流均看好券商行业中的龙头个股，平台对策使证券龙头形成 8 倍增值，杠杆对策促使证券龙头 8 倍增值更加明确。在鼎盛时期演进过程中，价值共享的重点在于思维上的共建共享，中国有必要同国际平台进行思想交流合作，用新思想引领专业化进程。

第四节　信任头部的价值创造

一、信任头部的研究对象

鼎盛时期的共建共享是在专业化背景下个股股价构建的价值共享，共建共享不再是人气营商学的研究对象"三价"——房价、股价和物价，以及证券化的契合成长行业板块，而是将眼光具体聚集在板块中的龙头个股上，研究个股价格的顶格。顶格是专业投资人学习心理与传播行为的抽象，只有准确把握顶格思维，才能准确把握龙头个股极度高低，进而才能确保契合行业龙头个股上涨 8 倍的速度、强度和时间顺序。能够实现绝对价值的龙头个股共建共享是专业投资者的首选，共建共享在鼎盛时期的含义为人口信任，没有绝对价值的共建共享就没有人口的集中和投资。因此，投资人从机构到个人，如何运用顶格思维分析个股的共建共享，成为本章的研究重点。

信任头部是由于投资人的学习心理以及传播行为形成的共建共享的顶格，能够实现投资人的绝对价值，以龙头个股（8 倍先、8 倍中、8 倍后）为研究核心，是奢侈品投资的绝对价值判断。鼎盛时期研究信任是为了创造绝对价值，奢侈品创造的绝对价值比金融衍生品创造的相对价值更加吸引投资人，奢侈品是投资金融衍生品的具体对象，信任头部强调投资人创造的个股绝对价值最大化，强调投资人对于龙头个股头部的坚信不疑，是信任的关键。因此，在人气营商学和人群营商学理论的基础上，人口营商学的研究对象具体落实到个股的投资上。

研究龙头个股是在实现绝对价值的过程中，通过顶格思维去判断个股股价的极度，同时，人口信任理论中的顶格思维作用在价值共享的龙头个股上最为清晰，并且对于房价、物价具有重要的参考意义。房价表现在楼王上，物价表现在消费品中的奢侈品上，如 LV 包、苹果手机、新西兰牛奶等，奢侈品的故事是龙头个股营商的根本，所以龙头个股是奢侈品的营商故事，是人们对于奢侈品的赞美。龙头个股的研究有利于实现产业与投资人的共建共享，龙头个股实现 8 倍增值，资金的流入有助于带动实体，甚至是产业的扩大发展，同时投资人也获得了绝对价值预期收益。本章需要研究如何使龙头个股与投资人之间的"双共"程度得到不断的提升，通过有效地运用顶格思维，分析推动龙头个股上涨的时机与空间，精确地把握顶格的极度，帮助投资人抓住龙头个股的上升，保持投资人对于未来的心理神往呈现提升的趋势。因此顶格思维是共建共享研究的重要核心，对顶格思维的运用若存在误判，则会使投资人错过资产增值的指数和行业板块上涨机会，会给投资人造成重大的时间损失。

人口信任的研究对象是在鼎盛时期的奢侈品绝对价值与人气营商学研究对象"三价"以及人群营商学研究对象金融衍生品的基础上共同确定的，具体如图 2-36 所示。从图的纵向来看，人口信任的研究首先要基于人气关注的角度去研究一个国家的"三价"，在"三价"中选择股价作为研究对象。而人群跟随的研究重点为金融衍生品的股价蓝海指数板块，人群跟随与人气关注的研究相结合，将研究对象落实在推动股票指数上涨契合的成长行业上。从图的横向来看，人口营商学是从鼎盛时期奢侈品的角度进行分析的。进入鼎盛时期，奢侈品——龙头个股是投资实现 8 倍的最佳对象，是信任头部的代表，不仅对龙头个股的发展具有巨大的促进作用，金融拉动经济，还可以为投资人带来更大、更快资产增值的心理神往，坚定投资人对于培养龙头个股的期望。

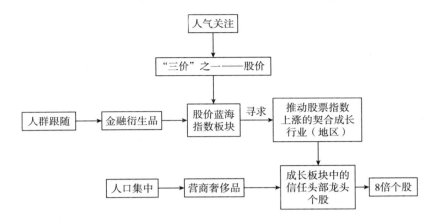

图 2 – 36 人口信任的研究对象

二、信任头部价值实现的类型

随着时期的演进，在鼎盛时期，共建共享的"双共"程度表现在对于投资人心理神往产生的影响，因此投资者的投资会使不同类型的奢侈品产生很大的变化，不同的心理神往导致对于不同种类奢侈品的投资反应也有所不同。鼎盛时期人口共建共享是以商业社会人气关注的对象——"三价"以及虚拟时期人群跟随契合成长板块为基础进行聚焦的。

信任头部价值实现类型判断首先是判断人气的四个对策，对策不同，股价上涨的逻辑是不同的，对应形成股价指数人群环也不同，股价指数板块在人气对策的推动下实现指数 8 倍快（不足）、中（正好）、慢（超过）三种类型的人群环；其次是在不同的指数人群环寻求契合的成长行业板块，这是推动指数上涨的主要动力，按照人气关注的文化、经济、社会价值内涵，分析行业板块更有说服力；最后是在契合的价值内涵成长行业板块中，按照人口营商理论分析的 8 倍先、中、后进行龙头个股有效投资。指数人群环的时间快慢不同，2 倍、4 倍形成强度大小也不同，契合三种价值的代表行业板块不一样，轮动的时间顺序也不一样，如 2005 年平台对策推动形成 8 倍快（不足）指数人群环股市行情，导致社会价值证券板块在指数 2 倍快不足时，上涨 4 倍龙头个股，经济价值板块龙头不会上涨（人群环空间受限），所以进入 4 倍快人群环时，首先上涨的行业板块是经济价值板块代表——钢铁板块，所以人口集中就是钢铁板块的龙头武汉钢铁个股 8 倍先，其次是证券板块龙头个股中信证券 8 倍中，最后是文化价值行业板块——造船或者黄金板块龙头个股中国船舶、山东黄金 8 倍后，投资人准确把握龙头 8 倍个股上涨节奏，创造最大几何级数的绝对价值，信任头部是人口营商学的核心章节，其他策略章节以及后悔分析是围绕信任进行的细致而又深入的顶格分析。

投资人的信任头部需要对人气的对策、指数人群环契合成长行业板块轮动的时间顺序进行准确把握，从而判断龙头个股人口顶形成的投资策略，依靠头部信任理论，从抽象思维与具象推理的龙头个股高度来把握奢侈品龙头个股投资买进和卖出价位。如图 2－37 所示，比如说，在金钱杠杆推动的 8 倍中（2 快超过 × 4 快超过）人群环中，股票指数板块在 2 倍超过的人群环中，大盘指数上涨快、空间大，首先是社会价值板块证券板块 4 倍先龙头形成，其次是经济价值高铁板块龙头 4 倍中形成，最后是文化价值航母板块龙头 4 倍后形成；以场外配资为主的杠杆，一旦去杠杆，容易形成指数大幅下跌，以指数板块形成长期资金为主的第二次金钱杠杆推动上涨是指数 4 倍快超过，首先是社会价值证券板块龙头 8 倍先，其次是经济价值高铁板块龙头 8 倍中，最后是文化价值航母板块龙头 8 倍后都会顺序实现，是典型的几何级数绝对价值（$8 \times 8 \times 8 = 512$ 倍）。

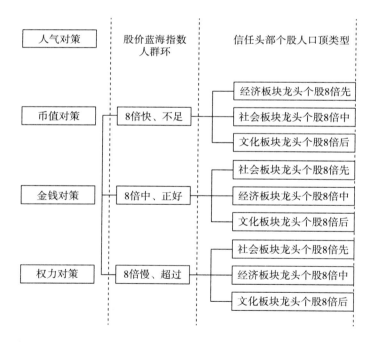

图 2－37　信任头部个股价值实现的类型

从信任龙头个股价值实现的类型分析中可以看出，判断信任龙头个股 8 倍先、中、后的价值内涵板块，是信任头部投资的核心，是人气对策、人群契合分析的结果，在此基础上通过人口顶及后悔分析，信任头部在不同对策作用下形成人群环是不同的，不同价值内涵的龙头个股实现顺序非常明确，错误地判断顺序，信任头部个股投资就会失误，如金钱杠杆作用下的8倍中人群环，8倍先是社会价值板块龙头，在龙头投资过程中，主力资金一定是社会价值的龙头，没有社会价值龙头个股实现8倍增值，经济价值龙头8倍增值不可能形成，即使在8倍社会价值龙头投资中，有其他板块龙头出现，对于大盘指数的影响也不会太大，不是在明确的价值内涵板块投资龙头，8倍增值空间不易把握，经济价值龙头也只能实现2倍或者4倍增值，必须是社会价值龙头实现8倍增值之后，经济价值龙头8倍才会形成。龙头个股实现绝对价值需要投资人对头部保持坚定的信任，只有在涨跌的过程中，拿稳筹码，才能在适当的时机在高位卖出。

三、龙头个股的信任头部投资抉择

在鼎盛时期，龙头个股的共建共享实现投资人对奢侈品的绝对价值心理神往，会引起全球投资人对奢侈品龙头个股的集中投资，营商带动产业快速发展，也使更多专业投资人集中在龙头个股。在鼎盛时期，个股能够实现人口营商投资的8倍顶格空间心理神往，既有利于满足投资人对于资产增值的心理神往，也推动了产业链的快速发展。

（一）8倍增（减）龙头个股信任头部投资的实现步骤

从人口信任的视角来说，本章分别从头部原理、心理神往、顶格思维、共建共享的方法、价值共享、应对心理神往的调整等，说明了龙头个股信任头部投资的运作机理。信任头部个股的正确投资选择步骤一共分为五步，如图2-38所示。只有根据这个步骤，鼎盛时期的投资人才能更好地实现资产增值，创造最大化的绝对价值，从而在鼎盛时期占得先机，把握龙头个股上涨的时机和空间。

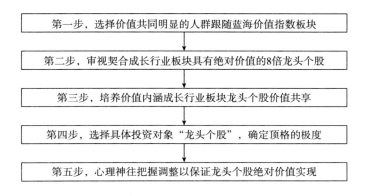

图2-38　8倍增（减）龙头个股股价的实现步骤

第一步，选择价值共同明显的人群跟随蓝海价值指数板块。笔者在《人群营商学》中已经阐明人群是以跟随为主要标准进行投资的，因此股价投资第一步就是选择人气关注国家的股价，以及价值共同的股价指数板块。只有受到人群跟随的股价指数板块，才能有全球商业价值投资。对投资人而言，选择价值共同的股价指数板块是绝对价值创造的首要前提，若投资的第一步就出现错误，那么选择信任头部的龙头个股就无从谈起，投资人需要寻找价值共同程度较高的全球投资人价值共同指数板块进行投资，在鼎盛时期，一个国家证券投资市场存在多种指数板块，选择具有价值共同的指数板块是投资者的首选。价值共同是指该板块经过长期发展，行业和地区构成合理，人气对策形成蓝海价值的人群环相对明确。选择价值共同指数板块的一个主要指标便是其价值共同程度的大小，投资人需要寻找价值共同程度较高的指数板块进行投资。板块的互联互通程度可以很好地表现出投资者对于投资共建共享指数板块的投资。价值共同的指数板块更加安全和稳定，只要该板块在人群环研究范围内，价值空间和发展速度清晰，投资人就可以投资。

第二步，审视契合成长行业板块具有绝对价值的 8 倍龙头个股。契合指数的成长行业板块，是人群营商学研究的核心内容，是人气对策作用下产生 8 不足（快）、8 正好（中）、8 超过（慢）形象思维指数人群环，其通过价值共同指数板块契合的成长行业板块来演绎体现，成长板块内个股数量众多，多达几十只股票，而板块龙头个股只有一个，只有龙头能够在一定时间内（可能慢、中、快，可能不足、正好、超过）实现 8 倍增值，其他个股是不可能实现的，最后由它带动整个板块上涨，直至大盘指数上涨。投资者要密切关注板块中的大部分个股的资金动向，当某一板块中的大部分个股有资金增仓现象时，要根据个股的体征特别留意龙头个股的奢侈品，一旦龙头个股率先放量启动时，确认向上有效突破后，就需要对龙头个股保持坚定信心。只有龙头才能集中人口，一旦确认了龙头股，就应勇敢介入，而且龙头个股往往抗跌性较强。即使最强劲的龙头个股，上涨过程也会有各种调整产生。这时，投资者需参与龙头个股操作的各个阶段，耐心等待，直至 8 倍价值的实现。但是，8 倍的实现绝对不会顺利，可能实现和等待的时间太长，也可能速度太快，投资人失去投资机会。

第三步，培养价值内涵成长行业板块龙头个股价值共享。在文化、经济、社会价值内涵的成长行业板块中，培养龙头个股具备 8 倍增值空间，只有明显价值内涵龙头个股才能使投资人收益最大化，创造最高的回报。分析龙头个股的价值共享，龙头个股与行业板块、指数板块实现共建共享，学习创新、传播行为都是投资龙头个股、信任头部的必要步骤，没有价值共享，龙头个股 8 倍增值不可能实现。价值共享不只是人口营商学研究的范畴，如同人气营商学研究的价值共识以及人群营商学研究的价值共同一样，是投资人对于个股顶格思维的积极学习，是专业投资人对于一个国家经济、社会、文化的最高看法。价值共享是在专业投资人与龙头个股之间形成共建共享的关系，专业投资人集中某只龙头个股，可以增强龙头个股的辨识度，龙头个股又同时可以满足投资人对于资产增值的 8 倍心理神往。只有这种综合分析判断，才能真正实现最大化绝对价值创造。

　　投资人进行龙头个股投资，必须清楚地知道顶格的位置。在价值共享核心投资龙头个股的绝对价值投资过程中，顶格思维的跨度形成"8 倍先""8 倍中""8 倍后"三种价值共享，投资人才会进行投资。依据《人气营商学》中不同的投资对策以及《人群营商学》中契合理论，对应价值内涵成长指数板块的龙头价值情形，三种策略对应三种典型价值内涵行业板块龙头实现价值共享，如图 2 - 39 所示。顶格思维的极度影响着信任头部的价值实现，极度是人口信任的龙头个股顶格以及 4 个策略的结合，是人们投资理论和实践经验的总结。龙头个股的股价是价值共享的具体表现，这便是顶格思维进行投资价值共享龙头个股的选择逻辑。

　　第四步，选择具体投资对象"龙头个股"，确定顶格的极度。对于投资龙头个股价值共享的具体应用，主要依据顶格思维的研究来展开进行，个股顶格的极度大小变化决定和影响绝对价值创造，极度的大小变化也是个股涨跌的判断标准以及形成的反映。顶格作为建立价值共享的基础，根据时间及空间的变化，需要进行不断的判断。顶格的 8 倍位是判断投资人是否达成价值共享的重要依据。顶格的极度决定了投资人买卖龙头个股最佳的时机，龙头个股 8 倍上涨有先后顺序，会出现 8 倍上涨的互相重叠，因此，只有精确地判断顶格的极度，才能保证龙头个股为投资人带来最大的价值增值。币值平台对策下，4 倍快人群环，8 倍个股上涨就会重叠，能够实现 4×4×4＝64 倍，在龙头个股的 4 倍价位顺利卖出和买进，时间节奏把握好，几何倍数实现最大。金钱杠杆对策下，4 倍快、超过人群环，8 倍先×8 倍中×8 倍后＝512 倍，就是这样清晰的 8 倍，有时也不好把握，因为在 8 倍先上涨时，8 倍中的个股也在波动，8 倍后的个股也在上涨，如何放弃小幅波动，把握 8 倍增值，需要定力和丰富的投资经验，稍不小心就会犯错，误以为自己是短线高手，造成损失，失去绝对价值创造的机会。

　　第五步，心理神往把握调整以保证龙头个股绝对价值实现。龙头个股 8 倍增值是投资人的心理神往，奢侈品龙头个股的心理神往把控能力是其能否实现共建共享的重要影响因素。首要就是分清龙头个股价值共享心理神往的把控能力，龙头个股人口顶实现是投资人共建共享的结果，因此能够把控的龙头个股人口顶是投资的首选，投资人在投资龙头个股的过程中，如投资人既不能不信任龙头个股

（二）信任头部顶格思维投资个股抉择

鼎盛时期共建共享实现信任头部确定的龙头个股 8 倍绝对价值，是通过奢侈品个股的顶格思维分析确定的。顶格思维的极度，直接影响投资人对于鼎盛时期奢侈品个股的绝对价值判断，极度的大小变化也是个股涨跌的判断标准以及反映。顶格是建立价值共享的基础，根据时间及空间的变化，需要进行不断的判断。个股的"双共"程度越高，极度越明确，龙头个股信任头部才有带动价值共享、实现绝对价值的能力。如何通过顶格思维判断龙头个股的头部、如何选择信任的龙头个股是本章的研究内容。

在人口营商学的研究中，共建共享的投资对象不再是《人气营商学》的房价、股价和物价"三价"之间比较价值投资商品品种，也不是《人群营商学》在股价基础上契合的证券指数板块、行业板块、地区板块创造相对价值投资衍生品板块，《人口营商学》将研究对象聚焦在成长板块奢侈品龙头个股的抉择上。因此，契合的成长板块股票中龙头个股的信任头部受到《人气营商学》中三个对策的影响，也受到《人群营商学》中契合蓝海板块的影响，主要是受到《人口营商学》中龙头个股信任头部及 8 倍顶格的影响。人口营商是让投资人抉择什么样的龙头个股赞美才会使 8 倍顶格实现与信任头部时间和空间相一致，信任头部实现龙头个股绝对价值是投资人的心理神往，有助于帮助投资人在短时间内实现价值的最大增值。信任头部对后悔龙头分析以及人口、饥饿、圈子和标杆四个策略分析具有重要的影响作用。

人口顶基于人气和人群营商理论，以人气线和人群环为理论基础，8 倍的人口顶研究对象是龙头个股，没有人群环的基础研究和契合分析出相应指数板块推动的行业板块或者地区板块，就无法研究人口顶形成的龙头价值。人气线关注的股价，币值平台对策对于股价上涨的推动是明显的，金钱杠杆对策、权力契约对策推动股价也是股价上涨的确定逻辑，在对策推动下，契合的成长行业板块，通过相对价值分析，也是确定的，投资人选择的行业板块能够在指数人群环确定的前提下，实现成长行业板块推动指数板块循环跟随，笔者在《人群营商学》对此进行了重点研究。在成长的社会、经济、文化价值行业板块基础上寻求人口顶集中，更为容易识别和把握人口顶形成的先后顺序、时间快慢和强度大小。人口顶以信任头部为核心，通过顶格思维、后悔龙头以及饥饿、圈子、标杆策略抓住价值共享的投资点，找到证券市场上最好的投资时机和最大的绝对价值增值空间的集中龙头个股上涨的先后顺序。投资者在判断龙头个股的头部过程中，需要密切关注龙头个股顶格思维的极度，极度需要结合底线限度以及界限跨度共同分析龙头个股 8 倍的上涨的顶格，龙头个股的极度不同，龙头个股 8 倍形成的空间和时机不同。通过三种人口顶的龙头个股情形，进而判断龙头个股百倍的类型。信任头部的顶格思维投资龙头个股的选择如图 2 - 40 所示。

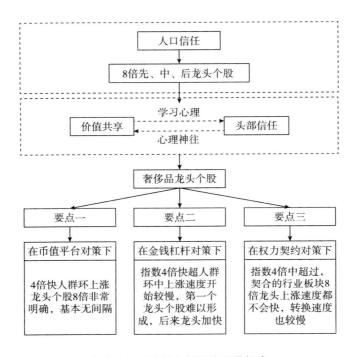

图 2 - 40 信任头部顶格思维投资

要点一：平台对策，8 倍先、中、后龙头个股上涨非常明确，基本无间隔。

指数上涨 8 倍速度快、强度不足。指数 2 倍快、不足界限（底线 ×1.2）启动，在 2 倍快不足契合的成长行业板块中，由社会价值板块龙头和经济价值板块龙头带动指数上涨。经济价值行业板块占当前成长股票指数的绝大多数，启动后会带来龙头个股上涨强劲，而成长股票指数 2 倍的实现没有完全完成。因此，经济价值板块龙头因为其板块的属性和成长股票指数不契合所以不参与蓝海价值 4 倍增长的实现。由于 2 倍快的时间要求和空间要求，使得社会价值行业板块和文化价值行业板块的启动时间大致相同，共同助推 2 倍不足的成长指数板块，契合的行业龙头个股有三种情况：①社会价值个股龙头直接上涨 4 倍；②经济价值个股不上涨；③文化价值个股上涨 4 倍，2 个 4 倍基本是同时上涨，无法实现龙头个股的衔接。指数 4 倍速度快、正好界限启动（没有建仓时间），契合的行业龙头个股有三种情况：①经济价值龙头个股直接上涨 8 倍；②社会价值龙头个股紧随其后，基本无间隔；③文化价值龙头个股也是同时启动 8 倍，最后完成。如 2005 年与 2008 年，武汉钢铁 8 倍快、先；中信证券 8 倍快、中；山东黄金 8 倍快、后。由于指数 4 倍快、正好，上涨空间受限，投资人不可能实现 3 个 8 倍顺利衔接，能够实现 $8 \times 4 \times 2 = 64$ 倍就非常不容易了。

要点二：金钱对策，8 倍先、中、后龙头个股，指数 4 倍快、超人群环中上涨速度开始变慢，如证券龙头个股 8 倍慢，之后的两个 8 倍则变快，第一个龙头个股难以形成。

指数上涨 8 倍速度中、强度正好。2 倍速度快、强度超过界限（底线 ×1.2）启动，契合的行业龙头个股有三种情况：①社会价值个股龙头直接上涨 4 倍速度快、强度正好、时间顺序先；②经济价值龙头个股先上涨 2 倍快，后上涨 4 倍速度快、强度正好、时间顺序中；③文化价值个股上涨 4 倍速度快、强度正好、时间顺序后，3 个 4 倍按照时间顺序，实现龙头个股的有序衔接，至少可以实现 $4 \times 4 = 16$ 倍增值。指数上涨 4 倍速度快、强度超过界限（底线 ×1.4）启动，契合行业龙头个股有三种情况：①社会价值龙头个股在指数 4 倍没有启动之前，上下波动，心理站位明确，势头向上，4 倍指数启动，直接上涨 8 倍速度快、强度正好、时间顺序先；②经济价值龙头个股直接上涨 8 倍速度快、强度正好、时间顺序中；③文化价值龙头个股上涨 8 倍速度快、强度正好、时间顺序后。指数上涨 8 倍速度中、强度正好，在 4 倍界限启动前（底线 ×1.4），实现龙头个股的 8 倍上涨无法完成，只有 4 倍界限启动，龙头个股的 8 倍才真正开始形成，最好的增值倍数是 $8 \times 8 \times 8 = 512$。

要点三：权力对策，指数 4 倍中、超过，契合的行业板块 8 倍先、中、后龙头个股上涨速度都不会快，转换速度也变慢。

指数上涨 8 倍速度慢、强度超过。指数 2 倍速度快、强度正好界限（底线 ×1.2）启动，契合的行业龙头个股有三种情况：①社会价值个股龙头不上涨；②经济价值龙头个股上涨 4 倍快、强度正好；③文化价值龙头个股上涨 4 倍速度快、强度正好，2 个 4 倍基本是同时上涨，无法实现龙头个股的衔接。指数上涨 4 倍速度中、强度超过界限（底线 ×1.4）启动，契合行业龙头个股有三种情况：①社会价值龙头个股在指数 4 倍启动（底线 ×1.4），直接上涨 8 倍速度中、强度正好、时间顺序先；②经济价值龙头个股上涨 8 倍速度中、强度正好、时间顺序中；③文化价值龙头个股上涨 8 倍速度中、强度正好、时间顺序后。指数上涨 8 倍速度慢、强度正好，在 4 倍界限启动前（底线 ×1.4），实现龙头个股的 8 倍上涨无法完成，一旦启动，龙头个股的 8 倍速度也不会很快，最好的增值倍数是 $8 \times 8 \times 8 = 512$。

本章练习

一、简答题

1. 怎么理解信任在三个时期的不同含义？
2. 简述信任头部原理。
3. 如何理解心理神往？
4. 如何促成投资人之间达成价值共享？
5. 如何理解顶格思维？

二、材料分析题

十年来，我国基建取得最突出的成就就是高铁了。我国高铁里程达 3.5 万千米，比世界其他国家加在一起的总里程都长，稳居世界第一，这就是我们的成就。而这一切背后除了辛勤的高铁人，更离不开一家公司——中国中车。2014 年正值中国有轨交通发展的黄金时期，高铁经过 6 年的快速建设，总里程已经跃居世界第一。城市轨道交通建设加快步伐，全国大多数省会城市已经通上了地铁，上海市地铁总里程更是位居世界第一。

而这一切最大的受益者就是中国南车和中国北车。不管是高铁，还是地铁，都有特别大的列车需求，所以南、北车长期高负荷运转，企业利润也是连年创新高。同时西亚、西欧、北美等地区的订单更是让中国南、北车世界闻名。2014 ~ 2015 年，是中国股市最疯狂的一段时间，沪指一路高走，从 2000 点飙升到 5178.19 点，而在这轮行情中最疯狂的股票当数中国中车。

南、北车 2014 年比翼双飞，股价一口气从 3 元上涨到十几元，而此时国家正进行国企改革。南、北车即将合并的消息不胫而走，此时的南、北车已经陷入疯狂，直到 2015 年合并时，中国中车的股价已经接近 40 元，市值高达 1 万亿元。此时，所有的股民没有一个不知道中国中车的。

然而合并后从 2015 年 6 月 9 日开始，中国中车股价就开始"变脸"了。如集合竞价阶段中国中车以涨停板开盘，然而开盘后股价便直线跳水，5 分钟之内重挫至 29.16 元的跌停价，盘中小幅拉升后一路在低位振荡，午后再封跌停板，收盘跌 9.32%。两天下来，公司 A 股股价连续跌幅达到 18.15%，两个交易日内 A 股市值也锐减 1346 亿元。

如图 2−41 所示，2015～2021 年，中国中车五年心酸之路登顶的背后总是万丈深渊，中国中车的最高股价永远被定格在了 39.47 元。中国中车 4 年下跌，最低股价的时候为 5.24 元，不及原来最高股价时的 1/7。要知道，即使最近几年沪指表现不好，但是下跌幅度也只有 50% 左右。

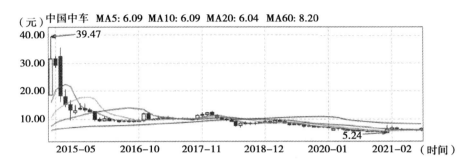

图 2−41 中国中车个股 2015～2021 年走势

正所谓"屋漏偏逢连夜雨"，2016～2017 年，中国中车利润出现下滑，股价应声而跌。而且在随后几年里，中国中车虽然营收有所增加，但是利润一直没有出现增长。股民每次抄底，每次都在山腰，股票彻底失去了人气。

结合以上材料回答以下问题：

1. 从基本面说明个股股价下跌的原因。
2. 如何确定中国中车个股在 5.24 元这个价位形成了 8 倍的顶格思维？
3. 结合信任头部，分析中国中车个股本轮行情最高价位应该是多少？

第三章　人口后悔

第一节　如何理解人口后悔

一、后悔的理解

（一）后悔含义

后悔的意思是对以前没有做的事情或做错了的事情感到难以释怀，心中总是惦记着，想着怎么自己当初没有去做，而不断地埋怨和懊恼。后悔出自先秦·佚名《诗·召南·江有汜》："江有汜，之子归，不我以。不我以，其后也悔。"罗贯中的《三国演义》第四十四回"孔明用智激周瑜　孙权决计破曹操"中（周）瑜曰："吾与老贼誓不两立！"孔明曰："事须三思；免致后悔。"从后悔的原本含义可以看出，后悔主要强调对本来想做又没有做成的事情感到懊恼。

后悔研究起源于经济学，所以其最早的定义会带有经济策略的痕迹。比如：经济学家 Bell 将后悔定义为对于实际得到的价值与其他选择下得到的最高价值之间相比的不同点。他用一个公式来表示：后悔 = V（X）- V（Y），X 是指应得到的最终价值，Y 是指从已选择的过程中所获得的价值或资产，V 是指主观的价值功能。这一定义比较明了，但是仅限于经济领域，这使得后悔定义的使用范围受到限制。在此之后，心理学家将后悔作为一种情绪来定义，并且将其与认知过程结合起来，尤其是与反事实思维联系在一起。Kahneman 和 Mille 将后悔定义为一种反事实的情绪，意指此种情绪之中有反事实思维的参与。而反事实思维指的是在心理上对已经发生的事情进行否定，表征为原本可能发生而实际并未发生的心理活动。

在人口营商的研究中，之所以使用后悔进行研究，主要是因为人口在投资中可以集中到不同的个股投资标的，所以在鼎盛时期有广泛的投资标的，远远多于"三价"和成长板块。鼎盛时期，在全球化、证券化、专业化的奢侈品背景下，营商奢侈品个股越来越多。投资人追求绝对价值的最大化，不断在股价的不同龙头个股中进行投资。如何减少投资人对于具体投资对象的后悔是人口价值投资的关键。这就是使用后悔进行研究的原因，用来研究什么样的投资标的可以符合投资人的绝对价值最大化。

要理解后悔，就要认识到两种后悔，即体验后悔（Retrospective Regret）和预期后悔（Anticipated Regret）。大家对于体验后悔都比较熟悉，所谓的体验后悔就是消费者针对过去已经发生的经历产生的情感反应，是已经体验过的后悔，也就是我们通常所说的购后后悔。运用到个股投资中，即是为没有买到龙头个股感到后悔。预期后悔则是指当人们面对各种反事实比较时，会预期他们可能会感觉到的后悔，并试图通过各种方式把这种未来后悔降低到最小限度，预期后悔发生在策略之前。预期后悔在个股投资中，即在购买个股之前，对各个龙头个股进行比较，预期买入不同龙头个股会产生后悔的程度，并试图通过预期后悔选择正确的龙头个股进行投资，将后悔程度降至最低。减少后悔，就是尽量减少这两种后悔，这成为投资龙头个股的重点和关键。

（二）后悔演变

从后悔的概念中，可以看出后悔对于《人口营商学》研究的重要意义。这是《人口营商学》可以实现绝对价值最大化的关键，但是在不同时期后悔有不同的含义。《人气营商学》已经将人类时期发展分为兴盛、昌盛和鼎盛三个时期，人口营商将人类生存和时期演进划分为三个不同的时期，即碰撞出"兴盛时期—昌盛时期—鼎盛时期"的人类时期演进的人气线。本章对后悔的理解和分析都是基于时期演进人气线中的三个时期展开的，如图3-1所示。

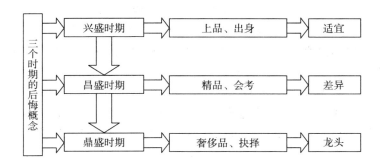

图3-1 三个时期的后悔理解及演变

在兴盛时期，后悔的含义是适宜。不同地域因为气候、环境的不同，适宜不同的农作物生长，"橘生淮南则为橘，生于淮北则为枳"讲的就是这个道理，例如南方适宜种植水稻，北方适宜种植小麦，如果在适宜一种农作物生长的地域种植其他农作物，人们就不会获得相应的粮食，从而感到后悔。人们在选择农作物品种时，最基本的考虑是使用该品种生产的农作物产品是否好卖，是否挣钱多，即该品种的市场盈利性，以及该品种在不同条件下是否可获得比较高的、稳定的产量，即品种生产的稳定性，也就是生产种植的风险。农作物品种的盈利性主要是由其产量和品质决定的，而生产的稳定性主要受品种的农艺性状、对病害的抗耐性和对逆境的适应性影响。在实际种植生产时，要仔细分析不同品种的相关特性，根据不同地域的气候、日照、湿度等因素，因地制宜以选择出最适宜的品种来。

在昌盛时期，后悔的含义是差异，差异是指企业以某种方式改变那些基本相同的产品，使消费者相信这些产品存在差异而产生不同的偏好。这一时期后悔强调差异。产业是昌盛时期最主要的主体，所以完善产业，形成差异化的精品至关重要。企业对于那些与其他产品存在差异的产品拥有绝对的垄断权，这种垄断权构筑了其他企业进入该市场或行业的壁垒，形成竞争优势。同时，企业在形成精品产业链的要素上或在提供精品过程中，造成足以区别于其他同类产品以吸引购买者的特殊性，从而引起消费者的偏好和忠诚。这样，差异精品不仅迫使外部进入者耗费巨资去征服现有客户的忠实性而由此造成某种障碍，而且又在同一市场上使本企业与其他企业区别开来，以产品差异为基础争夺市场竞争的有利地位。因此，差异产品在昌盛时期对于企业的营销活动具有重要意义，比如大家都非常熟悉的宝洁公司，中国现有六个宝洁公司的洗发水品牌。宝洁公司巧妙地运用了差异产品，设计了六个名牌的个性化定位，从而实现了在洗发水行业骄人的战绩。实行差异精品策略，企业要增加设计和研究费用，选用新颖或高档原材料，还要花费大量资金来扩大宣传以吸引目标顾客，这会增加企业的成本。差异精品是为了给顾客增加价值，而顾客价值正是顾客所获得的利益与所支付成本之间的差额，所以当决定给精品增加更多更好的性能时，首先要考虑客户是否愿意为此支付更多的成本。如果愿意，又愿意支付多少。如果一种精品或者服务所要求的价值超出客户的期望太多，可能会使其宁愿牺牲差异精品的性能、质量、服务和形象，而去追求降低采购成本。因此，兴盛时期，恰当的精品差异化可以为企业带来一定的竞争力。

随着鼎盛时期的到来，后悔成为了投资人对于未能正确抉择营商奢侈品而感到的后悔。能够引起投资人后悔的就是营商奢侈品的龙头个股。如果将一轮强势行情比喻为火车的话，那么，龙头股和成长板块就是这波上升行情的火车头。在某种意义上，可以说有什么样的龙头股就有什么样的上涨行情。龙头股具有示范效应，在龙头股的上涨带动下，股市外的投资者和资金大量进入股市，龙头股具有一呼百应的效应，能够带动同板块股票上涨，甚至是带动大盘指数上涨。之所以使用龙头一词是因为龙头有多种意思，指杰出人物的领袖、状元以及龙船的船头。在个股的投资中，龙头股具有带动大盘持续上涨的强劲动力，龙头股的走强持续时间长，不会过早地分化和频繁地切换，龙头股上涨时冲锋陷阵在先，回调时保持抗跌，能够起到稳定市场的作用，龙头股比普通股更抗跌，投资龙头股的安全系数和可操作性均远高于跟风股。同时，龙头股具有一定的规模，便于主力资金的操作，龙头股通常都有主力资金介入，公司符合行业领先企业或热点企业的特征。在鼎盛时期的投资中，投资者不仅追求比较价值最大化（人气营商学研究的内容）以及相对价值的最大化（人群营商学研究的内容），更重要的是追求绝对价值最大化。绝对价值最大化在人口矩阵中的表示就是龙头（详见人口策略章节），也只有投资龙头个股的抉择才不会使投资人减少后悔。三个时期的后悔理解及演变如图3-1所示，无论是什么时期，后悔永远存在，减少后悔是本章研究的主题，人气营商学是增加满意，人群营商学是达成契合。

二、后悔表现

后悔虽然永远存在，但是追根溯源，其在三个时期的表现是不同的，可以从不同的侧重点来说明后悔在三个时期的表现。

（一）兴盛时期——共建上品后悔，表现为精耕细作水平不断提高

因为兴盛时期，古代农业生产力水平较低，而精耕细作水平的提高就代表产量的提高，这样可以生产数量更多、质量更好的上品，人们会对未经精耕细作生产出来的劣质品感到后悔。古代农作物产量的提高以及上品的生产离不开重农抑商政策、农具的改进、技术的进步、水利的兴修、荒地的开垦、农作物品种的增多、地区的扩大和经济中心的转移等因素的影响。其中，农具的改进对土地精耕细作的影响最为重要，农具的产生和发展是与农业的产生和发展同步进行并相互促进的。在原始农业时期，农业生产粗放，农具的材料以石、骨、蚌、木为主；种类可分为农耕用、收割用和加工用三类。农耕类大体有铲、耒、锄等；收割类包括刀、镰等；加工类最普遍的是石磨盘和石磨棒，此外，还有用鹿角制成的农具。陶器的发明和应用很早，主要用以汲水、贮物和烧煮食物。此后，各个时期农具的发展大致如下：最原始的农具是木质的耒耜。耒是最古老的挖土工具，它是从采集经济时期挖掘植物的尖木棍发展而来的。夏、商、西周时期的农具有所改进，但所用材料还是以木、石、骨等为主。当时已有青铜生产，但多用于武器、食器和礼器。到西周末年，用青铜制作的仅有一些中耕农具和收割农具等。

春秋、战国时期冶铁业的兴起，使中国农具史上出现了一大变革：铁制农具代替了木、石材料农具，从而使农业生产力开始了质的飞跃。战国时期的农具绝大多数都是木心铁刃，即在木器上套了一个铁制的锋刃，与过去的木、石质农具相比，生产效率大大提高。这一时期，人们通过铁质农具极大地提高了精耕细作的水平，可以产生更多的上品，不会因为不适宜的农具降低生产效率而后悔。

在兴盛时期，由于生产技术水平落后，人们只能通过简单的农具进行劳动生产，这一时期，减少后悔表现为农民年复一年定期性精耕细作水平的不断提高，如图 3－2 所示，兴盛时期，人们因地制宜，在不同类型的地域种植与地域相适宜的农作物，通过铁质农具精耕细作，以获取适宜当地气候条件的、最高的粮食产量。

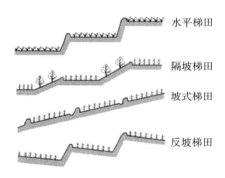

图 3－2　兴盛时期后悔表现

（二）昌盛时期——共建精品后悔，表现为科学技术愈趋完善

在昌盛时期，为了产业经济的发展，企业更好地实现盈利，就要不断完善科学技术，打造差异化的精品，为顾客制造更好的产品。所谓的精品差异化是指企业提供的产品实体要素或者提供产品过程的各种条件，同其他同类产品相比造成足以吸引顾客的特殊性，以便购买者将之同其他经营同类产品的企业相区别，企业以此在争夺市场的竞争中占据有利地位。差异化的精品意味着定期性产品的减少和定期程度的降低，而变得完全不可定期性，因而也就没有任何产品能同它进行竞争。也有学者认为，所谓精品差异化是指企业在所提供的产品上造成足以引起顾客偏好的特殊性，使顾客将它与其他企业提供的同类产品相区别，以达到在市场竞争中占据有利地位的目的。虽然学术界对精品差异化的定义各执一词，没有统一的定论，但其目的却只有一个，就是寻求一定程度的垄断，同时扩大市场份额，提高市场占有率，保持在市场竞争中的优势。因为差异化战略可以从一定程度上缓和垄断竞争，差异化使企业能够为自己的精品形成一个市场壁垒，缓解

对手给自己造成的竞争压力。现代市场竞争条件赋予了精品周期性差异化更为丰富的内涵，精品差异化的定义也应体现昌盛时期的特征。

昌盛时期注重自由和名牌，所以产业经济要求企业重视市场营销活动，注重科学技术的完善，通过高端技术生产为顾客提供产品价值①。一个产品往往有很多属性，但和其他产品相比没有差异化的产品没有出路，昌盛时期的后悔是一种基于同类产品相比，没有通过科学技术的发展形成差异化精品的后悔，高层次的后悔重要性要大于低层次的后悔。如图 3－3 所示，产品 A 和产品 B 都可以给顾客提供相同的功能 C，但是 C 不是吸引顾客的关键因素，所以顾客无论购入产品A 还是产品 B 都不会因为它们共同的属性 C 而感到后悔，顾客只会因为没有购入A 产品中属性 C 之外和 B 产品中属性 C 之外的其他属性而感到后悔。因此，昌盛时期，无论是 A 产品还是 B 产品，都应该关注属性 C 之外的其他属性，形成自身独特的差异性，将自身产品打造成差异化的精品，获得顾客的认可。而关注属性 C 之外的其他属性，形成自身产品独特的差异性离不开科学技术的进步，因此，企业只有不断完善科学技术，生产出差异化的产品才能吸引顾客，而顾客只有努力工作赚钱，不断地寻求保证特别的精品，从而从根本上减少后悔，后悔不是来自企业和顾客任何一方，是技术进步的表现，任何一方只有追逐技术进步，才能减少后悔，但这些后悔大都是线性的，很少有什么质的区别。

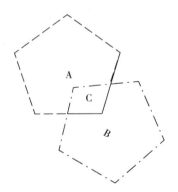

图 3－3　昌盛时期后悔表现

---

① 产品价值是由产品的功能、特性、品质、品种与式样等所产生的价值。它是顾客需要的中心内容，也是顾客选购产品的首要因素，因而在一般情况下，它是决定顾客购买总价值大小的关键和主要因素。产品价值是由顾客需要决定的。在分析产品价值时，应注意在经济发展的不同时期，顾客对产品有不同的需求，构成产品价值的要素以及各种要素的相对重要程度也会有所不同。

（三）鼎盛时期——共建奢侈品后悔，表现为想象力更加深刻

鼎盛时期的后悔是一种基于绝对价值①的龙头后悔。鼎盛时期的投资人只有达成绝对价值最大化，才能避免投资后悔，龙头的特征在人口策略章节已经描述过，即最少有 8 倍增值空间的龙头个股，对于 8 倍人们可以宽容 8 倍快、中、慢、不足、正好、超过，更重要的是研究先、中、后。任何 2 倍、4 倍都没有在人口顶的研究范围内，8 倍人口顶可能是一个个股龙头，可能是成长板块中的龙头个股，在人气关注的"三价"中、人群契合的成长行业板块中，投资龙头个股是最为安全和确定的，其他龙头个股看似上涨喜人，但金融投资专业人士都可能栽跟头，投资人称之为"踩雷"，这可能受题材个股或者业绩影响，也可能是其他突发因素所致，如 2020 年宁德时代、隆基股份、迈瑞医疗个股，2014～2015 年全通教育、安硕信息等个股。茅台酒龙头个股从 20 元上涨至 160 元，从 100 元上涨至 800 元，从 500 元上涨至 4000 元，很难有投资人从 20 元持有到 4000 元，时间长，不确定性大，可遇而不可求，最主要的是茅台酒龙头个股上涨与主板指数上涨又没有必然的联系，不能联动大盘指数，比较难以分析。所以龙头个股的特征及分析非常深刻，没有超过别人的超常想象力，8 倍空间的载体龙头个股是不容易找到或者共建成功的，只有丰富的想象力和深刻的思考，不被别人所影响，坚持不懈，承受住非常人能够顶得住的压力和坚定的信心，不确定的共建龙头个股赞美才能实现。浅显的理解和靠碰运气迟早是要吃亏的，越是在高价位和持续第二个、第三个 8 倍就越危险，下跌 8 倍的可能性会越来越大，如 2020 年的仁东控股。

在鼎盛时期，投资人的目标是尽可能多地实现投资百倍增值回报，所以要在投资龙头中寻找使自己减少后悔的标的，也就是具有 8 倍增值空间的龙头个股，而且能够坚持住实属不易，没有 8 倍空间，个股不是龙头，人口不会集中，增值的倍数就会受到影响，也不是本章和本书研究的内容。即使发现和正在投资 8 倍龙头个股，也可能受到成本付出、杠杆比例、时间节奏等多方面因素的影响，想象力不深刻、信心不足，容易动摇，受到各种错综复杂的因素干扰，如龙头个股开始上涨慢，没有别的个股上涨快，甚至开始涨幅还比别的个股小，吸引力不够大，别人的看法不一致，影响到了个股投资人，投资人不能坚持和忍耐寂寞，频繁换股或者半路当逃兵，错过投资龙头个股的大好时机。

本书是强调投资人在人口营商投资中，不仅要利用人气投资的对策、把握人群投资的板块轮动节奏，更要不断加深自身的想象力，通过深刻想象力准确判断龙头个股上涨的先后，不断实现绝对价值最大化。在纷繁复杂的奢侈品龙头个股

① 相对价值指有一定的参照条件，价值会跟随参照条件变化而变化。相对价值概念包含比较价值，需要跟其他对象对比得出，但是相对价值强调价值量随参照变化而变化，跟绝对价值相区别。

中，找到自己投资的绝对价值所在。鼎盛时期绝对价值是以时期增值为主的（第一章已经定义），错过这个时期就不可能重来，时期的把握非常重要，有可能一次错误导致终身后悔，因为确定的共建奢侈品投资机会对于每一个投资人来说都不会太多，每一个国家也是这样，何况投资人个体，如互联网时期美国苹果手机共建奢侈品龙头，其他国家与其斗争起来非常困难，华为付出了极大努力，还是被核心技术芯片困扰。中国必须紧紧抓住高铁制造，带动高铁产业链，形成以奢侈品龙头个股中国中车为主的高铁时期。为了实现绝对价值最大化，一方面就要求升值空间最大化，另一方面要求时间损失最小化，要求百倍地几何级数实现投资人绝对价值。如图3-4所示，为达到绝对价值最大化，在8倍价值龙头中寻找投资标的进行人口价值集中，从而实现绝对价值最大化，比较价值是人气研究的人气线价值度量尺度，相对价值是人群研究的人群环价值衡量量度，绝对价值是人口研究的人口顶价值计量刻度。

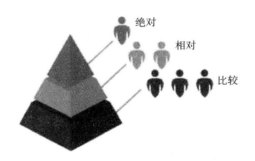

图3-4 鼎盛时期后悔表现

三、后悔作用

源于顾客满意的思想，人气营商对应三个社会，与人气线紧密相连研究商品"三价"倍增价值度量的尺度；源于关系契合的思想，人群营商对应三个时代，与人群环紧密联系研究衍生品成长板块蓝海价值衡量的量度；源于产品后悔思想，人口营商对应三个时期，与人口顶紧密相连研究奢侈品个股龙头价值计量的刻度。人口顶概念会在下一章给出明确的说明，三个时期的后悔作用人口顶是本书从研究对象上品、精品、奢侈品角度出发，抽象"特色—特别—个别"的学习心理特征人气线发展出来的，这三个时期的人们强调的人口顶不同，也就造成三个时期的后悔作用不同。

（一）兴盛时期后悔作用——共建上品，永久保持特色

兴盛时期人们依靠土地，土地让人们过上富足的生活，离开土地基本生存无

法保障，人们在土地上做文章，最先是种植粮食作物，而每个地区的气候条件是不同的，种植的粮食品种不同，经过长期的摸索形成适宜本地区种植的粮食品种，产量高、少病虫害，及时记载总结成为规律，不断地进行调整完善，精耕细作，使这个粮食品种成为本地区人们生活的主食，成为本地人们生活的基本口粮。在兴盛时期，有些上品因为没受到重视而被破坏，导致诸多优秀特色文化流失甚至断绝传承，使国家和人民感到后悔。因此，兴盛时期的后悔作用就是共建上品，永久保持特色，使人们减少后悔，具体如图3-5所示。

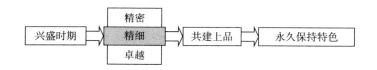

图3-5　兴盛时期的后悔作用

（二）昌盛时期后悔作用——共建精品，寻求保证特别

昌盛时期的每一个消费者、顾客购买产品都是希望产品功能越来越完善，因为完善的功能可以满足消费者的最大利益需求，但是产品在实际制造过程中，功能是不断完善的，技术进步有漫长的路要走，消费者在使用过程中的要求也会越来越高，消费者和生产企业共同进步，技术的每一次进步，都加快产品向精品迈进的步伐，精品是昌盛时期消费者的最爱，而在一定的时间阶段，产品技术是相对稳定的，这样就会产生稳定的购买，实际上消费者购买产品就是差异性购买，既要承认精品的存在，又要了解各自的差异性需求，保证各自特别的利益诉求，减少购买者的后悔。生产流程化的核心目的就是把生产过程切分成非常细小的片段，每个片段都遵循严格的顺序加工，片段之间用自动化的传动装置连接起来，每个片段简单到不需要人工操作的时候，就被精密机器取代了。所以，昌盛时期的后悔作用就是共建精品，寻求保证特别，具体如图3-6所示。

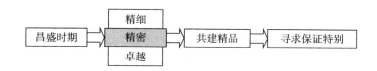

图3-6　昌盛时期的后悔作用

（三）鼎盛时期后悔作用——共建奢侈品，共同赞美个别

鼎盛时期的后悔与昌盛时期的思维完全不同，昌盛时期减少后悔是产品营销

研究，是营销的起点；鼎盛时期减少后悔是人口营商研究，是营商学的终点。只有头部顶格思维极度高的个别龙头个股奢侈品才能获得更多的人口集中，获得大多数人们的赞美。一个国家要获得全世界的认可，也需要不断培养个别龙头，代表本国的奢侈品吸引全世界的人口集中。例如，法国的红酒、香水，新西兰的牛奶，美国的苹果手机，中国的茅台白酒等。每个投资人都希望自己抉择投资的奢侈品能获得较大增值，拥有更多个别优质资产。只有更大增值的个别资产才能够带来巨大收益。这些是要专业人士共建共享，精心培养获取资本，形成独树一帜的个别资产，赢得更多人赞美的龙头8倍价值。鼎盛时期的后悔作用，具体如图3-7所示。

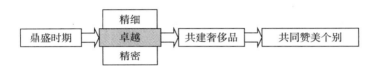

图3-7 鼎盛时期的后悔作用

综上，三种时期的后悔作用如图3-8所示。

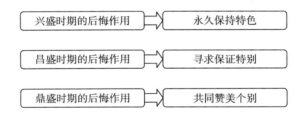

图3-8 三个时期中的后悔作用

四、后悔赋予

在不同的时期，不同的角色赋予了后悔不同的价值表现。通过对三个时期的整理可以方便理解后悔概念的产生以及演进过程。在兴盛时期，后悔的含义是适宜，只有适宜（人口）才能减少后悔，此时是兴盛时期；合适（人气）增加满意，此时是农业社会；符合（人群）达成契合，此时是自然时代。一件陶瓷精品的出炉，并不亚于人类十月怀胎孕育新生命的过程，它是经过艺人用生命在进行创造并经历火之升华才得以完成的。景德镇仅凭陶瓷制造这个单一产业，便可让老镇的兴旺与盛名延续千年之久，足可证明陶瓷的不凡之处。然而陶瓷的制作离不开一代又一代制作者的传承，是这些传承人赋予了陶瓷文化和生命，这就是兴盛时期后悔的赋予过程，具体如图3-9所示。

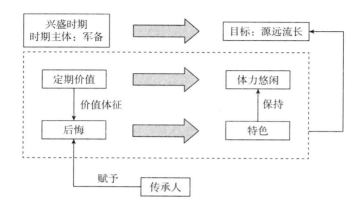

图3-9　兴盛时期后悔的赋予

在昌盛时期，后悔的赋予是由模仿者决定的，如图3-10所示。昌盛时期的特点就是通过产业链生产的精品来满足人们的特别需求，提高生产效率、优化专业化分工，最后扩大产业的规模，占领市场。昌盛时期的主体是产业，产业是社会分工和生产力不断发展的产物。产业是社会分工的产物，它随着社会分工的产生而产生，并随着社会分工的发展而发展。只有通过模仿，生产属于企业自身的精品，才可以更好地为企业发展助力，实现其利润增长的目标。

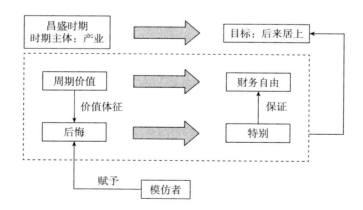

图3-10　昌盛时期后悔的赋予

鼎盛时期的后悔不再由周期价值决定，而主要是通过人口赋予的心理持续集中人口顶价值，错过持续集中的人口顶价值，损失惨重，每个持续集中人口顶都有自己的使命，持续集中人口顶是龙头个股8倍赞美的奢侈品决定的，是人口集中的结果。在指数人群环契合的行业板块中，人口集中龙头个股的8倍先、中、后成为本书研究的重点，至于龙头个股有几个8倍和8倍的快慢都和成长行业板块紧密相连，茅台酒个股集中就是白酒板块决定的三个连续较慢（一边集中一边议论纷纷）的8倍人口顶，还有一些集中的人口顶可能是题材板块（如全通教育一次集中）和业绩板块（格力电器集中绝对价位不高），它们集中三个8倍的可能性基本没有，具体如图3-11所示。

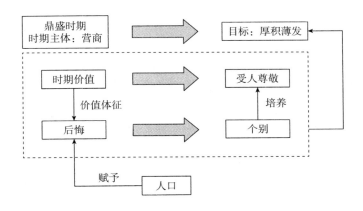

图3-11 鼎盛时期后悔的赋予

第二节 人类鼎盛时期的后悔

一、人类鼎盛时期后悔角色变化

（一）后悔与赞美的专业化密切相关

《人口营商学》研究离不开绝对价值的内涵，绝对价值和后悔龙头紧密相关。绝对价值研究之所以规定在股价范围内研究龙头个股，并和专业化联系紧密，主要是因为龙头个股形成倍增和成倍，进而实现8倍，是正常的学习心理和传播行为。而物价是关系国计民生的重要价格指数，直接影响人们的基本生活，不可能也不允许在短期内发生成倍和 8 倍的增值，政府必须密切关注和干预；房价增值太快和空间太大，容易出现资产泡沫破灭，因为房价涉及人数太多，影响范围广等。房子是用来住的，不是用来炒的，已经成为专业人士的共识。而龙头个股的人口理论研究可以促进共建共享，支持产业链发展，通过人气、人群、人口营商带动产业全面发展。

专业化是指产业部门或学业领域中根据产品生产或学界层面的不同过程而分成的各业务部分，这个过程就是专业化。专业是指需要专门知识和技能的职业，是计量职业发展水平的刻度。按照现代广泛运用的利伯曼"专业化"标准的定义解释，所谓"专业"，就应当满足以下基本条件：一是范围明确，垄断地从事于社会不可缺少的工作；二是运用高度的理智性技术；三是需要长期的专业教育；四是从事者个人、集体均具有广泛自律性；五是在专业自律性范围内，直接负有作出判断、采取行为的责任；六是非营利性，以服务为动机；七是拥有应用方式具体化了的理论纲领。专业化经历了从低级到高级的演进过程，在工业化初期，是从部门专业化、产品专业化开始，其水平比较低。到工业化中期和后期，发展到零部件专业化、工艺专业化等，不但形式多样，而且水平也大为提高。

（二）后悔龙头赞美与各国联动关系更为密切

随着鼎盛时期的到来，后悔研究也发生了变化，从原来消费者对没有买到适合自己的差异产品感到后悔，变成了投资人没有选对龙头个股而产生后悔。而且由于没有专业化的营商学研究，就无法对全球范围的奢侈品进行投资，为了避免后悔，投资人应该选择具有绝对价值的龙头个股进行全球人口集中。在鼎盛时期，一个龙头个股的赞美看似是一个国家内部的事情，其实从深层次理解龙头个股后悔赞美离不开全球化思维，如中国的茅台酒个股龙头赞美，与全世界联动关系密切。首先，必须明确在全球范围内，白酒是中国文化的载体之一，其他西方国家是啤酒，白酒一定在中国；其次，中国人民生活水平提高，反官员腐败生活转变为全社会老百姓的品质生活，茅台酒不可能用公款消费；最后，白酒的专业人士对于茅台酒的赞美，奠定茅台酒地位，而其产量有限，需求增长非常明显。而互联网行业的龙头一定是在美国上市的龙头个股，不可能在中国，这些都不用大惊小怪，投资个股龙头，必须了解世界，加强全世界的交流和竞争分析。没有全球密切联动，赞美龙头个股肯定是错误的。培养个股龙头进行赞美也是专业人士进行共建共享的结果。龙头赞美有些是从兴盛时期的上品开始演变而来的，演变到鼎盛时期的上品就可能成为奢侈品，中国的文化灿烂，应该更加密切关注由文化演变而来的奢侈品，茅台酒就是一个特例。龙头赞美有些是昌盛时期的精品转化而来的，精品可能转化为鼎盛时期的奢侈品，如美国硬件技术与软件技术的结合产生苹果个股奢侈品。一个国家必须不失时机地在上品、精品的分析和演变过程中，搞好龙头个股赞美，减少后悔，让全世界的专业人士共建共享奢侈品龙头个股赞美。

二、人类鼎盛时期后悔新要求

（一）后悔龙头对时间和空间的要求

鼎盛时期的后悔龙头跟以往不同，昌盛时期的后悔就是以利益的最大化为目标，只要把产品带来的利益细分清楚，就会找到目标市场，进行正确定位，就会有人购买。鼎盛时期价值是由时期增值和时间损失的比值决定的。对于后悔龙头来说，时期增值是营商赞美龙头个股的核心，推动人口集中龙头个股的时间早日到来，是后悔对于龙头个股集中的基本要求，否则人口集中在别的个股上，无法真正实现 8 倍个股增值，时期增值还在别的个股上，说明这个龙头个股上涨的时期还没有到来，别的个股投资的时期还没有过去，过早投资浪费了大量时间，只有耐心等待，也就是说前面的故事还没有讲完，一个新的故事还需要等待。一旦一个新的故事开始，一定是将这个故事讲完，才会转向别的故事。时期增值与时代增值、社会增值是不同的时间要求，时期增值表现为个股带动新旧时期的转换，如移动终端苹果的出现，带动互联网时期迅速到来，线下慢慢被人遗忘，直到人们继续培养新的动能龙头个股，逐渐形成新的时期。

除了对时期增值的时间要求，后悔龙头个股对空间也有要求，后悔龙头个股核心是增值空间 8 倍先、8 倍中、8 倍后，空间要求极高。没有 8 倍增值空间，形成不了时期增值后悔龙头个股研究，根本不可能成为人口集中的研究对象，对于个股，没有 8 倍增值空间，就没有必要后悔。有些股票个股价位高，投资人接受，如茅台酒；有些个股，人们不接受个股的高价位，如钢铁个股。维持不住高价位，就可以通过价位的回落和资本运作，使价位降低，形成个股 8 倍价格上涨空间使个股市值增长也会有好的效果，这样个股价位不会在高位，能够维持住个股的低位，因此个股市值是一个非常重要的变量，可能决定个股的 8 倍次数和具体价位高低。

（二）后悔龙头对投资人的主动性和被动性要求

后悔龙头个股对投资人有主动性和被动性的要求，主动寻找要求投资人把握龙头个股共建动机。投资动机是指投资活动主体进行投资活动所要达到的目的。在以往的研究中，投资动机研究都是基于量化分析，对间接或直接投资的原因进行归因分析。投资人需要判断并抉择是否进行人口集中，主动选择龙头个股，避免后悔。有一则古老的华尔街格言说：市场是被两个因素驱动着——恐惧和贪婪。抉择龙头个股又必须掌握对自己心理的调节，进而达到调整自己的情绪、思维、意志等心理过程的目的。因为考虑投资时，周围肯定会有不同的声音出现，更有可能有许多人的劝告、阻挠，还有嘲讽、偏见等。此时此刻，就需要坚持自己的原则，相信自己的判断，不放弃大的机会，舍得放弃小机会，也许其中会有挫折，但是真正的财富往往就在那些大大小小的挫折中，投资人增长了悟性，逐渐积累，不受别人的影响，保持自己的主动判断，提高主动性是选择龙头个股、避免后悔的关键。

被动适应要求投资人应对各种能够想象和不能想象的龙头个股发生的情况。龙头个股在发展过程中不是一帆风顺的，会有各种情况发生，需要投资人应对调整，做出判断，调整龙头个股的投资，避免后悔。

三、后悔与营商奢侈品价格的关系

人口集中正因为有对龙头个股的价值体征和绝对价值的价值计量，才能避免形成投资后悔。人口集中形成绝对价值，同时绝对价值也是通过价值计量表现出来的，没有价值计量，无法表现绝对价值，有了价值计量，经过绝对价值的参考分析，人口选择不同的投资标的进行投资，也就产生了不同的心中龙头个股。这些个股将会吸引各种资金大量流入，引发营商奢侈品价格上涨，带来巨大的时期财富增值。不同的人口集中投资实现价值增值。关于人口的相关内容将在本书第四章进行重点阐述。价值体征、绝对价值、营商奢侈品价格的关系具体如图 3－12 所示。总体来讲，三者组成一个正向反馈循环系统，价值体征寻求龙头绝对价值，从而引发营商奢侈品价格变动，与此同时，营商奢侈品的变化又导致新的价值体征变动，价值体征和营商奢侈品价格变动与绝对价值之间又相互作用。分析营商奢侈品价格、价值体征、绝对价值的原因在第一章中有详细的记述，鼎盛时期主要以奢侈品价格变动为价值赞美的核心。

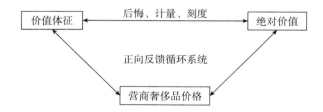

图 3－12　价值体征、绝对价值与营商奢侈品价格之间的关系

四、人类鼎盛时期的后悔确定

鼎盛时期后悔的赋予是人口，投资人能够通过个股努力、个股能力以及赞美集中的人口营商，以及个股表现出来的价值体征，计量出来个股刻度有龙头 8 倍

增值空间，这些分析还不够，如何确定后悔，主要有三种方式：契合确定、目标确定和笃信确定，三者并非相互独立，而是相互影响，共同避免投资人的后悔。

（一）契合确定

《人群营商学》已说明，人群环是股票指数板块在各种人气对策的作用下产生的动机心理，无意识动机与币值平台对策对应，产生8倍快、不足指数人群环；金钱杠杆对策与双因素动机对应，产生8倍中、正好指数人群环；权力契约对策与层次动机对应，产生8倍慢、超过指数人群环。每个蓝海指数人群环的形成，必然契合相应的成长行业，有些行业板块是确定无疑的，这在人群营商契合章节讲得非常清晰，在大盘指数2倍、4倍增值的蓝海中契合成长行业板块，大盘2倍上涨时其龙头个股不可能上涨8倍（题材板块除外），大盘4倍上涨时其龙头个股上涨8倍，这是确定的。虽然每一个指数人群环上涨的时间长短不同，契合的成长板块有些可能事先不能研究出来，但是这些都不会影响专业投资人的分析判断。

从上面的分析可以看出契合指数上涨的成长行业板块不是能够轻易分析出来的，必须充分学习人群营商，证券板块的分析还是比较直接和简单的，如果分析契合大盘上涨的经济价值成长板块，更加不容易，要在全球化、证券化中分析。更为困难的是，成长板块在推动大盘上涨时不是简单地推动和直接大幅上涨，在大盘盘整和上涨缓慢的阶段，契合的成长板块与大盘指数没有紧密的关系，那就更难把握。可能这些板块对于主板指数大幅上涨没有多大贡献，但是对于稳定大盘和大盘缓慢上涨、吸引人气很有帮助，如主板大消费板块、大健康板块、创业板新能源汽车板块、医疗器械板块，在对策作用的契合成长中很难分析出来，但在人气线、人群环的研究中也能够判断，如茅台酒龙头在大消费板块中，白酒—啤酒—红酒人气线可以研究清楚，股价的人群环也说明8倍中、正好人群环，4倍上涨时需要不断吸引人气关注，资金才能源源不断地进入股市，开始上涨较慢，白酒板块正好满足大盘上涨需要。还有一些错误利用人气线投资失败的龙头个股，如仁东控股就是一个典型的错误投资龙头个股，金钱杠杆对策告诉人们，本轮股票上涨就是中国的大多数老百姓利用金钱投资股市的重要转折点，从房价转向股价，国家必须提前做好金融机构的监管，降低金融杠杆风险，投资金融杠杆公司及其板块，是没有成长空间的，其龙头个股投资更加错误，这只是其中一例，未来这样的个股踩雷现象会经常有，个股龙头不能上涨8倍，反而有下降8倍的可能。

（二）目标确定

选择龙头个股进行投资，心理一定要有一个坚定的目标，它与愿景、参照确定相对应，愿景是一种向往和追求，能走多远不一定清晰；参照是别人的进步是自己努力的方向，可能路径不同，结果相当美好；目标是明确的，没有明确目标，个股龙头投资是有风险的，而且没有投资的意义。要对龙头个股进行目标确定，不要受到外界因素的干扰，这样才不会在主力反复的洗盘过程中因为压力而选择抛出股票。在证券市场交易中，目标价被投资者广泛地用于判断最佳买点或卖点，以期实现投资收益最大化。股票目标价是判断上市公司内在价值的一项重要参考指标，反映出证券分析师所预期的被评估公司在未来的一段时期内的最高股价，即目标价最初发布日后的 12 个月内最有可能达到的股价水平。目标价常见于证券交易中且广泛地被投资者用来判断最佳买卖点，以实现收益最大化。然而，作为证券交易中的一个重要参考依据，目标价并不一定能够发出正确的买卖信号。目标价特征、表现与投资价值之间存在一定的联系。其中，目标价特征对其表现具有明显影响。当前，在各种因素的作用下，证券分析师偏好发布"积极正面"的目标价，从而导致全球各大证券市场上的目标价均呈现出了过高等特征。特别是在部分新兴市场，例如沪深股市。一系列研究表明，目标价往往远高于发布日市价，且增持与买入类目标价的数量多于卖出与减持类目标价。然而，过高的目标价对其表现无利，目标价与市价之间的巨大差距只会增加实现难度，从而造成目标价位的实现速度普遍较慢，甚至出现很大一部分目标价无法在限定的未来时间段内实现等问题。国内外相关研究也指出了目标价的不佳表现，特别是实现率偏低这一问题。

分析目标价不佳表现对投资价值造成负面影响。在证券市场中，投资者往往参考证券分析师发布的最新目标价进行证券交易，即按照目标价对应的荐股评级进行做多、做空或持有操作。由此可见，在当前各大证券市场上，目标价呈现出的过高特征对其表现造成了明显的负面影响，导致目标价出现了一系列不佳表现，而目标价的不佳表现将直接降低其投资价值，目标价的交易参考作用受到质疑。基于此，本书对龙头个股的历史价位和走势进行深入的研究，确定龙头个股具体的目标价位。从而使投资者对目标价的特征与表现有更为深入的认识与判断，对股票的投资价值有更为具象的预期。防止短期投资错误的发生，本书的目标价位是基于龙头个股 8 倍的投资目标，就像一个人说自己要读书，上到博士毕业就是 8 倍，否则就不是读书的龙头个体，这就是目标确定的含义，走一步算一步，对于每个个股都适用，对于龙头个股可以结合这种目标价位判断，更需要 8 倍目标价位的判断，本轮行情能否实现 8 倍增值，是龙头个股投资最希望知道的，而且要排好先、中、后的顺序，博士毕业 8 倍先、教授职称 8 倍中、知名教授 8 倍后，院士是知名教授之一，知名要靠影响力和时间长度，没有 8 倍空间的目标是比较低层次的目标，容易出现短期行为，信心不坚定，而目前的金融学研究很难判断出 8 倍增值空间，营商学分析显得格外重要，这种分析可以研究出个股的 8 倍低位是多少、8 倍高位是多少，可以在低位介入，高位卖出，否则恐慌和贪婪的模糊概念无法落实，如图 3－13 所示。

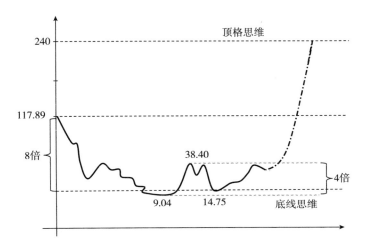

图3－13 龙头个股8倍的投资顶格目标

（三）笃信确定

有了龙头个股的目标明确，最主要是人们需要笃信，坚信无疑，没有笃信就让投资人投资 8 倍个股是很难实现的，看到目标，但是实现目标的阻碍很多，忠实的相信需要一个过程，需要时间验证和推动的力度保证，如一个学者在自己研究的领域研究了几十年，辛勤耕耘，没有坚定的毅力推动，每一次 8 倍都是很难实现的。博士难以毕业，教授职称难以评上，知名教授更难。让别人笃信，自己必须坚信，自己坚定、持续努力，别人开始笃信，人口才能集中。努力需要时间考验，时间越长验证性越好，个股上涨久盘必涨，横有多长竖有多高，都是笃信形成的表现，积蓄个体能量；力度是个股 8 倍上涨加快的内、外部力量，没有力度 8 倍上涨基本不可能，平台对策推动龙头 8 倍个股上涨较快，是因为人民币升值，大量热钱进入中国股市，力度大是空前的，导致个股涨得快，热钱来得快，走得也快。外部力量还可以是资产重组、兼并，企业发生重大变化，实力大幅增强，竞争减少，企业业绩增长可期。这些都是投资人笃信的理由。内部力量主要是来源企业自身业绩大幅增长，技术进步加快，市场口碑越来越好。所以通过笃信确定，可以得出对于龙头个股股价来进行绝对价值投资，最主要的就是基于定性、定量两个方面进行价值计量，如图 3－14 所示。

图 3 – 14　绝对价值的后悔龙头价值计量

价值计量主要从定性和定量两个角度理解。对于定性的价值计量都是相对模糊的，这是一种投资心中的模糊评价。如学历就是模糊计量，博士、教授就是名誉 8 倍的体现；职务高低也可以模糊计量；金钱也可以按照一定系列计量。价值计量的定量计量是对于龙头个股投资的核心依据，虽然不能完全精确，但是通过指数板块定量计量和个股价位的定量计量有机结合，就可以根据原有或者现有的一些情况对其未来的发展做出定量预测。

第三节　人类鼎盛时期后悔龙头原理

一、后悔龙头原理的理论来源

（一）心理学来源

后悔（regret）首先在决策研究中被提出，用于研究决策的影响因素。随后 Bell、Loomes 和 Sugden（1982）提出了各自的后悔理论。他们一致认为，决策者的后悔体验是由于决策的制定所产生的，是比较"实际的决策结果"与"其他选择应该得到的反事实（counterfactual）结果"得到的。决策者事后发现放弃的选择比当初的选择更好时，就会感到后悔。心理学家也认为，个体在回忆过程中发现决策是错误的时候，会产生诸如后悔的负面情感反应。Landman（1993）认为后悔是"个体在主客观因素的影响下，对过去采取或未采取某一行为而导致的消极结果所产生的自责、懊悔、悔恨等心理的一种情绪状态"，受选择理由和结果消极程度的影响。

后悔就是其中一种与决策密切联系的情感。自最小后悔值的决策原则的提出以来，后悔理论已经被广泛应用到各领域的决策研究中。根据后悔理论，决策者是后悔规避的，他们预期各个可选对象的后果情况并据此做出避免后悔的选择（Bell，1982；Loomes & Sugden，1983）。事实上，不同学者对于后悔的定义也有所不同，具体如表3-1所示。

表3-1　不同领域对后悔的概念及定义

学者	领域	定义
Bell（1982）	经济学	后悔是实际选择的收益和获得最高收益的选择之间的价值差异
Loomes 和 Sugden（1983）		后悔是将事件的真实结果（what is）和可能发生的一个比真实结果更好的假设结果（what might have been）相比较并伴随痛苦情绪的过程
Landman（1993）	心理学	一种关于不幸的遗憾、限制、亏损、缺陷以及犯错的或多或少的痛苦判断和情绪状态
Gilovich 和 Medvec（1995）		后悔来源于对一种选择不做或维持现状而比做另一种选择方案导致更不理想的情形
Kuhnle 和 Sinclair（2011）		后悔是一种认知驱动（cognitively driven）的消极情绪，出现在个人选择其他方案后导致错过的现实或预期。它涉及自责和不愉快，因此每个人都设法避免它
Tsiros 和 Mittal（2000）	营销学	后悔是消费者将自己的选择方案的结果与更好的选择方案结果进行比较的结果
Inman 和 Zeelenberg（2002）		后悔源自消费者对自己作出的选择与拒绝的选择之间的认知努力而产生的情绪
黄静和王志生（2007）		后悔是消费者在消费体验之后将购买品牌同放弃的品牌进行比较所得到的负向情感反应
Coricelli（2005）	神经科学	后悔除了受刺激的物理属性所驱动的输赢或对错评价以外，后悔的产生还涉及两个独特的加工过程：陈述性加工和自上而下的调整

（二）营销学来源

在市场营销领域中，研究者们发现消费者对购买行为的总体评价中不仅考虑产品实际绩效与期望之间的差异，而且会将选择品牌与放弃品牌进行比较。后悔基于选择结果与放弃结果的比较而形成，如果选择品牌的实际绩效不及放弃品牌时，消费者就会后悔。黄静（2007）将后悔界定为：消费者在体验选择品牌后感知到其购买决策并未带来最佳结果时对当初购买决策的一种情感反应。在互联网不断发展的今天，消费者购物的信息越来越对称（王汉君，2013），信息越对称也就意味着，当消费者得知自己的选择并不是最优情况时，便会对自己所做出的决策感到懊恼（张文彬等，2009），这样的消费情绪即为后悔情绪。在特权营销中，通过相应特权获得标准而获得的特权服务，对 VIP 客户的重要和重视程度不言而喻。对于 VIP 客户而言，越为重要的服务以及购物体验，一旦出现选择失误，那么消费者的后悔程度就会越高（索涛等，2009）。在 VIP 客户的反事实思维下，特权营销在获得标准与服务形式上的差异化设计，就可能会让已经选择了一个品牌的 VIP 客户感到后悔，因为其他品牌的 VIP 客户或许能得到更加匹配的特权服务类型与获得标准。因此在本书中，将后悔情绪界定为一个品牌的 VIP 客户由于没有选择另一品牌，而获得不同的特权标准或服务类型时产生的负面消费情绪。

人口营商后悔研究重在发现绝对价值，而人群营商契合研究重在发现相对价值，人气营商满意研究重在发现比较价值，如图 3－15 所示。

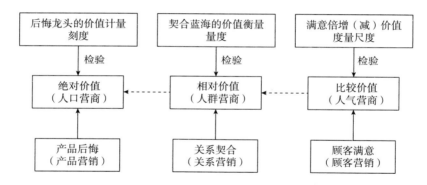

图 3－15　人口后悔与产品后悔、蓝海契合、倍增（减）满意的关系

二、人类鼎盛时期后悔龙头原理

（一）基本原理

在鼎盛时期理解后悔龙头原理离不开心理期冀。期冀是指人们对未来一段时间要发生的事情的美好预期和愿望。投资者的心理期冀往往决定了龙头的不同情况。对奢侈品绝对价值龙头实现的速度、强弱、顺序有影响。同时，龙头形成的过程中对投资者心理期冀有所调整。因为龙头的实现并非一蹴而就，在实现过程中，投资人会根据实现的情况对龙头绝对价值进行新的计量，最后又作用于心理期冀，具体如图 3－16 所示。

（二）后悔作为龙头研究的逻辑

满意作为倍增快（明星商品）研究的逻辑应该很好理解了，没有倍增快的商品投资就是错误的，投资有很大风险。产品购买是线性增长，确定性的，10%增长相当满足了。商业投资 10% 增长可不行，跳跃思维就开始形成了，倍增快是最基本的要求，成倍快、中可以接受，成倍慢不接受，8 倍快、中、慢都可以接受，所以倍增快是满意的起点，是用来研究商品品种投资的，房价、股价、物价"三价"是投资商品的标的，倍增与它们之间是对应的。

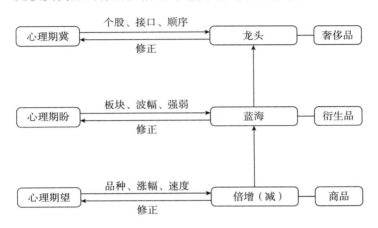

图 3 - 16　后悔龙头原理的作用机理

后悔作为龙头研究是因为面对股票指数板块上涨的 2 倍快，4 倍快、中人群环，契合的成长行业，再研究 2 倍快、4 倍快和中的个股，已经没有什么意义了，必须研究带动板块上涨的 8 倍个股龙头，在股价上涨的过程中，每个个股都是躁动的，个股表现欲望强烈，每个投资人都希望自己买进股票就上涨，卖出就下跌，短期买进卖出，频繁操作，希望很快发财，后悔自己没有买进天天上涨的个股，所以后悔从心理学角度研究也是个股投资的必然，如何减少后悔就成为人口营商研究的核心之一，从人气研究的满意、人群研究的契合，很容易理解真正的后悔标准是具有 8 倍增值的个股龙头，其他 2 倍、4 倍个股增值后悔实在是太多了，任何一个投资人都不可能把握每一个个股上涨的节奏进行有效投资，只要充分利用人群契合理论，寻找成长行业板块 8 倍龙头个股的上涨先、中、后顺序，把三个 8 倍龙头个股紧紧抓住，进行有效投资，以及运用人气对策形成人群环的 4 倍强弱，进行龙头个股心理接口的时间把控、有效交接，使每一轮行情投资个股的绝对价值最大化，就是真正地减少后悔了，很多投资人以为自己聪明，认为自己投资的就是龙头，一个错误的龙头损失可能也是 8 倍，如果加杠杆损失更加惨重，没有投资龙头更是不可能成功的，倍数太少，所以龙头个股投资是专业人士的追求和必须认真研究的核心问题，只要在一轮行情准确实现三个 8 倍，最大倍数就是 $8 \times 8 \times 8 = 512$ 倍。

（三）心理期冀变化的内在含义

心理期冀的变化会引导投资龙头个股的不同人口8倍持续集中，为自己投资板块中的龙头个股寻找投资理由，不断对其进行赞美。所以对于投资者来说，对一国股票会有自己的心理期望，期望上涨；一个具体的地区板块或者行业板块是投资者做出的心理期盼，期盼该板块上涨；具体到契合大盘指数上涨的行业板块中的龙头个股才是投资者的心理期冀，投资者通过心理体验计量不同龙头个股的绝对价值。心理期冀的变动实质是投资人口的心理体验的绝对价值的具体变化，价值计量判断最后的龙头类型，通过心理接口对8倍先、8倍中、8倍后进行无缝衔接的投资，获取大盘指数一轮上涨中从不同龙头个股中获取绝对价值最大化的收益，进行投资。在不同的时点，营商奢侈品（龙头个股）通过带动板块上涨进而带动整个大盘指数上涨的形势反映变化情况。板块指数的变化是指数包含的行业、地区板块等各个板块的变化。对于投资者来说，要想实现比指数更大或者相等的价值增值，就要在不同的时点选择能够带领大盘指数上涨的板块内部的龙头个股进行投资，选择依据是绝对价值最大的板块中的龙头个股。

（四）后悔龙头的类型和适用对象（见图3-17）

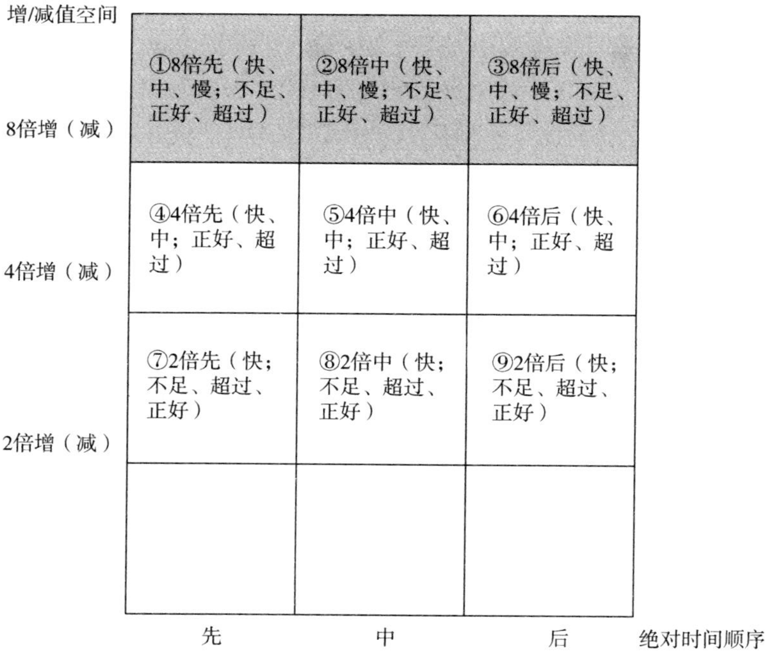

图 3-17　后悔龙头适用对象

（五）投资人后悔龙头抉择的步骤

投资人在选择后悔龙头、调整心理体验的时候需要遵循以下三个步骤：第一步，判断大盘上涨的逻辑。大盘上涨的时间快、中、慢，指数人群环强度不足、正好、超过，都与大盘上涨的逻辑紧密相关，如果不能准确判断上涨逻辑，投资龙头个股就会犯错误。如币值平台对策推动股票上涨，指数板块上涨快，契合成长板块也会明确，龙头个股把握准确而鲜明；金钱杠杆推动股票上涨，大盘2倍快、超过，契合成长板块明确，龙头个股也会清晰，大盘4倍超过上涨，由于前期的套牢盘非常严重，大盘开始上涨慢，成长板块上涨也不会上涨快，所以成长板块龙头个股上涨8倍先、慢。随着前期套牢盘的释放，指数上涨就会加快，契合大盘的成长板块就会加快，成长板块龙头个股8倍中、8倍后都会上涨加快。不分析清楚，既耽误时间，还会引起投资人的误判，因为开始上涨的板块对于大盘推动作用不明显，可能怀疑成长板块和龙头个股判断出错。只要大盘上涨的逻辑驱动没有错误，成长板块龙头个股8倍上涨是必定的，如表3-2所示。

表3-2　大盘指数波动与后悔龙头的对应关系

上涨逻辑	判断对策的依据	龙头类型
平台	◇　一个国家的币值平台对策快速上升就是股票上涨动力	8倍先、中、后，心理接口把握重要
	◇　全球大量的货币迅速投资该国的营商奢侈品，速度快	
	◇　币值平台形成2倍不足、4倍正好人群环	
	◇　8倍先、快作为人口后悔的第一投资标的，是8倍中与8倍后的前提铺垫，充分考验投资人的抽象思维能力及其具象抉择能力	
杠杆	◇　金钱杠杆推动股价，股价形成2倍超过、4倍超过人群环	8倍先、慢；8倍中、快；8倍后、快
	◇　2倍超过人群环，成长行业龙头个股上涨明显，节奏清晰；4倍超过人群环，成长行业龙头个股上涨不明确，8倍先可以是8倍快、中、慢，不一定8倍先就是8倍快，由于指数板块的套牢盘很多，开始上涨慢，契合指数的成长行业板块8倍先就成为8倍慢，不会像2倍快直接	
	◇　金钱杠杆4倍快、超过大盘非常稳健，参与股市投资人越来越多，利用金钱对策推动股价指数，是股价上涨的必然	
契约	◇　2倍快、正好人群环，龙头个股上涨明确	8倍先、慢；8倍中、慢；8倍后、慢
	◇　4倍中、超过人群环，由于平台、杠杆对策作用推动股市上涨速度快已经不可能产生，速度中成为契约对策的核心	
	◇　因此8倍先、8倍中、8倍后完成的速度都不会快，投资人在短期龙头个股增值空间放大是很困难的，没有大量资金迅速汇集股市，国家管理杠杆能力增强	

第二步，判断推动大盘上涨的成长板块。推动大盘上涨的板块很多，可能是次板上涨推动大盘上涨，也可能是主板的非主流板块推动指数上涨，这些都是推动主板指数上涨的动力，没有这些板块上涨，通过赚钱效应吸引大量资金，主板指数上涨只靠成长板块推动也是不可能的，这些板块是比较难以把握的，有时这些板块上涨与主流成长板块同时进行，有时影响契合大盘的主流成长板块的形成。同时这样也会分流资金，使真正的成长板块股票不会上涨，也就是使指数上涨 4 倍快、超过的成长板块很长时间没有机构资金光顾，这个时候不要着急，只有非主流板块上涨到一定幅度，还有龙头个股表现突出，资金才转向指数上涨契合的行业成长板块，机构资金准备进入成长板块。成长板块的判断主要依据人群营商理论进行认真分析。

第三步，判断龙头个股 8 倍上涨，实现 8 倍增值。指数上涨的逻辑已经清晰，成长板块也很清楚，但是龙头个股 8 倍上涨也是各具特色，有的龙头个股实现得太快，可能同时进行，心理接口难以把握；有的 8 倍龙头长时间实现不了，真正的 8 倍慢，很多投资人丧失了投资信心，能够让投资人按顺序投资 8 倍先、8 倍中、8 倍后，实现 512 倍增值，是典型的龙头个股投资抉择的实现。

在投资人后悔龙头选择的每一步骤基础上，要正确理解每次后悔龙头的实现，如图 3－18 所示，是学习心理学在营商奢侈品投资的重要体征。心理期冀分别是 8 倍先、8 倍中和 8 倍后，通过价值计量对绝对价值最终的结果进行判断。价值计量是根据龙头个股的具体价位决定的。

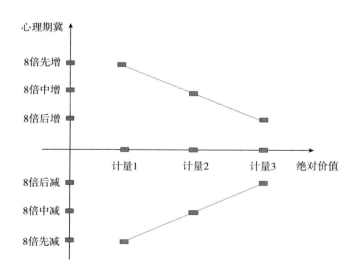

图 3－18　后悔龙头实现过程的价值计量形成

（六）鼎盛时期后悔龙头的目标

对于处在鼎盛时期的国家而言，吸引专业人士投资，并使投资人能找到不同领域的龙头国家，是后悔龙头的目标。通过投资人对龙头投资标的的抉择，实现绝对价值的人口集中。本书将鼎盛时期的投资聚焦在营商奢侈品的投资中，所以鼎盛时期的龙头目标就是在营商奢侈品领域中实现的。在一定时期内，鼎盛时期的国家具有代表性的衍生品股票指数和契合成长板块的赞美奢侈品龙头个股。不同的龙头个股上涨反过来带领行业板块上涨，进而带领大盘指数上涨，直至实现股票的价值创造。

使投资人人口集中，抉择到正确的龙头个股，实现并创造绝对价值，这是鼎盛时期全球每一个国家、行业板块和专业人士共同努力，并且希望实现最具吸引力的集中目标：鼎盛时期价值共建、形成心理期冀的龙头。这种人口集中目标主要是使一个国家人口集中形成的奢侈品创造价值更大、效率更高，社会财富快速而大量向该国积累，使该国人民尽快且长久过上美好生活，使该国真正进入发达国家行列。从发达国家的成功经验可以看出，每一个国家都有自己的全球专业人士认可的奢侈品，一个国家形成奢侈品的种类和行业多少，直接影响该国的发达程度和国际地位，龙头个股地位形成带动相关产业和国家整体发展，如美国的波音飞机、计算机操作系统、苹果手机，法国的香水，德国的汽车，瑞士的手表。全世界其他国家只能相互学习，无法撼动这些国家共建奢侈品在国际上的地位，带动各国相关产业和国家整体发展，影响深远而强大。

三、后悔龙头价值投资选择

（一）后悔龙头绝对价值投资时机选择——奢侈品涌现的时期

不同于《人气营商学》对商业社会到来的强调以及《人群营商学》对虚拟时代变迁的强调，《人口营商学》的研究背景需要强调鼎盛时期的演进。其价值体征为供投资的奢侈品变多和越来越多的投资人对自己的投资对象有了长时间和深入的专业了解。

奢侈品的历史由来已久，在每个社会、时代、时期都存在奢侈品，只不过近几十年来，随着奢侈品市场的飞速发展，人们对于奢侈品的理解更加深刻，品质生活和高质量发展为奢侈品的产生和形成提供了广阔的思考空间。如白酒市场，人们开始了解白酒就是一种文化的载体，可能理解为物品、上品，后来经过加工理解为产品、精品，现在人们马上联想到只有中国是白酒的故乡，茅台酒的品质、产量和故事足以讲出奢侈品的故事，与世界其他国家相比，中国出现得太少，其他国家的有日本的酱油、新西兰的牛奶、希腊的橄榄油、澳大利亚的啤酒和阿拉斯加的大马哈鱼等。后悔与奢侈品紧密相连，是因为任何一个奢侈品抽象思维体现在个股股价的表现是 8 倍增值空间,人口集中个股,上涨 1～3 个 8 倍才能成为真正意义的奢侈品,这是每个想成为奢侈品的龙头个股的必经之路,投资人持续赞美形成 8 倍增值个股是形成奢侈品的前提和结果,后悔龙头赞美抉择,而不是后悔产品差异购买,是奢侈品不断涌现的结果,打破了人们固有思维的奢侈品理解。

(二)后悔龙头价值投资情形选择

1. 体征的定义

从体征的本来意思去理解,体征是生理学、医学用语,指医生在检查患者时所发现的异常变化,生命体征就是用来判断患者的病情轻重和危急程度的各种指标,主要有心率、脉搏、血压、呼吸、瞳孔和角膜反射的改变等。而价值体征则是反映个股股票自身的一些指标,例如个股现在股价、最低价位、历史最高价位、业绩、行业地位、主业构成、股性特点、行业知名度、地理位置、市盈率等。综合反映在对每个龙头个股的价格计量上,不是简单的度量、衡量,比价值度量和价值衡量更为细致,不是尺度、量度,是刻度,是有基本价位的。究竟哪只股票具备龙头个股的价值体征就成了关键问题。没有价值体征的准确计量就分不出绝对价值,也形成不了龙头,会使投资人产生后悔情绪。如投资人没有计量出茅台酒的价值特征,投资了别的个股,增值倍数大幅减少,截至 2021 年 2 月 5 日,五粮液从低位 6 元上涨到 335 元,上涨了 56 倍,茅台酒从低位 20 元上涨到 2364 元,上涨了 118 倍,其他白酒股票上涨倍数都没有超过茅台酒,可见投资准确的龙头个股多么重要,价值体征是个股所具备的,不可能将茅台酒的体征与五粮液相混淆。

2. 三个时期的价值体征类型

价值体征是从价值体系、价值体现演变而来的,体系必须越来越完善,越来越高级;体现是越来越缜密,越来越升级;体征是越来越独特,越来越持久。不同的时期有不同的价值体征。定期、周期和时期都会带来个体价值体征,只有鼎盛时期的价值体征变化最大,因为这个时期带来价值增值在这三个时期中最大,可以进行投资。总体来说,三个时期价值体征分为三种:兴盛时期的个体少量价值体征、昌盛时期三甲较多价值体征和鼎盛时期的人口集中个股大量价值体征。每个时期价值体征都是由于时期不同对于个体的心理期冀进行价值计量得出的。

兴盛时期价值个体体征是少量,那个时期个体心理期冀极少,没有过多想法,基本上就是面朝黄土背朝天,可以价值计量的上品极其有限,所以价值体征少有研究。对于昌盛时期来说,相较于兴盛时期人们心理期冀多了,昌盛时期由于技术的进步,精品也较多。进行价值计量的结果就是因为三甲有较多价值体征,企业带来每个个体的变化明显,研究个体企业的体征比较明显。到了鼎盛时期，投资人可以投资的奢侈品要求更高了，不同的指数板块、行业和地区板块不断涌现和创新，所以能够集中的个股价值体征就比前两个时期要多很多，个股之间的甄别是无时无刻的，而龙头个股投资正确对于投资人的影响是方方面面的，于是产生个股价值体征研究，这是对于同一板块的每个个股的深刻分析。

3. 鼎盛时期的价值体征情形

在鼎盛时期，后悔龙头 8 先、8 倍中、8 倍后，与满意 2 倍快、4 倍快和中、8 倍快、8 倍中和慢不同，满意在商品人气线上寻求，后悔在个股人口顶上寻求，计量刻度放大多少，需要进行具体分析。股价指数后悔龙头的上升情景是 8 倍先、8 倍中、8 倍后组合的形态。在一次完整的人群环 4 倍快、正好，4 倍快、超过，4 倍中、超过实现过程中，可以实现 8 倍快、8 倍中、8 倍慢、8 倍不足、8 倍正好、8 倍超过，依据对策的驱动逻辑不同，形成人群环，具体研究个股龙头的价值体征，只有具备这种体征的龙头个股，才能实现 8 倍先、8 倍中、8 倍后的人口顶，如同只有房价、股价、物价构成的"三价"具有倍增快、成倍快和中、8 倍快、8 倍中、8 倍慢，投资人必须尽早完善自己的价值体系，否则在商业社会是落后的。2 倍快、配合成倍快（4 倍快）和成倍中（4 倍中）形成指数人群环，按照人气线分析的成长板块一般都有三次实现 8 倍龙头个股价值的情况。2 倍快、不足，4 倍快实现 8 倍快、不足人群环；2 倍快、超过，4 倍快、超过实现 8 倍、正好人群环；2 倍快、正好，4 倍中、超过实现 8 倍慢、超过人群环，这 3 种情况分别对应了人气的三个对策和三种龙头个股价值上升情形。

情形 1：平台对策、无意识动机形成的个股心理期冀，8 倍绝对价值体征交叉。

特点：完成时间短，两次龙头实现之间间隔时间短，来不及转换。

优点：可以在较短时间，实现最大化绝对价值创造，没有其他个股龙头干扰股价。

缺点：板块轮动太快，同时上涨的板块较多，无法抓住所有 8 倍投资机会。

要求：需要耐心地等待启动和丰富经验提前发现龙头个股。

形成原因：币值对策推动的后悔龙头趋势上升速度较快，所以一般两次龙头的实现总体时间较短。具体如图 3 - 19 所示。

情形 2：金钱对策、双因素动机形成的个股心理期冀，8 倍绝对价值体征合适。

特点：完成时间中等，两次龙头实现之间时间正好、波动空间大。

优点：可以实现最大化绝对价值创造，有相对较长的时间供投资人发掘龙头个股，易把握；可以实现投资板块的多次转换，实现价值增值空间巨大。

缺点：第一个 8 倍实现时间长，两次龙头实现波动幅度大，不易把握两次龙

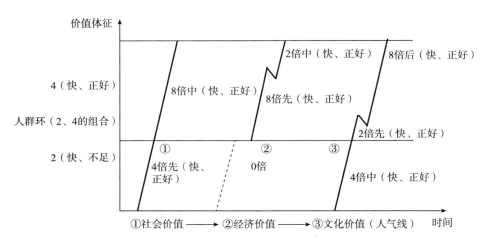

头实现调整的顶部和底部。

图 3 - 19　币值对策引发的价值体征

要求：需要不断进行价值判断，关注 4 倍人群环实现过程中成长板块的变化，以免错失先、中、后三个 8 倍投资机会。

形成原因：金钱对策推动的后悔龙头趋势上升速度也相对较快，所以龙头的实现总体时间中等。具体如图 3 - 20 所示。

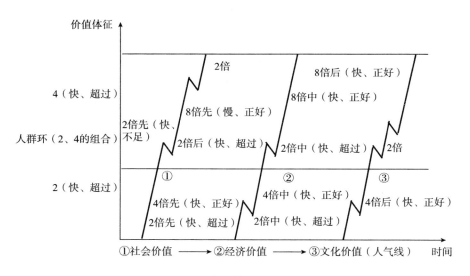

图 3 - 20　金钱对策引发的价值体征

情形3：权力对策、层次动机形成的个股心理期冀，8倍绝对价值体征延长。

特点：完成时间长，两次龙头实现之间间隔有较长的盘整时间。

优点：相对稳定，可以稳定实现价值增值，可以进行多次不同板块的价值投资。

缺点：时间较长，不能实现短时间的价值增值，融资成本高。

要求：由于时间相对较长，对资金的占用时间长，要有长期自有资金投资的耐心。

形成原因：权力对策推动的后悔龙头价值上升速度就比较慢，所以一般每次龙头的实现总体时间最长。具体如图3-21所示。

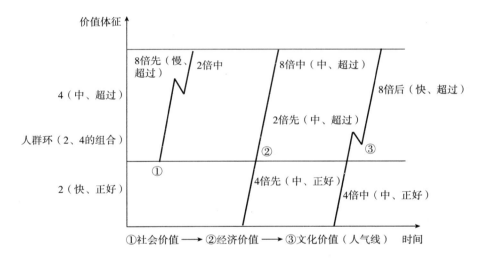

图3-21　权力对策引发的价值体征

（三）保持后悔龙头价值实现的方法

实现后悔龙头8倍增值，创造绝对价值最大化。实现后悔龙头8倍价值，减少后悔主要有四种不同方法，这四种方法在后悔龙头绝对价值投资过程中有重要的作用，通过这四种方法可以更好地创造绝对价值，减少后悔，这些方法是经典的营销学理论STP方法在人口营商学的发展。四种方法依次是：绝对价值后悔龙头明显属性细分，绝对价值后悔龙头重要属性目标投资标的确定，绝对价值后悔龙头决定性属性定位和绝对价值后悔龙头动态属性调整。

1. 绝对价值后悔龙头明显属性细分

细分，是指按照龙头个股的价值体征要求，进行具体的个股划分。没有详细的个股细分就没办法在纷繁复杂的个股中找到可以投资的具体个股对象，所以细分是抉择龙头赞美的关键。

要进行明显属性细分首先要明确细分原则：第一，由大范围向小范围划分，先从国家这种大的范围进行划分。以股票划分为例：是投资中国股票，还是投资美国股票。第二，由明确标准向不明确标准划分，也就是从熟悉的标准细分向不太熟悉的标准细分，具有价值认同、价值共同的标准细分更为确定。第三，根据变化及时调整细分标准。细分标准不是一成不变的。以股票划分为例：主、次板的形成，新型行业兴起等，都会形成新的细分标准。无论以什么标准细分，都是为了共建龙头 8 倍个股增值，没有龙头奢侈品 8 倍增值，细分没有必要。

根据大量的社会现象和投资实践，抽象出《人口营商学》的细分因素分为四种，如同产品市场营销的细分因素是人口、地理、心理、行为四大因素一样，人口营商四种细分因素是板块、成本、杠杆、时间因素细分。

（1）板块因素细分：按照人群营商研究，板块因素细分还包含价值内涵板块、发展阶段板块、人气对策板块以及主、次指数板块。首先是价值内涵板块，根据人气关注的核心价值板块——文化价值、经济价值和社会价值三个价值区分，以及根据《人群营商学》中不同行业板块的价值体现，对不同的板块进行整合归纳，上市公司所有行业板块都可以归纳为三大价值内涵板块，如表 3 - 3 所示。

表 3 - 3　人口后悔价值内涵板块细分

细分	判断价值内涵板块的依据	举例
文化价值板块	◇　由历史、文化内涵和政治、军备意义的板块	白酒、航母、食品、服装
经济价值板块	◇　支撑指数板块上升主要动力板块，是有好的经济效益和实体业绩支持的板块	高铁、建筑、银行、石油、煤炭、化工
社会价值板块	◇　社会认同感高的板块，对于指数板块反应较快的板块	证券、保险、房地产、教育

其次是发展阶段板块，发展阶段板块细分主要是指根据行业的发展和公司的发展时间阶段，可以将其分为题材、业绩和成长板块，也属于发展阶段人气线。细分判断依据如表 3 - 4 所示。这与行业的生命周期也有关系，一个传统行业的成长性不会比一个新兴朝阳行业的成长性好。成长板块是鼎盛时期投资的主体，是最为安全的投资。

再次是人气对策板块。三种对策激发的主板人群环会有不同，主板价值内涵板块也有不同，正确理解对策板块细分，是准确判断价值内涵、发展阶段板块的前提，如币值平台对策导致证券板块是社会价值板块、成长板块；钢铁是经济价

表 3 - 4　人口后悔发展阶段板块细分

细分	判断发展阶段板块的依据	举例
题材板块	◇　炒作题材的板块。这些题材可供借题发挥，可以引起市场大众跟风。特点属于业绩一般、市值小、政策性强	重组、政策支持板块
业绩板块	◇　有业绩明显向好的行业环境支撑。特点属于业绩有保证、成长想象空间有限、市值较大的白马股	白色家电、银行、石油、煤炭板块
成长板块	◇　具有成长性的板块。这些板块可能有题材，也可能有业绩，但是其成长性凸显时都归为成长板块，该板块业绩有保证、市值大小不重要、成长性一定要好	证券、高铁、航母板块

值板块、成长板块，是最后一次成长；金钱杠杆对策产生了高铁经济内涵价值、成长板块，是第一次成长，明显还有第二次成长，如表 3 - 5 所示。

表 3 - 5　人口后悔人气对策板块细分

细分	判断人气对策板块的依据	举例
币值对策板块	◇　币值对策激发主板指数板块上涨的三种价值内涵行业、成长板块	证券、房地产、钢铁、黄金板块
金钱对策板块	◇　金钱对策激发主板指数板块上涨的三种价值内涵行业、成长板块	证券、高铁、航母板块
权力对策板块	◇　权力对策激发主板指数板块上涨的三种价值内涵行业、成长板块	保险、高铁、旅游板块

最后是主、次指数板块细分，具体情况如表 3 - 6 所示。得出主、次指数板块的选择是板块细分因素之一，否则板块细分因素也是不全面的。

表 3 - 6　人口后悔主、次指数板块细分（以中国为例）

细分	判断主、次指数板块的依据	举例
主板	◇　上海 A 股和深圳 A 股统称为主板。深圳 A 股在深圳证券交易所上市交易，人民币交易的股票，股票代码"0"字开头。上海 A 股在上海证券交易所上市交易，人民币交易的股票，股票代码"6"字开头	钢铁、石油、煤炭、证券、银行等板块
创业板	◇　以快速成长的科技型企业为主，人民币交易的股票，股票代码"3"字开头	新型能源、电动汽车、新型材料等板块

细分	判断主、次指数板块的依据	举例
新三板	◇ 全名是叫股份转让系统，是场外交易市场（OTC）。新三板的企业叫作挂牌，而不是 IPO，实行的是主办券商制度，主办券商资格可以在中国证券业协会查询	还不符合公开发行上市条件
科创板	◇ 2019 年 7 月 22 日开市，采取注册制，科创板根据板块定位和科创企业特点，设置多元包容的上市条件，允许符合科创板定位、尚未盈利或存在累计未弥补亏损的企业在科创板上市，允许符合相关要求的特殊股权结构企业和红筹企业在科创板上市	芯片、人工智能等板块

（2）成本因素细分。选择个股，减少后悔进行投资时，板块因素是最基本的因素，板块投资错误影响较大，但是只要追求自身的 3 个 8 倍明确，也是投资成功的表现。首先，投资人的自有资产是多少？对于个人来说，很多人在很长的一段时间内，都处于一个资产累积的过程，资产作为现代人经济状况的体征，发挥着很大作用。其次，投资人的自身资产拥有量并不能完全决定其所愿意付出的成本，成本还和投资人自身资产投资龙头个股的比例相关，提到投资比例，就不得不提到"投资组合"，投资组合是指如何在不同的资产当中进行比例分配。再次，是投资人投资龙头个股的绝对数额，假如一个人有 100 万元的总资产，那么即使投资比例再高，假设比例是 50% 用于投资股票，但是用于投资龙头个股的绝对数额只有 10 万元，其他资金 40 万元用在投资基金或者不是 8 倍的龙头个股上，绝对数额也是非常少的。最后，投资人承受绝对亏损的程度的高低，高额的投资报酬率固然吸引人，但是很多投资人接受不了投资龙头失败的损失，这也是必须考量的细分因素，龙头投资收益高，但是失败也是存在的，一旦损失可能满盘皆输，这也是很多投资人不投资龙头个股的原因所在，因此要判断投资人的损失是否在可承受的范围内。

（3）杠杆因素细分。投资龙头个股，减少后悔，还要进行杠杆因素细分，包括四个方面：杠杆使用是否合法、合规？杠杆使用的比例是多少？杠杆使用的绝对数额。杠杆使用的得失比较判断。自有资金投资在商业社会是很难成功的，因为每一个人的自有资金毕竟有限，杠杆率适当放大是商业投资的核心对策之一，只不过在工业社会中杠杆一般在政府和企业手中，一般投资人很少使用杠杆撬动未来，商业社会之前，杠杆体现在民间借贷比较多，现在是全民投资的时代，人人都要投资，所以民间借贷会越来越少，同时利息极高，容易产生纠纷，一般投资人开始利用金融杠杆，一点都不要觉得奇怪，发达国家早就如此，这样也有利于金融监管，个人投资者利用金融杠杆投资房产的比较多，利用金钱杠杆投资股市一定是较为专业的金融人士，利用杠杆投资龙头个股才是专业投资人士应该研究的核心，因为龙头个股的 8 倍增值才是投资人真正羡慕的，好钢必须用在刀刃上。也只有在龙头个股上加大杠杆才有实际意义，才能减少后悔。这里不再讨论要不要加杠杆、愿不愿意加杠杆的问题，对于龙头个股而言，重要的是如何加杠杆。

首先是合法杠杆，所谓合法杠杆就是法律允许范围内的股票融资交易，也被称作保证金交易。其次是运用杠杆投资龙头个股比例的多少，融资（保证金）比例是指投资者融资买入证券时交付的保证金与融资交易金额的比例。再次是投资人所加杠杆绝对数额的大小，即使投资人使用全部杠杆比例投资龙头个股，杠杆的绝对数额较少也赚不了钱，这是考察投资人在投资龙头个股时杠杆使用的绝对数额。最后是杠杆使用的得失比较判断，股票融资交易有利于提高龙头个股投资的资金利用率，放大倍数，实现最大限度的增值，但是杠杆使用的得失，也要自己承担。

（4）时间因素细分。龙头个股不是板块选择正确、成本付出、杠杆使用这些因素细分清晰，就能够正确投资的，投资龙头个股，减少后悔，还要进行时间因素细分，包括四个方面：等待准备时间多长、开始上涨时间如何确定、上涨持有时间长短确定、转换龙头的时间节奏。"会买的是徒弟，会卖的是师傅"，这句股市谚语生动地形容了在交易中"卖出"环节的重要性。因为卖出位置的准确性不仅关系着最终获利的百分比，也关系着能否避免本金损失等问题。在市场中，最遗憾的不是被深度套牢，而是一只股票刚刚开始上涨时，投资人就选择了卖出，然后目睹它一路疯狂拉升上涨 8 倍，只留下后悔和自责。对于散户来讲找到一个合理的卖点确实很难，这不但需要系统的交易模式，更需要长时间的经验积累。最重要的是在市场中保持良好的心态，对理论保持绝对的信任，只有这样，才能在个股的涨跌中始终坚持初心，坚持理论指导，最终收获丰厚的"果实"，上述这些内容都是龙头个股时间因素细分必须考虑的问题。

当一波行情来临的时候，首先是 8 倍上涨等待时间多长，无论是价值内涵的哪一个 8 倍最先上涨，都有可能需要等待时间，不是一旦买进，立即上涨，这种概率极小。其次是开始上涨 8 倍的时间，每个板块推动大盘上涨时，购入对应板块的龙头个股，耐心持有，在板块没有轮动之前，需要等待，不要轻易抛出，以免错过最高的收益，产生后悔。再次是龙头个股 8 倍上涨持有时间长短，进入这个阶段，是上涨 8 倍的开始和共建共享龙头个股的最黄金时期，但也不是直线上涨，既要了解 8 倍的具体计量价位是多少，也要把握在 8 倍实现的过程中，什么价位卖出使一波行情的绝对价值倍数最大。最后是转换龙头个股的时间节奏，承担相应的得与失。

2. 绝对价值后悔龙头重要属性目标投资标的确定

绝对价值后悔龙头重要属性目标投资标的确定，是在鼎盛时期找到实现龙头个股减少后悔的重要步骤之一。前面清晰地分析了影响龙头个股减少后悔的细分因素是第一步，如何把握细分营商找准目标个股是第二步，也是关键一步。重要属性是在 4 个细分因素中，选取至多三种重要属性细分因素，对可以投资的股票龙头个股进行把握，确定可以进行投资实现投资人 8 倍绝对价值的个股。

（1）一重属性确定。一重属性确定是在细分因素描述的基础上进行的，投资人选择一种细分标准进行投资。投资人根据自己熟悉的、很重要的、证券市场关切的细分标准，自主选择认为可以使绝对价值最大化的因素进行投资。投资人可以选择板块因素进行投资，也可以选择成本因素、杠杆因素、时间因素进行一重因素细分。这些因素都是投资龙头个股实现 8 倍增值的核心因素，按照人群契合理论和人口顶理论，选择板块因素进行细分是一重因素普遍采用的细分标准，而板块因素按照价值内涵进行板块细分，是利用了人气线理论，这样寻求的 8 倍先、中、后龙头个股，更加有效，其他板块因素是二重、三重细分因素考虑的内容，一重细分使用比较少，很难确定目标龙头个股，多重因素运用普遍。具体的一重属性细分如图 3－22 所示，以中国为例，选择成熟的主板将其所有行业股票划分为社会价值、经济价值、文化价值三种价值内涵的板块股票就是一重细分因素，和市场营销一重细分因素一般是按照个人收入进行细分是一样的，任何细分因素都没有个人收入多少决定购买更加明确。

图 3－22　人口后悔重要属性一重因素确定目标示意图

（2）二重属性确定。二重属性确定是在细分因素基础上，投资人选择两重细分属性，建立二维坐标系，确定投资目标龙头个股。一重细分普遍利用板块因素的价值内涵进行细分，二重因素就可能是主、次指数板块因素，发展阶段板块因素，人气对策板块因素，选择两个细分因素把握龙头个股更加有效。因为人气对策不同，推动大盘的行业板块不一样，龙头个股明显不同，价值内涵和人气对策是两个重要的细分因素。如图 3-23 所示，在中国的上海主板指数板块选择价值内涵和人气对策两个属性分类，确定板块龙头个股。

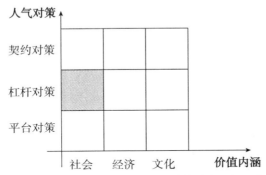

图 3-23　人口后悔重要属性二重因素确定目标示意图

（3）三重属性确定。三重属性确定是指选择三个细分属性，建立三维的坐标系确定投资目标龙头个股。选取价值内涵板块细分、发展阶段板块细分、人气对策板块细分三种细分，确定投资的目标龙头更为准确和全面。以目前中国上海主板指数板块为例进行细分，三重因素确定可以投资的板块龙头个股，如图 3-24 所示。

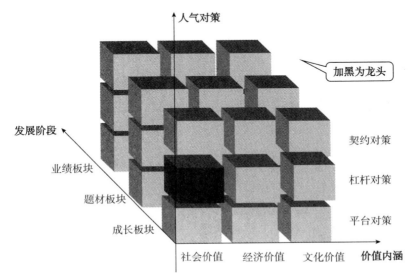

图 3-24　人口后悔重要属性三重因素确定目标示意图

四重因素示意图不能够清晰画出，实际目标确定经常超过三重因素，除了上述三个因素，投资人一定考虑主、次指数板块因素进行目标确定的细分因素，还有成本因素、杠杆因素、时间因素，只不过是板块因素考虑不清晰，其他因素考虑作用不明显，或者出现错误，其他因素可以是选择好板块龙头个股之后需要考虑的细分因素。

3. 绝对价值后悔龙头决定性属性定位

决定性因素定位是后悔龙头绝对价值实现的另一个重要方法，定位就是要在确定目标的基础上，找到龙头个股 8 倍的具体价位，决定性因素不一定是重要因素，但一定是细分的明显因素，目标龙头个股确定后，定位显得重要，没有明确的价格定位，这个龙头个股肯定不准确，不是龙头个股上涨到什么价位就是什么价位，而是受各种因素影响的，但是无论什么影响因素，一定有一些因素是决定因素，这些因素决定了龙头个股的价位。

龙头价格的定位是从心理期冀出发进行判断的，不同行业价值板块龙头个股价值体征要在实际中不断检验，通过对历史数据和行业前景的判断，分别从文化、经济和社会价值行业板块中选出特定的、熟悉的行业板块，如汽车行业、煤炭行业、钢铁行业、证券行业、航母行业、高铁行业等。每一个价值板块通过细分、目标确定后，运用选择一到几个价值板块的具体龙头个股，进行逐个分析，如表 3 - 7 所示，最终确定 3 个价值板块具体龙头的价格定位，就会在对应的板块股票中抉择龙头个股。

表 3 - 7　2021 年股市行情人口后悔行业板块龙头个股价格定位范例

板块因素细分	不同行业具体龙头个股体征	定位
文化价值行业板块	航母行业 8 倍龙头个股	低位 7 元至高位 60 元附近
经济价值行业板块	高铁行业 8 倍龙头个股	低位 10 元至高位 80 元附近
社会价值行业板块	证券行业 8 倍龙头个股	低位 17 元至高位 120 元附近

4. 绝对价值后悔龙头个股动态属性调整

如表 3 - 8 所示，在金钱对策下，第一次成长指数板块龙头 2 倍快实现过程中，航母板块带头上涨，上涨超过了其他文化价值成长板块。所以证明定位正确，在接下来成长指数板块龙头 4 倍快实现过程基本会接着实现。而白酒板块没有在成长指数板块龙头 2 倍过程中上涨超过指数，是在指数调整过程中逆势上涨，说明不能与契合指数板块的价值内涵板块一致。所以，在下一次 4 倍快实现过程中，白酒板块跟指数板块上涨也没有必然关系。因此在契合指数细分的价值内涵——文化价值行业板块投资中不选择投资白酒板块，航空、旅游板块随着指数板块上涨幅度也太小，没有发现 4 倍上涨的龙头个股。

表 3 – 8　2014～2021 年股市行情主板、价值内涵、成长板块龙头个股价格调整

指数板块实现 成长具体行业	2 倍快（超过）	4 倍快（超过）
航母行业板块龙头	上涨 2 后上涨 4 倍，超过指数上涨	肯定上涨 8 倍，超过指数上涨
高铁行业板块龙头	上涨 2 倍后上涨 4 倍，超过指数上涨	肯定上涨 8 倍，超过指数上涨
证券板块龙头个股	4 倍上涨，超过指数上涨	肯定上涨 8 倍，超过指数上涨

　　另外，对于行业板块而言，龙头个股逐渐成为引导成长行业板块发展的原动力。板块成就了龙头，龙头个股检验成长板块。最根本的核心还在于这一板块本身的发展前景以及板块中起龙头作用的个股的形成和发展。所以，没有龙头个股带领实现 2 倍快、4 倍、8 倍上涨，整个行业板块都无法实现成长价值。

　　投资者通过细分、确定和定位后选定龙头个股，究竟是否可以实现减少后悔，就要依靠分析对不断调整的龙头个股具体价位进行准确把握，找到最终可以实现绝对价值的龙头个股。

四、后悔龙头个股期冀的把控调整

（一）后悔龙头调整的类型：主动和被动

　　心理期冀龙头个股要调整是为了使一国的营商活动充满活力，要集中形成龙头绝对价值，达成投资者不断集中个股的投资环境，吸引广大投资人。因为只有龙头个股的 8 倍上涨，才能形成行业板块的所有股票上涨 2 倍或者 4 倍，龙头个股不能上涨，板块的其他个股也很难上涨。无论在指数板块上涨还是行业板块上涨的过程中，龙头个股上涨作用非同小可，没有龙头个股上涨的强有力带动，人群跟随的板块上涨很难形成，人气关注的股价才有投资价值。需要及时对龙头个股股价进行把控，就是对于龙头个股的心理期冀进行调整，只有让证券投资人对龙头个股人口集中心理期冀始终保持不变，才能吸引更多人口集中。对于投资者来说，心理期冀就是投资人自己对于投资个股进行的绝对价值判断。

　　而一个龙头个股出现被动调整的主要原因可以分为自身原因和外部原因。首先是自身原因。龙头个股价值创造条件不具备，龙头已经在别国实现，本国实现的可能性大大降低；还有可能别国已经实现，本国没有必要实现龙头价值；只有别国实现龙头价值，本国必须实现龙头价值的个股才不会受到外部影响，并且可以参考外部龙头个股进行合理的计量价位。例如，美国引领的互联网龙头，中国很难同时实现龙头个股，即使中国有的互联网企业可能还得在美国上市，中国难

以形成龙头个股。还有美国的飞机制造龙头非常明确，结合中国国情没有必要打造中国的飞机龙头，中国会形成自己的高铁龙头，比肩波音飞机龙头就可以了。在资本市场的投资银行领域和军备领域，中国能够也必须形成自己的投资银行龙头和航母龙头，否则在全球化的今天没有发言权和相应地位。其次是他国原因。全球范围内的绝对价值出现变化，本国某些领域的人口顶饥饿地位的心理预估无法实现，就会出现有些龙头个股在另一国家比在该国具有更大的绝对价值，使得人口被引导集中到另一国家，而本国实现这些个股龙头价值基本不可能，如西方国家的牛奶、手表、啤酒，我国想挑战龙头基本不可能，如果形成龙头，投资巨大、时间较长、没有核心技术、应用场景不是最好，得不偿失，因此在本国形成新的龙头基本不可能。

（二）后悔龙头心理期冀的把握：内部和外部价值体征

增加龙头个股心理期冀的价值体征要从国际、国内两个方面计量，在这两个方面又可以分别通过两种途径提高价值体征。首先一个国家要有一个自己的龙头价值体征，这要从国内和国外两个方面来思考。既要做强自己的龙头影响世界，也要让世界认可自己的龙头价值体征。如图 3 - 25 所示，通过图中方式都会增加一个国家龙头的价值体征，保证龙头个股价值的实现。

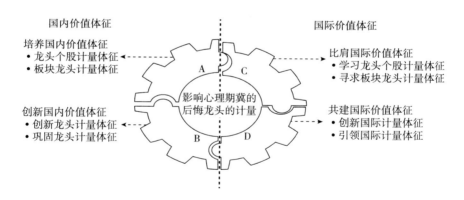

图 3 - 25　心理期冀中的龙头价值体征

对于国内而言，培养国内龙头价值体征，要从细分因素出发，板块因素、成本因素、杠杆因素、时间因素缺一不可，板块因素有价值内涵、发展阶段、对策板块、主次板块，板块龙头 8 倍空间增值和其顶格思维紧密结合，必须精心培养，如 2005 年股市行情的钢铁龙头为武汉钢铁，就是因为个股起始价位是 2 元多，8 倍增值是 16 元，而钢铁龙头的顶格是 20 多元，而宝钢股份的起始价位是 4 元，8 倍空间超过顶格，有些个股起始价位高或者上涨过快、过早，都不可能成为龙头价值体征，必须符合板块龙头价值体征和大盘指数的波动，主力资金可以介入，愿意付出成本、加杠杆、时间节奏把握正确，否则龙头个股价值体征不明显，龙头个股必须加以呵护和利用智慧，有时通过配股，就是为了使龙头价位降低，寻求增值空间，2021 年证券板块龙头中信证券，通过配股让主力资金介入，让一些对于龙头价值体征左右摇摆的投资人尽早出局，可以看出培养龙头个股的价值体征是非常重要的。

对于国际而言，一国龙头还要比肩国际价值体征。要跟世界比肩，别人有的龙头本国也要有，如钢铁龙头，是基础工业，必须形成自己的钢铁龙头，否则中国发展工业的基础就不坚实，而有些龙头可以自己创新，如交通龙头，制造飞机比肩波音，既不现实，也没有必要，只要有自己的大飞机就可以了，中国创新高铁龙头，将来比肩美国的飞机龙头，技术可以获得和创新，中国高铁的应用场景比飞机更好，所以高铁龙头可以比肩世界交通龙头。

第四节　后悔龙头的价值创造

一、人口后悔的研究对象

在后悔龙头的过程中，要明确为何要研究股价的龙头个股后悔。首先从人气与人群营商的联系来看，因为股价是商业社会"三价"之一，是人气营商学的研究对象；不同价值板块是虚拟时代的衍生品，是人群营商学的研究对象，可以通过股票市场指数板块研究，指导和帮助金融市场为实体经济提供融资渠道，有利于实体经济发展，为投资人创造衍生品价值，一举多得。本书聚焦于股票龙头个股的投资，是指数板块和契合的行业板块的落地研究，也是投资人正确把握和带领其他个股上涨的具体描述，只有把握好龙头个股的方方面面，抉择好龙头，才能减少后悔。其次是因为股价研究的龙头后悔理论对于房价、物价具有重要的参考意义，只是房价表现在板块的"地王"上，龙头个股的研究既有利于理论研究，又利于产业链的形成和发展，意义更加重大，没有好的龙头个股，8 倍空间增值无法实现，更重要的是产业无法形成，前面多次提到互联网产业依靠苹果龙头个股的带动，没有好的移动终端，互联网产业发展将受到限制，一定是龙头带动互联网产业。龙头个股 8 倍增值表现在物价上就是奢侈品，苹果手机是奢侈品，培养更多的奢侈品是龙头个股投资的目标，茅台酒龙头个股的大幅上涨，就是因为茅台酒成为了白酒中的奢侈品。讲好奢侈品的故事是龙头个股营商的根本，所以龙头个股是奢侈品的营商故事，是人们对于奢侈品的赞美。奢侈品的赞美是判断绝对价值的重要依据，没有奢侈品的赞美，成为龙头个股也不太可能，只是智慧的营商专家比一般投资人更早发现，一旦大家认可或者说明后，龙头个股已经在上涨后期。人口后悔的研究对象如图 3-26 所示。

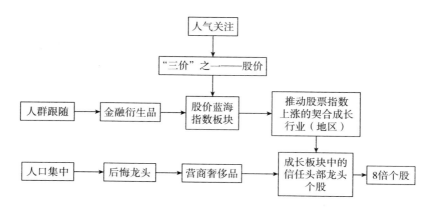

图 3-26　后悔龙头的研究对象

从图 3-26 中可以看出，人气关注的研究对象是"三价"，研究"三价"如何受到人气的长期关注，并且使本国持续处于"明星"阶段，从而吸引更多的人气关注，创造更大的比较价值；只有受到人群跟随的国家股价才能在证券化时代成为价值"蓝海"，而指数板块成为"蓝海"是人群跟随的首要前提，契合的行业成长板块是推动指数板块上涨的动力；人口营商中，讲好奢侈品的营商故事，是产生 8 倍龙头个股的前提，人口集中龙头个股与奢侈品紧密对应，人气、人群、人口营商之间的相互联系也就清晰明了了，营商最终目的非常明确，就是讲好每一个奢侈品的故事，实现龙头个股的 8 倍增值。

二、后悔龙头价值实现的类型

投资人要减少龙头后悔，需要投资人对人气的对策、指数人群环契合成长行业板块轮动的时间顺序准确把握，从而判断龙头个股人口顶形成的投资策略，依靠头部信任理论，从抽象思维与具象推理的龙头个股高度来把握奢侈品龙头个股投资买进和卖出价位。如图 3-27 所示，在金钱杠杆推动的 8 倍中（2 快超过 × 4 快超过）人群环中，股票指数板块在 2 倍超过的人群环中，大盘指数上涨快、空间大，首先是社会价值证券板块 4 倍先龙头形成，其次是经济价值高铁板块龙头 4 倍中形成，最后是文化价值航母板块龙头 4 倍后形成；以场外配资为主的杠杆，一旦去杠杆，就容易形成指数大幅下跌，指数板块形成以长期资金为主的第二次金钱杠杆推动上涨是指数 4 倍快超过，首先是社会价值证券板块龙头 8 倍先，其次是经济价值高铁板块龙头 8 倍中，最后是文化价值航母板块龙头 8 倍后都会按顺序实现，是典型的几何级数绝对价值（$8 \times 8 \times 8 = 512$ 倍）。

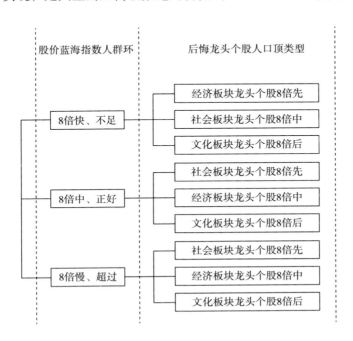

图 3 – 27　后悔龙头个股价值实现的类型

从后悔龙头个股价值实现的类型分析中可以看出，判断后悔龙头个股 8 倍先、中、后的价值内涵板块，是龙头后悔投资的核心，是人气对策、人群契合分析的结果，在此基础上通过人口顶及信任分析，后悔龙头在不同对策作用下形成的人群环是不同的，不同价值内涵的龙头个股实现顺序非常明确，错误地判断顺序，后悔龙头个股投资就会失误，如金钱杠杆作用下的 8 倍中人群环，8 倍先是社会价值板块龙头，在龙头投资过程中，主力资金一定是社会价值的龙头，没有社会价值龙头个股实现 8 倍增值，经济价值龙头 8 倍增值不可能形成，即使在 8 倍社会价值龙头投资中，有其他板块龙头出现，对于大盘指数影响也不会太大，不是在明确的价值内涵板块投资龙头，8 倍增值空间不易把握，经济价值龙头也只能实现 2 倍或者 4 倍，必须是社会价值龙头实现 8 倍增值之后，经济价值龙头 8 倍才会形成，以此类推。很多情况下板块龙头实现是具有参考性与从众性的，不是主流板块，当绝大多数投资人看清楚龙头个股行情走势的时候，龙头个股 8 倍基本上已经完成了，或者投资人根本等不及，早早卖出，买进了别的股票，正

·167·

好让主力资金在低位买进了龙头个股。因此专业投资人必须具有前瞻性和极好的耐心，否则龙头个股与投资人就会迎面错过。

三、龙头个股8倍增（减）后悔绝对价值投资

（一）8倍增（减）龙头个股后悔投资的实现步骤

对于投资人来说正确把握后悔龙头个股8倍增（减），才能减少后悔。投资8倍龙头减少后悔，选择步骤一共分为5步，如图3-28所示。鼎盛时期的投资人需要正确把握此步骤，只有根据这个步骤，鼎盛时期的投资人才能从后悔层面分析资产增值，创造最大化的龙头绝对价值，从而在鼎盛时期占得投资先机。

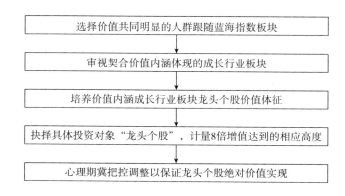

图3-28　8倍增（减）后悔计量龙头个股股价的步骤

第一步，选择价值共同明显的人群跟随蓝海指数板块。人群是以跟随为主要标准进行投资的，因此股价投资的第一步就是选择人气关注的国家的股价以及价值共同的股价指数板块，每个国家股价指数板块可能有多个，主、次板块有几个，但是价值共同的指数板块在每个国家是不一样的，没有价值共同的指数板块，投资的第一步就会出现错误，这就需要投资人对一个国家的指数板块进行长期观察和分析，在不同的时期、不同的国家，指数板块的价值共同是不一致的，中国的深圳中小板股价指数板块并入主板指数板块，就是寻求更多的价值共同。上海主板的价值共同在中国指数板块是非常明确的，这与国家的金融政策、地区金融地位和构成指数板块的相关行业有非常紧密的关系。

第二步，审视契合价值内涵体现的成长行业板块。契合的成长行业板块，是人群营商学研究的内容，是人气对策作用下产生8倍不足（快）、8倍正好（中）、8倍超过（慢）形象思维人群环，价值共同指数板块契合的价值内涵由成长行业板块来演绎体现，只有先将契合价值内涵的文化、经济、社会成长行业正

确分析清楚，行业板块才能落地，否则指数板块无法投资，成长板块内个股数量众多，多达几十只股票，而板块龙头个股只有一个，龙头个股实现 8 倍增值，由它带动其他个股上涨，最后实现整个板块上涨。

第三步，培养价值内涵成长行业板块龙头个股价值体征。了解价值内涵成长行业板块的每一只股票，在前三甲中寻求人口集中的个股，培养具备 8 倍增值空间的龙头个股，是龙头个股的价值体征。如何与指数板块协调一致，引领行业板块上涨和下跌，与信任的顶格思维一致，创新龙头价值体征、比肩国际资本市场、共建全球价值体征，都是投资龙头个股、减少后悔的必需步骤，没有完美的价值体征，龙头个股 8 倍增值不可能实现。

价值内涵成长行业板块的龙头个股计量刻度，是指投资人进行龙头个股投资必须清楚该指数板块的龙头价值计量，虽然具体价位比较模糊，但是底线和顶格还是应该清晰计量。本书依据《人气营商学》中不同的投资对策以及《人群营商学》中的契合理论，对应价值内涵成长指数板块的龙头价值情形，提出三种策略对应三种典型价值内涵行业板块龙头实现计量刻度，具体如图 3 – 29 所示。价值计量的刻度影响着后悔龙头的价值实现，刻度是人口信任的龙头个股顶格以及 4 个策略的结合，是人们投资理论和实践经验的总结。龙头个股的股价是一种用数字记录的刻度单位，根据龙头后悔的价值计量，在价值共享的计量刻度下实现不同的龙头个股价值体征。

第四步，抉择具体投资对象"龙头个股"，计量 8 倍增值达到的相应高度。人口顶高度不确定，投资人就很难踩准投资节奏，买进和卖出个股的价位也会犯错误，导致损失时间和金钱，使投资人感到后悔，个股没有到顶将股票卖出，股票没有进入 8 倍上涨，买进股票，占用大量资金，浪费时间。有时龙头个股 8 倍相互重叠，更是难以区别，在币值平台对策下，出现 4 倍快人群环，8 倍个股上涨就会重叠，要实现 4×4×4 = 64 倍，就要在龙头个股的 4 倍价位顺利卖出和买进，时间节奏最好，几何倍数最大。在金钱杠杆对策下，出现 4 倍快、超过人群环，8 倍先 ×8 倍中 ×8 倍后 = 512 倍，就是这样清晰的 8 倍，有时也不好把握，因为在 8 倍先上涨时，8 倍中的个股也在波动，8 倍后的个股也在上涨，如何放弃小幅波动，把握 8 倍增值，需要定力和丰富的投资经验，稍不小心就会犯错，误以为自己是短线高手，造成损失，后悔莫及。

第五步，心理期冀把控调整以保证龙头个股绝对价值实现。龙头个股 8 倍增值是投资人的心理期冀，如何把握好投资人心理期冀非常重要，既不能不相信龙头个股的 8 倍增值空间，错失龙头个股投资机会，也不能在投资龙头的过程中操之过急，恨不得投资龙头后，必须立即上涨 8 倍，这也是投资心理的研判，如普通投资人没有准备好 8 倍龙头个股，反而龙头个股上涨极快，平台对策推动证券

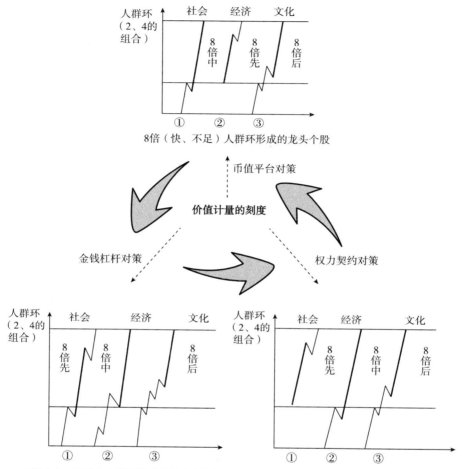

图 3-29 后悔龙头的价值计量刻度示意图

龙头 8 倍上涨很快，而金钱杠杆明显表现为龙头证券个股上涨 8 倍，这时证券板块龙头上涨是非常慢的，虽然是 8 倍先，但是明显是 8 倍慢，龙头个股的心理期冀必须不断进行调整，只要与指数板块上涨协调一致，行业板块契合，龙头个股的底线没有出现错误，相信龙头个股的绝对价值一定会实现。

（二）8 倍增（减）后悔绝对价值投资龙头个股的选择

为了有效投资龙头个股，减少后悔，本书已经分析了龙头个股投资的实现步骤，但是在实际投资过程中，这些还不够，还有很多情况出现，必须正确选择，如同满意理论的倍增（减）投资，必须告诉投资人人气关注的"三价"能够实现倍增（减），倍增快是起点，成倍快、中，8倍快、8倍中、8倍慢，倍数越高越好；但是必须告诉投资人要选择自己最熟悉、最简单的"三价"进行投资，不能盲目投资；自己的财力和阅历决定投资的满意度，不熟悉股票投资，开始肯定容易失败，一般投资人不要参与物价和期货投资，要求投资人慢慢适应"三价"投资，不是什么倍数高、快就选择什么。这是满意理论的核心要点，后悔龙头个股投资也是如此。由于投资对策不同，产生的契合价值内涵成长板块就不同，而在指数板块的人群环上涨时，其他板块同样上涨，可能同样有8倍增值空间，有时甚至比价值内涵成长板块龙头还快，如何选择龙头个股、选择什么样的龙头个股也是本章研究的内容。

成长股票指数板块的后悔龙头的价值计量受到《人气营商学》中三个对策的影响，也受到《人群营商学》中板块的影响，还受到《人口营商学》中龙头个股绝对价值实现的影响。在鼎盛时期找到可以推动股票指数上涨实现龙头后悔的板块，要明确这一点首先要明白研究对象的逻辑。《人气营商学》将研究问题聚焦在"三价"上，即房价、物价和股价；《人群营商学》将研究问题聚焦在股价的成长板块上；《人口营商学》则将研究问题聚焦在龙头个股的选择上。所以，本部分内容涉及这三部分内容的综合运用。

人口后悔龙头个股是蓝海股票指数板块上涨实现的价值内涵成长板块龙头个股8倍上涨形成的人口顶。在实际的价值投资过程中，减少后悔还要寻找确定性的龙头个股，因为投资2倍、4倍个股，增值空间虽然不大，但是减值空间也小，龙头个股减值空间和增值空间是对等的，一旦错误，可能损失惨重，或者在追求8倍增值的过程中实现8倍减值，把握每个龙头个股的价值计量刻度，就显得尤为重要，也可能在8倍龙头个股投资的过程中失败，板块因素、成本因素、杠杆因素、时间因素都会导致失败，要明确不同人气对策、契合指数板块价值内涵成长行业板块。在社会、经济、文化价值内涵行业板块中寻求龙头个股是投资人的正确选择。本章就结合三种营商理论对人口后悔龙头个股价值计量形成的要点进行综合归纳，具体如图3－30所示。

要点1：契合文化、经济、社会价值内涵的成长行业板块8倍龙头个股先、中、后的计量刻度是投资首选。

契合的成长行业板块，通过相对价值分析，确定性较强，投资人选择的行业板块能够在指数人群环确定的前提下，实现成长行业板块推动指数板块循环跟随，这在人群营商学已经进行了重点研究。在成长的社会、经济、文化价值行业板块基础上寻求具有价值体征的8倍龙头个股，更为容易识别和把握不同板块龙头个股形成的先后顺序、时间快慢和强度大小。尤其当4倍股价指数人群环契合成长行业板块时，寻求8倍个股龙头的先后顺序是投资人创造几何级数绝对价值

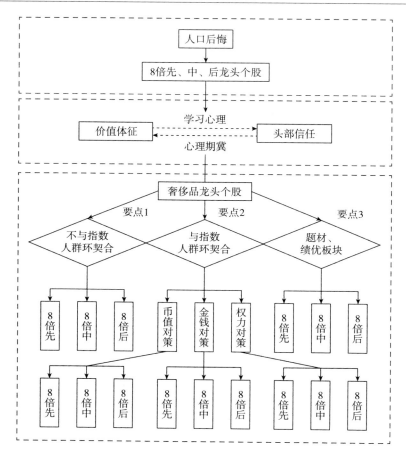

图 3-30　后悔龙头个股选择的价值计量刻度营商理论综合示意图

的根本。投资人选择熟悉的、参与人数较多的、行业代表性较强而清晰、发展时间较长的指数板块，契合该指数人群环并结合四个对策进行龙头个股投资最具正确性与合理性，因为只有形成完整的行业板块，这样的指数板块才更加安全和稳定。如只要证券板块龙头上涨至240多元，下一个指数人群环契合的成长行业社会价值就不是证券板块了，而经济价值板块龙头高铁不能上涨至300元左右，下一轮契合的行业板块还是高铁板块，龙头个股8倍在指数板块契合下更加明确，只要该板块在人群环研究范围内，龙头个股价值空间和发展速度清晰可见，投资人就可以以此为目标进行个股投资抉择。

　　要点2：准确把握2倍、4倍龙头个股投资计量刻度，是正确投资龙头个股8倍计量刻度的基础。

　　4倍股价指数人群环契合成长行业板块，是寻求8倍个股龙头帮助投资人创造几何级数绝对价值的根本。不能准确计量 2 倍、4 倍龙头个股的刻度，就不能找准 8 倍个股的价值计量刻度，同时，不同对策对应的价值计量刻度是不同的。

（1）币值平台对策形成的主板人群环为 8 倍快、不足。在 2 倍不足契合的成长行业板块中，社会价值证券板块与文化价值黄金板块依次带动指数上涨，此时社会价值证券板块龙头为 4 倍先（快、正好）；文化价值黄金板块龙头为 4 倍中（快、正好）；在 4 倍正好契合的成长行业板块中，经济价值、社会价值、文化价值依次带动主板指数上涨，此时 8 倍先为 8 倍快、正好，对应经济价值钢铁板块龙头，因为在指数 2 倍环中，该板块没有上涨；8 倍中与 8 倍后也为 8 倍快、正好，分别对应社会价值证券龙头与文化价值黄金龙头。

（2）金钱杠杆形成的人群环是 8 倍中、正好人群环，与 2 倍快、超过与 4 倍快、超过契合的成长行业板块中，社会价值对应证券板块，经济价值对应高铁板块，文化价值对应航母板块。指数人群环 2 倍快、超过时，4 倍先为证券龙头，4 倍中、后依次为高铁、航母龙头。指数人群环 4 倍快、超过时，此时 8 倍先依然是证券龙头，它能够带动指数较慢上涨，不过此时 8 倍先为 8 倍慢、正好，8 倍中为高铁板块龙头，此时对应的为 8 倍快、正好，最后 8 倍后对应航母板块龙头（8 倍快、正好）。

（3）权力契约对策形成的人群环是 8 倍慢、超过，当指数人群环 2 倍快、正好时，契合的成长行业板块中，4 倍先龙头为 4 倍中、正好，对应经济板块龙头，4 倍中龙头为 4 倍中、正好，对应文化价值板块龙头。当指数 4 倍中、超过时，契合的成长行业板块中，8 倍先为 8 倍慢、超过，对应社会板块龙头；8 倍中为 8 倍中、超过，对应经济板块龙头；8 倍后为 8 倍快、超过，对应文化价值板块龙头。

要点 3：严格考察成本因素、杠杆因素、时间因素对于龙头个股投资的影响。

龙头个股是奢侈品，是长期投资最确定性的标的，但是并不等于说龙头个股只涨不跌，因此，投资人买入龙头个股也要对成本因素、杠杆因素、时间因素进行计量，买入龙头个股的成本价位太高再加上较大比例的杠杆，在事件性因素的扰动下，即使不改变龙头个股的长期走势，但是短期却有被证券公司强制平仓的风险，因此，投资人要对龙头个股的成本因素、杠杆因素、时间因素进行细致的计量。

本章练习

一、简答题

1. 怎样理解后悔在三个时代的不同含义？
2. 简述后悔龙头原理。
3. 如何理解心理期冀？
4. 价值体征如何理解？
5. 简述为什么后悔龙头的研究对象是推动股票指数上涨的龙头个股。

二、材料分析题

2016 年以来，A 股市场表现最好的股票应该是贵州茅台。五年时间里该股票从 120 元上涨到今年初的最高 2600 元，上涨 25 倍。随着股价的快速上涨，茅台的市值快速突破 1 万亿元，2020 年茅台市值超过中国工商银行和中国平安，成为 A 股市场市值最高的股票。茅台股票持续几年雄霸基金重仓股的首位，截至 2020 年底，基金持有该股票的市值最高时近 2000 亿元。

在茅台股价上涨的带领下白酒行业所有的股票均有出色的表现，酿酒行业指数从 2016 年初的 1000 点上涨到今年初的 10600 点，涨幅近 10 倍。股价的上涨会引导社会资源向白酒行业流动，今年以来，上市公司吉宏科技、怡亚通、海南椰岛、众兴菌业等先后发布公告，在贵州茅台镇投资酒厂。

茅台股价的上涨并非完全由业绩快速增长驱动。从茅台发布的年度报告来看，2017 年以来的利润分别为 270 亿元、352 亿元、412 亿元、467 亿元，业绩增速逐渐放缓，最近两年的业绩增速已经在 10% 左右。因此，股价的上涨主要是估值的上升所致，在 2017 年之前，茅台的估值一直在 20 倍之下，2020 年初的估值已经超过 60 倍，三年时间估值提高了两倍。

如图 3-31 所示，2016 年，贵州茅台股价在 200 元左右徘徊，而 2019 年 6 月股价首次突破千元。从 200 元到千元，贵州茅台仅用了近 3 年。随后在疫情影响下，市场行情表现不佳，贵州茅台股价也一直在千元徘徊。

从 2021 年 2 月 10 日至 2021 年 8 月 20 日白酒股遭到重挫，龙头贵州茅台（600519）直接跌破 1600 元/股关口，报 1555.17 元/股。数据显示，这个价位上次出现还是在 2020 年 12 月 11 日，从股价上看，贵州茅台 2 月 18 日创出历史新高 2627.88 元/股之后一路向下，仅仅 6 个月时间，股价下跌了 40% 左右。国信证券研报指出，以茅台为首的茅台指数股失去了继续"拔估值"的逻辑，甚至估值还有高位回落的压力。往后看，市场最明确的投资方向是中国经济的产业升级。

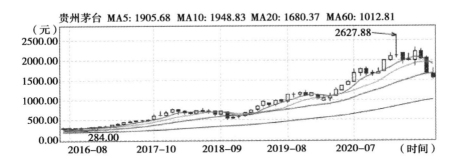

图 3－31　贵州茅台个股 2016～2021 年走势

结合以上材料回答以下问题：

1. 结合贵州茅台个股的价值特征分析其成为白酒龙头的原因。

2. 专业投资人抱团炒作龙头个股的基本逻辑是什么？如何利用心理计量在减少抱团的同时减少后悔？

第四章 人口策略

第一节 如何理解人口

一、人口的理解

（一）人口含义

人口一词，在《辞海》中有四个含义：一是指"人"；二是指"家族或家中的人数"；三是指"人的嘴巴"；四是指"一定时间内一地区具有户籍身份的全部居民"。在社会学研究中，人口学上的人口是指特定区域内人数之总和，人口即人之集合体或群体，但强调是在某一时间，存在于某一地区内的一群人。因此，人口学上的人口具有下列三个特性：

（1）空间性：指一定区域。区域之范围可大可小。大至整个世界，小至一个家庭。

（2）时间性：一定区域内的人口常随时间的推移而变化。例如都市，昼间因就业人口集中而增加；夜间因歇业，人口返回住所而减少。

（3）集体性：人口是一集合名词，它是人的集合体或集合体中之一部分，如就业人口、老年人口等。因此一个人不能称为人口。

人口统计学中将人口定义为是一个内容复杂、综合多种社会关系的社会实体，具有性别和年龄及自然构成，多种社会构成和社会关系、经济构成和经济关系。人口的出生、死亡、婚配，都处于家庭关系、民族关系、经济关系、政治关系及社会关系之中，一切社会活动、社会关系、社会现象和社会问题都同人口发展过程相关，是一定数量个人的综合，强调规模。人口是社会物质生活的必要条件，是全部社会生产行为的基础和主体。以上对于人口的概念大多从其形态上作出阐述，本书所讲的人口有所不同，是鼎盛时期大背景下所形成的以追求绝对价值最大化为目标的、能够起到集中效应的集合。综合之前"人口"的含义，本书将其归纳理解为由所有存在某种联系的个体组成的人类集合体。

在人口营商学的研究中，人口作为四个策略之一，主要是因为人口在投资中可以跟随不同的投资标的，尤其是在鼎盛时期中有广泛的投资标的。在鼎盛时期，全球化、证券化、专业化的奢侈品价值背景下，奢侈品种类越来越多。投资人开始追求绝对价值的最大化，不断在不同价值个股中进行投资。识别与把握人口顶是价值投资的关键，这就是使用人口进行研究的原因。

（二）人口演变

"人口"这一概念并不是新造词汇，在源远流长的中国传统文化中，这一概念一直存在。如《红楼梦·第一十三回》："头一件是人口混杂，遗失东西。"[①]《三国演义·第九回》："王允又命吕布同皇甫嵩、李肃领兵五万，至郿坞抄籍董卓家产、人口。"[②]《减字木兰花》："落花飞絮，杳杳天涯人甚处。"[③] 这里的"人"与"人口"同义，即存在某种联系的人的集合。在兴盛时期，人类的生存和子孙后代的延续发展是这个时期面临的主要问题。由于生产力水平不发达，人口主要聚居在一些土地肥沃且耕地面积广阔的地方，这就形成了自然村。较大的人均耕地面积弥补了生产力水平上的不足、保证了人们的基本生存需要。此时人口主要分布于农村，呈零散化分布。因此，兴盛时期人口主要解释为某个地区或家庭中的个体单位，即个人。

在昌盛时期，人口的概念在兴盛时期的个体的基础上进行发展，个人或组织将注意力逐渐向其所在地区、行业领域的前三位会集，即从众多个体中挑选出影响力最大的前三个体，代表领域内的最高水平与优势地位，将其称为三甲，这正是昌盛时期人口的含义所在。三甲可以理解为"2＋X"，"2"代表前两位，其通常情况下排名是稳定的、无可争议的；"X"表示前两位之后的排名，可能一个，也可能多个（三甲只是个抽象概念，其真正个数并非局限于三个），位于 X 位置的个体排名通常是变化的、不确定的，存在一定的争议。"2"与"X"共同构成了三甲，三甲的时期特征体现在以下几点：①随着昌盛时期的演进，人们无论是地理迁徙还是思维汇聚，无不受三甲的影响，其影响的广度与深度是其他个体所无法比拟的。②三甲的含义不仅表现在空前绝后的优势地位上，还表现在其拥有广阔的发展空间。③由于各个专业化领域中前三的排名受主客观因素影响此起彼伏、不断变化，三甲也随之不断更新易位，但三甲始终是个人或组织的最终向往

---

① 译为："第一件事是人口又多又杂，容易遗失东西。"

② 译为："王允又命令吕布同皇甫嵩、李肃，领兵五万去郿坞将一切家产、劳力没收归官。"

③ 译为："在这落花阵阵柳絮飘飞的季节，渺茫的天地间人何处可寻？"

与目标。④比肩三甲、超越三甲是昌盛时期的主旋律，这也是由人气关注所决定的。⑤任何组织和个人在其所在的行业、地区都存在着三甲，只不过人们普遍熟悉的行业中三甲企业最为显著、确定，也最有研究意义。因此，本书着重研究三甲企业，通过研究三甲企业来抽象所有专业化领域的人口三甲特征。

随着时期的演进，鼎盛时期来临，这时人口的含义已经发生了深刻变化。与兴盛时期和昌盛时期不同，在鼎盛时期，人口来源于人的思维，表示人们的思维向某一事物或目标集中。集中旧指把分散的汇聚到一起，现指人的思想在更大领域集中、相互碰撞，带来超前思维，这既是全体人心所向，也是形成国际奢侈品的中流砥柱。扩散思维与集中思维是辩证的统一，是辩证唯物主义认识论在当代时期演进中的具体运用。扩散思维体现了创新思维的多向性，思维集中就是对扩散思维的多种设想进行整理、分析，从中选出最有价值的设想，并加以完善和深化，使之具体化、现实化（肖亚超，2020）。在鼎盛时期，思维方式与人们的学习心理有着密切的关系。具体来说，人们根据不同的学习心理产生不同的思维方式，而相同思维方式的人们便聚集在一起成为人口集中，呈现出思维的高度一致倾向。人口集中目标的选择是根据所集中事物创造绝对价值能力的学习心理产生的强大驱动力，只有创造绝对价值的专业事物才能引导投资人集中。鼎盛时期的人口是根据人的学习心理不同而进行划分的，只有依托思维聚焦绝对价值的事物才能进入大众的视野，带来持续集中效应。三个时期的"人口"演变如图4-1所示。

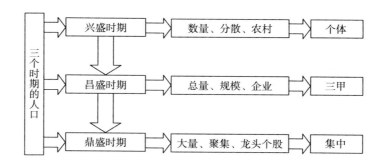

图4-1　人口的理解及其演变

二、人口表现

人口表现主要是从人口在三个时期的活动特征和原因来衡量的。总体来说，人口在三个时期呈现出三种不同的变化特征：在兴盛时期，"人口"表现为个体的生命力；在昌盛时期，"人口"表现为三甲的恒定力；在鼎盛时期，"人口"表现为集中的专注力。具体如图 4 - 2 所示。

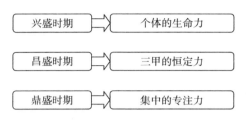

兴盛时期 ⇒ 个体的生命力

昌盛时期 ⇒ 三甲的恒定力

鼎盛时期 ⇒ 集中的专注力

图 4 - 2　三个时期人口表现

（一）兴盛时期人口表现：个体的生命力

在兴盛时期，"一方水土养育一方人"，通过精耕细作，生产不同地域的特产（即上品）。由于各地域的自然禀赋不尽相同，每个地区、个体的生命力也不同，生命力即寿命，"活得长"是个体、家族乃至国家发展的基本前提。因此人们普遍追求生命力的旺盛，对于个体而言，长寿意味着机会增多，是实现自身价值和理想的关键基础。兴盛时期，每个地域人口的生存方式都与自然禀赋息息相关，个体发展壮大依托于当地的自然禀赋。总体来说，兴盛时期伴随着人们适应自然禀赋的实践演进，人们依赖土地，夜以继日地开展生产活动，从实践中探寻、利用自然规律。粮食亩产与人均粮食的提升就是生产力提升、自然规律掌握的体现。

人类是自然生态系统中资历最浅的生物，其生存仍受生态系统的制约。人类既然是大自然之子，也就永远割不断与自然界的联系，其生存仍受生态系统的制约，更不能凌驾于自然界之上。为了能够生存，人类首先要不断地适应自然。其次要按照既定的目的改造自然，使自然适应人类的需要。因为人类改造自然的同时，作为客体的自然也不断地反作用于人类，于是形成人类与自然协调统一的关系，即人与自然的互动与适应。文化变迁可归纳为适应环境。这个适应是一个重要的创造过程。人类的适应包括生物性适应和文化适应。人的生物性适应主要指人体与周围环境的心理、生理和行为上的协调。法国著名生物学家让·沙林认为每一身体或生理特征，或者由于隔绝，或者由于气温，或者由于潮湿，或者由于干旱，从北到南，从东到西，逐渐发生了变异，这样的变异并非人类所独有，其他动物也有。极地动物通常是白色的，例如白熊、雪枭、旅鼠；但赤道地区，在阴暗的森林里，动物主要是黑色或深色。这就是适应环境，使自己能与四周融为一体——就是环境进行色素筛选的结果。人类的种种特征亦是如此。兴盛时期人口表现为个体的生命力，生命力是指生命体适应环境变化、生存发展、新陈代谢的能力（阳刚毅，2013）。人的文化适应则是改变生活方式进而与自然环境和谐共存，达到保持个体生命力的目的。

兴盛时期的人口表现如图 4 - 3 所示，不同人口代表着不同生命力的地域环境适应方式或过程，人口越来越多，对环境的适应性也就越强，越来越多元，生命力也就越旺盛。兴盛时期的人口表现为一定人口、时间、生命力组成的不同平面。保证了兴盛时期人口对于各种自然环境的适应性与生命力，生产和发现更多的上品供人们享用，这样便会保持甚至不断增加人口数量，而家庭是社会的细胞，众多兴旺的家族组成了整个社会的人口，正是个体的生命力，才使一个民族和国家保持正常的繁衍和不断扩大，生命力的追求是一个人基本的追求和传统道德。

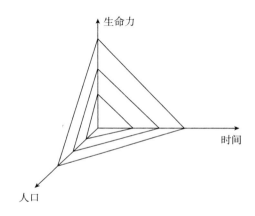

图 4 - 3　兴盛时期人口的表现

（二）昌盛时期人口表现：三甲的恒定力

兴盛时期后期，生存问题已经得到了基本解决，人们随之开始追求更好的物质生活，此时人类开始逐渐向下一时期演进，昌盛时期是继兴盛时期之后的时期演进的阶段，以经济增长为核心。昌盛时期的目标是满足人们的各项物质需求，为了实现这一目标，不能仅靠人们与自然环境的协调与适应，人们开始强调发挥自己的主观能动性，提高自身的生活水平。此时三甲企业作为昌盛时期的人口，表现为客户规模增长、销售量增加，拥有行业中位于前三位的精品。这是其自身的顾客认可、市场规模扩大的结果，企业正是在一轮轮的市场开发与循环竞争中，从茫茫企业个体中脱颖而出，并在三甲之间互相学习进步，力求取得垄断地位。垄断地位对于三甲的影响体现在以下四点：①客户范围较广；②垄断利润较大；③在行业中无法被替代；④在某个专业化领域确立优势地位，并远远走在最前面，使其他企业难以望其项背。在昌盛时期，垄断地位迫使企业提高自身技术水平，促使人们形成学习赶超的理念，从而形成自身在行业中的恒定地位。因此，三甲企业的恒定力便是这一时期人口的具体表现。

虽然企业的行业垄断地位可能是在短时间内跳跃到的新的高度，但是其表现出的恒定力是历史沉淀的结果。作为昌盛时期的人口，三甲企业毋庸置疑是在行业中具备强大显著的综合竞争力。比如说 20 世纪美国的车企三巨头——通用汽车公司（GM）、福特和克莱斯勒就是典型的三甲企业，20 世纪中叶，这三大汽车制造商的生产销售量约占全球汽车销售量的 2/3，用户群体规模空前绝后，这一全球霸主地位一直持续到 20 世纪 70 年代初，这正是恒定力持续作用的结果。三甲企业共同的实力毋庸置疑，在具备竞争优势后如何长期保持自身在行业中的优势地位，在一轮轮的行业比拼中长期占据前三的地位，是三甲企业恒定力的首要工作。也就是说，个别企业在上一轮企业比拼中是三甲，在下轮比拼中掉队了；还有一些潜在的优势地位企业处于隐藏位置，一旦显现，就会打破先前的三甲排位，从而形成新的三甲。在股票市场上，三甲的比拼更为明显，没有上市的企业无法进入股价三甲的比拼中，一旦优势企业上市，就有可能打破先前的三甲。更为重要的是，一般只有前两位，第三位可能随着区域变化加以动态调整。例如，中国高等教育的大学前两位非常明确，即北京大学、清华大学，第三位在西北人心目中是西安交通大学，在江苏人心目中是南京大学，在湖北人心目中是武汉大学等。三甲随着社会发展、时代变迁而发生改变，时过境迁，银行业的三甲研究意义不大了，投资没有很大的价值空间。大学里工科为主的三甲也没有多大意义，商科为主的三甲正在开始形成。这一方面要求三甲企业要有忧患意识，就是要正确认清市场形势，始终保持清醒的头脑和奋发有为的精神状态，不断开创行业的新局面；另一方面，三甲的形成不是完全由企业本身所能够决定的，是社会进步、全球一体化和人们的思维改变等多因素共同作用的结果。

如图 4-4 所示，在一定的时期内、一定的行业内，人口与三甲恒定力是正相关关系，恒定力呈现出不同的层级，代表着不同水平的行业综合实力。经过激烈的市场竞争与筛选，企业间的排名不断刷新，依托深层次、多角度的创新变革来占据并长期保持最大规模的用户群体与市场份额是三甲企业的最终目标。恒定力也与时间有关，不同的时间点企业的恒定力也呈现出变化的趋势。所以，昌盛时期的人口表现为更加深刻的三甲恒定力，只有行业中的各个企业加强恒定力，企业的盈利能力才会越来越强。

（三）鼎盛时期人口表现：集中的专注力

进入鼎盛时期，人口表现不再仅仅是个体的生命力或者三甲的恒定力，更重要的是人们思维意识集中的专注力。鼎盛时期的人口概念已经发生了重大变化，

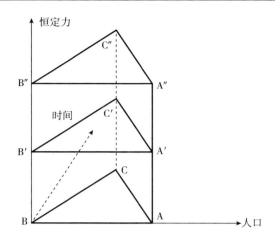

图 4 - 4　昌盛时期人口的表现

其强调众人的思维升级与判断。鼎盛时期的到来标志着人类社会的发展支撑向思维的创新与集中倾斜，核心是创造绝对价值。价值创造是哲学社会科学的创新，只有具有绝对价值且未来具有足够的绝对价值创造潜力的事物才能被人们发掘，带来集中效应，使绝对价值最大化。而人口集中带来价值创造的机会需要较长时间的等待，这要求人们思维和心理的高度专注，需要一定的意志努力的注意，因此人口在鼎盛时期的表现是集中的专注力。专注力原指能够把注意力长时间地集中在某一件具有挑战性的事情上的能力。本书所讲的专注力是一种基于人口的集中专注力，而不单单形容某一个体，由此我们将专注力界定为一定时间内，众多个体的心理充分指向并集中于当时应当指向和集中的对象并表现出持续性的注意形态。

　　对于起到聚集作用的人口集中专注力，人口集中的事物与人群跟随的事物有所不同，人口集中是对人群跟随的提升，是人群跟随后学习心理作用的结果，鼎盛时期人口的集中对象相较人群具有广泛性，人口集中可以具体到国家、地区组织甚至个人，即能够出现在广大社会群众视野中的事物都具备集中的可能。人口营商以 8 倍增长投资的实现为研究目标，只有个股最容易在最短时间实现 8 倍增长，所以个股投资是优先选择的集中对象。如何选择合适的集中对象以及把握集中的时机是关键。判断集中对象就是要看集中对象的绝对价值大小，这直接影响到人口的集中专注力的大小，空间越大、时间越短，集中的专注力也就越大，更容易成为人口的集中选择个股。

　　对于鼎盛时期的人口来说，人口表现如图 4 - 5 所示。不同的人口、不同的时间所对应的集中专注力呈现出不同的梯度，各个梯度有着数量不同的投资人。

人口集中会在这些梯度间选择和转化，8 倍的快、8 倍中、8 倍慢，人们都愿意投资，因为空间足够大，时间等待也是可以理解和宽容的。只有 8 倍先、8 倍中、8 倍后才是每个投资人非常需要抉择的投资，人口集中会随着人们思维的迷雾层层开阔，最终呈现在众多投资人的视野中，此时专注力随时间推移和个股股价上涨而不断上涨，直至达到 8 倍的顶点，只有最先发现、低价位投资，同时又不轻易放弃的 8 倍个股投资才能实现最大增值。

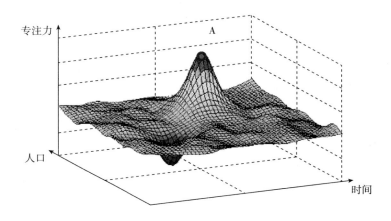

图 4 - 5　鼎盛时期人口的表现

三、人口作用

人口在不同时期，其作用也发生了不同的变化。三个时期中，人口作用是不同的。总体来说，如图 4 - 6 所示，兴盛时期人口为了发挥各地自然环境的特点，减少体力投入，生产更多的主食，保障每个个体的旺盛生命力，进而形成和保持上品特色；昌盛时期人口为了增加物质利益，聚集人才、技术、资源，从而保证企业制造的精品特别；鼎盛时期的人口作用是为了更好地创造奢侈品的绝对价值，进而培养奢侈品个别。

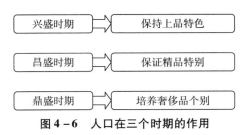

图 4 - 6　人口在三个时期的作用

（一）兴盛时期人口作用：保持上品特色

在时期演进中，"器具、机器、思想"演化为"精细、精密、卓越"，这是由人气关注所决定的。在兴盛时期，人口指众多的个体单位，每个个体组成了家族，当家族繁荣兴旺时，兴盛时期才会不断向前演进。如图4-6所示，兴盛时期"精细"是核心，精细在兴盛时期起到了重要作用，人们秉承精细原则因地制宜种植农作物，例如南方种植水稻，北方种植小麦。在此基础上不同地区的人通过精细的耕种与工艺获得具有地方特色的上品，例如中原地区的丝绸、陶瓷。总体来说，上品的形成与特色保持一方面来自当地的得天独厚的自然禀赋，另一方面也离不开精细的观念做支撑。

一个地域上品的产生本质上讲就是人与自然完美结合的过程。兴盛时期人们以精细为原则，在生产生活实践中不断地探索自然规律进而更好地适应自然环境，并且将这份精神与经验一代代传承下来，实现江河万古长流、人类社会永续发展，"一方水土养育一方人"。例如"文房四宝"之一的宣纸是安徽省宣城市泾县特产，是国家地理标志产品。唐天宝年间，在全国各地运到京城长安的进贡之物中，宣城郡船中有"纸、笔"等贡品，宣纸是中国独特的手工艺品，具有质地绵韧、光洁如玉、不蛀不腐、墨韵万变的特色，享有"千年寿纸"的美誉，被誉为"国宝"。一方面，泾县地处中纬度南沿，根据气象指标分类，属于北亚热带、副热带季风湿润性气候，气候温和、雨量充沛，优渥的自然禀赋为宣纸的取材与制造提供了地理基础；另一方面，宣纸的制作无不透露出广大手工艺者精细的制作理念与原则，整个生产过程有一百多道工序，而要掌握这一套复杂的技艺，不但需要靠师徒之间的传承，还要靠制作者自己长期的实践和体悟（戴桃疆，2020）。

正是人们对各种自然规律的不断重复、总结，广泛掌握，精细思想逐渐深刻，才推动人类文明不断向前，实现不同时期的演进，推动兴盛时期演进到昌盛时期。兴盛时期以精细为核心，表现在自然、工艺层面。人口的具体作用如图4-7所示。

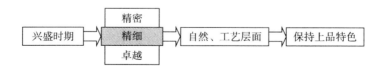

图4-7　兴盛时期的人口作用

（二）昌盛时期人口作用：保证精品特别

伴随着18世纪中后期的工业革命，机器开始取代人力，以大规模工厂化生产取代个体手工生产的一场生产与科技革命逐渐蔓延到欧洲大陆甚至全球。昌盛时期是在兴盛时期长久积累自然禀赋的基础之上演进而来的，更是对兴盛时期的定期的超越。自然规律年复一年的严格定期——兴盛时期逐渐被经济发展长短不一的产品、行业、品类周期——昌盛时期所取代，人们的观念从精细逐步上升为精密，精密是基于机械化来说的，而非人工，技术程度逐渐加深，领域逐渐全面，理论逐渐系统，这是时期演进、新型行业、企业竞争的必然趋势。

精密起源于精益思想。"二战"结束不久，日本丰田汽车公司在考察美国汽车工业的生产方式后，根据自身的技术背景和市场需求，采取了准时制生产，以多品种、小批量、高质量和低消耗的生产方式获得了巨大成功。精益思想产生于该"丰田生产系统"，后经美国麻省理工学院教授研究和总结，正式发表在1990年出版的《改变世界的机器》一书中。精益思想是指运用多种现代管理方法和手段，以社会需求为依据，以充分发挥人的作用为根本，有效配置和合理使用资源，最大限度地为企业谋求经济效益的一种新型的经营管理理念。精益思想的核心就是（消除浪费）以越来越少的投入——较少的人力、较少的设备、较短的时间和较小的场地创造出尽可能多的价值；同时也越来越接近用户，提供他们确实要的东西。这就是说，企业可以按用户需要拉动产品，而不是把用户不想要的产品硬推给用户（James P. Womack & Daniel T. Jones，1996）。将精益思想运用于需求绝对稳定且市场可测的环境下，节约了大量资源，提高了企业利润率和市场竞争力。

在昌盛时期，人口体现在资源与生产层面。企业在变化迅速的时期背景下要想在一轮轮的行业竞争中稳定地保持自己的优势地位，首先必须在资源方面做到合理的优化配置，避免浪费，真正做到"物尽其用，人尽其才"。其次在生产方面，必须以用户需求定义企业生产价值，利用先进的技术设备，按照价值流组织全部生产活动，让用户需求拉动精品的设计与制造，保证精品的特别。

由于昌盛时期出现了众多的同行业竞争对手，企业为了能够利用自身的地位优势获得更多的利益，于是针对企业自身情况制定相关竞争战略，保持自身的地位不被他人取代，这便是企业昌盛时期的表现。如图4-8所示，人口推动了城市化与工业化程度的加深，在这个过程中，人才、资源、技术等的聚集保证了企业在生产、资源层面从传统式生产方式转化为精益生产方式。昌盛时期演进的主要动力则是城市化、工业化对企业实现以及优势地位保持的极大刺激。由此可见，人口在昌盛时期的作用必须保证精品的特别。

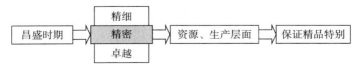

图4-8　昌盛时期的人口作用

（三）鼎盛时期人口作用：培养奢侈品个别

鼎盛时期以人为本，从昌盛时期的精密演进为鼎盛时期的卓越，卓越体现在思想层面，思维集中成为了能够聚集绝对价值的出发点，想要聚集绝对价值最大化首先必须认识并领悟思维汇集的意义和内涵，并在此前提下借助奢侈品的个别属性引发用户对于该奢侈品的一致赞美，也就是说，奢侈品赞美是思维集中的时期表现方式，企业通过不断地积累用户对自身奢侈品品牌的赞美来巩固自身的集中地位并创造绝对价值。赞美作为一种良性口碑，在社会化的媒体下，激发消费者之间的口碑传播进而吸引更多的消费者，对于企业来说这是一种成本低且又有效的获取消费者的方式。而赞美口碑的形成与企业培养的奢侈品个别是密不可分的，奢侈品个别作为品牌个性的一种自我表达途径，能帮助消费者表达真实的自我、理想自我以及自我的特定方面，从而满足消费者的自我需求，进而以引发消费者对该品牌奢侈品的依恋之情。因此人口在这一过程中推动了赞美的形成与积累。

人是一切创新的来源和动力，想要集中人们的专注力、创造绝对价值，企业必须积累更多的奢侈品赞美。一方面，在当前越来越依靠知识、技术和创新驱动的鼎盛时期，随着消费升级进一步下沉，各层次消费者将同步增强对品牌和奢侈品的追求，企业需要快速创新以打动消费者，于是，具有自主创新能力的企业将因此长期受益，市场份额将逐渐集中；另一方面，在社会化媒体的作用下，企业的品牌塑造不但要关注品牌品质的硬形象塑造，还要加强对能增加品牌情感链接的软形象的培植，进而加强消费者对品牌的依恋程度。企业要充分发挥口碑的传播来影响消费者，使其建立对品牌的依恋感，这种依恋感会反过来激发消费者更大范围的口碑传播，而消费者依恋感的建立又需要企业塑造鲜明的奢侈品个别。只有积累奢侈品赞美、专注洞悉核心价值才能结合核心优势提升竞争实力，这种时期形态下，人口的表现为专注力，人口通过追求卓越来培养奢侈品个别。在鼎盛时期，推动时期演进的是人，如图4-9所示。人的学习心理是推动绝对价值创造的原动力。鼎盛时期以人的思想为本，人的思维成为了能够创造绝对价值的关键，在这种时期背景下，人口的含义为集中，表现为集中的龙头个股专注力的大小。奢侈品是消费者对于某一品牌的依恋之情，奢侈品的形成和培育可以有更多的研究，过分专注某个品牌奢侈品，很容易使奢侈品价格虚高，可能减少需求，就像茅台酒如果都是用来投资，而没有人喝它，将会导致需求的转移，同时就会有更多的替代品取而代之，所以奢侈品的实体品牌价格并非越高越好。在资本市场研究奢侈品就会有着特殊的意义，将品牌奢侈品的金融属性反映在龙头个股的股价上，既保障投资人投资奢侈品的金融属性，又可以发挥投资人赞美奢侈品的想象，从个股股价投资中共建共享奢侈品，创造绝对价值最大化，茅台酒品牌的金融属性反映在龙头个股股价就是明显的表现。当人口的集中专注力不断增加，那就意味着能够培养更多的奢侈品个别——龙头个股。

图4-9 鼎盛时期的人口作用

四、人口形成

人口的形成在三个时期也有不同的形成机理。在兴盛时期人口形成主要是通过存亡，在昌盛时期主要是通过存续，在鼎盛时期主要是通过存在。

兴盛时期，人口表现为个体的生命力，生命力繁盛的氏族部落才能不断壮大，在兴盛时期立足，也就是说对于每一个部落、村庄、个体来说，生存是第一要义，也是地域上品形成的前提。此时人们生产力低下，一个地区只有人口数量不断扩大，人们才能更好地协调配合，尽可能地提高生产效率，生产力就在这样一个实践与配合的循环过程中不断进步。

兴盛时期的主旋律为人丁兴旺、国家稳定，这个时期的人口是由"存亡"形成的，所谓人口就是活着的每一个人，人死了，人口就会减少。兴盛时期的个体并非一盘散沙，亦非"口袋中的马铃薯"，而是具有较强合作意识与集体精神的社会群体，具有明显的群体性特质。因此，每个人口都需要根据当地的客观条件，因地制宜地谋取生活所需，解决了生存的问题，人口才能蓬勃发展。

因此，兴盛时期人口的形成如图4-10所示。人口体现在个体的生命力上，人类的存亡问题使得人们不得不一步步地适应与利用自然环境，随着人们生产力的不断提高以及人口基数的不断增大，进而形成人口数量加速增长。此时自然环境的优劣尤为重要，决定了当地人口的容量与生存方式，优渥的自然条件可以更好地提升本地区的综合产出与生活质量，保证家族传承的同时也能为上品的特色保持与来往提供良好的自然前提，而这正是兴盛时期人口所在。"存亡"问题在时期演进的过程中推动人口的形成，因此人口由"存亡"形成和赋予。

三甲的出现是时期演进的标志，随着昌盛时期到来，制造行业中竞争者不断增多，企业必须把心思放在如何在竞争中立足，进而在一轮轮的行业比拼洪流中不被淹没，这就是存续的含义所在。存续造就了昌盛时期人口的形成，个体的存亡演变为企业的存续，存续最安全、稳定的选择就是保持三甲，三甲虽然是一个比较模糊的概念，不是非常确切，但是始终保持三甲地位和学习三甲，是企业、组织乃至个人存续的根本，否则将名落孙山，存续艰难。

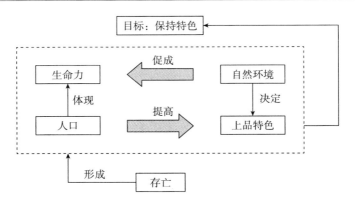

图 4 – 10　兴盛时期人口的形成

　　昌盛时期个体的存亡已经被三甲的存续取代，物质需求增强以及各种各样的制造业的发展壮大为工业化准备了条件。工业化指一个国家和地区国民经济中，工业生产活动取得主导地位的发展过程。工业化最初作为一种自发的社会现象，始于 18 世纪 60 年代的英国。资本积累和科学技术的发展为工业化的产生奠定了基础，工业化推动了城市产业结构升级与基础设施建设，城市的基础设施、生活条件、收入水平等方面远远优于乡村，这就造成农村剩余劳动力纷纷涌入城市，城市化加深的同时也为城市工业化输入了新鲜血液。这种工业化—城市化的互补机制加速了人才、技术、资源向企业聚集。

　　昌盛时期人口的形成如图 4 – 11 所示，三甲企业为了在行业中稳定发展并且更好地满足消费者的精品需求，昌盛时期的人口需要通过工业化—城市化的互补机制来保障自身企业在日益激烈的竞争中存续下去。此时人口不只为基本的存亡问题而担心，推动企业不断进步变革、为消费者提供更具特别的精品初衷便是企业存续的根本。人口表现为三甲恒定力，企业的存续推动了人口在昌盛时期的形成和赋予。

　　进入鼎盛时期后，人口作为投资人的集中，表现为专注力的强弱。根据人口的含义可以知道，人口在鼎盛时期对各投资人投资个股有着重要的指导作用，不是精品的购买，而是奢侈品的投资。鼎盛时期的人口是由存在形成的。存在在《辞海》中意为持续占据时间或空间，尚未消失。如唐代孔颖达的《礼记·仲尼燕君》写道："如此而后君子知仁焉者，仁犹存也，君子见上大飨四焉，知礼乐所存在也。"本书的"存在"可以归纳为两层含义：知名度与影响力。首先奢侈品依托存在感来建立连接、进入大众视野，提升品牌热度和知名度，让该奢侈品一直处于大众的视野中。企业力求做到第一提及知名度，即该品牌在人们心目中的地位高于其他品牌。比如说，一提到手表先想到瑞士手表，一提到互联网先想

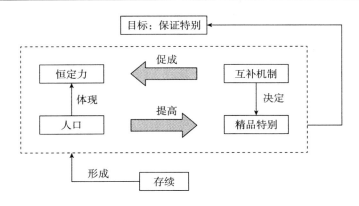

图 4 - 11　昌盛时期人口的形成

到美国硅谷，这都是鼎盛时期品牌奢侈品的专业化体现，但正如上一节所讲，鼎盛时期注重用龙头个股奢侈品取代品牌奢侈品。这一方面是由于品牌奢侈品价格上涨虽有一定空间，但很难用 8 倍（百倍）加以计量，而奢侈品龙头个股反映在股价上一定是具有 8 倍空间的；另一方面，品牌奢侈品价格如果涨太快势必就导致同行业其他品牌向其看齐，价格差距很难用倍数反映，例如，茅台酒品牌酒价格上涨，必然导致其他品牌模仿和生产同样高品质的白酒，追赶茅台酒的价格，以满足人们对于高品质白酒的需求，从而带动整个行业共同进步、共建共享。即品牌奢侈品最终一定要反映在人口集中奢侈品龙头个股的股价上。

　　当然，"存在"不只体现知名度这一个维度，还要具备长久的影响力，可以从以下三点来理解"存在"的影响力：①人口的集中与存在密切相关，集中能够呈现出存在感，具备了足够的社会存在感才能更好地吸引人口集中；②"存在"必须"持续"，这不仅仅体现在时间层面，更体现在其影响力的广度与深度层面，力求达到"虎啸风生、相帅成风"的境界；③"存在"的影响力要是正面的、有益于人类社会的，即要为社会做出积极贡献。

　　鼎盛时期，人口不再只是关心存亡与存续，而是由"存在"所赋予。"存在"是一种感觉，要在思维层面去把握它。思维集中促成了专注力的不同并决定了投资对象的选择，鼎盛时期的奢侈品时期价值的大小、时期特征是否明显，是投资人集中的根本动力，如图 4 - 12 所示。而"存在"形成了鼎盛时期的人口，通过集中知名度与影响力的相互作用，最终达到在鼎盛时期创造绝对价值的目标。鼎盛时期，人口表现为集中专注力的大小。被集中对象的绝对价值计量，形成集中专注力的不同，即存在形成和赋予鼎盛时期的人口。

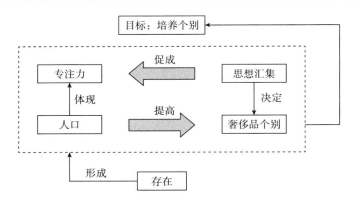

图 4 – 12　鼎盛时期人口的形成

第二节　人类鼎盛时期的人口

一、人类鼎盛时期人口角色变化

（一）人口集中与专业化密切相关

正如第一节所描述的，人口集中是鼎盛时期投资人进行绝对价值创造的专注力表现，也就是说，投资人要想实现绝对价值创造必须进行人口集中，只有这样才能实现绝对价值，达到投资人学习动机的预期效果。换句话讲，人口集中与专业化密切相关，集中产生专注，专注促成专业，如中国集中高铁，美国集中飞机，德国集中汽车，因此各国形成自己的专业，创造的绝对价值空间也大，必须通过专业化才能创造人们喜爱的品牌奢侈品，资本市场上也就形成了龙头个股奢侈品。专业化是鼎盛时期人口集中实现绝对价值创造的一个显著特征。

专业化与全球化密切相关，没有全球化思维，专业化集中容易产生错觉，在全球化的视野中寻求专业化，更容易把握前进的方向，专业化的效果更为明显，一种是学习别国，实现追赶，形成国际、国内双循环，如国外有汽车，中国追赶制造汽车，国外有投行，中国也学习别人，追赶形成顶级投行，这样的集中必须承认与别人的差距；另一种是国际上没有或者别国无法实现的，自己发现、探索和创新，如世界其他国家的高铁技术还没有完全成熟或应用不够，中国尽快集中实现专业化，中国自己的白酒也是如此，尽快实现集中专业化。

专业化与证券化密切相关，证券化思维是实体经济在虚拟资本市场的充分体现，是投资人对于整个板块的价值衡量，如果没有证券化板块的形成和成熟，专业化也就无从谈起，如茅台酒的专业化集中，是在相当长时间形成的证券化白酒板块开始集中的；为了寻求专业化集中，在没有形成成熟板块的虚拟资本市场，专业化集中的个股无法定价，往往追逐成熟的板块，为了把握专业化集中个股的定价，必须实现证券化的价值板块。

全球化关注是投资的起点，证券化跟随是投资的支撑，专业化集中是投资的终点。专业化理解也有两个方面的含义：从工业生产上来讲，它是指工业内部各企业和部门逐渐分离，形成独立的企业和新部门的过程，也是同类产品由分散生产趋于集中生产的过程。从区域经济上来讲，专业化就是指社会生产地域分工的形式。在竞争中，各地区凭借其自然资源、劳动资源或社会经济基础的优势，形成了各具特色的专业化生产部门。而本书所指的专业化，是在鼎盛时期的大背景下，每一个个股都有自己的专业化，但是选择龙头个股进行研究专业化更具有现实意义，而人口集中与专业化又密切相关，人口集中加速专业化，专业化才可能产生人口集中。

（1）专业化导致人口集中。鼎盛时期选择人口集中的范围较人群跟随的证券化更加聚焦，证券化只是一个板块，范围还是比较广阔的，基于专业化的视角进行人口集中更加安全和有效。人口集中的范围较人群跟随的范围要小得多，具体来说就是人口多集中在三甲中的个股股价上，离开三甲，成为龙头个股的可能性极低，同时三甲在形成过程中人群跟随作用巨大，没有多于三甲的行业个股是无法形成板块的。专业化市场下人口为了争取更优先的地位、更显著的专业化特征，需要人才、技术、资源更高程度的集中。

（2）人口集中促进专业化。在鼎盛时期，人口集中必然带来行业内部竞争的加剧，导致专业化水平更加提高。对于龙头企业来说，由于人口的持续集中，带来了技术、人才、资源等方面的竞争优势，这为企业进一步提升专业化水平提供了保障。即人口集中与专业化两者密切相关，呈现出共生关系。

（3）人口集中与专业化的时机选择非常重要。鼎盛时期想要成为引领世界的奢侈品，得到全球投资人的人口集中，必须能够拥有8倍先、8倍中、8倍后的绝对价值，这些价值标准能够反映在龙头个股证券市场价格上。因此，投资人要深刻领悟人口集中与专业化之间密切的共生关系，依靠时机选择达成两者之间的对接，创造绝对价值。时机选择的前提是鼎盛时期的到来，这一时期人们生活上追求高品质，经济上追求高质量，各专业个股精彩纷呈，有助于人口集中与专业化相互推动发展。

（二）人口创造绝对价值

鼎盛时期，人口创造绝对价值。主要有两个方面：一是人口的集中创造绝对价值；二是绝对价值的形成引发集中对象发生改变，从而形成人口集中。

绝对价值是价值绝对论的基本主张。绝对价值是主体经过人们切实体验，从中显现出的客观的、显著的、固有的意义或作用。处在绝对价值形式上的商品是通过用户体验的产品质量表现出来。比如，在某个餐厅的用餐体验、使用某款耳机的舒适度或者使用某台相机时体验到的实际使用价值等。绝对价值是一杆标尺，为衡量各种具体的、绝对的价值提供了最终的尺度。日常生活中，随着条件的变化，价值的大小、价值的有无也会发生转换，而其衡量的尺度就是价值本身，就是绝对价值（刘尚明、李玲，2011）。随着技术的不断发展，消费者有更多机会接触到产品的绝对价值，他们变得越来越理性，绝对价值开始变成了消费者下单的关键因素。

鼎盛时期所研究的对象已经不是产品的绝对价值，而是投资个股的绝对价值。营商学中绝对价值指的是由于人们的学习心理中诱因物、刺激、驱动力三要素的变化形成人口集中进而影响个体自身的作用和影响，代表空间上的最高价值倍数。人气是由于人们的认知心理形成的人气线的周期关注，创造投资人的比较价值，是以倍增为度量尺度加以判断的，是商品投资的价值判断。人群是由于人们的动机心理形成的人群环的循环跟随，创造投资人的相对价值，是以蓝海（倍增、成倍）为衡量量度加以判断的，是衍生品投资的价值判断。人口是由于人的学习心理形成的人口顶的专注集中，创造投资人的绝对价值，是以龙头（8倍先、8倍中、8倍后）为计量刻度加以判断的，是奢侈品投资的绝对价值判断。鼎盛时期研究人口是为了创造绝对价值，人口集中的过程就是利用集中专注力吸引投资人在证券市场创造绝对价值的过程。奢侈品创造的绝对价值比金融衍生品创造的相对价值更加吸引投资人，人口营商强调投资人对其进行的价值投资所创造的个股绝对价值最大化，这是人口营商学的关键。绝对价值的形成也使得人口集中对象发生变化。由于绝对价值大小的判断标准是学习心理学的三要素，因此投资人在选择人口进行集中时也是根据学习心理的大小来进行判断选择的。

绝对价值具有三个特性：①绝对价值存在于龙头个股中，不是比较品种或者相对群体。比较价值的人气线，相对价值的人群环，只有具备绝对价值人口顶实现8倍价值时间最短，可能不是唯一个股，但是最具确定性的个股应该是唯一的，如2005～2007年，钢铁板块龙头个股中，宝钢股份、鞍钢股份、武钢股份，虽然鞍钢股份、武钢股份都有8倍，只有武钢股份最为确切，价位最低，历史高位明确，8倍空间明显；2020～2021年，证券板块的龙头个股可能有中信建投、中金公司、中信证券，但是从历史的走势和最低的价位可以看出，中信证券最为确切。②现在或者将来是板块里价值量最大化的个股，即个股资产市值（龙头个股股数×价格）最大化，如茅台酒市值最大与其8倍龙头紧密相关。③不同行业在不同时期的龙头价值量是不同的，随着板块轮动变化而价值量发生巨大变化，但可以保持龙头地位，如中国石油、中国工商银行，在行业的龙头地位没有变化，但是个股股价和市值变化较大。

投资人会持续不断地进行价值判断，在三种绝对价值人口中选择集中，形成不同的人口顶，人们经过投资实践和相关人群契合、人气对策理论分析，追求奢侈品绝对价值的人口顶——8倍先、8倍中、8倍后，吸引专业投资人。这是典型的品牌奢侈品带来的龙头个股股价奢侈品，积累和持续时间很长，人气线（股价）、人群环（白酒行业板块）也非常明显，但是对于主板指数人群环的贡献不会太大。

本书研究更多的是在指数人群环契合的行业板块寻求8倍龙头最为确切，时间最短。这些都能够说明绝对价值与人口持续集中的关系。鼎盛时期研究人口理论是为了创造绝对价值，人口的持续集中就是以追求绝对价值最大化为目标。人口绝对价值创造是人群相对价值、人气比较价值理论的进一步深入研究，同时也是每只个股绝对价值创造的最终追求，如果结合人气线、人群环研究，对"8倍后"能否实现的研究就会容易得多，工业社会（人气线）的商科核心是经济学（人群环），知名教授（人口顶）一定出自经济学家，商科其他学科在当时出名就困难很多，这样投资起来更为准确，每一次结合人气线、人群环和人口顶研究是"8倍"绝对价值创造的核心，如果人口集中在指数人群环契合成长行业板块的个股上创造一个"8倍"价值容易得多，投资人在人群创造的"成倍快不足、成倍快超过、成倍中"人群环中，通过投资龙头个股创造几何级数绝对价值（在后面的章节中阐述）。

二、人类鼎盛时期人口的新要求

对于鼎盛时期人口集中而言有两个要求，它们是在鼎盛时期被提出的，只有符合这样的要求才能帮助一个国家、地区（行业）吸引更多的投资人集中，从而加紧鼎盛时期的演进。本书尝试运用学习心理学，由表及里从结构、作用和功能各个方面本质地把握专业化集中人口的演化机理，集中形成两点新要求。基于专业化市场环境下人口的复杂、开放、异质、涌现等特征，这两个要求分别是人口的广泛影响力、人口的主动性和独立性。

（一）人口的广泛影响力

鼎盛时期人口集中可以创造8倍绝对价值，通过创造的绝对价值不同来判断是否继续进行持续集中，能够帮助投资人更好地投资，从而实现超过其他个体的2倍、4倍，达到8倍价值创造，因此人口集中在鼎盛时期的影响力是极其广泛的。人口的广泛影响力使得大到一个国家、小到每一个投资人都不会放弃对于投资所创造的绝对价值进行不同程度的投资行为，使不同的国家、地区（行业）或投资人在鼎盛时期有更大的价值创造，具体地，鼎盛时期的人口集中影响力从以下三个方面理解：

（1）国家层面：①国家单个个体的绝对价值不断汇集国家整体价值量。从全球资本市场角度来看，一旦该国出现更多的奢侈品人口集中，那么该国在世界上的金融地位和营商环境就会大幅提升，在世界舞台上的政治、经济、文化等多方面地位就会得到相应提高，只要全世界人民投资该国、信任该国，该国的奢侈品种类与价值就会大幅上涨，社会财富快速向该国积累，该国加速进入发达国家行列。人口集中的个股越多，意味着该国 8 倍绝对价值个体越多，影响和带动该国经济发展，许多发达国家成功的经验不断告诉其他国家个体奢侈品对于国家的影响极为正面，如法国的香水，瑞士的手表，新西兰的牛奶，德国的汽车，美国的波音飞机、可口可乐饮料、微软操作系统和苹果手机都是人口集中的专业化体现。使每一个个体，都会想方设法把自己的事情做到极致。中国于 2018 年 11 月 5 日在首届中国国际进口博览会开幕式上宣布设立科创板，这是独立于现有主板市场的新设板块。设立科创板并试点注册制是提升服务科技创新企业能力、增强市场包容性、强化市场功能的一项资本市场重大改革举措，也为中国及世界创新人口、尖端技术集中，带动中国资本市场上涨，直至影响世界奢侈品股价变动创造了条件。②任何国家单个个体汇集的绝对价值越多，该国就越伟大。鼎盛时期具有专业化特征，各国的投资人都会利用人口与专业化的密切相关寻找能够创造绝对价值的投资对象，即选择不同的人口集中。因此国际范围内不同的人口通过吸引全世界投资人向其集中，从而引领该国鼎盛时期的奢侈品价值投资和绝对价值创造，由此可见人口集中理论在国际层面具有广泛影响力。

（2）行业层面：①绝对价值龙头个体带动整个行业发展。人口与人群有相同之处，都会带动自身行业甚至其他相关行业的发展。人口有别于人群，其会对所在国该行业的实体企业带来诸多积极影响，形成产业链，各国可以利用人口理论发展相关行业，形成价值产业。②培养和赞美龙头个体是整个行业的责任。通过专业化的奢侈品资产价格上涨和股权投资，带动相关行业发展，也是行业期盼的专业化奢侈品支持实体经济和相关产业发展的方式，要正确把握金融与实体、营商与产业之间的关系。

（3）个人层面：①投资人专注龙头是价值创造的核心，价值最大。由于人口集中在专业化的背景下会对投资人进行投资的奢侈品价格产生重要的影响，因此个体投资人应该充分利用人口集中理论与奢侈品投资实现绝对价值的 8 倍创造，没有投资人会放弃 8 倍，投资 2 倍、4 倍。②不投资龙头是错误的，同时投资龙头又是不确定的。鼎盛时期投资龙头是非常谨慎的，没有投资龙头，一旦投资错误，带来的损失一样巨大，如2020年投资龙头蚂蚁金服没有上市，导致仁东控股股价大幅下跌，正确投资龙头是这个时期演进的主旋律，面向未来，强调预测，并且掌握价值的核心地位以及集中的时期内涵。

（二）人口的主动性和独立性

人口集中的主动性与独立性相互联系，关于主动性，其最初的含义为个体按照自己规定或设置的目标行动，而不依赖外力推动的行为品质。在鼎盛时期人口集中主动性的基本含义可以理解为三点：选择的主动性、执着的主动性、时机的主动性。

选择的主动性即投资人选择龙头主动进行调整，最大限度地发挥人口集中对经济的积极影响。鼎盛时期的人口集中是由学习心理驱动下的绝对价值的互相判断而引发并形成的，投资人通过绝对价值的判断形成的投资使得全球范围内的证券市场中的各类奢侈品个股发生至少8倍的涨幅。只要是别人具备的必须主动学习选择人口集中，如钢铁、汽车、银行等。执着的主动性即投资奢侈品是一个漫长持续的过程，需要投资人以及个体长期的专注与执着。执着不仅表现在时间层面，更表现在专业化层面。时机的主动性即根据环境、形势的变化做出调整抉择，如中国根据国内、国际形势变化，决定学习世界的大飞机、航母、投行业务，进行人口集中，时机选择非常重要。

独立性的基本含义为意志不易受他人的影响，有较强的独立提出和实施行为目的的能力。具有独立性的人口具备两个条件：关键环节自己掌控、完整的产业链。所谓关键环节自己掌控，即放眼全局，提升战略竞争的关键硬实力，不被他国牵引。2020年5月14日，中国首次提出了"两个循环"概念，要"构建国内国际双循环相互促进的新发展格局"。内循环是国内的供给和需求形成循环。从理念上讲，内循环是通过国产替代，完善技术和产业供应链，改变受制于人的局面；通过激发和做大内需，弥补外部需求的疲软和不足，减轻外部需求波动对国内宏观经济的冲击，提升经济运行效率，解除居民消费后顾之忧，释放消费需求空间。关于完整的产业链，即防止被"掐头去尾"，将价值实现留在本国。从国家层面上讲，高新技术是一个战略性问题。高新技术企业，如"高科技""国家认可"的高新技术企业，与普通企业相比，多了一种神秘与隔阂，更关系到整个国家的命脉。但就目前而言，我国许多高科技领域，仍然存在着受制于人的问题。有些问题很紧迫，甚至是心腹之患。从2020年6月6日起，哈工大、哈工程两校师生无法使用Mathwork公司的软件MATLAB。糟糕的是，未来两校将不能在公开发表的论文中出现任何使用MATLAB得到的图表与数据。虽然目前使用Fluent、AutoCAD等产品还是"安全"的，但如果未来更糟糕的情况发生，如何才能不被类似MATLAB这样的"限禁令"扼住咽喉？在科研以及工业应用软件领域，中国必须要走上"自主创新"之路，发挥人口的独立性。哪怕道阻且长，也要"上下求索"，由此才能避免未来"被拿捏"的痛苦。如果自主创新的技术和应用完全可以独立应用或者关键技术独立，引领世界的国际循环才可以形成，别国也就没有办法抑制。尖端技术和顶层设计思维是独立性的核心，在鼎盛时期顶层设计比尖端技术可能更加重要，中国设立科创板就是一种顶层设计，为中国吸引全球尖端技术提供了最有效的金融途径。

如果一国的人口集中不能满足主动性与独立性，则会对该国的鼎盛时期以及经济发展产生极大的负面影响，轻则造成该国资本外流、发展缓慢，重则使该国陷入长期中等收入陷阱，很难实现新的突破，所以保证人口集中的主动性与独立性至关重要。只有人口集中具备主动性与独立性的国家才能适应商业环境的瞬息万变，经得住鼎盛时期的狂风巨浪，始终处于不败之地。总而言之，鼎盛时期的人口集中应该着眼于全球化、证券化、专业化，只有保证奢侈品龙头个股的主动性与独立性，才会赢得在国际上大显身手的机会，吸引大量国际资本流入，获得投资人的人口持续集中，实现自身乃至全球价值共享。

三、人口与龙头个股价格的关系

人口策略是四个策略中最为重要的一个，对鼎盛时期的奢侈品绝对价值投资而言，是实现龙头价值创造的重要前提条件，对投资者进行价值投资意义重大。

进入鼎盛时期后，越来越多的奢侈品投资品种层出不穷，而只有具有集中作用的才能够称为人口，并值得人们持续专注地研究。鼎盛时期的投资品类统称为奢侈品，其价格的变化影响着人口集中。鼎盛时期人们广泛追求极致，极致的品质、极致的内涵甚至极致的价格。对于奢侈品来说，满足用户需求只是基本要求。而明确其文化内涵、讲好品牌故事才能让产品更上一层楼，赋予它极致的高品质灵魂。奢侈品作为一种超出人们生存与发展需要范围的，具有独特、稀缺、珍奇等特点的消费品也慢慢被社会推崇。而只有板块中具有绝对价值并且能实现8倍的奢侈品才能叫作龙头，才值得吸引集中投资，进而推高该国资产的价格，带来巨大的社会财富。即奢侈品最终一定体现在龙头个股上。一种龙头个股的价格若要发生8倍增（减），需要拥有全球投资人足够的集中专注力，人口持续集中创造8倍个股价格升值的奢侈品，集中专注力持续上升，该个股奢侈品开始受到来自全球投资人的集中，从而带来巨大的社会财富增值。

人口集中的高度不同是头部信任分析的结果，不同的行业分类形成的人群，不同人群的个股顶格极度决定了不同的人口集中龙头个股的高度。人口根据8倍绝对价值的大小进行集中，经过个股头部信任分析，人口集中选择不同个股标的进行投资，也就产生了不同价格的头部个股，投资人选择个股，有人选择2倍，有人选择 4 倍，人口集中的核心是 8 倍个股，只要没有明确的 8 倍，智慧的投资人就不会轻易投资。如 2005 ~ 2007 年股票行情中，钢铁板块龙头个股的头部在国际比肩分析就是 20 多元，武汉钢铁当时价格就是 2 元多，8 倍空间明显，而宝钢股份是 4 元多，上涨 8 倍的空间不够，投资人人口集中武汉钢铁，而不是宝钢股份，结果证明也是正确的。

人口集中是因为有对个股的价值体征判断和 8 倍绝对价值的价值计量，与产生投资的头部信任极度结合分析，人口集中形成绝对价值，才能实现。没有经过头部信任分析，人口选择不同的投资标的进行投资，也就产生不同的价值个股。这些个股将会围绕核心个股上涨，吸引资金大量流入，进一步推动龙头个股价格上涨，带来巨大的时期财富增值。不同的投资人通过投资实现不同的价值增值。龙头个股价格变动、人口集中、信任头部的关系，具体如图 4 - 13 所示。总体来讲，三者组成一个正向反馈循环系统，人口集中是信任头部的前提，信任头部是人口集中的关键要素。人口集中引发龙头个股价格变动，与此同时，龙头个股价格的变化又导致对于个股头部实现的顶格极度的信任，信任头部和龙头个股价格变动与 8 倍绝对价值之间相互作用。同样地，人口集中是因为有对个股价值盈余的判断和绝对价值的计量。

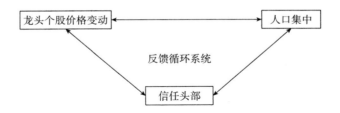

图 4 - 13 人口集中与龙头个股价格的关系

四、人类鼎盛时期的人口确定

(一) 绝对确定

绝对确定是以绝对价值的空间大小和绝对价值的时间作为人口的确定标准的。人口选择集中对象，总是会对集中的对象进行绝对价值的判断，选择绝对价值最大的对象进行人口集中，没有明确的绝对价值计量，投资人是不会轻易集中的，散点式的个体和清晰的三甲都不会引起投资人集中，绝对价值必须有 8 倍价值空间。

绝对确定讲究"绝对明确"，即必须找到最为确定、绝对的 8 倍龙头个股才能进行投资，这在生活中的举例有很多，比如一位学者一定要全身心投入学习，首先将精力投资到是博士学位上，因为"博士"就是最为明确、绝对的 8 倍，没有"博士"这个 8 倍先，8 倍中的教授与 8 倍后的知名教授就无从谈起。所以说投资人先将一个 8 倍牢牢握在手中才是一个学者最明智的投资抉择。绝对确定应用在股市中的个股上具备一定的规律性，根据各自之间的价值量变化趋势大致分为两类情形：

情形 1：初期板块中 N（N≥3）个个股起步基本一致，绝对价值差距甚小，慢慢发展形成三甲 A、B、C，然后三甲 A、B、C 发展为绝对集中的个股。如图 4–14 所示，此时 B 与 C 绝对价值量保持相同水平，而 A 绝对价值量开始 8 倍集聚，与 B、C 的差距逐渐拉大。这个阶段 B、C 的绝对价值并不是保持不变的，也在以一定的速度进行价值积累，不过其上涨的幅度远低于 A 个股，这就在总体上造就了 A 个股独占鳌头，除 A、B、C 的其他上市个股绝对价值变动不明显，无法追赶 A，由于其人口的集中潜力低，也在上涨，但是基本上是 2 倍、4 倍，导致这些个股在行业的个股集中中逐渐被淡忘。在下一阶段，随着个股 A 的价值集聚，B、C 个股难以在绝对价值水平上与 A 个股抗衡，一定会受 A 个股绝对价值的影响，其必须想方设法通过思维创新打破这一格局，提升自身个股价值的

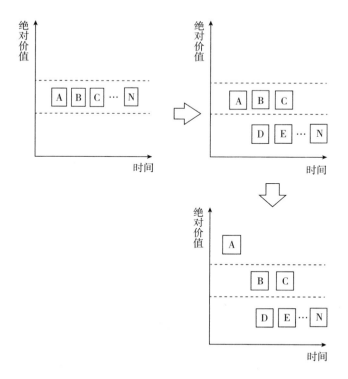

图 4–14　绝对确定的第一情况（A＞B、C）

集聚效率。若保持这一趋势，最终 B、C 个股一定会受 A 个股绝对价值的影响，逐渐在行业竞争中被淹没。引起这一格局的主要原因就是鼎盛时期投资人追求价值多极。在鼎盛时期，仅仅追求物质的丰富已经不能满足人们对更高精神生活层次的追求，追求极致时期的到来成为人口集中的时机选择。也就是说，必须追求极致，一旦拥有极致，其某些领域才能在世界上保持领先，难以被别国超越，进而带动该国全方面发展。

情形 2：如图 4 – 15 所示，板块中 N（N≥3）个个体绝对价值量水平相差较小。A、B、C 首先呈现出三甲的局面，D、E 暂时落后（也可能开始没有上市）。下一阶段 D 与 E 由于长期的价值积累与沉淀，在该轮行业比拼中一跃而起（也可能 D、E 是刚刚上市），替代 B、C 成为新三甲，而 A 还是表现出三甲强大、持久的恒定力，在新一轮的竞争中稳居三甲之位，在第二阶段个股集中 A 实现腾飞，达到第二轮绝对价值计量，确立了其一超多强的格局，继续集中 A 也是由个股的价值特征决定的，D、E 个股可能上市价位太高，也可能上涨速度太早、太快，与整体行业板块和指数板块不一致（共建确定研究），不能明显表现 8 倍空间，价值集中不能在 D、E 个股中实现。现实投资中存在很多从三甲发展为个体的绝对集中案例，这是绝对价值短时间内形成 8 倍的结果，也就是鼎盛时期追求极致的必然表现。例如券商板块在投资初期 2005～2007 年按照各自绝对价值量比较，三甲是中信证券、国泰君安和华泰证券，人口集中在个股中信证券上，从12 元上涨至 117 元。而在 2020 年行情中中金公司与中信建投纷纷上市，迅速集聚人口专注力，异军突起与中信证券组成新三甲，国泰君安和华泰证券被淘汰出三甲。那为什么第二轮还可以确定个股龙头为中信证券？首先中信证券股票总市值最大，在绝对价值个股市值方面占有优势；其次中信证券相较中金公司与中信建投起始个股股价低，中信证券 8 倍起始价位 14.72 元，中金公司起始价位34.54 元，太高，中信建投起始价位较低，但是一路上涨速度过快，超过中信证券，与主板指数轮动不能一致，而中信证券紧跟主板指数，中信证券作为老牌综合类的证券公司，其长期稳定居于前三甲，并且存在历史价位可以作为参考，8 倍空间最为明显、清晰，实现最有保证。

（二）龙头确定

虚拟时代衍生品投资是跟随人群营商中的"蓝海"指数板块、成长行业板块进行投资的，鼎盛时期奢侈品还要在跟随板块投资过程中集中 8 倍先、8 倍中、8 倍后的个股进行投资，这些个股具有强大的集中潜力，其上涨会对整个板块造成影响。这种某一时期在股票市场的投资中对同行业板块的其他股票具有影响和号召力的 8 倍个股在投资领域被称为"龙头"。因此，想要成为引起社会专注、被全球投资人集中的人口，必须结合龙头的概念和类型进行确定。

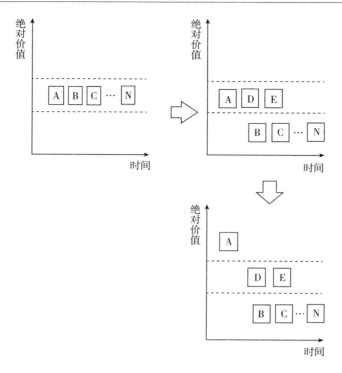

图 4-15　绝对价值差距大（A > D、E）

1. 龙头的概念

龙头个股指的是某一时期在股票市场的炒作中对同行业板块中的其他股票具有影响和号召力的股票，它的涨跌往往对同行业板块其他个股股票的涨跌起引导和示范作用。龙头个股并不是一成不变的，它是一定时期的产物。投资人想要让绝对价值最大化，必须寻找龙头，通过投资龙头进而在短时间内集聚可观的绝对价值。作为龙头其最显著的特征就是必须具有 2 倍、4 倍，更有 8 倍特征，相较于其他个股具有明显的绝对价值优势，并且地位稳固，难以被超越。龙头股是同板块中表现最强、最有号召力的个股，它是同板块乃至某段时期全市场的风向标，没有成长性的行业和板块，龙头也没有什么意义。

本书龙头是鼎盛时期的概念，有更具体而深入的理解，认为龙头是人群契合的行业中能够在时间损失较小的情况下增值最大化的绝对价值个股，是否为龙头，一定是以 8 倍增值加以计量的。只有将这些个股作为投资对象才有可能形成人口集中，即成为鼎盛时期的人口，有着较强的人口集中专注力。

2. 龙头的类型

鼎盛时期人口集中主要是由学习心理、传播行为产生的龙头个股来确定，根据龙头的界定并结合绝对价值内容，在运用龙头进行人口确定时，将以下三种类型作为可以进行集中的具有绝对价值的龙头个股，分别表示为：8倍先龙头、8倍中龙头、8倍后龙头，其中8倍指的是绝对价值增值的大小。人口营商学将研究的重点集中放在8倍的创造上，而"先、中、后"指的是绝对价值增值的时间顺序，只有正确把握时间节奏，才能实现龙头价值和绝对价值最大化。

龙头个股是鼎盛时期的人口集中的投资对象，投资人每次投资都会寻求龙头个股投资，龙头的判断是在2倍、4倍增值的前提下，必须有明确的8倍，这种龙头才是鼎盛时期的人口集中，而不只是个股背后的昌盛时期企业利润、产值、规模龙头。

（三）共建确定

1. 原产地共建

原产地是指来源地、由来的地方，原产地是指兴盛时期上品的最初来源，即上品的生产地。原产地间的共同建设能保障自然资源的原产地供应。原产地共建是鼎盛时期绝对价值创造的基础和源泉，是故事的起源和根基。

昌盛时期市场上营销的品牌也带有原产地概念，即它来自哪个国家或地区，学术上把品牌所来自的国家或地区称作"原产地"，一般含义是"××制造"（Made in）。品牌原产地影响消费者对品牌的评价，进而影响购买倾向，称这种现象为"原产地效应"。1903年英国和德国商人在青岛开办英德酿酒有限公司，这就是现在青岛啤酒厂的前身。青岛啤酒博物馆中最具价值的核心区域当数第一区域——百年历史和文化。在这里，顺着时空的脉络，游客可以通过详尽的图文资料，了解啤酒的神秘起源、青岛啤酒的悠久历史、青岛啤酒数不胜数的荣誉、青岛国际啤酒节、国内外重要人物来青岛啤酒参观访问的情况。而祖辈曾在青岛啤酒工作过的德国、日本友人专门捐献的文物史料，使得这一展区更加引人入胜。现如今青岛啤酒的行业地位就是从近代开始进行原产地共建的结果。

2. 关联企业共建

关联企业共建是昌盛时期的核心，是由几个重要的企业共建形成的，如家电就是格力电器、美的、海尔等企业共建，这白酒就是茅台、五粮液、泸州老窖等企业共建，是鼎盛时期共建的支撑，制造业的进步促进昌盛时期的演进。原产地共建逐步发展为生产企业共建。

关联企业共建是鼎盛时期演进与市场经济发展的共同结果。可以分为三个方面：①从微观上讲，各公司之间通过一定的方式进行联合，不仅可以避免在激烈的竞争中两败俱伤，而且关联公司内部可以在资金、人员、商业信息乃至市场等方面实现资源共享，有利于关联公司在与其他公司在竞争中处于优势地位。②从宏观上讲，单个公司通过增加资本的方式进行规模扩张是十分有限的，要在某一领域的国内或国际市场上占举足轻重的地位，走公司集团化的道路是进行规模扩张与市场扩张的最佳途径。③从经济学的角度讲，关联公司可以在一定程度上实现资源的优化配置，降低交易成本，防范经营风险。

3. 专业人士共建

专业人士共建是鼎盛时期人口确定的核心。只有通过专业人士共建，才会有人口集中的形成，这是由人的学习心理发挥作用形成的，原产地共建是自然环境影响人们的需要，关联企业共建是竞争环境影响顾客需求，鼎盛时期专业人士共建引起投资人学习心理起主导作用，人们会不断地激发投资人的学习心理形成人口顶，这是共建确定中的重要环节。只有如此才能最大限度实现奢侈品的个股绝对价值，为其三个 8 倍形成打开价值空间。

综上，鼎盛时期，受顶层设计思维的影响，投资人通过信任头部的顶格思维极度，强调专业人士的赞美与人们学习心理共建共享，创造"百倍"个股价值空间，为实现绝对价值打下坚实的基础。共建确定要求契合的成长行业板块奢侈品龙头个股必须与主板大盘指数人群环同步上升，既不能涨得太快，更不能不涨，要紧跟指数大盘，更加稳定、精准、有序地投资 8 倍奢侈品，在不同板块实现 8 倍的"先、中、后"，进而实现百倍增值，这是共建确定与互联确定的联系。

鼎盛时期思维是抽象思维与具象思维特征，专业人士丰富的抽象思维必须落地于一只个股上，共建可以形成许多行业龙头个股，再经过反复验证与筛选，才能形成被市场认可的人们集中投资的人口顶（见下文详解）。它既可以影响投资人的集中专注力，也是投资人集中人口选择的个股判断依据。

与人群环的 2 倍、4 倍不同，人口顶一定含有 8 倍。人口顶是以人群环为支撑的。没有人群环跟随的衍生品——指数板块，人口顶理论很难用来研究人口集中奢侈品——龙头个股，将人群跟随的"蓝海"作为研究人口集中龙头的支撑，可以使问题简化、方便、易量化、更确切。人口顶来源于人们的长期共建、人们对不同时期演进和投资的长期观察和总结。经过原产地共建、关联企业共建、专业人士共建的核心流程，人口集中的专注力愈发汇集于某一个体，投资人心理持续集中逐渐形成该个体的人口顶，带来绝对价值的 8 倍增幅。专业人士共建是鼎盛时期人口确定的核心。人口顶来源于专业人士共建、投资人共享，各方面专业人士会集在一起可以结合他国的共建历程以及本国的饥饿地位来判断个股顶格的极度，并向他国学习比肩，探寻本国龙头个股提升空间，立足本国，放眼世界，核心是专业人士人口集中。专业人士共建形成人口顶的影响因素如图 4-16 所示。

他国	本国

他国专业人士已经 共建的行业个股	本国专业人士准备 共建的行业个股
他国专业人士共建的 成功个股	本国的支撑条件与 抽象、具象思维个股

图 4-16 时期演进形成人口顶的影响因素

在专业人士共建形成人口顶的四个因素中，第一个因素是他国的专业人士已经共建行业个股，他国人口集中的个股对其他国家乃至全球的鼎盛时期演进都是宝贵的经验。由于其他国家人口集中，本国也可能会集中，所以智慧的投资者应当及时发现这些顶层设计所形成的人口顶进行投资。第二个因素是本国专业人士准备共建的行业个股，别国共建个股有哪些，本国准备共建个股应该跟随时期的演进，指数板块和行业板块轮动进行按先后顺序进行排列，只有不断编织行业和龙头个股，时期演进才能顺利进行。故投资者应当不断地对本国当前行业情况与人口集中的个股进行分析，选择时机进行投资。第三个因素是他国专业人士共建的成功个股。他国的不足或者教训很可能会成为本国现在或者将来的成功方向。他国的成功个股，是本国必须效仿的范例，别国成功后，超越别国是非常困难的，只能学习与比肩别国，缩小差距，意味着投资者获得的价值增值空间也就更大，付出的时间损失就越小。第四个因素是本国的支撑条件与抽象、具象思维个股，需要抽象思维与具象思维的把握，这是时期不断演变、全球投资人思维进步引起的，由于营商的专业化、产业的不断升级，投资人对于信任头部以及价值创造的理解加深。

综上所述，原产地共建、关联企业共建、专业人士共建的三种方式，都会引起投资人在鼎盛时期的人口集中，但是人口顶集中到达顶格高度是不同的，原产地共建是基础、关联企业共建是支撑，必须通过专业人士共建，以专业人士共建为核心，改变投资人学习心理的诱因、刺激物、驱动力的大小从而引起投资人的真正人口集中。专业人士共建是鼎盛时期的主旋律，本书以学习心理学为主的奢侈品——龙头个股股价作为研究对象。

第三节　人类鼎盛时期的人口集中原理

一、人口集中原理的理论来源

鼎盛时期的人口是投资人的持续集中。人口集中某一事物的过程就是人口对该事物产生影响的过程，也是人口创造绝对价值的过程。鼎盛时期的人口集中原理主要表现为人口的学习心理和心理持续集中。集中原理的理论来源主要包括经济学和营销学两个方面。

（一）经济学来源

边际效应（Marginal Effect），也称为边际效益或边际贡献。边际效益是经济学中经常使用到的一个概念，定义为：在其他情况不变的条件下，增加一单位要素投入给生产带来的产值增量变化。随着产品和服务消费数量的剧增，消费者产品和服务消费过程中总利益也会发生变化，这一变化具体表现为：消费者每增加一单位该产品或服务的消费数量，则边际效应会相应减少。若边际效益曲线与边际成本曲线逐渐交于某一点，则该点为消费者使用该产品或服务的最大效率水平，计算公式为：

$$MR = \triangle TR / \triangle Q$$

其中，MR 表示边际效用，Q 为一种商品的消费数量，TR 为总效用。

所有追寻利益最大化的企业均遵循着这一边际原则：当某项经济活动的边际收益大于边际成本时，企业势必会扩大这种活动；相反地，若某项经济活动的边际收益小于边际成本时，则企业会减少这种活动，直到边际收益等于边际成本时，企业利益也就达到最大。

边际效用递减法则，也称边际效益递减法则、边际贡献递减，边际效用递减是经济学的一个基本概念，是指在一个以资源作为投入的企业中，单位资源投入对产品产出的效用是不断递减的，换句话说就是，虽然其产出总量是递增的，但是其二阶导数为负，使得其增长速度不断变慢，最终趋于峰值，并有可能衰退，即可变要素的边际产量会递减。

边际效用递减原理通俗的说法是：开始的时候，收益值很高，越到后来，收益值就越少。用数学语言表达：x 是自变量，y 是因变量，y 随 x 的变化而变化，随着 x 值的增加，y 的值在不断减小。这就是著名的边际效用递减原理。

边际效用递减法则主张，随消费量增加而边际效用会逐渐减少，因此，消费者愿意支付的价格也降低，形成随消费量增加而商品价格降低的需求法则，消费者才愿意再增加商品 X 的消费。如此由边际效用递减曲线导出负斜率的需求线，线上每一点代表每一需求量，对应消费者愿意支付的最高价格。如图 4 – 17 所示。

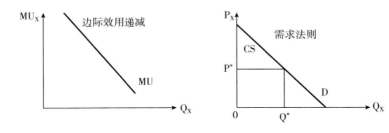

图 4 – 17　边际效用递减图

该理论的含义是投资人追求目标是边际效用最大化，人们总是寻求最大化效用，在开始投资时，很难辨别谁的效用最大，在投资的过程中，投资人在不断甄别个股价值大小，并且向价值量大的个股集中，不断淘汰价值量小的个股，个股投资的过程是一个从价值量大小不清晰的盲目投资到价值量小的个股散点投资再到逐步转向价值量大的个股集中投资的过程。

（二）营销学来源

4P 营销理论（The Marketing Theory of 4Ps），4P 理论产生于 20 世纪 60 年代的美国，是随着营销组合理论的提出而出现的。1953 年，尼尔·博登（Neil Borden）在美国市场营销学会的就职演说中创造了"市场营销组合"（Marketing mix）这一术语。

营销组合指的是企业在选定的目标市场上，结合竞争环境、政策环境、产品品质、用户消费能力、地域消费习惯等因素进行综合考量，制定出符合企业自身发展需要的营销策略，并对以上因素进行有效的整合、应用和营销，从而满足市场需求、获得更高营业利润。具体来说，在 4P 理论中，企业产品营销活动的出发点包含产品（Product）、价格（Price）、渠道（Place）、促销（Promotion）四方面内容。

产品策略（Product）：产品是指由卖方提供给市场，能够被消费者使用和消费，并能满足人们某种需求的东西，既包括有形的实体商品，也包括虚拟的电子产品、服务产品、传递的经验和价值观或者以上三者的组合。产品是 4P 理论的核心，产品要素包含产品的种类、样式、规格、包装、品质和服务等。要求产品适应目标市场需要，有独特的卖点。

产品策略是市场营销战略的核心，其他策略——价格、渠道、促销等都要围绕产品策略展开。正如产品策略中所说，每个品牌旗下都包含众多产品系列以及上百种产品样式，差异化明显，对应到鼎盛时期的个股价值大小也不同，在人气关注的股价上涨倍增，人群跟随的指数板块 2 倍、4 倍上涨的过程中，契合的行业成长板块每个个股都有 2 倍或者 4 倍，但不是每个个股都具有 8 倍，8 倍的个股只是少数，因此人口营商中的投资人要想尽办法投资 8 倍，向 8 倍个股集中。反映在股市上，如何在一波行情、一个板块、一个龙头最短时间达到人口顶的 8 倍高度，创造最大的绝对价值正是人口策略的精髓所在，而每个个股价值大小也是一种展现，所有本书称之为策略。

本书着重研究人口策略，人口策略与《人气营商学》中的人气对策和《人群营商学》中的人群决策有很大的差异，首先人口策略是真正意义上研究 8 倍奢侈品龙头及 8 倍如何实现的策略，是人气对策与人群决策基础上的"落地"投资。其次策略与对策不同，对策，仅仅是指一个办法，一个应对的办法。而策略则是将办法上升到一个系统、一个战略层面，形成了一系列或一套具备综合体系的解决办法。再次策略与决策不同，策略是有决策的策略，决策是策略项下的决策；决策是纲，策略是本。策略不常变，决策会时常调整；没有策略，决策就成为无本之纲。最后需要注意的是：①每个个股都有策略，与产品策略一样，是每个个股的呈现。②人口策略研究 2 倍、4 倍、8 倍的组合，其中最重要的是 8 倍，必须有 8 倍才能实现人口顶，每个人读书的 8 倍是博士，不是硕士、本科。③实现人口顶的途径也有不同，人口策略要求寻找时间最短、最为确定的途径。具有鲜明投资对策作用于"三价"，契合指数板块的成长行业板块龙头最为确定。④人口策略只是人口营商学的展现，人口营商学的核心在于人口信任，人们信任博士，不会轻易信任硕士，所以读书必须读到博士。总的来说，人口营商以人口顶为基础，通过信任来进行绝对价值的集中，根据人口集中对饥饿、圈子、标杆策略进行相应的分析，以使得绝对价值最大化。

人口策略则是人口营商学中 4 个策略的核心，确定人口顶达到的高度是人口策略的关键，如图 4-18 所示，二者的联系在于产品策略中通过满足消费者的复杂利益整合的需要，人口营商通过学习心理学的诱因、刺激物、驱动力三要素形成人口集中策略来创造信任的绝对价值，是饥饿、圈子、标杆策略形成的基础。产品营销中，产品策略是核心，而这里的产品是利益的体现，是一种差异化产品，是价格、渠道、促销策略形成的基础。

二、人类鼎盛时期人口集中原理

（一）基本原理

鼎盛时期人口集中主要是指心理持续与人口集中之间的关系。人口集中来源

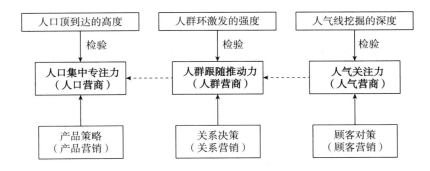

图4-18 人口（集中）策略与产品策略、人群跟随决策、人气关注对策的关系

于人的思维到达的高度，而这个高度是与人们的心理持续相关联的。人的心理持续通过影响人们思维的达到高度，进而使得人口的集中呈现出了持续性，时期演进中思维的聚集是连接心理持续与人口集中的桥梁。所以在鼎盛时期下，如何判断人口集中某一个个股奢侈品形成的高度更高是一个重要课题，也是人口策略的研究重点。

从人口与绝对价值来看，人口集中某一板块的奢侈品个股的持续的龙头价值越大，则该奢侈品创造的绝对价值就越大，也说明其对专业投资人更具有吸引力，能够聚集更多的集中专注力。因此，研究如何判断人口集中心理持续的龙头价值是人口集中研究的核心。人口集中的心理持续的作用机理如图4-19所示，心理持续直接影响人口集中某一个个股奢侈品的龙头价值，而人口集中高度的大小的变化情况又会影响心理持续，两者相互作用、相互影响。一个投资的个股能够持续共建成为时期增值的某一个奢侈品个股，人口集中的心理持续就会形成龙头，投资人投资该类奢侈品创造的价值就会越来越大，因此吸引着专业投资人的人口集中，一旦该奢侈品的共建空间不足，成为时期增值的龙头能力受到限制，价值投资的集中专注力就会受到限制，8倍就会难以实现，人口集中就会有所减弱，人口集中就转换，此时只有不断地形成共建空间才能形成龙头价值人口集中，才能形成有效的绝对价值投资。

心理持续对于人口投资的影响巨大，反过来，人口集中影响心理持续。鼎盛时期人口的集中呈现持续性集中，其核心思想是在全球化、证券化、专业化投资中，人口将以个股奢侈品为主，而投资个股的人口集中与奢侈品投资有很多的相似之处，从投资人的心理持续足以看出8倍龙头个股与奢侈品的相同之处，一般的奢侈品投资很难用8倍投资理论进行分析，投资起来相对困难，如果利用奢侈品的思想投资龙头个股创造价值就非常明显。人口的集中潜力越高，拥有的高度也就越高，而这种高度可以创造出8倍的绝对价值。

所以，选择鼎盛时期龙头个股吸引投资人集中，是人口营商的良好开端。人口集中个股一旦形成，集中的人口专注力就会一直保持对于该个股较强的水平，没有人口集中，就说明没有个股绝对价值的创造，没有龙头，吸引不了人口集中，应充分利用其创造更多的绝对价值，保持人口的集中，激起专业投资人的心理持续时间，让专业投资人获得更多、更好的回报，从而更好地带动相关产业的长远发展。

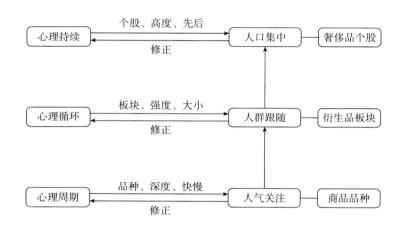

图 4-19　人口集中原理的作用机理

(二) 人口作为集中研究的逻辑

要理解人口是一种集中，必须要理解人口作为集中的逻辑。鼎盛时期集中的根本目的是创造绝对价值，而创造绝对价值的过程是通过专业投资人集中才能产生的投资实践。鼎盛时期人口集中的过程也就是投资者选择投资个股的过程，鼎盛时期以个股为主，学习心理学形成的不同时期人口顶集中，才是鼎盛时期的最重要集中，才能更加有效地创造绝对价值。

鼎盛时期中由于集中专注力的时间先后不同会导致股票投资人发现能够起到价值实现作用的人口进行集中，而集中的目的就是投资。无论是投资一个国家还是投资证券市场的某一个个股奢侈品，一旦将人口作为集中来考虑，它便能够引发专业投资人士的投资行为。当人口集中某一奢侈品龙头时，必然会在短期内带来全球化、证券化、专业化的资金流动，该奢侈品龙头股个股的价格才能上涨，从而使得价值发生增值，实现 8 倍的涨幅，如茅台酒龙头个股的形成就是全球化、证券化、专业化投资的结果，美国的苹果股票也是如此，如图 4-20 所示。因此，鼎盛时期人口集中的根本目的是创造绝对价值，而创造绝对价值是通过投资实现的。因此鼎盛时期人口集中的过程就是投资者选择奢侈品龙头个股进行投资的过程。

图4-20 人口集中的逻辑

（三）心理持续变化的内在含义

心理持续是人口集中原理的核心，所以研究人口集中的持续原理应当明确心理持续变化的内在含义。首先要明确的是，心理持续变化的实质是因为绝对价值发生了变化，随着专注力的变化，人口集中对象的心理持续会发生变化，其绝对价值也会随之发生改变，进而对集中对象的价值创造产生影响。心理持续短暂，上学不可能读到博士，也就没有8倍。鼎盛时期绝对价值的创造是通过心理持续的人口集中来实现的，因此人口集中某一对象，并且使其处于人口顶8倍龙头高度，则会创造相应的绝对价值。

心理持续对应8倍先、中、后的龙头价值计量刻度，每个心理持续的目标都是8倍先、中、后个股价值的实现。这种持续专注的思维方式体现绝对价值的计量刻度，投资人进行投资的策略抉择，是奢侈品个股投资的心理持续，在专业化要求越来越高的今天，教育、金融、营商与价值投资的发展越趋紧密，心理持续对于奢侈品的研究越来越重要。

人口集中的心理持续与个股人口顶紧密相关，不同的人口顶所创造绝对价值的能力不同，心理持续变化的实质就是个股创造绝对价值能力由弱→强→弱的过程。衡量人口集中的心理持续就是判断创造绝对价值的能力，在人口矩阵的"龙头"个股创造绝对价值的能力要强于其他个股。没有8倍的个股价值不会产生心理持续，达到不了人口顶，人口就会逐渐向别的龙头个股集中。

（四）集中类型的特征及适应对象：人口矩阵分析

人口集中开始的初期并不显著，投资者此时由于个股的价值体征以及对板块轮动价值体现把握不全面等，很难判断人口正在向哪个个股集中。而当随着人口集中过程中开始创造2倍、4倍、8倍的绝对价值而形成正向反馈时，人口集中个股对象的先后顺序将明显表现出来，但是上涨空间也随之变小，投资者很难在个股投资中实现龙头价值增值。所以这就是投资人选择个股投资的难题。本书对人气、人群营商学中价值矩阵模型进行创新，通过抽象思维导入人口矩阵模型，通过绝对时间损失与增值空间双重维度来分析和判断人口集中个股的类型特点及适用对象，以指导人们投资。

1. 人口矩阵的概念

随着全球虚拟经济的快速发展，国际金融市场一体化趋势日渐明显，资产证券化的步伐越来越快，证券投资也越来越受到人们的广泛关注。许多机构投资者与个人投资者开始寻求更好的选股策略与算法，以获得收益最大化。但由于金融市场是一个复杂的、充满了各种不确定性的系统，如何在各种复杂的、充满了不确定性的金融环境中对资本进行有效配置，实现投资收益与风险均衡将是机构与个人投资者所要面临的重要问题，即投资组合优化问题。因此，在金融市场中投资者在追求高投资收益的同时如何有效地控制风险，成为投资的首要问题。

　　类比人气、人群营商中的价值矩阵，人口用于选择个股奢侈品进行投资时，也可以以此为基础进行划分，此时可以分为 12 个不同的类型，如图 4 – 21 所示。人口矩阵将横、纵轴的内容分别变为增（减）值空间和绝对时间损失，其中增（减）的大小是以 2 倍增（减）、4 倍增（减）以及 8 倍增（减）来确定的，而矩阵中的绝对时间损失分为"快、中、慢"三种，人口矩阵不同于其他矩阵，其多划分出 8 倍的价值增（减），这是个股投资不同于板块投资的抽象结果。由于连续 8 倍上涨是最高幅度，所以本书称之为"人口顶"，与人气线、人群环共同成为《人气营商学》《人群营商学》《人口营商学》三本书的重要概念，8 倍的价值空间便成为了人口营商研究的重点。

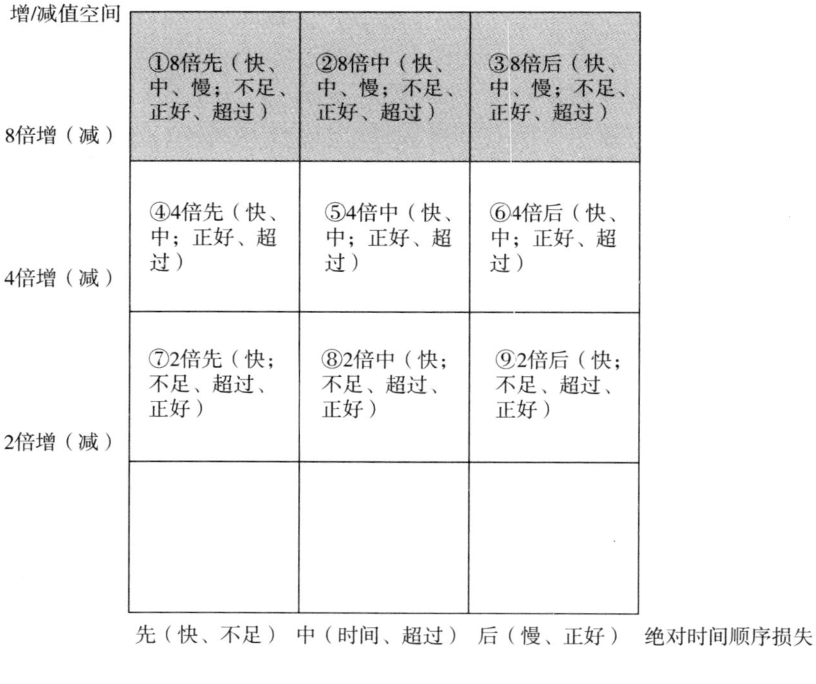

图 4 – 21　人口矩阵

在这 12 个方块中，能够作为鼎盛时期需要按照一定的标准进行筛选，而这种标准便是一定时间内绝对价值实现的大小。有别于人气、人群矩阵，人口矩阵中投资人应该选择增值空间最大的国家、板块和个股进行投资，具体表现为三种个股：8 倍先、8 倍中、8 倍后（如图 4－21 中的①②③所示），围绕 8 倍，可能形成个股 2 倍先、2 倍中、2 倍后，4 倍先、4 倍中、4 倍后，构成人口矩阵模型，只是 2 倍增值在人气营商中已经研究过了，4 倍增值在人群营商中也已经研究过了，不是本书研究的重点。此时人口集中的个股是 8 倍绝对价值的最大化，因此具有 8 倍增值空间的投资对象——个股符合人口研究条件，对于 8 倍慢，投资人也是宽容的。人口根据鼎盛时期人口确定，将以上具有 8 倍增值的投资对象统称为"龙头"，也就是说只有龙头才值得个股投资。

人口矩阵中包含 2 倍、4 倍、8 倍，其中 8 倍是最重要的，没有 8 倍就不构成人口矩阵，8 倍具体分为 8 倍先、8 倍中、8 倍后三种。鼎盛时期，应该首先选择增值空间大、实现时间最短的 8 倍个股进行投资。人口策略中，2 倍与 4 倍常见，要重点研究 8 倍，这是个股投资的第一要求。根据鼎盛时期人口的确定，三者依据实现时间顺序进行划分，将 8 倍先、8 倍中、8 倍后统称为"龙头"个股。

2. 人口矩阵的特征描述："龙头"特征

（1）8 倍先（时间快、中、慢；不足、超过、正好）。

特征描述：8 倍先是"龙头"价值创造初始阶段投资选择。8 倍先是龙头 8 倍投资时间顺序的最优先选择，8 倍先的增值空间最大，只有通过抽象思维正确把握个股的价值体征和板块轮动价值体现的投资人能够识别该个股，专业人士领先其他投资人，引领新一轮绝对价值创造。8 倍先作为人口集中策略的第一投资标的，是 8 倍中与 8 倍后的前提铺垫，充分考验投资人的抽象思维能力及具象抉择能力。该个股会广泛吸引各方资本流入，相应的资产价格就会上涨。不同的价值板块 8 倍先的绝对时间损失与强度是不确定的。也就是说，8 倍先可以是 8 倍快、中、慢，不一定 8 倍先就是 8 倍快，由于指数板块的套牢盘很多，契合的行业板块 8 倍先就成为 8 倍慢了，2020 年指数板块从 2440 点上涨至 5178 点，一路的套牢盘，契合上涨证券板块龙头中信证券就是 8 倍慢，指数板块套牢盘较少，8 倍先就变快了，2005～2007 年上证指数从 1500 点上涨，套牢盘很少，契合的钢铁板块、证券板块龙头就成为 8 倍快。8 倍先可以是 8 倍不足、正好、超过，8 倍先的强度也是随着指数板块形成的对策作用产生的，如金钱杠杆对策形成的板块资金充足，8 倍先在头部顶格思维确定的情况下，不会出现 8 倍不足，2005～2007 年行情中，币值平台对策使股票上涨，速度快、时间短，可能出现 8 倍不足，8 倍中就开始上涨，必须密切注意，否则错失 8 倍中的投资机会。对以上个股进行投资，可以实现几何级数的价值增长。由于心理持续的程度增强，必须随时保持高度警惕，不断保持价值共享，保证其在鼎盛时期是最具投资价值的标的。

适应对象：指数板块实现 4 倍增值，力图领先别人实现第一个 8 倍增值，引导全球范围内各国及投资者向其集中；善于通过抽象思维与独到的投资经验（或者是人生阅历）正确把握个股的价值体征和板块轮动价值体现，准确判断大盘与龙头的联动效应；追求在资产升值空间最大的投资者；对于资产增值有较高要求的投资者；心理神往程度较高，可以承受双向波动风险的投资者。

（2）8 倍中（时间快、中、慢；不足、超过、正好）。

特征描述：8 倍中是"龙头"8 倍投资时间顺序的中间阶段选择，它在绝对价值创造上同样也具有 8 倍的升值空间，具有非常可观的投资回报，因此存在较高的集中专注力，心理持续的程度较强并趋于稳定。在 8 倍先实现后，8 倍中将会成为投资人的重点研究对象，其在人口集中的百倍价值创造策略中连接 8 倍先与 8 倍后，起到承上启下的作用，是这个过程中举足轻重的一环。不同的价值板块 8 倍中的绝对时间损失与强度是不确定的。也就是说，8 倍中也可以是 8 倍快、中、慢，但是 8 倍中一般都是速度快、中，不会慢，因为这时大盘指数上涨到一定高度，没有大量套牢盘，资金推动个股速度加快，同时 8 倍中上涨也表明主力资金进入市场，如果 8 倍先是试探，8 倍中则是坚定信心的表现，推动大盘超过前期高位需要 8 倍中个股龙头上涨，牛市起动，大量资金进场。8 倍中可以是 8 倍不足、正好、超过，这与推动股市上涨的对策逻辑紧密相关，如果是金钱杠杆对策，8 倍中肯定是正好和超过，因为 8 倍中龙头个股起到推动大盘大幅上涨的作用，如果 8 倍上涨不足，大盘指数无法实现 4 倍超过。

适应对象：指数板块实现 4 倍增值，已经实现 8 倍先，希望继续引导一定范围内国家及投资者向其集中；希望创造较大的绝对价值的投资者。心理持续在一定时间内改变人口集中的专注力，从 8 倍先转向 8 倍中，绝对价值增值空间很大。8 倍中是投资人在 8 倍增值中的第二次选择，应该毫不犹豫。

（3）8 倍后（时间快、中、慢；不足、超过、正好）。

特征描述：8 倍后虽然也具有 8 倍的空间，不过实现起来比较困难，是百倍价值创造的最后一个环节。是人们的最终目标，可遇不可求，但仍然有集中的必要，因为其也能实现 8 倍增值，在一般情形下能够推动一部分投资者集中。8 倍后的实现与否决定了整个绝对价值集中策略的完整性与科学性，是真正意义上从量变到质变的过程。具备"8 倍后"的集中对象，其创造绝对价值的时间可能快、中、慢，但是一般应该是快，大盘上涨至后期，大盘没有多少空间，龙头个股会加速上涨实现 8 倍后增值，这时很多投资人把握不住 8 倍后，可能是 8 倍后与 8 倍中的时间交叉，错失投资 8 倍后，只要大盘上涨空间足够和时间允许，一般在金钱对策、指数实现 4 倍超过，实现 8 倍后的可能性加大。进入百倍价值投资的最后阶段，更多是利用对于信任章节顶格思维与大盘空间的准确把握加以判断，发现该个股在未来是否继续具有"8 倍空间"。在 8 倍先与 8 倍中完成的前提下，该个股空间同样具有集中的必要，因为该集中对象同样可以创造 8 倍的价值增值，可以获得具有敏捷投资思维和持续专注投资人的集中。8 倍后需要冒险精神，可能成为最后的接棒者，长期套牢，胜败就在此一举，只有最后实现 8 倍后增值，才能真正成功，只有成为院士的专家才是实现了 8 倍先、8 倍中、8 倍后的学者，成为了优秀人才。

适应对象：指数板块实现 4 倍增值，8 倍先、8 倍中都已实现，必须选择 8 倍后，可遇不可求，留给龙头的时间和空间完美结合才能实现 8 倍后；可能 8 倍后龙头与 8 倍中时间交叉，或者就没有 8 倍后空间，也可能大盘指数没有空间，都会使 8 倍后投资落空，使投资人的几何级数 $8 \times 8 \times 8 = 512$ 倍增值不能实现。适合强烈追求非常短期增值的投资者；实现人生梦想的投资人；具有长期投资经验和丰富阅历的投资人；心理持续程度最为强烈，可以承受双向波动风险和巨大压力的投资者。

（4）4 倍先（时间快、中；正好、超过）。

4 倍先是蓝海价值投资中的指数板块实现 2 倍增值空间，龙头个股初始阶段的选择，具有 4 倍的价值升值空间。此时投资人在时间层面可以容忍 4 倍快和中，在强度层面可以容忍 4 倍正好和超过，对于 4 倍慢与 4 倍不足的龙头不予考虑，这是由其龙头价值增值空间与板块蓝海契合的成长行业龙头属性决定的，也是后续 8 倍龙头判断的初始依据，在指数板块上涨实现 2 倍时，个股可能没有上涨 4 倍，可能在指数上涨 4 倍时实现龙头 8 倍，如 2005～2007 年的行情，大盘指数上涨 2 倍，龙头个股武汉钢铁就没有上涨，后来指数上涨 4 倍时，第一个上涨 8 倍是武汉钢铁。这是由契合的行业板块龙头顶格和大盘指数上涨空间决定的。但是指数上涨 2 倍时，龙头个股上涨 4 倍，在大盘上涨 4 倍时，龙头个股肯定上涨 8 倍，如 2005～2007 年的行情中，大盘指数上涨 2 倍，证券板块龙头中信证券 4 元上涨至 16 元，大盘指数上涨 4 倍，中信证券从 12 元上涨至 117 元。

（5）4 倍中（时间快、中；正好、超过）。

4 倍中是蓝海价值投资中指数板块实现 2 倍增值空间的中间阶段选择，龙头个股具有 4 倍的价值升值空间。此时投资人在时间层面可以容忍 4 倍快和中，在强度层面可以容忍 4 倍正好和超过，对于 4 倍慢与 4 倍不足不予考虑，一般在指数板块实现 2 倍增值时，至少存在 4 倍中龙头个股，只有 4 倍先龙头个股，大盘指数无法上涨 2 倍。如 2005～2007 年的行情中，大盘指数上涨 2 倍不足，证券板块龙头中信证券 4 元上涨至 16 元，黄金板块龙头从 7 元上涨至 30 多元，船舶板块龙头中国船舶从 5 元上涨至 20 多元，只是三个契合的行业 4 倍龙头时间交叉，很难分别依次投资，创造更大价值。这是由其价值增值空间与板块蓝海属性决定的。

（6）4 倍后（时间快、中；正好、超过）。

4 倍后是蓝海价值投资中指数板块实现 2 倍超过增值空间的末尾阶段选择，龙头个股具有 4 倍的价值升值空间。此时投资人在时间层面可以容忍 4 倍快和中，在强度层面可以容忍 4 倍正好和超过，对于 4 倍慢与 4 倍不足不予考虑，只有指数板块明确有 2 倍超过增值空间，4 倍后才有可能出现，并且依次排序，否则即使有三个板块龙头，也是很难依次投资的，2014～2015 年的行情中，4 倍先是证券龙头中信证券，4 倍中是高铁龙头中国中车，4 倍后是航母龙头中信重工，这样依次按照时间排序是由指数 2 倍超过的增值空间和时间长度决定的，其实在具体投资中也很难实现 4×4×4＝64 倍的增值投资，其中可能出现重组停牌，耽误投资时间，成功投资两个 4 倍已经很好了。

（7）2 倍先（时间快；不足、超过、正好）。

2 倍先是指数板块实现 2 倍、4 倍增值空间，龙头个股出现 2 倍投资机会，是龙头个股增值空间需要在 4 倍、8 倍上涨之前上涨 2 倍，也有可能是下跌过程的反弹，改变龙头个股的下跌趋势，出现准确的 4 倍或者 8 倍上涨空间，是龙头个股上涨的起始判断和上涨空间的进一步拓展。个股具有 2 倍的价值升值空间，是为了判断龙头个股 4 倍或者 8 倍投资的基础，重点不是投资 2 倍个股。具有 8 倍价值的个股，4 倍、2 倍增值现象的准确把握，是 2 倍、4 倍价值增值的正确落地。如 2015 年 9 月，中信证券从 12.84 元反弹至 22.14 元，实现 2 倍不足，证明中信证券龙头 8 倍先基本形成，在大盘下跌至 2018 年 10 月 19 日的 2449 点时，中信证券个股股价为 14.72 元，中信证券的 8 倍先更加明确，14.72×8＝117.76（元），大盘在 2019 年 1 月 4 日再次下跌至 2440 点，中信证券再也没有下跌至 14.72 元，可以看出中信证券的 2 倍先就是 8 倍先的前奏，使下跌趋势扭转，为龙头 8 倍打下坚实基础，此类现象中，在 4 倍个股增值形成时偶尔也先出现 2 倍增值，如中国中车 2014 年 10 月先上涨 2 倍超过，从 5 元多上涨到 14 元，为中国中车从 10 元多上涨至 39 元多打下基础。

（8）2 倍中（时间快；不足、超过、正好）。

2 倍中是指出现一个 2 倍个股增值使 8 倍先龙头出现后，又出现 2 倍个股增值，一定要密切关注，可能新的龙头 8 倍又会出现，并不一定立即投资，因为 8 倍先没有实现之前，新的 8 倍空间还比较难以形成，既要耐心等待，还要清晰新 8 倍龙头形成的价位应该是多少，否则投资过早，既占用资金，还要等待较长时间。如中信重工在 2019 年 2 月从 2 元多上涨到 6 元多，结合航母板块以及上轮行情上涨空间，说明新的龙头 8 倍已经开始形成，但是价位应该在 7 元多，无论从时间、业绩、价位都不可能达到龙头 8 倍形成的最合适时机，不能投资，不能被 2 倍超过吸引，一定会下跌的。在 4 倍增值个股形成时也有这种现象，中信重工在 2018 年从 8 月的 3 元多上涨到 12 月的 7 元多，实现 2 倍增值，才形成从 6 元多上涨至 30 元的 4 倍增值。

（9）2 倍后（时间快；不足、超过、正好）。

2 倍后可能是继出现第二个 2 倍增值个股，再次出现 2 倍增值个股，这时可能是又一个新的 8 倍增值龙头出现，结合上轮行情，以及板块的契合分析，最后一个龙头个股产生了。如 2021 年 1 月的中国中车 5 元多从上涨，结合前期 40 元的高位以及高铁板块，可以清晰判定最后一个龙头个股开始启动，但是并不会立即实现 8 倍，只是 2 倍上涨而已。因为证券龙头的 8 倍先还没有完成。只有金钱杠杆对策、指数板块 4 倍超过，才一定会形成完整的三个 8 倍龙头个股。第三个 2 倍个股形成的最后一个龙头个股，并不是最后一个上涨的龙头，还要结合指数板块上涨的推动力、大盘的具体点位，才能正确判断 8 倍先、中、后的顺序。

结合人口矩阵分析，不难看出人口集中分析 8 倍先、8 倍中、8 倍后龙头个股的重要性，没有 8 倍的个股，投资有极大风险和价值无法最大化，可能得不偿失，只要有 8 倍，个股 2 倍、4 倍是否具备，并不一定，但是投资个股的 2 倍、4 倍是基于具有 8 倍的龙头个股进行分析的，2 倍、4 倍个股增值帮助判断和形成 8 倍龙头个股是非常明确的。这也是本书紧紧围绕龙头个股 8 倍研究的原因所在，研究清楚龙头个股的 8 倍，其他问题就会迎刃而解。

（五）投资人人口集中选择的步骤

投资人在选择集中对象的时候要遵循以下三个步骤：

第一步，判断该国是否存在人口集中潜力，是否可以引导人口的集中，是否存在人口矩阵中的“龙头”个股。只有满足“龙头”特征，即绝对价值需要达到 8 倍先、8 倍中、8 倍后才能够成为人口集中选择的对象；不在“龙头”范围内个股的国家和地区是无法吸引投资人进行人口集中投资的。上一节中已经讲到了鼎盛时期人口的确定方式，人口集中最根本前提就是这个投资对象要具有绝对确定、龙头确定、共建确定。

第二步，判断具有绝对价值的奢侈品个股。一个国家的绝对价值是通过该国家的奢侈品个股价格变化来反映价值投资的，而股票市场投资个股的选择，是人口矩阵在该国奢侈品龙头中投资的具象体现，灵活运用人口矩阵进行“龙头”个股的选择是投资奢侈品个股的基本前提，还要以人群营商为基础，利用人口营商具体分析，才能准确投资奢侈品个股，保障收益的最大化，奢侈品的产生是市场长期形成和短期爆发的结果，如茅台酒个股奢侈品的形成就是典型的案例。

第三步，判断心理持续。投资人需要运用心理持续和集中的相互关系，判断具有绝对价值奢侈品的心理持续，投资人选择的个股人口顶形成与集中，是人口集中策略的核心，及时审视具体投资对象及其价值共享的情况，把握投资人心理持续龙头价值，投资人必须在专业化领域寻找奢侈品龙头投资对象。人口集中的 8 倍先（增/减）、8 倍中（增/减）、8 倍后（增/减），都是投资人判断心理持续的标准，不断审视龙头个股投资的 8 倍先增（减）、8 倍中增（减）、8 倍后增（减）的空间与时间，在人口顶上判断人口集中专注力的对象变化与时间先后，还要准确把握转换集中对象的理论依据，在不同时间拐点转换人口集中的人口顶，呈现出几何级数的增值最大化。具体如图 4 – 22 所示。

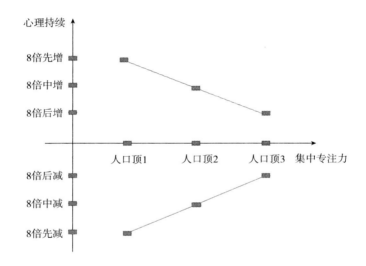

图 4 – 22　人口的心理持续示意图

（六）鼎盛时期人口集中的目标

为了使投资人持续集中，实现个股绝对价值创造，鼎盛时期全球化的每一个国家、相应的行业和专业人士共同努力，希望自己成为最具吸引力的集中目标：鼎盛时期价值共建、形成具有专注力的人口顶和心理持续的龙头。这种人口集中目标主要是使得一个国家人口集中形成的奢侈品创造价值更大，效率更高，社会财富快速而大量向该国积累，使该国人民尽快且长久过上美好生活，使该国真正进入发达国家行列。从发达国家成功经验可以看出，每一个国家都有自己的全球专业人士认可的奢侈品，一个国家形成奢侈品的种类和行业多少，直接影响该国的发达程度和国际地位。

之所以要使人口持续集中一个国家和某一奢侈品，一方面是因为无论是一个国家还是某一奢侈品龙头在开始时只能吸引到极少数的人口集中。从人口确定可以得出，奢侈品集中一定是从众多个体中选择出来的绝对价值，必须具备 8 倍价值空间龙头，专业人士共建共享，三者统一，投资人才会确信无疑地信任集中投资。另一方面是因为人口集中的转换比心理持续要快得多，一旦人口从投资对象流出，开始向其他的奢侈品个股集中，则原集中对象想要再次吸引人口集中的难度也会增加。由于鼎盛时期的信息更新速度极快，专业化市场瞬息万变，投资更是分秒必争，每一个投资人都紧盯着市场动向，在品种繁杂的奢侈品中不断寻找着能够创造绝对价值最大化的龙头个股。

三、人口集中专注力的选择

（一）集中时机的选择：追求极致的时代到来

人口集中的概念是从兴盛时期、昌盛时期、鼎盛时期演进过程中产生的。在人气营商学的理论中，商业社会人气关注转移是依据人气线进行关注的，追求精神层面——名誉，人们从购买转向投资，人气的含义发生变化，成为关注。随着三个社会向三个时期的背景理解，人们的学习心理发挥作用，人们所赞美的事物也发生了变化。以权力演进为例，在兴盛时期人们往来看重及第，通过对应阶级高低并从中寻求更高的及第地位；演进到昌盛时期，及第慢慢退出历史舞台，人们开始按照级别对等交往；鼎盛时期到来，及第与级别已经不能满足人们对更高生活层次的追求，如何才能实现更高的生活层次成为人们开始思考的问题。根据《人口营商学》中"人口顶"的描述，兴盛时期是及第往来，昌盛时期是级别交往，而鼎盛时期则是极致赞美。这时，对于极致的赞美成为人口集中时机的选择。极致是比及第与级别更高层次的内容，是鼎盛时期人口集中专注力持续汇集的必然结果。从兴盛时期保持上品特色、昌盛时期保证精品特别以实现更高级别到鼎盛时期通过人口集中来培养奢侈品个别，是学习心理作用程度逐渐加深的过程，极致是对于奢侈品的赞美。

（二）集中情形选择

通过对人们学习心理的研究，龙头绝对价值创造是人口持续集中形成的源泉，人口集中的转换反映在人们实现 8 倍增（减）的心理持续上。利用抽象思维分析和判断人口矩阵创造绝对价值的变化，帮助人们把握心理持续和正确抉择人口集中的人口顶进行有效投资，是本书的核心。

通过对时期演进和人们学习心理的分析，为了正确把握心理持续影响下的人口集中，帮助投资人准确识别集中的价值类型，时间快、慢，力度强弱，先后顺序，进行正确投资，创造绝对价值，本书提出了人口顶及人口组合的概念来对人口集中的对象和情形进行具体分析。

1. 人口顶

（1）人口顶的定义。人口顶是由学习心理驱动形成的具象思考顶点，是在动机心理学形成的2倍、4倍成长板块人群环基础上的一种8倍龙头个股思想聚焦，是由诱因—刺激物—驱动力学习心理引起的持续集中，由于人群契合不同成长板块导致龙头个股集中程度变化的结果。人口顶是学习心理推动形成龙头价值的奢侈品鼎盛时期的一种具象推理，是推动鼎盛时期不断演进、吸引人们投资的思维持续。人口顶具有以下几项特征：①个股人口顶必须有8倍，无论时间快8、中8、慢8，强弱8不足、8正好、8超过都是投资人的追求，个股2倍与4倍是实现8倍的基础或者补充，没有8倍的个股没有人口顶，因为8倍是龙头个股有别于其他普通个股的唯一标志。②正常情况下行业板块形成的个股最多存在三次集中人口顶（8倍），三个8倍形成的时间间隔，持续时间长久和超过的空间大小，是由行业特征和个股的独特性决定的。③在人气线关注社会、经济、文化价值、人群环跟随契合的成长行业板块基础上寻求人口顶集中，更为容易识别和把握人口顶形成的先后顺序、时间快慢、力度大小。④在4倍股价指数人群环契合成长行业板块，寻求8倍个股龙头的先后顺序是投资人创造几何级数绝对价值的根本，是本书研究的重点。

在人群跟随的金融衍生品人群环中，不断发现和判断三种人气关注的价值成长板块龙头个股的绝对价值百倍人口顶，是人口顶理论应用的典型代表。

第一种情况：8倍快、不足人群环（2快不足×4快正好）形成的龙头个股百倍人口顶，如图4-23所示。

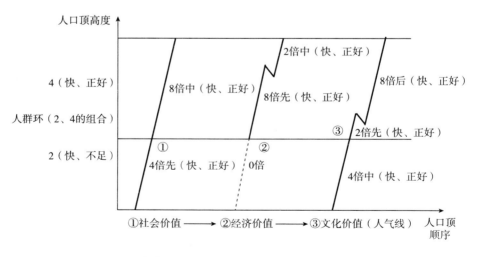

图4-23　8倍快人群环形成的龙头个股百倍人口顶倍数示意图

第二种情况：8 倍中、正好人群环（2 快超 ×4 快超）形成的龙头个股百倍人口顶，如图 4 - 24 所示。

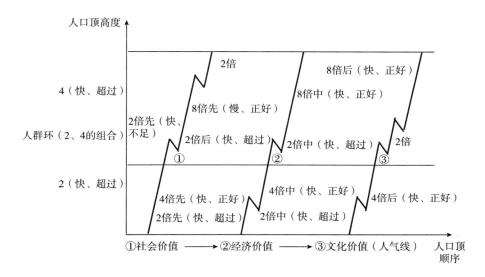

图 4 - 24　8 倍中人群环形成的龙头个股百倍人口顶倍数示意图

第三种情况：8 倍慢、超过人群环（2 快正好 ×4 倍中超过）形成的龙头个股百倍人口顶，如图 4 - 25 所示。

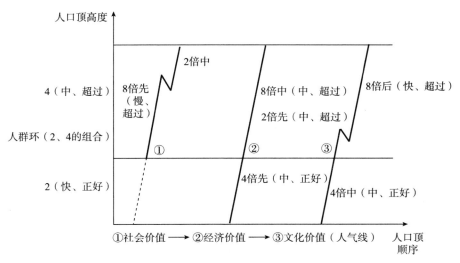

图 4 - 25　8 倍慢人群环形成的龙头个股百倍人口顶倍数示意图

（2）人口顶的形成。首先，人口顶来源于学习心理学，是学习心理在奢侈品投资领域的具体应用，人们对时期演进和个股投资的长期观察和总结，属于共建共享研究。时期演进既不是社会发展认知心理形成人气关注的人气线，也不是时代变迁形成人群跟随的人群环，任何概念与理论的出现都是无数学者对身边事物的观察与总结。牛顿通过观察一个苹果的下落过程，发现了著名的万有引力定律。任何一个学科的形成都是对前人研究的总结发展并结合自己所观察的新事物进行不断碰撞的过程。长期观察和总结不仅适用于规律记载、技术探索，也适合思维想象的发展，思维想象与投资的经验和成败更是密不可分的，人类长期社会实践的抽象思维在一定程度上帮助把握人口顶的形成。

其次，从人口顶的定义可以看出，与人群环的 2 倍、4 倍不同，人口顶一定含有 8 倍。人口顶是以人群环为支撑的。没有人群跟随的衍生品人群环——指数板块，人口顶理论很难用来研究人口集中奢侈品——龙头个股，将人群跟随的"蓝海"作为研究人口集中龙头的支撑，可以使问题简化、方便、易量化、更确切。人口顶来源于人们的长期共建，人们对不同时期演进和投资的长期观察和总结。经过原产地共建、关联企业共建、专业人士共建的核心流程，人口集中的专注力愈发汇集于某一个体，投资人心理持续集中逐渐形成该个体的人口顶，带来绝对价值的 8 倍增幅。相比于人气线研究"三价"、人群环研究指数板块，人口顶研究个体是基于人的学习心理以及鼎盛时期追求极致的时期主旋律而确定的。追求对象转移是时期的演进，是人们心理认知、心理动机发生变化的结果，只有认同价值的多极，人们才能聚集价值。在鼎盛时期将研究的对象具体到个体，即奢侈品龙头个股，有利于最大限度地追求绝对价值的最大化，吸引全球资本向本国某奢侈品集中，因此用人口顶来研究龙头个股是最为科学、严谨的。当然，人口顶理论不是只用于个股的研究上，其对房价、物价以及人们生活的方方面面也具有重要的参考价值与借鉴作用。

最后，人口顶根据抽象出来的结果，经过思维的聚焦最终实现人类共享。价值共享主要是指专业投资人与龙头个股价之间形成共建共享的关系，专业投资人集中某只龙头个股，可以增强龙头个股的辨识度，龙头个股又同时可以满足投资人对于资产增值的心理神往。定期、周期和时期都会导致形成价值共享，但是由于鼎盛时期带来的价值增值远远超过兴盛定期和昌盛周期，因此鼎盛时期形成的价值共享增值程度最大，速度最快。人口顶概念的提出完善了人气营商学与人群营商学的研究。人口顶是基于人气和人群营商理论，以人气线与人群环为理论基础，8 倍的人口顶研究对象是龙头个股，没有人群环的基础研究和契合分析出相应指数板块推动的行业板块或者地区板块，无法研究人口顶形成的龙头价值，龙头是人群环契合研究行业板块推动蓝海形成前三甲个股中集中，通过人口顶价值分析研究出来的。但是人口顶也具备自身的独立性、共建性，人口顶根据以头部信任为核心，通过顶格思维以及饥饿、圈子、标杆策略抓住价值共享的投资点，找到证券市场上最好投资时机和最大的绝对价值增值空间的集中龙头个股上涨的先后顺序。

（3）人口顶龙头价值的特征。人口顶龙头价值形成的核心驱动是由学习心理学理论影响的，由诱因、刺激物、驱动力三要素构成。三种因素使人口集中的作用的时机、增值空间的大小具有极大的不确定性，这也就使得人口顶龙头价值的形成具有不确定性，但是这些都不会影响人们对于学习心理和人口顶理论的研究。

先抽象，后具象，是人的最高追求。抽象是从众多的事物中抽取出共同的、本质性的特征，而舍弃其非本质的特征的过程。具体地说，抽象就是人们在实践的基础上，对于丰富的感性材料通过去粗取精、去伪存真、由此及彼、由表及里的加工，形成概念、判断、推理等思维形式，以反映事物的本质和规律的方法。而表象只是保持在记忆中某一事物的形象；具象则是人们在生活中多次感悟本质规律，利用这种抽象的方法凝聚到生活中各种事物上的过程。从学习心理学意义上来说，人口向奢侈品龙头集中的过程就是具象的运动过程。具象的运动过程主要是激发、强化投资人的心理持续与价值多极，并与龙头个体相互作用的过程。

利用人口顶投资奢侈品，拉动相关产业。不是所有的抽象一定具有意义，利用人口顶个股上涨，带动相关产业发展是人类的智慧，这在《人群营商学》中已经加以阐述。现代经济社会中，存在着大大小小的居于不同层次的经济单位，企业和家庭是最基本的，也是最小的经济单位。整个国民经济又称为最大的经济单位；介于二者之间的经济单位是大小不同、数目繁多的，因具有某种同一属性而组合到一起的企业集合，又可看成是国民经济按某一标准划分的部分，这就是产业。利用人口顶理论来推动产业经济发展主要体现在以下几个方面：①为三大产业提供了更多的资金融通工具和资金融通方式，同时也使融资企业有更多的规避风险的方法，从而降低企业融资成本和风险。人口的集中投资为产业经济的发展拓宽融资渠道，为经济提供持续发展的动力。②有利于提高全社会资本的配置效率。8倍人口顶的形成与集中有助于促进社会资源的优化配置，推动产业结构调整。人口通过资本价格引导社会资源的流向，引导资本向生产效率更高且经济效益更好的相关行业领域流动，使其经济效益优势发挥得更加充分，从而提升社会资源的整体配置效率。③人口集中带来绝对价值的增值，在促进产业经济发展的同时，提供了许多新的劳动就业机会。还有就是奢侈品龙头的人口顶价值集中有助于分散市场风险，充当国民经济的缓冲器。

人口顶是由心理持续的学习而形成的，不同时期追求的人口顶不同。认知心理形成人气线，动机心理形成人群环，学习心理形成人口顶，学习心理由诱因、刺激物、驱动力三要素构成，学习心理不同，人口顶的表现形态也不同，鼎盛时期奢侈品龙头的人口顶细分定位更是不同，看似是个股的价格高低，实际上是国家特点、行业特征在龙头个股的具体表现。因此，人口顶龙头价值形成过程需要投资人宽广的国际视野、丰富的生活阅历、相关行业知识与经验，对不同的国家、地区的理解与分析，行业发展前景的综合判断，奢侈品发展阶段的深刻把握和板块龙头的精确判断，由人气关注、人群跟随和人口集中等理论共同作用和影响，证券投资市场中，可投资的奢侈品人口顶很多，人们所处行业、地区、职业、知识背景、家庭环境不同，对不同人口顶的理解产生集中的结果大不相同，各抒己见。

　　每个人口顶龙头价值必须具备 8 倍，不同个体的人口顶可能有一个、两个或者三个（最多三个），前面分析中已经说明一个人一生中实现三个人口顶，说明这个人的学习心理极强，具有长期的心理持续，部分人一生中可能一个 8 倍都没有实现，实现两个 8 倍也相当不易，龙头个股也是如此，连续三个 8 倍（如茅台酒股票，如图 4 - 26 所示），个股价位就会极高，上涨三个 8 倍时间都是比较长久的，大部分投资人不可能识别或者长期持有。所以，以茅台酒这样的个股说明坚守的重要性是有意义的，但是投资龙头个股这样的时间长度只能帮助投资人抽象思维，具体应用应该是研究和投资最为典型的三种类型人口顶：①8 倍快人群环（2 快不足 ×4 快正好）形成龙头个股百倍先、中、后人口顶；②8 倍中人群环（2 快超 ×4 快超）形成龙头个股百倍先、中、后；③8 倍慢人群环（2 快正好 ×4 中超过）形成龙头个股百倍先、中、后，如图 4 - 27 所示。而这些判断人口顶龙头 8 倍价值达到的判断和形成机理，正是本章的重点与难点，是智慧投资人综合运用自己的知识、能力和智慧把握的结果。

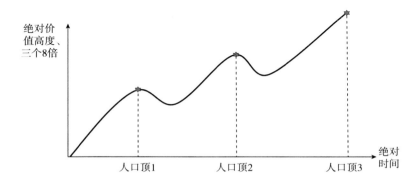

图 4 - 26　单个个体（人生或个股）的三个人口顶

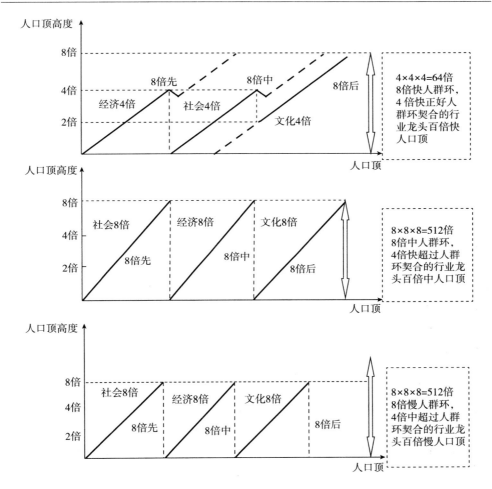

图 4 - 27　三种类型人群环 8 倍龙头人口顶理想几何倍数示意图

2. 人口组合

（1）人口组合的含义。人口组合的概念源于产品组合。产品组合是指一个企业在一定时期内的生产经营的各种不同产品、产品项目的组合，也称"产品的品种集合"。企业不能仅仅经营单一的产品，世界上很多企业经营的产品往往品种繁多，每个企业都有自己的产品，如美国光学公司生产的产品品种有 3 万种，美国通用电气公司经营的产品多达 25 万种。鼎盛时期每个个体都有自己的人口顶，并且不止一个；只不过普遍个体的人口顶只能达到 2 倍与 4 倍，拥有 8 倍价值空间的人口顶显得格外稀少。人口营商视角下投资人只追求 8 倍的人口顶价值，如何判断各龙头股的 8 倍人口顶，并巧妙地进行组合是人们共同关心的问题。也就是说，由于鼎盛时期人口顶的数量呈现出一定的规模，因而若干个人口顶组合在一起也会形成人口组合。人口组合就是鼎盛时期中多极的人口元素的组合，不同种类、不同数量的人口顶组合在一起产生不同的人口组合，这些人口组合可以表现出鼎盛时期的多极性，并且可以被用来分析研究不同的社会问题。人口组合中所含的人口顶数量越多，所能够分析的问题可能越具体、越科学。

在鼎盛时期的不同领域中有不同个体的人口顶，例如在投资领域，个股是最值得研究的人口顶，但在其他领域人口顶也存在，这一点与人群环与人气线类似。另外，以学习心理为本质依据，没有学习心理驱动，无法形成人口组合。这与人口顶的形成是直接相关的，人口顶是由学习心理驱动形成的具象思考顶点，是在动机心理学形成的 2 倍、4 倍成长板块人群环基础上的一种 8 倍龙头个股思想聚焦，是由诱因—刺激物—驱动力学习心理引起的持续集中，是由于人群契合不同成长板块导致龙头个股集中程度变化的结果。

鼎盛时期的共建，而不是简单的定期共建、周期共建，人口顶、人口组合的形成是绝对价值创造的源泉，人们必须鼓励鼎盛时期共建思维，推动鼎盛时期不断向前演进。只有专注的程度达到一定的水平，才能形成广泛的人口集中，进而才能创造绝对价值，所以必须鼓励人们试错，提倡"共建共享"。鼎盛时期的到来标志着商业社会的发展、虚拟时代的变迁与抽象、具象思维共建相统一，核心是创造绝对价值，价值创造是人们哲学思维的共建，如同科学技术共建是产品利益需求满足的源泉一样，人口顶与人口组合的共建是绝对价值创造的源泉，人们必须鼓励思维的共建，强调众人的思维升级与集中。

（2）人口组合的特征。人口顶和人口组合是绝对价值创造的源泉，人们必须鼓励思维的共建与共享，用抽象思维、具象推理共建人口组合，推动鼎盛时期不断向前演进。只有多极的人口顶和人口组合，鼓励人们在鼎盛时期共建共享，创造绝对价值。

图 4 - 28 是鼎盛时期人口顶，是人们比较熟知、比较典型的人口组合一部分，共由 13 个人口顶组成人口组合，研究每个个体的变化时应当分别在人口顶上进行研究，最后综合判断个体的结果。人口顶与人口组合帮助投资人确定投资对象是否心理持续集中或者转移集中，如何正确选择集中的人口顶？只有正确分析人口顶，才能与全球的投资人同步投资，人口的持续集中才不会犯方向性错误，否则就会造成重大抉择失误。

（三）加强人口持续集中的方法——人口模式

要使人口集中一个国家或某一类型奢侈品龙头，保持较强的持续的集中专注力，除了通过人们学习心理时期共建形成不同龙头人口顶，决定选择不同的人口顶进行集中外，还要正确运用把握人口集中的方法，真正保持集中专注力愈加持

兴盛 ————————	昌盛 ————————	鼎盛	时期演进人口顶
上品 ————————	精品 ————————	奢侈品	时期品类人口顶
往来 ————————	交往 ————————	赞美	价值经营人口顶
特色 ————————	特别 ————————	个别	时期落地人口顶
出身 ————————	会考 ————————	抉择	资源获取人口顶
保持 ————————	保证 ————————	培养	时期形成人口顶
军备 ————————	产业 ————————	营商	时期主体人口顶
特产 ————————	名牌 ————————	高端	时期喜好人口顶
及第 ————————	级别 ————————	极致	追求目标人口顶
生活悠闲 ————————	财务自由 ————————	受人尊敬	奋斗目标人口顶
县级 ————————	省级 ————————	国家级	权力级别人口顶
博士 ————————	教授 ————————	知名教授	专家奋斗人口顶
8倍先 ————————	8倍中 ————————	8倍后	个股投资人口顶

图 4 – 28　人口共建典型人口顶及其人口组合

续,本书以人们经常提出的商业模式研究为研究基础,将人气营商学的人气模式、人群营商学中的人群模式加以深化和提高,提出人口集中的模式,简称人口模式,较为系统地分析加强投资人集中的方法,帮助解释很多个体奢侈品为什么不能吸引人们的集中,或者集中的奢侈品核心方法是什么。

1. 人口模式的概念

人口模式对保持人口持续集中起到关键的作用,人口模式是人气营商的人气模式、人群营商学中人群模式的提升,也属于人口营商学的共建理论,是针对人口这一专业的、基于人们思维聚焦而存在的概念。通过人口模式的提出,也可以为鼎盛时期的绝对价值创造提供思路,同时也为通过绝对价值创造保持人口持续集中提供思路。

人口模式的思想区别于人气模式和人群模式,虽然都强调价值创造,但是人气模式强调比较价值和周期关注,人群模式强调相对价值和循环跟随,人口模式强调绝对价值和持续集中,自 1975 年孔扎尔（Konzal）和 1977 年多巧雷（Dottore）首先使用商业模式一词以来,商业模式的概念历经国内外众多学者和企业家的研究,已经有了丰富的研究成果,简要来说,商业模式就是创造价值的内在逻辑（李萌,2016）。专家人士在研究过程中指出,商业模式主要阐明潜藏于具体业务深处的商业系统创造价值的逻辑（田志龙、盘远华、高海涛,2006）。拉帕（2004）在研究过程中指出,商业模式指的是做买卖的技术与手段,是企业可持续发展的渠道——可以为公司带来收益的渠道,其明确指出企业在整个价值链里面的所处位置,在此基础上,指导企业怎样实现收益（丁浩、王炳成、苑柳,2013）。商业模式的内在逻辑是价值模式。

人口模式是指国家、企业或个人通过其反映在专业化市场的奢侈品龙头的有效规划和自身拥有的相应专长上，结合抽象思维共建和具象演绎共享形成的持续集中，创造绝对价值、实现龙头增值的方法和思维，如中国高铁事业就是典型的人口模式的成功范例，为了吸引人们集中个股中国中车，南车、北车合并，集中专注力于一只个股，国家进行精心培育。

2. 人口模式的内容

人口模式包括四个部分：地位、专属、抽象思维与具象推理，如图4－29所示。地位和专属是保持人口持续集中的必要条件，只有在饥饿地位并且投资人清楚认识到的唯一地位保证能够实现人口持续集中；而抽象增值思维和具象推理是从思维层面对地位和专属的丰富与延伸，是保持人口持续集中的充分条件，即能够保持人口持续集中的投资对象一定拥有良好的抽象思维和具象推理能力。这四个构成部分相辅相成，无论是从技术应用还是从思维共建上、无论是从微观操作层面还是从宏观顶层设计层面都能全面地把握和实现。

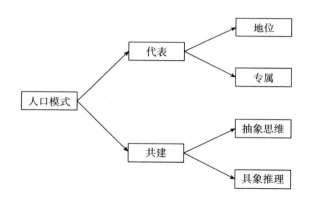

图4－29　人口模式示意图

（1）地位。地位的《辞海》解释：地位指一个人或团体在社会关系中所处的位置，或者因其社会阶级所得到的荣誉和声望。

地位在鼎盛时期具有斗争性，不同国家间竞争造就各自地位的差异，要向高地位国家看齐，努力提升本国地位以保证人口持续集中。

地位具有唯一性，在鼎盛时期专业投资人普遍向最高地位的国家与个体集中，也就是说，只有达到龙头地位才能广泛吸引投资人投资。

地位具有排他性，最高地位不仅是唯一的，也是持久稳定的。国家或企业一旦到达最高地位，其绝对优势会愈加显著，难以被超越。

（2）专属。专属指将系统资源分配给某种特定应用或目的，即某样事物是某人独有的、唯一的。人口模式中的专属指的是某个国家、企业地位的专属特征，分为地域专属、社会专属、技术专属。

地域专属指国家或企业在相邻地域间取得专属地位，这源于地域内消费者的认可与赞美，为其带来广大投资人的持续专注。

社会专属指该品牌奢侈品在行业内最具竞争力、市场份额最高，这是鼎盛时期中人们聚集绝对价值的根本保证，只有取得市场上的专属地位，才有机会成为龙头。

技术专属指品牌维持和巩固自己的技术和市场领先地位。这需要强大的研发力量通过持久、广泛的研发活动为奢侈品获取革命性或突进性共建，并领先于其他企业。

（3）抽象思维。所谓抽象思维，就是人们在认识活动中运用概念、判断、推理等思维形式，对客观现实进行间接的、概括的反映的过程。它是作为对认识者的思维及其结构以及起作用的规律的分析而产生和发展起来的。

抽象思维作为人口模式的其中一个内容，能够帮助保证人口集中的正确性分析和判断。鼎盛时期人口想要被持续集中，需要运用抽象思维方式，以龙头价值为判断标准，不断打开思路，寻找有龙头绝对价值的对象投资。

抽象思维想要发挥作用，首先要对投资对象有深刻的理解；其次通过抽象思维将各投资对象紧密联系起来，提到高铁就会联想到中国中车个股股票；最后完善投资对象的绝对价值思考，中国投资高铁具有合理性、长期性、正确性，能够进行龙头价值的不断聚集。

（4）具象推理。所谓具象推理是用具体的形象来表达抽象的思想感情，用个别表现一般，从而引起联想，产生想象，以至诱发灵感和直觉，它是思维方式中最普遍的一种形式，具有形象性、概括性、创造性和运动性的特点。

具象推理的核心在于"具"，不能漫无目标，鼎盛时期人口持续集中，一定会具体到某个龙头个股上，只有龙头实现8倍的时间最短，其他个股只能实现2倍、4倍增值，因此具象推理必须聚焦到龙头个股上，没有龙头，具象推理就会落空。

具象推理作为人口模式的其中一个内容，能够帮助保证人口持续集中的正确性分析和判断。首先，选择持续集中的人口需要运用具象推理的思维方式，也就是从一般人口到特殊人口的推理，这里的特殊人口就是具有绝对价值的且能够帮助实现8倍先、8倍中、8倍后的人口。其次，可以通过具象推理的方式得到具体的投资准则，即在鼎盛时期下投资，通过具象演绎出不同情形下具体的投资对象、方式，以保证所投资人口集中的持续性。人们根据不同的具象推理，由此产生出不同的投资结果。推理的正确性与否，直接影响人口持续集中的投资策略。

四、人口集中持续的把控调整

（一）人口集中调整的类型：主动和被动

鼎盛时期保持投资人对于人口顶持续的集中专注力，是一个国家、企业、组织和个人需要努力的方向，但由于鼎盛时期的任何事物都具有多变性和不确定性，因此实现人口持续集中的目标，人口集中的调整显得格外重要。集中某一个国家和奢侈品的人口调整可以分为两个类型：主动调整和被动调整。主动调整是指一国以头部信任为核心、后悔龙头分析、通过饥饿、圈子和标杆策略的综合运用，对人口集中的持续专注力产生影响，适当引导或者集中人口，避免投资人集中错误的人口顶组合中的某个顶而造成集中专注力失败，导致心理持续很难实现、人口顶不能达到预期高度，继而产生投资错误或者失败的结果。而人口的被动调整是全球范围内专业化市场中绝对价值的变化流动，是由全球所有的国家和投资者共同来决定的。

人口集中的主动调整分为两个方面。首先是调整集中时机。判断当前是不是受到人口集中的最佳时机。若是人口集中的时机，则应当结合人口模式保持人口持续集中；若当前不是，则需要转移人口集中，否则有可能会发生人口集中的 8 倍先减、8 倍中减、8 倍后减。其次是调整集中达到高度。人们应当主动调整使创造价值的高度保持在合适范围，发现"龙头"并且及时集中，但是高度也要把控好，以保证该国能正确利用"龙头"创造价值。

一个国家出现被动调整的主要原因可以分为自身原因和他国原因。首先是自身原因。集中国的价值创造没有准备好，时机不成熟，还有可能时机已过，没有回天之力，无法实现 8 倍，也无法继续通过思维共建形成绝对价值人口顶，人口出现集中的专注力减弱，转而集中其他具有龙头价值空间的国家或者个股。其次是他国原因。全球范围内的绝对价值出现变化，本国人口顶饥饿地位的心理预估无法实现，就会出现有些龙头个股在另一国家比在该国具有更大的绝对价值的情况，使得人口被引导集中到另一国家，而本国实现个股龙头价值基本不可能。

（二）人口集中心理持续的把握：内部价值和外部价值多极

人口集中心理持续的把握，是专业投资人思维共建引起的，产生思维共建价值多极，形成了人口顶。价值多元是商业社会的特征、价值多样虚拟时代的特征、价值多极是鼎盛时期的重要特征。历史和现实表明，价值从来都是具体的、多极的。价值多极主要体现为人们价值观念、价值目标、价值评价、价值选择等方面的特殊性。自古以来，人类历史进行重大演进，价值多极就会带来巨大变革。专业投资人以人口顶为基础对各国龙头价值进行判断，不断进行持续选择。一个国家要把握心理持续对人口集中的影响，要从价值多极思维加以衡量，可以从外部价值多极和内部价值多极两个方面来进行，如表4-1所示：

表4-1 人口持续集中的价值多极

外部因素形成价值多极	内部因素形成价值多极
他国经济发展势头	本国驾驭国际局势变化的能力
国际综合影响力变化	本国在危机中开新局的能力
国际事件的联动效应	本国共建共享势头的形成和发展
他国国际事务执行力	重大国际事件的研判与应对策略

1. 他国经济发展势头

他国的经济发展势头是国家创造绝对价值的一种综合评估，经济发展势头理解为一国为了本国经济发展，践行努力争取超过他国行为的趋势。国家经济发展势头的预判指标包括经济总量、经济效率、经济结构、发展潜力和创新能力五个方面的指标。随着生产力水平不断提高、国际分工不断深化，全球化、证券化、专业化的鼎盛时期俨然降临。在国家经济向区域经济向世界经济过渡的进程中，伴随着全球相互依赖经济格局的产生，竞争也无可回避地唱响主角，因为无论是自由贸易区、关税同盟、共同市场还是经济联盟，专业化都无疑将全球经济的自由竞争又往前推进了一大步。

人口集中在进行心理持续的把握上需要将他国的经济发展势头作为一个重要的外部因素进行考虑，因为他国发展势头直接影响本国的人口集中，直接抑制本国的战略计划，只有明确他国的发展势头的发生扭转并开发出与他国不同的具有本国竞争能力的龙头个股，才能吸引更多的人口集中，增强心理持续的把握。

2. 国际综合影响力变化

由于鼎盛时期的人口集中与专业化密切相关，且人口与奢侈品的价格与该国和地区的国际综合影响力有着密切的关系。当一个国家或者几个国家在全球的综合影响力下降，就是另外国家国际综合影响力上升的关键时期，需要很好地把握这种变局，这是国际局势突变，必然会引起世界政治、经济格局的变化，人口集中就会重新发生转移，这种转移可能是短期的，也可能是长期的，有影响力下降的国家，必然有影响力上升的国家。世界格局的变化已经证明了这一点，欧洲国家的综合影响力下降，使美国的影响力在上升，人口集中美国的奢侈品越来越多，实力越来越强大，特别是在高科技领域的集中没有其他国家可以比拟。因此，国际综合影响力的变化便成为了把握人口集中心理持续的一个重要的外部因素。没有国际综合影响力和在全球各领域的话语权，不能赢得世界的信任，形成全球专业的奢侈品是不可能的。把握国际综合影响力的发展态势与变动情况才能更好地运用心理持续的变动完成人口集中。

3. 国际事件的联动效应

随着全球经济活动的一体化发展不断加快，一件突发事件发生之后所波及的程度已经不再是简单地局限在一个国家或者地区，而是多个国家乃至全球，在局部地区的突发事件，却在全球范围内产生了巨大的影响（刘定平，2012）。一个国家在国际舞台上的故事以及国际事件的联动范围可以体现出该国的国际地位，进而更长久地吸引人口的集中。当一个国家加入国际舞台后，能够和其他成员共享某些资源，与他国积极进行合作联动，形成国际组织，共同进退。在国际组织和国际事务中，一个国家地区是否具有号召力，是该国是否具有人口集中潜力的一个重要判定。

一般来说，越是联动范围大、程度深的事件越能够影响全球投资人的心理持续，一旦心理持续发生改变，那么人口集中的情形也会发生变化。因为人们受重大事件的影响，专注力越强的事件越会有更多人口集中，而人口是以人气、人群为基础的深化，受到抽象思维和学习心理的驱动，因此国际事件的联动范围会影响人口集中。

4. 他国国际事务执行力

随着全球化的不断深入，国际面临的挑战日益增多，全球安全、生态环境、国际经济、跨国犯罪等问题已经很难依靠单个国家的行动解决。因此，一个国家对国际事件的支持和综合国际执行力就成为了吸引人口集中的重要手段。其实质是大国及主要国家合作向国际社会提供解决全球性问题的方法和手段。

一个国家，特别是作为联合国常任理事国，在世界舞台上发挥的作用不明确，或者起负面作用。在一定程度上就会减少投资人心理持续的时间。当一个国家的目光只局限于国内事务的话，不可能吸引足够的人口集中。通过一国或者地区正确处理国际事务，以提升自身的曝光度，从而不断引领人口集中，形成绝对价值的创造。

5. 本国驾驭国际局势变化的能力

国际局势对全球各个国家的未来发展都会产生或多或少的影响，本国需要正确认识国际局势，实事求是、与时俱进，用发展、辩证的眼光去看待新一轮的国际局势，最后做到合理利用国际局势为自身发展创造前所未有的机会，并且严防国际局势对本国带来的不利影响，将危害降到最低。

当前商业全球化、资产证券化、营商专业化趋势加快，世界市场对各国经济的影响更加显著，国际竞争与合作进一步加深。对于任何一个国家来说，指责和阻碍经济全球一体化本身是没有任何作用的，因为它是一种趋势，如果不融入这一发展过程，自己将永远落后。唯一的办法是提高驾驭国际局势变化的能力，把自己的事情做好，使自己成为竞争的强者，搞好国内、国际双循环。具体来说，应采取以下对策和措施：①必须坚定不移、积极主动地参与经济全球一体化当中去；②注重科技发展和人力资源培养战略，实施"科教兴国战略"。

6. 本国在危机中开新局的能力

一个国家在危机中开新局对于把握人口持续集中有着至关重要的作用。机遇往往会预示未来可观的发展前景，吸引人口集中，能够按照集中的心理持续发展，出现突变的可能性较小，更容易受到全球范围内投资人的集中。自詹天佑建成中国第一条铁路——京张铁路以来，至今已有百年之久，中国不甘落后，后起而上，截至2017年10月，中国高铁总运营里程已经达到2.6万千米，占据世界高铁总里程的65%，与此同时，中国还打算在2025年时，高铁总里程要达到4万千米。可以说中国高铁亲民的价格、较高的质量已经成为世界第一，并走出国门成为世界知名品牌。高铁是个复杂的工程，其中包括施工建设、车辆制造、信号控制和运营维护等，每一个环节都很重要，任何一个环节出了问题，高铁都不能正常运行，2004年中国铁路第六次大提速正式实施，人们所熟知的"和谐号"动车组正式上线，然而这并不是中国完全自主研发的，真正意义上的"中国货"还是被赋予民族复兴众望的"复兴号"动车组。在这之后，中国高铁以惊人的速度向前发展，相继出现上海磁悬浮列车以及近日西安交通大学研制的世界首座高温超导磁悬浮列车，都充分表明了中国高铁超乎寻常的技术。因此，在危机中开新局的能力代表着一个国家或地区在鼎盛时期中的价值增值空间大小。善于发现机遇、把握机遇的国家或地区如中国、俄罗斯等国家，在兴盛时期就是引领时期演进的国家，进入鼎盛时期后就具有比其他国家更大的价值增值空间。因此，人口总是优先集中于洞察力敏锐的开新局国家。

7. 本国共建共享势头的形成和发展

当今世界是一个共建共享的世界，人、财、物以及信息等在全球加速流动，前所未有地把世界各国紧密联系起来。今天，没有一个国家可以在封闭中发展自己，也没有一个国家可以独善其身。要实现自身发展，共建是必然选择。世界已经成为"你中有我、我中有你"的"地球村"，各国经济社会发展日益相互联系、相互影响，推进共建共享、加快融合发展成为促进共同繁荣发展的必然选择。同时，各国发展环环相扣，一荣俱荣、一损俱损，不同发展阶段的国家面对的各类矛盾相互交织、日益复杂。

随着各国共建共享空前紧密、利益共生不断深化，国际关系的形态和运行方式也在发生着改变。全球治理体系与国际关系变化不相适应的地方越来越多，国际社会对改革和完善全球治理体系的呼声越来越高。国际上的有识之士认识到各国命运相关的趋势，主张冲破主从之分、阵营之别的思想藩篱，跳出零和博弈、赢者通吃的理论窠臼，中国提出"一带一路"发展构想、"中欧班列"开通都是共建共享势头的形成和发展。

8. 重大国际事件的研判与应对策略

一个国家对重大国际事件的研判与应对策略是人口长期持续集中的基本条件。尤其是到了鼎盛时期，重大国际事件频发，一个国家保障国家安全、人民福祉、稳定经济增长的能力就成为了该国价值多极的必要条件，能极大地影响投资人集中的信心。

当重大国际事件爆发，本国应全力展开研判与应对，有效抵挡国际各种危机在全球造成的负面影响，为世界赢得时间，为国际社会形成模板和解决问题的典范。面对国际事件在世界各地的严峻形势，本国一方面尽己所能，向有需要的国家和国际组织伸出援手，另一方面积极有序推进研判与应对，展现出本国在国际事件处理与应对上的执行力，担负起国际责任，为世界经济注入活力，为各国摆脱危机增添信心。

第四节　人口集中的龙头价值创造

一、人口策略的研究对象

本章的主要内容是如何运用人口集中进行龙头价值创造以及如何应对人口专注力集中的各种情形，为投资者在人口变化的不同情况下提供策略方法来达成人口集中投资。人口集中是一个复杂的过程，不再是人气营商学的研究对象房价、股价和物价"三价"之间的周期关注或者是人群营商学中的板块之间的循环跟随，而是直接将眼光聚焦于个股股价的持续集中上。本书研究的对象不是一般商品和衍生品的绝对价值，而是投资奢侈品个股的绝对价值。人口营商强调投资人所创造的个股绝对价值最大化，这是人口营商学的关键。因此，投资者在对投资某一具体个股进行未来的预判时，需要在人气关注和人群跟随理论的帮助下，掌握并运用人口集中理论寻求正确的策略，使得人口理论真正落地。

人口策略的研究对象与人气对策、人群决策有所不同，其大背景是由商业社会、虚拟时代聚焦到鼎盛时期，如图 4-30 所示。从图的横向看，鼎盛时期的到来使奢侈品龙头成为"宠儿"，而在众多奢侈品龙头中，奢侈品因其自身所体现的价值体征及与人口研究的理论相结合成为人口营商的主要研究对象。奢侈品的种类众多，在前文也已有具体的解释，只有存在 8 倍价值增值的奢侈品投资才是最安全、最确切的，人口集中的 8 倍先、8 倍中、8 倍后都是投资人判断心理持续的标准，要不断审视龙头个股投资的 8 倍先增（减）、8 倍中增（减）、8 倍后增（减）的空间与时间，在人口顶上判断人口集中专注力的对象变化与时间先后，还要准确把握转换集中对象的理论依据。在不同时间拐点转换人口集中的人口顶，呈现出几何级数的增值最大化。

从图 4-30 中可看出，首先，人气关注的研究对象是"三价"，即如何受到人气的长期关注，并且使本国持续处于"明星"阶段，从而吸引更多的人气关注，创造更大的比较价值；其次，研究人气关注的国家和地区的"三价"人群跟随，只有受到人气关注的国家才能在证券化时代有实力成为价值"蓝海"，而成为"蓝海"是人群跟随的首要前提，此时研究"三价"中的"股价"，更精确地说是成长指数股票板块，人气线上升为人群环；最后，在人口营商中，主要研究奢侈品龙头个股，并且是蓝海成长板块中的专业化奢侈品龙头个股，没有人群跟随的衍生品人群环——指数板块，人口顶理论很难用来研究人口集中奢侈品——龙头个股，将人群跟随的"蓝海"作为研究人口集中龙头的支撑，可以使问题简化、方便、易量化、更确切。

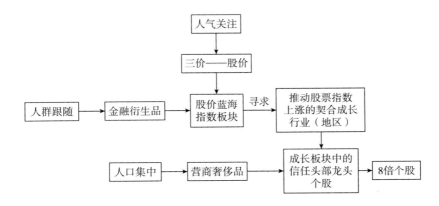

图 4-30　人口集中的研究对象

二、人口集中龙头价值实现的类型

人口集中主要有三种典型的先、中、后人口顶，这三种人口顶均能够对应到人群跟随的人群环中，分别是：8 倍快、不足人群环形成的龙头个股三种百倍人口顶；8 倍中、正好人群环形成的龙头个股三种百倍人口顶；8 倍慢、超过人群环形成的龙头个股三种百倍人口顶。每个成长行业板块都有龙头，也都有 8 倍的投资空间，由于不同人群环下契合成长行业板块的龙头 8 倍增值的时间点存在差异，因此在现实投资类型选择上一定要先判断三种人群环类型，再去判断契合的成长板块人口顶先后顺序情况。

也就是说，不同类型的人群环由于投资对策的不同，人群环的时间长短、速度快慢，2倍、4倍形成的空间、时间快慢也不同，形成的三种价值代表行业板块不一样，轮动的时间顺序也不一样。如平台对策推动形成8倍快指数人群环，导致社会价值证券板块在指数2倍快不足时，上涨4倍龙头个股，经济价值板块龙头不会上涨（人群环空间受限），4倍快人群环时，首先上涨的行业板块是经济价值板块代表——钢铁板块，所以人口集中就是钢铁板块中的龙头武汉钢铁个股8倍先，其次是证券板块龙头个股中信证券8倍中，最后是文化价值行业板块——造船舶或者黄金板块龙头个股中国船舶、山东黄金8倍后。投资人准确把握龙头8倍个股上涨节奏，创造最大几何级数的绝对价值，人口顶的先、中、后是本章必须研究清晰的核心问题之一，其他策略章节是围绕人口集中策略进行的细致而又深入的分析。没有集中龙头个股上涨的先后顺序研究，龙头个股的8倍投资就会落空，踩点不准确，很可能导致投资失误。

个股人口顶的实现需要投资人对人气的对策、指数人群环契合成长行业板块轮动的时间顺序准确把握，从而判断个股人口顶形成的投资策略，依靠头部信任理论，从抽象思维与具象推理的龙头个股高度来把握奢侈品龙头个股投资买进和卖出价位。如图4-31所示，比如说，在8倍中（2快超过×4快超过）人群环中，是金钱杠杆对策推动股票上涨，股票指数板块容易2倍超过，大盘上涨快、空间大，首先是社会价值板块是证券板块4倍先龙头形成，其次是经济价值高铁板块龙头4倍中形成，最后是文化价值航母板块龙头4倍后形成；杠杆推动股票，一旦去杠杆，容易形成指数大幅下跌，指数板块形成第二次杠杆推动上涨也是4倍快超过，首先是社会价值证券板块龙头8倍先，其次是经济价值高铁板块龙头8倍中，最后是文化价值航母板块龙头8倍后都会顺序实现，是最大的几何级数绝对价值（8×8×8=512倍）。

从人口集中龙头价值实现的类型分析中可以看出，人口矩阵中的九种类型中只有实现最上方的三个8倍，才可以称之为龙头个股，2倍、4倍是为了帮助实现8倍，而它们所代表的板块（社会、经济、文化）奢侈品龙头个股识别和把握是实现"8倍先""8倍中"或"8倍后"的三种人口顶的关键，但是，很多情况下人口策略只具有参考性与从众性，当绝大多数投资人看清楚股票行情走势的时候，此时龙头基本上8倍已经完成了，或者投资人根本等不及，早早卖出。因此专业投资人必须具有前瞻性和极好的耐心。

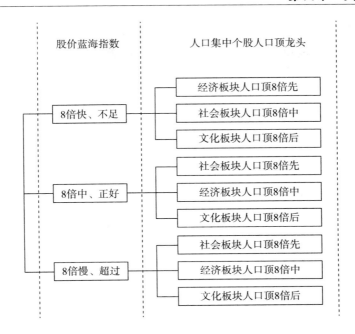

图 4-31 人口集中龙头价值实现的类型

三、绝对价值龙头的人口策略

(一) 人口投资策略选择步骤

对于人口策略来说,人口的集中原理,主要是说明人口在鼎盛时期中的运作机理。从国家层面来说,正确把握鼎盛时期集中的人口作用机理能够使本国奢侈品龙头个股更多地受到人口集中,更加健康地发展,创造更大的绝对价值。从投资者层面来说,了解并掌握人口的作用机理可以使投资者在投资过程中付出更少的时间损失实现 8 倍甚至百倍增值,获得更大的投资增值。但是鼎盛时期人口集中奢侈品是专业化的,并不只是全球化、证券化人口集中的变化情况。所以,投资者在不同的人口状态下应该结合人口营商理论具体分析,选择相应的策略应对这些变化。

对于投资人来说,想要做好人口投资策略,需要明确投资策略选择的基本步骤。人口策略的步骤一共分为五步,如图 4-32 所示。鼎盛时期的投资人需要正确把握此步骤,只有根据这几个步骤进行人口投资策略,投资人才能更好地实现自己在鼎盛时期的价值增值,从而在鼎盛时期占得先机。

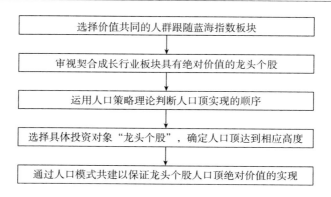

图 4 – 32　人口投资策略的步骤

第一步，选择价值共同的人群跟随蓝海指数板块。人群是以跟随为主要标准进行投资的，因此进入股价投资第一步就是选择人气关注国家的价值共同股价指数板块人群，如同一个人读书第一步就是选择专业方向，大的专业方向影响人的一生，学习营销专业就不可能轻易改为经济学，经济学改为营销学，也很难出现较大创新，营销学也需要本科生、硕士、博士及其一生的努力钻研，个人发展空间和后劲与专业方向紧密相连。而每个国家为了发展资本市场，加快发展衍生品，各种指数板块相继推出，投资人必须选择自己熟悉的、参与人数较多的、行业代表性较强而清晰、发展时间较长的指数板块进行投资，只有形成完整的行业板块体现，价值共同的指数板块才更加安全和稳定，只要该板块在人群环研究范围内，价值空间和发展速度清晰，投资人就可以投资。在中国股市指数板块，投资人比较熟悉的就有上海主板、深圳主板、深圳中小板、深圳创业板、上海科创板等。板块选择错误，投资成功就比较困难，看似个股与板块没有多大关系，个股炒作更加灵活，但是风险也会加大。

第二步，审视契合成长行业板块具有绝对价值的 8 倍龙头个股。契合的成长行业板块，是人群营商学研究的内容，是人气对策作用下产生 8 倍不足（快）、正好（中）、超过（慢）形象思维人群环，由价值共同指数板块契合的成长行业板块来演绎体现，成长板块内个股数量众多，多达几十只股票，而板块龙头个股只有一个，只有龙头能够在一定时间内（可能慢、中、快，可能不足、正好、超过）实现 8 倍增值，其他个股是不可能实现的，最后由它带动整个板块上涨。只有龙头才能人口集中。本章认真分析了龙头集中，有几点必须明确：首先，上涨幅度 8 倍是判断龙头的唯一标志，上涨得早、快、价位高低不能作为判断龙头的标志；其次，龙头个股是前三甲中集中出来的，没有进入三甲或者退出三甲都不可能是龙头；最后，龙头个股 8 倍人口顶高度不能高过信任头部的顶格思维，否则，这只股票起始价位太高，空间不足，不能集中投资人。

第三步，运用人口策略理论判断人口顶实现的顺序。成长行业板块龙头个股选择准确后，人口顶实现的顺序尤为重要，人口顶的核心就是先、中、后，从人气矩阵可以理解 8 倍快、8 倍中、8 倍慢都是可以接受的；从人群环矩阵可以理解 8 倍不足、8 倍正好、8 倍超过也是正常的。8 倍是人气营商学、人群营商学、人口营商学共同研究的话题，只是研究角度、对象是不同的，人口研究对象是个股，研究角度是时间顺序。只有结合人气对策、人群契合，才能正确判断人口顶的实现先后顺序，如币值平台对策形成 8 倍快、不足的指数板块人群环，其中 2 倍不足人群环契合的成长行业板块为：社会价值是证券板块，经济价值是钢铁板块，文化价值是黄金板块。带动指数上涨 2 倍不足的肯定是社会价值板块和文化价值板块，经济价值对指数贡献太大，一旦上涨，指数板块一定实现 2 倍或者超过 2 倍，在 2 倍指数人群环，经济价值板块不能上涨，那么 4 倍快人群环时，带动指数上涨的 8 倍人口顶一定最先出现在经济价值板块中，社会价值证券板块人口顶在中，可以带动指数大幅上涨，文化价值 8 倍人口顶在最后，指数上涨空间也就不大了。金钱杠杆对策形成的人群环，是 8 倍中、正好的指数人群环，构成是 2 倍快超过、4 倍快超过，契合的行业板块为：社会价值板块是证券，经济价值是高铁，文化价值是航母，指数实现 2 倍快、超过时，三个板块都会按照顺序上涨，证券龙头 4 倍→高铁板块龙头 4 倍→航母板块龙头 4 倍。指数板块 4 倍快、超过上涨，证券板块龙头 8 倍确定先，它能够带动指数板块较慢上涨，龙头实现 8 倍慢、正好，一旦指数开始加速上涨，就必须借助代表经济价值板块的高铁，所以高铁板块龙头是 8 倍中、正好，8 倍后、正好就是文化价值航母板块龙头。三个板块龙头实现顺序是：证券板块龙头 8 倍先→高铁板块龙头 8 倍中→航母板块龙头 8 倍后。图 4－33 为推动三种典型人口顶的顺序，以此为基础进行投资选择具有较强的确定性。

第四步，选择具体投资对象"龙头个股"，确定人口顶达到的高度。人口顶的个股都已经选择正确且先后顺序都已经排定，但是人口顶高度不确定，投资人就很难踩准投资节奏，买进和卖出个股的价位也会犯错误，导致损失时间和金钱，个股没有到顶将股票卖出，股票没有进入 8 倍上涨，买进股票，占用大量资金，浪费时间。有时龙头个股 8 倍相互重叠，更是难以区别，币值平台对策下，出现 4 倍快人群环，8 倍个股上涨就会重叠。如何实现 $4 \times 4 \times 4 = 64$ 倍？在龙头个股的 4 倍价位顺利卖出和买进，时间节奏最好，几何倍数最大。在金钱杠杆对策下，出现 4 倍快、超过人群环，8 倍先 ×8 倍中 ×8 倍后 ＝512 倍，就是这样清晰的 8 倍，有时也不好把握，因为在 8 倍先上涨时，8 倍中的个股也在波动，8 倍后的个股也在上涨，如何放弃小幅波动，把握 8 倍增值，需要定力和丰富投资经验，稍不小心就会犯错，误以为自己是短线高手，造成损失。

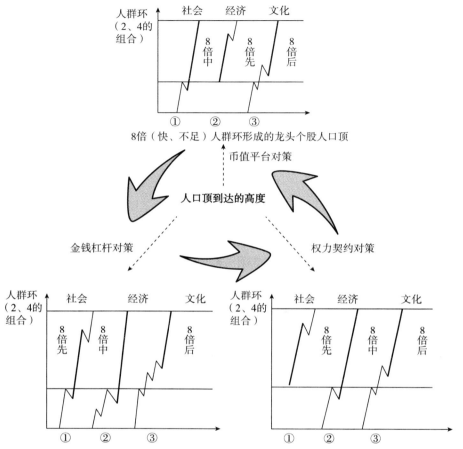

图4-33　龙头人口顶实现顺序示意图

第五步，通过人口模式共建以保证龙头个股人口顶绝对价值的实现。龙头个股人口顶实现是投资人共建共享的结果，且行且珍惜，不是某一个机构和少数投资人投资形成的，因此龙头个股也是最为安全的。龙头个股在依据人口模式共建时，有其明显特点：一是龙头个股紧跟指数板块，龙头个股的起始价位跟大盘低位密切相关，中信证券在2018年10月19日跌至14.72元，是14.72×8＝117.76元的起始价位，上证指数也是在同日跌至最低2449点，中信证券再也没低于此价位，即使上证指数跌至2440点，中信证券也比14.72元的价位高，说明龙头个股与指数板块同时见底，看不清指数板块，可以看龙头价位；二是龙头个股上涨也与指数板块上涨高度吻合，不会超过指数板块上涨和下跌，大盘指数慢慢上涨，龙头个股也慢慢上涨，8倍先成为8倍慢了，8倍快的个股就成为不了龙头，与人们习惯认为上涨快是龙头是不一致的，只有与指数高度吻合，指数快，龙头个股才能快；三是龙头个股投资完成，也是检验指数达到高位的标志，龙头个股没有上涨完成，指数板块不会下跌，龙头个股上涨完成，指数板块开始下跌，所以盲目猜测指数点位，还不如从龙头个股上涨完成的节奏和价位进行正确把控。

（二）人口集中绝对价值的投资策略

鼎盛时期人口集中龙头个股股价的投资策略是所有投资人的梦想，既是个股投资落地的真实感受，也是投资人在最短时间创造最大价值的迫切愿望。在鼎盛时期的今天实现这些愿望并非遥不可及，只是投资人的思维在绝对价值创造中如何把握，形成有效的投资策略显得格外重要。虽然人口集中也要受到各方面的影响，包括饥饿地位、圈子核心、标杆象征等策略，但最重要的是受到信任头部的影响。个股能否成为龙头达到8倍人口顶的高度？能够实现几个人口顶？到达的顶格思维的极度是多少？达到一定高度能否维持更长时间？这些都是个股绝对价值投资人经常思考的问题，也是人口集中个股股价的投资策略选择。人口策略受学习心理的影响，学习心理持续到达的高度直接影响投资人对于奢侈品龙头个股的绝对价值判断。在本书中，人口集中的投资对象是在人气4个对策逻辑驱动，指数人群环契合社会、经济、文化行业成长板块基础上产生的，具有龙头个股信任头部的顶格极度作为研究重点。

根据图4-34的选择逻辑，人口集中绝对价值的策略有三个要点，具体分析如下：

要点1：学习动机，心理持续实现8倍先、8倍中、8倍后，龙头个股上涨达到一个8倍或者多个8倍高度是每个投资人追求的目标和学习的榜样。

（1）投资人必须审视该个股是否是某一成长行业的龙头个股，行业是成长的，但是行业不清晰，龙头也就不确定，龙头不能出现，成长行业也就无法形成，只有成长的行业龙头才具有8倍价值，否则任意投资个股肯定是错误的。蚂蚁金服没有上市之前，投资人就投资仁东控股，结果大幅下跌8倍，从64元下跌至9元，8倍上涨没有实现，8倍下跌损失惨重，没有实现8倍的能力，就投资2倍、4倍的个股也是合适的，投资个股8倍，需要专业领域的智慧。一旦投资8倍成功，就是人们学习的榜样和追求第一目标的实现。

（2）在一定时间内，有些行业龙头个股会出现二次持续8倍的情况，需要一定的持续学习动机才能实现，成为个股价位较高的奢侈品龙头。二次8倍（8倍先、8倍中）是人口营商的第二个目标，它代表着专业化领域的一定水平，很多

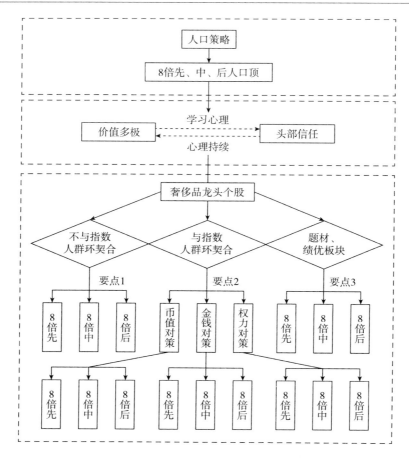

图 4 - 34 人口顶绝对价值龙头个股投资策略的选择逻辑

个股有二次 8 倍就是该行业板块龙头信任头部的顶格极度了，比只有一个 8 倍的个股又多了一次人口集中的机会。如证券行业的龙头顶格极度就是 240 多元，也就是二次人口集中的 8 倍增值机会，没有第三次机会。而钢铁板块只有一次人口集中 8 倍的机会。

（3）还有一些行业龙头个股具有三次持续 8 倍（8 倍先、8 倍中、8 倍后）价值集中的机会，是投资人对于该行业龙头个股的顶格思维的极度的最高信任。这是需要极其持续的学习心理、坚定的自信、核心技术和故事才能实现的第三个目标。与成长行业体现、龙头个股的体征紧密相连，虽然能够持续三次集中的行业龙头不是很多，但是个股对于全球的影响、证券行业板块的带动、专业化水平的提高作用巨大，形成非常完整的产业链，其核心技术和故事是其他个股望尘莫及的。如茅台酒就是白酒行业的龙头三次的 8 倍价值集中，全球对于中国文化的关注、白酒板块的带动以及茅台酒专业化水平提高都对此有深远的影响，进一步巩固了中国白酒的世界地位，中国白酒自信和核心技术、故事的表现，对于扩大消费、拉动经济意义重大。而啤酒在中国形成三次 8 倍集中的可能性就很小了，全球投资人对于中国啤酒的自信心远远低于西方啤酒。

要点 2：人气对策—人群契合—人口集中龙头个股 8 倍最确定。在人气线关注的股价中，币值平台对策对于股价上涨的推动是明显的，金钱杠杆对策、权力契约对策也是股价上涨的确定逻辑，在对策推动下，通过相对价值分析，契合的成长行业板块也是确定的，投资人选择的行业板块能够在指数人群环确定的前提下，实现成长行业板块推动指数板块循环跟随，这在人群营商学中进行了重点研究。在成长的社会、经济、文化价值行业板块基础上寻求人口顶集中，更为容易识别和把握人口顶形成的先后顺序、时间快慢和强度大小。尤其当 4 倍股价指数人群环契合成长行业板块时，寻求 8 倍个股龙头的先后顺序是投资人创造几何级数绝对价值的根本。投资人选择熟悉的、参与人数较多的、行业代表性较强而清晰、发展时间较长的指数板块，契合该指数人群环并结合四个对策进行龙头个股投资最具正确性与合理性，因为只有形成完整的行业板块体现，价值共同的指数板块才更加安全和稳定，只是在人口顶与顶格思维的极度共同作用下，更加容易把握契合的成长行业板块。如只要证券板块龙头上涨至 240 多元，下一个指数人群环契合的成长行业社会价值就不是证券板块了，而经济价值板块龙头高铁不能上涨至 300 元左右，下一轮契合的行业板块还是高铁板块，龙头个股 8 倍在指数板块契合下更加明确，只要该板块在人群环研究范围内，龙头个股价值空间和发展速度清晰可见，投资人就可以以此为目标进行个股投资抉择：

（1）币值平台对策形成的主板人群环为 8 倍快、不足。在 2 倍不足契合的成长行业板块中，社会价值—证券板块与文化价值—黄金板块依次带动指数上涨，此时社会价值证券板块龙头为 4 倍先（快、正好），文化价值黄金板块龙头为 4 倍中（快、正好），在 4 倍正好契合的成长行业板块中，经济价值、社会价值、文化价值依次带动主板指数上涨，此时 8 倍先为 8 倍快、正好，对应经济价值钢铁板块龙头，因为在指数 2 倍环中，该板块没有上涨；8 倍中与 8 倍后也为 8 倍快、正好，分别对应社会价值证券龙头与文化价值黄金龙头。

（2）金钱杠杆形成的人群环是 8 倍中、正好人群环，在 2 倍快、超过与 4 倍快、超过契合的成长行业板块中，社会价值对应证券板块，经济价值对应高铁板块，文化价值对应航母板块。指数人群环 2 倍快、超过时，4 倍先为证券龙头，4 倍中、后依次为高铁、航母龙头。指数人群环 4 倍快、超过时，此时 8 倍先依然是证券龙头，它能够带动指数较慢上涨，不过此时 8 倍先为 8 倍慢、正好，8 倍中为高铁板块龙头，此时对应的是 8 倍快、正好，最后 8 倍后对应航母板块龙头（8倍快、正好）。

（3）权力契约对策形成的人群环是8倍慢、超过，当指数人群环2倍快、正好时，契合的成长行业板块中，4倍先龙头为4倍中、正好，对应经济板块龙头，4倍中龙头为4倍中、正好，对应文化板块龙头。当指数4倍中、超过时，契合的成长行业板块中；8倍先为8倍慢、超过，对应社会板块龙头；8倍中为8倍中、超过，对应经济板块龙头，8倍后为8倍快、超过，对应文化价值板块龙头。

要点3：题材行业板块、绩优行业板块也有8倍龙头个股，但出现8倍上涨概率较小，连续二次上涨8倍，基本不可能。龙头8倍个股出现在成长行业板块是比较容易把握的，出现在价值共同的指数板块契合的成长板块更加容易把握。但是还有很多龙头个股可能来自题材行业板块、业绩行业板块，更有可能是指数板块也不成熟，如现在的创业板、科创板。

（1）题材行业板块可来自成熟主板，但是出现在次板的可能性较大，成熟主板监管严格，投资人稳健，响应的投资人较少，8倍上涨题材个股基本不可能，特别是上海主板，这种机会越来越少。次板出现的机会较多，如果喜欢适量资金投资题材活跃的龙头8倍个股，基本上就是在次板指数板块投资。如2014～2015年股市行情的全通教育、安硕信息都是在创业板出现的题材8倍龙头个股。题材板块出现的多少代表这个指数板块的成熟度，任何一个指数板块都是从不成熟慢慢走向成熟，需要早些培养，一旦这个指数板块的题材板块培养为成长板块长期不明显，大量投资人参与该指数板块积极性就会降低，指数板块没有上涨空间。

（2）题材板块龙头适当产生有利于形成成长板块，只是题材板块的龙头不一定是以后形成的成长板块龙头。如互联网开始出现时就是炒作题材，1999年中国股市出现"519行情"就是炒作互联网题材，为互联网发展成为成长板块奠定了基础，但是昔日的龙头早已不是今天互联网成长行业的龙头，而且互联网发展较快的企业都在美国上市，因为龙头企业——苹果手机在美国，这些公司可以在龙头带领下出现溢价。各国都希望在题材板块炒作过程中形成本国的成长板块，在龙头个股带领下产生新的产业，但是过分炒作题材，形成不了新的产业，会对股市和投资人造成伤害，不利于该指数板块和行业的发展，所以题材龙头容易受到政府监管，可能损失惨重，如仁东控股，只能适当参与。

（3）绩优行业板块龙头个股可能长期业绩好，是明确的，可以长期大量分红，个股股价既可以随着股市上涨而上涨，也可以是在股市平稳时实现个股上涨，成为慢牛的可能性较大，出现业绩突然变好的黑马还是比较少的，也很好把握，非常稳健而且对于该龙头个股有感情的投资人才会选择投资。如格力电器、海尔智家、美的集团，但是这些个股如果没有成长性，只是业绩好，上涨 8 倍的可能性和顶格思维的极度受到限制，投资人就无法进行迅速和长期的集中，个股价位不会太高，只是起起落落，股价很难超过前期高位，无法打开人们的顶格思维，一旦不能分红或者分红减少，个股上涨动力就不足。

本章练习

一、简答题

1. 简述人口在三个不同时期中的含义、表现和作用。
2. 简述人口集中原理。
3. 如何理解人口顶？
4. 如何推动人口持续集中？
5. 如何运用人口顶进行奢侈品个股绝对价值投资策略抉择？

二、材料分析题

材料一：目前欧美高度垄断全球航空产业，航空制造业形成欧美两分天下的格局。全球市场航空产业版图形成以波音与空客为龙头的欧美格局。航空产业带动性强，对世界经济影响深远。据牛津经济研究所 2009 年《航空业：连接现实世界的全球网络》报告，到 2026 年，航空业将会创造 5000 万个就业机会和 3.6 万亿美元的生产总值，促进世界经济的增长和繁荣，创造大量的直接经济效益。

波音 777 是迄今为止最畅销的宽体客机之一，而 777X 是它最新的衍生型号，因此也备受航空业的广泛关注。波音预计将在 2023 年向航空公司交付首架 777X，现在大家的目光聚焦于它的生产和认证方面。777 的单价高达 4.422 亿美元，约合 28.6 亿人民币。2020 年 1 月，777X 完成首飞，它预计将在 2023 年投入商用，现在全球有 9 家客户订购了 320 架飞机，包括阿联酋航空、阿提哈德航空、卡塔尔航空、英国航空、国泰航空、全日空航空、汉莎航空和新加坡航空，此外还有一家未具名的客户。

发动机被誉为飞机的"心脏"。777X 则搭载着通用电气研发的 GE9X 发动机。通用电气表示，它们为 GE9X 发动机进行了专门的测试和制造，测试地和制造地包括俄亥俄州埃文代尔和意大利马萨。发动机的叶片和压缩机均在意大利进行测试。值得一提的是，GE9X 有超过 300 个零件都是使用 3D 打印机制造的。

777X 另外一个显著的特点是它可以折叠的翼尖，这是由德国利勃海尔负责制造的，该公司在德国林登贝格和法国图卢兹设有两个主要的生产工厂。777X 的某些部件还来自发展中国家。波音公司最近在越南河内开了第一家办事处，它和越南的一家供应商合作，MHI Aerospace 在越南设立工厂，为 777X 提供舱门，同一家工厂还给波音 737 制造内侧襟翼。与此同时，波音还和我国的沈飞民机公司合作，后者为 777X 提供零部件。早在 2016 年 5 月，沈飞就成为波音新机型 777X 尾翼前扭力盒供应商，沈飞向波音交付了首架份 777 尾翼翼尖。

现在中航工业已经深度参与波音全系产品零部件供应，包括 737 垂尾和平尾、747 内侧襟翼、767 改装货机地板梁，以及 787 方向舵等。《环球时报》曾有报道，现在有超过 1 万架波音飞机的零部件产自中国。

材料二：凭借 2017 年 12 月股价飙升 109%，波音于 2018 年成功超越高盛成为道指最大成份股，又超越通用电气成为美国市值最大的上市工业企业。在此情况下，波音 2018 年第四季度报和 2019 年盈利预期也格外亮眼，推动波音开盘创新高，市值超越 2100 亿美元关口，也是提振道指的最大驱动力。波音开盘曾创 360.81 美元的纪录新高，推动道指周三开盘涨幅一半多；2019 年已累涨超 20%，成为道指同期涨幅的最大提振力量。2019 年作为道指涨幅最大的成份股，波音也屡次助攻后者超越了多个千点涨幅大关。

回顾波音历史，波音于 1980 年上市，发行价 55 美元，在 2003 年以前一路起起伏伏，股价保持在 30～60 美元之间，于 2003 年跌到 24 美元的十年内最低价。不过从 2003 年开始，股价开始上涨，至 2007 年股价最高点来到 107 美元。不过，波音的市值不止于此，于 2012 年开始新一轮上涨，从 66 美元上涨到 2019 年的最高价 446 美元，成功超越高盛成为道指最大成份股，其中 2019 年波音突破 3000 亿美元市值纪录。具体如图 4－35 所示。

结合以上材料回答以下问题：

1. 结合材料一，如何理解奢侈品龙头个股企业对于产业群的绝对影响力？

2. 结合材料二，利用人口顶理论来分析奢侈品龙头个股波音飞机到达的 8 倍高度。

3. 从营商学的角度分析，波音飞机为何在美国成为全球奢侈品龙头个股，实现全球价值共享？中国如何从中吸取经验？

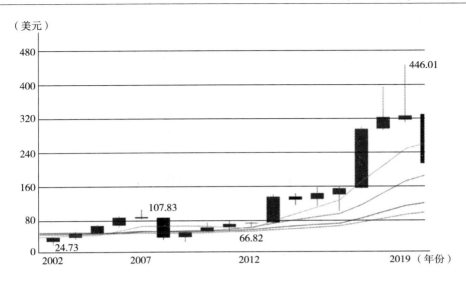

图 4 – 35   波音 2002 ~ 2019 年股票走势

第五章　饥饿策略

第一节　如何理解饥饿

一、饥饿的理解

（一）饥饿含义

众所周知，"饥饿"是一种医学用语，其日常生活中的含义不难理解。在《辞海》中的解释为肚子很空，想吃东西、歉收。在古代，"饥"与"饿"存在着程度上的差别。"饥"指一般的肚子饿；"饿"是程度很严重的饥饿。如今，"饥"和"饿"两个字已经混为一谈，合成为一个词，可用来表示任何状态、任何程度下的饥饿感。

饥饿主要是以"不够"的含义出现的，这在各类研究中都已获得了认可。饥饿这一词语来源于人们的生产生活。从饥饿的起源来看，主要体现在食物缺少方面，个人生活需求不充足、不够，满足不了需求。

饥饿在古代就已经存在，唐代诗人杜甫在《自京赴奉先县咏怀五百字》写道："劝客驼蹄羹，霜橙压香桔。朱门酒肉臭，路有冻死骨。荣枯咫尺异，惆怅难再述。"兴盛时期的饥饿是常态，此时粮食产量有限，受到地域的限制，具有地方特色的物品仍然欠缺。贾平凹曾在《我是农民》一年中讲到自己少年时的苦难生活："因为连续的大旱使收成减少一半……喂嘴成了活着最大的负担和艰辛。"因为经历了"三年困难时期"和"文革"，再加上陕南特殊的地理环境，所以小时候饥饿几乎成为了他的常态。从小经历的饥饿生活成了贾平凹脑海中无法磨灭的记忆，这是因为一直以来贫困的生活状态给他造成的一种饥饿恐惧，是对农民现实生活状态和贫困年代的一种特殊阐释。

饥饿是各个发展时期必然的存在，是作为未来时期发展的方向基础。鼎盛时期的饥饿目的最终是为了实现人口集中，形成无可替代的地位。投资人对不同时期的饥饿有不同的抉择。在鼎盛时期，饥饿地位是投资人根据鼎盛绝对价值量多少进行投资的重要基础，不具有饥饿地位的投资是不安全的，直接影响投资人的抉择方向，最终影响整体的价值投资。以国酒茅台为例，茅台酒出现供不应求，形成茅台酒个股饥饿地位，这时货币宽松、股市和楼市投资风险太大，因此吸引了一大批投资者和经销商囤积茅台，待价而沽。同时，随着中国民众消费水平的提升，请客吃饭总要有茅台酒才更体面，消费需求品质升级，而茅台酒供应总量没有大的改善，这就导致了茅台酒价格不断上涨，形成一瓶难求的局面。从中可以体现出饥饿地位在一个国家和地区政治、经济、时代、文化等各个方面的作用，这也直接反映了饥饿地位在鼎盛时期的重要地位。

在本书的饥饿策略中，饥饿的概念仍体现在"不够"上。本书在结合全球化、证券化、专业化和逐渐完善开放的营商投资的大背景下，重点强调研究的是饥饿形成的绝对价值。虽然饥饿指的是不足这一通用观念，但在不同时期其概念侧重点也是不同的。兴盛时期饥饿的概念是在产量有限、地域限制的基础上，形成饥饿缺乏；昌盛时期饥饿的概念是短暂的不足，主要解释为技术进步快、形成尖端技术后，对于生产产品数量的缺少；鼎盛时期饥饿的概念是在形成绝对价值最大化的基础上，基于核心价值寻找龙头个股，形成的饥饿地位。

（二）饥饿演变

饥饿在不同时期的概念在前文中已有铺垫，要想研究透彻饥饿的概念，必须从时期的发展历史来入手，不同时期有不同发展的大环境，在不同的时期也会有不同的研究主体，这时饥饿概念的侧重点也会发生变化。饥饿的理解及演变过程如图5-1所示。

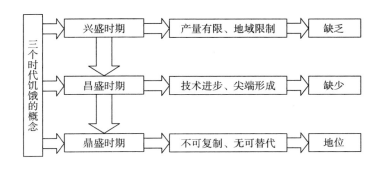

图5-1　饥饿的理解及其演变

　　"饥饿"在兴盛时期主要表现在食物缺乏方面。兴盛时期，饥饿指的是产量有限、地域限制的主食的缺乏。在兴盛时期发展过程中，饥饿是常态，此时粮食产量有限，由于地域的限制，一些具有地方特色的上品仍然欠缺。缺乏旨在强调多个方面都不足，例如在数量、种类方面都呈现出不足的现象。兴盛时期由于人类身体先天素质不强，和其他动物相比，没有锋利的爪子抓捕猎物，没有快捷的速度逃脱追捕，没有坚固的外骨骼保护自己，没有强大的翅膀在高空飞翔，没有腮让人可以在水中自由畅游，甚至还没有毛发让自己御寒。因此，人类的生活环境一直以来都非常恶劣，获得食物非常困难，所以，在发展历程中，人类其实一直都处在饥饿之中。该时期自然灾害也易造成饥饿灾难。自然灾害在古代一直存在，因此一旦发生自然灾害，饥荒就来了。但还不止这些，因为一旦发生自然灾害，腐败的朝廷往往会横征暴敛，官员会贪污腐化，盗贼又四处猖獗，老百姓的日子更不好过，饥饿会更多。严重分配不公造成人为灾难。需要大家动手劳动，才能勉强保证温饱，但是该时期是一部分人劳动，但另一部分人闲玩。闲玩的那部分人却反而占据着绝大多数劳动产品，而且还要对劳动产品挥霍性地使用。这就使得真正需要吃饱肚子干活的劳动者，却没办法填饱肚子。综上所述，饥饿在兴盛时期的概念主要是在产量有限、受到地域限制的背景下形成的饥饿缺乏，人们为了能够满足自身基本需要做出一定努力，从而能够掌握更多的自然资源禀赋，使人们能够有正常且有保障的生产生活，为下一时期的发展奠定基础。

　　随着时期的变化，进入昌盛时期后，"饥饿"的概念不同于兴盛时期，转变为在技术进步、尖端技术形成的大环境下，形成的饥饿缺少，相比前一时期，"缺乏"语义较重，强调极少或没有，如芯片的缺乏。"缺少"语义较轻，多指在数量上少一些，有时也指没有。该时期生产技术进步明显，从棉纺织业的技术革新为始，以瓦特蒸汽机的改良和广泛使用为枢纽，慢慢就实现了制造业机械化的转变。生产技术不断进步的表现还在于大机器工业代替手工业，机器工厂代替手工工场，它是整个世界的国家政治、经济、生产技术以及科学研究发展的必然结果，它可能使国家结构和生产关系发生重大改变，生产力迅速提高。昌盛时期，以英国工业革命为例，革命从开始到完成，大致经历了一百年的时间，影响范围不仅扩展到西欧和北美，推动了法、美、德等国的技术革新，而且还扩展到东欧和亚洲，俄国和日本也出现了工业革命的高潮，它标志着世界整体化新高潮的到来。由于英国较早地废除了行会制度，因此城镇手工业的发展不受地方行会势力的限制，具有更加自由的环境。资产阶级政府对发明创造的支持与奖励调动了劳动生产者的生产发明积极性，推动了工业革命的发生与发展。这就说明，一个国家的发展必然会经历生产技术的进步、技术的革新，最终形成尖端技术，促进经济、社会、文化的各方面发展。但需要明确的是，首先，昌盛时期的企业技术发展快，技术掌握能力相较前时期有所提升，形成尖端技术；其次，该时期技术发展的企业也是有限的，只有少部分企业技术完善，该时期只有少部分国家能够形成一定的尖端技术，所以此时的饥饿含义为精品数量较少的饥饿缺乏，基于生产技术不断发展、越来越多尖端技术的发掘，慢慢地也会有传统技术革新的现象产生。

鼎盛时期"饥饿"的含义有了很大的转变，鼎盛时期形成不可复制、无可替代的饥饿地位。鼎盛时期的饥饿首先是呈现出不可替代性，即唯一性。其次鼎盛时期的饥饿表示无可替代性，遥遥领先，在某个专业化的领域确立优势地位并远远地走在最前面，使其他企业难以望其项背。最后鼎盛时期的地位饥饿具有前两个特性，成为独一无二的地位，有利于核心价值寻找龙头个股，创造绝对价值。鼎盛时期处于投资的专业化时期背景下，需要找准哪些具体投资对象是具有饥饿地位的，要呈现出不可复制性与无可替代性，深入探寻奢侈品的可投资价值和把握好投资时机。需要明确的是，对于投资的选择要把握好这些具有饥饿地位投资对象的价值空间，还要注重把握投资时间，如果选择错误，很可能实现不了龙头价值，最终功亏一篑。个股投资的饥饿是本书研究的重点，鼎盛时期成功投资体现在选择恰当的龙头个股进行投资上，例如国酒茅台就具有饥饿地位的条件，股价一直保持着相对高的价格，吸引众多投资人投资，在全世界具有极强的独立性，不会因为任何世界上的风吹草动而影响其自身发展。人们要明确好个股的饥饿地位和指数的路径规划的关系，由此可见，鼎盛时期的饥饿主要理解为投资人为实现奢侈品龙头价值创造，利用专业化投资进行的饥饿地位的抉择。

二、饥饿的表现

饥饿的表现是以含义为基础引申出来的，不同时期饥饿的表现有不同的侧重点，总体而言，饥饿的表现在不同时期有所区别。

（一）兴盛时期饥饿表现：稀有珍贵

兴盛时期，产量有限，受到地域的限制，表现为稀有珍贵。这正是由兴盛时期饥饿的概念得出的，此时期由于饥饿缺乏形成了稀有珍贵的表现。在最初时期，人类乃至所有动物，填饱肚子一直是最基本的需求。而像野生动物，特别是肉食动物，要想在自然界捕食到心仪的美食，填饱肚子并不容易。人类之所以不同，就是学会了制造和使用工具，即便如此能捕获动物也并不容易。直到某一天人类掌握种植粮食和驯化养殖野生动物的方法后，粮食问题才得到根本性解决，让不确定性的食物获得变为预期收获，这也促进了人类历史的发展，使人类繁衍生息，发展到现如今的 70 多亿人口。以主食小麦（面粉）和水稻为例，两者的种植条件相对苛刻，特别是水稻对水源、土地的要求更高，所以在历史上这两者并非一开始就是我们的主食。并且，小麦的口感不太好，直到汉朝的某一天先人把小麦磨成粉，然后再制成其他食物时，小麦的用途和口感一下子丰富起来，在北方地区先后取代原先黍、稷这些粮食，准确地说，面粉及其制品成为了北方地区的主食。而水稻虽然早有种植，但其局限于淮南部分地区，并且那时候的大米是非常珍贵的食物，只有王公贵族才配吃，这时候并非是全国性的主食。所以，该时期受到地域以及某种生产要素的限制表现为稀有珍贵。

但需要注意的是，此时是在合理区间范围内的缺乏，产量缺乏程度越高，且稀有珍贵则越需要节约粮食、节约资源。超过这个合理的区间范围则会引发社会不和谐，甚至是农民暴动、起义等。而且由于天气、技术等要素，产量会发生波动。在历史上，曾经因为各种原因，多次反复出现粮食危机，它带给人们的最直观的痛楚就是饥饿。饥饿感是人类对食物需要最直接的反应，它会促使人不顾一切地去寻找可以吃的东西，而除了吃之外的任何需要都将会达到一个临界点。这个临界点因人而异，有人宁愿饿死，也不去偷抢，有人因为饥饿而去吃树皮草根，更别谈吃什么变质腐化的食物了。当人们放下尊严，忍受不了饥饿而去做平时不会做的事时，这就是临界点。

在整个合理区间范围内的饥饿缺乏表现为稀有珍贵，让人们珍惜粮食，目的是能够为昌盛时期的发展奠定基础，该时期人们养成的节约资源、节约粮食的意识，永远都应该铭记。综上所述，兴盛时期的饥饿，主要是饥饿缺乏，同时是控制在合理区间内的缺乏，否则人类的生命无法延续。具体如图 5-2 所示。

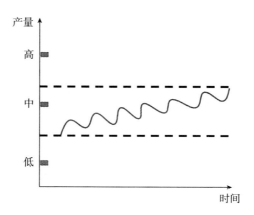

图 5-2 兴盛时期饥饿表现

（二）昌盛时期饥饿表现：质优价高

昌盛时期的劳动分工决定了任何单独的企业都不可能掌握现代工业生产所需的所有知识、资源及科学技术。由于技术发展快，尖端技术只有部分企业能够掌握，导致产品产量不足，达不到量产所需的规模，此时饥饿缺少表现为质优价高。该时期并不是像产品匮乏那么高的程度，而只是在数量上少一些，但品质已经得到了一定的提升，价格也由于生产技术的提高而有所提升。昌盛时期的饥饿也会经常出现，通常通过价格进行调整就可以缓解，因为再尖端的技术只要规模化生产，就可以解决缺少的问题，而在技术为主的时期，解决量产不是非常困难的事情，所以饥饿营销的精品还是比较少的，时间也有限，很快就会被产品寿命周期理论淘汰，使产品进入衰退期。

新产品供不应求，成本高，价格高，能够买得起和买得到的消费者不多，就是产品的缺少，一般出现在技术不成熟、生产规模不够大的昌盛时期初期，还有一些尖端技术由于生产企业较少，也表现出缺少，因此质优价高。生产技术的不完全掌握以及只有少部分企业能掌握，产品产量不足，不能够满足市场上的需求，最终造成了质优价高。如在20世纪，我国的电视机就是典型的饥饿缺少的表现，只有少部分家庭能够买到，一是由于产量少，二是由于人们生活水平达不到。随着生产技术不断发展、时期的不断演进，才不断减弱了缺少的程度。

昌盛时期的饥饿营销是一种营销方式，但是真正实施饥饿营销还必须具备很多条件，一般企业是很难实现饥饿营销的，产品的竞争日益加剧，垄断市场不容易实现。

随着昌盛时期的到来，技术不断进步，尖端技术涌现。昌盛时期快速发展起来的国际投资和国际贸易促进了国外技术向中国的转移。在"市场换技术"战略的指导下，技术引进和外商直接投资逐渐成为我国技术进步的主要来源。直接投资除了带来先进的技术、设备外，还带来了先进的管理经验，提升了产品的工艺水平，推动了工业技术的整体进步。在市场化改革的背景下，国家的技术引进管理机制和模式发生了变化，少部分企业已然掌握了尖端技术。由过去管理权限高度集中于中央的模式逐步转变为向地方和企业放权的分级管理模式，逐步实现以法律法规的方式对技术引进实施管理（王钦、张崔，2018）。企业作为创新主体的地位开始凸显出来。本土企业综合运用成套设备引进、许可证贸易、合作生产、购买顾问咨询和技术服务等方式，开展技术吸收和学习，极大地促进了我国工业技术能力的提升，并开始逐步打破单方面技术引进的局面，技术出口实现零的突破。昌盛时期的饥饿缺少决定了饥饿在该时期的表现，具体如图5-3所示。

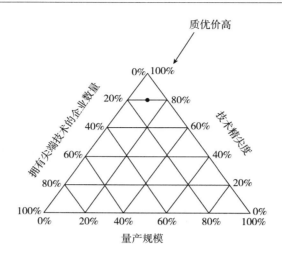

图 5 – 3　昌盛时期饥饿的表现

（三）鼎盛时期饥饿表现：势头向上

进入鼎盛时期，饥饿的表现不再是质优价高，而是在资本存量的积累中保持势头向上。地位的高低与资本存量成正比关系，在初始阶段，随着资本存量的提高，地位几乎没有波动。当资本存量达到一定规模之后，地位瞬间跳跃到新的高度并开始指数式的增长，达到一定高度之后增长速度变慢，但始终保持势头向上。鼎盛时期投资人要明确哪些最具价值可以投资，要理解好鼎盛时期的饥饿地位，必须将鼎盛时期的绝对价值理解透彻，具有绝对价值才是饥饿地位应当投资的势头。现如今世界经济呈现一体化发展，要想在世界地位中占有绝对地位，就要掌握好专业化方向的发展。全球经济一体化的大环境下世界经济活动超出了国界，使世界各国和地区之间的经济活动相互依存、相互关联，形成世界范围内的有机整体；或者说，是指世界各国均参与全面的经济合作，其中任何一国经济领域的变动均会引起世界经济整体的变动。饥饿地位在全球专业化投资背景下体现，促进全世界经济发展的同时，全球经济一体化也反作用于专业化。龙头个股的绝对价值与饥饿地位二者之间也是密不可分的关系，二者相互作用。需要明确的是，这二者都是投资人进行投资选择时参考的重要因素，投资人要选择好具有饥饿地位的龙头个股进行投资，首要选择就是人口集中且具有龙头价值的个股，进而投资，最终实现饥饿地位。

鼎盛时期一定要选择具有最大价值空间的龙头个股进行投资抉择。鼎盛时期饥饿地位的绝对价值创造形成的是"8 倍先""8 倍中"和"8 倍后"三种人口顶，是基于全球化、证券化和专业化在人气营商、人群营商理论上的延续。与昌盛时期的饥饿概念有所不同，鼎盛时期饥饿的表现突出为地位性，且具有饥饿地位的龙头个股投资是最为安全的，很难会有其他龙头个股作为投资的备选，这正是饥饿地位的体现。

对于鼎盛时期的饥饿来说，势头向上带来的 8 倍先、中、后是人们在该时期应当抉择的投资，因为在之前的研究中已经可以得知，8 倍快、中、慢人们不需抉择都会投资，空间足够大，只是时间长短的问题，只要是 8 倍，投资人可以宽容时间的快慢，强度大小也不重要，可能不足、正好、超过，这些只是实现指数 8 倍的人群环可能不足，而 4 倍人群环的每个龙头个股 8 倍是足够的，把握个股的 8 倍先、中、后，既能把握个股 8 倍快慢、强度，又能使每一个指数人群环实现过程中使投资增值几何倍数最大化。随着时期的演进，饥饿地位会在人们思维的变化中不断完善，作为投资人判断继续投资个股的依据。在实际投资中，投资者应该根据龙头个股信任头部的顶格研究进行实际投资抉择。具体如图 5-4 所示。

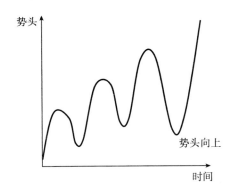

图 5-4　鼎盛时期饥饿的表现

不同的时期演进，饥饿的表现都是不尽相同的。兴盛时期由于产量有限，受到地域的限制，表现为稀有珍贵；昌盛时期由于技术发展快，尖端技术只有部分企业能够掌握，此时饥饿表现为质优价高；鼎盛时期饥饿在资本存量的积累中表现为信任龙头个股的头部顶格势头向上。具体如图 5-5 所示。

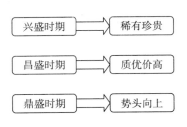

图 5-5　三个时期饥饿的表现

三、饥饿的作用

饥饿最根本的含义就是不够，不足有强度的含义，不够更能表现饥饿的含义。饥饿看似一件坏事，实际上饥饿是人们能否达成最终目标的关键，利用好方法与思维的结合，正确利用饥饿不够，对于时期的演进作用巨大。虽然三个时期饥饿的作用不同，但是每一时期的饥饿都有着至关重要的作用，兴盛时期的饥饿主要基于手工、传统层面，勤俭节约，精细实现；昌盛时期的饥饿主要基于技术、科研层面，进行奋力赶超，最终精密实现；鼎盛时期的饥饿主要基于精神、创新层面，利用眼光独到，最终卓越实现。

（一）兴盛时期饥饿作用：勤俭节约，精细实现

兴盛时期饥饿的作用是在勤俭节约的时代背景下，为了应对兴盛时期这种饥饿困境，人们节衣缩食，因此，节约是兴盛时期饥饿的表现，饥饿让人们在日常生活中保持勤俭节约，保证精细实现。中国古代民间手工业是中国封建社会由私人经营的以手工劳动及其协作为基础的各种手工业。包括农民经营的与农业紧密联系在一起的家庭手工业、城乡劳动者经营的独立个体手工业和地主豪强及其他工商业者经营的手工作坊或工矿作场。家庭手工业在先秦时就已存在。秦以后，男耕女织成为社会的基本经济结构。一般说来，农民家庭从事手工业生产，只是作为种植业的一种补充而存在，生产主要是为了满足自身的消费或缴纳赋税。人们偶尔将一部分产品投于市场，主要也还是为了换取自己不能制作的生产或生活用品，是以小商品市场为媒介的使用价值的物质变换过程，而不是出于商品生产的既定目的。它的存在愈普遍，整个社会的自然经济结构就愈紧密、愈坚固。

独立的私人手工业，大致产生于春秋时期。到战国时已有很大发展，精细程度不断细化。不仅制陶、漆器、织锦、木器等越来越多的手工业部门开始从农业中分离出来，而且在制盐、冶铁等行业中，出现了较大规模的民营作场。汉初弛山泽之禁，民间的豪强大家"采铁石鼓铸煮盐，一家聚众或至千余人"（《盐铁论·复古》），积财动辄"千万""巨万"。煮盐、冶铁、制陶、造车船、制漆器、酿酒等业的生产规模和工艺技术都超过前代。西汉中期以后，由于政府盐铁专卖政策的实施，民营盐铁业曾一度衰落。至东汉和帝罢盐铁之禁后，地主豪强又重操旧业。其他手工业也都有不同程度的发展。战国至秦汉，是中国民间手工业生产的一个较为明显的发展阶段。

兴盛时期人们在勤俭节约的基础上，尽力完善手工传统层面的精细化程度。进入魏晋南北朝以后，各政权所辖境内，手工业生产虽然衰而复兴，但其发展程度始终不及汉代。直到隋唐时期，私人手工业才又有显著的提高。唐代的瓷器、铜器、制茶、造纸等业中，形成了享有盛誉的各地特产，矿冶业分布较为普遍，

纺织业成为当时的主要手工业部门，印染方法有新的发明。另外，手工业行业组织也开始产生。时至宋代，独立手工业者的数量较前代增多；矿冶、丝织等业的发展十分显著。其中采矿业中煤炭的开采量增加，并用于冶铁，改进了铁的冶铸技术和质量。江南的丝织业从北宋开始已逐渐超过北方，丝织物品种丰富，制作技术也有提高，某些产品已达到极其精致的程度。烧制瓷器的窑户遍布全国各地，所造瓷器风格各异。制瓷业在当时手工业中占有突出地位。此外，造纸、雕版印刷以及造船业也很发达。唐、宋两代，是中国民间手工业的又一个兴盛时期。鸦片战争之前，民间手工业的生产水平已超过明代，劳动生产率也相对提高，产量和品种更加丰富。尤其是制盐、采矿、冶金等得到了很大程度的发展，商业资本也开始流向产业部门，这正是勤俭节约在手工传统层面达到精细实现的体现。

正是人们在兴盛时期不断勤俭节约，对资源充分利用，技艺不断进步，才能使得整个时期不断演进，实现更进一步的发展，推动兴盛时期进步到昌盛时期。饥饿的具体作用如图 5-6 所示。

图 5-6　兴盛时期饥饿的作用

（二）昌盛时期饥饿作用：奋力赶超，精密实现

昌盛时期饥饿的作用是在技术、科研层面奋力赶超，最终使得精密实现。由于昌盛时期技术进步快，部分企业形成了尖端技术，但只是少部分企业，少部分企业技术能够迅速发展起来，饥饿缺少迫使企业提高技术加快供给。从兴盛时期过渡到昌盛时期，手工劳作已经逐渐被机械化生产所取代，该时期更多的是技术进步带来的规模化生产，使利益达到最大化。技术进步对于经济增长起着重要的影响作用。在经典的新古典、新增长、熊比特及新熊比特经济学理论中都强调了技术进步在经济增长中的重要作用。新古典认为技术进步速度决定了稳态时经济增长的速度；新增长理论认为技术进步是经济长期增长的主要原因，技术进步能克服其他边际报酬递减要素，实现经济增长；熊比特及新熊比特理论认为创新作用于技术进步从而影响经济增长。从世界经济的发展事实来看，技术水平位于世界技术前沿及其附近的国家都有着较为稳定的经济增长速度和高的收入水平。欠发达国家与发达国家在技术水平上存在着较大的差距，欠发达国家要实现经济上对发达国家的赶超就必然要缩小与发达国家在技术上的差距。欠发达国家技术赶

超是经济赶超的必要条件（任秀峰，2016）。

回顾人类工业的发展历程，每一次技术革新，都意味着制造水平又一次质的飞跃。如今，大数据、物联网、人工智能等信息技术爆发，为中国精密制造的转型升级提供了最佳机遇。"精密"二字可以分为两个概念：一是要精致、精确、精准；二是要细密、周密、仔细。实际上我们要谈精密制造，就离不开对机器能力的理解。随着工业革命的逐步推进，如今的机器拥有了更多的智能，也就拥有了追求精密的基础。例如，微软合作伙伴洪朴科技已经将机器视觉应用于光伏EL的缺陷检测中，在识别的准确度、速度上已经超过了人眼。所以，在谈到精密制造时就要认识到，机器其实是在提升人类的感知能力，以达到更精密的水平。当人们谈到精密制造，实际同时涉及三个概念：精密和超精密设计与加工技术、加速发展技术与工具的工具、制造自动化。而今天人们的重点就是，如何通过加速发展技术和工具来帮助实现从自动化到工业互联网的"弯道超车"。

以中国高铁技术赶超，达到精密实现为例，本书立足于中国经济体制改革和产业创新发展的实践，利用产业创新体系的分析框架，对高铁技术赶超进行了历史与逻辑相统一的解释。中国高铁技术赶超是发挥市场经济条件下社会主义制度优势的典型，对中国探索建立新型举国体制具有重要的政策启示。市场需求在高铁技术赶超实践中发挥了基础性乃至决定性作用，政府政策在高铁发展的前期规划和后期产业化阶段发挥了积极作用，二者相互补充、相互促进。中国作为世界上最大的发展中国家，如何通过改革持续释放内需潜力和利用消费升级整合科技创新资源，是构建中国特色产业创新体系的重要路径。中国产业政策不仅要深化供给侧结构性改革，同时要善于利用需求升级对产业创新的牵引作用，特别是市场需求侧具有规模报酬递增性和网络经济效应的产业（如电网、通信网络、油气管网、新能源汽车充电桩网络、通用性基础软件）。如不具备这一必要条件，即便是同属于交通运输业的大飞机和汽车产业等，高铁技术赶超的经验也是有限的。此外，近来一些研究认为产业和资本集中是"全球趋势"，而中国产业集中度过低不利于创新，因此主张提高产业集中度。市场需求集中在高铁技术赶超中发挥了主导作用，且供给分权是推动企业开展技术创新"锦标赛"的制度条件，机械对标他国产业集中度或所谓的"全球趋势"，至少不符合高铁技术创新的经验。

技术改造实现技术赶超符合工业化发展规律，国家一向十分重视，最终推动昌盛时期向鼎盛时期进步。技术赶超是对已有的经营性资产投入资金、技术、智力、物力，以提高生产要素水准、改善资本质量、提升增值能力的投资行为。美国和西欧诸国在20世纪50年代至60年代工业化前后，技术赶超投资占工业投资的50%～69%，科技进步成果不断转化促进了产品推陈出新、产业升级换代。

只有在技术、科研层面奋力赶超的基础上，才能最终精密实现，这对于整个企业甚至国家乃至全球都是至关重要的。昌盛时期饥饿的具体作用如图 5－7 所示。

图 5－7　昌盛时期饥饿的作用

（三）鼎盛时期饥饿作用：眼光独到，卓越实现

鼎盛时期中的价值思维成为了能够创造绝对价值的关键，饥饿的含义是投资人的地位饥饿理念、资本存量的提高。当地位不断提高，那就意味着利用人们眼光独到的特质，能够创造更大的价值空间，促进人们卓越实现。鼎盛时期是专业化投资的重要时期，价值思维的运用是眼光独到的前提，没有独到的眼光就无法推动鼎盛时期的演进。鼎盛时期对于投资时机的抉择才是投资人把握的关键，该时期内有不同类型的投资需要抉择，鼎盛时期的投资不仅是对于空间和时间的把握，更是要利用好独到的眼光选择恰到好处的保持势头向上的 8 倍龙头个股进行投资。鼎盛时期的投资一定是要抉择能够实现绝对价值创造的最大化的个股，正确选择具有饥饿地位的龙头个股进行投资。

鼎盛时期的饥饿，逼迫人们绞尽脑汁，专业地评判饥饿地位，而不是简单的市场需求分析，是投资人对于文化、经济、社会的综合评判，在全球化、证券化的基础和支撑下，用独到的眼光看到龙头个股的 8 倍增值空间和时机，不能看到个股信任头部的高度，不能了解和实现龙头个股的顶格极度，很难分析出龙头个股饥饿地位的重要性和专业性。茅台酒个股龙头饥饿地位就是基于中国白酒文化，在市场需求快速发展和人们的思维卓越的鼎盛时期，才能出现 8 倍个股增值，专业投资人眼光独到，发现白酒茅台的品质生活、大消费背景、奢侈品龙头等卓越思维，敢于投资、专业投资，使茅台酒上涨到市值 3 万亿元，股价 2600 多元。由此可见，技术和市场是个股股价上涨的表现，核心是人们的创新思维、卓越思维。

培养人们的卓越思维，不比科学技术的掌握、精密制造显得容易。如高铁技术，利用中国的社会制度优越性，集中力量办好大事，学习和引进这项技术并不难。但是思维的形成需要很长时间，如果没有卓越思维下人们的抉择和共建共享，很难形成全球化、证券化、专业化的龙头个股。没有高铁的龙头个股出现，资产市值不够大，产业链无法形成，中国的高端制造在全世界的饥饿地位无法实现。

寻求势头向上的饥饿地位龙头个股，培养人们眼光独到的能力才是最迫切的鼎盛时期投资思维。绝对价值饥饿地位，最重要的前提就是拥有独到的价值眼光，眼光独到是实现卓越龙头价值的必要条件。鼎盛时期是人们找准最具价值投资的龙头个股的重要时期，需要在精神、创新层面不断探索，这对投资者投资眼光的培养至关重要，饥饿的具体作用如图5-8所示。

图5-8　鼎盛时期饥饿的作用

综合上述，三个时期饥饿的作用具体如图5-9所示。

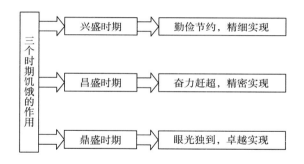

图5-9　三个时期饥饿的作用

四、饥饿的赋予

饥饿在三个时期的含义侧重点不同，所以表现和作用就会产生差异，从而会使得饥饿在三个时期的形成赋予各不相同。在兴盛时期，饥饿主要指的是缺乏，不仅仅体现在数量上，种类上也会出现匮乏，表现为稀有珍贵，粮食缺乏、土地资源和房屋有限，此时产量也有限，这就要求人们勤俭节约，为了延续生命，尽可能多地利用可利用的资源进行相应的生产生活，最终实现精细。在昌盛时期，饥饿主要指的是缺少，此时强调的是数量方面的缺少，尖端技术已有部分企业掌握，工业化也随之到来，饥饿的表现就变为质优价高，此时物质需求增强以及各种各样的制造业的发展壮大为工业化准备了条件。工业化指一个国家和地区国民经济中，工业生产活动取得主导地位的发展过程。工业化最初作为一种自发的社会现象，始于18世纪60年代的英国，资本积累和科学技术的发展为工业化的产生奠定了基础。

进入鼎盛时期后，饥饿主要指的是地位，此时奢侈品就出现在投资市场当中，以供投资者对其进行价值投资。只有当人们对绝对价值判断正确，才能分辨出哪些是值得进行价值投资的奢侈品。奢侈品是消费者对于某一品牌的依恋之情，奢侈品的形成和培育可以有更多的研究，过分专注某个品牌奢侈品，很容易使奢侈品价格虚高，可能减少需求，过分强调产品的金融属性，引起大量投资，产品没有进入需求行列，对于企业长期发展是不利的，就像茅台酒如果都是用来投资，而没有人喝它，将会导致需求的转移，同时就会有更多的替代品取而代之，所以奢侈品的实体品牌价格并非越高越好。而在资本市场研究奢侈品就会有着特殊的意义，将品牌奢侈品的金融属性反映在龙头个股的股价上，既保障投资人投资奢侈品的金融属性，又可以发挥投资人赞美奢侈品的想象，从个股股价投资中共建共享奢侈品，创造绝对价值最大化，茅台酒品牌的金融属性反映在龙头个股股价上就是明显的表现，龙头个股市值3万亿元，远远高出品牌产生的溢价和利润总额，更为有利的是带动相关行业和产业配套，没有奢侈品的龙头个股比没有品牌的企业对于一个国家的影响更加重要，品牌是实体的表现，奢侈品是产业的领袖，如美国有了苹果手机这个奢侈品龙头个股，使美国引领世界互联网行业；茅台酒奢侈品带动中国的白酒股票板块和相关产业发展。虽然饥饿地位的奢侈品也不断产生和变化，但是一旦一个国家奢侈品众多，这个国家的饥饿地位在全世界就会形成和发展起来，该国成为发达国家指日可待。

兴盛时期主要以延续生命为最终目标，土地资源与劳动力的有限表现为稀有珍贵。农业收成不好、资源的欠缺会导致粮食缺乏。因此，在兴盛时期，生产力因素是形成饥饿的关键因素。如图5－10所示，按照恩格斯的观点，从本源来看，生产力是具有劳动能力的人和生产资料相结合而形成的改造自然的能力。古猿通过劳动转化为人产生劳动生产力，是生产力形成的标志和历史的开始。所以，生产力就是人实际进行生产活动的能力，也是劳动产出的能力，是具体劳动的生产力。生产力的表现是生产中的主体行为以及这些行为的结果的存在，即劳动产物。兴盛时期饥饿赋予是生产力，目标是使人们能够延续生命。

昌盛时期，饥饿主要体现为物品质优价高。在工业产能、技术最终利益的推动下，为了实现加快产量的目标，人们通过提高技术来体现饥饿。因此，在昌盛时期中，工业产能制造力推动了饥饿的形成。例如在2020年疫情下，口罩成为人们防范新型冠状病毒传播的第一道防线。面对口罩短缺，中国在口罩供应方面全力以赴、日夜兼程增产扩能，这正是折射出中国强大的制造力。综上所述，昌

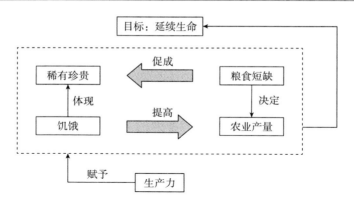

图 5 - 10   兴盛时期饥饿的赋予

盛时期饥饿赋予是制造力，目标是为了能够加快量产的效率。具体如图 5 - 11 所示。

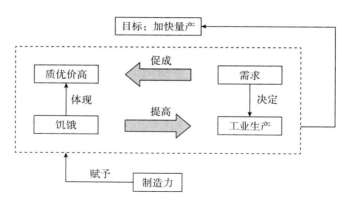

图 5 - 11   昌盛时期饥饿的赋予

鼎盛时期，随着时期的不断演进，投资人以卓越的价值思维去进行投资，以更加宏大的战略视野，利用眼光独到选择具有龙头地位的个股进行专业投资，创造绝对价值。因此，在鼎盛时期，地位饥饿是由于想象力形成的。如图 5 - 12 所示，鼎盛时期的饥饿主要指的是龙头个股地位势头向上，实现龙头个股的价值投资，这种势头是通过人们想象力赋予的，进一步推进鼎盛时期的不断演进，使得投资人能够拥有对于个股投资空间以及时间的把握，最终做出投资抉择，引导人们抉择正确的奢侈品龙头个股进行投资。鼎盛时期饥饿的赋予主要依靠的就是想象力，目标是找到具有绝对价值的个股进行投资抉择。

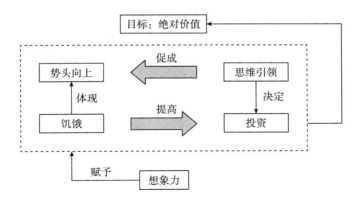

图 5-12 鼎盛时期饥饿的赋予

第二节 人类鼎盛时期的饥饿

一、人类鼎盛时期饥饿角色变化

（一）饥饿地位与专业化密切相关

正如本章第一节所描述的，饥饿地位是投资人进行龙头价值创造的思维导向，投资人要实现龙头价值创造必须要进行饥饿地位的判断，这样才能够实现绝对价值，达成投资人最终想要的效果。饥饿地位与专业化密切相关，如中国具有饥饿地位的中国中车高铁、美国具有饥饿地位的波音飞机、德国具有饥饿地位的奔驰汽车，这都是绝对价值的体征，必须通过专业化的鼎盛奢侈品才能创造出龙头价值。所以，专业化是鼎盛时期顺利找到饥饿地位的重要因素。

鼎盛时期的饥饿是基于专业化的绝对价值饥饿地位，区别于前两个时期的饥饿。饥饿地位必然带来专业化，鼎盛时期个股饥饿地位应基于全球化、证券化，在专业化领域的范围中进行抉择，鼎盛时期的饥饿主要研究个股，因为大盘涨 8 倍的时间有长、有短，也无法落地，投资个股是专业投资人的抉择。同时专业化帮助投资人创造更大价值。产业部门或学业领域根据产品生产或学界层面的不同而分成各业务部分，这个过程就是专业化。专业化是指一个普通的职业群体在一定时期内，逐渐符合专业标准、成为专门职业并获得相应专业地位的过程。按照现代广泛运用的利伯曼"专业化"标准的定义解释，所谓"专业"，就应当满足以下基本条件：一是范围明确，垄断地从事于社会不可缺少的工作；二是运用高度的理智性技术；三是需要长期的专业教育；四是从事者个人、集体均具有广泛自律性；五是专业自律性范围内，直接负有作出判断、采取行为的责任；六是非营利性，以服务为动机；七是拥有应用方式具体化了的理论纲领。

专业化必然导致饥饿地位。鼎盛时期饥饿地位的时机选择应主要参考专业化的因素，投资人往往会在自己熟悉的领域选择价值空间大、增值速度快的国家或商品进行投资，这种时机的选择应该不断趋于专业化。专业化经历了从低级到高级的发展过程。工业化初期，是从部门专业化、产品专业化开始的，其水平比较低。到工业化中期和后期，发展出零部件专业化、工艺专业化等，不但形式多样，而且水平也大为提高。一些西方国家，在 18 世纪产业革命后，随着大机器的广泛使用，分工愈来愈细，专业化也日趋发展。到 19 世纪 60 年代，随着科学技术的不断进步，生产日益集中，出现了辛迪加、托拉斯等垄断组织，进一步加速了这些国家的专业化的发展。美国在 20 世纪初出现了以拖拉机、汽车和机床等为对象的专业化企业。

鼎盛时期想要引领世界，得到全球投资人的集中，必须能够拥有百倍先、百倍中、百倍后的绝对价值，这些价值标准应该具有专业化，投资人都是以此为价值标准来决定个股的地位的。必须选择能够拥有 8 倍先、8 倍中、8 倍后的绝对价值，这些价值标准能够反映在龙头个股证券市场价格上。因此投资人要深刻领悟饥饿地位与专业化之间密不可分的关系，依靠时机选择达成两者之间的对接，创造绝对价值。时机选择的前提是鼎盛时期到来，在这一时期人们追求高品质生活，追求高质量经济，有助于饥饿地位与专业化相互推动发展。

（二）饥饿与各国联动关系更为密切

饥饿地位的变动程度对各国专业化联动有直接影响。在全球价值多元、证券价值多样、专业价值多极的鼎盛时期中，世界上的事情越来越需要专业化的企业形成产业链。在全球产业链中，优势地位的形成离不开专业公司的认可。饥饿地位的变化可能会引起产业链中其他各种因素发生改变，例如从前浙江具有"中国纺织城"的称号，那时浙江省企业在纺织行业就具有饥饿地位，是专业化市场与企业直接联动的重要案例，降低了不完全竞争的程度，部分弥补了不完全市场的缺陷，为中小企业生存发展提供了空间。根据调查，轻纺城交易的产品中，50%左右的产品为绍兴本地产品，30% 为浙江省省外产品，不到 10% 为进口产品。企业与市场直接连接，可大大减少营销费用。过去大量依靠推销员、采购员的企业（特别是中小企业），年推销成本高达总成本的 5% 以上，现在通过轻纺城直接销售，不但大大节约了推销成本，而且由于减少了销售环节，反而提高了销售价格，从两个方面增加了企业的效益。

鼎盛时期的专业化联动密切有利于饥饿地位的达成。全球化、证券化、专业化远远超过局部市场本身的专业化，加入拥有多国成员的世界集团，这个国家的专业化优势地位越明显则说明这个国家具有绝对价值，能够得到专业认可。本国的发展空间就会更大，能够带动产业链的发展，使得投资热情高涨。例如，互联网时代奢侈品苹果移动终端出现，就是专业化的表现，不能理解苹果是专业化的多极，就很难理解美国引领全球互联网发展，苹果是互联网板块的龙头个股，芯片技术围绕龙头，其他公司轻易挑战龙头是非常困难的，可以清晰看出专业化联动是在全球化、证券化的背景下，但是专业化脱离全球化、证券化很难实现。每个国家必须建立自己的龙头饥饿地位，其形成是共建共享的结果，是超前的思维、眼光和学习别人的结果，也是形成国际、国内双循环的结果。

占领专业化领域中地位的制高点，是越来越能够引起人口集中的必要条件。在产业链中各企业相互促进提高的基础上，饥饿地位可以更有效地利用专业化的资源，为分工的目标去努力，引起人口集中，采取相应的行动。对于一个人口众多的国家而言，专业化更加容易形成，唯有加快专业领域硬件和软件的改造提升，创新抽象思维，掌握尖端技术，完善配套服务设施，推进信息化、数字化建设，创新交易方式、交易手段，才能适应专业化未来的发展趋势，避免被专业化发展淘汰。

二、人类鼎盛时期饥饿新要求

鼎盛时期对于饥饿地位有两个新要求，这两个要求是基于鼎盛时期专业化的背景提出的，饥饿地位提出才能够成功寻找到 8 倍龙头个股进行投资，最终实现龙头绝对价值创造，占领产业链专业化饥饿地位的高点，运用学习心理学、传播行为学，从各个方面深入探讨把握专业化的时期演进机理，推进鼎盛时期的演进，这两个要求分别是：

（一）饥饿地位的广泛影响力

在鼎盛时期，饥饿地位必须具备广泛的影响力，且在专业领域具有影响力，涉及具体的个股，才能被专业投资人所集中，进而形成更高地位。正如前一小节所言，鼎盛时期的饥饿地位是基于专业化的大背景提出的，饥饿的广泛影响力使得大到一个国家、小到每一个投资人都不会放弃不同程度上的人口集中投资，使不同的国家、地区（行业）或专业投资人在鼎盛时期有更大的价值创造空间。如同目前中国是世界上最大、综合实力最强的发展中国家，后劲很足，在国际上的饥饿地位不断显现，在国际事务中的影响力不断增强，成为国际舞台上的一支重要力量。中国的国际地位与几十年前不可同日而语，当代中国正在发生广泛而深刻的变革。客观地讲，中国现在是世界上发展速度最快、变化最活跃的一支力量。从纵向看，中国正处在过去几个世纪发展最快的时期；从横向看，中国的发展变化正对世界产生广泛而深刻的影响。正因为这些变化和价值空间，专业化人士在不断地向中国集中，也就是说，有饥饿地位的绝对价值，就会吸引人口集中，而人口不断集中使中国更有价值。这正是饥饿地位具有广泛影响力的重要体征。

饥饿地位从国家层面来讲，是由单个个体的绝对价值不断汇集形成总体之和。各个国家将具有饥饿地位的单个个体不断汇集，形成人口集中，该国的地位以及全球影响力、金融地位、营商地位都会不断得到提升，最终能够在社会、政治、经济方面都能占有一席之地。只要全世界人民投资该国、信任该国，该国的更多奢侈品个股与价值就会大幅上涨，社会财富快速向该国积累，加速该国进入和保持发达国家。从行业方面来讲，具有饥饿地位的行业龙头必然会带动整个行业的发展，甚至是其他相关行业、地区的发展，形成产业链，对企业以及所在行业都会产生深远的积极影响。以茅台酒为例，茅台酒的龙头个股股价上涨，会带动白酒行业的发展毋庸置疑，甚至会带动上下游产业，贵州省整个文化、经济、社会的发展。如果一个国家从此不断培养类似白酒行业的龙头个股，大消费领域的龙头就会层出不穷，大健康领域同样如此，汇集成中国的龙头个股总体绝对价值。一个国家就会因此成为发达国家，成为全球专业投资人士抉择的目标。

（二）饥饿地位的主动性与独立性

饥饿地位的主动性与独立性是密不可分的，饥饿地位的主动性，是指人在完成某项活动的过程中，来源于自身并驱动自己去行动的动力的强度。主动性又是一种道德境界，是为整体利益建功立业的精神。革命的主动性，是集体主义思想的发扬光大。社会主义制度的建立，为广大劳动者在生产、科研等各个领域发挥自己的聪明才智，主动开拓进取和攀登科学高峰创造了有利条件。在经济建设时期，主动性起着特别巨大的作用，成为决定和调整人们行为经常动因的不可缺少的重要因素。鼎盛时期的饥饿地位是在学习心理学的推动下，寻找绝对价值的过程中形成的，投资人需要明确的是通过对绝对价值的判断形成专业投资，使得全球范围内的证券市场的专业奢侈品个股产生至少8倍的涨幅。饥饿的主动性是一个持续的过程，投资人需要长期集中的专注力与执着。同时，这种关注与执着也体现在专业化领域，中国高铁、白酒行业龙头个股就是主动执着进行专业化龙头绝对价值的人口集中案例，这两个领域龙头是世界向中国集中的重要载体，主动性同时也要注意时机的选择，需要根据环境、形势的变化以及责任担当做出调整抉择。总而言之，在专业投资领域无论是国家还是投资者个人都会对奢侈品做出绝对价值的判断抉择，自主地寻找适合自身的8倍先、中、后，从而推动鼎盛时期的演进。

饥饿地位的独立性，是指由于个体的价值思维不同与其在地位内的作用不同，从而具有绝对的独立性。从学习心理学的角度来讲，独立性是指人的意志不易受他人的影响，有较强的独立提出和实施行为的能力，它反映了意志的行为价值的内在稳定性。遇事有主见，有成就动机，不依赖他人就能独立处理事情，积极主动地完成各项实际工作，独立性伴随着勇敢、自信、认真、专注、责任感和不怕困难的精神。例如，华为为追求独立性而储备了长达两年的芯片，华为已经储备了足够的芯片和组件来支持其海思芯片部门未来两年的发展。根据华为顾问公司最近的一份报告，华为还有足够的库存来经营半年的非核心业务。其中包括外国业务、手机、机顶盒和其他产品。如果自主创新的技术和应用，完全可以独立应用或者关键技术独立，引领世界的国际循环才可以形成，别国也就没有办法抑制，尖端技术和顶层设计思维是独立性的核心，在鼎盛时期顶层设计比尖端技术可能更加重要，中国设立科创板就是一种顶层设计，为中国吸引全球尖端技术提供了最有效的金融途径。

　　如果一国的饥饿地位不能保证主动性与独立性，特别是商业大国，那么在鼎盛时期该国就会受到负面影响，轻则造成该国资本外流、发展缓慢，无法形成人口集中，重则使该国长期陷入中等收入陷阱，很难实现新的突破，保证一个国家龙头个股饥饿地位的主动性与独立性至关重要。只有将主动性与独立性恰到好处地结合，才能适应国际专业化领域的变化，经得住鼎盛时期的严峻考验，获得专业领域的饥饿地位。总而言之，鼎盛时期的饥饿地位应当站在专业化角度，保证专业奢侈品龙头个股饥饿地位的主动与独立性，才能增强专业影响力，吸引更多的资本投入，实现专业共建共享，这也是美国不惜一切代价制裁中国的相关龙头个股（企业）的原因，就是确保该国龙头个股的饥饿地位。

三、饥饿与龙头个股价格的关系

　　进入鼎盛时期的国家，需要构建饥饿地位理念来使本国永远保持进步。本国的龙头优势地位越明显，越能受到来自全球投资人口的集中学习，会带来大量的增量资金，带来巨大的社会财富增值，造成龙头个股价格变动，从而使该国较快进入发达国家行列。而饥饿地位的不同是龙头个股信任头部造成的，不同的个股信任学习心理和传播行为会产生不同的饥饿地位。总体来讲，信任头部与后悔龙头、人口策略、饥饿策略、圈子策略、标杆策略共同构成一个正向反馈循环系统，同时它们之间存在正相关关系。有关人口集中的理论与意义在上一章已经得到了详细的阐述，人口集中是饥饿地位的前提，如同产品是价格策略制定的前提，人口集中是人们学习心理、传播行为作用的结果，没有信任头部，龙头价值集中就不可能形成，反映出投资这个国家奢侈品没有了绝对优势，该国最终也不可能成为龙头价值国家。

　　饥饿地位是人口营商学理论中四个策略中的第二个策略，仅排在人口策略之后，说明了其重要性，为人口价值投资提供了一定的指引方向。饥饿地位需要和信任头部产生的 8 倍顶格极度相结合，才能实现龙头价值创造，如果多只个股能够带来 8 倍顶格增值，饥饿地位策略肯定不正确，一定是该行业板块的龙头个股只有一个可以实现 8 倍增值，抉择饥饿地位的龙头个股也是非常困难的一件事情。只要抉择正确，该个股就会带来大量的增量资金，产生巨大的社会财富增值。在实现龙头个股价值创造的过程中，每个投资人都会抉择不同的投资标的进行投资，也就产生不同的饥饿地位绝对价值龙头个股。这些个股将会围绕核心个股上涨，吸引资金大量流入这个行业，进一步推动龙头个股价格上涨，带来巨大的鼎盛时期财富增值。龙头个股价格变动、饥饿地位、信任头部的具体关系如图5-13 所示。总体来讲，三者组成一个正向反馈循环路径，饥饿地位变动引发龙头个股价格变动，与此同时，龙头个股价格的变化又导致饥饿地位提升，饥饿地位和龙头个股头部实现顶格极度的信任又相互作用。

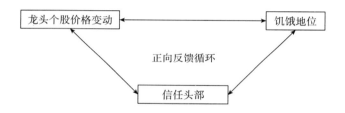

图 5 – 13　饥饿地位、信任头部和龙头个股价格变动的关系

四、人类鼎盛时期的饥饿确定

鼎盛时期饥饿的赋予是对于奢侈品的想象力，但是如何确定寻找到饥饿地位，主要有人口确定、斗争确定和伦理确定三种方式，三者相互联系，并非是独立的，只有三者相互配合，才能够实现龙头价值创造。

（一）人口确定

想要弄清楚人口确定，就要清晰地认识到饥饿是一种个股势头向上的地位。人口统计学中将人口定义为是一个内容复杂、综合多种社会关系的社会实体，具有性别和年龄及自然构成，多种社会构成和社会关系、经济构成和经济关系。人口的出生、死亡、婚配，处于家庭关系、民族关系、经济关系、政治关系及社会关系之中，一切社会活动、社会关系、社会现象和社会问题都同人口发展过程相关，是一定数量个人的综合，强调规模。人口是社会物质生活的必要条件，是全部社会生产行为的基础和主体。以上对于人口的概念大多从其形态上做出阐述，而本书所讲的人口有所不同，本书的"人口"是以鼎盛时期为大背景所形成的以追求绝对价值最大化为目标的、能够起到集中效应的集合。综合之前"人口"的含义，将其归纳理解为由所有存在某种联系的个体组成人类集合体。这同样适用于价值投资领域，饥饿地位始终朝着人口集中的方向进行不断的规划调整，以保证二者的统一步调。

人口是由一个个个体组成的，每个个体价值的大小是不同的，看起来每个个体人口价值是没有办法计量的，其实不然，从人气理论可以知道倍增是人气关注的起点，是由房价、股价、物价"三价"人气线品种决定的；从人群理论可以知道蓝海是人群跟随的路径，是2倍与4倍共同构成的指数人群环；那么人口理论很容易理解，其实在个股的投资实践中也可以总结出在人群环实现4倍增值时，代表人口的个股形成人口顶就会有8倍增值，8倍增值是每只个股增值的极度，虽然投资人不能知道每只个股增值的空间和时间，但是人口集中到8倍增值的个股是专业投资人的追求。

没有众多的人口，是不可能出现8倍增值的个股的，没有8倍增值的个股吸引不了众多人口集中，龙头个股8倍增值也会成为一句空话。龙头个股的8倍增值是不以个人意志为转移的。人口确定演进矩阵如图5-14所示。

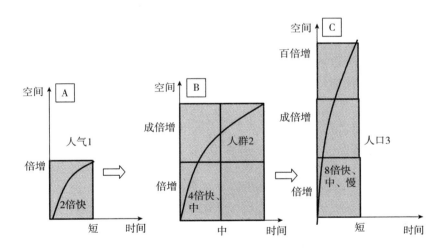

图5-14 人口确定演进矩阵

（二）斗争确定

斗争确定是确定饥饿地位的第二大方式，是竞争确定、力争确定的延续提升，是获得饥饿地位的最优选择。斗争确定是指在相互斗争过程中，力求战胜其他方，从而获得龙头地位。从广义上讲，斗争是不稳定（或打破稳定之后）环境下矛盾的体现。发扬斗争精神，增强斗争本领，为实现中华民族伟大复兴的中国梦而顽强奋斗。处处都体现斗争确定的重要性，斗争是饥饿地位抉择后的结果，同时斗争影响和产生饥饿地位，是鼎盛时期8倍奢侈品特有的，不仅仅是有利于研究房价、股价、物价"三价"相互之间的关系，还能够引起人口集中，实现8倍龙头增值。

　　竞争是比较价值创造的前提，国家与国家之间的竞争，形成币值平台心理关口的突破，使人气线关注的房价、股价、物价"三价"上涨；力争是相对价值创造的前提，力争不是轻而易举，是人气对策和指数板块、行业板块共同作用的结果，没有各个方面的力争，股价指数上涨是不可能实现的，力争的结果是股价指数上涨，掀起一波又一波大的行情；斗争确定是在鼎盛时期通过一次次的交锋，个股力排众议，获得龙头地位的过程，因此实现8倍增值，如同读书人从本科开始上学，经过一次次的拼搏和思想斗争，终于获得博士学位，实现8倍增值，就是斗争的结果。没有斗争，没有一次次站稳脚跟、逐步上升，就不可能表现饥饿地位。毕业后，职称的斗争又开始了，斗争无止境。有斗争精神的人，才有8倍增值的可能。龙头个股是一样的道理，只有在几十只股票中加快斗争进入前三，继续斗争，才能成为专业投资人心中的唯一龙头，实现饥饿地位。

　　斗争确定要求专业投资人竭尽全力寻找选择绝对价值最大的对象进行最低价位的判断抉择。主要从全球化、证券化、专业化的鼎盛时期分析，是集人气4个对策和人群契合成长板块，进行复杂的思想斗争，得到饥饿地位龙头个股的8倍增值结果。从而以人口营商的龙头个股带动相关产业发展，这些都是斗争确定饥饿地位的表现。饥饿地位如何斗争确定？具体如图5-15所示。

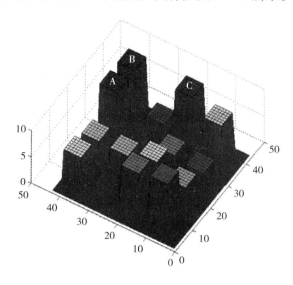

图5-15　饥饿地位与斗争确定

（三）伦理确定

鼎盛时期影响饥饿地位的第三个因素是伦理确定。伦理是指人伦道德之理，指人与人相处的各种道德准则。该词在汉语中指的就是人与人的关系和处理这些关系的规则。如"天地君亲师"为五天伦，又如君臣、父子、兄弟、夫妻、朋友为五人伦。从学术角度来看，人们往往把伦理看作是对道德标准的寻求。每个人自身的评判体系都不同，三观、思维、经历、知识结构、个性特征的不同，且因人而异，个别情况应当个别对待，并不能一概而论。伦理确定鼓励人们冲破思维的惯性。就像曾经人类认为地球是方的，太阳是宇宙的中心；就像球迷竞猜世界杯，无论是马拉多纳还是贝利，无论理由多么的无懈可击，无论确定性多么强烈，结果都与此无关。

鼎盛时期伦理确定主要指的是商业伦理、社会伦理。随着中国经济的蓬勃发展，在市场经济领域中的商业伦理已成为社会讨论的焦点。商业伦理研究的是商业活动中人与人的伦理关系及其规律，研究使商业和商业主体既充满生机又有利于构建人类全面和谐发展的合理商业伦理秩序。进而研究商业主体应该遵守的商业行为原则和规范、应当树立的优良商业精神等商业道德问题。研究商业伦理的目的在于，在商业领域中建立经济与正义、人道相一致的理想秩序：不仅能促进经济良性循环和持续增长，而且能使商业起到激励和促进每个人满足需要、发展能力、完善自我的作用，并能将商业整合到社会整体协调发展的大系统中去。商业伦理的研究对象是经济活动中人与人的伦理关系及其规律，目标是让经济活动既充满生机又有利于人类的全面健康发展，建立合理的商业道德秩序。

人气营商的心理确定是投资人对于币值平台的趋势判断，趋势是上升还是下降，一旦下降趋势形成，必将使该国资产价格下跌，所以币值平台的心理关口格外重要。人群营商的道理确定是投资人对于指数的路径规划方向判断，指数和行业板块方向是向上还是向下，没有弄清方向向上和向下的道理，必然使股票指数和板块股价下跌，所以路径规划的心理防线非常重要，通过设置向下的心理防线，规划方向向上才能成立。人口营商的伦理确定是投资人对于表现饥饿地位的个股心理站位，判断个股的地位势头向上还是向下，伦理确定综合反映个股价位的心理站位高低和具体的上涨和下跌的势头，判断龙头个股8倍上涨实现的时机和每一次上涨的空间大小，在此基础之上的龙头个股增值空间实现是最为真实的，没有向上的伦理，龙头个股价位必然下跌。所以龙头个股的心理站位非常重要。个股心理站位的牢固程度，是专业投资人抉择投资的关键，心理站位是对于饥饿地位势头可能产生逆转向上的每一个价位，这时人们往往通过心理站位夯实的牢度来判断如何利用心理站位进行正确投资决策。

心理站位动态变化，并不是固定的某一价位，因此对于心理站位的把控一般都很难准确掌握，如同制定价格策略一样，制定价格的方法有多种，影响因素很多，导致产品价格千差万别，龙头个股的心理站位受到的影响因素很多，如大盘指数的人群环波动情况，还有龙头个股的历史价位、信任头部高度、顶格的极度都会影响龙头个股的心理站位。但需要清醒的是，龙头个股心理站位与指数人群环波动紧密联系，在龙头个股价值投资过程之中，要明确心理站位的高低、倍增与成倍的启动、8倍的形成，图 5 - 16 是龙头个股心理站位的影响因素分析。如图 5 - 17 所示，个股心理站位主要分为向上突破和向下突破两种情况。

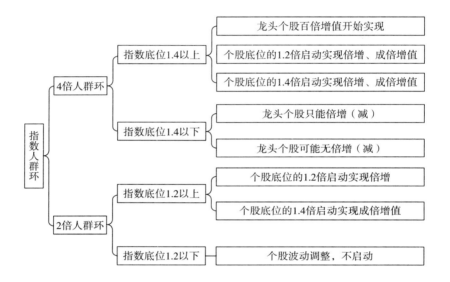

图 5 - 16　龙头个股心理站位的指数影响因素分析

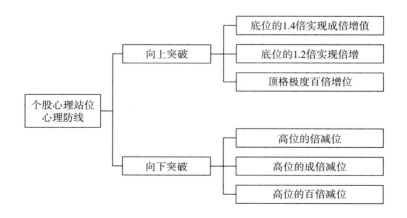

图 5 - 17　饥饿地位势头变动时的心理站位

龙头个股向上强劲突破分为三类：一类是确定百倍增值的心理站位，历史高位与现在位置的价位倍数正好是 8 倍，如中信证券历史高位就是 14.7 元的 8 倍增值位，站住这个价位和向上突破，是 8 倍个股增值开始形成的时间点，没有站住这个价位，8 倍增值无法实现。结合头部分析，证券龙头个股的头部就是 240 元附近，是 117 元的倍增位，进一步说明龙头个股的价位 14.7 元就是 8 倍增的心理站位，2005～2007 年中信证券 12 元的价值就是 8 倍增值 96 元的心理站位。二类是龙头个股倍增的心理站位、成倍的心理站位，8 倍是 2 倍和 4 倍的转换，个股低位 ×1.2 开始启动是倍增的起点，个股低位 ×1.4 启动是成倍增值的起点，这正是心理站位牢固与否以及能够创造多大价值的关键点位，例如，19.72×1.2 = 23.67 就是 19 元的 2 倍 38 元启动的重要点位，19 元必须站住，是历史高位 38 元的倍减位，但是 23.67 元启动才能实现倍增到 38 元，否则机构建仓没有完成，实现倍增是不可能的。该点位没有站稳固，就说明此时不是启动的最佳时机，只有再次将心理站位夯实牢固后，配合整个大盘站位走势，指数站在低位的 1.4 倍位开始启动 4 倍人群环，才能够成功启动实现 8 倍的个股增值空间，成为人口营商学中研究的具有饥饿地位的龙头个股。三类是实现百倍增位，是在倍增位和成倍增位基础上才能够形成的个股的 8 倍最后站位，如中信证券在 14.7 元的倍增位 28 元实现后，下跌至 19.4 元，目标倍增位是 38 元，从 34 元下跌至 90 元的成倍界限 22.5 元站位上，从 22.5 元上涨 1.4 倍至 31 元站位，实现 22.5 元的 4 倍增值至 90 元附近，从 90 元下跌至 60 元附近，从 60 元倍增至 120 元实现 14.7 元的顶格 8 倍增值，龙头个股的 8 倍增值是在具有倍增和成倍增价值的基础上才能够形成的，不会是简单的一次上涨 8 倍，具体如图 5-18 所示。

　　当个股饥饿地位出现低迷的势头时，就会出现低迷的向下突破的心理站位，分为三类：一类是向下突破高位到达倍减位，如中信证券在 2005～2007 年的行情中，从 90 多元下跌至 40 多元，从 40 多元下跌至 20 元附近，每次都是实现倍减，由于指数没有见底，个股继续下跌至 15 元多，随着大盘反弹至 38 元；二类是从高位下跌至成倍减位，如中信证券从 38 元下跌至 9 元多，下跌 4 倍；三类是从高位下跌至百倍减位，可能是一泻千里，直接下跌 8 倍，仁东控股从 64 元下跌至 7 元，也有逐步下跌，超过 8 倍下跌，如中信证券从 117 元经历两次 2 倍下跌，反弹至 38 元，一次下跌 4 倍至 9 元多，超过 8 倍跌幅。后来新的上涨趋势形成，从 9 元多上涨 4 倍至 38 元，下跌后反弹至 8 倍上涨的底位 14.7 元，与指数上涨同频共振，如图 5-19 所示。当龙头个股心理站位出现向下突破时，也是不可避免的，主要是学习顺势而为，只要是行业成长，龙头地位不变，信任头部，就一定会重新上涨，但是分析清楚股价的对策、指数波动幅度、契合的行业对于龙头个股价位的影响。

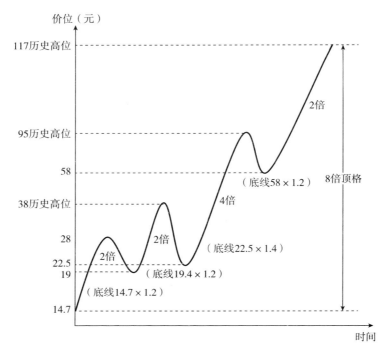

图 5 – 18　中信证券个股向上突破心理站位示意图

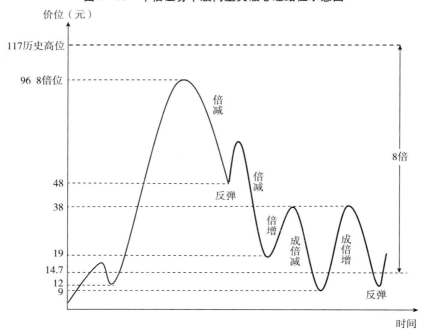

图 5 – 19　中信证券个股向下突破心理站位示意图

有了明确的龙头个股，最主要的是人们需要伦理确定的心理站位，要坚信无疑，没有伦理确定的心理站位是无法让投资人实现8倍个股投资增值的，看到8倍目标，但是实现目标并不是一帆风顺的，根据伦理确定的要求，8倍需要一个短期或者长期的过程，需要时间验证和推动的力度，如一个学者在自己研究的领域研究几十年，辛勤耕耘，没有坚定的毅力推动，每一次8倍都是很难实现的，博士难以毕业，教授职称难以评上，知名教授更难，必须步步为营，扎扎实实。不论是势头强劲还是低迷，都应当顺势而为，强劲就让其始终保持势头向上，低迷就应当主动回调，随着指数的变化，让其回到向上的势头当中去，势头向下逆转势头向上的时间有时真的很长，但是绝对不是势头不可逆转。这需要时间考验，时间越长验证性越好，个股上涨久盘必涨，"横有多长竖有多高"，都是伦理确定形成的表现，在低迷时积蓄龙头个股能量，这是个股8倍上涨加快的内、外部力量，没有力度8倍上涨基本不可能，平台对策推动龙头8倍个股上涨较快，是因为人民币升值，大量热钱进入中国股市，力度大是空前的，导致个股涨得快，热钱来得快，走得也快。外部力量还可以是资产重组、兼并，企业发生重大变化，实力大幅增强，竞争减少，企业业绩增长可期，这些都是投资人伦理确定的理由。内部力量主要是来源于企业自身业绩大幅增长，技术进步加快，市场口碑越来越好。

只有龙头个股才有心理站位。需要特别注意的是，越靠近百倍顶格极度，站位越夯实，势头也愈强劲，反之，心理站位越高越危险，基础不牢固，高处不胜寒。此时就提醒投资人要讲好个股的专业性故事，依据人们认可的伦理讲好个股的故事。每一个人只有不断学习，才能有强劲向上的势头，始终保持向上的状态。没有向上突破的强劲伦理，龙头个股就无法实现8倍增值。

人口营商学心理站位相结合，既有相互的联系，又有很大的区别，如表5-1所示。心理关口、心理防线和心理站位三者在营商学的研究中研究对象侧重点不同，分别体现在"三价"品种、股价指数以及龙头个股价位上，并且三者各有体现，心理关口体现在货币汇率变化上，心理防线体现在股价指数的波动上，而本书心理站位主要体现在龙头个股价位上。三者研究的核心分别是币值平台、路径规划和饥饿地位，分别表现为趋势向上、方向向上和势头向上，其创造的价值也不同，需要特别注意的是，心理站位主要创造的是倍增快；成倍快、中；百倍快、中、慢价值。百倍快、中、慢价值中一定包括倍增快和成倍快、中价值。

表5-1　心理关口、心理防线、心理站位关系表

	心理关口	心理防线	心理站位
研究学科	人气营商学	人群营商学	人口营商学

	心理关口	心理防线	心理站位
体现	货币汇率变化	股价指数波动	龙头个股价位高低
研究核心	币值平台	路径规划	饥饿地位
表现	预期趋势永远向上，单边，不能向下，只是时间和速度不同	预判方向向上、向下，双向波动是常态，向上为主	预估势头向上、平稳、向下三种情况；龙头个股势头最终向下；把握势头向上的次数，信任头部顶格，站位高，封住向下的空间
研究对象	"三价"	股价指数	龙头个股
创造价值	速度：倍增（减）快	速度：倍增快；成倍快、中 强度：倍增不足、正好、超过；成倍正好、超过	速度：倍增快；成倍快、中；百倍快、中、慢 强度：倍增不足、正好、超过；成倍正好、超过；百倍不足、正好、超过 顺序：百倍先、中、后；成倍先、中、后；2倍先、中、后
价值确定	价值支撑	价值网络	价值分工

第三节　人类鼎盛时期的饥饿地位原理

一、饥饿地位原理的理论来源

饥饿在鼎盛时期，其角色和要求都发生了根本性改变。鼎盛时期，能发生价值百倍增（减）的所有个股均在研究范围之内。龙头价值已成为实现鼎盛时期价值饥饿地位的代名词。鼎盛时期的饥饿地位主要表现为人们的心理预估及龙头价值变动，饥饿地位原理并非凭空而来，而是具有夯实的理论来源，主要从管理学和营销学两个方面进行阐述，其中管理学主要为饥饿地位原理提供了方法支撑，而营销学则为饥饿地位原理提供了主要思维源泉。

（一）管理学来源

饥饿地位在管理学中的研究前身可以归结到地位理论当中，地位是影响人们社会活动的决定性因素之一（Hogan & Holland，2003）。地位包括正式地位与非正式地位。正式地位指员工在组织中的职位等级和工作头衔等，通常源于组织规定，是"制度设计"的结果；非正式地位则指个体在组织这个社会网络中由他人赋予的地位，是人际交互后"投射"出来的身份或形象，比如个人影响力、声望、得到的尊重和认可等。根据地位特征理论，个体的地位特征影响着自己和他人对其能力所持有的信念或评价（Berger et al.，1972，1980）。关于地位的研究认为，地位的形成基于个体为团队做出贡献的潜质和能力（Berger et al.，1980；Pettit et al.，2010；Ridgeway & Berger，1986）。

在人口营商学的研究中，更多的是针对个体的研究。有关地位理论也是同样针对个体的。总体而言，每个人都关心自己的地位，但这种关心的程度存在着个体差异（Blader & Chen，2011）。有些人对社会情境下的地位动态更为敏感，更倾向于根据地位调整自己的行为，或者表现出某些特定行为以获得他人对自身地位的肯定（Flynn et al.，2006）。地位关心水平捕捉了人们在多大程度上倾向于把注意力分配到与地位相关的信息上，它也反映了人们在多大程度上倾向于把地位作为判断决策或者自我评价的参照标准和依据（胡琼晶、谢小云，2015）。地位关心水平高的人对于与地位相关的信息更为敏感，关心如何确证、保持和提升自己的地位；会更加注意自己在团队中的地位，也更倾向于使用有关地位的信息和线索来指导自己的行为（Blader & Chen，2011）。反之，地位关心水平低的个体在社会生活中并不十分在意自己与他人的地位关系，无论是否享有威望，自我评价和行为方式都不会有太大差异。

在地位理论中，对于地位关心水平高的个体而言，更在意与其他人比较自己的地位水平如何，并且更可能将地位作为一种自我评价的依据（Blader & Chen，2011）。在团队中享有较高的非正式地位时，人们更可能对自身的能力持有正向评价，因此人们也更倾向于认为自己的观点和意见是有价值的，并且对自己建言的结果也会怀有更积极的预期。相反，当人们的非正式地位较低时，由于在地位关系中处于劣势，人们更可能怀疑自己建言的能力，受困于自信的缺乏。在这种情况下，人们一方面倾向于低估自己观点和意见的价值，另一方面担心自己提出的意见会遭到忽视或拒绝，而不能给组织带来期望中的变化。简言之，人们认为对于地位关心水平高的个体而言，高地位能有效促进建言的自我效能感，而低地位则会使人们低估自己在建言行为上所具备的能力，从而使人们缺乏建言的自我效能感。相反，对于地位关心水平低的个体而言，地位不是人们关心或追求的重要目标，因此是否获得高地位并不会对人们的自我评价产生很大的影响。

综合管理学所涉及理论的相关研究可以看出，对于饥饿地位研究的相对普遍性，其逐渐被人们重视。关于饥饿地位的研究十分全面，最终目的就是让投资者实现增值最大化、损失最小化，引导投资市场实现快速发展。如何将饥饿地位运用到奢侈品投资领域，更加有效地创造绝对价值，实现龙头价值创造，是饥饿地位原理在后续研究中的重点。

（二）营销学来源

营销学与管理学又有所不同。营销学注重投资人创新投资思维的培养，管理学更多关注技术和方法。饥饿地位的营销学基础就是产品营销中的价格策略。价格策略的研究为人口营商学的价值投资提供了方向与指引。

4P 是美国营销学学者麦卡锡教授认为的一次成功和完整的市场营销活动，意味着以适当的产品、适当的价格、适当的渠道和适当的传播促销推广手段，将适当的产品和服务投放到特定市场的行为。美国营销学学者杰罗姆·麦卡锡教授在 20 世纪的 60 年代提出"产品、价格、渠道、促销"四大营销组合策略，即4P。产品（Product）价格（Price）渠道（Place）促销（Promotion）四个单词的第一个字母缩写为4P。

人口营商学的饥饿地位相当于产品营销中的 4P 策略中的价格策略。价格策略就是根据购买者各自不同的支付能力和效用情况，结合产品进行定价，从而实现最大利润的定价办法。价格策略是一个比较近代的观念，源于 19 世纪末大规模零售业的发展。在历史上，多数情况下，价格是买者做出选择的主要决定因素；不过在最近的十年里，在买者选择行为中，非价格因素已经相对地变得更重要了。但是，价格仍是决定公司市场份额和盈利率的最重要因素之一。在营销组合中，价格是唯一能产生收入的因素，其他因素表现为成本。在企业第一次制定价格时，要考虑以下因素：①定价目标；②确定需求；③估计成本；④选择定价方法；⑤选定最终价格。企业的定价目标是以满足市场需要和实现企业盈利为基础的，它是实现企业经营总目标的保证和手段。同时，又是企业定价策略和定价方法的依据。价格会影响市场需求。在正常情况下，市场需求会按照与价格相反的方向变动。价格上升，需求减少；价格降低，需求增加，所以需求曲线是向下倾斜的。就威望高的商品来说，需求曲线有时呈正斜率。需求在很大程度上为企业确定了一个最高价格限度，而成本则决定着价格的底数。价格应包括所有生产、分销和推销该产品的成本，还包括对公司的努力和承担风险的一个公允的报酬。定价方法是企业在特定的定价目标指导下，依据对成本、需求及竞争等状况的研究，运用价格策略理论，对产品价格进行计算的具体方法。定价方法主要包括成本导向、竞争导向和顾客导向三种类型。据此选定最终价格。饥饿（地位）策略与价格策略、路径规划决策的关系如图 5－20 所示。

《人群营商学》的营销学基础是关系营销学，其中的关联决策为路径决策奠定了很好的研究基础。"关联"指与顾客建立关联。在当前竞争激烈的市场中，客户忠诚度不高，或者客户忠诚度可能会发生变化，关系方可能随时成为其他公司的客户（敖露，2011）。为了长期获得客户的信任并维护存量客户，重要的营

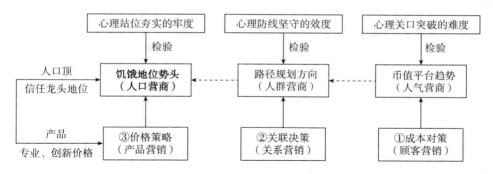

图 5 - 20　饥饿（地位）策略与价格策略、路径规划决策的关系

销决策是通过业务和客户需求与客户建立关系。从而形成了相辅相成、相互需求的关系，将客户与企业联系起来。关系方以侦察、创新，防范风险打造共赢的互利需求形成关联决策。在此时，企业将主要争夺重要客户，而在这些客户中，虽然大部分存在一定的客户忠诚，但仍然会被其他的共同利益所吸引或者转移顾客忠诚。关联双方中的任何一方要实行协同发展，即通过一定程度的合作和资源共享来寻求核心竞争力，建立一种协调合作，成势互补的合作状态，谋求企业的共同发展并以促进整个国家经济的可持续发展。以此来作为相应的理论基础，当路径规划的方向是向上或是有所改变时，对奢侈品的价格都会有一定影响。通过心理防线坚守的效度来检验路径规划的向上和向下的方向。综上所述，关联决策作为理解路径决策的基础是十分重要的。有关成本对策作为理解币值对策的基础已经在《人气营商学》中介绍过。

　　人口营商学的研究基础是产品营销学，根据不同的市场定位，制定不同的价格策略，产品的定价依据是企业的品牌战略，注重品牌的含金量。定价的组合，主要包括基本价格、折扣价格、付款时间、借贷条件等。它是指企业出售产品所追求的经济回报，价格制定是由定价目标、定价方法、定价步骤、定价技巧多因素构成的。

　　人口营商学中研究的饥饿地位就是用最少的时间损失，实现最大的龙头个股 8 倍价值增值，形成信任的投资抉择。上文提到，饥饿地位的核心在于股价投资中最能够缩短时间损失形成最大价值饥饿地位的龙头个股才是投资人最安全的选择。投资路径规划方向向上形成饥饿地位势头向上的 8 倍龙头个股上涨人口顶，明确龙头个股的每一个心理站位。人口营商学的核心在于龙头个股的人口信任。人口营商以人口顶为基础，通过信任来进行绝对价值的龙头个股集中，根据人口集中对饥饿、圈子、标杆策略进行相应的分析，以使得创造绝对价值最大化。

二、人类鼎盛时期的饥饿原理

(一) 基本原理

鼎盛时期原理主要是指心理预估与地位之间的关系,没有路径规划的基础,对于饥饿地位的抉择判断不可能做到合理有效,有关路径规划与心理预判的关系在《人群营商学》中有过介绍,有关币值平台与心理预期的关系已在《人气营商学》中详细介绍过。有了币值平台和路径规划的基础,人的心理预估是通过影响人们饥饿地位的龙头个股势头向上或者向下,使得人们创造最大化绝对价值的同时,实现时间损失最小化。反过来,饥饿地位的心理站位与势头向上、向下修正人们的心理预估。鼎盛时期饥饿地位主要是指心理预估与心理站位的关系。人的心理预估通过影响人们对于个股价值分工的理解,进而使得饥饿地位龙头个股呈现预估性,价值分工是连接心理预估与心理站位的桥梁。如图 5 – 21 所示。

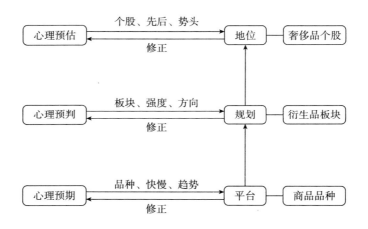

图 5 – 21　饥饿地位原理的作用机理

心理预估之所以可以影响饥饿地位的空间和方向,其原因在于鼎盛时期投资的基础是对奢侈品个股抉择。对地位预估越合理其附属于资产所产生的价值创造就越大,但抉择的空间强弱程度又受到心理预估的影响。如同财务预估一般,财务预估是预测本单位未来一定时期内现金收入、支出、结存规模以及资金筹措安排的预算,财务预估一般是根据企业上期末的资产负债表、本期的经营预算以及资本支出预算等编制的。主要包括生产成本预算、现金回收预算、现金支出预算以及预期资产负债表、预期损益表和预期财务状况变动表。根据投资人自身的评定预期估算与比较,若某个个股具有高心理预估能力,投资人具有敏锐的察觉能力,能够在一定时间内快速辨别出一只个股是否具有龙头特质的奢侈品,更好地把握和利用好饥饿地位的特质，也就是说，心理预估的正确与否能够帮助决定饥饿地位的势头。

预估释义为事先评定，预先估算。估算，是指个体懂得什么情况下无法或不必做准确计算，并应用相关知识和策略给出近似答案的能力，它特别适用于解决日常实际问题。心理预估来源于心理学研究，在投资中投资者通过比较常用的历史股价高低点来预估盈利空间，同时预估是教学的主要构成元素之一，是教师在确定教学目标后，与着手实施教学程序前，所采取的步骤。那么，一个人所拥有的预估能力又是十分重要的，如果能在一件事情发生之前预先估计出其未来成果，并且具有卓越的分析和辨析能力，就能够在最短时间内辨别出一个个股是否具有龙头价值。

同样，饥饿地位的空间和变动的势头也会影响奢侈品价格的心理预估，金融市场的研究就是对价值投资的心理预估影响分析的关键。鼎盛时期从技术层面上升为思想层面，通过高品质的生活需求驱动形成人口顶。而思维的支撑需要会集领域中懂行并且持续专注的专业人士共同研讨、共同建设。只有如此才能最大限度实现奢侈品的文化价值，为其三个 8 倍开拓价值空间。鼎盛时期的高铁、白酒等奢侈品的出现，表明人们的价值创造能力，对于饥饿，只有鼎盛时期的人口投资集中，能够反映在奢侈品的个股股价上，它们之间是一个不断演进的过程。也就是说，如果人们期待奢侈品有某一个长期的均衡价格，那么由于他们采取相应的投资决策，而这种大进大出的投资决策的变动，往往就影响奢侈品价格向这个方向移动，人口营商学研究饥饿地位夯实心理占位对于奢侈品价格的心理预估产生重大影响，所以投资人对于股价这种专业市场的心理预估对龙头价值产生的影响，是人口营商学研究的重点。

（二）饥饿作为地位研究的逻辑

要理解饥饿地位，必须要理解饥饿地位的逻辑。鼎盛时期饥饿地位的根本目的是为了追求龙头个股绝对价值的创造，而龙头价值创造的过程是通过抉择作用在奢侈品价值创造中实现的。因此，鼎盛时期饥饿地位的过程也就是龙头个股投资的过程。饥饿地位从饥饿营销——缺少的理论延伸出来，运用于产品或服务的营销推广，是指产品提供者可能有意调低产量，以期达到调控供求关系、制造供不应求"假象"，以维护产品形象并维持产品较高售价和利润率的营销策略。销售是一个简单的数字关系，在供不应求的情况下，自然就会引发价格的上涨。

饥饿地位思想，是在兴盛时期饥饿缺乏和昌盛时期饥饿缺少的基础上，结合专业投资的大环境，在鼎盛时期逐渐形成并成熟的，其涉及的领域较为广泛。地位—角色理论（Status – Role Theory）是社会学中程理论，源于互动论，研究个体在一定社会关系中的身份地位及表现该特定地位的行为模式。"角色"一词原为戏剧用语，美国社会心理学家乔治·米德综合詹姆斯、库利等的研究成果率先将之引入社会心理学领域，用以探索人的行为方式及其与社会的互动关系。米德的理论虽受到不少批评，然其"角色"概念进入了社会学学科中，并从20世纪30年代起受到广泛研究。其中，美国社会学家罗伯特·帕克最早运用"角色"概念进行社会学研究，美国社会人类学家拉尔夫·林顿最早考察社会地位与角色相互关系，并发展了这一理论。林顿在《人的研究》中分析了"地位"与"角色"之间密不可分的联系，认为地位是权力与责任的综合体，角色是地位的运动表现，该研究至今仍有很大影响。一般认为，地位与角色是相互依存的两个方面，个体在任何社会关系中总有特定的地位，始终存在与此地位相符的一整套权利、义务及角色行为规范。没有无角色的地位，也没有无地位的角色；角色是地位动态、外在的表现，地位是角色静态、内在的基础；地位为角色提供活动范围，角色充分显示地位在社会关系中的位置实体。中国孔子"正名循礼"及"君君臣臣，父父子子"的提法，被认为是对地位与角色关系的最早论述。教育社会学注重探索教育在人们社会地位获得及角色扮演中的重要作用。

饥饿地位是鼎盛时期最为重要的一个抉择策略，投资人的选择，8倍的快、中、慢，人们都愿意投资，因为空间足够大，时间等待也是可以理解和宽容的；8倍的不足、正好、超过是强度问题，人们也愿意理解和接受；只有8倍先、中、后才是每个投资人非常需要抉择的投资，饥饿地位会随着人们思维的迷雾的散去被层层拨开，最终呈现在众多投资人的视野中，此时专注力随时间和龙头个股股价上涨的先、后顺序而不断集中上涨，直至分别达到龙头个股8倍的顶点，只有最先发现、低价位投资，同时又不轻易放弃8倍个股投资顺序的人，才能实现最大增值。否则奢侈品饥饿地位的理解不到位，龙头个股引领板块，板块成就大盘指数；没有理解先后顺序的重要性，时间节奏把握不清晰，大大增加资金的使用成本和降低利用效率；龙头个股心理站位没有夯实，导致出现误判，该个股逐渐退出很多投资人集中的个股视野。

（三）心理预估变化的内在含义

心理预估变化的实质是绝对价值发生了变化。随着预估程度的变化，饥饿地位对象的心理预估会发生变化，其绝对价值也随之发生改变，进而对饥饿地位的价值创造产生影响。饥饿地位的心理处于不同阶段时所创造绝对价值的能力是不同的，心理预估处于个股"龙头"时创造绝对价值的能力要强于其他个股。而心理预估变化的实质就是个股创造绝对价值能力由低迷到强劲或者由强劲到低迷的过程。随着时间的推移，一个国家的鼎盛时期龙头个股价值会随饥饿地位之间的相互改变而发生改变。当鼎盛时期价值发生改变，就意味着个股饥饿地位绝对价值发生了变化。

国家之间绝对价值变化过程可以用图5－22表示。具有路径规划方向力争向上突破的相对价值国家之间，才能分析选择两个进入人们视野、绝对价值斗争的国家A和B。纵坐标表示为鼎盛价值量，横坐标是心理预估。随着时间的推移，A、B两国的鼎盛价值量是不同的。在初期，A国的鼎盛价值量与B国具有绝对价值，因此A国起到人口集中的作用，A国的饥饿地位心理站位向上突破的强劲力度比B国高。随着B国鼎盛时期价值量的挖掘，B国心理站位夯实的空间和速度迎头超过A国，B国的鼎盛价值量逐渐凸显，B国最终的鼎盛价值空间和速度超过A国，在这种情况下，人口集中的主体也将随之发生改变，B国的绝对价值凸显，从而使B国的饥饿地位势头上升，超过A国原有的地位，B国的饥饿地位提升，在鼎盛时期所扮演的角色也随之发生了重大变化。

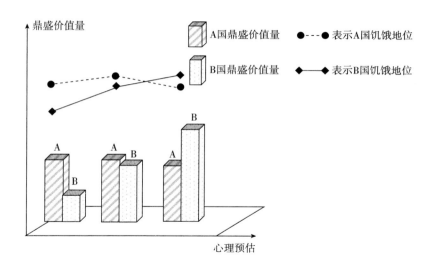

图5－22　鼎盛时期国家绝对价值变动示意图

　　B国的鼎盛价值提升，是绝对价值判断，意味着该国各个行业龙头个股绝对价值提升速度大大加快，但是不会使龙头个股同步，有先有后，由此可以看出，投资者心理预估是随鼎盛时期绝对价值变动的，正好揭示了处于鼎盛时期的国家龙头个股辈出，揭示了其重视绝对龙头价值创造的原因。每个国家都在相互斗争，稍不努力就会淹没在不被人口集中的绝对价值变小的国家行列中，逐渐走向衰退。由此将导致一系列不利于该国资本市场和产业发展的问题产生，最终使该国落后于鼎盛时期的先进国家，慢慢失去国际话语权。因此，要想成为鼎盛时期的"领头羊"，创造更大的龙头价值，就应该不断地培养创造绝对价值的人口，实现本国的龙头价值创造。

（四）饥饿地位的类型及适用对象

饥饿地位的类型以及选择对象来源于饥饿地位的相关原理，为了更深入地理解，就需要在心理预估的基础上研究，鼎盛时期各个国家都希望能够通过饥饿地位的积极影响来带动投资人心理预估的变化。综上所述，对应人口矩阵，可以将饥饿地位按照对人们心理预估的影响程度主要划分为三种类型，分别是"8 倍先""8 倍中""8 倍后"，鼎盛时期国家中的饥饿地位类型可用图 2 – 28 来表示。

这三种地位的划分依据是专业投资人的心理预估的时间顺序。具体表现为：8 倍先是饥饿地位最优先心理预估，是价值分工的最先表现，也是专业投资人的最先投资，受到专业投资人的集中。8 倍中的饥饿地位可以带来非常稳定的投资回报，顶格的范围也适中，风险也有所减少，因此，受到投资人的集中更为容易。具备 8 倍后的饥饿地位，其可以创造绝对价值的时间向后延长，这是利用顶格思维和心理站位共同判断的。作为投资人，要结合自己的专业深刻了解选择不同饥饿地位类型的国家和个股进行投资，同时各个国家自身可以根据本国不同的地位特性选定饥饿地位的目标。三种饥饿地位的特点和适用对象具体如下：

1. 8 倍先（时间快、中、慢；强度不足、超过、正好）

特点："8 倍先"是饥饿地位的最先心理预估，是价值分工的必然结果，也是专业投资人的心理预估，受到专业投资人的学习与专注。8 倍先是契合指数上涨相对时间较短的板块龙头个股，该个股或行业优先吸引各方资本流入，则相应的资产价格就会上涨。但是时间不一定快，快慢与大盘指数 4 倍启动的点位和个股心理站位密切相关。路径规划的心理防线和饥饿地位的心理站位向上突破是 8 倍先龙头个股形成的前提，如 2021 年的中信证券 8 倍上涨是在大盘指数界限位 2240 点的 1.4 倍位 3417 点站稳并且开始启动基础上实现的，龙头个股在 90 元的 1/4 价位 22.5 元附近建仓，1.4 倍位 31 元附近开始快速上涨，以前的所有上涨都不可能形成龙头个股的 4 倍和 8 倍，就是因为大盘指数的 4 倍快还没有形成，8 倍先无法实现。能够准确把握 8 倍先，可以大大减少龙头个股等待的时间，降低资金的使用时间和成本，减少由于龙头个股股价的波动带来的心理压力，8 倍先的投资成功，有利于资金的原始积累，可以实现自身价值的第一个百倍。由于个股心理预估的不断变化，该个股或行业必须随时保持高度敏感，不断理解龙头个股的价值分工，保证在鼎盛时期是最具投资价值的第一个龙头个股。

适用对象：对于资产增值有较高要求的投资者，希望在最短时间内实现资产升值最快的投资者，提高心理预估能力较强、可以承受双向波动风险的投资者。

2. 8 倍中（时间快、中、慢；强度不足、超过、正好）

特点：具备"8 倍中"的饥饿地位，虽然创造龙头个股 8 倍价值的时间有所延后，但仍然具有百倍的价值空间，对比百倍先，顶格思维比较明确，心理预估的难度也趋于稳定和容易，界限的波动范围也将缩小。在没有"8倍后"的饥饿地位的情形下，"8倍中"的饥饿地位可以带来非常稳定的投资回报，界限的范围也适中，风险也有所减少，因此，专业投资人士很好把握。如2021年对于中国中车这个龙头个股把握起来就比较明显，5.24元的1.4倍7.3元附近启动4倍和2倍。

适用对象：希望资产升值较大的投资者，心理预估能力强、可以承受双向波动的风险的投资者。心理预估在一定时间内改变个股的势头，从8倍先转向8倍中，绝对价值增值空间很大。8倍中是投资人在8倍增值中的第二次选择，应该毫不犹豫。

3. 8倍后（时间快、中、慢；强度不足、超过、正好）

特点：具备"8倍后"的饥饿地位，其可以创造绝对价值的时间延后，更多的是利用个股顶格思维进行判断，8倍上涨的时间可能很短。在实现"8倍先"与"8倍中"的前提下，该龙头个股同样具有提高心理预估的必要，因为该个股可以创造8倍的价值增值，可以很快提高专业投资人的心理预估。

适用对象：追求极大投资收益的投资者，心理预估程度强、可以承受双向波动风险的投资者。只有三个8倍全部收入囊中，才可能在一定时间内实现资产的最大升值。

4. 4倍先（时间快、中；强度正好、超过）

4倍先是蓝海价值投资中的指数板块实现2倍增值空间，龙头个股最早阶段的选择，也可能是8倍增值过程中的一个阶段，是4倍与2倍的组合，所以在判断是4倍增值，还是8倍增值中的4倍，主要是看大盘指数上涨的倍数，大盘指数在底线×1.2启动，龙头个股就具有4倍的价值升值空间。此时在提高心理预估的作用下，投资人在时间层面可以容忍4倍快和中，在强度层面可以容忍4倍正好和超过，对于4倍慢与4倍不足的龙头不予考虑，因为饥饿地位的要求一定是要调整时间短，这是由其龙头价值增值空间与板块蓝海契合的成长行业龙头属性决定的，也是后续8倍龙头判断的初始依据，没有在指数板块上涨实现2倍时，个股上涨4倍，可能在指数上涨4倍时，实现龙头上涨8倍，如2005~2007年行情中，大盘指数上涨2倍，龙头个股武汉钢铁就没有上涨，后来指数上涨4倍时，第一个上涨8倍的是武汉钢铁。这是由契合的行业板块龙头顶格和大盘指数上涨空间决定的。但是指数上涨2倍时，龙头个股上涨4倍，在大盘上涨4倍时，龙头个股肯定上涨8倍，如2005~2007年的行情中，大盘指数上涨2倍，证券板块龙头中信证券从4元上涨至16元，大盘指数上涨4倍，中信证券从12元上涨至117元。

5. 4倍中（时间快、中；强度正好、超过）

4倍中是蓝海价值投资中指数板块实现2倍增值空间的中间阶段选择，此时龙头个股具有 4 倍的价值升值空间，但也不作为饥饿地位投资选择研究的对象，因为 4 倍中对于上涨先后顺序的研究不深刻，也达不到心理预估程度的要求。此时投资人在时间层面可以容忍 4 倍快和中，在强度层面可以容忍 4 倍正好和超过，对于 4 倍慢与 4 倍不足不予考虑，一般在指数板块实现 2 倍增值时，至少存在 4 倍中龙头个股，只有 4 倍先龙头个股，大盘指数无法上涨 2 倍。如 2005 ~ 2007 年的行情中，大盘指数上涨 2 倍不足，证券板块龙头中信证券从 4 元上涨至 16 元，黄金板块龙头从 7 元上涨至 30 多元，船舶板块龙头中国船舶从 5 元上涨至 20 多元，只是三个契合的行业 4 倍龙头时间交叉，很难分别依次投资，创造更大价值。这是由其价值增值空间与板块蓝海属性决定的。在大盘指数是 8 倍正好、超过时，指数 2 倍、4 倍明确，甚至出现 2 倍超过，4 倍龙头个股的判断非常重要，如 2014 ~ 2015 年的行情中，由于大盘 2 倍超过，出现证券龙头 4 倍先、高铁龙头 4 倍中、航母龙头 4 倍后，专业投资人至少可以增值 $4 \times 4 = 16$ 倍。

6. 4 倍后（时间快、强度中；正好、超过）

4 倍后是蓝海价值投资中指数板块实现 2 倍超过增值空间的末尾阶段选择，此时龙头个股也具有 4 倍的价值升值空间，在币值平台对策研究中已经得知由于指数 2 倍不足的影响，基本没有 4 倍后，指数 2 倍超过的增值空间大、时间长，所以就会出现龙头个股 4 倍后。并且依次排序，否则即使有三个板块龙头，也是很难依次投资的，2014 ~ 2015 年的行情中，4 倍先是证券龙头中信证券，4 倍中是高铁龙头中国中车，4 倍后是航母龙头中信重工，这样依次按照时间排序是由指数 2 倍超过的增值空间和时间长度决定的，其实在具体投资中也很难实现 $4 \times 4 \times 4 = 64$ 倍的增值投资，其中可能出现重组停牌，耽误了投资时间，成功投资两个 4 倍已经很好了。

7. 2 倍先（时间快；强度不足、超过、正好）

2 倍先是指数板块实现 2 倍、4 倍增值空间，龙头个股出现 2 倍投资机会，是龙头个股增值空间需要在 4 倍、8 倍上涨之前上涨 2 倍，也有可能是下跌过程的反弹，改变龙头个股的下跌趋势，将心理站位夯实得牢固，才能出现准确的 4 倍或者 8 倍上涨空间，是龙头个股上涨的起始判断和上涨空间的进一步拓展。在 2 倍先的基础上，很有可能就会实现 8 倍先，因此，抓准 2 倍先增值，是形成龙头个股的坚实基础，但也只能作为基础，该种类型并不是本书研究的重点。个股具有 2 倍的价值升值空间，研究上涨时间的长短是为了判断龙头个股 4 倍或者 8 倍投资的基础，重点不是投资 2 倍个股。具有 8 倍价值的个股，4 倍、2 倍增值现象的准确把握，是 2 倍、4 倍价值增值的正确落地，也是饥饿地位投资选择研究心理站位的重要基础。如 2015 年 9 月，中信证券从 12.84 元反弹至 22.14 元，实现 2 倍不足，证明中信证券龙头 8 倍先基本形成，在大盘下跌至 2018 年 10 月

19 日的 2449 点时，中信证券为 14.72 元，中信证券的 8 倍先更加明确，14.72 × 8 = 117.76（元），大盘在 2019 年 1 月 4 日再次下跌至 2440 点，中信证券再也没有下跌至 14.72 元，可以看出中信证券的 2 倍先就是 8 倍先的前奏，使下跌趋势扭转，为龙头 8 倍打下坚实基础，此类现象中，在 4 倍个股增值形成时也先出现 2 倍增值，如中国中车 2014 年 10 月先上涨 2 倍超过，从 5 元多上涨到 14 元，为中国中车从 10 元多上涨至 39 元多打下基础。还有指数 4 倍没有形成之前，龙头个股经常上涨 2 倍，但是一直上涨不了 8 倍，如 2021 年大盘没有站在 2440 点的 1.4 倍位 3417 点站位之上，中信证券曾经两次上涨 2 倍，从 14.7 元上涨至 27 元、从 19.5 元上涨至 34 元，就是形成不了 4 倍和 8 倍上涨的势头。

8. 2 倍中（时间快；强度不足、超过、正好）

2 倍中指出现一个 2 倍个股增值，是使 8 倍先龙头出现后，又出现 2 倍个股增值，一定要密切关注，可能新的龙头 8 倍又会出现，并不一定要立即投资，因为 8 倍先没有实现之前，新的 8 倍空间还比较难以形成，饥饿地位的投资类型的选择既要耐心等待，还要清楚新的 8 倍龙头形成的价位应该是多少，否则投资过早，既占用资金，还要等待较长时间。在前文的伦理确定中有过详细介绍，投资 8 倍龙头个股的价位一定要明确。如中信重工在 2019 年 2 月从 2 元多上涨到 6 元多，结合航母板块，以及上轮行情上涨空间，说明新的龙头 8 倍已经开始形成，但是价位应该在 7 元多，无论从时间、业绩、价位看都不可能达到龙头 8 倍形成的最合适时机，不能投资，不能被 2 倍超过吸引，一定会下跌的。在 4 倍增值个股形成时也有这种现象，中信重工在 2018 年从 8 月的 3 元多上涨到 12 月的 7 元多，实现 2 倍增值，才形成从 6 元多上涨至 30 元的 4 倍增值。2 倍个股增值一般不是投资个股增值的最佳选择，投资个股目的必须明确 4 倍和 8 倍，重点是 8 倍，8 倍实现后迅速寻求另外一个 8 倍，不能为了投资 2 倍，丢失 8 倍，因小失大，但也不能龙头的 8 倍没有完成，而过早投资第二个龙头 8 倍，第二个龙头不会上涨，耽误时间。

9. 2 倍后（时间快；强度不足、超过、正好）

2 倍后可能是继出现第二个 2 倍增值个股，再次出现 2 倍增值个股，这时可能又是一个新的 8 倍增值龙头出现，这时就需要判断是不是饥饿地位选择的龙头个股，还要对心理预估程度进行判断。结合上轮行情进行分析，以及对板块的契合分析和心理站位的把控，最后一个龙头个股产生了。如 2021 年 1 月的中国中车从 5 元多上涨，结合前期 40 元的高位以及高铁板块，可以清晰判定最后一个龙头个股开始启动，但是并不会立即实现 8 倍，只是 2 倍上涨，说明新的龙头个股下跌底线已经封死，因为证券龙头的 8 倍先还没有完成。只有金钱杠杆对策、指数板块 4 倍超过，才一定会形成完整的三个 8 倍龙头个股。第三个 2 倍个股形成的最后一个龙头个股，并不是最后一个上涨的龙头，还要结合指数板块上涨的推动力、大盘的具体点位，才能正确判断 8 倍先、中、后的顺序。还有 2 倍后是龙头个股 8 倍先实现后，此时信任头部还没有实现，继续上涨 2 倍，这时应该放弃 2 倍，寻求 8 倍中、后增值。

（五）投资人饥饿地位选择的步骤

投资人在选择饥饿地位、调整心理预估的时候需要遵循以下三个步骤：

第一步，判断饥饿地位的龙头个股势头。首先判断饥饿地位的龙头个股势头是向上、盘整，还是向下的，是否存在人口矩阵中的 8 倍 "龙头" 是一个重要的判断，只有正确判断龙头个股势头，才能做出正确的投资决策，这是绝对价值创造的前提，饥饿地位龙头个股下跌势头延续、下跌势头反弹、上升势头形成是判断饥饿地位形成的前提。饥饿地位势头对于价值投资来说意义重大，因为饥饿地位是判断绝对价值投资的关键，饥饿地位又是价值投资的重中之重。当投资人所选择的奢侈品具有绝对价值时，这时应该尽早进行饥饿地位的判断从而进行投资，当所选择的投资领域的价值逐渐缩小直至消失时，就需要重新找寻投资的奢侈品个股。随着投资价值的潜力及他人的饥饿地位不断进行调整及改变，若势头判断失误，且未能及时发现及调整，将会造成不堪设想的后果。

第二步，判断饥饿地位的龙头个股价值投资空间。投资饥饿地位空间大小与吸引力有关，空间越大，对于投资人吸引力越大。从顶格思维来讲，结合人口顶理论能够基本判断绝对价值的空间大小是 8 倍。除了判断饥饿地位的势头，饥饿地位的空间也是投资者在进行饥饿地位时需要重点关注的一个问题。在进行饥饿空间地位的选择时，根据实际情况，结合投资者的心理预估高低程度，选择价值空间最大且实现价值增值时间最短的奢侈品进行投资。投资人要明确心理预估的临界点，把握夯实好心理站位的牢度，完成在不同奢侈品之间饥饿地位的转换，尽可能通过夯实饥饿地位的牢度，最终实现最大化龙头价值创造。

第三步，判断龙头个股饥饿地位的价值投资时间顺序。时间长短也是人口营商的重要判断，估算饥饿地位的时间长，表明吸引资金速度慢；反之，吸引资金速度快，投资者就会因此考虑资金成本和时间损失。此处的时间判断为奢侈品实现龙头价值增值的时间。投资人在对某奢侈品进行投资时，应关注该类奢侈品随着时间的推移而发生的增值情况。因为鼎盛时期的饥饿地位应对百倍的实现速度进行预估，速度快、慢对于龙头个股很重要，但是往往很快实现 8 倍，就会使投资龙头个股的数量减少，如 2005～2007 年的行情中，8 倍龙头个股形成时间快，投资龙头个股三个 8 倍基本无法实现。需要特别注意的是，产生绝对价值的龙头个股先后顺序是十分重要的，正如人的一生要遵循 8 倍先、中、后的清晰时间顺序才能实现绝对价值创造最大化，过于着急是欲速则不达，或者是较早到达顶点，后期没有作为，如果基础不牢还会出问题。饥饿地位心理预估准确的投资者，可以在一定的时间内，超越众多投资人，成为鼎盛时期的"领头羊"。投资人对实现龙头个股价值的时间顺序正确把握，从而实现三个 8 倍的几何级数增值。

饥饿地位龙头个股股价的势头与价值投资的空间与时间相互作用，形成一种巨大的合力，这种合力形成乘数效应，投资人对以上步骤进行准确的判断后，投资的绝对价值个股的价值就会增加更快；相反则会减少。

从图 5-23 中可以看出，饥饿地位为了判断心理站位保持势头向上的目标会不断面对挑战，每一个心理站位都会面对不同的重新选择。在当下专业化的背景下，每一个 4 倍大盘指数界限的心理防线有效突破，都会面临龙头个股 6 种选择情形，即 8 倍先增（减）、8 倍中增（减）、8 倍后增（减）。对于饥饿地位而言，为了能够确保饥饿地位的势头向上，需要特别注意夯实饥饿地位龙头个股心理站位的牢度，只有通过此种方式才能够保证饥饿地位的心理站位向下突破的可能性大大降低。

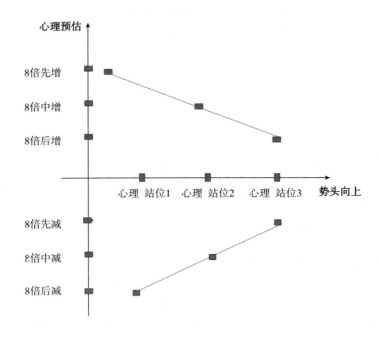

图 5-23　饥饿地位运用心理预估 8 倍增（减）夯实心理站位

（六）虚拟时代饥饿地位的目标

对于鼎盛时期的国家而言，为了吸引专业投资人投资，都希望展现本国更好

的饥饿地位，在时间损失最小、空间增值更大的前提下，实现时期增值最大化绝对价值投资目标。

鼎盛时期，充分利用龙头个股上涨势头，投资具有较大升值潜力的奢侈品、创造最大化绝对价值是鼎盛时期饥饿地位的主要目标。在价值创造的过程中，饥饿地位进行方向的选择，创造最大化的时期价值，是鼎盛时期投资人的共同追求。对于鼎盛时期的饥饿而言，为了引发专业投资人的投资，都希望创造时期价值最大化的价值目标。实现目标的基础条件是在价值投资的过程之中合理运用饥饿地位原理，即饥饿地位与绝对价值创造之间存在必然的联系。任何投资人只有在提高心理预估的前提下进行饥饿地位心理站位才能更好地进行价值投资，否则只是盲目的跟风，这样的投资方式不仅不能够实现鼎盛时期饥饿地位的目标，反而可能造成投资奢侈品的价值降低、投资风险增大，甚至出现专业投资混乱的情形。在价值创造的过程中，如何利用饥饿地位创造最大化的时期增值，是鼎盛时期投资人的共同追求。

龙头个股势头会有上升、平稳、下跌三种状态，当然在饥饿地位不断向上的过程中，必然也有向下的时候。如果出现饥饿地位向下的现象，这时饥饿地位决策就要及时配合人口、圈子、标杆策略合理运用，让人口集中本国专业市场绝对价值创造的饥饿地位，使饥饿地位向下的时间变短，空间变小，充分把握龙头个股上涨的次数和信任的头部高度，如证券板块龙头就有 2 次 8 倍势头向上，钢铁就只有一次 8 倍势头向上，证券龙头头部是 240 元左右，钢铁龙头头部就是 20 多元。同时运用圈子核心或者标杆象征引导投资者发现新的绝对价值龙头，并不断创造新的绝对价值，如及时发现高铁龙头个股势头向上和头部高度。总而言之，让投资人夯实饥饿地位重要心理站位，从而赢得饥饿地位持续向上的时间和空间的龙头个股，减少饥饿地位短期向下对一国或地区投资的不利影响。更为具体地讲，鼎盛时期饥饿地位的目标是通过饥饿地位来夯实心理站位的牢度，从而带来价值投资的积极效应。地位的正向拉动带来的积极效应，避免和消除负向调整对于个股心理预估的消极影响。饥饿地位处于心理预估的正向效应主要原因是专业市场的某一指数和行业板块提供源源不断的助力，使板块涨势良好。在专业投资人将饥饿地位运用到该国价值投资之时，就要及时配合其他三个决策，即人口、圈子和标杆策略，选择具有绝对价值的奢侈品进行价值投资，最终实现鼎盛时期的龙头价值创造。龙头个股势头早晚会向下，尽量使其站位较高，平稳度过和交接新的龙头，封住下跌的空间，寻求倍增反弹或者势头再次向上突破的可能。

三、饥饿地位的价值投资选择

（一）饥饿地位价值投资时机选择——饥饿精品缺少作用明显减弱

饥饿从缺乏到缺少最终演变到地位的整个过程，是一个定期、周期和时期逐步演变的过程，在兴盛时期是定期会出现粮食等主要农作物，上品产量缺乏，受到地域和天灾、病虫害的影响，表现为缺衣少食，人类经过几千年的演变，中国的唐朝盛世基本结束了兴盛时期，此时期由于饥饿缺乏形成了稀有珍贵的表现。饥饿缺乏为的是提醒人们勤俭节约，维持正常生活，最终使得精细实现。昌盛时期的劳动分工决定了任何单独的企业都不可能掌握现代工业生产所需的所有知识、资源及科学技术。由于技术发展快，尖端技术只有部分企业能够掌握，导致产品产量不足，达不到量产所需的规模，所以此时饥饿缺少，随着技术的快速发展，特别是美国在高科技方面的引领作用表现得淋漓尽致，周期性的技术进步使美国创造出昌盛时期的辉煌，饥饿精品缺少作用明显有减弱的趋势。昌盛时期注重原装和精品，所以产业经济要求企业重视市场营销活动，注重科学技术的完善，通过高端技术生产为顾客提供产品价值。随着时期的演进，鼎盛时期到来，不同于《人气营商学》对商业社会到来的强调以及《人群营商学》对虚拟时代变迁的强调，《人口营商学》的研究背景需要强调鼎盛时期的演进，其价值体征使供投资的奢侈品变多和越来越多的投资人对自己的投资对象有了长时间和深入的专业了解。鼎盛时期形成不可复制、无可替代的时期奢侈品饥饿地位。鼎盛时期的饥饿首先呈现出不可替代性，即唯一性。形成饥饿地位的前提就是要将龙头价值创造最大化，要使投资人能够有精确的专业判断能力。

饥饿地位是技术发展到一定水平的人们学习心理产生作用的结果，是人们的思维在学习心理学作用下形成的。学习心理学是教育心理学的一个重要分支，是专门研究人们尤其是学生群体学习的一门科学，是通过研究人和动物在后天经验或练习的影响下心理和行为变化的过程和条件的心理学分支学科，是学习心理在奢侈品投资领域的具体应用。人们对时期演进和个股投资的长期观察和总结，属于共建共享研究。鼎盛时期地位的根本目的是创造绝对价值，而创造绝对价值的过程是通过专业投资人饥饿地位形成才能产生的投资实践。鼎盛时期饥饿地位的过程也就是投资者选择个股的过程，鼎盛时期以龙头个股投资为主，学习心理学形成的不同时期饥饿地位，才是鼎盛时期的最重要的地位，才能更加有效地创造绝对价值。随着时期的演进，人们对于学习进步的要求也越来越高。越来越严格，不仅仅追求简单的学习行为，更多的是追求深入人心，开始加深对于龙头个股8倍增（减）的学习方式，要想在鼎盛时期实现龙头价值，就必须重视对饥饿地位的塑造，形成8倍先、中、后的地位选择，创造最大的奢侈品龙头价值。

由此可见，时期演进之下，需要进行自主饥饿地位共建，价值投资尤其需要鼎盛的奢侈品饥饿地位选择，其效果也就非常明显，学习心理如同动机心理一样，产生明显的投资效果，形成具象的龙头绝对价值创造，所以人们不得不利用学习心理学进行奢侈品价值投资决策。

（二）饥饿地位投资情形选择

通过人们学习心理的研究，龙头绝对价值创造是饥饿地位投资情形选择形成的源泉，饥饿地位的转换反映在人们实现 8 倍增（减）的心理预估上，利用抽象思维分析和判断人口矩阵创造绝对价值的变化，帮助人们把握心理预估和正确抉择饥饿地位的心理站位进行有效投资，是本章的核心。

通过时期演进和人们学习心理的分析，为了正确把握心理预估影响下的饥饿地位，帮助投资人准确识别集中的价值类型，时间快、慢，力度强、弱，顺序先、后，正确投资，创造绝对价值，本书提出了心理站位及势头向上的概念来进行饥饿地位的对象和情形具体分析。

虽然价值分工不全是营商学研究的范畴，涉及多学科，饥饿地位的营商奢侈品价格反映在人们的心理站位的夯实的牢度上，利用价值分工提高投资人对于心理站位高低的影响，分析饥饿地位的奢侈品价格表现情形，只有不断寻找价值分工，才能确保饥饿地位势头向上。

1. 价值分工的定义

地位的提高与否反映为人们的心理预估价值大小，利用价值分工对人们心理预估价值大小的影响，分析饥饿地位的提高情形。只有不断创造可以分工的价值，才能保证饥饿地位的发展势头是整体向上的。价值分工是指许多劳动者分别从事各种不同的工作，有自然分工、社会分工和企业内部的分工。分工有利于提高劳动熟练程度、改进技术和提高劳动生产率。

价值分工源于价值链分工一词，价值链分工是指在经济全球化和知识经济快速发展的条件下，一种产品的设计、原材料提供、中间品生产与组装、成品销售与回收等所有生产环节在全球范围内的分工，是一种伴有中间品的进口和最终产品出口的国际分工形式。近年来，国际分工的范围和领域不断扩大，全球价值链分工是国际分工呈现出的新特点。随着国际分工朝着专业化和精细化方向发展，全球价值链已成为国家贸易合作和分工的基本形式，全球价值链分工地位变迁因素也成为众多学者们的研究方向。有研究者研究了各国全球价值链的分工地位，发现以技术创新为主导的企业能使国家处于价值链上游。部分研究者指出在国际贸易合作过程中，通过价值链分工能显著提升全球价值链分工地位；还有研究者提出生产性服务和技术创新能通过技术溢出和劳动力素质提高，实现价值链整体的提升。

国内学者认为劳动要素、资本要素、技术进步、资本跨国流动都是影响全球价值链分工地位的主要因素。胡昭玲和刘旭（2007）选取劳动力素质与效率、制造业发展水平、国内经济状况与对外开放程度指标；李宏艳（2008）发现随 FDI 增加，我国参与垂直专业化的程度加深；陆甦颖和王晓磊（2010）认为分工地位与劳动力成本及有效关税率负相关，而与劳动生产率及行业生产总值正相关；杨高举与黄先海（2013）认为技术创新和 FDI 是主要影响因素；于津平和邓娟（2014）、邱志珊（2016）都认为产品的技术创新程度是影响分工地位的主要指标。

自 20 世纪 80 年代以来，随着国际贸易壁垒和运输成本降低，同一产品内不同生产工序环节被逐渐拆解、分割，并分散在不同国家和地区进行生产和组装，从而形成了全球价值链（Global Value Chain，GVC）分工模式。尽管在这一分工模式下，中国经济总量和出口规模均实现快速增长，但也被"俘获"和"锁定"在全球价值链的底端（刘志彪和张杰，2007）。随着中国经济由高速增长阶段转向高质量发展阶段，如何提升中国在全球价值链中的分工地位，促进产业迈向全球价值链中高端，是新时代背景下亟待解决的重大问题。正是在这种情况下，有互联网和不断发展的信息技术作支撑，就出现了价值分工的概念。

随着时期演进，鼎盛时期人们以专业投资为主，人们专注点逐渐转移到价值投资领域。价值分工指的就是特定社会地位，在社会生产过程中，以创造价值的大小进行的分工，实现人们的心理预估，创造可以实现的价值。饥饿地位是由价值分工决定的。价值分工分为三类：顶端分工、中端分工和低端分工。具体如图 5–24、图 5–25 和图 5–26 所示。

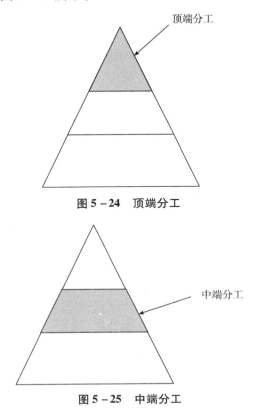

图 5–24　顶端分工

图 5–25　中端分工

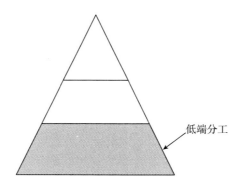

图 5-26 低端分工

2. 价值分工的情形

鼎盛时期投资人都希望自己所投资的个股的心理预估保持在比较强的程度，并在专业范围内不断提升，长期发挥作用。在饥饿地位的投资选择过程中，由于价值分工不同，投资人心理预估的奢侈品价格增值地位不同、空间不同，由此可以划分出三种情形，分别是饥饿地位最稳固、饥饿地位较稳固和饥饿地位最低要求，下文就这三种情形进行分析。

情形1：如图 5-27 所示，饥饿地位最稳固——顶端分工。

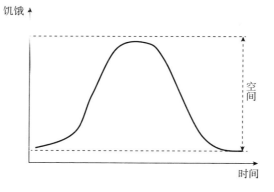

图 5-27 饥饿地位最稳固

特点：饥饿地位最稳固，在价值链的顶端，时间长，空间大。

优点：此处饥饿地位的最大优点就是可以有足够多的时间以及足够大的空间，实现最大化绝对价值创造。

缺点：此时饥饿地位效果最优，但需要投资人对多种饥饿清晰地位选择，一般没有经验的投资人，很难把握。

适用：鼎盛时期8倍上涨的个股。

要求：需要耐心地等待启动和丰富经验提前发掘龙头个股，由于高收益与高风险因素的影响，人们需要不断进行调整，从而保证饥饿地位程度持续最优，夯实心理站位，成功的饥饿地位在集中人口的同时，不断有持续集中的力量。

饥饿地位最优结果是顶端的价值分工，整个地位的夯实过程所需时间较长，并且可以实现的价值分工的价值空间是最大的，饥饿地位夯实最稳固就是最优的结果，价值分工并然有序是稳固的保障。顶端分工可以实现价值空间最大的收益，但同时也给其带来一定的不稳定性，并非所有奢侈品都可以实现足够大的增长空间与拥有尖端技术有力的价值分工。

情形2：如图5-28所示，饥饿地位较稳固——中端分工。

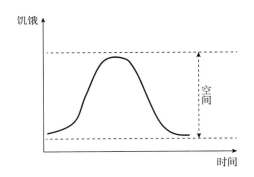

图5-28　饥饿地位较稳固

特点：饥饿地位较稳固，在价值链的中端，时间中，空间中。

优点：此处饥饿地位可以在一定时间内，拥有一定的空间实现一定价值创造。

缺点：对于投资人来说有较多的情况可以选择，但是这种选择不会是最好的。

适用：鼎盛时期具有一定上涨幅度的个股，饥饿地位实现所需时间与龙头相同。

要求：需要储备一定数量的中端价值分工的个股，尽可能实现饥饿地位较为稳固的情况。同时也要防止饥饿地位由于心理站位不稳，出现不稳固的现象。

饥饿地位较稳固的结果是形成中端价值分工，在这个时期实现个股价值所需时间与龙头相同，但是实现的价值空间不是最大的。中端价值分工个股比较常见，对于投资人心理预估的程度要求也是较高的，大多数投资人能够进行投资选择。

情形 3：如图 5 – 29 所示，饥饿地位最低要求——低端分工。

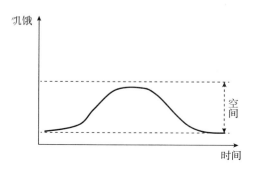

图 5 – 29　饥饿地位的最低要求

特点：饥饿地位的最低要求，在价值链的低端，时间长，空间小。

优点：此处饥饿地位往往很容易实现，非常稳定。

缺点：可选择的饥饿地位低端，实现绝对价值的空间较小。

适用：此时的饥饿地位往往实现个股价值创造的时间较长，但是实现个股价值的空间极为有限，适用于上涨时间较慢的个股，比较保守的价值投资者。

要求：需要较长的时间进行地位选择和提高，尽可能保证实现饥饿地位的最低要求。

饥饿地位的最低要求就是形成基础低端的价值分工，其地位的形成实现绝对价值的时间要求较长，可以实现的价值空间较小。形成的该种价值分工虽然预估效果一般，但是可以完成基本的价值分工形成较低的饥饿地位，大多数奢侈品开始都只有形成该类价值分工的能力，这是人们进行饥饿地位选择的前提和基础。

（三）保持饥饿地位势头向上的方法

为了实现价值分工价值链的地位提升，饥饿地位所处的不同时期，分别对应不同的方法。每个国家应该根据自身的实际情况来采取不同的饥饿地位方法，最终顺利实现自身的绝对价值创造。如图 5 – 30 所示，主要有四种不同方法，这四种不同的方法使用的时期也不同，不同的国家和地区可以根据不同的时期分别使用这四种方法来保持饥饿地位势头向上。

方法一：落后阶段饥饿——行业支柱。

要想在鼎盛时期占有自己的一席之地，要想长期保证饥饿地位的势头向上，就要在落后阶段在众企业中成为行业支柱。所谓行业支柱是指在生产规模、发展速度、技术状况等方面对国家或区域的经济发展、财政收入、就业率、技术进步

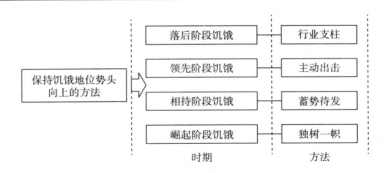

图 5 – 30 保持饥饿地位势头向上的方法

等能够产生重大的影响，在当前和未来的国民生产总值和工业生产总值中占有举足轻重地位的产业。由于行业支柱对于国家或区域的经济发展所起到的举足轻重的作用，很多国家都对其成长采取了积极的干预措施，一些经济学家也从理论上对这种行为的可行性和必要性予以了论证。行业支柱必须具有强大的延伸效应，通过产业链的扩散以带动上游产业和下游产业的共同发展，起到以点带面的效果。行业支柱的发展不能只着眼于经济效益的片面追求，还应兼顾社会效益。

　　根据学者的总结研究，行业支柱选择的理论依据众多，比较典型的有：1957年日本经济学家悠原三代平提出的"悠原两基准"，即收入与弹性基准以及生产率上升基准；1958 年赫尔希曼提出的"关联效应"理论，即区域行业支柱与其他产业之间有较大的投入产出联系。除此之外，还有不平衡增长理论、后发优势论、领先论等从不同的方面对行业支柱的选择和布局进行了系统描述。像中国在进行自身的饥饿地位选择的同时，通过学习别国先进的模式来保证自身的饥饿地位势头始终向上，在进行饥饿地位的选择之前，需要知己知彼地了解强手饥饿地位的势头与空间，以此作为参照，从而更好地进行相应的饥饿地位选择。

　　方法二：领先阶段饥饿——主动出击。

　　主动出击是在饥饿地位处于领先阶段时期的国家应当采取的方法，自身只有主动进行地位选择，才能够有进一步发展，这也表现了一个国家的创新思维发展的水平。要想成为龙头，在鼎盛时期占据"领头羊"地位，就需要迅速做出反应，采取的快速发展的方法就是主动出击。世界著名管理大师彼得·德鲁克提出："我们无法左右变革，我们只能走在变革的前面。"每家企业都希望成为百年老店，但市场环境日新月异，客户需求日益多样，跨界竞争渐趋常态，企业面临的危机比以往更频繁、更严重，成为百年老店的挑战比以往更艰巨、更严峻。企业的优势被明天的趋势追赶，技术只能保持一段时间领先，有背景也只能在一定时期活得很滋润，但是最后谁活得更健康、谁走得更远，取决于企业可持续发展路径的设计。就是要企业主动变革，练内功，用变革推动自身成长，在变化的时代获得成功。伴随着市场竞争日益激烈，主动出击是每一个企业发展都需要具备的要素。每一次商机出现得快，消失得也快。消费者的需求变化更是快速。接连不断的新竞争、对手的崛起等，这些无一不在要求企业一定要主动、主动、再主动，否则，出手慢的企业是不可能获得商机的。

科特认为成功的变革遵循"目睹—感受—变革"的模式，变革管理的难度在于必须对变革可能会出现的种种难以预料的情况进行大局上的把握，尤其是对变革中的软性因素要进行控制，科特的"八步法"能帮助企业在进行变革时，快速形成一个系统性的思路，有效地提高变革的成功率。华为的变革管理模型是以"做正确的事，正确地做事"为思想来设计的，像它的 IPD 体系一样。变革不是想变就变，需要进行年度规划，对企业的业务和需求进行充分分析论证后进行立项，企业里需要提升的点很多，涉及的范围有大有小，那么对于涉及范围大的变革项目，要按照变革项目流程执行，定方案、做计划、控开发、重验证，过程中需要进行决策和评审；对于范围小的要按照改进项目的流程执行，选课题、找根因、拟对策、标准化，过程中也需要进行技术评审。变革执行完成后通过审核、评估、度量、管理评审等对变革产生的效果进行衡量，并不断识别需求，华为的变革管理遵循的是 PDCA 循环改进的原则，做到变革管理有始有终。

正如"鸵鸟效应"一般，主动出击是最好的防御。当鸵鸟被逼得走投无路时，就会把头钻进沙子里，鸵鸟自以为安全，鸵鸟的应敌方式被人们称为"鸵鸟效应"。风险的存在是不以人的意志为转移的，也无法完全避免，必须勇敢地去面对，勇敢地去承担，因为逃避不是办法，逃避责任的同时也丧失了权利和成功的机会。企业在经营过程中，会遭遇各种障碍与困境，如果选择绕过，可能会因此失去成功的机会，逃避的代价是失败。面对危机，主动出击是最好的防御。只有迅速采取行动，果断承担责任，才会把损失降到最小，才能重新赢得生机。处于剧烈变革的商业时代，竞争的程度已远远超出了以前，风险和危机就像"达摩克利斯之剑"，不知什么时候就会降临到我们身上。现代人面对压力大多会采取回避态度，明知问题即将发生也不去想对策，结果只会使问题更趋复杂、更难处理。作为企业管理者，应当以正确的心态面对风险和挑战，困难面前要迎难而上，这样才能在危机中开拓出一条生路，为企业赢得良好的发展机遇。

主动出击的关键在于对饥饿地位的未来能够寻找到新的立足创新点，没有思维以及方法的创新变革是无法完成饥饿地位牢度的夯实的。创新的思维逻辑是指引饥饿的核心，最终才能够实现龙头价值创造。例如，中国在高铁领域饥饿地位的实现就是主动出击的结果，在了解其他国家发展现状以及现有状况的同时，更加完善自身在该领域加速变革创新的方法。

方法三：相持阶段饥饿——蓄势待发。

该阶段往往都是处于相持阶段的饥饿，该时期往往要蓄力，在完成准备后实现蓄势待发的状态，为了能够跟其他对手拉开距离，牵制住竞争对手的发展，就要设置不同的障碍，从而使自身具备长期优势，始终保持该国股价领先的优势地位。托克维尔曾说：如果事先缺乏周密的准备，机遇也会毫无用处。端正自己的态度，把要做的事情从头到尾梳理好，做好充分的准备，应对一切将要发生的和突发的情况，防患于未然，才能有条不紊地走下去。《道德经》里有这样一句话：飘风不终期，骤雨不终日。正是对这句话的信念，数十年如一日的现役航天员邓清明在中国航天员的备份梯队待了 20 多年。在邓清明 52 岁那年，他依旧奋斗在高速旋转的离心机训练中，连续 7 天保持负 6 度卧姿的头低位卧床训练，进行低压缺氧、模拟失重等训练。他说他自己依旧不成问题。这正是时时刻刻蓄势待发的体现。

方法四：崛起阶段饥饿——独树一帜。

该方法往往是针对饥饿地位处于崛起阶段的国家而言，这些国家经过对饥饿地位的选择的不断学习，最终实现自身崛起。企业文化独树一帜是崛起阶段的必要条件。美国著名的麦金瑟管理公司的专家们在研究了美国 43 家大公司的经营业绩后得出结论：超群出众的企业之所以做到这一点（取得业绩），是因为它们有一套独特的文化品质，是这种品质使它们脱颖而出，鹤立鸡群。这里的"文化品质"，指的就是企业文化，即企业在长期生产经营中逐步形成的经营理念、价值观念、群体意识和行为规范的总称。历史经验表明，卓越的公司之所以成功，就在于它们大都具有独特的文化个性。在饥饿地位选择的过程中，地位逐渐有一个相对稳定或者向下的阶段到迅速上升的过程。

企业要想在竞争激烈的行业中独树一帜，无数成功的企业家们用行动给出了答案：一个企业有别于其他企业最本质的地方就在于它所传达出的使命感。尽管传达方式不同，有些企业是通过产品，有些是通过文化，而有些则是通过管理机制呈现给受众的，但它们都用行动证明了使命感在企业发展中的力量，相信"唯诚可破天下之伪，唯实可破天下之虚"。"康乐人生，佳品纷呈"这一富于使命感的企业理念及其统领下的企业文化，使"康佳"不仅具有神奇的市场开拓力、强大的企业内蓄力和资产扩张力，更有着一种迷人的感召力。"天下 100 省心"，这是海信集团的核心理念，海尔集团强调："我们首先卖的是信誉，其次是产品。"这些营商理念增强了品牌文化的魅力，指导着这些企业在市场竞争中不断发展壮大。长虹经营理念倡导的却是一种爱国思想：以产业报国，振兴民族工业。北京吉普车有限公司经营理念则立足于科技意识和人才意识。它的经营理念是：第一流的企业、第一流的管理、第一流的人才、第一流的技术。

饥饿地位的崛起阶段主要的适用对象是国家在某一领域之前处于落后阶段，而放眼未来，前途无限。一个国家在某一领域想要实现崛起阶段的赶超，必须在前瞻性领域具有非常强的发展后劲，只有这样独树一帜的能力，才能支撑起该国进行崛起阶段的赶超。

四、心理预估的提高与调整

（一）心理预估的调整类型：主动调整与被动调整

对于鼎盛时期的国家而言，饥饿地位持续向上的调整分为主动和被动。主动调整是指一国通过圈子和标杆策略的调整，对饥饿地位方向变动产生影响。无论在指数板块上涨还是行业板块上涨的过程中，龙头个股上涨作用非同小可，没有龙头个股上涨的强有力带动，人群跟随的板块上涨很难形成，人气关注的股价才有投资价值。

1. 主动调整

主动调整是指一国以头部信任为核心，综合运用后悔龙头分析，通过饥饿、圈子和标杆策略的综合运用，对人口集中的持续专注力产生了影响，适当引导或者集中人口，避免投资人集中错误的饥饿地位选择而造成失败，导致心理预估很难达成，继而产生投资错误或者失败的结果。饥饿地位主动调整有助于更好地防范金融风险。主动调整首先要明确调整时机，一般调整时机为饥饿地位到达顶部或者地位势头向下、关键的心理站位与饥饿势头偏离时，调整也要结合圈子策略和标杆策略，将饥饿策略与其相结合，才能使得饥饿地位选择最优，但最关键的环节就是把控好饥饿地位势头低迷的情况。例如，2016 年下半年中国证监会强烈谴责了股市中个别保险公司盲目收购企业、准备强行利用强大资金吸引人群跟随和个股的集中，进行股市的炒作的行为，证监会主动关注、跟随、集中时机，股市上涨时机不到，那个别人就是"野蛮人""害人精"，股市上涨时机到了，股价关注、股票跟随、个股的集中就是"金融有利经济，经济促进金融"，有些投资人踩雷，很大部分就是在不应该个股集中的时机，追高了个股，导致多倍下跌。

每一个鼎盛时期的国家都要在国内外利用创新价值分工，通过寻找适合的价值分工，进行相应的饥饿地位选择，主动调整饥饿地位的心理预估。主动调整可能成功，也可能失败，具有极大的不确定性，但是都不能发生重大失误。同时，人们应当主动调整使创造价值的高度保持在合适范围，发现"龙头"并且及时集中，但是高度也要把控好，以保证该国能正确利用"龙头"创造价值，人口集中的实现给投资人创造 8 倍绝对价值，其他个股开始上涨的时间和速度不一定比龙头慢，有可能开始上涨得比龙头快和多，但是，很多个股之所以不是龙头，往往就是速度、强度、高度把握不好，或者过高，或者过低，合适的时间、强弱、高低永远是龙头个股投资人应该正确把握的，把握龙头个股的心理站位高低，是龙头个股投资的核心，个股上涨得早且快，不一定是龙头，龙头是实现8倍牢度的判断。

每一个国家自身都必须勇敢地预估龙头个股心理站位的牢度，如美国的波音飞机是专业龙头，其他国家想挑战龙头心理站位基本不可能，本国如果形成龙头，投资巨大、时间较长、没有核心技术、应用场景不是最好，得不偿失，因此在其他国家形成新的飞机龙头基本不可能，中国不如利用高铁技术发展形成新的出行龙头，让人们脑海中慢慢淡忘出行的飞机龙头。

2. 被动调整

被动调整指的是顺应国际国内、资产价格的情况，是由国际、国内资产价格的一般规律决定的方向性变动。一国之所以会出现被动调整主要有以下原因：第一，为了拓展空间，当该国饥饿地位龙头个股实现空间有限，就会有一些投资人撤离对该国的投资从而造成价值投资的重新调整。第二，投资人为了寻求新的龙头饥饿地位价值分工，投资了其他国家。

被动调整往往出乎投资人的意料，必须谨慎应对。例如，美国引领的互联网龙头，中国很难同时实现龙头饥饿地位个股，甚至中国有的互联网企业，可能还得在美国上市。还有美国的飞机制造龙头非常明确，结合中国国情很难形成饥饿地位中国的飞机龙头，中国会形成自己的高铁龙头，并肩波音飞机龙头就可以了。在资本市场的投资银行领域和军备领域，中国能够也必须形成自己的投资银行龙头和航母龙头，否则在全球化的今天没有发言权和相应地位。其次是他国原因。全球范围内的绝对价值出现变化，本国某些领域的人口顶饥饿地位的心理预估无法实现，就会出现有些龙头个股在另一国家比在该国具有更大的绝对价值，使得人口被引导集中到另一国家，而本国实现这些个股龙头价值基本不可能，如西方国家的牛奶、手表、啤酒，本国想挑战龙头基本不可能，如果形成龙头，投资巨大、时间较长、没有核心技术、应用场景不是最好，得不偿失，因此在本国形成新的龙头基本不可能。饥饿地位的被动调整是由于心理预估发生巨大变化，在投资人意料之外，被动调整的国家必须积极应对。变被动为主动，寻求价值分工，对于一个已经进入鼎盛时期的国家而言必须积极应对被动调整，因为被动的调整如果不谨慎应对，很有可能变为长期趋势，使该国远远落后于鼎盛时期的其他国家，很难跟上鼎盛时期的发展大趋势。

（二）提高饥饿地位的心理预估

想要把控好饥饿地位心理站位的预估，提高饥饿地位的心理预估，实现最优饥饿地位的选择的目标主要有三个步骤：一是寻找夯实的饥饿地位心理预估的价值分工，其核心就是要充分了解心理预估的各种价值分工，判断其是在价值链的顶端、中端，还是低端。二是在实践中寻找价值分工的爆发力，因为除了重要价值分工以外，还会有不同的价值分工的爆发力，想方设法夯实重要心理站位，增强心理站位的牢度，如中国开始创新高铁龙头——中国中车，并且不断巩固其地位，也是为了形成世界瞩目的高铁板块，让高铁时期龙头增值取代互联网时期龙头增值，推动整个世界不断向前发展。三是围绕这些价值分工，选择对应控制手段，对不同分工要选择不同的应对手段，发展经济，就是为了把控好饥饿地位的心理预估。选择对应控制手段，面对不同价值分工要选择不同的把控手段，从而使饥饿地位势头保持不断强劲向上。

人们心理预估的产生，主要取决于国内价值分工和国际价值分工。在专业投资领域，短期流动资金的数额非常巨大，投机性很强。这种短期投机资金对各国的政治、经济、军事形势等都十分敏感，有一点风吹草动，就会改变资金的流向。所以，任何专业的投资信息都可能改变投资人的心态和投资人对龙头个股的心理预估，从而影响专业领域个股的价格走势。因为饥饿地位的向上具有不可持续性，对于国际资本而言，心理预估的提高，会造成热钱流入的情况，但是由于每个国家经济缺乏持续增长的龙头就会使得投资该国的资本快速流出，从而发生货币严重贬值的情况。所以，不论是国内价值分工还是国际价值分工都会影响人们的心理预估。

影响饥饿地位牢度、心理预估的价值分工体系，主要分为国内分工和国际分工各两个方面。具体如图 5-31 所示。

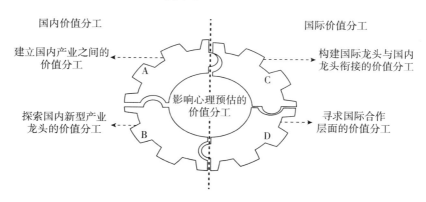

图 5-31　影响心理预估的价值分工

1. 建立国内产业之间的价值分工

人口营商的集中饥饿地位的龙头个股，能够建立好国内产业之间的价值分工，从而带动相关产业的迅速发展。龙头个股是产业体系之中最有活力、最具创新能力的经营主体，在带动产业迅速发展的过程中发挥着号召的作用。通过国内人口营商集中龙头个股，会带动产业的技术与市场规模的不断升级扩展，形成人口集中的高效化产业体系，实现产业链条的纵向延伸与横向联动。龙头企业的发展，对整个产业的发展是利好。如中国的白酒茅台酒、西方的啤酒龙头个股。中国贵州茅台酒作为白酒产业的龙头，在市场上以高质量的品牌意识和坚持不懈的品牌战略，不仅缔造了中国名酒的代表品牌，捍卫了白酒产业的社会地位，并且茅台酒以其精湛工艺和高贵品位倡导和展示了白酒的物质属性和精神属性，作为行业龙头，为产业中的其他白酒品牌树立了标杆，对于整个产业有着很强的引领性和示范性。在股市上，白酒板块和大消费板块是A股长线走势最好的板块之一，茅台则是整个白酒板块和大消费板块价格体系的风向标。茅台作为白酒板块和大消费板块龙头，是消费者品质生活的象征，消费者赞美茅台，茅台不仅产能逐渐扩张，股价也不断突破历史新高，茅台作为龙头个股上涨带动行业板块和大盘指数上涨。

2. 探索国内新型产业龙头的价值分工

新型产业是产生龙头个股价值分工的核心。只有当国内新型产业的价值分工合理分配后，才能够在重大技术突破和重大发展需求的基础上，对经济社会全局和长远发展具有重大引领带动作用，成长潜力巨大的产业，与新型科技的深度融合，既代表着科技创新的方向，也代表着产业发展的方向，具有科技含量高、市场潜力大、带动能力强、综合效益好等特征。加快培育和发展战略性新型产业是构建国际竞争新优势、掌握发展主动权的迫切需要。当前，全球经济竞争格局正在发生深刻变革，科技发展正孕育着新的革命性突破，世界主要国家纷纷加快部署，推动节能环保、新能源、信息、生物等新兴产业快速发展。新型产业在竞争中占据有利地位有利于掌握关键核心技术及相关知识产权，增强自主发展能力。如创业板上市的宁德时代，市值超过了同属于能源股在主板上市的中国石油。随着新型产业的发展，特别是资本市场忽视传统产业而推崇新型产业的行为被不断强化，股市中传统产业公司的地位大幅度下降，这方面一个较为极端的例子是，美国以生产传统汽车为主的各大汽车公司，市值不但远远小于生产电动汽车的特斯拉，甚至还小于来自中国的"造车新势力"公司。而后两者的汽车产量与前者相比，要少一个乃至几个数量级。由此可见，新型产业是目前以及未来龙头个股价值分工的核心。

3. 构建国际龙头与国内龙头衔接的价值分工

国际龙头个股的价值分工合理分配后必然会带动国内龙头的价值分工，最终形成个股价值分工。如传统行业钢铁龙头个股、黄金龙头个股。随着全球经济化的不断推进，各国股市关系紧密，相互影响。国际龙头个股可以带动国内龙头形成价值分工和相对应的示范作用，对龙头个股顶格思维的判断具有积极影响，形成人口信任，虽然国际龙头个股不一定在本国产生龙头个股，但是可以为传统产业和必然形成产业龙头的个股提供参考。在此情形下的价值分工有利于提供借鉴，给国内龙头个股提供发展的方向，促进其发展。由于我国传统行业大多为原有国有企业改制而来，上市公司质量不高的问题一直比较突出。在国外龙头个股的带动下，可以使它们以此为标杆向规范化、规模化发展。

4. 寻求国际合作层面的价值分工

寻求国际合作层面的价值分工是龙头个股实现的强健基础，如互联网、新能源行业龙头。亚当·斯密和李嘉图以劳动作为唯一的生产要素，以劳动价值论为基础阐明了一个国家在国际分工中的地位。斯密认为，每一个国家都具有生产某些特定产品的绝对成本优势，该优势来源于两个方面：一是自然禀赋的优势，即一国在地理、环境、土壤、气候、矿产等自然条件方面的优势，这是天赋的优势；二是人民特殊的技巧和工艺上的优势，这是通过训练、教育而获得的后天优势。一国如果拥有其中一种优势，那么这个国家某种商品的劳动生产率就会高于他国，生产成本就会绝对地低于他国。李嘉图则认为，国际分工的基础不限于绝对成本差异，只要各国之间的产品成本存在相对差异（即比较成本差异），就可以参与国际分工。赫克歇尔—俄林模型认为生产要素禀赋是比较优势的重要决定因素（又称 H－O 模型），其逻辑思想是，要素禀赋决定产业选择，影响国际分工。罗勃津斯基称之为资源变动对生产的偏向性效应。

国际合作的进一步加强。专业化分工和国际贸易作为一种间接的生产方式，其实质是要素合作。任何国家和企业都不可能拥有所有的生产要素和资源，但要想在国际市场上获得一定的份额，就必须依靠别的国家或企业提供所需的资源，这就需要国际合作。随着经济的全球化和国际竞争的加剧，各国之间、各企业之间的合作不但没有削弱，反而不断加强。国际贸易的不断增加和跨国公司的不断发展可以证实这一点。因此，达成国际关键分工合作，对促进国内龙头价值分工的实现非常重要，如美国的技术优势是其在全世界占有价值分工的顶端——芯片，中国在应用场景优势占有全世界的价值分工顶端——高铁。

第四节　饥饿地位的龙头价值创造

一、饥饿地位策略的研究对象

本节的研究重点在每个个体策略上。个股地位的抉择以及运用在鼎盛时期是一个复杂的过程，研究饥饿地位具体表现为专业投资主体对于心理站位的把控，那么选择饥饿地位策略的研究对象就显得尤为重要。饥饿地位适用于任何具有龙头价值的奢侈品，着重选择个股股价进行研究。

在饥饿地位的判断过程中，明确为什么要选择个股股价作为饥饿地位研究的重点，主要原因如下：第一，随着鼎盛时期的演进，专业化的股价是最为重要的奢侈品投资，股价也是人气线关注的商品之一，在人气线关注的房价、物价、股价"三价"的基础上进行研究，既有现实意义，又能帮助人们深入理解股价，特别是个股股价。第二，股价有连续的指数，具有广泛的金融基础，便于形成研究体系，对接和提升金融研究，由于个股的特性将其作为人口营商研究的重点对象。第三，研究龙头个股是在实现绝对价值的过程中，同时，饥饿地位理论作用在价值分工的龙头个股最为清晰，并且对于房价、物价具有重要的参考意义。房价表现在楼王上，物价表现在消费品中的奢侈品，如 LV 包、苹果手机、新西兰牛奶等，奢侈品的故事是龙头个股营商的根本，所以龙头个股是奢侈品的营商故事，是人们对于奢侈品的赞美。第四，个股股价研究的成功理论有益于人们对整个股价指数的研究，更加有益于人们研究投资房价和物价。第五，人气营商学研究以倍增为主的房价、物价、股价"三价"；人群营商学研究以蓝海价值为主的股价指数和行业板块；人口营商学研究"龙头"价值为主的个股，当投资者的第一重地位对象即"三价"选择正确之后，就需要对具体的专业化商品进行选择，最后地位的研究应该置于龙头个股上。

人口策略的研究从人气对策的商业社会转换到虚拟时代，再转换到鼎盛时期，营商的研究越来越深刻，这是以人气关注的"三价"奠定基础所确定的，饥饿地位策略的研究对象与信任头部的研究对象，如图 2－36 所示。从图的纵向来看，饥饿地位的研究首先要基于人气关注的角度去研究一个国家的"三价"，在"三价"中选择人群跟随的股价作为研究对象。人群跟随的研究重点在金融衍生品的股价蓝海指数板块，人群跟随与人气关注的研究相结合，将研究对象落实在推动股票指数上涨契合的成长行业中。而人口集中的研究重点就进一步发展到主要研究奢侈品龙头个股，并且是蓝海成长板块中的专业化奢侈品龙头个股。将人群跟随的"蓝海"作为研究人口集中龙头的支撑，可以使问题简化、方便、易量化、更确切。从图的横向来看，在人口营商学中，是从鼎盛时期奢侈品的角度进行分析的。进入鼎盛时期，奢侈品——龙头个股是投资实现 8 倍的最佳对象，是饥饿地位的代表，是产业链的顶端，营商带动产业，还可以为投资人带来更大、更快实现个股增值的心理预估，坚定投资人培养龙头个股的信心。

二、饥饿地位龙头价值实现的类型

鼎盛时期饥饿地位龙头价值的选择对象很关键，判断饥饿地位价值实现类型首先要判断人气的四个对策，对策不同，股价上涨的逻辑就不同，对应形成股价指数人群环也就不同。人是最为智慧的，鼎盛时期饥饿地位是以商业社会人气关注的对象——"三价"以及虚拟时期人群跟随契合成长板块为基础进行聚焦的。人口集中主要有三种典型的先、中、后心理站位，这三种心理站位均能够对应到人群跟随的人群环中，分别是：8倍快、不足人群环形成的龙头个股三种价值内涵百倍心理站位；8倍中、正好人群环形成的龙头个股三种价值内涵百倍心理站位；8倍慢、超过人群环形成的龙头个股三种价值内涵百倍心理站位。每个成长行业板块都有龙头，也都有8倍的投资空间，由于不同人群环下契合成长行业板块的龙头8倍增值的时间点存在差异，因此在现实投资类型选择上一定要先判断三种人群环类型，再去判断契合的成长板块人口顶先后顺序情况，也就是说，不同类型的人群环由于投资对策的不同，人群环的时间长短、速度快慢，2倍、4倍形成的空间、时间快慢也不同，形成的三种价值代表行业板块不一样，轮动的时间顺序也不一样。

个股饥饿地位的实现需要投资人对人气的对策、指数人群环契合成长行业板块轮动的时间顺序进行准确把握，从而判断龙头个股心理站位形成的投资策略，在头部信任理论的基础上，从抽象思维与具象推理的龙头个股高度来把握奢侈品龙头个股投资买进和卖出价位。如图5-32所示，比如说，在8倍中（2快超过×4快超过）人群环中，是金钱杠杆对策推动股票上涨，股票指数板块容易2倍超过，大盘上涨快、空间大，首先是社会价值板块是证券板块4倍先龙头形成，其次是经济价值高铁板块龙头4倍中形成，最后是文化价值航母板块龙头4倍后形成；杠杆推动股票，上涨快，一旦去杠杆，由于参与人数较少，容易形成指数大幅下跌，指数板块形成第二次杠杆推动上涨也是4倍快超过，首先是社会价值证券板块龙头8倍先，其次是经济价值高铁板块龙头8倍中，最后是文化价值航母板块龙头8倍后都会顺序实现，是最大的几何级数绝对价值（$8 \times 8 \times 8 = 512$倍）。

从饥饿地位蓝海价值实现的类型分析中来看，人口矩阵中的九种类型中只有实现最上方的三个8倍，才可以称之为龙头个股，2倍、4倍是为了帮助实现8倍，而它们所代表的板块（社会、经济、文化）奢侈品龙头个股识别和把握是实现"8倍先""8倍中""8倍后"的三种心理站位的关键。在不同对策作用下形成的人群环是不同的，不同价值内涵的龙头个股实现顺序非常明确，错误地判断顺序，饥饿地位个股投资就会失误，所以就需要人类运用自己的智慧进行相应策略调整。但是，很多情况下饥饿策略只具有参考性与从众性，当绝大多数投资人看清楚股票行情走势的时候，此时龙头基本上8倍已经完成了，或者投资人根本等不及，早早卖出。因此，专业投资人必须具有前瞻性和极好的耐心。由本书

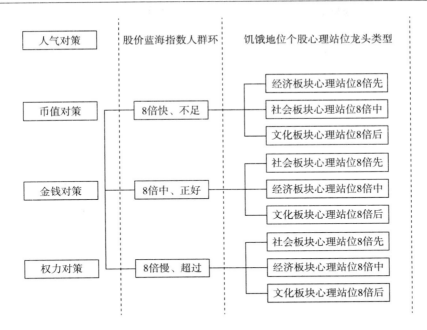

人气对策　　股价蓝海指数人群环　　饥饿地位个股心理站位龙头类型

币值对策　　8倍快、不足
- 经济板块心理站位8倍先
- 社会板块心理站位8倍中
- 文化板块心理站位8倍后

金钱对策　　8倍中、正好
- 社会板块心理站位8倍先
- 经济板块心理站位8倍中
- 文化板块心理站位8倍后

权力对策　　8倍慢、超过
- 社会板块心理站位8倍先
- 经济板块心理站位8倍中
- 文化板块心理站位8倍后

图 5 - 32　饥饿地位心理站位实现的时间先后顺序及类型

前文章节理论得出，龙头个股实现绝对价值需要投资人对头部保持坚定的信任，只有在涨跌的过程中，把握时机，才能在恰当的点位卖出。人口营商学选择龙头个股进行研究的道理，就非常明确了。

三、绝对价值龙头的饥饿策略

(一) 饥饿投资策略选择步骤

从饥饿地位的内容来说，本章分别从饥饿在鼎盛时期的含义、表现、作用，说明了饥饿在鼎盛时期中的运作原理，在鼎盛时期饥饿地位的变化主要是由专业化投资人共同决定的，具有巨大的不确定性。引起全球投资人对奢侈品龙头个股集中投资，营商带动产业快速发展，也使更多专业投资人集中在龙头个股上，站在产业链价值分工的顶端。

对于投资人来说，饥饿地位投资策略选择步骤一共分为五步，如图 5 - 33 所示。只有根据这些步骤，鼎盛时期奢侈品投资人才能更好地在鼎盛时期投资奢侈品从而创造更多价值，占得时期演进的先机。

第一步，选择价值网络规划优的人群跟随蓝海价值指数板块。在《人群营商学》中已经阐明人群是以跟随为主要标准进行投资的，因此进入股价投资第一步就是选择人气关注国家的股价，以及价值网络范围下的股价指数板块。人口集中

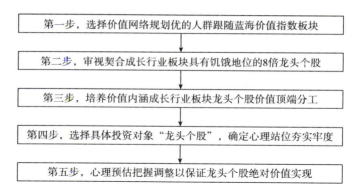

图 5－33　饥饿地位投资策略的步骤

龙头个股后，形成绝对价值，只有拥有绝对价值的个股，才能够进行投资，而需要注意的是，个股有很多个，如何能寻找到最为恰当的个股投资才是关键。对投资人而言，选择规划最优的价值网络的股价指数板块是绝对价值创造的首要前提，若投资的第一步就出现错误，那么选择具有饥饿地位的龙头个股则无从谈起，投资人需要寻找价值网络规划较优的全球投资人价值网络指数板块进行投资，在鼎盛时期，一个国家证券投资市场存在多种指数板块，选择规划优的价值网络的指数板块是投资人的首选，只要该板块在人群环研究范围内，价值空间和发展速度清晰，投资人就可以投资。

第二步，审视契合成长行业板块具有饥饿地位的 8 倍龙头个股。选择最合适的指数板块进行具有价值内涵的成长行业龙头饥饿地位，就是选择具有价值 8 倍的龙头个股的饥饿地位。契合指数的成长行业板块，是人群营商学研究的核心内容，是人气对策作用下产生 8 不足（快）、8 正好（中）、8 超过（慢）形象思维指数人群环，成长板块内个股数量众多，多达几十只股票，而板块龙头个股只有一个，只有龙头能够在一定时间内（可能慢、中、快，可能不足、正好、超过）实现 8 倍增值，其他个股是不可能实现的，最后由它带动整个板块上涨，直至大盘指数上涨。在前文的研究基础上可以得知，只有龙头才能人口集中，一旦确认了龙头股，就应该确认介入，而且龙头个股往往抗跌性较强。在龙头的选择过程中，投资者需要注意在上涨过程中会有不同阶段的调整，需要耐心等待，直至 8 倍价值的实现。

第三步，培养价值内涵成长行业板块龙头个股价值顶端分工。了解价值内涵成长行业板块的每一只股票，在前三甲寻求人口集中的个股，着重培养具备 8 倍增值空间的龙头个股，是由龙头个股的价值分工决定的，如何与指数板块协调一致，引领行业板块上涨和下跌，保持与信任的顶格思维一致的势头，都是投资龙头个股，寻找饥饿地位的必需步骤，没有站在价值分工顶端，龙头个股8倍增值就不可能实现。由前文的研究可以得知，投资人进行龙头个股投资，必须清楚地知道顶格的位置以及人口集中龙头的先后顺序。在价值分工顶端投资龙头个股的绝对价值投资过程中，形成三种价值分工类型——顶端分工、中端分工以及低端分工，投资人才会进行投资。心理站位夯实的牢度影响着饥饿地位的实现，人口信任是人口营商学研究的核心，而站位牢度是由人口信任的龙头个股顶格以及4个策略的结合分析得出的，是人们投资理论和实践经验的总结。龙头个股的股价是由价值分工决定的，这便是运用饥饿地位理论进行投资价值分工龙头个股的选择逻辑。心理站位夯实的牢度如图5-34所示。

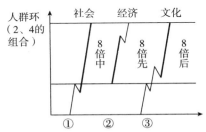

8倍（快、不足）人群环形成的龙头个股心理站位

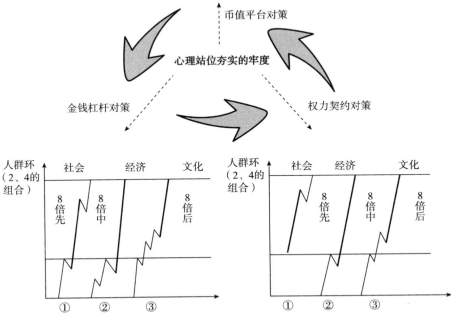

8倍（中、正好）人群环形成的龙头个股心理站位　　8倍（慢、超过）人群环形成的龙头个股心理站位

图5-34　心理站位夯实的牢度

第四步，选择具体投资对象"龙头个股"，确定心理站位夯实牢度。在营商学的研究中，确定具体的投资对象是关键。对于投资龙头个股的价值分工的具体应用，主要是依据顶格思维进行的。同样地，人口顶高度不确定，投资人也就很难踩准投资节奏，买进和卖出个股的价位也会犯错误，导致损失时间和金钱，使投资人感到错失良机，个股没有到顶就将股票卖出，股票没有进入 8 倍上涨，买进股票，占用大量资金，浪费时间。心理站位正确与否是饥饿地位夯实牢固的重要基础，也是建立好价值分工的关键保证，根据时间和空间的变化以及上涨顺序的判断，不断进行调整。需要注意的是，龙头个股 8 倍的上涨顺序要尤其注意判断，因为 8 倍上涨可能会有重叠。在本章研究中，只有判断心理站位是否夯实得牢固，才能保证龙头个股为投资人带来最大的价值增值。币值平台对策下，出现 4 倍快人群环，8 倍个股上涨就会重叠，能够实现 $4 \times 4 \times 4 = 64$ 倍，在龙头个股的 4 倍价位顺利卖出和买进，时间节奏把握好，几何倍数实现最大。在金钱杠杆对策下，出现 4 倍快、超过人群环，8 倍先 $\times$ 8 倍中 $\times$ 8 倍后 = 512 倍，即使是这样清晰的 8 倍，也会有扰乱投资人的情况发生，无法准确把握，因为在 8 倍先上涨时，8 倍中的个股也在波动，8 倍后的个股也在上涨，如何放弃小幅波动，把握 8 倍增值，就需要投资人的定力和丰富投资经验，实现绝对价值创造。

第五步，心理预估把握调整以保证龙头个股绝对价值实现。龙头个股 8 倍增值是投资人的心理预估，奢侈品龙头个股的心理预估的把握能力是实现龙头价值创造的重要因素。要将心理预估的能力把控好，龙头个股人口顶的实现是人口信任以及策略共同创造的结果，因此能够把控的龙头个股人口顶是投资的首选，在投资龙头个股的过程中，如果投资人不信任龙头个股的 8 倍增值空间，错失龙头个股投资机会，这就说明投资人在选择投资龙头的过程中没有抓准时机，没有准确把控调整心理预估，最终影响投资人的心理判断。龙头个股的心理预估必须不断进行调整，只要与指数板块上涨协调一致，行业板块契合，龙头个股的顶格极度没有出现错误即可，但是龙头个股的实现不是一帆风顺的，相信龙头个股的绝对价值一定会实现，是把握心理预估的关键。同时运用人口信任理论、人口集中理论、大盘指数的波动幅度，进行龙头个股心理预估，这就是最优的饥饿地位策略。

（二）饥饿地位龙头个股的投资策略

鼎盛时期中饥饿地位所投资个股的策略受心理站位的影响。心理站位夯实的牢度，直接影响投资人对于鼎盛时期奢侈品个股的绝对价值判断。在本书中，饥饿地位的投资对象不再是房价、物价和股价"三价"之间比较价值的投资品种的人气关注转移，也不是股价中相对价值的人群跟随，而是在股价基础上的个股股价。无论投资一个国家，还是投资在专业化市场中的个股的心理站位，使个股股价绝对价值创造时间损失最短，都要信任在个股股价上，形成最终的饥饿地位策略。据此，饥饿地位策略总结出三个要点，如图 5 - 35 所示。

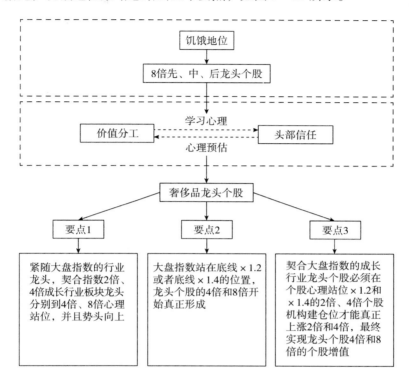

图 5 - 35　饥饿地位绝对价值龙头个股投资策略的选择逻辑

具体要点分析如下：

要点 1：紧随大盘指数的行业龙头，契合指数 2 倍、4 倍防线成长行业板块龙头分别到 4 倍、8 倍心理站位，并且势头向上。

投资人必须要注意的是，要明确投资选择的个股是不是契合指数 2 倍、4 倍成长行业板块的龙头个股，没有清晰的行业，也就没有确定的龙头。只有契合指数 2 倍、4 倍成长行业板块龙头是在 4 倍、8 倍心理站位之上并且势头向上，低于心理站位须反弹至心理站位的个股，投资人才能够进行投资选择，从而实现 4 倍、8 倍价值。如中信证券站在 9 元多是 36 ~ 38 元的 4 倍心理站位，14.7 元就是历史高位 117 元的 8 倍心理站位，站住这个价位和向上突破，这个价位是龙头个股增值开始形成的价位，没有站住这个价位，8 倍增值就无法实现。因此，任意选取一只个股投资肯定会出错，造成不可挽回的局面，投资人要利用专业领域的知识以及智慧，实现 4 倍和 8 倍增值。

心理站位的个股上涨有先后之分、速度快慢之分、强度有强弱之分，投资人必须进行时机和空间的把握，没有站在 4 倍、8 倍心理站位的个股不可轻易投资。否则，该价位没有站稳固，就说明此时不是启动的最佳时机，必须再次将心理站位夯实牢固，配合整个大盘指数走势进行分析。

要点 2：大盘指数站在底线 ×1.2 或者底线 ×1.4 的位置，龙头个股的 4 倍和 8 倍心理防线开始真正形成。

只有清晰分析出大盘指数的人群环界限，才能进行下一步研究，确认其个股是否启动 4 倍或者 8 倍上涨，龙头个股的心理站位不能准确把握个股的上涨，只有结合大盘指数，才能判断龙头的先、中、后，若不能分析出指数人群环界限，投资龙头个股启动先、中、后是危险的，并且是不准确的，也就是龙头个股的站位就不会准确。龙头个股上涨会不断反复，很难实现 8 倍上涨空间。心理站位动态变化的特性，并不是固定的某一价位，因此对于心理站位一般都很难准确掌握，这就需要投资人运用证券化的大盘衍生品指数把控好心理预判，运用心理预估的调整来判断心理站位的龙头势头是否真正向上，最终投资真正的龙头个股，实现个股的 8 倍增值。

在大盘指数没有站在底线 ×1.2 或者底线 ×1.4 的机构建仓位时，契合指数的成长行业板块龙头的上涨基本就无法实现，可能只有倍增，没有 4 倍和 8 倍，但是其他分类的板块，如大消费、大健康板块龙头可以配合大盘形成 8 倍上涨，不会受到大盘指数的影响。

要点 3：契合大盘指数的成长行业龙头个股必须在个股心理站位 ×1.2 和个股心理站位 ×1.4 的 2 倍、4 倍个股机构建仓位才能真正上涨 2 倍和 4 倍，最终实现龙头个股 4 倍和 8 倍的个股增值。

大盘指数站在底线 ×1.2 或者底线 ×1.4 的位置，龙头个股的 4 倍和 8 倍开始真正形成。但是龙头个股还有可能不上涨，没有机构建仓，龙头个股启动很难完成，必须在龙头个股心理站位 ×1.2 和个股心理站位 ×1.4 的 2 倍、4 倍个股机构建仓位才能真正上涨 2 倍和 4 倍，最终实现龙头个股 4 倍、8 倍增值。

本章练习

一、简答题

1. 简述饥饿在三个不同时期中的含义、表现和作用。

2. 简述饥饿地位原理。

3. 如何理解饥饿地位的三个确定？

4. 如何理解价值分工？

5. 如何运用饥饿地位进行绝对价值投资策略的抉择？

二、材料分析题

2005 年 5 月中国证监会发布了《关于上市公司股权分置改革试点有关问题的通知》，标志着中国资本市场股改的开始，8 月中国证监会等五部委联合发出《关于上市公司股权分置改革的指导意见》，股改驶上"快车道"，预示着 A 股进入了一个"同股，同权，同价"的新时代。

2005 年是中国股市的改革年。这一年，中国股市被真正送上了"手术台"，"股权分置改革"是我们审视理解 2005 年证券市场的关键词与立足点。股改启动了证券市场有史以来最深刻、最根本的一场制度性大变革，并由此开始了与 2015 年证券市场历史的"新老划断"，一个全新的市场正在构建之中。上证综指 2005 年 1 月 1 日以 1266.50 点开盘，其间 2 月 25 日大盘曾反弹至 1328.53 点，这成为全年的最高点，到 6 月 6 日沪综指跌破千点关口，创下了 998.23 点的全年最低点。大盘在 6 月 6 日跌破千点，创下了 998.23 点的最近 8 年来的新低，随后掀起了超跌反弹，千点关口在 7 月 12 日探低 1004.08 点后止跌，由此确认了千点是新的"政策底"。股指在千点底部被确认后，市场信心有所稳定，大盘逐渐展开了超跌反弹行情，并向年线这一重要的"牛熊"分水岭发动了两波攻击，在 9 月底大盘冲击年线时创出了 1223.56 点的高点，但最终未果，随后，大盘在 12 月又掀起一波年末"翘尾"行情，突破了年线。

2007 年，中国股价一路走高，1 月末的上证指数是 2786 点。2007 年 1 月 24 日，中央电视台播出国际著名投资家罗杰斯的访谈，罗杰斯指出中国股市存在泡沫，并且有很大风险，股指马上从 2994.2 点下跌至 2720.8 点，跌幅达 9.13%。此后即使大盘站上了 5000 点的高位，但中国股市存在泡沫的说法也没停止过，但是到了 5 月 9 日，上综指收盘顽强站稳 4000 点整数关口，收于 4013.09 点。

2007 年 8 月 23 日，在为期半年的时间里，上证指数就突破 5000 点大关，10 月 15 日又站到了 6000 点的历史高位，10 月 16 日达到 6124 点，再创新高。但此后，从 2007 年 11 月底开始，受美国次贷危机及市场过度扩容影响，中国股市开始下挫，股指一路走低，截止到 2008 年 4 月 22 日，上证指数为 2990 点，下跌 3100 多点，跌幅超过 50%。2008 年 9 月 5 日，中国股市一举向下突破 2245 点，从本轮行情最高点下跌超过 63%，创下当时全球股市最深跌幅。这波下行与美国次贷危机、世界经济不确定性的直接或间接影响相关。随着股指的大幅下挫，沪深股市总市值也急剧缩水，一举推翻了部分人认为的"中国股市受全球及美国股市影响并不大，甚至存在背离现象"的观点，让社会各界深切感受到次贷危机引发的全球性金融危机对中国内地资本市场的影响。

A 股从 2005 年的 998 点一路上涨到 2007 年 5 月 29 日的 4335.96 高点，涨幅高达 335%。其间大多数股票得到非理性的疯狂上涨，绝大多数的股民都赚到了钱，政府为此出台了一系列的警告和措施，如加息、提高存款准备金等，都没能挡住股市疯狂上涨的脚步。而财政部于 2007 年 5 月 29 日深夜发布消息将提高股票交易印花税，即从 0.1% 升至 0.3%，这竟成为了扭转局面的导火索，5 月 30 日当天大盘开始暴跌，一直到 3404.15 止跌。然而，这并没有能够转变大盘上涨的趋势，最后还是被市场当成回调消化掉了，随后的 2007 年 8 月 23 日上证综指一举突破 5000 点大关，而后一路上涨至 10 月 16 日的 6124.04 点，一波牛市方才结束。具体走势如图 5-36 所示。

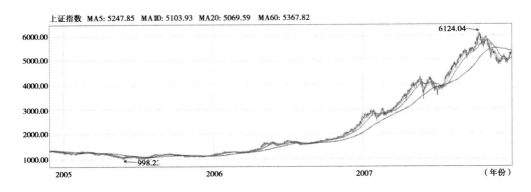

图 5-36　2005~2007 年上证股票走势

2005~2007 年的大牛市前，券商龙头中信证券率先爆发，2005 年 4 月券商板块率先反弹，单月上涨 24%，跑赢同期沪深 300 指数 25 个百分点。2007 年 8 月末券商板块市净率达到 15.93 倍，较牛市启动初期估值 1.88 倍上涨 747%。中信证券第一波行情从 2005 年 3 月的 4.17 元一路上行至 2006 年 5 月 17 日的 18.35 元，上涨幅度达 4.4 倍；之后该股整理半年，于 2006 年 11 月 22 日冲出 18.35 元再次启动，一路狂奔至 2007 年 11 月的 117.89 元附近，上涨幅度高达 6.42 倍，具体走势如图 5-37 所示。

中信证券　MA5: 17.75　　MA10: 18.26　　MA20: 18.66　　MA60: 21.00

图 5 - 37　2005 ~ 2008 年中信证券股票走势

结合以上材料回答以下问题：

1. 试从中信证券股价上涨的历程结合币值对策、路径决策、饥饿地位理论分析该个股股价上涨的理由。

2. 利用饥饿地位理论，分析中信证券股价上升过程中 8 倍心理站位对于股价走势的影响以及如何实现心理站位。

第六章　圈子策略

第一节　如何理解圈子

一、圈子的理解

（一）圈子含义

"圈子"语出《朱子语类》卷六五："龟山取一张纸，画个圈子，用墨涂其半。"其基本意思为环形的东西。另外有多种引申含义：一为范围界限；二为传统的做法，固定的格式；三为集体或生活的范围。在日常生活中圈子无处不在，聚集为同一圈子的原因多种多样，也就形成了圈子的多样化，比如我们最常见的QQ、微信圈子，同学、朋友圈子，品茶圈子等，相互之间有着频繁交流的基础，进而围绕该点形成圈子。另外，不是每个圈子的组成都是独一无二的，有的圈子与圈子之间也会有一定的重叠。圈子也并非永远不变，其存在一定的流动性。

本书将圈子理解为"围绕"，是指围绕着某种特质而形成的大小不同的范围。圈子是一个整体概念，在整个圈子中，个体的存在都是有一定的道理的，均受同一种因素牵制到一起，并非相互无关联式的独立存在。比如当个体拥有共同愿景、规范、价值观等时，则会组成相应的"圈子"，这是围绕着个体共同的特点而运行的，并不断扩大。任何圈子都是一个内部相互紧密联系形成的范围，对于一具体的圈子来说，并不是所有个体都符合该圈子的特征，只是内部个体相互之间具有极度的关联性。本书所讲的圈子有所不同，是以鼎盛时期为研究背景，并且帮助创造绝对价值最大化，同时能够起到带动作用的范围。结合圈子本身的含义，将其综合表述为围绕某个特征形成的范围中有带动整体发展能力的极个别。

虽然本书理解的圈子"围绕"仍与本意范围有所互通，但并非每个时期的理解均如此，时期不同，圈子的重点也落在不同的角度上。兴盛时期，圈子是在保证交往频率的基础上，运用缘分圈子来保证上品的形成；昌盛时期，圈子是通过社交促成频繁的经济交往，促进精品的扩展；鼎盛时期，圈子是建立在追求绝对价值最大化的基础上，赢得全球专业投资人的赞美以推动奢侈品演进。

（二）圈子演变

虽然圈子的概念很早就已存在，但是基于不同的时期背景，还是会有不同含义上的理解。兴盛时期将圈子理解为缘分，即以"五缘文化"为基础，指的是由亲缘、地缘、神缘、业缘和物缘五种关系为内涵形成的不同的缘分。缘，是一种与社会关系相系的文化认同，是以文化认同为内涵的社会关系的简约和精辟的表达。文化认同的范围或大或小，与之相应的社会关系也就或伸或缩（郭志超、黄向春，2008）。在过去，更多的是由亲缘形成的一种社会关系，而亲缘关系的封闭性使得圈子的范围相对较小；另外，人们口中常说的熟人关系，则大多产生于业缘和地缘关系，比如"远亲不如近邻""熟人好办事"等均体现了这两种缘分类型，或者由共同信仰联系起来的神缘以及以物质的生产、交换、分配等为中介而形成的物缘关系。这些不同缘分的形成依托于人与人之间不同的关系，这些共同组成了兴盛时期的缘分圈子。同时，兴盛时期生活水平的有限使得上品成为人们的共同追求，所谓上品指的是上等的物品，表现为质量好或者等级高方面。不同圈子所包含上品品类的不同促使其在各圈子间得到充分的流动，各种类型缘分圈子的存在为上品的形成提供了现实的条件，在一轮轮的相互的交流与碰撞过程中，更容易在众多的物品中筛选出符合人们要求的上等品。也就是说，上等品之间的相互流通使得缘分承担了这个时期最重要的角色，成为兴盛时期的"圈子"。

昌盛时期，圈子的含义在兴盛时期缘分圈子的基础上进行了发展。昌盛时期的圈子理解为社交，主要指的是在社会上的交往、交流，是不同人与人之间产生的交集。大部分指的是进行经济、利益关系的交往，目的是共同致富。社交产生于特定的情境，在这个情境中通过两个或两个以上的人交流产生交往，并且其从古至今是一直存在的，只不过在于交往条件和手段的区别。网络社会中的人际交往突破了现实生活中的家族、地域、地位、职业、性别等差异，主体更具有选择和评价能力，从而决定了交往对象和交往深度（高冬梅，2016）。比如，交往媒介从个体与个体间的无意识联系到书信、电报，再到现在的移动通信；社交过程的进行也由早时受自然条件支配的被动集群变为追求发展式的主动交往。昌盛时期，整个社会内部的联系主要是通过人与人之间的交往来维系的，在时期演进的同时人们也有了更高一级的要求，由此行业精品成为该时期人们的共同追求，精品本质为精心创作的最精美的作品，表现在质量好或者等级高等方面，而该精品行业是存在于市场内的，具有强专业性，能够获取极大的利润，从而拉动国家经济整体增长。如果社交过程封闭或者低效，则会对圈子的形成带来不利因素，进而影响产品的流通。因此，为了保证圈子的有效性，必须加强社交的进行，通过高频率且长期有效的社交活动来促使资源在社会上的广泛流动。开放且有效的社会交往过程则会使企业与企业间形成积极的切磋，不仅能够帮助企业特定环节进行改进，也有利于新技术等的出现，这将在很大意义上为行业精品的产生乃至扩展制造契机；另外，昌盛时期人们对于精品的追求也会反过来促使社会交往的高效、高频进行。也就是说，社交的进行与精品的产生密不可分，两者之间相互作用，共同成为昌盛时期的标志。

随着从兴盛时期到昌盛时期再到鼎盛时期的更进一步演进，圈子的理解达到了更深的层次。由此，鼎盛时期的圈子被理解为核心，即形成奢侈品的核心，是从缘分理解到社交理解之后的再进一步演进。圈子在鼎盛时期创造奢侈品绝对价值中扮演着重要的角色。这里的圈子不是为了物品上升至品种，再上升为上品，也不是为了产品上升至品牌，再上升为精品，这里的圈子核心指的是商品上升至衍生品，再上升为奢侈品，没有圈子核心的理解，奢侈品无法形成。鼎盛时期的圈子很多，圈子的核心范围可以大到全世界，小到一个家庭，成为核心的国家奢侈品种类较多，同时奢侈品多的国家成为核心的可能性加大。为了研究方便，本书将圈子理解为人群营商研究契合成长行业的龙头个股，这种类型个股的发展不仅能够极大地带动相关产业的发展，促进国家经济增长，同时相比于"三价"来说，个股最容易并且最快实现 8 倍绝对价值，也是专业投资人最期望投资的对象。因此，在寻找圈子中的核心时应注意，同一板块圈子，核心只有一个，核心是区别于其他的最独特的存在，类似于行业奢侈品，是人们都感兴趣和最感兴趣的，它的特殊性会引起人们极大的专注，也是一个行业板块中极具拉动作用的龙头核心。综上，对于鼎盛时期圈子的理解，基于人群所跟随的各指数板块、行业（地区）板块，在总体板块中更多地专注于具有核心潜质的龙头个股，在寻求创造绝对价值的鼎盛时期，主要是挖掘龙头个股的绝对价值，只有圈子中的核心才能被专注投资。具有强带动力的龙头个股指的是能够带动行业板块、指数大盘整体增长，创造绝对价值的关键，可以说龙头个股不能上涨 8 倍，行业、大盘指数无法上涨 2 倍、4 倍，足以看出核心的作用。因此，鼎盛时期的圈子主要解释为专业投资人在行业板块中寻找核心，此时的增值空间大、时间损失小，使得绝对价值最大化。

综合上述，三个时期圈子的含义如图 6-1 所示。

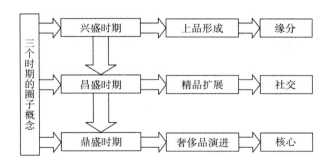

图 6-1 三个时期的圈子概念

二、圈子表现

基于时期的不同，圈子的表现也有所区别。兴盛时期的圈子表现为范围扩大，昌盛时期的圈子表现为业绩增长，而鼎盛时期的圈子则表现为个股市值。

（一）兴盛时期圈子表现：范围扩大

兴盛时期的圈子表现为范围扩大，指的是上品带动品种、物品的丰富。在兴盛时期，国与国之间的交往承担着让本国人民过上丰衣足食的日子的使命，国与国之间的关系和交往，都是利用缘分圈子，扩大交往范围，通过联姻和婚丧嫁娶，不断扩大交流范围，寻求上品和势力范围，体现一个国家的国泰民安。中国在兴盛时期的丝绸之路，表现出兴盛时期中国的辉煌。在兴盛时期最主要的是国与国之间交往中的上品形成过程，即通过利用自己所有的上品物资来与别国进行外交，从而保证国家所拥有的物资品类多样化，进而促进上品形成。不管是对于个人还是国家而言，交往的重要性都不言而喻。清朝实行了"闭关锁国"的政策——不与外界接触的一种国家政策，是典型的孤立主义。"闭关锁国"的实行，严格限制了对外经济、文化、科学等方面的交流，短短几十年中国就与世界的发展逐步脱离，整个国家层面大封闭和大倒退使得整体国力相对落后于西方国家，反观从春秋战国以来的历代王朝都是自信且保持着一种开放的状态，与外界进行积极的上品交流，这足以显现出交往范围扩大的重要性。

人类社会历史发展过程中的影响因素除了人的作用外，还存在地理等方面的影响。在兴盛时期，受到各国地理位置的影响，各国所能够生产的物品不尽相同，要想物资流动就必须有国与国之间的交往。当时的朝贡体制是特有的国与国之间关系的反映，虽说是一种不太平等的关系，但其本质上是制定了国与国之间关系的一种原则，实则是按照国家实力的大小来合理地分配相应的权力和义务。对于附属国这类小国来说，一般会以本国特有的上品来上贡，较常见的有稀有的水果、战马以及金银珠宝等。周边小国向相邻的大国进贡以表示诚意，从而获得大国的庇护，也会使两国间的关系相对融洽。除此之外，在国与国的交界处，上品的交换则更为常见，即通过正常买卖活动的进行来使两国的文化进行交融，主要表现在交流方式的互通、货币的互通以及特有物资的相融上。在国际上交往的作用特别表现在丝绸之路上，它是古代东西方之间经济、政治、文化交流的主要通道，对推动人类文明进步产生了深远影响，在商贸往来、文化交流、生产力发展等方面具有强带动作用（白永秀、王颂吉，2014）。其初衷是将中国的丝绸运到国外，通过一步步的发展，使其成为东西方贸易往来的重要通道，也连接起了东西方的文化交流，对国内与西方的上品流通做出了卓越的贡献，承担了上品运输的桥梁作用。通过丝绸之路渠道，从西方输入的就有葡萄、核桃、毛皮、珠宝等，同时也将中国的丝绸、茶叶、四大发明、陶瓷等传入了西方，种种方式均极大程度上扩大了国家物资的品类范围，有助于该时期上品的形成。

在国与国抑或人与人之间交往条件存在的情况下，圈子缘分表现为范围扩大，目的是促使上品形成。综上所述，在兴盛时期，人们主要依靠缘分进行高频率的交往，不断进行来往，实现该时期上品的形成，具体如图6-2所示。

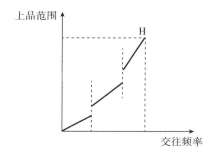

图6-2　兴盛时期圈子表现

（二）昌盛时期圈子表现：业绩增长

昌盛时期的圈子表现为业绩增长，业绩本意指的是完成事业以及建立的功劳、伟大的成就等，一般所指就是企业经营业绩，销售行业的业绩理解为企业在一定时期内获得的利润，而利润的本质是企业盈利的表现形式，是企业经营效果的综合体现。从兴盛时期到昌盛时期的演进中，社会的分工逐渐发展起来，随之而来的是技术生产力的发展，使得人们不仅仅满足于之前的社会生存模式，企业以一种社会组织的形式出现在大众的视野中。其实，现代企业的产生是从很久之前一步步发展来的，企业的演进主要经历了三个阶段：从封建时期的家庭手工业到资本主义初期的工场手工业，再到后来的工厂制时期。这个时候就出现了以雇佣工人为主的大机器生产，市场的资源配置功能为专业化和分工提供了相对价格的参考，劳动分工也在不断提高社会生产力的过程中推动着现实经济的增长（王璐、李亚，2007），劳动分工的深化使得生产逐步地向社会化转移。经过长期的发展，19世纪末20世纪初出现的垄断式资本主义使得之前的工厂进行了一系列的革新，包括技术的更替、生产规模的扩大以及企业管理模式的发展等，均促使企业成熟发展，现代企业最终形成，现代企业是以营利为主要目的，运用各种生产要素向社会提供产品或服务的组织。在昌盛时期，企业的日常运营是处于一个竞争激烈的社会化大环境下的，要想拥有一席之地，就必须积极地参与到竞争中去，在这个过程中，通过与各方的社会交往使得企业获得更多的外界信息和资源，充分了解市场，才能有利于在激烈的竞争中占据一定的市场份额，为企业业绩的提升提供良好的基础。

圈子社交促进企业的业绩增长。昌盛时期的经济技术快速发展，产品质量大幅度提升的同时，同一个行业的产品在不同生产国或者企业的质量水平不尽相同，促进了精品概念的逐渐出现。但同时也可能会由于市场的交流切磋程度不够或者合作的不充分，产生行业停滞不前的状况。行业内企业间高频且有效的社会交流一方面会使得企业了解到自身的不足和缺陷，促使企业自身的改革进步；另一方面有利于该行业内精品的产生以及大范围扩展。引用达尔文在生物进化论中优胜劣汰的基本论点来形容精品的产生，即生物在激烈的生存竞争中适应力强的得以保留，反之则被淘汰，也就是说，在行业内的社会交往往往能够交流技术发展的信息，刺激产生质量优的产品，或相对好的产品得以保留，而质量或者品质不过关的产品则被淘汰掉，容易想到，经过一轮轮的筛选，最终留下最精美、最优良的产品，行业企业继续发展，相关的技术扩展产生更多的精品企业。拥有精品的企业最终在市场份额上占据绝对性的优势，从而直接促使企业绩效的提升，整个过程实际上就是圈子在昌盛时期的良好运用。

昌盛时期圈子的表现如图6-3所示，在社会交往和市场份额的双重积极影响下，企业业绩将会呈现一个良好的增长态势；低的企业业绩往往会出现在低频社会交往以及低的市场份额基础上。只有各方积极地进行高频有效的交流和切磋，才能够保持企业的良好发展。因此，昌盛时期的圈子表现为业绩增长，即只有做到了更加高效的社会交往，圈子才能更好地发挥作用。

（三）鼎盛时期圈子表现：个股市值

到了鼎盛时期，圈子的表现不再是范围扩大或者业绩增长，鼎盛时期的专注点有了大的变化，更多地转移到了极个别的个股上，主要表现为个股的总市值。股价指的是股票的交易价格，为真正意义上的企业资产价格，是与股票价值相对的概念。而每只股票的最高价格乘以发行总股数即为股票的总市值。由此可见，

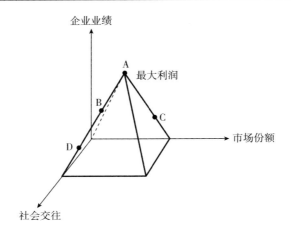

图 6 – 3　昌盛时期圈子表现

个股的最高股价对于整体股价总市值有着直接的影响。应注意正确地选择圈子核心对象并且把握投资的时机。学会判断选择对象即需要衡量其绝对价值的大小以及市值价值创造的空间，其价值创造的空间越大，时间越短，越容易成为圈子的核心选择。

　　圈子核心对个股的市值有着重要的影响作用。对于股价来说，受到很多不确定性因素的影响。在鼎盛时期，其中很重要的一点就是能够得到大多数专业投资人的专注和看好，这时该股票就具有了龙头股的特性。龙头的基本含义指杰出人物的领袖，这里的龙头指的是各行业板块中的具有带头作用的个股核心，并且有大多数专业人士的赞美，使得该龙头能够占据市值的绝对优势，其特点是在股数或最高价格中有明显的优势，有价值领先作用，同时个股市值相对于其他个股来说也有明显的区别，具有 8 倍的价值空间，当它的市值达到一定的程度时则会对国家整体板块的共同成长有极大的拉动作用。而此类股票是极个别的存在，这时才能说该股票成为了圈子内的核心。另外，国家如何利用圈子组建和投资人如何正确利用圈子策略进行投资的选择，创造奢侈品绝对价值，是鼎盛时期国家和投资人必须做到的，且具有高度的统一性。

　　对于鼎盛时期的圈子来说，在时期演进到一定程度且受到大多数专业投资人赞美时，个股的股价会呈现出递增的态势。不同的个股可能会有不同程度的增长，其中只有极个别股的股价会达到同类中的最高，称之为龙头股，其有创造最大化绝对价值市值的潜力，且有极大的带动作用，使得投资者满意。鼎盛时期一定要基于最大价值空间的个股进行投资选择，在鼎盛时期，圈子核心形成的是"8 倍先""8 倍中"和"8 倍后"三种人口顶，是基于专业化在人气营商、人群营商理论上的延续，与昌盛时期的圈子概念有所不同，表现突出在核心性上，且选择圈子核心属性的个股是最安全的。

对于鼎盛时期的圈子来说，个股市值增长所有的 8 倍先、中、后为最优选择。因人们都会选择 8 倍快、中、慢进行投资，结果必然能够满足投资人的要求，不同点仅在于实现时间的长短。随着时期的演进，圈子核心会在人们思维的变化中不断完善，作为投资人判断继续投资个股的依据，即应做到准确地把握住核心，充分发挥鼎盛时期圈子的作用，如茅台酒个股价格最高是 2600 多元，最核心的是个股市值此时达到 3 万亿元，到达类似西安的城市年 GDP 总量的 3 倍，对于行业增长、企业发展作用巨大，远远超过同类企业。同时，个股的价格再也没有上涨空间就是受到个股总市值的制约，具体表现如图 6－4 所示。

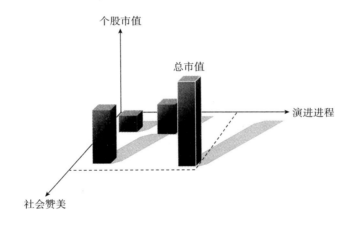

图 6－4　鼎盛时期圈子表现

三、圈子作用

三个时期中，圈子的作用是不同的，正确利用圈子作用，对于时期的演进有巨大推动作用。兴盛时期圈子存在促进人际来往、上品形成；昌盛时期的圈子存在促进经济交往、精品扩展；鼎盛时期的圈子存在则促进社会赞美、奢侈品演进。

（一）兴盛时期圈子作用：人际来往，上品形成

在兴盛时期，以精细为核心，精细意为精美细腻、精致细密。本书特别强调的是生产、创作中所注重的精耕细作。兴盛时期的圈子主要指的是生产，在工艺层面，人们主要是依靠地来生存。上品的形成离不开人们精细的观念，多样的地理环境则为各类上品包含的差异性奠定了基础，这才有了人际交往的必要性。精

细生产的表现多样化，涉及吃穿住行等多方面。简单地举几个例子，在《南史·齐纪上·高帝》中提到："谷中精细者，稻也。"这就充分地展示出了农业方面的精细产出，水稻宜生于南方，具有地理上的特异性，水稻之所以能被视为粮食中的精细品，必然得通过长期且充分的粮食往来，于是形成了上品之一。再比如闻名于世的苏绣，作为四大名绣之一，已有2000余年的历史，完全可以作为精细生产的典例之一，被各时期的文人墨客称赞，先有李白诗句中的"翡翠黄金缕，绣成歌舞衣"，后有现代式的传神形容"……每一个针孔，都是水乡的桥洞，山光水色，花鸟虫鱼，一不小心，就被那根丝线拉去，踩一双纤手上岸……"。这些精细产品的出现，是兴盛时期人们创作的结果，充分利用该时期的缘分圈子是上品形成的基础。

在时期演进中，由三个社会的"地、天、人"逐渐转变为三个时代的"器具、机器、思想"，最终演化为三个时期所注重的"精细、精密、卓越"，表现为三条不同的人气线。精细在兴盛时期扮演着至关重要的角色，因此，兴盛时期中精细是核心。由于各国所处的地理位置不同，以及生产方式的不同，使得各国持有的物品存在较大的差异性，国家内部物资种类的有限性以及特殊性促使国与国、人与人之间依靠各自的缘分圈子，使物资以多种渠道进行空间上的流动，物质资源在全世界范围内的流动扩大了圈子的范围，也丰富了各个国家整体的物资品类。并不是所有的物品都能实现这样的效果，只有精细的产物才有能力承担起这样的角色，才能在交往的过程中推进上品的形成，扩大圈子包含的缘分范围，才能保证国家拥有更多的所谓上品，满足人民的基本需要，使兴盛时期加速演进。

由兴盛时期到昌盛时期的演进很大程度上得益于兴盛时期人们的精耕细作以及广泛的人际交往，同时也推动了兴盛时期的迅速发展。兴盛时期圈子的作用表现为人际交往，上品形成，具体如图6-5所示。

图6-5　兴盛时期圈子作用

（二）昌盛时期圈子作用：经济交往，精品扩展

进入昌盛时期，依靠手工创作的阶段已逐渐被机器生产替代，主要依靠科学和生产工艺，同时生产模式的改变也预示着兴盛时期到昌盛时期的逐步演进。在昌盛时期，企业作为主要的生产单位被用于应对激烈的市场竞争。与此同时，时期的核

心也由精细生产变为精密制造，这是长期的物质材料积累导致的质变过程。

昌盛时期以精密为核心。精致细密出自汉代王符的《潜夫论·相列》："非聪明慧智，用心精密，孰能以中。"除此之外，还有精确周密之意。宋沉括在《梦溪笔谈·象数一》中就用到了精密一词，原话为"开元《大衍历法》最为精密，历代用其朔法"，用来形容法律的全面与周密。本书中两种含义均有涉及，多将其与机器、部件等东西相联系，常会有"精密的机器部件"式的说法。随着时期的演进，机械工业技术实现了飞速发展，尤其是自动化技术的出现和应用，促使工业生产效率和生产技术精度得到极大提升，这既是市场竞争环境对机械加工行业的要求，又是国民经济发展的重要保障，已经成为一种必然趋势（姚敏，2020）。对于企业来说，增强竞争力的来源之一就是保证产品的质量，而这就涉及技术水平的跟进，只有企业的技术足够成熟，才有能力制造出质量精密的产品。注重生产过程中的精密，避免任何小过失的出现，这才是该时期企业立足的基础，这也间接地为精品的制造提供了技术基础。

昌盛时期的圈子体现在技术、供给层面。首先，国与国、企业与企业之间的技术与能力等存在一定的差异，导致供给能力局限于一定的范围，国家与企业准确地分析自身的自然资源优势以及科学技术研究能力，利用优势，加强与他方的探讨，这其实也是相互间进行经济交往的过程，一步步形成自己的精品行业，从而提高总体竞争力。而对于精品来说，作为这个时期整个行业中的典范，是经过长期的探索一步步建立的。例如，新西兰拥有的牛奶精品、瑞士的精品手表、美国的精品飞机和德国的精品汽车都属于精品范畴。通过相互之间经济的交往，各类精品形成不同的社交圈子，获得更大的行业经济利润，使得精品得到进一步的扩展，由此发挥了圈子在该时期的主要作用。

由兴盛时期到昌盛时期的演进很大程度上得益于兴盛时期人们的精细生产以及广泛的人际交往，为兴盛时期赋予了丰富的内涵，加快了演进的进程。由此昌盛时期是存在于技术、供给层次的精密制造，圈子的作用表现为经济交往，精品扩展，具体如图6-6所示。

图6-6　昌盛时期圈子作用

（三）鼎盛时期圈子作用：社会赞美，奢侈品演进

经过了昌盛时期的发展，鼎盛时期逐步到来，基于需求满足的层面也发生了

巨大变化，经过前两个时期对于上品保障以及精品需求的满足之后，社会财富也有了一定的积累，这对就升华到了价值创造层面，人们的关注点从上品形成到精品扩展，逐步有了更高的要求，即对于奢侈品的高度专注。由此，对于奢侈品的研究被提到了重要的地位上。对于奢侈品来说有产业奢侈品和营商奢侈品类别之分：奢侈品产业属性是人们对于某一产业的个别品牌精品的高度赞美与追求造成的，与此同时，更要关注奢侈品的营商属性，通过营商奢侈品的美好故事，拉动众多专业投资人进行个股股价投资，使得奢侈品的个股股价大幅上涨，带动相关产业奢侈品发展，商业商品带动企业产品、金融衍生品带动实体品牌、营商奢侈品带动产业精品，例如中国的飞天茅台作为白酒产业板块的精品，应该更加专注茅台酒个股的营商故事，使其成为个股专业投资人眼中的奢侈品，使个股股价以及总市值的大小远远高出企业的经营业绩。没有营商奢侈品个别的概念和追求，产业奢侈品无法形成。如白酒奢侈品在中国，啤酒奢侈品就不可能产生在中国，这就说明营商故事决定奢侈品的产生，而非产业决定奢侈品产生。奢侈品个股就是存在于大范围中个股的极少数。人们通过对奢侈品的专注和正确的投资抉择，从而获得个股总市值绝对价值的最大化和资产的快速升值。由此可见，投资绝对价值最大的个股奢侈品在鼎盛时期的重要性远远高于实际的奢侈品购买，而且很多情况下奢侈品个股比产业奢侈品重要得多，如中国必须形成投资银行的个股奢侈品社会赞美，否则中国的资本市场无法与世界抗衡，发展实体经济可能是一句空话。为了顺应时期演进的要求，需要集中于思维层面的价值投资，避免被时期淘汰。由于时期不断演进，鼎盛时期的到来对于大多数专业先进的国家来说是一件好事。

此时，圈子的作用是通过社会赞美，实现奢侈品演进。在鼎盛时期的投资中，相对于比较价值和相对价值来说，绝对价值最大化更受投资人的青睐，这也正是该时期对于卓越的要求。只有卓越才能得到社会专业人士的赞美，使之成为培养出的个别卓越存在，通过吸收持续专注和赞美加速集中至核心，才能使得市值得到绝对的放大和延续，通过推进奢侈品的形成，促进整体板块的增长。社会赞美是形成专业专注的前提，能够得到人们的赞美是有一定原因的，正如在营销中，产品质量好，个性鲜明，就会得到顾客的夸赞，一传十，十传百，也就是平时所说的口碑营销，经过多数人的称赞，便会推动其获得较高的地位，吸引更多的人来持续关注，推动产品进一步的优质化，可以发现这是一个循环往复、相互作用的过程，海底捞就是一个实实在在的例子，通过得到多数顾客的赞美，成为火锅行业里优秀的极个别。本书的逻辑与此类似，经过专业投资人士的高度赞美，再一步步地集中至某几只个股，从而推动其成为整个板块中的奢侈品，有了8倍的价值创造空间和最高的资产市值，同时对于整个板块的发展有着关键性的贡献，但是营销好不一定成为奢侈品，只有营商故事讲得好，专业投资人才会集中投资，从而形成奢侈品。对于三个时期圈子作用的不同理解，可以总结出圈子作用逐渐变大，时期的不断发展对圈子作用提出更高的要求。

寻求个股市值最大的圈子核心龙头个股，对投资人的独特投资眼光进行培养。眼光独到的能力才是最迫切的鼎盛时期投资思维，能够在全球化、证券化的基础和支撑下，看到龙头个股的 8 倍增值空间和时机。前两个时期的积累为鼎盛时期的到来奠定了基础。由此鼎盛时期是存在于价值、思维层面的卓越追求，圈子的作用表现为赞美聚焦、奢侈品演进，具体如图 6 - 7 所示。

图 6 - 7　鼎盛时期圈子的作用

综合上述，三种时期圈子的作用具体如图 6 - 8 所示。

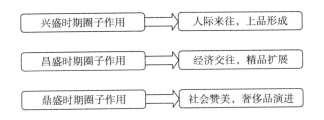

图 6 - 8　三个时期中圈子的作用

四、圈子形成

在三个时期中，圈子的表现和作用有所差异，从而使得圈子在不同时期背景下形成方式有所不同。兴盛时期的圈子主要由特色上品构成；昌盛时期的圈子主要由特别的精品构成；而对于鼎盛时期来说，圈子的形成是以极个别存在的奢侈品来作为主导的。

兴盛时期以物品、品种丰富为最终目标，表现为范围的扩大。这不仅要求人们需要清楚地了解自身所拥有的物资，同时还要求人们不断地利用缘分圈子进行相互之间的来往，从而借助其实现相应的丰衣足食，整个圈子由特色的上品组成。而特色的上品却是由不同的地理差异造就的，主要表现为地理位置差异、自然地理环境差异、社会经济地理环境差异三方面，不同的地理环境会对人们的生产和生活产生不同的影响，同时会影响到区域的发展水平和整体的发展方向（梁柳明，2016）。其涵盖了风俗、文化、工业、饮食等多方面。比如南产水稻、北育小麦的差异；文化上的差异就拿戏剧风格来说，长三角地区孕育了以"柔"和"细腻"为主要风格的越剧，相反的是，关中地区的秦腔则以"刚"和"粗狂"为主要特点。因此，这为兴盛时期圈子范围的扩大奠定了坚实的基础。各个地区所包含的物资的总体有限，在满足自身需要的同时也可用于与他方进行来往，通过相互来往提高总的物资品类，进而促进上品的形成，满足该时期圈子的要求，如图6-9所示，兴盛时期的圈子是为了保证人民的安居乐业，圈子所体现的缘分来往促成上品的形成，兴盛时期圈子形成是依赖于特色的，目标是使得国家的版图扩大。

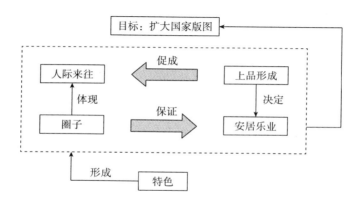

图6-9　兴盛时期圈子形成

随着各国人民生活水平和工业化程度的提高，技术发展水平提高和行业竞争愈发激烈，企业处于全面竞争式的大环境中。其中技术创新和技术引进是技术进步的两条主要路径，并表现为全要素生产率的提升（唐未兵、傅元海、王展祥，2014）。此时，圈子的表现逐渐变为业绩增长，为了保证企业经济的增长，需要不断地进行经济交往，即取长补短，积极学习别人的长处，及时发现自身的不足，也通过经济交往进行产品的优胜劣汰，而在此过程中更重要的便是进行企业的技术创新，这真正意义上践行了"科技是第一生产力"的观点，作为各企业生存与发展的前提，需要正确理解其含义，综合技术、管理应用等将其转化为经济优势的创新力，这不单单是指技术创新一方面，更重要的是真正做到行业的前几，被其他同行认可并效仿。

在昌盛时期，由于行业的技术不断进步和产品性能的改进，就会出现许多高于原先水平的优质品，形成精品的特别。如图6－10所示，昌盛时期的圈子是为了占据大的市场份额，进一步促进企业的业绩增长。通过圈子社交使得兴盛时期圈子功能扩大，可以更好地促进精品的形成。在昌盛时期的圈子形成中，精品的特别起到了重要的作用，目标是运用显著的产品和地位优势，拉动消费，创造垄断利润。

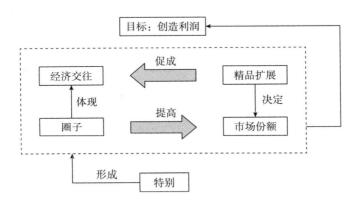

图6－10 昌盛时期圈子形成

到了鼎盛时期，时期的快速演进使得奢侈品成为专业投资人新的投资目标，不再局限于上品的分配或是精品的购买，更关注奢侈品的投资。对于昌盛时期精品的购买，目标是形成品牌奢侈品，但是二者往往不会一致，精品不一定成为奢侈品，但是奢侈品一定是精品，奢侈品是人们精神层面的追求和寄托，表现为价格的上涨，但是人们更会专注其个股股价上涨和市值大小，在自身品牌价格增长的同时，同行业内不断进行模仿式超越，久而久之会使得行业整体形成共建共享的局面，有利于奢侈品的形成。但对于品牌奢侈品来说，相互之间的价格差距不足以用倍数形象反映，如若将其价值反映在龙头个股的价格上，将会拥有众多的投资人进行投资，带来个股市值的极大增长，并远大于品牌的购买利润。因此，对于奢侈品来说，其自身购买价格的上涨难以衡量，只有通过对其自身绝对价值的市值进行判断，才能真正准确地找出最有潜力的奢侈品。对于不同行业，板块或者时期的不同都会使得绝对价值市值存在差异性，因此正确地判断和把握机会成为鼎盛时期投资人的共同要求。不同于相对价值，绝对价值是相对于相对价值而言的，不存在参考条件的考虑，不会随着其他条件的变化而改变。鼎盛时期的圈子是由个别形成的，这些个别即是要找到能够创造绝对价值最大化的奢侈品，即板块中的龙头个股，其所具有的巨大发展潜力将促进个股市值的极大增长并引起专业投资。

随着不同时期的演进，在鼎盛时期产生了不同的奢侈品，于是进入了奢侈品价值时期，对于奢侈品的追求成为人们新的目标，如图6－11所示。鼎盛时期的圈子通过奢侈品时期演进形成，进一步发展了鼎盛时期，引导人们正确地进行圈子核心的选择和把握，创造价值的最大化。鼎盛时期的圈子是由极个别存在的龙头形成的，目标是使市值最大化。

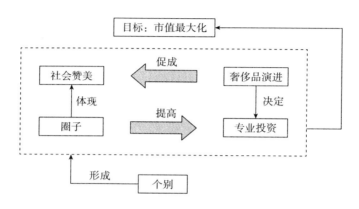

图 6－11　鼎盛时期圈子形成

第二节　人类鼎盛时期的圈子

一、人类鼎盛时期圈子角色变化

（一）圈子核心与专业化密切相关

圈子核心是鼎盛时期投资人进行绝对价值创造的思维聚焦，即投资人若想实现绝对价值最大化就必须进行圈子核心的选择，只有这样才能减少后悔。与昌盛时期的圈子社交完全不同，圈子核心是基于专业化的绝对价值创造。专业化是鼎盛时期成功组建圈子的一个基础特征。这个过程中的专业化指的是一个过程，即在一定的时期范围内，某个职业群体逐步发展为一个符合专业标准，并成为一个专业体征，从而获得独特专业地位的圈子整个发展过程。按照现代广泛运用的利伯曼"专业化"标准的定义解释，所谓"专业"，就应当满足以下基本条件：①工作性质：从事工作是社会发展过程中不可或缺的组成部分，并具有垄断性。②技术方面：在从事该项工作时采用了高度理智性的技术作为辅助。③人员特征：从事人员有过长期且专业化的教育，这类群体具有自律性，并且专业自律性范围内，直接负有作出判断、采取行为的责任。④群体性质：群体主要是服务型的，不以经济回报为追求且内部拥有具体的指导理论。

专业化又叫专一化，与多元化（多角化）战略对应，都属于企业经营战略范畴，强调专业化并不是否定多元化，二者并无直接的冲突关系。所说的专业化战略是指企业将自己的业务范围限定在某一个特定的行业中，专注本行业的技术和产品开发，从而集中资源培养企业在该领域的核心竞争能力，提供相应的产品或服务的战略（喻燕刚、邬家瑛，2005）。纵观世界企业，存活时间长久的往往是专注本业的专业化企业。比如：可口可乐只提供软饮料；格力空调是唯一坚持专一化经营战略的大型家电企业，其在经营上取得的成绩主要源于其坚定地实施了冰箱的专业化经营这一经营战略，使得在品牌、销售、服务及各方面的管理方面逐渐形成自身的核心竞争力，在行业内居于领先地位。多元化则相反，涉及多个不同的业务领域的经营，比如2009年以后，格力一改之前的空调生产专业化战略，也开始逐渐涉足小家电、冰箱、压缩机、模具、手机、汽车，甚至涉足金融业务。专业化要求专注于产品并保持规模，基础是掌握核心技术。专业化可以作为一个点，也可以是一个小的范围，不管如何，所有由此产生的拓展都不会偏离主业或分散企业的资源，聚焦将始终作为专业化的关键。

专业化是在全球化与证券化的基础上提出的，与两者之间均存在密切的联系。一方面，专业化与全球化密不可分。专业化是建立在全球化的基础上的，专业化的提出要求拥有全球化的思维和眼光，站在全球化的角度努力形成自己的专业化领域，此时才具有专业化价值，否则判断出现偏差，造成专业化的假象。在对别国进行了全面分析后，本国采取针对性的措施，或是赶超别国形成专业化，认清自己的追随者地位，或是在别国从未涉及的领域上积极地进行创新，形成专属于本国的专业化，吸引别国投资者的关注。另一方面，专业化与证券化同样有着密切的联系。证券化的形式指的是所有的实体经济都可以通过证券化来反映。只有在成熟行业板块的基础上才能有追求专业化的可能，在一个形成了成熟行业板块的虚拟化资本市场，才能逐步形成专业化，找到这个板块中的核心。例如，在庞大的白酒板块中，经过长时间的发展，茅台酒逐步得到最多投资人的专注和赞美，是这个板块中实现专业化的典型代表。

在前文的基础上，需要准确地认识鼎盛时期圈子角色发生的变化。也就是说，本书所讲的专业化，是在鼎盛时期的大背景下，每一只个股都有区别于其他个股的专业化，但选择龙头个股进行专业化的研究将更具有现实意义。在该时期专业化的基础上，积极地进行圈子的组建意义重大，而圈子核心又与专业化密切相关，即专业化才有圈子核心，圈子核心促进专业化。具体表现在以下三个

方面：

（1）专业化导致圈子核心。在鼎盛时期，专业化程度高的是国家、行业、板块等的龙头个别存在，也就形成了这个时期的圈子核心。相对于系统来说，圈子投资对象的范围更加精确，是在各板块中寻找有 8 倍价值空间的龙头，这些极个别的对象具有高度的专业化，并且会保持规模的良性增长。它们如同"锋刃"一般，通过核心产品、核心技术和核心业务的渗透过程，向各行业或者同行业上下实现扩展。这就是其自身的带动力的形象化展现。这些专业化的存在形成一个范围内的核心，使相关部分围绕其运行，共同发展。

（2）圈子核心促进专业化。在鼎盛时期，圈子促进聚集核心，提升专业化程度，进而拉动整个板块的专业化水平。在鼎盛时期背景下，一方面，圈子核心的存在可以或多或少地影响相关整体的发展，此时必然会引起内部的激烈竞争，只有具有足够的竞争力才能够有话语权，具体体现在专业化水平的高低上。另一方面，由于龙头之间的相互聚集，造成了相关技术水平、资源等的汇集，这间接促成了更多专业化的形成。总之，圈子核心和专业化之间相互作用，密不可分。

（3）圈子核心与专业化的时机选择非常重要。圈子核心的形成不仅受到专业化的单一影响，还与时机的选择息息相关。时机选择的前提首先是时期的选择，即鼎盛时期的背景，鼎盛时期下，条件较前两个时期有大的发展，有了形成圈子核心的条件。其次也应该选择合适的对象进行投资，即选择价值增值空间大以及增值速度快的国家或个股进行投资，必须拥有 8 倍先、8 倍中、8 倍后的绝对价值，从而使得时机的选择越发趋于专业化。

（二）圈子核心与专业化联动关系更为密切

圈子与专业化联动关系较为密切，若某个国家的圈子核心组建成功，则代表着专业化的一系列变动。提升专业化程度，意味着这个国家绝对价值的提高。随着全球化、证券化的发展，专业化发展有着联动的趋势，各国的专业化发展相互牵制，各国可以有效地借用别国的资源，使得各国之间相互促进。关系的密切主要体现在两个方面：圈子核心的组建对专业化变动起着直接的作用，同时专业化的密切联动将有利于圈子核心的组建。

圈子核心的组建对专业化的变动起着直接的作用。在全球化、证券化的背景下，一方的专业化将会对其他各方有直接影响，关乎着多方的价值创造。身处全球一体化的环境中，一个国家的核心越强大，越容易在各国中脱颖而出，从而受到全球投资人的专注，吸引别国进行投资，促进本国的进步。由此可见，圈子核心的组建会受到其他各方的思维影响。另外，成为专业化的核心是作为人口集中的一个必要条件存在的，全球化、证券化、专业化圈子核心能够更加高效地获取资源，引起人口集中。对于专业化的个体来讲，必须时刻提高警惕，加快专业性转型升级，尽可能地形成适合自己发展的专业所在，避免圈子核心难以形成，如德国的汽车圈子核心形成、美国的飞机圈子核心形成对别国形成同样的圈子核心和专业化影响巨大，具有强大的抑制作用。

　　专业化密切联动将有利于圈子核心的组建。在多方存在的一个专业化过程中，如若某个国家置身于全球化、证券化变动中仍然有着专业化圈子核心显现的可能，并且愈发明显，则说明得到了其他各方的足够学习与赞美，在价值创造中处于绝对价值最大的层级。由此该国的专业化领域未来发展前景和增值空间会逐渐变大，成为专业投资人的投资目标。本国得到绝对价值空间增值的同时也会为相关行业整体产业链的发展提供支撑。例如，中国高铁的出现就是专业化密切联动的具体表现，美国波音飞机、德国奔驰汽车等体现的是专业化和圈子核心密切联动，那么中国的出行高铁是世界层次的专业化，其他的国家要想超越也是存在一定的难度的，圈子核心也一定存在。由此可知，专业化联动必然是基于全球化和证券化的。每个国家都需要组建自己的圈子核心，这正是具备了抽象思维和具象思维的完美统一，体现了国际交流的重要性。

　　能够抢占全球化、证券化、专业化的圈子核心，是各个国家所追求和必须长久保持的。例如，最开始的传统汽车行业是使德国经济飞速发展的重要推动力，可以说德国占据了传统汽车行业的圈子核心，德国一直保持全球传统汽车专业的圈子核心，成为全球发达国家，并且长期保持。其他国家，包括中国在内要走进全球传统汽车的圈子核心是非常困难的，而且也没有必要。中国如果要想在汽车领域有所突破，可以在新能源汽车领域讲好自己的故事，中国的大环境使新能源汽车成为圈子核心更有可能，大城市数量和人口总数均比较多，环境的保护、能源的节约和使用成本降低促使新能源汽车在中国具有良好的发展前景，使中国有望成为全球的专业化圈子核心。各国之间的圈子核心既相互独立又相互影响，全球的专业发展相互联动，各国的发展既相互抑制，又相互促进。主要表现在两方面：如若某个国家有能力组建自己的圈子核心，则可运用自身的资源来内卷圈子核心，进而影响相关联的国家发展；如若某个国家在圈子核心的组建方面有一定的阻力，这时可以有效地借用别国的资源，进入圈子核心带动的范围内，使得自身有所成就。

二、人类鼎盛时期圈子新要求

　　鼎盛时期圈子核心有两个新的要求，并且基于提出的时期背景，只有符合这两个要求的圈子，才能帮助更多的投资人集中于某个国家，从而推动该国鼎盛时期的不断演进。基于专业化的特性，这两个要求分别是圈子的广泛影响力、圈子核心的主动性和独立性。

（一）圈子的广泛影响力

如前文所表述的，鼎盛时期的圈子核心是在全球化、证券化、专业化基础上形成的，鼎盛时期的圈子核心需要从全球的大范围角度来看待。因此，一国的圈子核心形成的影响力不仅仅关联到本国的发展，更会对其他国家的绝对价值创造产生影响，如互联网时代，移动终端苹果手机的专业化圈子核心形成，对于鼎盛时期的演进影响巨大，对于各国的互联网行业乃至全世界的数字经济发展影响巨大。鼎盛时期人口集中策略与圈子核心策略，商业社会人气关注对策与金钱杠杆对策，虚拟时代人群跟随决策与系统动力决策都是一种互相依存的关系。也就是说金钱对策与人气对策密不可分，金钱成为杠杆是受到人气关注的影响；系统决策与人群决策密不可分，系统成为动力是受到人群跟随影响；圈子策略与人口策略密不可分，人口营商圈子成为核心是受到人口集中影响，人口集中需要圈子核心形成。

圈子核心在一个国家表现为多极化，既包含国家的实体产业，如酒产业、钢铁产业、高铁产业、服装产业等，又包含国家的虚拟化产业，主要指的就是金融产业，如黄金产业、投资银行业、保险业等；还有可能是军工产业，如造船、重工行业等。圈子核心在鼎盛时期发挥着重大的作用，一个强大的圈子核心将会创造出比倍增、成倍增更大的百倍绝对价值，对于核心个股所处的行业乃至国家，均有极大的益处，专业投资者实现千载难逢最大投资价值创造的同时，也将带动行业以及相关产业的共同发展。对于国家而言，多极的圈子核心受到世界各国投资人的专注和集中，只有某个国家具有与其他各国相同或者不同的圈子核心，才有集中于该国的可能，一步步使得投资该国集中化，创造整个国家的绝对价值，也就是说，一个国家圈子核心的不断形成，必然带动其他圈子核心的形成，如教育、医疗、体育相关产业会受到极大影响，美国等西方国家教育受到全世界的认可和学习与圈子核心的广泛影响力密切相关，此时，绝对价值的增值会给该国圈子核心的形成创造新的条件，最终创造更多绝对价值。中国茅台酒的绝对价值创造是中国白酒圈子核心形成的表现，必然带动更多的行业圈子核心形成，瑞士手表之所以能够比别国的同类产品有更高的品牌提及率，便是因为该国手表已经是全世界手表行业的圈子核心，做到了少数的极个别。由此可见，一个国家在全球化的舞台上形成多极化的圈子核心，必然具有全球广泛的影响力，借鉴全世界具有圈子核心的国家的丰富经验并结合自身优势，形成专属于自己国家的圈子核心，获得全球专业化投资人的共同赞美，吸引专业化的投资，构成专业投资人信任的奢侈品龙头个股头部，积极利用营商龙头个股、圈子核心策略对于产业发展的重要影响。

圈子策略是金钱对策和系统决策的延伸和落地，三者一脉相承。若是没有金钱杠杆基础以及系统动力的支撑，圈子核心发展将无法发挥自身的作用，无法进行鼎盛时期的绝对价值创造。同时应注意金钱杠杆、系统动力以及圈子核心三者之间的区别与联系。金钱对策归属于《人气营商学》，是四个对策之一，杠杆的使用是为了使商业社会的国家和地区能得到足够的人气关注，实现商品价值的倍增；系统决策归属于《人群营商学》，是四个决策之一，系统动力的运用是为了使虚拟时代投资行业板块实现人群的跟随，创造虚拟时代的衍生品蓝海价值；而圈子策略是人气、人群营商理论的进一步延伸和具象，没有圈子核心理论，专业投资龙头个股奢侈品、商品和衍生品的投资无法落地，同时这也是《人口营商学》中的四个策略之一，与人口策略、饥饿策略、标杆策略共同作用，实现鼎盛时期的奢侈品绝对价值创造。

（二）圈子核心的主动性和独立性

对于圈子核心来说，有主动性和独立性两个方面的要求，且两者之间相辅相成，缺一不可。主动性的基本含义可以理解为各国的圈子是依靠本国内在的优势形成的，本国之外的因素不起决定性作用。这展示出的是一个国家的综合实力，表现为应用场景、区别他国、仿效他国和情景突变。如高铁圈子核心的形成就是中国高铁的应用场景所决定的；白酒茅台酒圈子核心区别于他国形成的，西方国家是啤酒，不是白酒；钢铁圈子核心、投资银行圈子核心就是仿效他国形成的；航母重工圈子核心是国际局势的突变、专业人才的引进和利用共同作用形成的，这些都是圈子核心主动形成的理由。主动性一方面要求各国处于一个持续主动开发圈子核心的状态，并把握好时机；另一方面在鼎盛时期一个国家要想实现奢侈品的绝对价值，还需要具有正确的判断能力，通过思维的创新来发掘出有 8 倍潜力的龙头，从而形成核心圈子，促成人口的集中，获得绝对价值的创造。圈子核心同时也应承担起带动整体行业发展的使命。受到专业化的影响，一个国家并非总能够占领圈子核心，必须得在自身专业领域进行持续投入，否则被别人内卷的可能性极大；或者说，一个国家在原有圈子持续发挥作用的基础上，主动地组建更多专业圈子核心，以确保国家能够持续地拥有更多的资源、技术以及人力的集中。在圈子形成的过程中，必然伴随着核心的出现。主动性的特性在于各国圈子的形成由于自身的不断努力，将进行不断的丰富，使其所包含的范围不断扩大并更加专业。例如：中国的茅台可以作为白酒行业的圈子核心；中国的高铁发展，逐步形成了圈子核心——中国中车，做到了国家圈子核心类型的丰富而专业，而不是简单和肤浅。

独立性的含义是各国内部条件和能力上差异性的存在，导致各国的圈子核心有所不同，并且彼此之间是相互独立的存在。同时，独立性要求各国应该在自己的圈子核心上保持并充分发挥优势，同时保持与其他国家间的相对独立性，以此来获取别国的集中投资。另外，还体现在各国的圈子一般不会被其他国家模仿和追赶，会保持自身的独立性，高效地发挥内卷效用。例如，美国的苹果手机在手机行业的圈子核心，使得别国只能处于追随者的状态，并转向内卷其他国家。对于各国来说，只有真正创造出了领先于别国的奢侈品圈子核心，才能真正地赢得全球专业投资人的赞美，实现鼎盛时期共建共享的价值投资，不怕别国的内卷效应。

保证一国圈子核心的主动性和独立性是最基本的要求，如若不能做到主动性与独立性，便很难形成圈子核心，从而会对该国鼎盛时期的演进以及方方面面的发展造成重大负面影响。诸如本国资本的外流、发展的停滞与效率低下等对本国不利，失去专业投资的魅力，该国很难吸收聚集资本，因此对于保持圈子核心的主动性与独立性要求显得尤为重要。对主动性和独立性予以高度重视，立足于专业领域形成圈子核心，才能保证专业投资人的集中，促进本国并带动其他相关国家共建共享。总体来说，鼎盛时期圈子核心必须基于全球化、证券化，着眼于专业化，只有保证龙头奢侈品圈子核心的主动性与独立性，才能凸显自身的能力并予以长期保持，获得大量专业投资人的持续集中，在实现自身高速、高质量发展的同时也积极影响着专业化领域的共享者。

三、圈子核心与龙头个股价格的关系

圈子核心与龙头个股价格的关系如图 6 - 12 所示。一个国家进入到鼎盛时期，则需要依靠圈子核心的形成使得国家位于先进行列。当这个圈子核心所带来的龙头优势足够强的时候，就会在吸引全球投资人专注方面越发有优势，进而推动该国资产大幅增值，财富积累加快，最终促使龙头个股价格大幅上涨，个股资产市值急剧增长。另外，圈子核心之间的差异性源于龙头个股信任头部，不同个股之间所表现出的传播行为会影响圈子核心的形成类别。在信任头部与龙头后悔人口策略、饥饿策略、圈子策略、标杆策略共同构成的正向反馈循环系统中，相互之间也会产生正向的影响。人口集中是本书的第一个策略，并且是圈子核心的前提，人口策略与圈子策略就如同产品策略与渠道策略的关系，是渠道策略制定的一个先决条件。龙头价值的人口集中策略是需要信任头部来提供保障的，也就是说，一个国家的这个奢侈品没有了绝对优势，头部高度不够，则必然不会发展为国家的龙头绝对价值。

圈子核心是《人口营商学》中的四个策略之一，虽然不是最为重要的策略，但却有着不可替代的作用，在人口价值投资方面有一定的指导作用。圈子核心需要与信任头部产生的 8 倍顶格极度进行紧密结合，才能够促进龙头个股价值的实现，同时实现 8 倍增值的必定是行业板块中的龙头个股，在对其选择的过程中有

一定的难度，但是结合人口策略、饥饿策略、标杆策略，选择对了龙头便会有大量的资产增值。总体来讲，三者组成一个双向反馈循环系统，同时三者之间存在正相关关系。圈子核心转移会影响龙头个股价格的变动，龙头个股价格又会反过来促进圈子核心能力的增强，圈子核心和龙头个股头部实现顶格极度的信任又相互作用。

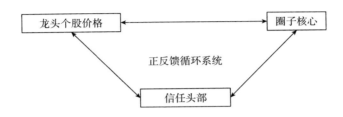

图 6 – 12　圈子核心和龙头个股价格的关系

四、人类鼎盛时期的圈子确定

鼎盛时期的圈子确定，主要通过三种途径，即初心确定、砥砺确定和使命确定，三者之间相互关联，相辅相成，为圈子核心的形成做出指导。

（一）初心确定

初心在这里的基本含义是指做某件事的初衷、最初的原因。人们常说：不忘初心，方得始终。这句话最早出于唐代白居易的《画弥勒上生帧记》，原文是"所以表不忘初心，而必果本愿也"，用以表示在以后的时间里时时记得最初的发心，再做到与使命结合，付诸行动，才有完整的轮回，最终促成愿望的成真。而本书中取"初心"来指导圈子的形成是有一定的道理的，初心确定即基本立足点鲜明，特定的目标高且坚持不变，这是最终能否成功的基础。只有在全过程中均致力于这一目标，并且随着时间的推移逐步接近，才可能成为行业的龙头，作为圈子核心带动整体发展。

要理解圈子的初心确定，就需要了解鼎盛时期的圈子是极个别 8 倍的集中。初心是以最高的目标为标准的，目的就是追求绝对价值最大化，起到规范、引领的作用。圈子在某种程度上依赖于初心来实现奢侈品价值的创造，若圈子核心的形成到达一定高度，往往会再形成新的初心，这样循环往复，再形成更多类型的圈子核心。总结起来就是初心与圈子的成功形成两者之间相互促进。在鼎盛时期，各国对于圈子核心的全新理解，使得各国准确挖掘圈子核心要点，引领各国和投资人正确运用圈子策略进行投资选择，创造绝对价值。由前文可知，鼎盛时期经过兴盛时期与昌盛时期的演进后，得到了物质及资本的积累，初心的本质也有了相应的变化，不再是上品的形成或是精品的扩展，变为更高级的奢侈品演进，人们的集中目标从物质的追求转到虚拟的价值投资，从而创造奢侈品绝对价值。由此可见，各国处于不同的时期，应该紧扣对应时期的圈子核心。各个国家经济环境、社会环境等方面存在的差异性，使各国应该选择的核心是不同的，对应的初心本质也有所差异，共同点是根据实际情况做出的最优抉择，只有在选择了某个领域并做到在该领域内具有人口集中、饥饿地位，才是初心确定的价值体征。也就是说，初心确定并不一定形成圈子核心这个最好的结果，但是没有初心圈子核心形成是不可能的，初心最终决定了龙头地位，初心形成圈子核心。

（二）砥砺确定

砥砺，亦为砥厉，古文用词，基本含义是在磨刀石上磨，由此引申为磨砺、激励、勉励等含义。在《荀子·王制》中有"案平政教，审节奏，砥砺百姓"的用法，在本书中理解为蓄势待发、砥砺操行。而砥砺常以"砥砺前行"出现，意为经历磨炼，克服困难，往前进步。此时引出砥砺确定，指的是摆好合理位置，一步步地坚持前行，持之以恒，为8倍价值创造积攒空间。简单举个例子：假如取得博士学位是8倍初心的话，那么在坚持初心的情况下必须不断向前行进，从本科、硕士、博士砥砺前行，也就是砥砺确定的具象体征，而最终达到博士毕业就需要更好的砥砺确定，一步步努力，承受压力，最终实现人生的8倍先，具体如图6-13所示。

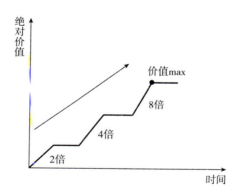

图6-13　圈子核心与砥砺确定

砥砺确定的要求类似于"低开高走"。从一个较低点开始，逐步地一路向上，这里指的是随着时间的推移，8倍绝对价值逐渐攀升。作为影响投资人的心理承接，进而形成圈子核心的个体和对象，核心是8倍龙头的确定。由于国情的差异、所处外部环境的不同，各国所推出的圈子核心并非毫无二致，而是多类型、多层次的。正是圈子类型、层次的多样化，使每个国家都会有适合自己发展的圈子核心，人们在运用圈子得以良好发展的同时，应当相应地给各类核心赋予不同的信任高度，可以得出 8 倍的次数。

（三）使命确定

使命即负有重大的责任。使命确定主要指所属的各个国家或者企业的角色不同，所承担的责任程度有所差异。在整体板块中，个股的潜力不同，其中作为板块支柱的个股有着使命担当，能够且有潜力成为龙头带领板块整体上涨。个股使命的大小主要是通过个股市值心理接口的向上与向下的长度来展现出来的。当向上与向下的长度相对来讲比较大时，则说明投资人对于该个股的心理承接程度较强，有创造奢侈品龙头价值的可能性。心理接口影响投资人对于个股的心理承接，进而影响圈子核心形成时间的先后，核心是个股市值接口的确定。心理接口主要分为两种情况：向上接口和向下接口。若个股市值处于上涨过程，当其到达适当的市值时，就应及时把握时机进行抉择，获得最大的价值；若个股市值处于下跌过程，应把握好向下的接口，防止产生更大的损失，此时应果断采取措施，及时止损。如图 6 - 14 所示。

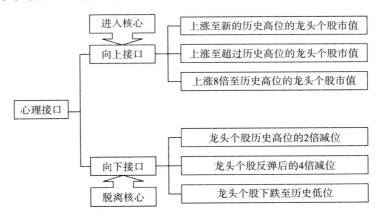

图 6 - 14　龙头个股市值的心理接口分类

心理接口是投资人的心理承接，进而影响圈子核心的确定，核心是对心理接口市值高低以及方向的判断。此处使命确定主要是指投资者的心理接口具有一定的动态变化属性。从 IT 行业的解释来看，接口就是一个衔接点，指的是两个不同系统（或子程序）交接并通过它彼此作用的部分，简单地说就是交接处。在现实人口营商的价值投资过程中，心理接口是对于个股绝对价值的增（减）产生作用的市值大小，在该个股市值上人们经常会通过心理接口延展的长度来对下一步的投资策略进行制定，以保证后续的投资是正确且有效的。心理接口看似很不确定却也有一定的确定标准，如茅台酒上涨至 2600 多元时，个股市值心理接口就是 3 万多亿元，使命已经完成，再放任其上涨，个股市值上涨 2 倍就是 6 万多亿元，是西安这样城市的 GDP 总量的 6 倍，超过专业投资人的 8 倍的心理承接，所以个股股价 2600 多元对应的个股市值就是茅台酒个股与别的龙头个股市值的心理接口，而不能使茅台酒个股价位上涨至 4000 多元。

产生个股市值向上接口有以下三种情形：情形一，向上接口位于与历史高位等高的点位，在向上接口后，股价将会在历史高位的基础上倍增，此时应该准确地把握最优的时机，及时抉择，以获得最大化的价值。倍增点位则是顶格思维的表现，之后的增减则需要进一步的分析，如图 6 – 15 所示。

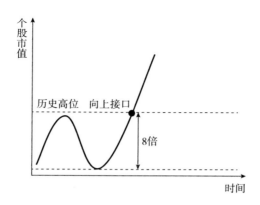

图 6 – 15　向上接口情形一

情形二，向上接口位于高于历史高位的点位，当年武汉钢铁历史高位是 9 元，而 8 倍龙头绝对价值就是 2 元的 8 倍，上涨至 16 元，超过 9 元高位，如图 6 – 16 所示。

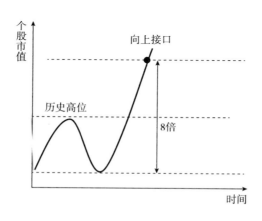

图 6 – 16　向上接口情形二

情形三，向上接口远远位于历史高位之上，形成新的历史高位，如茅台酒就是远远高于200多元的历史高位，突破向上至2600多元形成新的心理接口价位后，只能用龙头个股的资产市值进行研究，如图6-17所示。

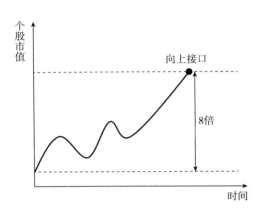

图6-17　向上接口情形三

产生个股市值向下接口有以下三种情形：情形一，向下接口位于历史高位的2倍减位，个股股价和市值减少一半，这是个股脱离圈子核心的最少减值，专业投资人应该果断采取措施，撤出投资，避免更加惨重的损失，这也是龙头城市房价不敢下跌的原因，一旦下跌，至少跌一半。本书主要研究龙头个股，其实房价是一样的道理，为了不让龙头城市房价下跌，新的龙头城市房价至少封住其房价的倍减位，老的龙头城市房价下跌空间有限，房价就会安全，如图6-18所示。

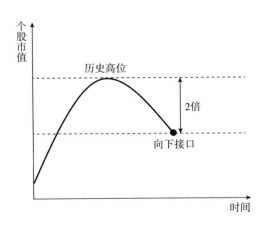

图6-18　向下接口情形一

情形二，向下接口位于龙头个股倍减位反弹后又形成 4 倍减位，损失相当惨重，所以倍减一旦形成，龙头个股脱离核心，就会大幅下跌，专业投资人必须密切注意再次下跌的可能性，而且一旦形成 4 倍减位，龙头昔日的辉煌基本不可能再有。所以从美国股市 2020 年下跌至 18000 点附近，必须想方设法守住，一旦达到 15000 点的倍减位，反弹再次大幅下跌的可能性就大幅增加。也是基于这个理论，必须无限量放松货币保住倍减位，而个股高位下跌 2 倍，反弹又下跌 4 倍的个股还不少，如中信证券从 117 元下跌至 50 元，反弹至 60 元，下跌 4 倍至 15 元，如图 6 – 19 所示。

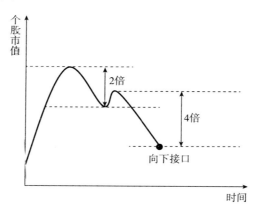

图 6 – 19　向下接口情形二

情形三，向下接口下跌至龙头个股历史低位，不能再下跌了，除非个股就不是龙头，这也是龙头个股的最低位，在此位置就会反弹，如中国石油从 48 元不停地下跌，创出新的低位，足以说明石油股不是中国的龙头个股，而钢铁宝钢股份每次下跌至历史低位，就会上涨，钢铁个股是中国股市的龙头个股，如图 6 – 20所示。

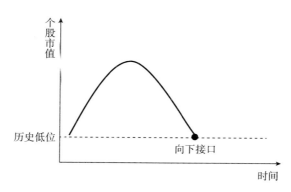

图 6 – 20　向下接口情形三

总之，不论是向上接口，还是向下接口，都在圈子核心形成过程中起着重要的作用，直接影响着奢侈品价格的变动。因此，不管是对于国家这样大的投资主体还是专业投资者来说，都必须对向上接口和向下接口进行慎重的分析和考量，由此更大程度地保证专业投资者熟练掌握鼎盛时期绝对价值投资，把握好圈子核心形成的理论，进而实现奢侈品龙头价值的创造。

只有龙头个股才会有心理接口。同时当越接近于百倍顶格极度时，接口才会越长，个股市值也对应越高，反之会形成市值虚高的情况，最终出现问题。这就要求每只个股必须严格依照其能力大小讲好故事，这也正是使命确定的核心所在。个股使命的大小主要是通过个股市值心理接口的向上与向下的长度来展现出来的。没有长延展度接口的担当所在，便很难实现个股的 8 倍增值。

心理阈值、心理波幅和心理接口三者之间一脉相承，既有联系也存在很大的区别，具体如表 6-1 所示。三者间的区别：一为研究对象的侧重点方面，分别为"三价"品种、股价指数以及龙头个股。二为体现方式有所区别，心理阈值体现为商品"三价"价格变化上，心理波幅体现为股价指数波动上，而本书心理接口体现在龙头个股价位涨跌上。三为研究的核心和具体表现的不同，研究核心分别是金钱杠杆、系统动力和圈子核心，表现分别为资产总市值、证券总市值和个股市值。四为创造的价值不同，需要特别注意心理接口主要创造的是：速度上倍增快，成倍快、中，百倍快、中、慢；强度上倍增不足、正好、超过，成倍正好、超过，百倍不足、正好、超过；顺序上百倍先、中、后，成倍先、中、后，2 倍先、中、后。五为其创造的价值来源也不同，心理阈值是价值引擎，心理波幅是价值导向，心理接口是价值单元。

表 6-1 心理阈值、心理波幅、心理接口关系

	心理阈值	心理波幅	心理接口
研究学科	人气营商学	人群营商学	人口营商学
研究对象	"三价"	股价指数	龙头个股
体现	"三价"波动	股价指数波动	个股价位波动
研究核心	金钱杠杆	系统动力	圈子核心
表现	资产总市值	证券总市值	个股市值
创造价值	速度：倍增（减）快	速度：倍增快；成倍快、中 强度：倍增不足、正好、超过；成倍正好、超过	速度：倍增快；成倍快、中；百倍快、中、慢 强度：倍增不足、正好、超过；成倍正好、超过；百倍不足、正好、超过 顺序：百倍先、中、后；成倍先、中、后；2 倍先、中、后
价值确定	价值引擎	价值导向	价值单元

第三节　人类鼎盛时期圈子核心原理

一、圈子核心原理的理论来源

圈子在鼎盛时期有了新的角色和要求，其研究的主体为奢侈品，奢侈品是能够发生价值百倍增（减）的个股对象。龙头个股 8 倍价值则是鼎盛时期圈子核心追求所在。鼎盛时期的圈子核心主要表现为人们的心理承接及心理接口龙头个股市值变动，关于圈子核心原理也有坚实的理论来源，圈子核心原理并非凭空而来，而是具有丰富的理论来源的，主要包含管理学和营销学两个方面。其中管理学主要为圈子核心原理提供了方法支撑，而营销学则为圈子核心原理提供了主要思维源泉。

（一）管理学来源

圈子核心在管理学中的理论来源主要可以归结于领导者—成员交换理论之中。领导者—成员交换理论认为领导圈子是客观存在的，主要阐述的是领导者对下属的区别对待，葛伦等于 1976 年提出的领导权变理论中提到领导者与下属中不同成员的亲疏程度是影响领导绩效的重要变量。不同贡献、压力以及个人喜好等，导致产生不同质量水平的领导者—下属关系，其中高质量的领导者—下属关系中下属是领导者的 "圈内成员"，在与领导之间的感情联系等方面均占优势，也会受到领导的信任和关照；而在低质量的领导者—下属关系中下属是领导者的 "圈内成员"，与领导者之间就是简单的利益关系，建立在权力的基础上，相互之间的接触也比较少。

由领导者—成员交换理论引申到现实交往中来看，"圈子" 文化在中国源远流长，受利益、地缘、血缘等关系影响，中国社会中派生出很多小圈子，并根据关系不同在群体中划分出圈内人和圈外人。在特殊主义盛行的中国文化中，人们往往以不同标准对待与自己关系不同的人（孙健敏、李培凯，2018）。中国的组织领导在决策时、负责时、决策过程中、升迁奖惩时，都会用差序格局的思维，对圈内、圈外差别对待。中国工作者有一部分工作动机是人情交换，以长期的、带情感性的频繁交换建立自己的人脉，扩大自己的圈子，最终可以在人脉中动员出够用的资源，建立自己的团队，完成个人的目标。所以承包可以使其既完成个人目标，又带动其圈内人一荣俱荣，是中国人最强大的工作激励（罗家德、王竟，2010）。说明圈子的划分其实还是有一定的标准的，与此同时产生的 "圈子文化"就伴随着所有人成长，大家都根据不同喜好或者特点形成不同的圈子文化，圈子是每个人群居生活的必备品，个人在群体中必然要寻找一个属于自己的安身之处，没有谁是真正的"独善其身"。延伸到虚拟网络中，随着网络世界侵入现实世界的空间越来越大，网络中的圈子对人们的影响在社会生活中也有了更加明显的作用，"圈子文化"的力量也愈发强大（黄依凡，2021）。

人口营商学的研究主要针对的是个体层次的研究，这在领导者—成员交换理论中也有相似的体现。有学者在研究后发现在控制了人口统计学变量和工作满意度的效应后，不同的圈子角色对员工的组织公民行为有积极影响，此外，圈子中的组织公民行为在使组织受益的同时，也赋予个体圈子角色的正当性（张田、罗家德，2015）。个人在圈子中关注的不仅仅是整个圈子的发展，也会考虑到自身的情况。当这个圈子的能力达到一定程度的时候，便会带动圈内的所有个体共同进步。

综合以上管理学所涉及理论的相关研究，可以看出对于圈子核心研究的相对普遍性，圈子逐渐被人们重视。关于圈子核心的研究十分全面，最终目的就是让投资者增值最大化，损失最小化，引导投资市场实现快速发展。如何将圈子核心运用到奢侈品投资领域，更加有效地创造绝对价值，实现龙头价值创造，是圈子核心原理在后续内容中研究的深入。

（二）营销学来源

鼎盛时期的追求绝对价值创造最大化目标，使得对于圈子的研究以持续集中为核心，寻找具有 8 倍价值空间的奢侈品。而圈子核心并非完全新创造的概念，其理论来源主要是从管理学和营销学两个方面进行考究。其中，管理学中的领导者—成员交换理论主要为圈子核心原理提供了方法支撑，产品营销学中的渠道策略则成为了圈子核心原理的思想源泉。

渠道策略又与圈子核心策略有所不同。相比于营销学来说，圈子核心体现的思维运用更加显著。人口营商学的营销学基础是产品营销学，本章以产品营销学中 4P 策略的渠道策略为基础对圈子进行研究。4P 理论伴随着营销组合理论的产生而出现于 20 世纪 60 年代的美国，被归结为 4 个基本策略的组合，又叫作 4Ps 营销理论，即产品（Product）、价格（Price）、渠道（Place）、促销（Promotion）。1967 年，菲利普·科特勒在其《营销管理：分析、规划与控制》第一版进一步确认了以 4Ps 为核心的营销组合方法。而市场营销组合理论意指在充分考虑企业目标、资源及内外部环境的情况下，通过对可控制因素的加以组合和运用，满足目标市场的需要，实现企业的目标。该概念最早由美国哈佛大学教授 Neil Borden 在 1950 年采用，并在 1953 年于美国市场营销学会的就职演说中创造出"市场营销组合"（Marketingmix）这一术语。4Ps 营销理论实质上是从管理决策的角度来研究的，管理决策认为影响企业发展的因素包含内、外部两个方面：外部因素指企业的外部市场环境，具体表现为常常分析的宏观环境与微观环境，属于不可控因素；另一部分就是可控因素，包含价格、广告、分销（商）以及企业文化等，将这些纷杂的因素统统归入4Ps范畴。总结下来，营销理论处于一个不断发展的过程中，随着时期的推进，4Ps理论逐步显现出了些许不足，后续受到4C、4R理论创新的冲击，但却仍是营销对策、营销决策过程中的有效指导工具。

4P理论中的"渠道"指企业产品的流通通道，通常用渠道来描述产品从制造商流动到消费者手中形成的商品流通轨迹，即分销渠道或营销渠道。在多元化的市场环境之下，营销渠道的构建是支撑企业发展的重要路径，也是适应新的经济体制、提高市场竞争力的重要着力点（赵远胜、杨艳，2017）。渠道对于企业有着极大的作用，企业生产出了产品，若没有好的渠道作为辅助，企业的经营活动将难以顺利运行。而渠道策略是整个营销策略的重要组成部分，是为使目标顾客能够接近以及得到某一产品而做的策略，指通过不同的经销商网络将企业的产品送至不同的区域，最终达成销售的目的，是企业有效节约成本和提高企业竞争力的重要推动力。因此，对于企业来说一方面在企业各项策略制定过程中，均衡地考虑产品、价格、渠道、促销之间的关系，不可过分孤立地进行局部的重视；另一方面随着时代的推进，渠道的发展有了新的趋势，需要进行不同程度的改进，也对渠道的角色提出了更高的要求，应做到顺应局势、严抓创新，以便于获得优势的竞争地位。

在圈子策略中，确定心理接口延展的长度是做出策略的关键。之所以将渠道策略作为研究圈子的营销学基础是因为二者之间有极大的关联性。企业若只有产品而没有渠道作为辅助，那么企业一系列的经营将无法顺利进行，更别提利润的创造。对于圈子核心来说，核心有着与渠道同样重要的地位，一个圈子中若是少了核心的存在便如同一潭没有生气的死水，更别提该圈子的发展。再者，渠道的正确选择也承担了重要的角色，只有正确的渠道角色才能承担起分配企业产品的责任，圈子中的核心如果有任何的选择偏差，那么人口集中的对象将不是最优，投资价值的创造空间有限，并具有极小甚至没有带动整体发展的能力。圈子核心是实现龙头绝对价值的基础，圈子核心出现了偏差，将会导致一系列负面的连锁效应。

《人气营商学》中写到金钱杠杆的营销学来源是顾客营销学中的便利对策，之所以将其作为金钱杠杆的营销学来源是由于将金钱作为杠杆进行使用，能够为资产的升值创造极大的便利。如同顾客营销学中便利的重要性，没有达到一定程度的便利很难促成购买。在商业社会没有杠杆就很难让资产最大化地升值，因为全社会都在为了获得价值倍增空间加杠杆到适宜的资产品种，将金钱用于投资，运用金钱杠杆来获得价值增值。由此，以便利对策作为金钱杠杆的研究基础是有指导意义的。

《人群营商学》中的系统动力是将关系营销学中的反应决策作为研究基础。反应决策中一方面要求针对不同关系方做出不同的反应，以积极响应并设法根据关系方互利的改变而改变，保持与关系方的互利不断升级；另一方面要求评估和预测反应结果，以减少系统风险，使决策达到最佳的预期效果。而对于《人群营商学》中研究的系统动力来说就是用最少的时间损失，形成与社会契合的价值导向。从系统的角度来看，类比于生态系统，各种金融生态主体为了生存和发展，与其证券市场的宏、微观环境（经济环境、政治环境以及法制与信用环境）之间及内部之间长期相互分工、合作而演化形成的具有一定结构特征，并能自动调节的统一整体；而从动力的视角来看，其所存在的证券市场，是由指数板块、行业板块与地区板块所组成的共生加强系统。发掘证券市场的蓝海价值板块，对其及时反应，扩大证券板块的心理波幅的宽度，以推动成长板块创造相对价值。

《人口营商学》的研究基础是产品营销学，渠道策略对于企业的成功经营有着至关重要的作用，同其他三个策略一样，共同辅助企业成功抢占市场份额，促进销售并获取企业利润。企业对于营销渠道的选择将直接影响企业其他策略的制定与变动，例如：企业若是通过一条经销商高效配合且相对最短渠道来运行，将会节省一部分成本，那么通过此渠道送达的产品也许会有着较低的价格；再者，不同渠道连接的市场终端不同、区域不同，可能会影响产品价格的制定等，这里体现出的是对于渠道正确选择的重要性以及产生的广泛影响，对于渠道的管理也很有必要。市场营销渠道的管理指的是企业为了渠道成员和公司、渠道成员之间实现协调密切合作，促使公司分销目标的顺利完成，对已有渠道进行合理优化管理。实现市场营销渠道的科学有效管理，即加强渠道内成员的绩效考核，对于渠道采取高效的营销管理以及渠道内价格的监督等，以此来使渠道发挥最大的效用，运行更加高效。人口营商的圈子核心形成就是使专业投资人更加有效地进行人口集中投资，没有渠道，产品营销不通畅，没有圈子核心，人口营商无法集中，龙头个股绝对价值创造不能形成。圈子核心策略与渠道策略、系统动力决策及金钱杠杆对策的关系如图 6-21 所示。

《人口营商学》中研究的圈子核心与人口集中投资一致。人口集中策略作为《人口营商学》四个策略的基础，鼎盛时期将人口理解为思维的持续集中、专注于某一龙头个股。投资人根据学习心理驱动人口集中，没有集中龙头个股是不可能进行绝对价值投资的，集中是投资的必要条件，投资是集中的结果。而对于圈子策略来说，核心的形成与集中个股的角色与重要性相同。鼎盛时期的圈子核

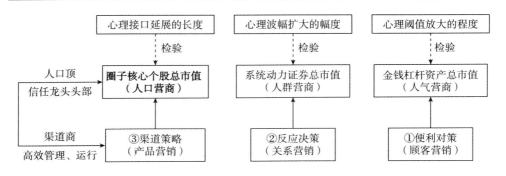

图 6 – 21　圈子核心策略与渠道策略、系统动力决策及金钱杠杆对策的关系

心，就是找出那些极个别的被广大专业投资人赞美的价值单元，即具有 8 倍的价值空间和个股市值的心理接口，是集中的目标所在。若没有圈子策略的加持，导致集中的对象出现偏差，那么人口集中难以持续，专业投资人绝对价值创造难以实现。

二、人类鼎盛时期圈子核心原理

（一）基本原理

《人气营商学》中商品投资的金钱杠杆原理、《人群营商学》中衍生品投资的系统动力原理、《人口营商学》中奢侈品投资的圈子核心原理，是人们投资思维的不断延伸。主要指的是心理承接与圈子核心之间的关系，类似于心理承受影响金钱杠杆撬动资产品种的价格高低形成市值阈值倍数多少，可能是 2 倍、4 倍、8 倍，但是以 2 倍为主，金钱杠杆反映投资者对于房价、股价、物价的价格倍数的心理承受；心理承载是系统动力形成股票指数高低，从而形成市值波幅范围大小，虽然是 2 倍和 4 倍之间的人群环，但是 2 倍有不足、正好、超过，4 倍就是正好、超过，2 倍不会达到 4 倍，4 倍不会缩小到 2 倍，但是这些不同的范围会经常出现，系统动力反映投资者对于股价指数范围大小的心理承载。心理承接是圈子核心形成龙头个股真实数量市值接口的高低，是龙头个股股价与股票数量之间的乘积，虽然是动态变化的，是 2 倍以上品种价格、2 倍和 4 倍指数变动引起的个股市值接口，但是每只个股的市值高低会基本确定，专业投资者的心理承接就是对于龙头个股市值高低的综合判断，考虑到价格的倍数、指数的范围，更要了解每个龙头个股真实市值的高低，如茅台酒按照价格可能上涨至 4000 元，是低位 500 元上涨到 8 倍的价位，也可能指数波动还有空间，但是个股市值已经是 3.3 万亿元，是西安市每年 GDP 的 3 倍，达到了个股市值的心理接口，无法再增加想象了，与一个人的发展遇到了瓶颈是一样的，无法突破。也有个股市值有想象力，个股头部通过信任已经确定，可以通过增加股票数量（配股和送股），最终达到个股市值的心理接口，圈子核心反映专业投资人对于龙头个股资产市值高低的心理承接。本书所提到的心理承接指投资者对于龙头个股资产市值高低的接受度。心理接口范围的百倍增（减）变动，影响人们的投资判断，若个股市值的高低超过一定程度，投资者的接受度会大幅降低甚至无法接受，具体见图 6 – 22。

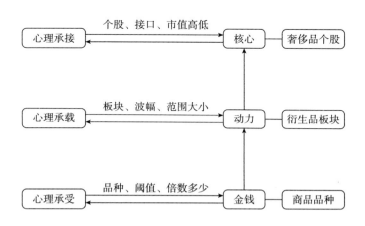

图 6 – 22　圈子核心原理的作用机理

心理承受是在倍数的快慢上做文章，2 倍快是代表；心理承载是在波幅的强弱上做文章，2 倍快范围有不足、正好、超过；心理承接是在接口的先后上做文章。龙头个股市值实现有先、中、后，圈子核心形成的时间有先后之分，如对于一个人的心理承接是博士毕业 8 倍先、教授 8 倍中、知名教授 8 倍后。鼎盛时期投资的目标是圈子核心，核心能力越强大的龙头个股，越能创造更大的价值，而核心所体现出来的带动力一定程度上受到投资人心理承接的先后影响。在一个具体的行业板块中，具有较高的心理承接龙头个股，经过充分比较，投资人最终会找出最具价值增长潜力的龙头奢侈品，进而实现 8 倍价值创造。更好地把握和运用圈子核心，即心理承接的高低能够帮助选择圈子核心的对象。另外，对于个股市值的心理承接越高，个股市值的心理接口也就越高，圈子所聚集的核心能力也就越强，以便于更有力地进行绝对价值创造。此时，投资人心理承接的范围相对大一些，随之进行的是向核心的集中，反之则一定会进行核心的重新选择。

相对地，圈子核心的运用可以修正人们心理承接的高低，心理承接的倍数高低与龙头个股市值心理接口大小紧密相关。8 倍的心理承接可以带来市值的心理接口放大，但是市值的心理接口影响 8 倍空间增值。集中至核心或者进行核心个股的更换，本质上是投资人出于对不同板块的龙头个股市值心理接口的分析与修正，人们往往通过对于核心的确定来调整对于该核心的心理承接，二者之间关系密切。影响投资人选择圈子核心的因素众多，正确地选择圈子核心的个股，是放大人们心理承接的基础。心理承接是一种心理状态，处于不断变化的过程中。例如，处于同一板块内的不同个股，由于自身所处的价位存在差异，个股的增值空间大小也就不同，受到心理承接的影响，个股市值也不同，心理接口大小不同，只有符合头部要求、心理承接倍数、心理接口市值最大，专业投资人才会投资该龙头个股，总结如表 6 - 2 所示。

表 6 - 2　圈子核心头部（高度）、心理承接（倍数）、心理接口（市值）关系

条件 个股	头部（高度）	心理承接（倍数）	心理接口（市值）	专业投资选择
A		★	★	×
B	★	★		×
C	★	★	★	√

注：★表示符合选择的条件。

（二）圈子作为核心研究的逻辑

要想理解鼎盛时期的圈子是核心，必须要理解圈子作为核心的逻辑。圈子最初是出现在管理学中的领导者—成员交换理论中的，而不管是圈内还是圈外，有足够的竞争力并充分把握政策、市场以及社会资源，才能进一步成为核心单元。鼎盛时期时寻找核心的根本目的是实现绝对价值的最大化，而绝对价值的实现是通过正确地选择并把握核心进而吸引投资人产生投资的。鼎盛时期组建圈子核心的过程其实就是一轮选择龙头个股的过程，依照着不同的龙头个股顶格学习导致不同圈子核心形成，只有拥有了绝大多数投资人赞美并专注的个股才能进行圈子核心投资，鼎盛时期是进行奢侈品投资的时期，没有核心的正确把握是不可能进行绝对价值投资的。在鼎盛时期，投资行为已不再是少数人的选择，时期所显现的圈子核心有其自身的独特性，在选择核心过程中也会时常有复杂、难以捉摸的现象存在，让投资人判断不清。总体来说，核心是绝对价值投资的前提，绝对价值投资是正确把握核心的结果。

圈子核心思想，是在兴盛时期圈子缘分和昌盛时期圈子社交基础上，结合时期变化的特点，在鼎盛时期应运而生的。圈子核心在专业化资产范围内寻找有最大价值空间的个股，关联到诸多的专业领域，只有能够带动行业发展的龙头个股才能称为圈子核心。鼎盛时期由于不同行业圈子核心的个股资产市值不同，其带

动大盘指数上涨是不同的，一般都是先易后难，小盘龙头个股总是先行上涨，例如创业板先行主板就是创业板的龙头个股盘子小先行上涨，创业板指数容易带动，主板往往在创业板上涨到一定水平才能上涨。同时也只有小盘龙头个股先行上涨，吸引资金源源不断地入市投资，真正的主力行业板块龙头个股才能开始上涨，投资人赞美的程度不同会造成对能够起到价值创造作用的个股进行投资。不管投资对象是一个国家还是某一行业，一旦成为圈子内的核心，就会引发专业的专注和投资选择。当圈子核心专注某一具体奢侈品时，该龙头奢侈品的价格会达到同行业的最高，并形成极大的涨幅，有着 8 倍的价值空间。因此，鼎盛时期圈子核心形成的根本意义是通过吸引投资来创造绝对价值，最关键的便是龙头奢侈品的抉择过程。

运用圈子核心就是为了绝对价值的创造，所有行业的圈子核心本质都是一样的，成为圈子里的核心必然能够快速有效地进行绝对价值的创造。另外，有绝对价值的个股必然会逐步发展为核心，不具有绝对价值投资的对象将无法使人口集中，核心也不会形成于此。由此可见，只要龙头奢侈品存在价值，圈子核心就会起作用，因此鼎盛时期的圈子核心区别于其他任何时期形态，扮演着极其重要的角色。也就是说，在对个股进行投资时，圈子作为核心的龙头个股是人们进行策略选择的前提之一。没有核心的圈子存在，个股绝对价值将会难以实现，圈子也没有多少存在的意义，必须突出圈子的核心龙头个股。

（三）心理承接变化的内在含义

"承接"一词出自《后汉书·皇后纪上·章德窦皇后》中的"后心敏给，倾心承接，称誉日闻"，有交接之意。又表示承前启后、连接、衔接、承受、应酬等意，在股市上则是指当股价出现大幅下跌时，抄底资金涌入，对于股价起到了支持作用，即股价得到了有力承接。自此引出"承接力"的概念，承接力往往更多是以产业承接力的形式出现于人们视野的，其蕴含着对转移产业的吸引、选择、支撑和融合发展等多种能力。与此对应，将承接力相关理论与本书的研究内容进行融合，将心理承接定义为专业投资者可以接受个股资产市值的限度，是个股市值范围的承接。心理接口是个股市值百倍增（减）变动的数量大小，影响人们的心理承接进行投资判断，若个股资产市值的波动范围超过一定限度，投资者的信任度会大幅降低甚至无法承接。

心理承接作为圈子核心原理的核心，在对圈子核心原理进行研究的同时应着重了解心理承接变化的内在含义。心理承接是在人口集中的奢侈品投资中选择"个股"作为投资对象，并且心理承接的目的是帮助投资人实现龙头个股 8 倍价值创造。心理承接变化的实质是随着心理承接程度的变化，圈子核心对象的心理承接会发生变化，其绝对价值也发生变化，进而对圈子核心的价值创造产生影响。投资者心理承接随鼎盛时期绝对价值的变动显示出了鼎盛时期国家重视绝对价值创造的原因。各国家之间均存在圈子核心之间的竞争，避免落后于他国进入绝对价值较小的国家行列，失去国际话语权。因此，要想作为鼎盛时期的优秀极个别并创造最大化的绝对价值，就必须努力发掘培养绝对价值人口营商思维，进行本国的龙头个股绝对价值创造。

心理承接本身所具有的不确定性，更是由于个股间的差异性而影响其变化，进而对投资人的投资策略的选择产生一定的影响。人们根据个股的现状及对发展趋势的预测来调整心理承接，若个股整体向上的发展态势非常明确，人们对于个股的心理承接能力放大，相应的个股专注力也增大，此时，会使得个股市值的涨幅变大，更容易向上拉升，进而创造绝对价值最大化；反之亦然。由此可见，核心的心理承接是动态的，没有一个绝对的标准来限定，但是，专业投资人寻求的是 8 倍龙头个股的心理承接。同时应当注意的是，一旦超过了人们心理承接的范围程度，就会打开向下心理接口，可能造成泡沫的破灭，个股的股价将会有倍减、成倍减的可能；还应充分把握向上接口突破，做出最有利的选择。能够正确地运用核心的增值空间 8 倍心理承接进行价值投资，规避并减少以时间为主的各种损失是本章的重点所在。

（四）圈子核心的类型和适用对象

为更加深入地了解圈子核心的原理，在研究过心理承接之后，就需要对核心本身进行研究。鼎盛时期的每一个国家都希望通过圈子核心原理的运用影响投资人心理承接的变化，吸引专业投资人投资。由于所处股票板块不同，圈子核心的心理接口大小也不同，因此为了研究范围的清晰，对应着人口矩阵，可以将圈子核心按照人们对于价值单元心理承接的影响程度分为三种类型。具体为“8 倍先”核心、“8 倍中”核心、“8 倍后”核心，如图 6-23 所示。

在图 6-23 的 9 个方块中，能够作为鼎盛时期投资选择的并不是全部，需要按照一定的标准进行筛选，而这个标准便是一定时间内绝对价值实现的大小。这三种核心的划分依据是专业投资人的心理承接的时间顺序。具体表现为：8 倍先是圈子核心最优心理承接，是价值单元的最先表现，此时会受到专业投资人的优先投资选择，集中于该核心个股；对于 8 倍中的圈子核心来讲，选择它相当于拥有了非常稳定的投资回报，顶格的范围也适中，投资风险也有所降低，由此看来将更加容易受到投资人的集中；而对于 8 倍后的圈子核心来讲，其可以创造绝对价值的时间向后延长，是利用和心理接口共同判断。对于投资人个人来讲，投资过程中需结合专业分析各类圈子核心的国家和个股，另外从国家的角度来讲，可以依据本国内的核心特质来切实地制定顶格思维圈子核心的目标。如同一个专家的形成，人们首先接受的是博士学位的 8 倍心理接口，其次接受的是教授职称的 8 倍

增/减值

	先	中	后
8倍增（减）	①8倍先（快、中、慢；不足、正好、超过）	②8倍中（快、中、慢；不足、正好、超过）	③8倍后（快、中、慢；不足、正好、超过）
4倍增（减）	④4倍先（快、中；正好、超过）	⑤4倍中（快、中；正好、超过）	⑥4倍后（快、中；正好、超过）
2倍增（减）	⑦2倍先（快；不足、超过、正好）	⑧2倍中（快；不足、超过、正好）	⑨2倍后（快；不足、超过、正好）

先　　　　　中　　　　　后　　　绝对时间损失

图6－23　鼎盛时期各国家的圈子核心类型

心理接口，最后接受的是知名教授的8倍心理接口。它们之间一定是有承接的先后顺序，可能有人先职称，后学历，但是多数人是先学历，后职称，相比职称、学历，学历拿到博士比职称更快捷、更方便，实现心理接口更容易，实现了第一个8倍博士，人们承接第二个8倍的可能性放大，但是完整地拿下三个8倍是非常不易的，第三个8倍很多人实现不了，对于一个普通人来说，心理接口可以放大三个8倍的范围受到限制。投资实践中三个8倍的龙头股票顺序投资，实现价值的几何级数增值也相当不易。三种圈子核心的特点和适用对象具体如下：

1. 8倍先（时间快、中、慢；强度不足、超过、正好）

特征："8倍先"是圈子核心的最先投资，一旦出现8倍先的圈子，将会有极强的核心潜力，受到专业投资人的赞美与专注。8倍先如果发生在投资人不清晰，往往上涨速度快，如果投资人都认可8倍先，那么8倍先就会变慢了，投资起来非常不易，所以8倍先的快、中、慢，不足、超过、正好都不是最为重要的。专业投资人一定要把握8倍先投资对象，8倍先的投资成功，有利于资金的原始积累。由于个股心理接口的不断变化，该个股或行业必须随时保持高度敏感，不断理解龙头个股的价值单元，保证在鼎盛时期实现自身价值的第一个百倍。

适应对象：追求在指数波动过程实现资产大幅升值的投资者，要求力争在第一时间内实现 8 倍增值，为后续投资打下基础；放大心理承接程度较强，可以承受双向风险的投资者。

2. 8 倍中（时间快、中、慢；强度不足、超过、正好）

特征："8 倍中"的圈子核心，是次于前者的时间顺序选择，虽然相对于前者实现增值的时间延后，但其自身仍具有百倍的增值空间，心理承接的程度也趋于稳定，实现起来也比较顺利。在和"8 倍先"的对比之下依然能够创造相对稳定的价值回报，相对于"8 倍先"存在的情况下，"8 倍中"的核心作为 8 倍增值中的第二选择更容易把握，紧跟 8 倍先，博士毕业，尽快评上教授，顺理成章。选择后依然可以带给投资人足够的回报。总体来说，仍会受到投资人的专注。

适应对象：希望资产有较大升值的投资者；追求圈子核心较为温和、稳定的投资者；追求在较短时间内实现资产较大升值且心理承接程度较强，可以承受较小风险的投资者。

3. 8 倍后（时间快、中、慢；强度不足、超过、正好）

特征："8 倍后"的圈子核心，虽然自身也具备了 8 倍的空间，但更多的是依赖于个股顶格思维来判断的，其创造绝对价值时间是最后。但是不一定是"8 倍慢"，同时在 8 倍的核心类型中价值增值不一定能够实现，有可能是指数波动时间较短引起的，如平台对策投资股票时间短，第三个 8 倍无法投资。即使是杠杆对策也需要投资者预先判断出该对象的 8 倍增长潜力，并耐心等待，持续进行关注。作为 8 倍增值中的第三选择，该情形有关注的必要，依然有创造 8 倍的能力，可以吸引专业投资人的投资。

适应对象：追求圈子核心投资最有耐心，希望在一定时间内实现资产升值最大的投资者；有了"8 倍先"与"8 倍中"的投资回报作为基础，同时不愿放弃 8 倍后机会的投资者；当三个 8 倍同时实现时，能够实现在一定时间内价值增值的最大化；心理承接程度最强，可以接受双向波动风险的投资者。

4. 4 倍先（时间快、中；强度正好、超过）

4 倍先是蓝海价值投资中的指数板块实现 2 倍增值空间，龙头个股最早阶段选择，也可能是 8 倍增值过程中的一个阶段，是 4 倍与 2 倍的组合，因此需要按照大盘指数上涨的倍数来判断是 4 倍增值，还是 8 倍增值中的 4 倍，具体为若大盘指数启动于底线 ×1.2 位处，那么龙头个股就具有 4 倍的价值升值空间。此时在提高心理承接程度过程中，投资人能够接受 4 倍快和中的时间跨度以及 4 倍正好和超过的强度，对于剩下的 4 倍慢与 4 倍不足龙头不予考虑，这是出于圈子核心对于调整时间短的要求，也是由其龙头价值增值空间与板块蓝海契合的成长行业龙头属性决定的，为后续 8 倍龙头判断提供初始依据。没有在指数板块上涨实现 2 倍时，个股上涨 4 倍，可能在指数上涨 4 倍时最先实现龙头 8 倍；如果在指数 2 倍个股首先实现 4 倍，那么一般在指数实现 4 倍时，板块个股首先实现 8 倍，与指数实现 2 倍，顺序相同。

5. 4 倍中（时间快、中；强度正好、超过）

4 倍中是蓝海价值投资中指数板块实现 2 倍增值空间的中间阶段选择，此时龙头个股具有 4 倍的价值升值空间，但也不作为圈子核心投资选择研究的对象，因为 4 倍中没有明显的区分上涨的先后顺序，不能满足心理承接程度的标准。投资人能够接受 4 倍快和中的时间跨度以及 4 倍正好和超过的强度，对于剩下的 4 倍慢与 4 倍不足龙头不予考虑，一般在指数板块实现 2 倍增值时，至少存在 4 倍中龙头个股，只有 4 倍先龙头个股，大盘指数无法上涨 2 倍。如 2005～2007 年的行情中，大盘指数上涨 2 倍不足，证券板块龙头中信证券从 4 元上涨至 16 元，黄金板块龙头从 7 元上涨至 30 多元，船舶板块龙头中国船舶从 5 元上涨至 20 多元，只是三个契合的行业 4 倍龙头时间交叉，很难分别依次投资，创造更大价值，这是由其价值增值空间与板块蓝海属性决定的。金钱杠杆对策推动股市上涨，2 倍指数上涨，4 倍中个股非常明确，可以投资至少 2 个 4 倍个股，但是由于企业重组，可能停牌时间长，有时也难以把握。

6. 4 倍后（时间快、强度中；正好、超过）

4 倍后是蓝海价值投资中指数板块实现 2 倍超过增值空间的末尾阶段选择，此时龙头个股也具有 4 倍的价值升值空间，在币值平台对策研究中已经得知由于指数 2 倍不足，基本没有 4 倍后，指数 2 倍超过的增值空间大、时间长，所以就会出现龙头个股 4 倍后。并且依次排序，否则即使有三个板块龙头，也是很难依次投资的，2014～2015 年的行情中，4 倍先是证券龙头中信证券，4 倍中是高铁龙头中国中车，4 倍后是航母龙头中信重工，这样依次按照时间排序是由指数 2 倍超过的增值空间和时间长度决定的，其实在具体投资中也很难实现 4×4×4 = 64 倍的增值投资，即使是个股市值的心理接口可以承接，其中也可能出现重组停牌，耽误了投资时间，成功投资两个 4 倍已经很好了。

7. 2 倍先（时间快；强度不足、超过、正好）

2 倍先是指数板块实现 2 倍、4 倍增值空间，龙头个股出现 2 倍投资机会，是龙头个股增值空间需要在 4 倍、8 倍上涨之前上涨 2 倍，也有可能是下跌过程的反弹，改变龙头个股的下跌趋势，将心理接口延展到位，才能出现准确的 4 倍或者 8 倍上涨空间。个股具有 2 倍的价值升值空间，是判断龙头个股 4 倍或者 8 倍投资的基础，重点不是投资 2 倍个股。具有 8 倍价值的个股，4 倍、2 倍增值现象的准确把握，是 2 倍、4 倍价值增值的正确落地。

8. 2 倍中（时间快；强度不足、超过、正好）

2 倍中是指出现一个 2 倍个股增值，使 8 倍先龙头出现后，又出现 2 倍个股增值，一定要密切关注，可能新的龙头 8 倍又会出现，并不一定立即投资，因为 8 倍先没有实现之前，新的 8 倍空间还比较难以形成，圈子核心的投资类型选择既要耐心等待，还要清晰新的 8 倍龙头形成的价位应该是多少，否则投资过早，既占用资金，还要等待较长时间。如中信重工在 2019 年 2 月从 2 元多上涨到 6 元多，结合航母板块，以及上轮行情上涨空间，说明新的龙头 8 倍已经开始形成，但是价位应该是 7 元多，无论从时间、业绩还是价位来看，都不可能达到龙头 8 倍形成的最合适时机，不能投资，不能被 2 倍超过吸引，一定会下跌的。在 4 倍增值个股形成时也有这种现象，中信重工在 2014 年 9 月从 3 元多上涨到 12 月的 7 元多，实现 2 倍增值，才形成从 6 元多上涨至 30 元的 4 倍增值。

9.2 倍后（时间快；强度不足、超过、正好）

2 倍后可能是继出现第二个 2 倍增值个股，再次出现 2 倍增值个股，这时可能是又一个新的 8 倍增值龙头出现，这时就需要注意判断是否是圈子核心选择的龙头个股，以及对于心理承接程度进行判断。结合上轮行情进行分析，以及板块的契合分析和心理接口的把握，最后一个龙头个股产生了。如 2021 年 1 月的中国中车从 5 元多上涨，结合前期 40 元的高位以及高铁板块，可以清晰判定最后一个龙头个股开始启动，但是并不会立即实现 8 倍，只是 2 倍上涨而已，表示已经封住了新的龙头个股下跌底线，因为证券龙头的 8 倍先还没有完成。只有金钱杠杆对策、指数板块 4 倍超过，才一定会形成完整的三个 8 倍龙头个股。第三个 2 倍个股形成的最后一个龙头个股，并不是最后一个上涨的龙头，还要结合指数板块上涨的推动力、大盘的具体点位，才能正确判断 8 倍先、中、后的顺序，也可能是 8 倍先上涨，最后继续上涨 2 倍形成 2 倍后，是 8 倍先、中、后的补涨。

（五）投资人圈子核心选择的步骤

投资人在选择圈子核心、调整心理承接的时候需要遵循以下三个步骤：

第一步：判断该国是否存在龙头个股圈子核心的能力。判断对象是否具有圈子核心的能力具有重要意义，只有判断无误，才能做出正确的投资决策。首先，判断该国所持有的奢侈品价值，对其绝对价值进行衡量，判断是否存在圈子核心要研究的龙头，也就是说绝对价值创造的前提是有 8 倍先、8 倍中、8 倍后对象的存在，不具有龙头潜力的国家和地区是不符合投资条件的。其次，上节中提到了圈子核心的三种确定方式——初心确定、砥砺确定、使命确定，即在满足三个确定的对象中才有可能找到符合条件的龙头对象。若对于圈子核心的能力判断失误，且未能及时发现及调整，将会造成不堪设想的后果，如中国白酒有形成圈子核心的能力，啤酒就没有形成圈子核心的能力，每个国家都必须进行全球化、证券化、专业化分析，认真判断，否则错误极大，投资失误。

第二步：判断龙头个股圈子核心绝对价值的投资空间。判断圈子核心个股投资标的的空间大小，空间越大则对于投资者的吸引力越强，进而促进圈子核心的能力增强，也就越容易实现绝对价值的创造。股票市场的个股众多，通过个股与个股之间的一轮轮比较，选择能力较强的、有较大增值空间的个股进行投资。另外，灵活运用人口矩阵进行"龙头"个股的选择为正确投资龙头个股提供了保障，同时还要以人气营商理论和人群营商理论作为支撑，才能最为准确地进行投资，保障投资人的收益最大化。如一些行业龙头出现的可能性和空间都不确定，不能轻易投资，只有完全确定、空间足够大，才能投资圈子核心，中国的投资银行龙头——中信证券，那是非常明确的。

第三步：判断龙头个股圈子核心绝对价值投资时间。时间判断指的是龙头奢侈品价值得以实现的时间顺序和时间长短，投资人在对某一具体的个股进行投资时，该个股的价值可能会随着时间的推移而发生一定的变化，或增或减。因此，对于投资时间的把握异常重要，如果投资集中的时间较长的话，很多投资人无法等待，资金成本也会加大，也就预示着圈子核心可能没有达到最为合适的时间，必须耐心等待 8 倍空间的到来。如果顺序投资错误，那就更加麻烦了，资金有限的情况下，就会大大减少资金增值的倍数。应对 8 倍先、中、后三种情形的价值实现顺序和速度进行提前判断，反之遇到别的情形投资者可以忽略，不予考虑。这时投资人就需要积极持续地运用心理承接与圈子核心心理接口的相互关系，进行进一步的分析和判断，若个股的心理承接不明确，每一个价值单元心理接口了解不清晰，出现问题，就必须在全球范围内寻找新的目标投资对象。

圈子核心的能力与绝对价值的投资空间和时间的相互作用依存，进而形成一种巨大的个股投资的助力，并可能形成乘数效应。当投资人准确地依照上述步骤进行判断后，再对各个板块包含的龙头个股进行投资，此时绝对价值会实现短时间且大幅度的增值，反之则会错失投资的良好契机，价值增值小，如图 6-24 所示。

（六）鼎盛时期圈子核心的目标

在鼎盛时期实现更多的个股资产创造绝对价值是圈子核心的主要目标。在龙头价值创造的过程中，圈子核心明确对象的选择，创造最大的龙头价值，是鼎盛时期专业投资人的共同追求。为了吸引专业投资人集中在一起，投资某一国家或板块，最终投资不同心理接口的价值单元，利用价值最大化的核心单元在鼎盛时期积累更多的资产，实现创造绝对价值最大化的价值目标。价值目标的基础条件是运用圈子核心原理，即圈子核心与心理承接的关系。任何投资人只有在把握好圈子核心心理承接的前提下才能更好地进行投资，否则只是盲目的跟风，这样的投资方式不能够实现鼎盛时期圈子核心的目标，反而可能造成资产价值的降低、投资风险的增大，造成专业投资的混乱，在龙头价值创造的过程中，圈子核心如何

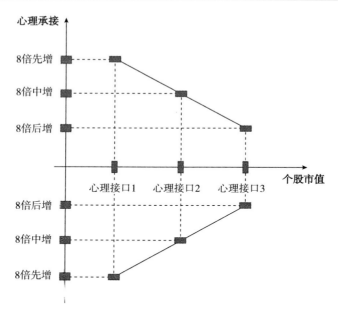

图 6 – 24　圈子核心运用心理承接龙头价值形成心理接口

运用，使龙头价值最大化，是鼎盛时期投资人的共同追求。如同一个人创造三个 8 倍是很难的，8 倍博士—8 倍教授—8 倍知名教授，这是可遇不可求的，但是一波股票行情中，三个板块，每个板块龙头个股上涨一个 8 倍是可以确定的，所以龙头个股的 8 倍先、中、后，是投资人追求的目标。

　　更为具体地讲，鼎盛时期圈子核心的目标是龙头个股资产市值心理接口向上移动带来的积极效应，避免并消除向下心理接口对于心理承接的消极影响。圈子核心要处于正向心理接口的龙头个股为专业投资人提供的 8 倍增值心理承接的投资力量，使其创造绝对价值上涨。专业投资领域圈子核心内卷能力、投资时间和投资空间最佳，从而吸引专业人士投资。圈子核心在专业市场内对于心理承接心理接口范围变动的过程中，必须善于利用这样的时机创造绝对价值，使得投资人获得极大的价值。创造龙头价值就必须使用圈子核心正确地引导投资，使专业投资人将圈子核心运用到板块的不同个股上，就必须及时地配合使用其他三个策略，即人口策略、饥饿策略和标杆策略，放大人口集中的龙头个股总市值心理承接倍数和心理接口范围，并创造鼎盛时期的龙头奢侈品绝对价值。

三、圈子核心的集中选择

　　（一）圈子核心时机选择：以个股市值为主的时期

　　在昌盛时期对于圈子的理解是社交，主要指的是在社会上的交往、交流，是不同人与人之间产生的交集。大部分指的是进行经济利益关系的交往，目的是使双方及多方利益最大化。业绩增长作为圈子社交在昌盛时期的表现，意味着准确把握社交圈子，在交往频率和市场份额的双重积极影响下，企业业绩将会呈现一个良好的增长态势，只有各方积极地进行高频有效的交流和切磋，才能够保持企业的良好发展。但这均是以经济领域为出发点，没有达到投资价值的高度。圈子在鼎盛时期的内涵就是核心，核心指的就是人口营商学研究的个股市值、心理接口、心理承接，这时核心是促进龙头奢侈品资产市值在鼎盛时期升值的空间大小的一种重要判断。

圈子的含义从缘分到社交再延伸至核心的过程，从范围固定到范围，而圈子核心是倍数和体量大小的表现，圈子的理解不断提高。如同一个人如果成为核心，人们是否接受，主要看这个人的空间大小和由此带来的体量，空间小，不可能有大体量；空间大，体量小，龙头作用也会失去。放大空间和做大体量，是专业投资人对于龙头的永远的要求。在股票市场上，就是个股市值的放大。对不具有足够市值的龙头个股进行投资，核心的作用将没有任何意义，在具有龙头市值潜力的个股上进行投资，才会使得龙头个股投资具有安全性和发展潜质，这也意味着其将在未来获得更多的绝对价值。圈子核心是人们投资的个股市值心理接口，通过心理承接来影响核心的市值大小及形成时间。

圈子核心在未来个股市值和空间产生的影响力明显，通过核心个股带动整体板块，使得投资人产生明显的投资倾向，由此形成龙头的绝对价值，而这一过程的形成使得人们利用学习心理学形成的驱动力来进行投资抉择。因此，对于核心的选择及投资一定要注重其绝对价值的判断，核心的投资是投资人对于个股市值心理接口的接受程度，只有个股市值心理接口与心理承接的 8 倍空间相对应，圈子核心才能形成。如果个股价位过高，心理承接的 8 倍空间没有，不能成为圈子核心进行投资；如果个股 8 倍空间存在，个股市值的心理接口不够大，也难成为圈子核心投资；在投资时对于圈子核心的个股投资始终需要进行个股信任头部高度分析，合理地选择适度的投资高度。根据行业特点结合投资者心理承接的高低，将投资的个股对象选择把握好，使其成为真正的龙头奢侈品，明确心理接口的动态变化，把握心理接口向上和向下的变化程度范围，以最合适的龙头投资创造更多的绝对价值。

（二）圈子核心的个股市值投资情形选择

圈子核心的个股市值表现反映在人们心理承接的高低上，圈子核心表现在价值单元上，利用价值单元对于人们心理承接程度的影响，分析圈子核心的个股市值心理接口提高表现情形。只有单元价值的不断创造，才能保证向圈子核心的不断集中。

1. 价值单元的定义

价值单元指整体价值中自为一组或自成系统的独立单位，不可再分，也不可叠加，否则就改变了事物的性质，是执行价值活动的基本单元。不同的价值单元往往有着不同程度的价值创造和利用能力，有利于资源和价值的集中以及价值单元之间的交互。在鼎盛时期圈子核心指的是多种价值单元中，具有龙头价值的单元确定为主要的追求对象。寻找具有带动作用的个体（个股）拉动总体（其对应板块）共同发展。价值单元就有内卷、躺平和逆裂之分，体现着单元的不同集中程度以及对于资源获取能力的强弱，其衍生内涵就是指个体单元对于整体带动力的强弱，即拉动行业整体发展的龙头个体，泛指事物等发展的强大带动力量，本书指的是使得心理承接发生 8 倍变化的价值单元。

2. 价值单元的类型

基于圈子核心类型及适用对象，按照人口顶划分出的三种类型，按照时间顺序也就是 8 倍先、8 倍中、8 倍后价值单元，而圈子核心策略分析可以形成的价值单元类型分别是内卷单元、躺平单元、逆裂单元。只有具备内卷的单元，而且继续内卷的单元才是圈子策略的核心，才有 8 倍增值的可能。

内卷单元具有最强的资源吸引和利用能力，资源不断地向中心卷入，由此单元具有强带动力。具体来源于三个维度或者说是三个阶段：一为政策、法规因素的影响，比如 2014 年 12 月 30 日发布的中国南车和中国北车合并公告，实质上是中国南车对中国北车资源的集中，在政策的指引下最终将中国南车更名为中国中车，完成合并，而中国中车也就成为了中国高铁的核心，这是政策形成的内卷。二为市场因素的影响，在市场存在激烈竞争的情况下，必然会出现市场资源的争夺，这个过程也体现价值内卷，拿到更多市场资源的个体逐步进入核心价值单元，这是价值单元壮大的必经之路。三为社会因素的影响，比如社会的认可便是最好的价值内卷的体现，并非所有价值单元都能拥有内卷的资格，如茅台酒个股发展到最后就是社会认可的价值内卷。内卷单元所具有的强带动作用，对整体的发展有强大的拉动作用。当具有强带动力的龙头个股出现时，在其自身价值绝对性碾压其余个股的同时还会产生巨大的力量拉动板块其他部分，使得整体板块具有强的能力，推动板块的价值上涨，强带动个股的市值的心理接口变动范围不断扩大，如图 6-25 所示。

图 6-25 价值内卷

躺平单元具有一定的资源吸引和利用能力，单元之间资源的内卷相对平和，保持在一定范围内，由此价值单元整体具有中等带动力。中带动力指个体（个股）在对整体的发展上有一定的拉动作用。当具有中带动力的龙头个股出现时，在其自身价值较大增长的同时还会产生一定的力量拉动板块其他部分，使得整体具有一定的发展空间且相对稳定。带动个股的市值的心理接口变动范围相对稳定些，如图 6 - 26 所示。

图 6 - 26　价值躺平

逆裂单元具有较弱的资源吸引和利用能力，资源试图向单元聚集，能量负荷过大导致崩裂，承接能力太弱，个体单元具有较弱的带动力。弱带动个股在对整体的发展上有较弱的拉动力量，一般指的是有很小带动力的个股对整体产生薄弱的带动力，带动的个股市值的心理接口变动范围有一定的局限性，如图 6 - 27 所示。

图 6 - 27　价值逆裂

3. 价值单元的一般情形

鼎盛时期绝对价值是以龙头个股为研究对象而创造的。股价指数的波动离不开圈子核心龙头个股的带动，圈子核心龙头个股市值心理接口的带动力是不一样的，圈子核心龙头个股上涨导致股价指数的上升情景是基于价值单元中龙头个股市值心理接口强带动、中带动、弱带动的三种形态。

鼎盛时期的投资人都希望自己所投资个股的价值单元能够产生极强的带动力，并在指数板块波动中长期发挥作用，成为拥有龙头价值的圈子核心个股。但是个股市值的心理接口具体是多大，才能够影响价值单元从而产生带动力，以及个股的带动力对市值的影响程度需要进一步判断。如 2021 年的茅台酒龙头个股市值心理接口在 3 万亿元左右，带动白酒板块及小盘成长个股、创业板块指数大幅上涨，也使主板指数进入强势区，说明茅台酒的带动力量是比较大的，但是主板指数的大幅上涨，茅台酒龙头个股是无法带动的。在圈子核心的投资过程中，由于带动力的差异，投资人心理承接的个股市值心理接口的作用大小不同，主要有三种不同的价值单元情形供投资人衡量和选择。这三种情形分别为：个股市值价值单元的带动力最强、个股市值价值单元的带动力一般、个股市值价值单元的带动力较弱。

情形1：如图6-28所示，个股市值价值单元的内卷能力最强，人口集中对应心理承接龙头个股市值心理接口范围较大，时间顺序在前。

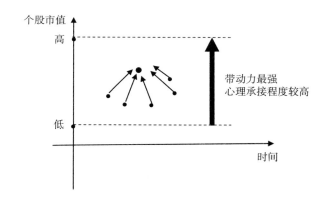

图6-28　个股总市值价值单元带动力最强

特点：圈子核心龙头个股价值单元的市值心理接口带动力最强，增值空间大，时间损失小而使得绝对价值最大化。

优点：圈子核心龙头个股市值带动力最强，使得奢侈品板块可在较短时间内实现最大化绝对价值创造。

缺点：圈子核心龙头个股的带动力最为强劲与快速，对于投资人来说必须迅速反应，否则将会错失最佳投资时机。

要求：需要不断加强和坚守自身的价值投资圈子核心，不宜盲目转换圈子核心龙头个股，错误集中人口而错失最佳投资时间，如茅台酒从几十元上涨到2600多元，是白酒股票上涨倍数最多的个股，只有长期持有，不盲目变换，专业投资人资产增值才会最大。

情形2：如图6-29所示，个股市值价值单元的内卷能力一般，属于躺平的价值单元，心理接口范围适中，跟随内卷能力强的个股一起上涨。

特点：个股价值单元市值心理接口的带动力一般，增值空间没有8倍。

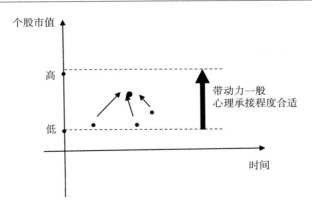

图 6 - 29　个股总市值价值单元带动力一般

优点：个股相对稳定，使得板块个股可在稳定的时间内实现个股价值创造。

缺点：此情形下的个股带动力不如情形 1 的带动力大，也会有一定的缓冲时间，一般不能成为龙头，上涨的空间受到限制。

要求：正确把握机会，耐心等待龙头上涨，跟随龙头个股创造个股价值，如2021 年白酒股票的五粮液、泸州老窖等个股跟随茅台酒龙头上涨。

情形 3：如图 6 - 30 所示，个股市值价值单元的内卷能力较弱，个股市值心理接口范围较小。

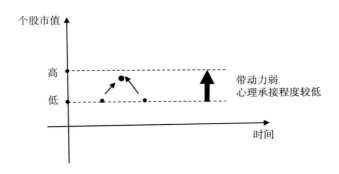

图 6 - 30　个股市值价值单元带动力弱

特点：个股价值单元带动力较弱，增值空间小，时间损失大，获得小的个股价值。

优点：个股的带动力小，时间长，保持个股波动空间小。

缺点：相对于前两种情形来说，在带动力大小和带动力速度方面显得不足，很容易成为投资人不看好的情形，容易边缘化，需要逆袭的精神，才能抓住机会，创造个股价值，但是也不能操之过急，出现逆裂。

要求：正确地判断和选择，保留有足够的耐心，避免错过圈子核心龙头个股带动的机会而错失个股价值创造，如 2021 年的舍得酒业是在茅台酒龙头市值上涨之后，发现市值上升的机会，并抓住机会逆袭，使个股市值迅速上涨，但是容易被监管部门监管成为逆裂对象。

（三）保持鼎盛时期圈子核心个股市值不断增大的四种方法

为保持圈子核心个股市值的不断增大，可以在现有圈子的内部以及外部寻求圈子核心，分别有四种方法，即价值展现、价值再现、价值再构和价值再塑。这四种方法分别适用于不同的情形，共同发挥着作用，利用这四类方法来不断地增强板块中的圈子核心，增加心理接口延展的长度，实现绝对价值的创造。

1. 方法一：价值展现——该个股上涨至历史高位，成为圈子核心

在各圈子间存在着价值或可投资的机会，必须去寻找发现具有圈子核心的价值单元，即有足够增长空间和体量大的单元，才可以持续地实现 8 倍增值。如个股圈子核心从来没有显现，必须有一次机会表现，就是个股价值的展现，2005 ~ 2007 年的钢铁板块龙头就是传统产业最后一次表现出龙头个股价值机会；还有一些行业龙头长期积累，终于可以展现自己的价值，如茅台酒就是中国几千年白酒文化的积累结果，终于在这只个股身上得到了展现，个股市值突破 3 万亿元。

个股价值的展现是对过去历史价位的突破，是专业投资人依据该板块龙头个股在全球资本市场的头部高度进行投资，如武汉钢铁历史最高价位是 9 元多，而国际资本市场钢铁龙头价位是 20 多元，所以武汉钢铁个股在 2005 ~ 2007 年的行情中最高价位就是从 2 元多上涨至 23 元左右，如图 6 – 31 所示。茅台酒个股在国际市场没法比较，就是自身走出独立行情，上涨到市值超过 3 万亿元，个股价位 2600 元基本到顶，如图 6 – 32 所示。

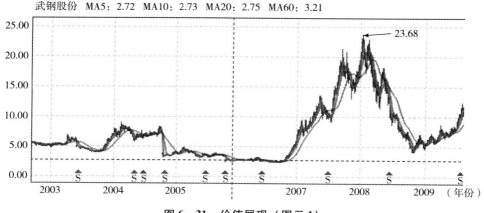

图 6 – 31　价值展现（图示 1）

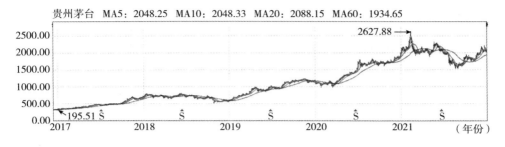

贵州茅台 MA5：2048.25 MA10：2048.33 MA20：2088.15 MA60：1934.65

图 6 – 32 价值展现（图示 2）

2. 方法二：价值再现——该个股曾经有过历史高位，再次重新超过过去

在圈子内部存在着再次出现价值增长的空间和时机的趋势，圈子内部的个股能力都不再强劲时，经过一段时间的调整，由于价值的再造，继续成为圈子核心，激发圈子核心重新实现龙头价值。如中信证券曾经的历史高位是 117 元，是 8 倍上涨的结果，随着大盘的下跌，龙头个股价位大幅下跌，2021 年随着中国资本市场的大幅上涨空间打开，投资银行的龙头个股中信证券昔日的风光就要再现了，国际资本市场投资银行龙头个股的高位在 240 元左右，中信证券就会从 14.7 元上涨 8 倍至 120 元附近，最后上涨至 240 元附近，如图 6 – 33 所示。

龙头个股历史高位再现出现的个股并不多见，是一个难得的投资机会，必须牢牢把握，个股有以前的价位作为参考，投资起来就会比较容易把握，基本不会出错。

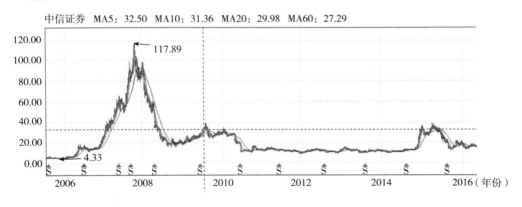

中信证券 MA5：32.50 MA10：31.36 MA20：29.98 MA60：27.29

图 6 – 33 价值再现

3. 方法三：价值再构——该板块内个股价值是企业重组后形成的龙头，个股市值具备 8 倍增值空间

价值再构指个股内部各项资产进行重新构建和组合。这时以前的圈子内部已

无法带动整体大盘继续上涨，就需要脱离原有的圈子，组建新的圈子进行价值的重新整合。个股的总市值就会产生飞跃，达到一定的水平，挖掘成为新的价值单元，并使该个股不断创造绝对价值。

如中国中车个股就是中国南车和中国北车合并重组形成的新高铁板块，是当之无愧的龙头，引领高铁板块市值上涨，本来没有这个板块和这个龙头，没有重组、合并，龙头就会不确定，价值再构出现了新的龙头，如图 6 - 34 所示。

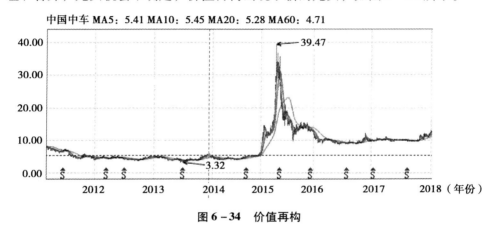

图 6 - 34　价值再构

4. 方法四：价值再塑——该个股市值不再增长，再次对个股进行塑造，寻求和保持新的龙头地位

当个股市值不再增长时，需要将该个股脱离以前的行业板块，进行行业转型和改造，对个股进行价值再塑，创造全新的圈子核心价值。

如中信重工个股下决心改变，逐步发展特种机器人、智能矿山，成为新的价值重塑，是非常明显的重工行业龙头个股，如图 6 - 35 所示。

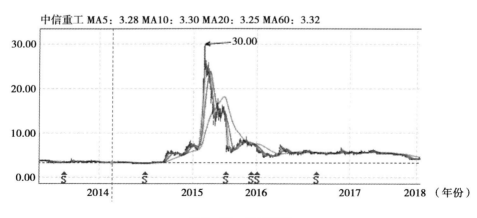

图 6 - 35　价值再塑

四、心理承接的扩大和调整

（一）心理承接调整的类型：主动和被动

对于鼎盛时期来说，龙头个股的心理承接的调整分为主动和被动两个方面。主动调整是指通过圈子核心的自行调整，对绝对价值的变动方向产生推动作用，避免投资人盲目集中或者通过心理承接的有效放大，使奢侈品龙头上涨升值，从而带动一个行业的发展，创造绝对价值。而被动调整指的是顺应国际国内的个股市值的心理接口变化情况，是由国际、国内个股市值的一般规律决定的方向性变动，受到全球所有的国家以及投资者的决定性影响，但被动调整往往出乎投资人的意料，需要采取相应的措施。

主动调整是指通过圈子核心的内部加强，对龙头奢侈品的价格变动方向产生影响。一方面调整心理承接的时机：判断当前是否是圈子核心 8 倍空间的最佳时机，若是圈子核心的时机，则应当结合人口模式保持圈子不断地聚集核心；若当前不是，则需要转移圈子核心，耐心等待升值时机，否则有可能会发生圈子核心所创造的价值倍减、成倍减、百倍减。另一方面调整心理承接的顺序：圈子核心应当进行主动调整使创造价值的顺序正确，如上完博士，才去评教授职称，顺序不能颠倒，板块龙头也一样，从而保证指数板块能长期拥有圈子核心地位。鼎盛时期每一个国家自身必须正确地放大心理承接的变化幅度，从而吸引全球投资人进行圈子核心集中。

被动调整指的是顺应国际、国内专业市场龙头奢侈品圈子核心的情况，是由国际、国内龙头奢侈品集中的一般规律决定的方向性变动。被动调整的出现一方面是出于自身原因，受到承接的龙头个股价值创造达到了高位，无法实现倍增，也无法继续通过圈子创造出新的增值空间，核心出现转移，转而围绕其他具有增值空间的国家龙头个股，如传统汽车龙头在德国、飞机龙头在美国，其他国家很难超越。另一方面是其他原因，全球范围内的绝对价值出现变化，另一个核心比该圈子核心具有更大的绝对价值，使得价值向另一个圈子核心集中。圈子核心的被动调整是由于心理承接发生巨大变化，在投资人意料之外，引起其他个股市值的向下心理接口大幅波动，如互联网产生在全世界，各国都在寻求圈子核心，真正的圈子核心是美国的移动终端苹果手机，开始人们都没有想到，也不愿意承认，最后苹果股票的市值和品牌地位证明了这一切。因此，每一个国家都必须寻求适合自己国家发展的、被全球认可的圈子核心，并且放大龙头个股的资产市值，调整个股的心理承接。

（二）提高心理承接的幅度

圈子核心的正确选择在鼎盛时期起着不可替代的作用，保持适当的心理承接在提升投资效率的同时更能保证投资的有效性，促使投资人资产的扩大和经济的增长，反之，若对于圈子核心的选择不当，超过了心理承接绝对价值龙头总市值的心理接口范围，就会造成不好的结果，诸如资产的崩溃、金融市场秩序的混乱，最终影响到国家的发展。由此看来，正确地把握心理承接，并进行适度的扩大，保证能够在一个合适的心理接口范围内得到最高效的作用发挥，这将成为众多投资人专注的点。

适度提高心理承接的幅度，主要是依托价值单元形成的圈子核心，主要有三个步骤：第一步，寻找影响圈子核心心理承接的价值单元，控制心理承接的核心是了解影响心理承接的关键价值单元行业龙头个股。影响核心心理承接的单元因素分为国内价值单元和国际价值单元。第二步，圈子核心的产生可以落脚到具体的个股上，具有圈子核心关键价值单元的个股由于国家和地区不同而不同。第三步，选择对应的提高方法。对应单元不同体征的龙头个股并参照圈子核心市值增大的不同方法的具体描述进行相应抉择，从而在适度的范围内提高心理承接的幅度。

人们心理承接的大小主要是受到国内价值单元和国际价值单元的影响。在进行专业化的投资过程中存在巨量的短期资金流动，而这正会影响到各国的政治、经济、文化、军事等领域，导致在资金的去处方面有着很多不确定性，最终体现为专业化领域内投资人心态以及对龙头个股的心理接口，进而对专业领域内的个股价格产生影响。在国际层面，个股心理接口的提升会引导资本的流入。由此，国内价值单元与国际价值单元都会影响到人们的心理接口，具体如图6-36所示。

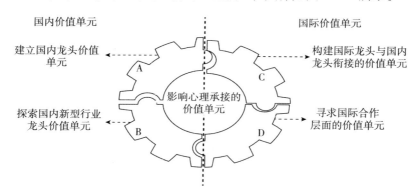

图6-36　影响心理承接的价值单元

1. 建立国内龙头价值单元

人口营商需要自身集中圈子核心的龙头个股，并且组建好国内龙头价值单元，才能够带领国内相关行业乃至整体得以快速发展。龙头个股是所有价值单元中最具有潜力和能力的存在，对于整体的发展有着强大的带动力。通过国内人口营商集中于龙头个股，将会使得行业内技术以及市场不断升级，产生高水平的行业发展态势，实现行业内的纵向发展和行业间的横向带动。比如，2005～2007年的股市行情中，中国的钢铁龙头个股大幅上涨。由于钢铁龙头的发展带动传统产业快速发展，如钢铁、汽车、机械、石油、煤炭等，真正使中国钢铁技术和产量在全世界遥遥领先，这是在综合分析国际、国内价值单元的前提下做出的通盘考虑的结果，是正确抉择的钢铁龙头个股。

2. 探索国内新型行业龙头价值单元

新型行业的产生是形成龙头个股价值单元的重点所在。当国内的新型行业被发掘出来以后，并吸引到足够的资源来进行发展，才可以在完成技术创新和现实应用需求的同时，产生国内的一个龙头行业来带动国家经济等的发展。创新作为第一发展动力，是一个民族进步的灵魂，是一个国家兴旺发达的不竭动力，只有创新才能够把核心技术掌握在自己手里，解决"卡脖子"问题。随着对新型行业的重视，其发展甚至超过了传统行业，比如传统汽车的核心位于德国，要想超越其成为新的传统汽车行业核心显得费时又费力，乃至不可能发生，此时，反观国内的一个良好应用场景会发现，国内的城市人口众多以及对于环保的倡导使得中国更适合发展新能源汽车，在这个领域讲好中国自己的故事。目前的新能源汽车产业逐渐发展起来，有望成为国内未来新型的龙头个股的核心价值单元，只是这个龙头价值单元是哪只股票还不得而知，而高铁行业价值单元龙头个股是中国中车是非常确定的。

3. 构建国际龙头与国内龙头衔接的价值单元

国际龙头个股的价值单元发展迅速，必然会影响到国内相关龙头个股的价值单元的形成。例如，法国红酒以及西方啤酒的龙头使得国内在酒行业形成白酒龙头茅台。在商业全球化的背景下，一国的专业价值单元势必会产生广泛的影响力，各国价值单元密切相关，相互之间有一定的影响作用。国际龙头个股会对国内龙头价值单元的形成产生良好的示范作用，对判断龙头个股顶格思维有促进作用，产生人口信任，国际龙头不一定产生于本国，但对于国内潜在龙头的形成起到重要借鉴作用，提供龙头个股正确的发展方向。例如，形成内循环的白酒、服装、牛奶、投资银行等价值单元存在巨大发展空间，相关行业将会受到国际龙头个股的带动，本国龙头个股价值单元逐步走向专业化和规范化。

4. 寻求国际合作层面的价值单元

全球化投资一步步发展使得国家间的合作愈加频繁。从很多行业来看，一个国家或者企业很难完全地拥有某一种行业的所有产业链，国际合作的进行才会使彼此之间的要素进行极大程度的互补和融合，从而使本国在该行业内占有一席之地。国际合作的迫切需要催生了跨国技术合作、市场合作、应用合作的出现。只有广泛合作的完美进行才有可能帮助某一个企业或者国家逐渐地获得资源的吸收

和利用，进而促进国家龙头价值单元的产生，例如美国的苹果手机就是技术、市场、应用合作的典型代表，使得美国苹果手机成为世界圈子核心的内卷价值龙头单元。

第四节　圈子核心变化的价值创造

一、圈子核心的研究对象

本章研究的重点在于如何从众多价值单元中选择出最优策略，由此称之为圈子核心策略。圈子在鼎盛时期的本质为核心，核心的选择及把握是一个极其复杂而又关键的变化过程，相比于昌盛时期的圈子社交以及兴盛时期的圈子缘分定义复杂，随着时期的演进而逐步显示出其自身的重要性。鼎盛时期重视圈子的作用，这是一个能够放大圈子心理承接，从而帮助人们获得高效的投资和巨大的财富的机遇，研究圈子核心将具体表现为专业投资人对于圈子核心市值心理接口承接倍数的把控。

本章的主要内容是如何运用圈子策略进行龙头价值的创造，并且在多种圈子核心的集中选择情形中选择正确的策略方法来完成圈子核心的投资。圈子核心的研究对象已不再是《人气营商投资理论与实践》中的房价、物价和股价"三价"之间的投资转化以及《人群营商投资理论与实践》中成长板块投资和推动股票指数上涨的地区板块、行业板块，而是将关注点转移至成长板块内的龙头个股上，利用好圈子策略正确地进行投资选择，寻找合适的龙头进行投资，创造绝对价值最大化。本书研究的对象不是一般商品或是衍生品的价值，而是投资奢侈品个股的绝对价值。鼎盛时期研究圈子是为了创造绝对价值，圈子核心发挥作用的过程就是利用学习心理学，吸引投资人在专业化市场上寻求专业化的个股进行投资，实现绝对价值创造的过程。相比于金融衍生品所创造的相对价值，奢侈品创造的绝对价值更加受到投资人的青睐，也是对金融衍生品投资的落地和跟进，并强调投资个股的绝对价值最大化，这是人口营商学的关键所在。对此，投资者需要结合金钱杠杆和系统动力理论，充分掌握并运用圈子核心策略对某一具体个股进行正确的投资。

圈子核心的研究对象不同于金钱对策和系统决策，这是基于三个时期演进而来的。由商业社会、虚拟时代再到鼎盛时期，鼎盛时期使得奢侈品最受青睐，奢侈品的类型广泛，只有存在 8 倍价值增值空间的龙头个股奢侈品才是安全的投资对象，它自身的价值独特性以及与人口营商学理论的高度吻合性成就了其奢侈品的"宠儿"地位。圈子核心的 8 倍先、中、后都是投资人判断心理承接的标准，持续地关注龙头个股投资的 8 倍增（减）空间，判断圈子核心的对象变化，准确把握核心对象保持或转换的依据，在不同的心理接口情况下正确进行核心转换，将会帮助获得价值增值的最大化。

　　人口营商的研究是由人气对策的商业社会转移至人群契合的虚拟时代，进一步过渡到人口信任的鼎盛时期，以人气关注的商品"三价"及人群跟随的金融衍生品股价为基础，如图 6–37 所示。可以看出，在鼎盛时期，奢侈品龙头个股是主要的研究对象，通过圈子核心策略研究奢侈品龙头个股，个股市值心理接口放大带动鼎盛时期进一步演进。从社会—时代—时期的纵向过程来看，研究重点在于如何得到人气的周期关注，保证本国商品长期处于"明星"阶段，进而获得较大的比较价值。如若一个国家能够一直保持着高的人气关注度，则表示虚拟时代的衍生品股价指数和契合的行业板块具有实现"蓝海价值"的能力，并且在"三价"中，将股价选为人群投资研究的重点，研究股价价值共同指数投资和推动股票指数上涨的行业（地区）成长板块，只有股价承载成倍增或倍增的波动空间的三种人群环，并且不会因为股价的大幅波动而造成比房价大幅波动更为恶性的后果，同时大量企业上市发行股票，还有利于实体经济的发展。人口营商学将奢侈品龙头个股作为主要的研究重点，奢侈品不只是表现在龙头个股上，人们更熟悉没有上市的实物奢侈品，但是营商学最后投资落地的龙头个股奢侈品，往往是一些产业的代表和龙头，龙头可以带动相关产业发展。因此，圈子就是研究以证券化蓝海成长行业板块为基础的专业化的奢侈品龙头个股，使专业投资者能够通过个股市值的心理接口和心理承接的空间倍数形成圈子核心的投资策略，创造绝对价值。

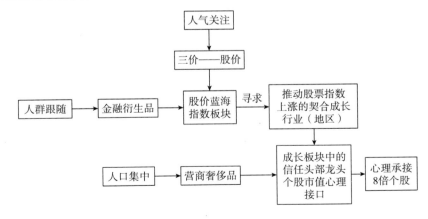

图 6–37　圈子核心策略的研究对象

二、圈子核心龙头价值实现的类型

从圈子核心龙头个股价值实现的类型分析中，判断圈子核心龙头个股8倍先、中、后的价值增值，是圈子核心投资的关键，是人气对策、人群契合和人口集中分析的结果，通过人口顶及信任头部分析进行投资抉择，鼎盛时期圈子核心个股市值心理接口及增值空间的心理承接是抉择龙头价值的关键，圈子核心价值实现类型判断需要对于人气的四个对策进行正确的判断，各个对策均对应着不同的股价上涨逻辑，同时形成不同的股价指数人群环。而股价指数的人群环契合不同类型的价值板块，鼎盛时期的圈子核心是在商业社会人气关注的对象——"三价"以及虚拟时代人群跟随契合成长板块的基础上进行的研究。人口集中主要有先、中、后三种人口顶，这三种人口顶均能够对应到契合成长板块的龙头个股上，一为8倍快、不足人群环对应形成的圈子核心龙头个股的实现顺序——经济价值龙头8倍先、社会价值龙头8倍中、文化价值龙头8倍后；二为8倍中、正好人群环形成的圈子核心龙头个股的实现顺序——社会价值龙头8倍先、经济价值龙头8倍中、文化价值龙头8倍后；三为8倍慢、超过人群环形成的圈子核心龙头个股的实现顺序——社会价值龙头8倍先、经济价值龙头8倍中、文化价值龙头8倍后。成长行业在指数上涨4倍时有8倍龙头个股的投资空间，也就是有龙头存在，在不同对策作用下形成人群环界限是不同的，人群环作用下契合成长行业板块在8倍增值过程中存在时间点上的不同，不同价值内涵的龙头个股实现顺序是不同的，错误地判断顺序，圈子核心龙头个股市值放大的心理接口投资就会出现问题。对此，在现实投资类型选择上一定要先通过人气对策形成的人群环界限不同，以及2倍、4倍形成速度等判断人群环类型，进而对应确定契合成长板块的圈子核心龙头个股顺序。

由前面章节的理论可以看出，只有8倍先、8倍中和8倍后才被称为圈子核心龙头个股，其余的2倍和4倍等都是在8倍形成过程中起到基础或者支撑作用。如若投资人想要把握住圈子核心，就必须准确地把握人气对策以及人群契合成长行业板块轮动的时间顺序，从而选择形成圈子龙头个股心理接口对应的投资策略，依靠信任头部理论以及投资人的智慧进行策略调整。大多数专业投资人本身的投资还会犯错误，原因在于圈子核心形成倍数大小与大盘资金形成的速度和规模密切相关，必须耐心等待，不能准确抓住圈子核心投资时机，资金成本会大大增加，而利润大大减少。找到合适的圈子核心龙头个股投资买进和卖出价位，才有可能真正实现龙头个股绝对价值，具体情形如图6-38所示。

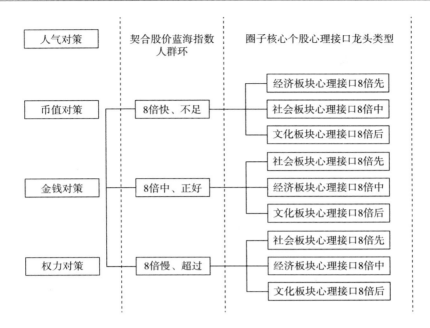

图 6-38　圈子核心心理接口实现的时间先后顺序及类型

三、龙头个股的圈子策略

（一）圈子投资策略选择步骤

对于圈子策略来说，圈子核心原理主要是说明圈子核心在鼎盛时期的运作机理。从国家层面看，能够正确地运用鼎盛时期的圈子核心策略，将使本国的龙头奢侈品得到集中投资，获得专业且稳健的发展，从而最大程度地实现绝对价值创造。从专业投资人角度来看，了解并掌握圈子的作用机理可以使投资者在投资过程中以最小的时间损失获得8倍、百倍最大价值增值。圈子核心的确定与转移是由专业投资人共同决定的，导致了不同的投资可能性，由此投资人必须依照圈子核心的头部心理承接高度与市值心理接口大小差异性选择与之相对的投资策略。专业化的圈子核心投资一共分为五个步骤，如图6-39所示。只有严格地按照如下步骤进行投资，鼎盛时期奢侈品龙头个股专业投资人才能够更好地实现在鼎盛时期的圈子核心投资策略，使个股资产升值，获得8倍投资收益。

第一步，选择人群跟随一个国家指数系统中最为确定的指数与契合的成长价值板块。以人群投资选择的标准为跟随，在《人群营商学》中进行了明确的阐述，由此，首先应当寻找人气关注国家的股价指数系统中最为安全的股价指数板块。如中国目前最为安全的是主板指数。由于各个国家在保证创新的前提下，更

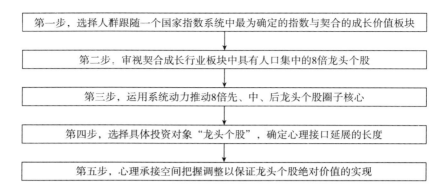

第一步，选择人群跟随一个国家指数系统中最为确定的指数与契合的成长价值板块

第二步，审视契合成长行业板块中具有人口集中的8倍龙头个股

第三步，运用系统动力推动8倍先、中、后龙头个股圈子核心

第四步，选择具体投资对象"龙头个股"，确定心理接口延展的长度

第五步，心理承接空间把握调整以保证龙头个股绝对价值的实现

图6-39　实现个股圈子核心龙头价值的步骤

加重视新的衍生品发展，从而产生众多的股价指数板块，这为投资人选择投资造成了一定困难，选择一些次板，风险偏高、上涨快、监管松，但是不确定性增强，很容易出现投资错误，由此产生的圈子策略龙头个股的确定性更容易出现偏离。应选择人群跟随的确定性指数板块，以及契合人群环的成长行业板块，投资具有较强的价值内涵的成长行业、相对价值判断清晰的行业板块。

第二步，审视契合成长行业板块中具有人口集中的8倍龙头个股。即选择具有8倍龙头价值人口顶的集中个股。《人群营商学》中对契合的成长行业板块进行了研究，指人气对策作用下产生8倍不足（快）、正好（中）、超过（慢）形象思维指数人群环，不同的人群环契合不同的成长板块，每个板块包含大量的个股，但龙头价值个股只有一个，只有人口集中的个股，才能够通过不同时间顺序创造8倍价值增值，带动所在的整体板块上涨。而在龙头个股的选择过程中需要耐心等待并把握住投资的时机，以成功实现个股8倍先后顺序的价值增值。

第三步，运用系统动力推动8倍先、中、后龙头个股圈子核心。指数的上涨是契合的行业板块推动的，但是不同的人群环，由于对策不同，契合的行业板块是不同的，如在币值平台对策下，指数人群环是8倍不足、快，契合的板块文化价值是黄金板块、经济价值是钢铁板块、社会价值是证券板块，系统动力理论4倍人群环，最开始放开板块心理接口的是钢铁板块，龙头个股是钢铁龙头8倍先，而不是证券板块，因为钢铁板块在2倍人群环指数时，板块没有上涨。在金钱杠杆对策下，指数人群环是4倍人群环，系统动力应该首先放开证券板块，资金流入、心理站位、指数上涨首先带动的是证券板块，介入资金最早的应该是证券板块，高铁板块应该在证券板块之后，需要的资金量较大，介入资金较晚，也可以通过龙头个股启动的心理站位进行分析。通过充分了解成长行业板块的各只个股，进而准确选择出龙头个股后，对其进行重点培养，则是受到龙头个股的价值单元作用，创新行业新龙头、构建国际国内龙头价值单元以及共建全球价值单元都是投资龙头个股、构建圈子核心的关键步骤，若没有处于价值单元的内卷单元中，便不能真正成为龙头，更不可能实现8倍的增值空间。在对内卷单元龙头个股的绝对价值投资过程中，经历了三种价值单元的类型选择，即内卷单元、躺平单元和逆裂单元，投资人必须会对内卷单元进行准确把握和投资操作，如2014~2015年的股市行情没有中国中车的重组形成内卷，该个股就不会在2倍人群环时形成4倍的个股心理接口。

根据《人气营商学》中的各个投资对策以及《人群营商学》中的人群环理论，三种策略对应出三种典型的价值内涵行业板块龙头价值情形，具体如图6-40所示。心理接口延展的长度影响着圈子核心的形成，而接口延展的长度是根据人口信任的龙头个股顶格和4个策略的结合得出的，也是投资人在结合投资理论和实践经验后的总结。龙头个股的股价受到价值单元的作用，这也正是运用圈子核心理论进行价值单元龙头个股选择的逻辑所在。

第四步，选择具体投资对象"龙头个股"，确定心理接口延展的长度。在进行了正确投资对象以及投资顺序的选择后，就需要把握龙头个股心理接口延展长度，龙头个股8倍心理接口延展长度往往不一致，平台对策龙头个股8倍先延展长度与8倍中交叉，8倍中与8倍后交叉，金钱对策使龙头个股8倍先形成的时间延长，但是8倍先、中、后不会交叉，绝对价值创造最大。心理接口延长避免出现投资错误的情况，特别是买进和卖出时的个股价位偏差，投资人就很难把握正确的投资节奏，比如当个股还没有进入8倍上涨过程时就买进股票，导致时间和金钱的浪费。心理接口的正确性将直接影响到圈子核心的稳定，也是后续价值单元龙头个股形成的关键所在，而这个过程正是需要结合时间、空间以及上涨顺序变化动态进行投资选择和判断的，其中重点大多在于对龙头个股8倍上涨顺序的正确判断，比如在金钱杠杆对策下，指数人群环4倍快、超过人群环，倍数为8倍先×8倍中×8倍后=512倍，8倍足够清晰但也需要严格判断形成的心理接口4倍和2倍的大小和快慢，平台对策形成的8倍先、8倍中、8倍后这三个过程经常会相互重叠，8倍先进行的时候，8倍中乃至8倍后也可能在陆续进行交叉，这时候就需要判断4倍和2倍的大小，依靠丰富的投资知识和经验来创造价值最大化。

第五步，心理承接空间把握调整以保证龙头个股绝对价值的实现。龙头个股的8倍增值是投资人的心理承接，而进行龙头价值实现的一个重要影响因素便是对奢侈品龙头个股的心理承接的把控能力。龙头个股人口顶的实现是人口信任以及四个策略共同的结果，由此可以看出准确把握龙头个股人口顶的重要性所在，假设在投资龙头个股的过程中并没有足够的信任其有8倍增值空间，那么就意味着投

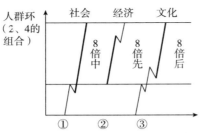

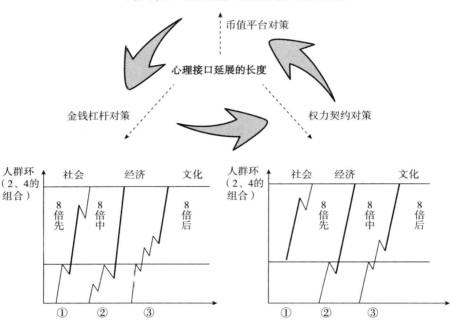

图 6-40　心理接口延展的长度

资人在这个过程中并没有准确地把控心理承接，影响到最终的投资决策，结果一定会丢失绝好的投资对象和机会。龙头个股的心理承接必须处于不断调整的过程中，争取实现与指数板块一致上涨，与行业板块契合，即便如此，在龙头个股成功实现的过程中会有很多的干扰存在，这就要求投资人坚定龙头个股 8 倍绝对价值会实现，准确地把握住心理承接。再结合人口信任和 4 个策略理论，参考个股的历史价位，把控龙头个股的每个价位的心理承接，共同组成最优的圈子核心策略，如 2018 年以后的证券龙头个股中信证券心理承接在不断调整，从 14.7 元上涨至 27 元，下跌至 19.4 元后上涨至 34 元，下跌至 22.5 后上涨至 80 元，下跌至

60 元后上涨至 120 元，最终实现 14.7 元上涨至 120 元的 8 倍心理承接，每个价位的心理承接都是各个 2 倍与 4 倍的心理承接，4 倍承接实现不了，形成 2 倍承接，个股启动的价位高低、指数的上涨价位、单元的内卷程度都决定能否形成 4 倍承接以及 8 倍承接的最后形成。

（二）圈子核心龙头个股的投资策略

鼎盛时期圈子核心所投资个股的策略受心理接口和心理承接的影响。心理接口延展的长度、心理承接的倍数，都将直接影响投资人对于鼎盛时期奢侈品个股的绝对价值判断。《人气营商学》人气关注在房价、股价和物价上，《人群营商学》人群跟随在股价的指数和成长行业板块上，《人口营商学》人口集中在龙头个股股价上。无论投资一个国家，还是投资在专业化市场中个股市值心理接口，使个股股价增值空间最大、时间损失最小、绝对价值最大，最终都是落实在信任个股股价的头部高度上，形成最终的圈子核心策略。本章就此结合三种营商理论对圈子核心龙头个股价值单元形成的要点进行综合归纳，具体如图 6-41 所示。

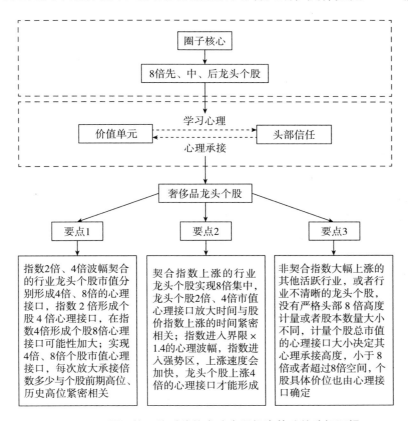

图 6-41 圈子核心绝对价值龙头个股投资策略的选择逻辑

要点 1：指数 2 倍、4 倍波幅契合的行业龙头个股市值分别形成 4 倍、8 倍的心理接口，指数 2 倍形成个股 4 倍心理接口，在指数 4 倍形成个股 8 倍心理接口的可能性加大；实现 4 倍、8 倍个股市值心理接口，每次放大承接倍数多少与个股前期高位、历史高位紧密相关。

专业投资人通过信任头部顶格思维分析和人口集中判断龙头个股奢侈品，圈子核心通过个股市值心理接口判断和心理承接的倍数，个股市值心理接口放大有快、中、慢，强、中、弱，更有先、中、后。龙头个股的 8 倍先、中、后是重点，只有按照 8 倍先、中、后进行专业投资，才能实现绝对价值投资最大化。个股市值心理接口是圈子核心策略的重点，在指数上涨 2 倍时，龙头个股市值放大 4 倍以上；在指数上涨 4 倍时，龙头个股市值放大 8 倍的可能性大幅增加；指数人群环 2 倍不足、正好时，就会有个股市值不上涨；在 4 倍指数人群环时，龙头个股首先上涨 8 倍。平台对策推动的个股市值 4 倍、8 倍快而强劲，但是节奏不好把握；金钱对策推动的个股 4 倍快和明确，但是时间短暂，不能全部准确投资，同时下跌较快，4 倍人群环的 8 倍龙头个股明确，但是上涨速度大大减缓，受到大盘上涨速度、价位影响，价值单元内卷能力和心理承接的 2 倍、4 倍倍数紧密相关。如 2018 年开始形成的 8 倍证券龙头个股——中信证券，在大盘上涨的整个过程中，市值多次上涨 2 倍，大盘上涨速度、个股内卷能力、个股前期高位、个股历史价位，决定了龙头个股上涨实现 8 倍先的复杂性，从 14.7 元上涨到 27 元，实现 2 倍；下跌至 19.4 元上涨至 34 元，实现 2 倍；下跌至 22.5 元后上涨至 80 元，实现 4 倍，是 19.4 元上涨至 80 元，而不是 22.5 元上涨 4 倍到达 90 元；下跌至 60 元后上涨至 120 元，实现 2 倍，最终实现 8 倍先的绝对价值增值。具体如图 6-42 所示。

要点 2：契合指数上涨的行业龙头个股实现 8 倍集中，龙头个股 2 倍、4 倍市值心理接口放大时间与股价指数上涨的时间紧密相关；指数进入界限 ×1.4 的心理波幅，指数进入强势区，上涨速度会加快，龙头个股上涨 4 倍的心理接口才能形成。

准确分析大盘指数的人群环 2 倍、4 倍界限有助于确认龙头个股是否启动 4 倍或者 8 倍上涨，大盘 2 倍指数上涨，契合的行业龙头个股上涨 4 倍，大盘上涨 4 倍契合的行业龙头个股上涨 8 倍，但是龙头个股 4 倍、8 倍上涨，与大盘指数上涨位置紧密相关，龙头个股 4 倍、8 倍真正上涨是大盘指数在界限 ×1.2 和界限 ×1.4，只有结合大盘指数，才能判断龙头的先、中、后，使得龙头个股的心理接口放大和形成更为准确。如 2014 年 9 月指数在 1850×1.2＝2220 附近及以上启动指数 2 倍界限，2014 年 11 月，证券龙头个股——中信证券才真正形成 4 倍上涨至 9.29×4＝37.16，个股在前期一直是筑底、建仓，个股在 9.29×1.4＝

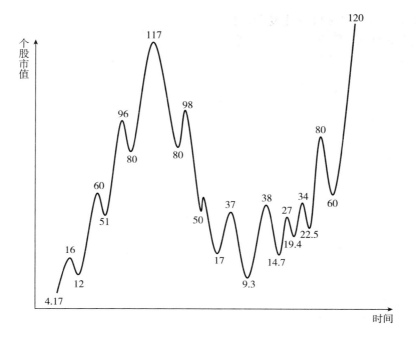

图 6 – 42　中信证券市值涨跌示意图

13 启动，启动价位与大盘指数紧密相关。

　　8 倍龙头个股与大盘上涨更是关系密切，2005～2007 年股市平台对策推动指数 2 倍不足界限与 4 倍正好界限时间间隔短，龙头个股 4 倍与 8 倍形成时间间隔短，证券龙头中信证券从 4 元上涨至 16 元，随后从 12 元上涨至 60 元，实现 4 倍超过，下跌至 50 元后上涨至 117 元，实现 2 倍超过，彻底实现个股 8 倍超过，当时证券龙头个股价位低、盘子小，市值心理接口放大并不大，大盘指数形成 8 倍的时间短，大盘也基本没有大幅下跌，所以龙头个股上涨的 8 倍就比较容易判断和实现。2018 年以后的证券龙头个股中信证券，能够完整实现 8 倍正好心理接口就非常不易，个股盘子大、市值大。金钱对策推动股票上涨的指数 2 倍界限和 4 倍界限与平台对策不同，大盘指数是 2 倍超过，大幅下跌，再形成 4 倍超过，中间时间间隔长，指数界限不同，所以证券龙头个股上涨 8 倍的节奏完全不同，只有大盘指数 4 倍超过的界限在 2440.91 × 1.4 = 3417 点之上，证券龙头个股才有市值心理接口上涨 4 倍的可能，否则指数大盘上涨，龙头个股上涨 4 倍是很难实现的。如中信证券龙头在 3417 点之前，每次上涨都不可能上涨 4 倍，14.7 元上涨至 27 元，实现 2 倍；下跌至 19.4 元后上涨至 34 元，实现 2 倍，继续下跌至 22.5 元，才能止跌。

龙头个股心理接口变化复杂，虽然很难准确地进行把握，但是利用人气对策、人群跟随理论，再进行龙头个股心理接口和心理承接的分析，把握龙头个股心理承接的倍数高低与龙头个股市值心理接口大小，调整、判断心理接口大小和倍数也不是特别困难，进而确保 8 倍龙头个股价值的增值实现。

要点 3：非契合指数大幅上涨的其他活跃行业，或者行业不清晰的龙头个股，没有严格头部 8 倍高度计量或者股本数量大小不同，计量个股总市值的心理接口大小决定其心理承接高度，小于 8 倍或者超过 8 倍空间，个股具体价位也由心理接口确定。

与契合指数上涨的行业龙头不同的是，非契合指数大幅上涨的其他活跃行业或行业不清晰的龙头个股一般都是计算龙头个股市值大小，龙头个股推动指数上涨也不会明确，一般出现在股市上涨的前期，活跃大盘气氛，热点切换，赢得赚钱效应，也是非常重要的，只是指数没有站在强势的龙头个股基本是题材股，是短期资金、短期炒作的表现，还有一些龙头个股是盘子不够大，其板块对指数影响不大，这些板块上涨以及龙头个股的形成，有利于长期资金的吸引和形成，为长期资金进入和投资人进行心理调整提供了充足的时间，对于指数前期高位的消化、树立投资信心具有重要的帮助作用。如大盘指数 2019 年初形成 2440 点位以来，医疗板块、科技板块、创业板块、白酒板块，各种板块龙头相继涌现，是主板大盘指数上涨的助推器，使主板大盘真正站稳 3417 点。

没有明确的契合股价指数上涨的成长行业作为判断依据，此时的龙头个股带动形成的个股价位直接受到个股市值的心理接口放大的影响，反过来决定心理承接的 8 倍空间是否能够实现，心理承接的 8 倍空间不是非常确定。比较明确的案例就是茅台酒龙头个股在股价 2600 元之上，个股市值是 3 万多亿元，结合当时的各种舆论和指数点位，可以看出如果市值继续增加，其最大值就是 6 万亿元，也就是现在 6 个西安市的年 GDP，投资人继续放大其心理接口的可能性大大降低，茅台酒继续实现 8 倍增值 $500 \times 8 = 4000$，是不可能实现了，3 万多亿元的市值心理接口是茅台酒龙头个股在相当一段时期的顶峰，除非中国的白酒可以影响全世界，如同可口可乐影响全世界一样，茅台酒市值继续放大就很困难。

本章练习

一、简答题

1. 简述圈子在三个不同时期中的含义、表现和作用。

2. 简述圈子核心原理。

3. 如何理解圈子核心的三个确定？

4. 如何理解价值单元？

5. 如何运用圈子策略进行奢侈品个股绝对价值投资抉择？

二、材料分析题

2016 年以来，A 股市场表现最好的股票应该是贵州茅台。5 年时间里该股票从 120 元上涨到 2021 年初的最高价位 2627 元，上涨 21 倍。茅台股票持续几年雄霸基金重仓股的首位，截至 2020 年底，基金持有该股票的市值最高时近 2000 亿元。同时，白酒板块也迎来大爆发，山西汾酒、水井坊、顺鑫农业等个股股价大涨。2021 年 2 月 10 日早盘，开盘后贵州茅台股价就一路上涨，迅速站上了 2500 元的位置，盘中些许回落后，尾盘贵州茅台持续拉升。截至鼠年最后一个交易日收盘，贵州茅台收报 2601.00 元，涨幅为 5.89%。相比 2020 年 2 月 3 日鼠年第一个交易日贵州茅台 986.90 元的收盘价，这一年贵州茅台的股价飙涨了逾 163%。2016 ~ 2021 年茅台股票的具体走势如图 6 - 43 所示。

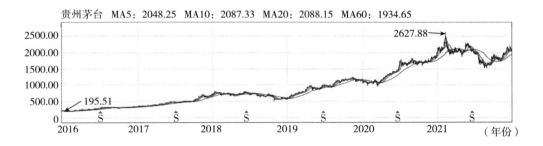

图 6 - 43　2016 ~ 2021 年茅台股票走势

随着股价的快速上涨，茅台的市值快速突破 3.3 万亿元，2020 年茅台市值超过中国工商银行和中国平安，成为 A 股市场市值最高的股票。与此同时，2021 年 1 月 22 日上午，西安市人民政府新闻办举办 2020 年西安市国民经济运行情况新闻发布会。会上，西安市统计局公布 2020 年西安市 GDP 增速 5.2%，总量 10020.39 亿元，西安首次进入万亿俱乐部，也成为西北首个 GDP 破万亿的城市。而相比之下，茅台的市值达到了西安年 GDP 总量的 3 倍左右，这无疑带动了行业乃至贵州省的发展。

不过，对于茅台来说似乎没有最牛只有更牛。中信证券最新研报上调贵州茅台 1 年目标价至 3000 元，维持"买入"评级。中信证券研报指出，白酒板块投资依然乐观，茅台攻守兼备，更多催化下有望引领行业上涨。

在茅台股价上涨的带领下，白酒行业所有的股票均有出色的表现，酿酒行业指数从 2016 年初的 1000 点上涨到今年初的 10600 点，涨幅近 10 倍。股价的上涨会引导社会资源向白酒行业流动，2021 年以来，上市公司吉宏科技、怡亚通、海南椰岛、众兴菌业等先后发布公告，在贵州茅台镇投资酒厂。

同花顺数据显示，行业板块中，饮料制造板块涨幅位居前列。从概念板块来看，白酒概念和啤酒概念涨幅都位居前列。

具体从个股来看，山西汾酒午后股价涨停，其间短暂地打开了涨停板，但很快再度封板。截至收盘，股价报 443.54 元，涨幅为 10.00%，股价创历史新高。顺鑫农业早盘一度涨停，后虽打开涨停板，但是股价始终维持在上涨的趋势中，尾盘股价多有回落。截至收盘，顺鑫农业股价报 63.80 元，涨幅为 4.23%。

结合以上材料回答以下问题：

1. 茅台酒的股价经过 2016~2021 年共 5 年的上涨历程，最终突破 2600 元后开始回落，如何利用奢侈品个股市值的心理接口分析茅台酒个股股价 8 倍增值心理承接的高低？

2. 结合圈子核心策略分析奢侈品茅台个股股价上涨带来市值大幅增值，对于贵州地区经济发展的影响。如何理解放大个股资产市值心理接口与工业 GDP 数据之间的关系？

第七章　标杆策略

第一节　如何理解标杆

一、标杆的理解

（一）标杆含义

"标杆"一词最早出现在《标杆术》这本书中，是中国元朝隐逸家族夏祎利用读动术对人进行分类总结而编著的，是夏祎家族文化重要的组成部分之一。而在《辞海》中标杆是指道路两旁带有名称的立杆，常用于指示方向或有关限制的标记，杆底部装有尖铁脚的木杆。

关于标杆的概念，不同文化以及同一文化中的不同个体往往有着不同的理解。标杆思想是集两千年中西思想沉淀的创新思想学派与哲学实践方法论，融汇儒、道、墨、法、兵、武学、佛学及西方神学的核心思想，可解决不同时期的不良问题。以标杆为基准进行测量分析与持续改善，最终影响整个时期的演进。

古代对于标杆最为常见的应用就是对死去的帝王、贵族、大臣及士大夫等追封谥号，依据他们生平功过所产生褒贬不一的称谓。谥号最早的定义出自《逸周书·谥法解》："谥者，行之迹也；号者，功之表也；车服者，位之章也。是以大行受大名，细行受细名，行出于己，名出于人。"后人依据某种相关的规范和细则对帝王设定谥号，称为谥法，它是中国古代重要的典章制度，以此来树立标杆引导当时的风气。

而随着时期的演进，鼎盛时期的标杆是专业化的标杆，是具备全球化、证券化和专业化的共同体征。不断寻找和研究龙头个股的最佳实践，并以此为基准与其他个股进行比较，进行相对、绝对价值判断，从而使个股企业得到不断改进，真正成为龙头公司，创造优秀业绩，其核心是得到业内或业外的专业投资人真正的人口集中。通过学习和传播，投资人与企业共建共享，企业与投资人重新思考和改进经营实践，共创价值。

标杆策略中的标杆概念是指常用于指示方向或有关限制的标记。结合鼎盛时期标杆专业化特点、全球一体化的营商环境，本书主要强调鼎盛时期的标杆象征。虽然标杆的概念是指方向和标记，但在不同的时期其侧重点是不同的。在兴盛时期标杆是在地方特色、土生土长的基础上，运用名称标杆来保证上品的形成；在昌盛时期标杆是在企业特别、行业典范的基础上，运用典型标杆来促进精品的扩展；在鼎盛时期标杆象征是建立在追求绝对价值最大化的基础上，赢得全球专业投资人的赞美以推动奢侈品演进。

（二）标杆演化

研究标杆必须根据不同的历史阶段进行分析。人类的生命活动趋向于向标杆学习来使活动顺利进行。兴盛时期，由于交通不方便，地区划分很明确，不同地区都拥有自己特色的名称，不同的名称代表着不同的地区特色，人们会根据地区特色进行标杆上品的物物交易。昌盛时期，交通开始变得便利，地区之间的特色开始淡化，科学技术使企业生产精品进行交换，一些企业会在同类产品中成为佼佼者，作为其他企业学习的标杆典型。鼎盛时期，企业的专业化营商思维开始发挥功效，在自己的领域形成专业化，成为行业的奢侈品，带动相关产业的发展，成为该领域的标杆象征。

兴盛时期的标杆，是一种上品特色，土生土长，集先天赋予和后天的寄托于一身，不同国家或地区通过工艺和生产的改良升级，在一定范围内成为上品，与其他各地和各国进行物物交易。首先需要看中国兴盛时期的基本政策，统治阶级严禁民众随意出行，自古以来就重视安土重迁，意思就是让老百姓长期待在一个地方，时间长了自然就对这片土地产生了依赖，而对于统治阶级来说，老百姓原地待着不动，自然而然就好管理，每一个人离开自己的土地就无法生存。加上古代通信不方便，传达信息基本上以书信为主，这些因素导致一个地区消息闭塞，但是人们容易把握当地的生产规律，人们长期居住就会逐渐形成当地的特色，地方特色会慢慢演变为土生土长的上品特色，拥有自己独特的地方和物品名称，如中国的丝绸、陶瓷制品，说到这个名字，人们就会想起中国和最好的上品。

昌盛时期的标杆，主要是精品特别、行业典范，企业通过科学技术的进步，制造出的产品不断革新，在同类产品中的佼佼者成为精品，作为其他企业学习的典型标杆，如格力空调就是行业典范，是行业精品和一面旗帜、标杆。18、19世纪，人类进入了"科学世纪"。詹姆斯·瓦特发明现代蒸汽机，标志着人类进入了交通发展的新阶段。蒸汽机车和蒸汽船的发明大大"缩短"了地区之间的距离，极大地促进了世界经济、科技和文化的交流，使世界最终成为一个整体。此时企业只有依据市场变化，不断调整精品结构，提高技术水平，推陈出新，才有可能在激烈的竞争中立于不败之地，成为同类产品中的佼佼者、其他企业学习的标杆典型。

鼎盛时期的标杆，是一种奢侈品个别、非你莫属，虽然也是一个名字和名称，也可能是行业的典范，更为重要的是，提起这个名字，人们立即就会想到整个行业板块、地区板块，没有一个名字影响的范围如此巨大，成为奢侈品，如法国香水、瑞士手表，只有这个龙头才能代表行业，全世界人口集中，世界其他国家或者本国其他企业很难与其抗衡，象征意义大于实质意义。中国中车个股是中国高铁行业和世界高铁行业的象征，中信证券个股成为中国投资银行业的象征，如果有第二个可以取代，就不可能成为象征。鼎盛时期的标杆创造最多的边际效应，通过奢侈品来塑造标杆象征，引领相关行业的发展，通过权力推崇、法律维护、社会聚焦、关键细节等标杆象征方法来引流到具体个体，保持和增加在鼎盛时期标杆象征的流量，是一个国家和资本市场必须做到的。鼎盛时期以个股股价的标杆象征为主，维护资本市场的稳定、健康发展，创造专业化的龙头绝对价值。昌盛时期向鼎盛时期的转型，实际上也是企业从资本证券化向个股专业化转化的过程，标杆象征在鼎盛时期对于投资活动的重要性更加明显。可以说，在任何一种时期模式中，标杆象征都是最重要的策略之一，在很多情况下，奢侈品标杆的象征能促进和推动产业的重大变革，如果没有茅台酒的标杆象征和茅台酒个股奢侈品带来的巨大价值效应，就不可能带动白酒产业的长远发展。三个时期标杆的含义如图 7-1 所示。

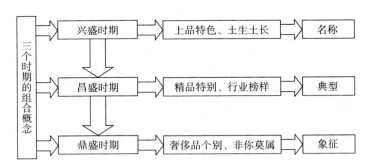

图 7-1 三个时期标杆的含义

二、标杆表现

正如前文所述，标杆常用于指示方向或有关限制的标记，其最直接的表现形式是：便于把握方向，使人们向着正确的道路行走。随着时期的演进，标杆的表现也发生变化，兴盛时期的标杆产生之源是地区特色，带来不同地区的上品标杆；昌盛时期的标杆产生之源是企业特别，带来不同企业的精品标杆；鼎盛时期的标杆产生之源是个股个别。下面分析不同时期标杆的表现。

（一）兴盛时期——标杆表现为对于上品的识别力

在传统兴盛时期，人们依靠衣食为主，食尽一山则移一山的模式、单一的种植业生产结构等，形成了不同地区的上品标杆，也就是人们常说的"一方水土养一方人"，各地都有自己的特色物品，不同地方形成自己的上品标杆。人类历史上的生产方式，大致可以分为四种类型，分别是类似于采集的粗放式种植、游牧、单纯的种植业、种植与畜牧并重的混合种植业。兴盛时期的历史进程与地理生态的发展有着极其紧密的关系，历史上中国经济文化的中心南移，其重要的原因就是地理生态的影响。

在兴盛时期，各个封建国家来往密切，每个国家都在谋求成为中原霸主，例如齐国、楚国、秦国等，这些国家通过定期相互进贡本国的特色上品，希望永久保持战略上的同盟，依靠强大的军队进攻其他国家，目的就是想方设法获得别国的特色上品，弥补自己国家的不足。久而久之，兴盛时期的各国、各地的名称成为上品的标识，什么地方生产的白酒、什么地方的丝绸、什么地方的茶叶等都是原产地名称作为上品识别的标杆，没有原产地名称，人们无法识别上品的品质，之所以标杆就是名称，是因为只有名称才能表现出上品的识别力，如同每个人的名字就是为了识别一样，是否提供具有本国、本地特色鲜明的上品与他国形成同盟关系直接影响一个国家在兴盛时期的兴衰。因此，通过特色上品往来成为一个国家能否在兴盛时期立足、永久保持国家兴盛地位的关键，如图7-2所示。盛唐时期，各地上品云集长安、八方来朝是中国进入兴盛时期的明显标志。

（二）昌盛时期——标杆表现为对于精品的向心力

在昌盛时期，制造业的技术得到很大的提升与改良，企业的特别会带来精品标杆的向心力。和离心力的分散相对应，企业还存在整合、集成的能力，即向心力。向心力能够将分散的信息、观点和知识进行整合，以支持企业统一行动，它包括内部关联、行动一致性和目标一致性等维度。内部关联用于衡量员工个体间的直接联系和交互程度，行动一致性表征员工活动计划性的高低，目标一致性则指员工接受和认可企业整体目标的程度。尽管向心力和离心力分别代表分散和整合两个不同方向的作用力，但是相互间并不排斥，可以同时存在于企业中。向心力的三个维度是相互关联和共生的。向心力强意味着员工在行动过程中能够获得他人支持，相互协同性强。这种协同依赖于企业内部共同使命和目标的建立以及员工间合作能力的增强。工作环境中共同的使命、目标以及对他人的帮助、支持

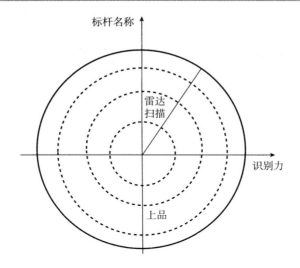

图 7 - 2 兴盛时期上品标杆表现

行为均建立在个体基本需求得到满足的基础上，组织冗余的存在有助于满足个体需求、减弱个体危机感，进而促进相互间的帮助和合作。例如，富余的智力资源使得员工对所处的部门甚至整个企业有着更为全局的认知和把握，协同和合作的意愿才会更加强烈，人力资源富余、员工和管理者自身工作负担较轻时，他们才有精力去考虑如何和同事共同去实现企业目标。这里富余的智力和人力资源就是典型的组织冗余。

精品效应是指为精品的使用者带来的效应和影响，是精品使用的一种作用。从表面上看，精品效应好像都是一些积极的或正面的效应和影响，就像物理学中的一种向心力。如图 7 - 3 所示，精品标杆向上延伸会受到其精品效应"负面"影响力，即离心力。而精品标杆向下延伸会受到其精品效应的正面影响力，即向心力（好像重力作用）。如果要用数学式来表达品牌效应中的向心力和离心力，则为：

$F = f + \alpha + \beta$

其中，f 表示精品效应指数，α 代表精品效应向心力，β 代表精品效应离心力，F 表示品牌效应。由精品效应数学表达式可见，企业要获得比较大的精品效应，应当提高精品效应指数和增强精品效应的向心力，而尽量减少或降低精品效应的离心力。精品的向心力是成为标杆典型的标志，向心力形成和追逐是标杆典型的表现。如同昌盛时期的个体必须向典型学习和靠拢，或者成为别人学习的典型，具有强烈的上进心，而不能被边缘化。

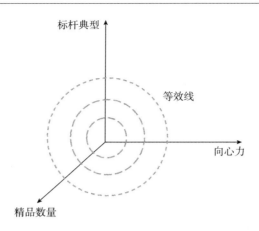

图 7 - 3　昌盛时期精品标杆表现

（三）鼎盛时期——标杆表现为对于奢侈品的爆发力

随着社会化媒体的普及，传统的产品营销传播逐步向蕴含着丰富文化内涵的精品传播过渡，消费者进入精品传播的营销闭环，作为人们身份地位象征的奢侈品取代精品，逐渐进入大众生活。根据马斯洛的需要层次理论，人们在满足了生理需求、安全需求和归属需求后，就会去追求更高层次的情感需求，即尊重需求和自我实现需求。这是人类发展的必然趋势，也是社会进步的显在表现，而奢侈品的消费便是伴随着人们对尊重需求和自我实现需求而诞生的，从某种意义上来说，奢侈品的消费是社会发展到一定阶段的必然产物。

勒庞认为，领袖动员的手段有断言、重复和传染，而在如今的奢侈品传播过程中，这三者也仍然发挥着巨大的作用。首先，在很多奢侈品的广告中，广告语基本都是以肯定句的形式出现，这就决定了这些广告语是一种断言，如巴宝莉的广告语：Good things in life never change（生命之美好，恒久不变）。这种美好的信仰让每个人都为之心动，但是又有谁不知道生命是不可能一直美好的，偶像明星的前台表演却让他们的粉丝们深信不疑，因为他们相信只要购买了自己偶像同款的产品，就能离他们所拥有的美好更近一步。其次，重复是使消费群体获得更坚定的品牌认同的另一个手段。最后，传染是偶像影响消费者群体的第三个手段，诺依曼的"沉默的螺旋"假说是对群体传染机制最好的解释，正如当下讨论的比较热门的话题：在新媒体环境下，"沉默的螺旋"究竟是否还存在？通过奢侈品品牌传播对消费者群集的影响来看，这种现象是存在的，甚至比以往更加明显。随着移动终端以及社会化媒体的兴起，消费者可以通过对某一偶像的共同崇拜而群聚于一个微博或者贴吧之下，来共同讨论关于他们的偶像的一切事情，社会化媒体的互动性不仅给偶像们提供了向其粉丝传达奢侈品品牌信息的渠道，更是给品牌信息在这些消费者之间的横向传播提供了契机，于是"传染"便开始了，当某一奢侈品品牌受到偶像的青睐，同时也被所在的消费集群里的其他消费者追捧时，即使你最开始欣赏不来这种时尚，也会慢慢地表现出"沉默"的态势，因为人是一直处于变化之中的。奢侈品形成的标杆表现就是爆发力，是人们从物质需求进入精神寄托的外在表现，人们对茅台酒的热爱使其成为精神的象征，使得人们对茅台酒需求的爆发，从个股投资角度就是股价的 8 倍上涨真正形成，没有爆发力，只会在低位徘徊，如图 7-4 所示。

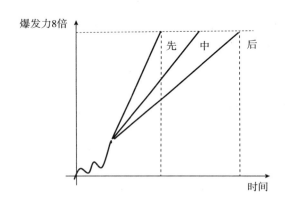

图 7-4 鼎盛时期奢侈品标杆表现

三、标杆作用

不同时期，标杆发挥的作用不同，人们从中寻求思考。马克思、恩格斯创立了唯物史观，并发现了人类社会发展的一般规律，才第一次使人们真正认识到，人类社会和自然界一样，也是按照自己固有的客观规律运动和发展的。随着人类社会的发展，深刻认识到不同时期标杆的重要性，保持上品特色，加强友好往来；保证精品特别，维持长期交往；培养奢侈品个别，赢得专业赞美，这也是人类发展标杆作用的规律。例如新中国从一个经济、技术相对薄弱的国家，到一步步成为世界强国，在世界舞台上占据举足轻重的地位，这一路走来，在政治、经济、社会形态等方面都发生着重大改变，这也是在发展过程中不同时期标杆作用的结果。在不同时期的背景下，标杆的作用随之相应变化。接下来从兴盛时期、昌盛时期到鼎盛时期三个时期层面来剖析标杆的作用。

（一）兴盛时期标杆的作用——保持上品特色，加强友好往来

古代文明交往的方式，除了和平交流的方式外，也有暴力冲撞的方式。友好交往更有利于人类社会的发展，因为友好往来能够加深世界各地区各民族之间的

联系和友谊，能够促进经济文化的交流，暴力冲突给人类带来了灾难和痛苦。亚历山大大帝的东征，在一定程度上有利于不同民族文化的交流与融合；意大利旅行家马可·波罗在元朝时来华，在元大都居住了多年，马可·波罗来华促进了中西文化的交流等。

友好往来对文明的发展更有利。因为友好是人们在自身生存实践中所生发出的一种基于本能的精神向往，是人们在历史实践活动中所逐渐建立起来并为大多数人所普遍接受的价值取向。血腥的暴力冲突所导致的伤亡、痛苦、仇恨及物资上的巨大损失，在一般情况下是人们所不愿看到的和不能承受的，而友好往来的直接效果却是物质财富的互通有无、精神文化的交汇更新及由此带来人们在生活质量上的提高与内容上的丰富。无论从时间还是空间上看，人类的兴盛时期，友好往来活动都占绝大部分比重，发展到今天，友好往来、注重礼节是中华文化的传统美德。如图7－5所示。

（1）兴盛时期，人们利用有限的自然资源、地理环境以及经验积累来精耕细作。

（2）精细的上品在手工、体力层面上有重要意义，促使各个地方形成自己的特色。

（3）精细的上品有利于与其他地方的上品进行交流，形成友好往来。

图7－5　兴盛时期标杆作用

（二）昌盛时期标杆的作用——保证精品特别，维持长期交往

昌盛时期手工生产变化成为机器大生产，工厂规模越来越大，工人越来越多，出现城市化，企业追求更加精密的精品，从而促进企业之间的长期交往。昌盛时期，欧美国家为了促进产品交换，大规模从事交通运输建设，为了扩大海外殖民掠夺和开拓市场，致力于远洋运输网的建设，逐渐形成了全球性的交通网络，世界市场开始形成。企业通过合资合作或其他方式，能够给企业带来资金资源、先进技术、管理经验，提升企业技术进步的核心竞争力和拓展国内外市场的能力，推动企业技术进步和产业升级，保证企业能够长久持续地发展。如图7－6所示。

图 7 - 6　昌盛时期标杆作用

（1）在昌盛时期，技术的先进程度随着时期的发展得到了质的提升，人类生产的产品更加精密。

（2）精密的精品来源于技术、科研层面的进步与发展，促使市场形成精品特别。

（3）保证精品特别，促进市场的经济繁荣，维持市场内企业之间的长期交往，增加市场的经济循环。

（三）鼎盛时期标杆的作用——培养奢侈品个别，赢得专业赞美

进入 21 世纪，在经济高度发达的条件下，社会生产地域分工的形式盛行，市场经济的快速发展，使生产日益全球化，各地区企业的生产过程离开市场交换均无法进行。在激烈竞争中，各地区凭借其自然资源、劳动资源或社会经济基础的优势，形成了一批各具特点的专业化生产部门。这些部门构成地区经济的主体，决定这一地区在整个全球化经济中的地位和作用。专业化生产的产品大量供应国内其他地区和满足国际市场的需求。

专业化经历了从低级到高级的发展过程。在兴盛时期，专业化是指围绕某种农产品的生产培育，将种、养、加工过程和产、供、销环节联为一体的专业生产经营系列，做到每个环节的专业化与一体化协同相结合，使每一种农产品都将原料、初级产品、中间产品制作成为最终产品进入市场，从而有利于提高产业链的整体效率和经济效益。在昌盛时期初期，从部门专业化、产品专业化开始，其水平比较低。到工业化中期和后期，发展到零部件专业化、工艺专业化等，不但形式多样，而且水平也大为提高。一些西方国家在 18 世纪产业革命后，随着大机器的广泛使用，分工越来越细，专业化也日趋发展。到 19 世纪 60 年代，随着科学技术的不断进步，生产日益集中，出现了辛迪加、托拉斯等各垄断组织，进一步加速了这些国家的专业化的发展。美国在 20 世纪初出现了以拖拉机、汽车和机床等为制造对象的专业化企业。从 20 世纪 20 年代末起，产品专业厂已过渡为主机厂或组装厂，即一个厂主要承担这种产品的装配和完成少量的工艺加工及关键零部件的制造。第二次世界大战前夕，零部件专业化和工艺专业化基本定型。

在专业化的鼎盛时期，企业如何利用手中的资源来培养奢侈品，实现由特色、特别到个别的转变，创造绝对价值，是人类的共同选择和追求。此时奢侈品标杆的作用如图 7 - 7 所示。

图7-7 鼎盛时期标杆作用

（1）在鼎盛时期，随着时期向前推移，全人类在规律、技术层面愈发注重，逐渐为精神、创新层面所吸引，要求人们思维更加卓越，社会更加注重思维创新，真正赢得人们的信任。

（2）卓越的奢侈品源于精神、创新层面的革新，促使个人和企业培养更多奢侈品龙头，而不只是精品、上品。

（3）奢侈品的培养有利于发展为龙头个别，在全世界范围内赢得专业赞美，带动全球产业链的形成。

综上所述，三个时期标杆的作用如图7-8所示。

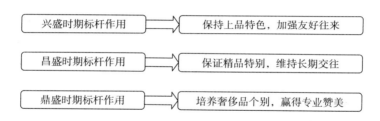

图7-8 三个时期标杆的作用

四、标杆的赋予

从标杆的赋予角度讲，不同的时期，从不同的角度赋予了标杆。

兴盛时期，标杆的赋予是由地域的无比确定的，自然禀赋促进地方特色，进而实现地区领先，展现上品标杆强大的识别力。随着时期演进，人类与地球表面环境之间开始建立起密不可分的关系，人类是自然界的产物，是自然界的一部分。人类改造环境的同时，环境也在改造着人类，随着人类生产力的提高，人们不像以前那样仅仅依赖自然界来获取食物，但是还没有从依赖自然界中完全解放出来，生活中还是需要大量的资源。地区都需要根据当地的客观条件，因地制宜地谋取生活所需，解决生存的问题，从而实现地区领先。

兴盛时期生产力水平、经济发展受限，此阶段人们主要采用人力、畜力、手工工具、铁器等，靠世代积累下来的传统经验发展，自给自足的自然经济居主导地位。农业生产多靠经验积累，生产方式较为单一。传统农业生产水平低、剩余少、积累慢，产量受自然环境条件影响大。因此这个时期常常通过外贸来进行地区资源的互补，保证社会的正常运营，在贸易中就会渐渐形成一个地方的特色。

手工业其实就是古人在一些工具发明的基础之上，开始进行一些比较小规模的生产活动，与农业的发展紧密联系在一起。但是早在原始社会发展到后期的时候，我国的农业与手工业之间就呈现出分离的趋势，并且慢慢地有了独立的一些不太成熟的生产部门。古代的三种手工业的类型各自有特点：官营手工业生产的一些武器军用的产品不在市场上流通；民间手工业中，私营手工业生产的民间消费品，在市场流通，其在发展的过程中孕育了我国的最初的雇佣关系，对后期我国出现资本主义萌芽具有重要作用；家庭手工业生产的产品，一部分供自用和税收，另一部分则去市场上流通，对我国的市集等的发展有重要作用，反映了我国地区贸易经济的特征，有利于社会的稳定发展。

随着兴盛时期发展的深入，独立的私人手工业有了很大的发展。不仅制陶、漆器、织锦、木器等越来越多的手工业部门开始从农业中分离出来，而且在制盐、冶铁等行业中，出现了较大规模的民营作场。民间手工业为社会提供了一定数量的生活必需品和基本的生产工具，它与农业一起，以众多的发明创造和精湛的手工技术，创造了中国灿烂的古代文明。丝织物品种丰富，制作技术有着极大的提高，某些产品已达到极其精致的程度。烧制瓷器的窑户遍布全国各地，所造瓷器风格各异，制瓷业在当时手工业中占有突出地位，推动着社会分工、商品货币关系乃至整个社会经济的发展。不同地区手工、传统层面上有所差异，渐渐形成地区特色、无可比拟的上品，从而形成上品标杆，因此无比赋予了兴盛时期标杆，如图7-9所示。

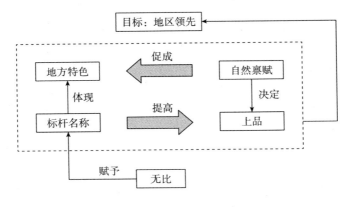

图7-9 兴盛时期标杆的赋予

昌盛时期标杆的赋予是由技术的无限决定的，无限赋予企业标杆典型的含义，展示了精品标杆强大的向心力。随着市场需求的增大，工厂手工生产已无法满足需求，社会需要不断地专研新的科学技术。18世纪中叶，英国人瓦特改良蒸汽机之后，由一系列技术革命引起了从手工劳动向动力机器生产转变的重大飞跃。此时工作的专门知识和方法被运用于工商企业，帮助员工解决个人的、家庭的和工作上的种种困扰，使之更好地服务于企业的生产工作。

人类大致进入昌盛时期的时间为18世纪中叶。受到14世纪的瘟疫、饥荒的影响，英国的人口在中世纪后期跌至了低谷。在直到18世纪中叶的300多年时间里，英国人口经历了长时间的缓慢增长，劳动力数量并不充裕。同时，英国农业社会的基本特征也进一步限制了手工工人的数量，在新的政治制度建立之前，即使是圈地运动的出现，也并不能改变英国工业劳动力成本高这一现实。英国劳动力成本高使得英国工人的工资相较于欧洲大陆国家更高，在这种情况下，为大规模提高生产率满足市场，研发先进的生产工具势在必行。受到当时各种条件的影响，劳动者为了享受到更低的生活成本，进而过上更加体面舒适的生活，将更多的精力投入到生产技术研发当中。

而昌盛时期是企业通过生产精品标杆来实施着对社会资源的间接、全面的控制，而这一切的来源核心就是向心力的加强。随着时期发展推进，把企业推向市场已是势在必行，一个企业要使自己能在激烈的市场竞争中求生存、求发展，不仅仅需要有一个良好的外部环境，同时也需要建立一个稳固的充满生机活力的内部环境。增强企业内部活力最关键的因素是企业向心力的强弱。因为，企业内部的向心力是形成企业内部活力的动力源。企业向心力的大小，决定了企业内部诸多因素的强弱。凡经济效益比较好、发展速度比较快的企业大多表现出较强的企业向心力。与之相反，凡是企业向心力弱的单位则表现为：企业领导层不和谐，核心能力差，办事效率低，对市场变化缺乏对策和应变能力，企业职工对领导者缺乏信赖感，人心涣散，管理松懈，人才外流，劳动生产率低下，产品滞销，企业亏损，职工经济收入下降，福利得不到改善。由此可见，由企业内部向心力所产生的效应是至关重要的。

综上所述，昌盛时期标杆的赋予者是无限，来源是企业生产制作技术的不断提升，能够提供更多的精品，精品越多，就意味着企业越特别，实现产品市场上的领先。国家制定相应的法律，促进市场上的技术革新，保证企业之间形成自己独特的生产产品、服务与提供更多的精品，满足客户与时俱进的需求，如图7-10所示。

鼎盛时期标杆不再由技术无限赋予，而是由鼎盛时期思维的无敌决定的。鼎盛时期的标杆与地域特色、科学技术并不是没有关系，而更主要的是通过人们的思维超前预判表现出来，否则可能成为负面象征。

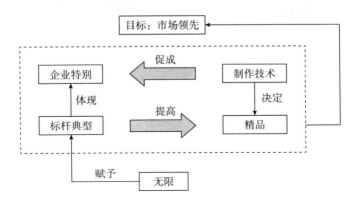

图 7 – 10　昌盛时期标杆的赋予

进入鼎盛时期，纵观全球经济发展，部分企业用一种看似十分简单的经营模式取得了决定性的成功，这种模式就是无敌模式。无敌模式的最大特点是：不是持续不断地、毫不犹豫地、震撼性地降价，与一般的价格战有别，这种模式追求的始终是远高于竞争对手（或市场平均水平）的价格，有目的地、自发地、主动地、动态地、毫无保留地把高质量的产品带给顾客，人们对于创新和产权的感知要比切实的节俭购买显得遥远和过于抽象，前者无法给人们带来及时的满足，于是出于节俭的自我美德而放弃了有道德准则的购物，此时也就慢慢形成社会上的奢侈品。

总结近三十年的消费鼓励和实践，可以发现鼎盛时期表现出了一种压缩式的跨越发展进程，人们的消费理念和实践从 20 世纪 80 年代的开始转变，前者指当时人们在日常消费中侧重于必需品的满足，而后者则更多偏向于隐形的需求，人们开始寻求额外的无法确定的欲望型消费。而奢侈品消费则是当时此种转向中的最典型的表征，随之而来的关于奢侈品的理论和实证研究也开始增加，总体来看可以综述如下：从以齐美尔和凡勃伦为代表的"符号消费"论开始，不同的学者都从各自的专业角度对奢侈品所具备的符号意义"区隔功能"消费与群体认同属性展开了细致的论述，上述理论都是将奢侈品作为符号消费的重要实践方式，认为其中包含着对阶层和地位的追逐和彰显，通过奢侈品的消费中产及以上的阶层在积极地建构一种主观的文化和社会身份，消费者根据其符号的理解进行经济消费的同时也在完成着一种文化认同的实践，把对消费的分析重点放在社会地位差异和竞争的基础之上固然没错，然而人类学的民族志观察却发现人与物之间不仅仅是镜像或象征关系，物质可以用来表达关系和价值，例如购物过程中可

以呈现个体与家庭之间的关系，因此往往购物过程中的实践和表述与消费理论之间是存在巨大的解释张力的，这时候就需要做更加细致的研究。

综上所述，以上品为主是兴盛时期，标杆的赋予是由无比决定的，自然禀赋促进地方特色，进而实现地区领先；以精品为主是昌盛时期，标杆的赋予是由无限决定，无限赋予企业标杆典型的发展，展示了精品标杆强大的向心力；以奢侈品为主是鼎盛时期，无敌赋予企业标杆象征，创造绝对价值，达到进入全球领先的目标，如图 7 - 11 所示。

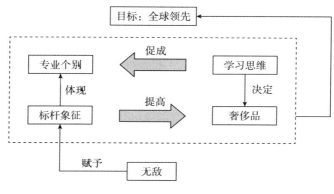

图 7 - 11　鼎盛时期标杆的赋予

第二节　人类鼎盛时期的标杆

一、人类鼎盛时期标杆角色变化

（一）标杆象征与专业化密切相关

当一个国家进入鼎盛时期时，标杆角色发生的最大变化就是鼎盛时期的标杆象征会极大地提升奢侈品的爆发力，如同商业社会权力契约提升商品的影响力，虚拟时代组合优化提升衍生品的扩张力，标杆象征会带来鼎盛时期所有专业投资人的资本集中，产生奢侈品的爆发力，只有这样才能实现绝对价值创造，达到8倍价值投资人共同学习动机的预期效果。换句话讲，个股标杆象征与专业化密切相关，象征产生个股价格的爆发，爆发促进专业化形成。如波音系列飞机是美国波音公司拥有的一个非常成功的民用运输机产品系列，至 2012 年 3 月该系列已拥有波音 40、波音 80、波音 211、波音 314、波音 247、波音 307、波音 377、波音 707、波音 717、波音 727、波音 737、波音 747、波音 757、波音 767、波音 777、波音 787 客机，成功塑造成飞机行业的标杆，象征着民用飞机行业的发展方向，创造出绝对价值，资本市场上形成民用飞机龙头个股奢侈品。专业化是鼎盛时期标杆象征实现绝对价值创造的一个显著特征。

只有专业化，才能带来标杆象征。在商品高度发达的条件下，社会生产地域分工的形式呈现多极化。各种商品琳琅满目，使商品投资日益社会化，各地区生产企业的生产过程离开市场无法进行。在激烈市场竞争中，各地区凭借其自然资源、劳动资源或社会经济基础的优势，形成了一批各具特点的专业化生产部门。这些部门构成地区经济的主体，决定这一地区在整个国民经济中的地位和作用。专业化生产的产品大量供应国内其他地区和满足国际市场的需求。行业内的人们会根据对各个行业、各个企业进行认真思考判断，人们集中在认为能够而又必须成为龙头的奢侈品个股或者企业上，因此行业范围内的专业化程度高的龙头个股奢侈品，越容易发展成为行业的标杆。

标杆象征含义推动专业化思维。没有全球化思维、证券化思维，专业化思维形成也会比较困难，标杆象征容易产生误判，在全球化、证券化的视野中寻求专业化，更容易把握标杆象征的方向，专业化的效果更为明确。如民用飞机专业化的形成是基于全球化视野的判断，美国的地域范围和人口数量，决定美国在民用飞机的专业性标杆象征；专业化还来自证券化视野的判断。标杆象征要求真正的专业化发展思维，而不只是技术进步、规律探索，必须是专业化思维判断在前，正确判断实现标杆象征的可能性和准确性。人们容易混淆的是技术的专业化和思维的专业化，只有思维专业才能把握和引领技术的专业性，如专业化思维告诉人们，高铁是中国人出行的最好选择方式，高铁生产技术的专业数据就会很容易获得，技术进步一定加快，而飞机的专业技术美国最容易获得，所以大型飞机发动机技术在美国更容易成熟，却很难在中国产生。

（二）标杆象征变动与各国联动关系更为密切

鼎盛时期各国企业都在寻求专业化，没有停止过在全球化、证券化思维指引下，培养适合本国的专业化龙头个股，形成标杆象征，有效集中专业投资人。为了能向客户提供优质产品，企业也都选择专业化路线，专注于市场的细分领域，在其价值链上的各个环节深度发展。它们并不追求占据整个行业或全产业链，而只是生产单一的专业产品，创造独特的技术流程，把产品做精造绝，培养工匠精神。例如德国企业采取的专业化战略，导致某一类型产品在国内市场过于狭窄，因此不得不进行全球化纵深，努力向外扩展，把产品推向国际市场，从而也造就了一个个雄踞世界市场的标杆企业。标杆企业必然会选择全球化的路线，也正因为如此，各国企业之间的联动也变得更加紧密，正是这些国家在合适的行业，选

择专业化发展，形成了标杆象征，带动全世界相关产业的发展，国际、国内双循环。

全球化的共建共享，给专业化的企业提供了更多的空间和发展机会。全球化的特质之一是社会分工更为明晰、协作生产成为必然。即便是超大型的国际化企业也不可能生产所有的零部件，因为大企业做小件不见得有优势，反而是中小企业更胜一筹。因此，越是全球化，中小企业便越能从分工、协作中受益。中小企业通过配套、做好专业化的事情，获得了稳定的市场份额，确立了自己在细分市场的准确位置。关于企业"全球化"还是"专业化"的争论，从另外一个角度看，其实也是"做大"还是"做强"的问题。实际上，只有做强才是根本，做大做久不过是做强的自然结果，也就是全球化是专业化的必然结果，没有专业化的发展，做不到价值链的顶端，做大做久是很难保证的。德国的汽车就是明显的例证，德国对于汽车的专业化努力，全球有目共睹，使德国汽车行业经久不衰，汽车的全球化自然形成。每一个国家都在寻求适合自己的专业化之路，以使自己能够在世界上脱颖而出，进入发达国家行列，摆脱中等收入陷阱。

二、人类鼎盛时期标杆新要求

（一）广泛的标杆影响力

鼎盛时期标杆象征可以创造 8 倍绝对价值，通过创造的绝对价值不同来判断是否能够成为长久的奢侈品，能够帮助投资人更好地投资，从而实现超过其他个体的 2 倍、4 倍增值，实现 8 倍价值创造，因此标杆象征在鼎盛时期的影响力是极其广泛的。标杆的广泛影响力使得大到一个国家小到每一个投资人都不会放弃为了绝对价值创造而进行的不同程度的投资行为，使不同的国家、地区（行业）或投资人在鼎盛时期有更大的价值创造，具体地，鼎盛时期的标杆象征影响力从三个方面理解：

（1）国际层面：经历危机周期的考验，全球治理正在深刻转型，各国打造新型全球化标杆，成为产业的龙头。在参与国际产业分工和合作基础上实施社会化大生产，并使其产品市场向多元化、全天候、国际化方向发展，同时，使生产流程与质量、技术标准走向国际化，或至少采用能被国际社会认可的标杆，从而使产业的至少某一方面具有一定的国际竞争力，并在世界经济大系统中产生一定影响，要么集中于标杆，要么树立标杆引领世界，构建国际大循环。

（2）国内层面：行业内的标杆象征可以使国家、行业、组织、个人获得极大的爆发力；标杆象征的影响范围广、程度深，带动一个行业的未来发展。从国家发展全局而言，将有利于为其他城市和地区发展树立标杆，形成各大城市之间对标追赶、竞相发力的新格局；有利于推进更高水平的改革开放；有利于更好推进区域建设；有利于实现国内循环。例如，中国深圳从"先行先试"到如今的"中国特色社会主义先行示范区"，既是发展中"量"的积淀，更是深圳在更高起点、更高层次、更高目标上推进改革开放，努力在新时代开创新局面、再创新优势、铸就新辉煌的"质"的飞跃。特别是在行业内形成标杆龙头，意义更为明显，有了标杆的引领和标杆的树立，对于行业内部企业发展就有了示范作用，围绕龙头企业可以使行业发生质的飞跃。

（3）个人层面：投资的核心就是创造个股的绝对价值。由于标杆象征在专业化的背景下会对奢侈品个股价格产生重要的影响，个体投资人应该充分利用标杆象征理论与奢侈品投资实现绝对价值的8倍创造，没有投资人会放弃绝对价值8倍而投资2倍、4倍。不投资标杆龙头是错误的抉择，而且投资其他个股是极其不确定的。

（二）标杆象征的主动性和独立性

投资者分析全球营商的整体环境，审时度势，针对国际变化的具体情形，主动出击进行调整，抉择和培育百倍先、百倍中、百倍后的龙头个股。标杆象征主动性的含义是各国奢侈品标杆象征更多的是自己主动营造，各国奢侈品标杆自身具有内在动力，不依赖于外界推动从而形成奢侈品标杆，投资人在全球范围内通过绝对价值的判断形成投资，使自己投资的资产实现百倍增值的目标，这也是国家顶层设计的重要组成部分，是一个国家吸引世界人口集中和投资的重要因素。

所谓标杆象征的主动性，是指各类投资主体（国家、金融机构或个人投资者）可以根据环境、行业形势的变化主动进行调整以适应鼎盛时期的背景，使其发挥最大效用创造更大绝对价值。事实上，亚洲金融风暴以来，刺激消费成为了政府、市场和百姓在稳定社会、恢复经济的过程中达成的一项共识行为，百姓的消费欲望在一系列扩大内需国家话语的建构中被空前地鼓励，世界也从那时开始步入了消费社会的大规模发展进程，21世纪的互联网发展又给各国的内需经济打了一针强心剂，蜂拥而至的资本和大规模电商平台的崛起使得网络购物成为人们日常生活中重要的消费手段，此时各国主动塑造适应鼎盛时期的奢侈品标杆，满足顾客的购买需求，促进国家的经济发展。中国的茅台酒龙头个股也是在鼎盛时期应运而生的。未来这种在大消费、大健康领域的奢侈品会有越来越多。奢侈品是鼎盛时期的必然产物，如何主动塑造奢侈品，实现共建共享，是人类共同价值创造的核心。

独立性的含义在全世界多重影响成为标杆象征的因素中，很有可能波及相关国家和地区，能够在复杂多变的标杆象征变化中独善其身，是投资人能够正确投资标杆象征的体现。对投资者而言，资产价值就像是一张安全网。股价可能会下跌，但它很难跌穿这张安全网，这张网也可以让股价反弹。投资者进入投机领域，很容易就会被表面的一些现象忽悠，投资者需要透过现象看本质，挑选出真正的奢侈品标杆进行投资。因此，投资人应该着眼于奢侈品标杆企业，不能被短期的波动影响，寻找并抉择适合自己的 8 倍先、8 倍中或 8 倍后的龙头个股。资本市场快速发展，必然产生中国的投资银行奢侈品龙头个股，这是在分析国际、国内多方面因素影响作出的重要抉择，不会因为任何影响而产生动摇，保持独立性。

三、标杆象征与营商奢侈品个股价格的关系

标杆象征和营商奢侈品个股价格是相互影响的。奢侈品个股指的是某一时期在股票市场的炒作中对整个股票价格指数、同行业板块的其他个股具有爆发力的股票，它的涨跌往往对指数波动、行业板块股票的涨跌起引导和示范作用。奢侈品个股并不是一成不变的，它的象征往往只能维持一段时间，个股到了顶部，新的奢侈品将会取代以前的奢侈品个股。成为奢侈品个股的依据是，任何与该个股有关的信息都会立即反映在股价上。个股价格总是伴随着股票指数波动的幅度、行业板块的轮动、热点的变化而变化。市场热点不断变幻，跟随着的热门股票也会有变化。符合不同时期市场热点的股票是最可能上涨并对大盘或行业板块具有影响力的股票。市场热点常以板块形式出现，既然是板块，那就有领涨的和跟风的个股，但是上涨的个股不一定是奢侈品。奢侈品个股常常是：头部高度明确，8 倍象征意义确定，爆发力上涨空间、时机不断成熟，比行业其他个股上涨空间多，下跌后在一定价位必然反弹。

鼎盛时期标杆象征策略运用，就会产生奢侈品个股，象征性的奢侈品会创造绝对价值来供投资者抉择，没有标杆象征与投资者信任头部高度，那么资本将不会流入该股，奢侈品的人口集中就不可能形成，指数板块的大幅上涨和行业板块也无法形成，只是奢侈品个股什么时候上涨，形成爆发力，力度多大，才能形成个股 8 倍上涨，与指数上涨的节奏如何配合，都是标杆象征应该解决的难题。

在鼎盛时期，标杆象征运用和奢侈品个股价格的关系如图 7 – 12 所示。总体来讲，三者组成一个正向反馈循环系统，同时三者之间存在正相关关系，奢侈品个股价格变动是标杆象征运用研究的前提，判断奢侈品个股价格的上涨和下跌，就需要运用标杆象征，标杆象征明确，奢侈品个股价格开始按照预期的地位上涨，投资人打开个股的心理端口，资金不断流入，从而保证龙头个股上涨的稳定性，促使投资人信任头部的实现。换句话说，标杆象征的结果能够按照时间先后、爆发力大小，最终决定奢侈品个股价格变动的节奏，而奢侈品个股价格变动决定于投资人信任头部的高度。

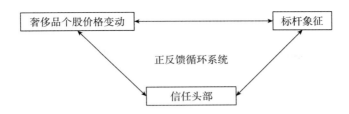

图 7 - 12 标杆象征运用与奢侈品个股价格的关系

四、人类鼎盛时期的标杆确定

鼎盛时期标杆象征源于学习心理，学习心理帮助实现标杆象征，也就是说标杆象征是学习心理的表现，标杆象征是学习心理的结果，但是如何确定标杆象征，是人们抽象、具象思维的判断，主要有三种方式的确定，分别是：潜力确定、情景确定和抑制确定。

（一）潜力确定

有一些标杆由于具有某种未知的、隐蔽的或为大众所忽视的利多因素而存在着标杆个股股价上升的潜在力量。发现这些利多因素并耐心等待，是投资龙头标杆的个股特征。投资龙头标杆常常需要有一段较长的持股期（或追踪期），而一旦潜力挖掘和焕发，就能创造绝对价值。

1. 政策潜力

国家政权机关、政党组织和其他社会政治集团为了实现自己所代表的阶级、阶层的利益与意志，以权威形式标准化地规定在一定的历史时期内，应该达到的奋斗目标、遵循的行动原则、完成的明确任务、实行的工作方式、采取的一般步骤和具体措施。政策的实质是阶级利益的观念化、主体化、实践化反映。

政策具有以下特点：①阶级性。是政策的最根本特点。在阶级社会中，政策只代表特定阶级的利益，从来不代表全体社会成员的利益、不反映所有人的意志。②正误性。任何阶级及其主体的政策都有正确与错误之分。③时效性。政策是在一定时间内的历史条件和国情条件下，推行的现实政策。④表述性。就表现形态而言，政策不是物质实体，而是外化为符号表达的观念和信息，它由有权机关用语言和文字等表达手段进行表述。作为国家的政策，一般分为对内与对外两大部分。对内政策包括财政经济政策、文化教育政策、军事政策、劳动政策、宗教政策、民族政策等。对外政策即外交政策。政策是国家或者政党为了实现一定历史时期的路线和任务而制定的国家机关或者政党组织的行动准则。

政策是否会引起股票市场上投资者情绪的波动？政策外生冲击下的投资者情绪如何影响实体经济中企业资源的配置行为和效率？其深层的作用机制又是什么

呢？基于中国资本市场的经验数据研究得出，鼓励支持类的产业政策会引起投资者情绪的上涨，并刺激企业投资，这将加剧企业过度投资，缓解企业投资不足；淘汰限制类的产业政策会引起投资者情绪的下降，并抑制企业投资，这将会缓解企业过度投资，加剧投资不足。

在股权融资路径方面，政府推出的产业政策会导致股票市场的投资者调整其对相关行业的主观预期和判断（陈冬华等，2010），从而引起投资者情绪的波动及相关行业股价的系统性偏差，并将带来相关行业股权融资条件的变化。由此，理性的公司管理者可以通过"利用"投资者情绪，择机发行投资者热衷题材的股票，以降低募集资金成本，推动相关投向资本的扩张。具体来说，鼓励支持类产业政策的出台将导致相关行业投资者情绪的上涨及相应股价的系统性高估，这将降低该类资本投向的股权融资成本，放松股权融资依赖企业的融资约束，从而刺激该类资本投向的扩张，并将加剧企业的过度投资，缓解企业的投资不足；反之，淘汰限制类产业政策的颁布将导致相关行业投资者情绪的系统性下滑以及对相应股价的严重低估，依赖股权融资的企业将面临外部融资成本过高或根本筹集不到股权资本的困境，此时理性的企业管理者则不得不放弃良好的投资项目，这将加剧企业的投资不足，缓解企业的投资过度。

适应消费形势和发展趋势，着力在政策取向、制度设计等方面进行一系列探索创新，旨在促进消费回补，培育壮大消费新增长点，努力实现新型消费加快发展，以进一步激发和释放消费潜力，为形成以国内大循环为主体、国内国际双循环相互促进的新发展格局提供坚实支撑。政策潜力是奢侈品个股产生的前提，没有政策支持，奢侈品产生风险巨大，如提倡大消费，鼓励消费升级，产生了茅台酒奢侈品个股。

2. 经济潜力

这是个股所处的市场发展潜力和经济带动作用，经济发展的自然条件和物质环境因素也是经济可持续发展和保持稳定增长的基础。其中水资源指数、土地资源指数、能源指数构成了企业生存、持续、扩充最基本要素，地理条件指数反映了地缘、区位、生态、气候状况，交通通信水平体现经济成本、市场开放和区域交流条件。

人力资源既是决定从业人员技术素质、优化产业结构的关键因素，也是推动地区经济持续稳定发展的根本动力。只有依托高水平科研力量，不断地产生高价值的科技成果，才能提高资源利用效率，保证产品的市场占有率，创造出高附加值的经济效益，使地区经济表现出良好的成长性和发展后劲。要素指标包含六项：劳动者中大学以上程度人口比例、万人拥有科技人员数，分别反映劳动者文化素质和从事研究人员的聚集水平及储备状况，这两方面对经济增长有显著的推动作用；经费占 GDP 比重反映了研发资金保障能力；专利产出能力刻画出研究成果生产效益；第二、第三产业人口比例反映了高级产业人员分布水平；劳动力抚养比率则属于人力资源成本补充值。

这是事关地区经济社会可持续发展的重要方面，人口增长率是衡量人类生存支持系统在承载能力上的宏观稳定状况的主要标准；生态环境退化率反映了人类生活质量和生存空间建设的实现水平；物耗能耗增长率则表明经济增长中基础资源利用率、生产集约化水平和科技应用的效应。对特殊产业评价，如对高新技术产业发展水平潜力进行研究，要排除物质要素供给水平，增加科技创新能力水平，因为高新技术产业是以技术创新和制度创新等无形资产为主要发展动力而形成高技术含量、高附加值、高增长率、高更新速度、高风险、高潜力的行业特征，它以智力开发、信息技术为核心，以新材料应用为基础，相比之下，物质要素的供给水平处于次要地位。技术创新水平主要包括：高新技术产值比重，新产品开发率，人均高新技术产值，高新技术性收入/技工贸总收入等基本要素指标。

综合评价体系不仅要体现各类指标的层次性和结构性，还需要反映它们对综合指标影响力的强度差异，进而对不同国家和地区综合水平做出横向比较和等级划分。因此，还要依据各个要素指标和基本指标对经济发展潜力的影响与作用的差异，运用经济理论，以定性分析方式，设置不同权数加以区分。不同系统指标之间、要素指标之间结构关系和数量关系共同构筑了以下完整的经济发展潜力综合评价体系。如奢侈品茅台酒个股就是在经济潜力各项指标的支撑下得到快速发展而形成的，没有国家经济高速发展和地区经济支撑，以及茅台酒对贵州省地方经济的发展带来的重要的影响，茅台酒企业就不可能成为奢侈品个股。

3. 社会潜力

市场规模与结构对一国经济发展的容量与空间有重要影响。在这方面，中国拥有独特的优势条件。一方面，市场规模巨大、内部结构复杂，有利于形成形态更高级、分工更复杂、结构更合理的经济体系。另一方面，我国经济发展尚不平衡，必须加快解决发展不平衡不充分的问题。推动平衡发展意味着巨大的社会总需求和经济结构优化，这无疑将激发出强劲的发展动能。

扩大消费的巨大空间。近年来，消费对 GDP 增长的贡献率超过 60%，已经成为拉动经济增长的第一动力。中国有超过 4 亿人的、当今世界上最大的中等收入群体，还有 8 亿多网民，消费潜力巨大，是各类新技术、新业态、新模式理想的试验场，能够让最新的信息技术和产品得到迅速普及和推广。2018 年，中国恩格尔系数降至 28.4%，处在联合国划分的 20% ~ 30% 的富足标准，意味着中国居民家庭在满足了"吃"的需求后，对"穿""用""娱乐"等服务消费的需求将进一步扩大和升级。正在持续推进的新型城镇化，为数以亿计的中国人从农村走向城镇、进入更高水平的生活创造着新空间，将带动规模巨大的消费市场。人民对美好生活的追求，正是培育和挖掘经济发展潜力的根本动力。

生产力提升的巨大空间。尽管中国经济总量增长很快，但生产力发展水平同世界先进水平相比还有一定差距。全要素生产率水平仅为美国的43%左右。行业之间、地区之间的生产力水平差距较大，大量产出仍然依靠要素投入扩张支撑，一些关键产品还不能自主研发和生产。服务业发展还很不充分，附加值高的知识密集型服务业发展滞后，制造业和生产性服务业发展协同度和融合度不高。补上这些短板，力争赶上世界先进水平，将给中国经济发展带来巨大空间。

城乡、区域结构优化的巨大空间。中国的城乡、区域发展差距仍然较大，东部地区生产总值总量占全国一半以上，东、中、西部差距明显。城乡居民收入差距仍然较大，2019年上半年，城镇居民与农村居民人均可支配收入分别为21342元和7778元，城乡居民收入比值为2.74，而且城乡之间在基础设施、公共服务等方面的差距也很大。发展不均衡、区域城乡差异大，既是当前发展的短板，同时也意味着潜力足、韧性强、回旋余地大。中国具有巨大的体制优势，在中央的统筹协调下，相对不发达的地区可以充分借鉴东部地区的经验教训，发挥后发优势，后来居上。近年来中国深入实施脱贫攻坚、乡村振兴、区域协调发展等战略，已经形成了巨大的增长动力。今后随着广大中西部地区和乡村逐步达到中高收入水平，消费潜力进一步释放、市场空间进一步打开，将创造新的发展奇迹。

改善公共服务的巨大空间。改革开放以来，人民群众对公共产品的需求越来越高。与高要求、高期待相比，中国公共产品供给不足、质量不高、不公平的状况还比较突出。从投资看，城市设施改造、轨道交通、老旧小区改造、无线互联网、云计算中心等基础设施将带动大量投资；从消费看，养老服务、终身教育、全科医师、移动医疗等将带动大量消费和就业。社会潜力是指对成长的想象空间大小，反映在奢侈品个股，是对该个股的历史、现在和未来的综合判断。是个股奢侈品产生的最核心潜力，没有全社会的发展，以及对未来的正确把握，奢侈品个股就无法产生，如大消费形成的社会潜力，必然产生更多与消费相关奢侈品，如白酒、服装、饮品；大健康形成医疗设备、医药奢侈品个股，是社会发展到一定阶段的产物，消费升级、医疗保健是品质生活的必然。典型代表高端制造的就是高铁，对汽车、飞机、高铁出行进行综合考量后发现，高铁在中国的社会潜力、想象空间巨大，人们出行开始注重安全、快捷和舒适，不再是便宜、拥挤和辛苦。政策潜力、经济潜力和社会潜力共同作用，是鼎盛时期个股标杆象征重要确定因素。实力、定力、潜力分别是权力契约、组合优化、标杆象征的确定因素，如表7-1所示。

表 7 – 1　实力确定、定力确定、潜力确定关系

确定类型	确定的目标、研究的对象	核心内容	含义
实力确定	权力契约、商品品种	政治实力、经济实力、社会实力	一个国家的权力契约，形成的商品投资影响力，是一个国家实力的体现，国家实力可以从政治、军事、经济、文化、社会发展的方方面面加以说明
定力确定	组合优化、衍生品板块	政策定力、经济定力、社会定力	各个国家的虚拟衍生品板块扩张力，需要达到价值优化效果，只有拥有强大的定力的板块，才能在风吹浪打中坚定信心、从容淡定
潜力确定	标杆象征、奢侈品个股	政策潜力、经济潜力、社会潜力	各国奢侈品个股的爆发力是由于具有某种未知的、隐蔽的或为大众所忽视的利多因素而存在着标杆象征个股股价上升的潜在力量，要通过个股的潜力来判断能否成为龙头标杆

（二）情景确定

情景确定是指对一个国家未来发展的奢侈品个股进行确定，判断该个股是否能够成为奢侈品龙头个股，如图 7 – 13 所示，前景确定是对商品的所有品种的判断，远景确定是对衍生品的板块判断，情景确定是对奢侈品个股的判断，投资人依据时期发展的情景，对奢侈品进行投资。情景规划能帮助企业作出高瞻远瞩的战略，超越当下所处环境的局限，用更长远的眼光去审视现有战略。商业世界中唯一不变的就是动荡和变化。情景规划就是使管理者应对这种不确定性的一种方法——不是一味地去寻找"最佳的答案"，而是去设计并推动"适合的战略规划流程"。真实的未来往往超乎我们的想象，如何应对不确定的未来？如何针对不确定的未来制定战略、处理国家面临的重大问题？近年来，情景规划作为应对不确定未来的战略制定模型，已经随着世界中不确定性和复杂性因素的大幅度增加，得到了越来越多国家的重视和运用。

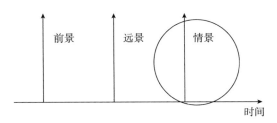

图 7 – 13　前景、远景、情景示意图

情景确定常常采用情景分析法，情景分析法又称脚本法，是假定某种现象或某种趋势将持续到未来的前提下，对预测对象可能出现的情况或引起的后果作出预测的方法。通常用来对预测对象的未来发展作出种种设想或预计，是一种直观的定性预测方法。由于情景分析法重点考虑的是将来的变化，因此能够帮助企业很好地处理未来的不确定性因素。尤其是在战略预警方面，能够很好地提高国家的战略适应能力。同时，国家持续的情景分析还可以为国家情报部门提供大量的环境市场参数，而这些参数又可以为企业提供多方面的帮助，例如可以帮助国家发现自身的机会、威胁、优势和劣势等。

情景确定是近年来国际上比较热门的一种研究方法，被广泛应用在战略决策、政策分析等领域，并成为同国际研究机构对话的重要平台。如中国在了解德国出行汽车奢侈品的发展、美国出行飞机奢侈品的发展后，不难利用情景确定判断出高铁出行的奢侈品未来，中国的高铁出行——中国中车个股情景类似于当年美国的波音飞机出行个股情景。中国证券行业出现奢侈品龙头，也是在中国金融市场开放、金融地位提高、投资银行业务大发展的情景，过了这个阶段，投资银行要快速发展就不一定能够实现。前景、远景、情景分别是权力契约、组合优化、标杆象征的确定因素，如表7-2所示。

表7-2　前景确定、愿景确定、情景确定关系

确定类型	先后顺序和作用	判定的对象	含义
前景确定	先、基础	商品品种	主要描述国家美好未来，引领世界未来的发展，就可以获得权力契约，这也就是前景确定
远景确定	中、支撑	衍生品板块	是指一个国家对于衍生品的组合优化后形成的行业（地区）、指数板块未来发展的空间进行确定
情景确定	后、落地	奢侈品个股	是指对一个国家未来发展的奢侈品个股进行确定，判断该个股是否能够成为奢侈品龙头个股

（三）抑制确定

一个国家的发展与崛起都是由奢侈品标杆象征积极作用的结果。就像任何一个发达国家，必然存在自己国家和地区的多个奢侈品来带动整个国家、吸引全球消费，而奢侈品的形成往往与抑制联系在一起。抑制确定是一种手段、态度、气势，有自己追求的明确目标，力排众议，鹤立鸡群。鼎盛时期奢侈品的价值创造需要有发展情景，但是有了发展情景，具体落实到每一个奢侈品个股，就有个股之间的相互抑制，抑制是具体个股之间的常用手段，与遏制、牵制具有明显的不同含义，遏制是比较价值产生的前提；牵制是相对价值产生的前提；抑制是绝对价值产生的前提。三者紧密相连，各自重点是不一样的。如对于新型冠状病毒，遏制、牵制都没有用处，只有抑制，将得病的个体和密切接触者进行隔离，终止向其他人扩散的能力。一个国家从事奢侈品辉煌还没到来，就会有其他国家进行抑制，总体来说，就是一个国家奢侈品自身的发展会受到多方面的抑制，一环套一环，例如，为了维护美国科技垄断，由于中兴和华为近些年的科技水平发展迅速，芯片研发能力上与美国的差距大幅缩小，大有赶超之势，中国的华为大有超过苹果之势，如果不及时抑制，任其发展的话会超出美国控制，那么美国的互联网奢侈品龙头个股地位就会让给中国的华为，必然遭到美国的抑制，抑制了华为，互联网奢侈品龙头个股就会永远留在美国。而华为在核心技术的软肋芯片正好在美国控制的范围内，应用场景好的移动终端手机，还是不可能由内循环带动外循环，痛定思痛，应发展科创板，致力于核心技术的攻关。

可以从理论上总结奢侈品投资的时间拐点，商品是时间节点，衍生品是时间窗口。而抑制确定是准确把握奢侈品爆发的时间拐点，或者加快时间拐点的形成，或者是错过快速上涨的时间拐点。对于新型冠状病毒隔离就是让它错过快速扩散的时间拐点。在标杆象征的过程中，抑制奢侈品个股的不一定只有政策、法规，还有资金量的聚集等多种因素，更为重要的是推动股票上涨的对策、大盘指数的时间窗口、其他奢侈品个股资金集中的转移等，这些因素将直接影响新的奢侈品个股爆发力形成。

抑制确定也是心理战，是对投资人心理的研究。随着鼎盛时期的到来，技术抑制已经不能满足价值制造的需要，特别是有些不是依赖技术的产业，更为重要的是心理抑制，依靠技术方法和自然禀赋的抑制作用在下降，对于人的学习心理的把握，是抑制确定的核心，是依靠把握投资人的时间拐点和心理端口的价值空间共同作用，抑制确定极大影响投资人的投资选择。标杆象征的抑制确定是时间拐点的有效把握。

抑制对方，核心是把握时间拐点，分为内在和外在原因两个方面，如图7-14所示。

内在有两个重要时间拐点。第一是时间运行一个时间点，便会发生百倍转折。如其他奢侈品个股上涨高位，转换龙头个股，资金重新集中。2021年茅台酒个股上涨至2600元以上，奢侈品个股就会发生转换，逐渐向新的奢侈品个股集中，这是肯定的，所以茅台酒奢侈品个股肯定是应该下跌的，没有茅台酒达到高位，新的资金集中是很难实现的，机构资金称为"抱团"炒作，虽然很多资金分别抱团炒作别的个股，不一定正确、合理，但是没有资金的集中，奢侈品个股无法形成；有些投资对策，很快就会形成资金集中的奢侈品个股，如币值平台

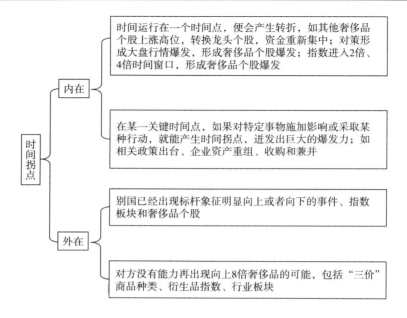

图 7 - 14 抑制确定时间拐点的把握

对策下，奢侈品个股证券龙头很快形成，因为股票大盘指数在币值平台对策推动下上涨最快，有力推动证券交易量上涨，此时形成证券龙头理所当然；还有当大盘指数进入强势区域时，如指数底线×1.2倍、界限×1.4，才能形成与指数契合的行业板块奢侈品龙头个股4倍、8倍爆发力，否则只能形成与指数相关不大的消费板块、健康板块、小盘市值板块奢侈品个股上涨。

内在的第二个重要时间拐点是在某一关键时间点，如果对特定事物施加影响或采取某种行动，就能产生时间拐点，迸发出巨大的爆发力。如相关政策出台、企业资产重组、收购和兼并：人民币升值导致币值平台加速上涨；融资融券政策出台、降低存款准备金率、注册制的实施等加速股市上涨后在一定时间点形成奢侈品个股的时间拐点，如中国南车和中国北车的合并，企业资产重组使中国中车股价大幅上涨。

外在原因引起的时间拐点的把握分为两种。第一种时间拐点是别国已经出现标杆象征明显向上或者向下的事件、指数板块和奢侈品个股。如美国"9·11"事件对全球金融市场带来的冲击。"9·11"事件极大地冲击了美国的社会和经济秩序，造成美元贬值，股市暴跌，大宗商品如原油和有色金属等暴涨，投资和消费信心严重受挫，美国社会和人民更是视之为历史上的莫大耻辱，这是美国历史上的重大事件，是标杆象征事件，再加上2005~2007年美元趋势向下等其他因素综合作用，导致美国出现向下时间拐点的资产价格下跌，2008年美国房价大幅下跌出现国际金融危机是资产价格时间拐点出现的重要表现，美国在 2020 年、2021 年新冠肺炎疫情暴发后虽然出现很多情况，但是股价指数没有出现明显时间拐点下跌，由此使得中国出现奢侈品个股的时间拐点有所推移。

外在原因引起的第二种时间拐点的把握，对方没有能力再出现向上 8 倍奢侈品的可能，包括"三价"商品种类、衍生品指数、行业板块把握时间拐点要依照心理端口，同时利用价值分析，判断龙头的时间拐点。外在因素是对方出现明显 8 倍奢侈品的可能，如美国 2008 年房价大幅下跌，出现金融危机，注定美国房价绝对没有继续出现 8 倍的可能性，促成中国房价 2009 年一线城市大幅上涨 8 倍，成为奢侈品；到了 2021 年美国没有出现股价大幅下跌的可能，美国一系列金融手段都是保持股价不急速下跌，使得中国股市要想实现急速上涨必须等待，用时间交换空间，立足自身发展，打好基础，才能确保中国股市不会出现高位下跌。把握时间拐点要依照心理端口，同时利用价值分析，判断龙头的时间拐点。抑制确定是标杆象征形成的有效途径，是学习心理学在鼎盛时期标杆象征投资的具体应用，把握好时间拐点，就会获得价值百倍增，实现绝对价值创造，也是智慧思维相互碰撞的结果。

人口营商学时间拐点与时间节点、时间窗口相结合，既有相互的联系，又有很大的区别，如表 7 - 3 所示。时间节点、时间窗口和时间拐点三者在营商学的研究中研究对象侧重点不同，分别体现在"三价"品种、股价指数以及龙头个股价位上，并且三者各有体现，时间节点体现在商品品种价格变化上，时间窗口体现在股价指数的波幅上，而本书时间拐点的体现主要是在龙头个股价位上。三者研究的核心分别是权力契约、组合优化和标杆象征，分别表现在影响力、扩张力和爆发力上。对于其创造的价值也不同，需要特别注意的是时间拐点，主要创造的是奢侈品个股的百倍先、中、后。

表 7 - 3　时间节点、时间窗口、时间拐点关系

	时间节点	时间窗口	时间拐点
研究学科	人气营商学	人群营商学	人口营商学
研究目标	商品品种价格波动空间	衍生品股价指数波动幅度	奢侈品个股价位上涨高低
研究核心	权力契约	组合优化	标杆象征
表现	影响力	扩张力	爆发力
研究对象	"三价"	股价指数、板块	个股

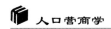

	时间节点	时间窗口	时间拐点
创造价值	速度：倍增（减）快	速度：倍增快；成倍快、中 强度：倍增不足、正好、超过；成倍正好、超过	速度：倍增快；成倍快、中；百倍快、中、慢 强度：倍增不足、正好、超过；成倍正好、超过；百倍不足、正好、超过 顺序：百倍先、中、后；成倍先、中、后；2倍先、中、后
价值确定	价值维数	价值排列	价值元素

第三节　人类鼎盛时期标杆象征原理

一、标杆象征原理的理论来源

标杆在鼎盛时期，无论是其角色还是其要求，都发生了根本性的改变。鼎盛时期标杆已经成为一种象征，标杆的象征属性可以明确。标杆象征原理的理论来源主要可以从管理学和营销学两个方面进行论述。其中管理学主要为标杆象征原理提供了理论依据，而营销学则为标杆象征原理提供了思想源泉。

（一）管理学来源

标杆象征是哲学，人类从兴盛时期、昌盛时期发展到鼎盛时期，只有在鼎盛时期标杆象征才牢牢地印在人们心中。标杆管理法由美国施乐公司于1979年首创，标杆管理给IBM和施乐公司带来的巨大好处使其迅速推广开来，据美国1997年的一项调查：1996年世界500强企业中有近90%的企业在日常管理活动中应用标杆管理，其中包括AT&T、Kodak、Ford等。而标杆管理理论也得到扩展，从产品标杆到流程标杆，再到战略标杆直至全面标杆管理，使企业在各方面改善自己的绩效。可以说标杆管理是一个有效提升企业综合竞争力的管理工具。由此标杆管理与企业再造、战略联盟一起并称为20世纪90年代三大管理方法，在西方管理学界掀起了巨大的波澜。

1989年，罗伯特·坎普（Robert Camp）出版的《标杆管理：寻求到向更优绩效的最佳行业实践》成为第一本正式介绍标杆管理观念和步骤的专著，他提出标杆管理是组织寻求导致卓越绩效的行业最佳实践的过程，其可以被广泛用于跨国度、跨行业的产品、服务及相关生产过程的可能领域，强调卓越的绩效，促使雇员将寻找最佳实践置于脑海中，唯有最佳实践才能导致卓越的绩效。而 Robert S. Kaplan 提出对于标准流程（即企业间相互可比）来说，标杆比较能带来有用的信息，但是对于提供差异化服务的支持部门，其标杆比较不能简单用于成本数据比较，而关注其提供价值绩效比较。

Vaziri（1992）给出标杆管理定义，认为"标杆管理是将公司的顾客要求与行业最优的直接竞争者，抑或在特定领域内被认为有较好业绩的企业进行连续比较并最终判定需要改进的项目"，定义表明了标杆管理与服务对象在满意程度上有着密切的联系。施乐公司的首席执行官 David T. Kearns 认为：标杆管理是"持续不断地将企业自身产品与管理实践活动同行业内较优秀的竞争对手或行业领导组织进行对比分析的过程"。

Janez Prasnikar 等（2005）提出标杆管理可以作为战略管理的工具，通过标杆竞争对手优势，标杆各行业战略成功者模式，标杆战略计划、制定、实施和控制各项流程的最佳实践等方式来改善自己的战略。H. 詹莫斯·哈里顿根据广泛深入的研究出版了《标杆管理：瞄准并超越一流企业》和《标杆管理完全操作手册》两本专著，详细介绍标杆管理流程的理论，总结出了一套进行标杆管理的流程。

唐启富（2010）在进行标杆管理实践时指出，企业管理层首先需要定位行业内运作最佳的公司，或是其他行业内具有相似流程的公司，进而将自身企业的经营结果与流程和这些被研究公司（即"目标"）的经营结果与流程相比较。通过这种方式，企业可以了解目标公司的经营已完善至何种程度，更重要的是，可以从中学习那些让目标公司取得当前成功的关键商业流程。

孙一星（2016）认为标杆管理之所以能引起各大企业的如此重视并风靡于世界，其根本原因在于它能给企业带来巨大的实效。它会让企业形成一种持续学习的文化，企业的运作业绩永远是动态变化的，只有持续追求最佳才能获得持续的竞争力，才能始终立于不败之地。它的作用主要表现在进行企业绩效评估，企业持续地改进，提高企业经济绩效，制定企业战略，增进企业学习，增长企业潜力，衡量企业工作好坏，实行企业全面质量管理。

廖鹏飞（2017）认为标杆管理理论可概括为：标杆管理通过一些特定的指标（单位成本、单位效能、单位周转时间或良品率等）来衡量绩效，从中得出定量绩效结果，进而将其与目标公司进行比较。标杆管理有可能是一次性的运作，但通常被视作一种企业不断寻求运营提升的持续行为。

标杆象征原理在管理学的理论来源中有一个重要的概念——标杆管理理论。不断寻找和研究同行一流公司的最佳实践，并以此为基准与本企业进行比较、分析、判断，从而使自己企业得到不断改进，进入或赶超一流公司，创造优秀业绩的良性循环过程。其核心是向业内或业外的最优秀的企业学习。通过学习，企业重新思考和改进经营实践，创造自己的最佳实践，这实际上是模仿创新的过程。

综合上面的管理学研究，标杆象征策略的理论来源于管理学，关于标杆管理的管理学研究十分全面，是让企业以标杆企业为典范，创造最好的效益，是标杆象征的思想源泉之一。

（二）营销学来源

标杆象征的思想来源于营销学，基于产品营销学中4P策略中的促销策略。

4P营销理论（The Marketing Theory of 4Ps）产生于20世纪60年代的美国，是随着营销组合理论的提出而出现的。1953年，尼尔·博登（Neil Borden）在美国市场营销学会的就职演说中创造了"市场营销组合"（Marketingmix）这一术语，其意是指市场需求或多或少地在某种程度上受到所谓"营销变量"或"营销要素"的影响，其中的促销策略为标杆策略奠定了很好的研究基础。

如图7－15所示，基于《人群营商学》与《关系营销学》的回报决策，发展出《人口营商学》与《产品营销学》的促销策略，指企业通过人员或非人员的方式向消费者或用户传递或与其沟通有关产品或服务的信息，激发其购买欲望，促使其采取购买行动，影响顾客的购买行为，以此扩大行业内的市场份额。而人口营商通过树立行业龙头企业标杆象征，恰恰与促销策略有相同之处，只要投资人不断地传播，形成促销，标杆象征的奢侈品就会脱颖而出，创造龙头个股价值以实现投资者的共建共享。

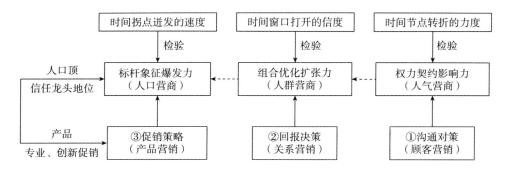

图7－15　标杆象征策略与促销策略、组合优化决策、权力契约对策的关系

促销策略是指企业如何通过人员推销、广告、公共关系和营销推广等各种促销手段，向消费者传递产品信息，引起他们的注意和兴趣，激发他们的购买欲望和购买行为，以达到扩大销售的目的的活动。企业将合适的产品在适当的地点、以适当的价格出售的信息传递到目标市场，一般是通过两种方式：一种是人员推销，即推销员和顾客面对面地进行推销；另一种是非人员推销，即通过大众传播媒介在同一时间向大量消费者传递信息，主要包括广告、公共关系和营销推广等多种方式。这两种推销方式各有利弊，起着相互补充的作用。此外，目录、通告、赠品、店标、陈列、示范、展销等也都属于促销策略范围。一个好的促销策略，往往能起到多方面作用，如提供信息情况，及时引导采购；激发购买欲望，扩大产品需求；突出产品特点，建立产品形象；维持市场份额，巩固市场地位等。

社会学家认为，实际上标杆就是榜样，这些榜样在业务流程、制造流程、设备、产品和服务方面所取得的成就，就是后进者瞄准和赶超的标杆。中国有句古话："以铜为鉴，可以正衣冠；以史为鉴，可以知兴替；以人为鉴，可以明得失。"其实，做企业也是这样。在自己面前树立一面镜子，明得失，找差距，而后才能进步。

标杆营销是利用标杆法进行竞争对手分析，首先要明确谁是企业的真正竞争对手。其次要明确竞争对手所采用的基本竞争战略，因为它决定了企业对成本的措施。采用成本领先战略的企业以低成本为第一目标，使用各种方式和手段来降低成本；而采用差异化战略的企业则以差异化为第一目标，降低成本的方式和手段以不影响企业差异化为限度；实行目标聚集战略的企业以占领特定细分市场为目标，在特定细分市场里，它们仍然会采用成本聚集或差异化战略。最后要分析竞争对手的价值链和成本动因，并与企业自身价值链和成本动因加以比较。若竞争对手向目标市场提供相似产品或服务，并采用相同的基本竞争策略，则它们所处的市场环境基本相同，分析的重点应是企业内部因素。

"端口"是英文 port 的意译，可以认为是设备与外界通信交流的出口。端口可分为虚拟端口和物理端口，其中虚拟端口指计算机内部或交换机路由器内的端口，是不可见端口。例如计算机中的 80 端口、21 端口、23 端口等。物理端口又称为接口，是可见端口，计算机背板的 RJ45 网口、交换机路由器集线器等 RJ45 端口，电话使用 RJ11 插口也属于物理端口的范畴。标杆象征决定人们的心理端口，心理敞口的大小决定投资者的投资意愿的高低，心理端口开口越大，投资者投资意愿越大，反之则越低。如同权力契约决定人们的心理空间，组合优化决定人们的心理敞口（正、负向影响），物理学上的端口理论为鼎盛时期奢侈品标杆放大投资者的心理端口提供了理论研究基础。

鼎盛时期是一个标杆象征的时期，到处都传播着象征含义，标杆的形成是一种象征意义时期的出现，标杆的衰退是一种象征意义时期的过去，特定象征是鼎盛时期的核心。文化符号学是把文化视为一种符号或象征体系的研究。这种视符号或象征体系具有悬浮其中的意义内涵的研究，不单纯是透视文化的一种学术视角，更重要的是，它牵涉到对文化本质特征的界定。而奢侈品标杆的核心含义就是象征，标杆象征的奢侈品更具有爆发力。这些都是传统促销理论对于标杆象征策略的启示，产品营销4P策略中的促销策略引导了本章的研究，同时帮助鼎盛时期的人口营商领悟出四种长期保持提升标杆象征爆发力的方法——权力推崇、法律维护、社会聚焦以及关键细节，对于标杆象征的学习心理应该放在奢侈品共建的层面上，鼎盛时期标杆象征能够引领每个时期的共建共享，因此标杆象征策略运用得当，将会直接影响证券投资人投资该国奢侈品个股的心理端口的把握。

二、人类鼎盛时期标杆象征原理

（一）基本原理

鼎盛时期标杆象征原理主要是指心理端口与奢侈品象征之间的关系。标杆象征的奢侈品个股通过影响投资人的心理端口来调节个股爆发力大小，使得人们创造最大绝对价值空间的同时，时间损失最小化。反过来，标杆象征的个股与爆发力大小修正人们的心理端口。心理端口理论将心理研究领域的综合洞察力运用到个股的投资当中，从抽象、具象思维研究出发，从人的心理特质揭示影响标杆选择行为的心理因素，如图7-16所示。有关组合优化与心理敞口的关系在《人群营商学》中介绍过，有关权力契约与心理空间的关系已在《人气营商学》中详细介绍过。

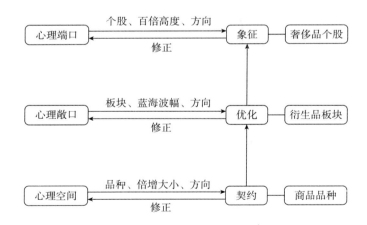

图7-16 标杆象征原理的作用机理

心理端口之所以可以影响标杆象征的爆发力大小，是因为对于全球化的专业投资人而言，各国奢侈品个股的心理端口变化意味着愿意投资该国的奢侈品个股的专业投资人发生变化，人口集中才会形成标杆象征，该国的标杆象征就会发生变化，爆发力也就发生变化。最好的例子是 2020 年 12 月 1 日首例新型冠状病毒性肺炎患者确诊以来，多家海外媒体在报道中指出，中国为应对疫情采取的措施快速、高效、有力。中国为全世界防控新型冠状病毒树立了一个标杆形象，给投资者投资中国增加了极大的信心，极大地放大投资该国的心理端口，未来会吸引更多的投资者投资中国，形成前所未有的爆发力，这是以一个国家为例进行的心理端口分析。心理端口是从奢侈品个股的角度进行研究的，如中国的资本市场一定会快速发展，那么投资银行的奢侈品个股——中信证券，专业投资人就会打开个股的心理端口，形成 8 倍增值的爆发力。

同样地，心理端口对标杆象征变动的方向也会产生影响，心理端口影响标杆象征变动的方向可以从投资方面的研究基础入手。例如行业龙头股，龙头能够影响到大盘，也能够影响到其他股票，这种影响是双面的，既领涨也领跌。在 A 股市场，对普通的投资者来说只有做多才能挣钱，所以这里重点分析领涨情况。行业龙头股对同行业板块的其他股票具有一定的影响力，行业龙头股的涨跌往往会对其他同行业板块股票的涨跌和大盘指数起引导和示范作用。通常在大盘下跌末期端，市场恐慌时，逆市涨停，提前见底，或者先于大盘启动，并且经受大盘一轮下跌考验，如同一个名人既有正面效应也有负面效应一样，通过名人效应影响时期演进，名人的正面、负面心理端口高低和爆发力与普通人是不一样的，必须谨言慎行。

另外，标杆象征的实际应用就是专业投资人利用奢侈品个股的心理端口进行绝对价值投资。影响心理端口的工具和因素很多，这部分内容将在本节第三部分讲到，但是心理端口作为投资者自身的心理判断，需要通过标杆象征的时间拐点、爆发力变动来修正。通过实际的标杆象征变动，正确把握和影响投资者的心理端口和爆发力，符合鼎盛时期发展，投资人做出智慧的判断才能创造出绝对价值。正确运用标杆象征是本章的核心，背后的原理是人们的心理端口及爆发力。

（二）标杆作为象征研究的逻辑

标杆象征对应 8 倍绝对价值创造。要理解标杆是一种象征，首先要了解鼎盛时期就是通过塑造奢侈品标杆进行象征传播，从而促使投资者信任头部，创造最大化绝对价值，而创造绝对价值的过程是通过奢侈品标杆达到象征效果的最终结果。鼎盛奢侈品的标杆多种多样，鼎盛时期标杆的过程也就是按照专业投资者的学习心理进行标杆象征，而不是简单的标杆投资，这样才能更加有效地创造绝对价值，而且专业投资人会根据自身经验判断标杆象征之后的奢侈品龙头个股，只有拥有较强的发展潜力才能投资。鼎盛时期就是一个奢侈品投资的时期，这一点在前面的章节进行了叙述，而没有标杆象征是不可能进行投资的，象征是投资的

必要条件，投资是标杆的结果。

标杆象征是鼎盛时期价值投资的核心。不难看出标杆象征不只是体现在个股投资上，还体现在多个方面，象征不仅能够直接影响政治、经济、社会生活的方方面面，它还渗透进社会生活的内部，塑造着文化及其价值，甚至能够掌控人们的心灵和身体，通过其内在的生成动力，主宰着人们的行为和思维。象征的这些作用和意义深入到人们的生活中，并且为人们观察世界提供了良好的视窗。作为标杆象征个股，带来行业的增值和资本市场的推动作用，是股价投资的核心，具有更多的标杆象征个股，能够实现绝对价值创造，对于该国鼎盛时期的演进作用巨大。

标杆象征投资策略是鼎盛时期投资人投资一个国家、地区和行业最为关注的核心内容，是人口营商研究的重点。标杆象征一直都是人类理解自身、他者以及整个世界的基本路径。近年来，随着股票市场核心资产的崛起，价值投资引领风潮，上榜公司作为价值投资的标杆，具有居于行业头部、拥有优秀的管理团队、在资本市场有口碑、在消费市场有品牌、在财务方面持续盈利、投资者回报不断提升、规范的信息披露以及积极履行社会责任等特征，引领了股票市场长期稳定健康发展的方向。当投资者集中投资某一只个股时，必然会推动该股票继续上涨，从而实现百倍先、中、后，如图 7 - 17 所示。因此，通过塑造奢侈品标杆进行象征传播，从而促使投资者信任头部，创造最大化绝对价值，而创造绝对价值的过程是通过奢侈品标杆达到象征效果的最终结果。因此，鼎盛时期标杆象征的过程也就是投资者在不同行业、指数板块选择投资龙头个股对象的过程。

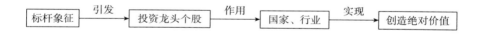

图 7 - 17　标杆象征的逻辑

（三）心理端口变化的内在含义

因为心理端口是标杆象征原理的核心所在，所以要明确心理端口的变动实质是个股绝对价值的变化。如果没有绝对价值的变化，人们的学习心理很难形成。鼎盛时期个股绝对价值的创造是通过标杆象征实现的，使投资者的专业程度增加，并且使鼎盛时期奢侈品处于不断变化的标杆象征中，投资人创造的绝对价值也在不断地变化。

绝对价值的变化过程可以用图 7 - 18 表示。在进入鼎盛时期的国家中，选择人气关注的三个价值内涵、契合人群跟随的行业代表板块、各个板块的奢侈品个股进入人们的视野，三个绝对价值的龙头个股 A、B、C。长方形表示人口的集中，椭圆的面积表示 A 股、B 股、C 股奢侈品标杆的爆发力，椭圆的周长范围表示心理端口的大小。随着时间的推移，A、B、C 个股标杆象征奢侈品的爆发力会在不同时间出现时间拐点。标杆象征的鼎盛奢侈品的爆发力提升幅度大、速度较快，迅速达到投资者的 8 倍心理端口，使投资者心理压力减轻，但是最终 A、B、C 都能按照时间顺序创造 8 倍的绝对价值，专业投资人需要判断不同龙头个股的时间拐点，在不同的时间点选择不同的奢侈品龙头个股，创造更大的绝对价值。

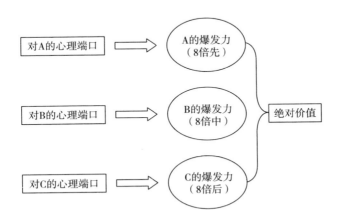

图 7 – 18 标杆象征爆发力与绝对价值心理端口的变动示意图

各国鼎盛时期到来，绝对价值不断涌现，意味着该国各个行业龙头个股绝对价值创造速度大大加快，但是一般不会使奢侈品个股同步上涨。在平台对策推动股市上涨时，奢侈品个股基本同步，其他对策推动股市上涨，人群跟随契合板块明确，人口集中奢侈品个股形成很难，转换也不容易，所以个股上涨 8 倍时间有先有后。由此可以看出，投资者心理端口打开和时间拐点是随鼎盛时期绝对价值变动的，正好揭示了处于鼎盛时期的股价龙头个股不断涌现的现象，重视绝对龙头价值创造，是投资人的真正追求。一个国家都在竞相培养奢侈品龙头个股，稍不努力就会淹没在不被人口集中的绝对价值变小的国家行列中，逐渐走向衰退。由此将导致一系列不利于该国资本市场和产业发展的问题产生，最终使该国落后于鼎盛时期的发达国家，慢慢失去国际话语权。因此，要想成为鼎盛时期的"领头羊"，就应该不断地培养创造绝对价值的人口集中，实现本国的奢侈品龙头个股绝对价值创造。

（四）象征类型的特点及适应对象

有关标杆象征的类型以及对象选择来源于标杆象征的相关原理，为了更深入地理解，就需要在心理端口的基础上研究，鼎盛时期各个国家都希望能够通过标杆象征个股的积极影响来带动投资人心理端口的变化。综上所述，对应人口矩阵，可以将标杆象征个股按照对人们心理端口的影响程度主要划分为三种类型，分别是"8倍先""8倍中""8倍后"个股，如图7－19所示。

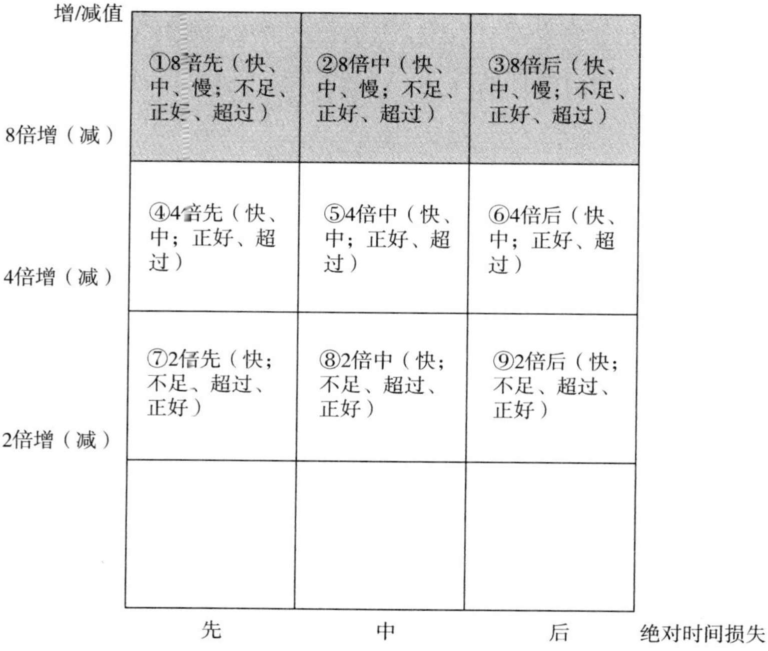

增/减值

①8倍先（快、中、慢；不足、正好、超过）	②8倍中（快、中、慢；不足、正好、超过）	③8倍后（快、中、慢；不足、正好、超过）
④4倍先（快、中；正好、超过）	⑤4倍中（快、中；正好、超过）	⑥4倍后（快、中；正好、超过）
⑦2倍先（快；不足、超过、正好）	⑧2倍中（快；不足、超过、正好）	⑨2倍后（快；不足、超过、正好）

8倍增（减）　　4倍增（减）　　2倍增（减）

先　　　中　　　后　　绝对时间损失

图7－19　鼎盛时期的标杆象征个股类型

这三种标杆的划分依据是专业投资人的心理端口的时间顺序。具体表现为：8倍先是标杆象征最优先心理端口，是价值元素质变的最先表现，也是专业投资人的最先投资，受到专业投资人的集中。8倍中的标杆象征可以带来非常稳定的投资回报，顶格的范围也适中，风险也有所减少，因此，受到投资人的集中更为容易。具备8倍后的标杆象征，其可以创造绝对价值时间向后延长，需利用顶格思维和爆发力共同判断。每个投资人都要结合自己的专业选择不同心理端口类型的国家和个股进行投资，同时各个国家自身可以根据本国不同的地位特性选定标杆象征的目标。标杆象征是为了更好地实现标杆策略理论的龙头价值的投资，在不同的象征中，有三个标杆象征影响投资，分别是8倍先象征、8倍中象征和8倍后象征，因此主要研究8倍先象征、8倍中象征和8倍后象征三个标杆象征的特点和适用对象。三种标杆象征的特点和适用对象具体如下：

1.8倍先（时间快、中、慢；强度不足、正好、超过）

特点："8倍先"是最先进行价值创造的标杆象征，是个股价值元素发生变化的必然结果，也是专业投资人对于奢侈品个股打开的最先8倍心理端口，受到专业投资人的学习与专注。8倍先是契合指数上涨相对时间最为优先的行业板块龙头个股，该行业奢侈品个股优先吸引各方资本流入，使得相应的资产价格上涨，但是时间不一定快，快慢与否与推动股价对策以及大盘指数4倍启动的点位和个股的实现倍增、成倍增时间节点、时间窗口密切相关。权力契约研究的心理空间、组合优化研究的心理敞口和标杆象征的心理端口紧密结合，2倍、4倍增值共同形成个股8倍爆发力速度是8倍先龙头个股形成的前提，8倍先作为人口后悔的第一投资标的，是8倍中与8倍后的前提铺垫，充分考验投资人的抽象思维能力及具象抉择能力。该个股会广泛吸引各方资本流入，则相应的资产价格就会上涨。同样是8倍先，不同对策、契合不同的行业价值板块8倍先的绝对时间损失与强度是不同的。如2005～2007年股市行情的8倍先是钢铁龙头，上涨时间远远短于2019年形成的8倍先证券龙头个股。

适用对象：对于资产增值有较高要求的投资者；希望在最短时间内资产升值最快的投资者；能够准确把握第一个个股心理端口并且准确判断时间拐点，可以承受双向波动风险的投资者。

2.8倍中（时间快、中、慢；强度不足、正好、超过）

特点：具备"8倍中"的标杆象征，虽然创造龙头个股8倍价值的时间有所延后，但仍然具有百倍的价值空间，对比百倍先，顶格思维比较明确，心理端口的难度也趋于稳定和容易，界线的波动范围也将缩小。在没有"8倍后"的标杆象征的情形下，"8倍中"的标杆象征可以带来非常稳定的投资回报，界线的范围也适中，风险也有所减少，因此，专业投资人士很好把握。如金钱对策形成的股市行情中，中国中车这个经济价值板块高端制造龙头个股把握起来就比较明显，一定是在证券龙头个股8倍先之后，因为证券龙头个股已经在2019年、2020年分别形成了2次2倍增值，2021年正在准备4倍增值，只有证券龙头在14.7元的时间拐点开始实现8倍增值完成之后，中国中车才能实现5.24元时间拐点的8倍中增值。

适用对象：希望资产升值较大的投资者；提高专业投资人8倍心理端口把控水平，可以承受双向波动风险的投资者。心理端口在一定时间内改变个股的时间拐点，从8倍先转向8倍中，绝对价值增值空间很大。8倍中是投资人8倍增值的第二次选择，应该重点把握。

3.8倍后（时间快、中、慢；强度不足、正好、超过）

特点：具备"8倍后"的标杆象征，其可以创造绝对价值时间是最后，更多的是利用个股顶格思维与心理端口进行判断，8倍后个股上涨的时间可能比8倍先、中都短，因为该个股是大盘指数上涨的末期，大盘上涨速度可能会快一些。在实现"8倍先"与"8倍中"的前提下，该龙头个股同样具有再次产生8倍时间拐点的必要，因为该个股可以创造8倍的价值增值，可以很快打开专业投资人的心理端口。

适用对象：追求极大投资收益的投资者，即只有三个8倍全部收入囊中，才可能在一定时间内实现虚拟资产的最大升值；打开个股的心理端口，可以承受双向波动风险的专业投资者。

4. 4倍先（时间快、中；强度不足、正好、超过）

4倍先是蓝海价值投资中的指数板块实现2倍增值空间，龙头个股最早阶段的选择，也可能是8倍增值过程中的一个阶段，是4倍与2倍的组合，所以在判断是4倍增值还是8倍增值中的4倍时，主要是看大盘指数上涨的倍数，大盘指数在底线×1.2启动，龙头个股就具有4倍先的价值升值空间。此时在打开心理端口的作用下，投资人在时间层面可以容忍4倍快和中，在强度层面可以容忍4倍不足、正好和超过，对于4倍慢的龙头不予考虑，因为契合指数上涨的行业板块的龙头标杆象征的要求一定是要时间2倍快和4倍快、中，这是由其龙头价值增值空间与板块蓝海契合的成长行业龙头属性决定的，也是后续8倍龙头个股上涨判断的基本依据。如2020年的茅台酒个股2倍上涨时间较慢，持续一年，是因为白酒板块对于大盘指数上涨契合的程度弱，不能成为龙头个股研究的范畴。而契合指数上涨的证券板块龙头中信证券每年虽然只上涨一次，但是每次上涨都是2倍快或者4倍快、中，从来没有慢。2倍指数上涨形成的4倍先龙头是依据人群理论进行分析板块的契合，形成龙头个股。8倍先个股是否立即形成4倍先，主要根据大盘指数波动的范围，如果指数在界限×1.4的上涨区域，龙头个股上涨就会出现4倍，否则出现2倍增值的可能性加大。

5. 4倍中（时间快、中；强度不足、正好、超过）

4倍中是蓝海价值投资中指数板块实现2倍增值空间的中间阶段选择，此时龙头个股具有4倍的价值升值空间，是标杆象征投资选择研究的对象的重要参考。因为4倍中对于上涨先后顺序的研究非常重要，也是能否打开8倍心理端口的基本考量。此时投资人在时间层面可以容忍4倍快和中，在强度层面可以容忍4倍不足、正好和超过，对于4倍慢不予考虑，一般在指数板块实现2倍增值时，至少存在4倍中龙头个股，没有4倍中龙头个股，大盘指数无法上涨2倍。如2005～2007年的行情中，大盘指数上涨2倍不足，证券板块龙头4倍先——中信证券从4元上涨至16元，黄金板块4倍中龙头从7元上涨至30多元，这是两个契合的行业4倍龙头，推动大盘指数上涨2倍不足。4倍指数上涨时，中信证券、山东黄金打开8倍心理端口，中信证券上涨到117元，山东黄金上涨到300多元，而钢铁龙头没有上涨4倍，龙头个股武汉钢铁心理端口8倍空间就是16元左右，这是由其个股信任头部价值增值空间与板块蓝海属性决定的。在大盘指数是 8 倍正好、超过时，指数 2 倍、4 倍明确，甚至出现 2 倍超过，4 倍龙头个股的判断非常重要，如 2014～2015 年的行情中，由于大盘 2 倍超过，出现证券龙头 4 倍先、高铁龙头 4 倍中、航母龙头 4 倍后，专业投资人至少可以增值 4×4＝16 倍。

6. 4 倍后（时间快、中；强度不足、正好、超过）

4 倍后是蓝海价值投资中指数板块实现 2 倍超过增值空间的末尾阶段选择，此时龙头个股也具有 4 倍的价值升值空间，在币值平台对策研究中已经得知由于指数 2 倍不足的影响，基本没有 4 倍后，指数 2 倍超过的增值空间大、时间长，所以就会出现龙头个股 4 倍后。并且依次排序，否则即使有三个板块龙头，也是很难依次投资的，2014～2015 年的行情中，4 倍先是证券龙头中信证券，4 倍中是高铁龙头中国中车，4 倍后是航母龙头个股，这样依次按照时间排序是由指数 2 倍超过的增值空间和时间长度决定的，其实在具体投资中也很难实现 4×4×4＝64 倍的增值投资，其中可能出现重组停牌，耽误了投资时间，成功投资两个 4 倍已经很好了。在指数板块上涨实现 2 倍时，个股没有上涨 4 倍，可能在指数上涨 4 倍时实现龙头 8 倍，如 2005～2007 年的行情中，大盘指数上涨 2 倍，龙头个股武汉钢铁就没有上涨，后来指数上涨 4 倍时，第一个上涨 8 倍的是武汉钢铁。这是由契合的行业板块龙头顶格和大盘指数上涨空间决定的。但是指数上涨 2 倍时，龙头个股上涨 4 倍，在大盘上涨 4 倍时，龙头个股肯定上涨 8 倍，如 2005～2007 年的行情中，大盘指数上涨 2 倍，证券板块龙头中信证券从 4 元上涨至 16 元，大盘指数上涨 4 倍，中信证券从 12 元上涨至 117 元。

7. 2 倍先（时间快；强度不足、超过、正好）

2 倍先是指数板块实现 2 倍、4 倍增值，龙头个股出现 2 倍投资机会，龙头个股增值空间需要在 4 倍、8 倍上涨之前上涨 2 倍，也有可能是龙头个股下跌过程的反弹，结合心理站位判断龙头个股的趋势，将个股 8 倍心理端口与时间拐点迸发的速度紧密结合分析，才能出现准确的 4 倍或者 8 倍上涨空间，是龙头个股上涨的起始判断和上涨空间的进一步拓展。在 2 倍先的基础上，很有可能就会实现 8 倍先，因此，抓准 2 倍先增值，是形成龙头个股的坚实基础，但也只能作为基础，该种类型并不是本书研究的重点。个股具有 2 倍的价值升值空间，加之研究上涨时间的长短是为了判断龙头个股 4 倍或者 8 倍投资的基础，重点不是投资 2 倍个股。具有 8 倍价值的个股，4 倍、2 倍增值现象的准确把握，是 2 倍、4 倍价值增值的正确落地，也是标杆象征投资选择研究心理端口的重要基础。如 2015 年 9 月，中信证券从 12.84 元反弹至 22.14 元，实现 2 倍不足，证明中信证券龙头 8 倍先基本形成，在大盘下跌至 2018 年 10 月 19 日的 2449 点时，中信证券为 14.72 元，中信证券的 8 倍先更加明确（14.72×8＝117.76），大盘在 2019 年 1 月 4 日再次下跌至 2440 点，中信证券再也没有下跌至 14.72 元，可以看出中信证券的 2 倍先就是 8 倍先的前奏，使下跌趋势扭转，出现了龙头个股的时间拐点，为龙头 8 倍心理端口打下坚实基础。在 4 倍个股增值形成时也先出现 2 倍增值，如中国中车 2014 年 10 月先上涨超过 2 倍，从 5 元多上涨到 14 元，为中国中车从 10 元多上涨至 39 元多打下基础。还有指数 4 倍没有进入强势区域之前，龙头个股经常上涨 2 倍，一直上涨不了 4 倍，如 2021 年大盘没有站在 2440 的 1.4 倍位 3417 点站位之上，龙头个股中信证券曾经 2 年 2 次上涨 2 倍，从 14.7 元上涨至 27 元，从 19.5 元上涨至 34 元，就是为形成 4 倍增值打下基础，最后完成 8 倍增值。

8. 2 倍中（时间快；强度不足、超过、正好）

2 倍中指出现一个 2 倍个股增值，可能是使 8 倍先心理端口龙头出现后，实现的 2 倍和 4 倍个股增值，一定要密切关注，是 2 倍还是 4 倍，必须结合大盘指数上涨的区域和个股上涨的起点位置进行综合判断，在 8 倍先奢侈品个股实现的过程中，可能有多次 2 倍增值，如 2019～2021 年实现中信证券龙头 8 倍时，曾经 2 次 2 倍增值。新的龙头 8 倍出现之前，也可能出现 2 倍增值，并不一定立即投资，因为 8 倍先没有实现之前，新的 8 倍中、后龙头个股还比较难以形成，标杆象征的投资类型的选择既要耐心等待，还要清晰新的 8 倍龙头形成的价位应该是多少，否则投资过早，既占用资金，还要等待较长时间。在前文的抑制确定中有详细介绍，一个龙头个股的上涨会抑制另外的龙头个股上涨，投资 8 倍龙头个股的价位一定要明确和坚定。如中国中车在 2021 年 1 月从 5.24 元上涨到 7.8 元，结合经济价值高端制造，以及上轮行情上涨空间，说明新的龙头 8 倍时间拐点已经开始形成，无论从时间、业绩还是价位来看，该个股都不可能达到龙头 8 倍形成的最合适时机，证券龙头个股正在吸引资金集中，不能投资高铁龙头，不能被 2 倍增值吸引，一定会下跌的。2 倍个股增值一般不是投资个股增值的最佳选择，投资个股目的必须明确是 4 倍和 8 倍，重点是 8 倍，8 倍实现过程中的 2 倍就另当别论了，不能为了投资 2 倍，丢失 8 倍，因小失大，但也不能龙头的 8 倍没有完成，而过早投资第二个龙头 8 倍，第二个龙头可能上涨 2 倍后长时间不会上涨，耽误时间。

9. 2 倍后（时间快；强度不足、超过、正好）

2 倍后可能是继出现多个 2 倍增值个股后，再次出现 2 倍增值个股，这时可能又是一个新的 8 倍增值龙头出现，就需要判断是否为标杆象征选择的龙头个股，还要对心理端口进行判断。结合中国股市 2019 年至今的行情进行分析，利用板块的契合分析和心理端口的把控，如中信证券为了实现 8 倍心理端口 14.7 × 8 = 117，2019 年、2020 年分别实现一次 2 倍增值，14.7～27.88，19.4～34.35，2021 年实现 4 倍增值，后续可能还有 2 次 2 倍增值，最后才能完成 8 倍心理端口。在心理端口内寻求 2 倍是速度最快的，超过心理端口的 2 倍速度相当慢，就不是倍增快，一般不会投资。

（五）投资人标杆象征选择的步骤

投资人在抉择标杆象征投资对象的时候要遵循以下三个步骤：

第一步，判断该国是否存在具有标杆象征潜力的行业龙头个股，个股是否可以成为标杆象征，是否具有打开个股心理端口的爆发力。只有奢侈品绝对价值大小满足百倍"龙头"，即绝对价值需要达到 8 倍先、8 倍中、8 倍后，才能够成为标杆象征抉择的对象；不在"龙头"范围内的国家和地区的个股是无法吸引专业投资人进行投资的。上一节已经讲到了鼎盛时期的标杆的确定方式，标杆象征的最根本前提就是个股投资对象具有潜力确定、情景确定、抑制确定。

第二步，寻求标杆象征具有绝对价值奢侈品的 8 倍心理端口。一个国家能否创造绝对价值，是通过该国的奢侈品个股价格变化来反映的。股票市场投资个股的抉择需要判断标杆象征端口大小，端口越高投资吸引力越大，从时间拐点迸发的速度了解个股的投资先后顺序，结合人气、人群等理论能够基本判断绝对价值的百倍端口实现过程。灵活运用人口矩阵和信任头部，抉择顶格思维个股是投资奢侈品个股的基本前提，以人群营商为基础，并配合人口营商，才能准确投资，保障投资收益的最大化。

第三步，判断标杆象征的价值投资顺序，主要是判断时间拐点，把握龙头个股时间拐点要依照 8 倍心理端口，同时利用时期价值分析，判断不同的龙头个股时间拐点爆发的时机。及时审视投资对象使其时期价值与心理端口龙头价值相一致，投资人必须在专业领域寻找新的奢侈品龙头的投资对象。标杆象征的 8 倍先（增/减）、8 倍中（增/减）、8 倍后（增/减），都是投资人判断心理端口的标准，不断审视投资的奢侈品个股 8 倍先增（减）、8 倍中增（减）、8 倍后增（减）空间与时间，在心理端口上判断时间拐点产生的爆发力，也就是在一个个股的心理端口没有完成之前，不投资第二只个股，一般行情只有三个龙头个股具有 8 倍价值的心理端口能够投资，如一个做学问的人，只有三个 8 倍的心理端口：①8 倍先心理端口，博士；②8 倍中心理端口，教授；③8 倍后心理端口，知名教授。如图 7 - 20 所示。

（六）鼎盛时期标杆象征的目标

对于鼎盛时期的国家而言，为了吸引专业投资人进行投资，都希望实现在鼎盛时期最具爆发力的标杆象征目标。该国的标杆象征长期正向影响人们的心理端口，消除和避免对于心理端口的负向影响，正确引导人们投资该国各种奢侈品，创造鼎盛时期的绝对价值。这种标杆象征目标主要会使该国长期拥有爆发力的标杆象征，这样才能不断地创造百倍的绝对价值，社会财富快速而大量向该国积累，

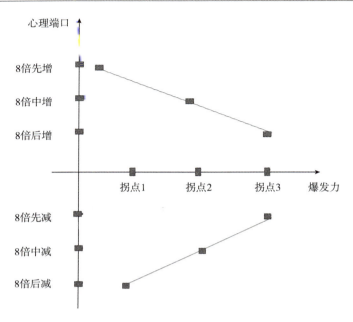

图 7-20　投资人标杆象征步骤

使该国人民尽快而且永远过上美好生活。但这一目标是否能够实现要通过各种方法和思维共同作用。

之所以标杆象征要实现正向影响的心理端口，其原因主要是，正向影响的心理端口使该国一直处于人口矩阵的龙头位置，该国的标杆象征就是龙头象征，吸引全世界的专业投资人。象征的获得意味着支持该国和地区在鼎盛时期实现了龙头价值创造。从发达国家的过往历史就可以看出，无论是大国家，还是小国家，如果标杆象征对心理端口产生正向影响，该国在世界的地位就会得到认可，如新西兰的牛奶、法国的香水、德国的汽车、美国的飞机，都是标杆象征，使一个国家拥有专业投资人的专注，获得绝对价值创造的地位。所以，只有心理端口长期正向影响才能保证该国在鼎盛时期的领导地位。

标杆象征在一个国家和地区内对于心理端口长期正向影响的过程中，必须善于利用这样的时机共创鼎盛时期价值，才能使该国人民尽快完成财富的积累，同时惠及全世界专业投资人，形成人类社会价值共创。只要进行价值共创，就必须利用标杆象征正确引导、规范、监管龙头个股投资，否则将会出现个股价值升值过快或者出现暴跌，导致资产泡沫破灭，这都是投资人不愿意看到的。运用标杆象征引导投资调整的原因有两个：一是防止别国标杆象征对于心理端口正向影响过大，使本国的个股标杆象征心理端口受到打压，从而使本国的价值共创受到限制；二是用标杆象征来调整个股价值共创的时间、空间，防止个股在本国人口集中的价值被高估。心理端口导致的价值高估，不但为个股未来的价值共创象征打压埋下隐患，也会给一国的经济发展和鼎盛时期演进带来不利影响和巨大风险。

三、标杆象征奢侈品选择

（一）标杆象征爆发力时机选择——以卓越为主的时期

昌盛时期是以精密为主的时期，是指工人将技术工作的专门知识和方法运用于工商企业，帮助员工精密解决个人的、家庭的和工作上的种种困扰，使之更好地服务于企业的经济工作。劳动方式最优化、劳动分工精细化、劳动节奏同步化、劳动组织集中化、生产规模化和经济集权化六大基本原则贯穿其中。昌盛时期是在兴盛时期长久积累的文化财富的基础之上演变而来的，更是对兴盛时期的超越，以大机器的使用和无生命能源的消耗为核心的精密社会化大生产占据了社会经济的主导地位。

昌盛时期精密技术已经发展到了高位，贝尔所谓后昌盛时期的"轴原理"是说"理论知识的中心地位是社会革新和政策形成的根源"。从经济方面来说，其标志是由产品生产经济变为服务经济；从职业方面来说，专业和技术阶级处于优先地位；从决策方面来说，其是在创造新的"知识技术"。而这些，恰恰就是目前中国社会发展中的几个重要特征。对此，也许可以解释为：由于思想变革，马克思主义者赋予工人阶级的作为社会变革的历史代理人作用被取代了，而且这种取代正如历史发展车轮一样是不可逆转的，鼎盛时期社会精英阶层卓越思想形成标杆象征爆发力时期来临。

鼎盛时期主要是以卓越思想为核心的时期，在定期、周期、时期的演进中，人们一直在不断进步，人们的思维是在学习心理学作用下形成的。"诱因—刺激物—驱动力"，正是这种学习心理，使每个人必须变得更加优秀，强大的驱动力迫使企业和个人进步。同时，卓越思想能够形成专业投资人的价值共创，真正培养成为全人类奢侈品，创造绝对价值。

（二）标杆象征爆发力情形选择

标杆象征的时期爆发力表现反映在人们对于个股心理端口的大小，利用人们心理端口大小的标杆爆发力影响，分析标杆象征的爆发力表现情形。只有将每只个股进行价值元素聚集，才能清晰反映个股能够释放的爆发力，利用价值元素对于心理端口的影响，分析标杆象征爆发力提升的情形。

1. 元素的定义

在化学的领域内，是指自然界中一百多种基本的金属和非金属物质，它们只由一种原子组成，其原子中的每一核子具有同样数量的质子，用一般的化学方法不能使之分解，并且能构成一切物质。一些常见元素的例子有氢、氮和碳。到2007年，总共有118种元素被发现，其中94种存在于地球上。1923年，国际原子量委员会作出决定：化学元素是根据原子核电荷的多少对原子进行分类的一种方法，把核电荷数相同的一类原子称为一种元素。

从哲学的角度来看，关于元素的学说，即是把元素看成构成自然界中一切实在物体的最简单的组成部分的学说。这种学说早在远古就已经产生了，不过，在古代把元素看作是物质的一种具体形式的这种近代观念是不存在的。无论在我国古代的哲学中还是在印度或西方的古代哲学中，都把元素看作是抽象的、原始精神的一种表现形式，或是物质所具有的基本性质。

2. 元素的类型

具体的元素千变万化，不断地起化学反应，但是价值元素的变化类型大致可以分为三种：价值元素量变、价值元素质变和价值元素衰变。

价值元素量变，亦称"渐变元素"，与"质变元素"对称，指事物数量上的变化，是一种逐渐的、不显著的变化。一切事物的变化都从量变开始，量变是质变的必要准备，没有量变就没有质变。事物的量变可区分为两种情况：一般情况下的量变和接近"关节线"时的量变。在这里主要是指个股进行不断积累，有助于正向影响专业投资者的心理端口，提升标杆象征的爆发力，但是由于是量变的价值元素，其正向放大投资人心理端口有限，如图7-21所示。

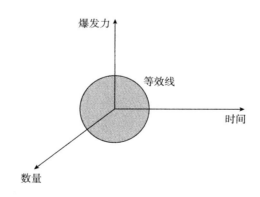

图7-21 价值元素量变

价值元素质变，是从一种质态向另一种质态的转变，是事物运动的基本状态之一，同量变相对，又称突变。质变是在量变的基础上发生的，标志着量的渐进过程的中断。事物的质变瓦解了事物原有的质量统一体，破坏了事物的相对静止状态，突破了事物原有的度，从而呈现出显著的、迅速的和剧烈的变化。在这里主要是指个股不断地进行积累，突然产生时间拐点引起较大爆发力，由于是质变的价值元素象征，其能极大地影响专业投资者的心理端口，如图 7 - 22 所示。

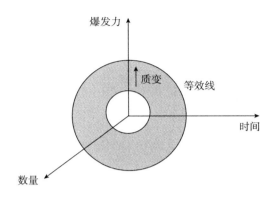

图 7 - 22　价值元素质变

价值元素衰变，价值元素通常都有一定的周期，并且一般不因物理或化学环境而改变，由于一个元素的衰变是自然地发生的，即不能预知何时会发生，因此会以概率来表示。这里指的是从一个顶点开始下滑，价值元素心理端口不一定是个股的顶点，但是心理端口直接影响或者决定衰变的顶点高低，如图 7 - 23 所示。

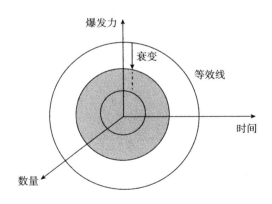

图 7 - 23　价值元素衰变

鼎盛时期通过价值元素与周围环境相互作用产生反应来达到个股标杆象征的效果，把控标杆象征的奢侈品爆发力，放大投资者的心理端口，吸引投资者的资金投入，但是标杆象征的爆发力能否提高以及心理端口多大，不同的价值元素变化有很多种，大致可以分为三种类型，这三种类型如下：

情形1：8倍标杆象征价值元素量变，时间拐点明确，爆发力极其有限，决定心理端口提升幅度受到限制，如图7-24所示，在较长时间内，投资人的心理端口稳定，波动幅度不大。

优点：正负向爆发力不大，个股股价盘整，投资人的心理端口易于调控把握。

缺点：波动不大，标杆象征的鼎盛奢侈品的爆发力有限，创造的绝对价值也有限。

适用：比较稳定的投资人投资，标杆象征龙头个股开始状态都是如此。

要求：需要耐心地等待启动8倍增值和利用丰富经验准确发掘龙头个股，受个股投资高收益与高风险因素的影响，因而投资人需要认真审视龙头个股，利用个股的倍增爆发力进行多次投资，最后实现8倍增值，从而能够减少时间拐点到来的等待期，弥补时间等待带来资金成本的损失。同时密切注意指数变动和爆发力增大的时间提前到来，保证不断有持续集中的人口，最终形成标杆象征的爆发力。

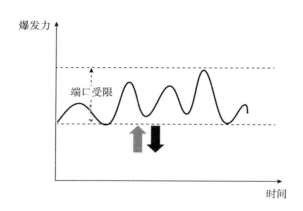

图7-24　正句爆发力不足、放大心理端口受限

情形2：如图7-25所示，贡变价值元素标杆象征的正向爆发力加大，能在一定时间内放大向上心理端口。

优点：标杆象征的爆发力在较短时间内提升很快，投资人的投资方向相对明确，从而投资人在较短时间内可以实现最大化绝对价值创造。

缺点：较短时间内爆发力加大，标杆象征的股价上下波动幅动加大，会影响投资人对心理端口的有效把控。

适用：鼎盛时期能够在一定时间内上涨幅度较大的个股，是投资人期盼已久的时刻。

　　要求：正确选择集中标杆象征龙头个股，准确判断标杆象征爆发力的大小，是形成 4 倍，还是 2 倍增值，每次回档的空间有多大，尽量避开负向的爆发力，特别是在大盘指数影响个股价格变化时，更要密切关注指数波动，带来标杆象征个股的影响程度。时间拐点形成的 8 倍增值空间，是爆发力最大的时期，个股如果实现了 8 倍增值，继续上涨的爆发力会大大减弱，质变时间还有一定的期限，但是标杆象征爆发力已经开始下降，投资人的心理端口开始挤压，爆发力快达到上限了。

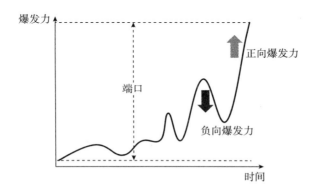

图 7 - 25　正向爆发力加大在一定时间内放大向上心理端口

　　情形 3：如图 7 - 26 所示，衰变价值元素是个股头部出现，增值空间受到限制或者形成负向爆发力。

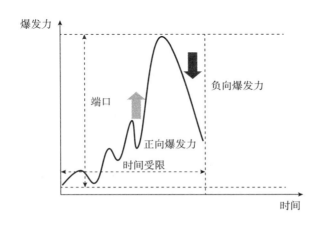

图 7 - 26　正向爆发力过后，出现上升力度减弱或者形成负向爆发力

优点：标杆象征爆发力提升的上限清晰，投资人 8 倍心理端口明确，有一定的时间期限。

缺点：由于标杆象征价值元素出现衰变，负向的爆发力可能很大，将会极大地影响大盘指数的大幅波动。

适用：鼎盛时期龙头个股的交替，只有带动大盘上涨的龙头个股适时转换，才能创造更多的绝对价值标杆象征。

要求：准确把握奢侈品龙头个股的衰变，是避免损失的重要关键点。如茅台酒在 2600 多元没有卖出的情况下，就会下跌至 1600 元附近，损失近千元。在指数趋势没有改变时，老的龙头衰变，也是新的龙头出现的时候，在没有出现衰变的龙头之前，新的龙头出现的可能性大幅减小。如白酒茅台酒龙头衰变，证券龙头出现质变的可能性加大，爆发力明显会增加。价值元素的衰变是人们不愿意接受的，但是也不是以人的意志为转移的，让质变元素反应的时间更长，有利于专业投资人投资龙头个股创造更大的绝对价值，价值元素爆发力时间长短、衰变出现的快慢，是由龙头所处行业和个股本身的价值特征决定的。

纵观世界所有的标杆象征个股，没有哪个龙头个股能一直上涨，必须要经过价值元素反应，量变—质变—衰变，形成标杆象征的龙头个股，适时提升标杆象征的爆发力，放大投资者的心理端口，使价值元素的量变达到质变，相应的龙头个股才能上涨，这个国家的指数板块才能上涨，吸引全球证券投资人投资该国资本市场，而且已经上涨的国家为了保持已有龙头个股能够稳定上涨，减少负向爆发力产生，也是不容易的事情。世界上所有的新的龙头个股就会在一定时期内进行价值元素质变，加大标杆象征的爆发力，引领鼎盛时期的新型国家资本市场不断上涨。

（三）保持标杆象征爆发力长期提升方法

鼎盛时期保持标杆象征爆发力提升的方法有四种：权力推崇、法律维护、社会聚焦以及关键细节，但是它们的作用都是提升奢侈品个股的爆发力，标杆象征的爆发力都表现出酝酿、积累、突变、稳定这样一个标杆象征所起到的效果。同时，在标杆象征影响下的这个国家资本市场发生较大变化，或者这种奢侈品所代表的绝对价值也表现出明显的上涨效果。标杆象征的人口集中选择过程是鼎盛时期绝对价值龙头个股的推进过程。

不同国家标杆象征个股爆发力形成心理端口类型有所不同，这是由各国的价值元素发生反应的时间不同引起的，但是各国提升本国鼎盛时期奢侈品的爆发力的方法是相同的，标杆象征个股爆发力的提升方法主要分为四种，这四种方法分别为权力推崇、法律维护、社会聚焦以及关键细节，如图 7-27 所示。

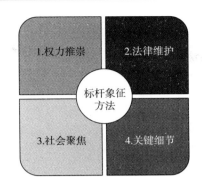

图 7 - 27 鼎盛时期保持标杆象征爆发力放大的方法

1. 权力推崇

推崇是指非常重视个体的思想、才能、行为、著作、发明等，给予很高的评价。尊崇，推重崇敬。而权力推崇是指政府和权力部门对于个体的认可程度，并且明确态度，对于奢侈品支持，权力推崇是标杆象征形成的最基本保障，没有权力的保驾护航，个体是很难走远的，每个时期的英雄人物都是权力推崇的体现，鼎盛时期的个股发展同样离不开权力的推崇，如茅台酒奢侈品个股，没有贵州省地方政府的全力支持，国家有关部门的配合，以及国家宏观政策促进消费升级、高品质生活相关政策，估计也就没有茅台酒奢侈品个股股价上涨到 2600 多元，个股市值升至 3 万亿元以上的情况的发生。

权力推崇必须符合时代的发展，提前加以预测和判断，敢作敢为，很多企业没有把握住政策的新动向，错失价值创造的大好时机，茅台酒和贵州省抓住了政策的机遇，贵州"一瓶酒"形成市值几万亿元的奢侈品个股，带动地方经济的发展。还有很多奢侈品个股都是政策和权力推崇的结果，如新能源汽车的宁德时代、太阳能的隆基股份等个股。

2. 法律维护

权力推崇是标杆象征的基础，只有法律维护才是标杆象征的支撑，必须有明确的法律依据，法律是一切经济活动和社会正常运行的相关刚性条文，必须严格遵守。法律维护是保证标杆象征正常、顺利成长的基本约定。

标杆象征龙头个股是否按照法律行事是一个基本的行为习惯，很多企业个别负责人或者民营企业法人往往触犯法律，在法律面前人人平等，法律对于标杆象征个股影响程度也是不同的。专业投资人对于标杆象征违法的可能性和严重性，都必须加以评估，如果没有进行法律方面的评估，轻易投资标杆象征龙头个股，是需要付出代价的。

法律随着时期的演进在发生重大变化，有些法律以前制定了，不一定马上适用，但是随着时期的演进，这些法律就会派上用场，如税法、反垄断法。国家还会制定新的法律，如金融领域、疾病防控领域、信息管控领域，不及时学习相关法律，法律不能维护，标杆象征就实现不了。投资人既要了解相关法律，还要准确把握法律适用的领域和时期。随着我国社会主义市场经济法律、法规体系的逐步建立和完善，法律、法规对企业经营管理活动的影响将越来越大。法律是贯穿经营活动始终的一种重要的辅助性工具，法律人是企业家统揽全局的一盘棋中不可或缺的大将。法律一方面约束正规经营，另一方面保护企业不受其他不正规行为的侵害。而企业也应该对法律的作用加以利用，依法办事，推动企业更好地发展。

从现行宪法与地方组织法发展的时间轴可以看出，我国地方立法法律效力主体范围不断扩大。1988～1998 年，各地人大及其常委会颁布了约 6600 件地方性法规，同时地方人民政府颁布了约 10000 件规章。由此，规章必然发挥其应有的法律效力，这一点在我国立法工作的发展中已体现了出来。2000 年《立法法》正式把规章纳入了其调整范围，明确确认了规章是我国社会主义法律体系的重要组成部分。由此，在我国有权制定地方政府规章的主体范围也对应与制定地方法规的权力主体范围，呈现出扩大的趋势。《立法法》第 73 条规定："省、自治区、直辖市和较大的市的人民政府可以根据法律、行政法规和本省、自治区、直辖市的地方性法规制定规章。"

在制度经济学的理论看来，作为一种正式或者非正式行为规则的制度，规章能够在经济活动过程中提供激励机制，能够为经济行为带来一定的规范效益。产业转型以及升级的过程，其实是一个技术不断创新的过程。那么如何将这些创新要素予以聚集，则需要通过立法搭建一个最佳的平台，来实现创新要素的成长。虽然各个国家在开发区立法的进程、方式、内容等方面存在着差异，然而就其立法的终极目的而言，都是直接或者间接地促进社会生产力的发展，而这也正是法律的终极目的之所在。

3. 社会聚焦

聚焦效应，也叫做社会聚焦效应，是人们高估周围人对自己外表和行为关注度的一种表现。聚焦效应意味着人类往往会把自己看作一切的中心，并且直觉地高估别人对自己的注意程度。聚焦效应其实是每个人都会有的体验，这种心理状态让自己过度关注自我，过分在意聚会或者工作集会时周围人们对自己的关注程度。正是因为每个人的聚焦效应，在销售上社会聚焦也常常成为业务员的公关手段。

这就是心理学中的聚焦效应。这是人类的普遍心理，即把自己当作是一切的中心，且高估了外界对自己的关注，这是心理学中所公认的一个事实——人都是以自我为中心的。其实，这在日常生活中也是非常常见的。比如说，同学聚会时拿出集体照片，每个人基本都在第一时间找自己，的确每个人也都在照片中首先找到了自己。又比如说，每个人跟朋友聊天的时候，会很自然地将话题引到自己身上来，而且，每个人都希望成为众人关注的聚焦，被众人评论，这就是聚焦效应在生活中的体现。

聚焦效应主要发生在舆情发展的中前期阶段，以叠加效应为基础并反作用之，媒体聚焦引发网友关注，网友的聚焦集聚压力引发政府部门的关注。曹劲松分别从网民关注的集中、网站议题设置的集中和网民意见的集中这三个维度上对网络舆情信息传播的"集聚"阶段的表现进行了阐释。媒体机构的高强度相同或类似事件的新闻报道将注意力"光源"聚集在具体事件之上，聚焦的过程就是关注度提升的过程，网友成为聚焦阶段的重要舆论力量来源，他们推动事件的发展，担当这一阶段的核心主体。互联网平台上，社会成员对事件的公共参与，进一步提高相关事件的热度。这种能量的对撞与交流又会推动事件报道的二次叠加或重复叠加，导致舆情热度的盘旋上升并逐渐到达热度的峰值。

人类的"追因"和"发散"思维将同时期和不同时期的类似事件进行关联，从而实现网络舆情热点事件一种由点及面的发展到催生基于联想的话题讨论与反思，这是叠加－聚焦－扩散效应的事件——联想话题模式。这一模式更多地与舆情事件的内容有关，信息的叠加是舆情热点事件的外在表现形式，情感的叠加才是舆论声势浩大的内在驱动力。聚焦效应不仅仅是将关注度投射到具体事件或社会问题，更投射了社会成员对社会、政府的态度以及自身的心理需求等情感要素。扩散效应的涟漪波及的是社会的更深层次，社会成员跳脱出事件本身，而去思考导致事件发生的社会原因，以往的事件经历所遗留的集体记忆开始为人们提供证据和线索，社会情绪开始发挥作用，从而慢慢叠加形成爆发力。标杆象征个股就是在社会聚焦的热点上加以辨别，没有社会聚焦，标杆象征无法形成，只是往往成为全社会聚焦的热点时，很多个股上涨速度特别快，可能是上涨的后期，成长空间已经大大受到限制，或者是聚焦的时间比较长，很多投资人没有耐心，不能长期持有，就不可能获得 8 倍增值空间，8 倍增值的先、中、后的判断，比起 8 倍快、中、慢的分析重要得多，如同普通投资人聚焦茅台酒是奢侈品个股时，茅台酒个股已经从 200 元左右上涨到 8 倍的 1600 元以上了，即使上涨到 3000 元，也只有倍增空间了。

4. 关键细节

关键细节是指在标杆象征上涨过程中，给结果造成显著影响的细节，通常关键细节对工作的结果有决定性的影响，关键细节基本决定了工作的成功与失败、赢利与亏损、高效与低效。细节与细节相互组成、相互联系，变成了事物的过程，各个细节构成总的细节，这就使得事物的过程不是常态的，而是变态的。一切事物的发展都有一个过程，一切事物都是在过程中生成的。西方哲学家把过程当成事物的本体，认为过程决定了事物的一切，这个观点失之偏颇。过程是由细节连接起来的。对于一个个体而言，他的人生目标确定了以后，在实现人生目标的过程中，细节就变成他生活中很重要的一部分。

被称为商业教皇的布鲁诺·蒂茨说："一个企业家要有明确的经营理念和对细节无限的爱。"海尔集团总裁张瑞敏先生也曾谦逊地说："把每一件简单的事做好就是不简单，把每一件平常的事做好就是不平常。"因为一件事情是由许多的细节组成的，而每一个细节都可能是导致某件事情成败的直接因素，这对于一个企业来说的确太值得掂量了。在经济的发展中，经常出现由一些小事所导致企业全军覆灭的情形发生，大的如"巴林银行"的破产，小的则不胜其数。作为标杆象征的龙头个股，微小的细节失误可能在短期或者长期决定个股的失败，可能企业负责人、社会名人说错一句话或做错一件事导致企业标杆象征倒下，或者使个人身败名裂，这就是关键细节上把握不准，可能是专业性错误的表现，也可能是常识，标杆象征龙头作用无法担当。其产生的原因可能是长期形成的，也有可能是偶然发生。投资人必须认真审视个股的细节表现决定投资的成败。

四、心理端口的把控调整

（一）心理端口调整的类型：主动和被动

对于鼎盛时期的国家来说，心理端口的调整分为主动和被动。主动调整是指一国通过标杆象征自行调整，对龙头个股短期变动方向产生影响，而被动调整指的是顺应国际资本间的鼎盛价值流动，是由国际社会资本流动的一般规律决定的方向性变动。

每个国家都应该运用标杆象征主动进行龙头个股的调整，以防缩小专业投资者对于奢侈品个股的心理端口，影响相关产业的发展，对国家长远发展产生不利的后果。例如，截至 2014 年中国已具有世界先进水平的高速铁路，形成比较完善的高铁技术体系，中国通过引进、消化、吸收、再创新发展策略，系统掌握构造速度 200～250 千米/小时动车组制造技术，并且完成构造速度 350 千米/小时动车组技术平台的搭建，树立了全世界运输类的新的标杆象征，主动迎接价值元素的质变，让专业投资人有信心投资中国，极大地放大了投资人对于高铁龙头个股的心理端口，从而获得龙头价值创造。

标杆象征的被动调整是由于个股心理端口发生巨大变化，在专业投资人意料之外，引起标杆象征个股价值的大幅波动。这也是人们会经常碰到的，例如 2019 年中美贸易摩擦，中国是被动地调整，对中国高端制造发展及经济增长将产生不利影响，给中国经济发展带来了不确定性，但同时也势必将增加美国民众生活成本，推升美国通胀，制约消费，给全球经济复苏带来阴影，中国必须接受这种被动调整，争取由被动变为主动，这种被动调整会经常出现，如 1997 年亚洲金融危机、2001 年阿根廷金融危以及 2008 年的美国次贷危机都是需要进行认真对待以及调整的。只不过被动进行标杆象征调整的时间段有的很长，有的很短，有可能把握不好，由于标杆象征产生逆转，直接导致一个国家落后十几年或者几十年。

当一国某资本处于高位时，该资本若不及时进行心理端口的主动调整，就会出现资本外流的情况，而且该国若不进行新的价值创造，该国的投资人口集中也会逐渐离开。如果可以实现新的价值创造，那么该国的投资人口就会重新集中，在短暂调整后又会迎来新一轮人口集中。对于一个已经进入鼎盛时期的国家而言，必须积极应对被动调整，如果被动地调整而不谨慎应对，很有可能变为长期衰变，应对及时而准确，可能带来投资市场新的龙头标杆，创造龙头个股价值。

（二）应对标杆象征心理端口的挤压

奢侈品龙头个股心理端口的产生，主要取决于国内价值元素以及国际价值元素发生的量变和质变。当投资人的心理端口受到挤压时，会出现被动调整，处理不好，就会造成龙头个股价值的下跌，就需要把握价值元素的质变，产生新的价值。在国际股市上，个股变化的频率非常高，投资者的投机性很强。短期投机资本对各国的政治、经济、军事形势等都十分敏感，有一点儿风吹草动，就会改变个股的运动方向。所以任何一点市场信息都可能改变市场心态和人们对于龙头个股的心理端口，累积到一定的程度就会发生质变或者产生衰变，在时间拐点上发生百倍增或者百倍减，从而使一个国家标杆象征的爆发力发生巨大变化。

想要把控标杆象征心理端口，主要有三个步骤：一是寻找影响标杆象征心理端口的价值元素。控制象征心理端口的核心就是了解影响心理端口的质变元素，质变元素很多时候是时期的选择，极大地提升鼎盛奢侈品的爆发力。二是围绕这些价值元素把握量变、质变、衰变。此时进行标杆象征的个股龙头价值判断是人的智慧，是专业投资人的选择，也是本章的核心。美国的价值元素量变达到质变的是高盛金融龙头个股、波音飞机航空龙头个股等，把握得非常准确，使美国在 2020 年新型冠状病毒性肺炎疫情暴发时，股票在历史高位，没有出现龙头个股的衰变，股票大盘指数也就没有出现大幅下跌，几次力挽狂澜。而中国的价值元素量变达到质变的奢侈品龙头个股是具有营商思维的龙头个股、高铁板块高端制造龙头个股，这是标杆象征策略的结果。三是选择对应控制手段。对不同价值元素要选择不同的把控手段，从而把控好标杆象征的心理端口，社会活动家、金融专家、营商专家以及社会各界都是利用这些方法提升标杆象征爆发力，吸引数字流量、创造绝对价值。

影响标杆象征心理端口的元素，主要分为国内龙头价值元素和国际龙头价值元素各两个方面。如图 7-28 所示，元素的具体内容如下：

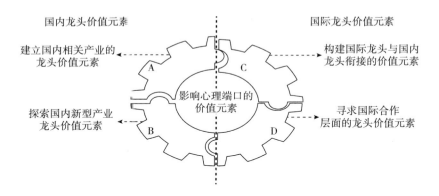

图 7-23　影响象征心理端口的龙头价值元素

1. 建立国内相关产业的龙头价值元素

可以将产业生态系统定义为，由能够对某一产业的发展产生重要影响的各种元素组成的集合及其相互作用关系，是由产业链条中各类参与者以及产业发展的支撑因素与外部环境等构成的产业赖以生存和发展的有机系统。其在成员类别、关联方式、领域范围、关系结构等方面更加灵活多变。另外，构建成熟的产业生态系统，也使得产业元素之间共生、互生与再生，发挥出最大化的经济价值与社会价值。

现阶段，产业生态的形成已经表现为两大特征，一个是同行业或产业链相关企业聚集在一个地理区域形成产业集聚；另一个是当地龙头企业凭借产品的独特位置和竞争力，基于商业模式的延伸带动身边生态个体成长，而形成的商业生态系统。产业的发展是整个产业生态系统共同作用的结果，各区域经济之间的竞争实际上就是产业生态的竞争，那些能够率先建立起完整的产业生态系统的区域将会在经济发展中占据先机。

构建产业生态的前提是明晰产业定位，实现产业集聚，然而地理层面上的集聚只是表面现象，要把产业要素有机结合起来，彼此之间能够产生"生态化反"。随着大数据、云计算、物联网和智能硬件的普及应用，产业生态被数字化赋能、扁平化管理，产业要素被紧密地互联互通且高效、智慧地协同运作起来，产业价值链得到重塑。除此之外，还是要多维度采取措施加大对产业生态的扶持。

产业链的个股就是一个个价值元素，正确把握和辨别龙头价值元素得益于专业投资人标杆象征策略运用的价值敏感性，特别是传统产业，价值链纷繁复杂，在全球化、证券化、专业化共同作用下找出每个国家的标杆龙头价值元素非常不容易，如 2005 年股市行情中武汉钢铁个股是中国传统制造行业价值链的龙头价值元素，股价上涨 10 倍以上。

2. 探索国内新型产业龙头价值元素

探索新型产业龙头是以重大技术突破和重大发展需求为基础的，对经济社会全局和长远发展具有重大引领带动作用，知识技术密集、物质资源消耗少、成长潜力大、综合效益好的产业包括新一代信息技术产业、高端装备制造产业、新材料产业、生物产业、新能源汽车产业、新能源产业、节能环保产业、数字创意产业、相关服务业九大领域。

从目前来看，引入第三方力量集聚产业人才和资源是一个比较好的选择，而其中平台型产业组织对区域的产业生态构建尤其重要。通过其平台与其平台背后网络中的人才、科研、资金、市场等资源建立链接，使得平台与上下游企业形成联系，可大大降低招商引资的难度，提升产业龙头价值元素的活跃度。

探索产业龙头价值元素，带动产业集聚。积极引进和培育关联性大、带动性强的大企业、大集团，发挥其辐射、示范、信息扩散和销售网络的产业龙头作用。引导社会资源向龙头企业集聚，推动龙头企业建立产品标准、质量检测、财务结算等中心，提高龙头企业的核心竞争力。鼓励龙头企业不断将一些配套件及特定的生产工艺分离出来，形成一批专业化配套企业，帮助协作配套企业做好与龙头企业相衔接的质量、标准、管理等工作，积极支持中小企业进入龙头企业的供应网络，建立最终产品与零部件厂商的战略联盟，努力提高龙头企业的省内配套率。鼓励龙头企业采用多种方式，对其上下游配套企业进行重组、改造。发挥龙头企业的集聚带动效应，逐步衍生或吸引更多相关企业集聚，通过企业之间的集聚效应降低综合成本，增强竞争优势。

投资银行就是新型龙头价值元素，美国的金融投资理论和实践，非常清晰地证明中国的证券龙头价值元素一定会步其后尘，全世界的金融人才会集中国，产生类似高盛这样的金融公司。但是在高科技领域的龙头价值元素就没有那么清晰了。如果美国没有在芯片领域的技术领先，移动终端的龙头可能就是华为了，营商故事遇到了技术障碍。

3. 构建国际龙头与国内龙头衔接的价值元素

新一轮科技跃升和商用场景变革呼之欲出，全球竞争正在聚焦人工智能和5G 等新科技开启的市场竞逐。放眼国际，原有全球开放型供应链可能转变成区域性、半封闭供应链模式，主要经济体在强调供应链安全，通过构建更有弹性的供应链摆脱对他国供给的过度依赖，对中国而言挑战更为严峻。对此，中国更是要以全面开放促进国内市场强大，加强国际协调合作，共同维护国际产业链供应链安全稳定。实施产业基础再造和全球产业链提升工程，巩固传统产业分工优势的同时，抓紧新兴产业和未来产业在全球范围的战略布局，提高企业在全球市场上的分工地位和参与价值分配的能力，争取更为广阔的产业链升级和增值空间。

国内投资者和生产者实现自主经营和公平竞争的意识和能力在增强，有助于推动适应需求升级的产业体系加快升级。要围绕重点产业链、龙头企业、重大投资项目，采用更加市场化的机制强化产业链薄弱或缺失环节，打通梗阻和堵点，加强要素保障，确保市场主体创新活力充沛，主动向"专、精、特、新"方向发展，支撑经济尽快完成新旧动能转换。突破一批反映消费新趋势的核心、关键及共性技术，加快各类5G智能化消费终端的研发和推广，提升5G活跃用户数覆盖人群范围。同时，推动产业链向"微笑曲线"两端延伸服务环节，更好衔接新消费与新供给，打造高端、品牌化、国际化的专业性服务机构，引导市场主体由销售产品、售后维修等低附加值服务向个性化定制、综合解决方案提供、智能信息服务等高附加值服务转型。

国际上有些龙头价值元素，中国是可望而不可即的，但是中国可以衔接国际龙头价值元素，如德国造汽车、美国造飞机，这就是与国际龙头衔接，中国的高铁可以与美国波音飞机比肩，形成中国的出行标杆象征龙头价值元素。这样的价值元素在大消费、大健康领域还会出现很多，比肩国外的大牌服装、化妆品、鞋帽、皮包等。

4. 寻求国际合作层面的龙头价值元素

国际合作的基础是国际行为主体相互利益的基本一致或部分一致。国家利益关系是国家对外行为的基本出发点。国家之间的利益关系既有对立和冲突的一面，也有协调和重合的一面。国家之间具有基本一致或部分一致的利益关系，构成了国际合作的现实基础。国际合作的实质是过激行为主体在一定的问题领域中所进行的政策协调行为，各个国家都以自身的利益为依据来制定对外政策。由于相互利益的不完全一致，国家所制定的对外政策之间往往出现差异和碰撞，从而使国家间关系陷入纷争状态。为了保障共同利益的实现，国家需要对本国制定的对外政策进行调整，以使自身的政策和其他国家的政策兼容。

作为一种普遍存在的国际关系形式，国际合作具有多种多样的类型或样式。随着国家间相互往来的加深和共同利益领域的扩展，国际合作的程度不断加深，层次不断提高，领域不断扩大，形式不断变幻。例如"一带一路"倡议的提出与建设，不仅促进了中国与沿线国家之间的投资、贸易、交通设施的发展，也加强了彼此间人员与思想的交流和科学研究合作，而后者对于提升中国科研实力、建设创新型国家起着至关重要的作用。在当前全球大科学时代，科学研究越来越复杂，技术研发与专业化分工越来越迅猛而明显，科研所需投入的研究资源与研发经费也要求更高，而科技研发的过程中又具有较高的难度和挑战，这使得独立科研机构的研究难以承担与开展，因此，科研合作成为世界各国科技研发的必然选择。与此同时，世界经济全球化、科技全球化与创新资源全球化也进一步促进和激发了国家或地区间的科技合作需求。世界各国相继在全球范围内将最具优势的生产要素、技术成果与本国优势进行重组，来快速提升自身科技水平。

各国在国际技术、市场和人才方面的交流越来越广泛，也是形成标杆象征的前提之一，如美国的苹果移动终端没有全世界的合作与交流，不可能在美国出现互联网的价值元素龙头标杆象征，但是最后真正成为标杆象征的价值元素是核心技术或者应用场景。在技术领域中国可能很难超过美国，但是在应用场景上超过美国的价值元素龙头将会越来越多，中国必须在能够营造应用场景的营商领域优先发展，如中国的新能源汽车、高铁，同时美国技术在这些领域的优势也不是十分明显，很难形成卡脖子现象。

第四节　标杆象征策略的价值创造

一、标杆象征策略的研究对象

本章之所以称为"标杆象征策略的价值创造"，是因为其研究重点就在每个个体策略上。个股象征的抉择以及运用在鼎盛时期是一个复杂的过程，研究标杆象征具体表现为专业投资主体对于个股心理端口的把控，那么选择标杆象征策略的研究对象就显得尤为重要。标杆象征适用于任何具有龙头价值的奢侈品，着重选择个股股价进行研究。

在标杆象征的判断过程中，按照理论逻辑，人气重点在房价上，人群重点在股价上，人口重点在物价上，而标杆象征没有研究物价的奢侈品和明显增值倍数较多的期货，选择个股股价作为标杆象征研究的重点的主要原因如下：第一，随着鼎盛时期的演进，专业化的个股股价是最为重要的奢侈品投资，股价也是人气线关注的商品之一，在人气线关注的房价、物价、股价"三价"的基础上进行研究，人群研究股价指数，现实意义明确，人口研究个股能帮助人们深入理解股价，特别是个股股价，使股价指数投资能够真正落地。第二，股价有连续的指数，具有广泛的金融基础，便于形成研究体系，对接和提升金融衍生品研究，有利于实体经济发展，将个股作为人口营商研究的重点对象，有利于带动产业发展。第三，研究龙头个股实现绝对价值的过程中，标杆象征理论作用在价值元素的龙头个股最为清晰，并且对于房价、物价研究具有重要的参考意义。房价表现在"楼王"上，物价表现在消费品中的奢侈品上，但是用人口营商专门研究房价、物价意义不明显。第四，人口个股股价研究理论有益于人群对股价指数的研究，更加落实人们通过股价投资直接支持实体和产业发展，发达国家的发展历程充分说明了这一点。第五，人气营商学研究以倍增为主的房价、物价、股价"三价"；人群营商学研究以蓝海价值为主的股价指数和契合的行业板块；人口营商学研究以"龙头"价值为主的个股。投资者的第一重关注对象即一个国家的"三价"，人群研究跟随股价指数，人口集中需要对具体的专业化个股进行抉择，标杆象征的研究应该立足龙头个股。

人口策略的研究从人气对策的商业社会转换到人群决策的虚拟时代，再转换到鼎盛时期，营商的研究越来越深刻，这是以人气关注的"三价"奠定基础所确定的，如图7-29所示。从图的纵向来看，标杆象征的研究要基于人气关注去研究一个国家的"三价"，在"三价"中选择人群跟随的股价作为研究对象。人群跟随的研究重点在金融衍生品的股价蓝海指数板块，人群跟随与人气关注的研究相结合，将研究对象落实在推动股票指数上涨契合的成长行业上。而人口集中的研究重点就进一步发展到主要研究奢侈品龙头个股，并且是契合指数蓝海成长板块中的专业化奢侈品龙头个股。将人群跟随的"蓝海"作为研究人口集中龙头的支撑，可以使问题简化、方便、易量化、更确切。从图的横向来看，在人口营商学中，从鼎盛时期奢侈品的角度进行分析。进入鼎盛时期，奢侈品——龙头个股是投资实现8倍的最佳对象，是标杆象征的代表，是产业链的顶端，不仅对龙头个股的发展具有巨大的促进作用，营商带动产业，还可以更快实现个股增值，坚定投资人投资龙头个股的信心。

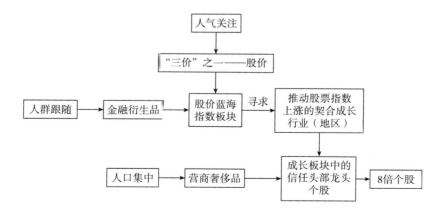

图7-29 标杆象征策略的研究对象

二、标杆象征龙头价值实现的类型

鼎盛时期标杆象征龙头价值的选择对象很关键，标杆象征价值实现类型判断首先是判断人气的四个对策，对策不同，投资人选择的商品是不同的，房价、股价、物价都会上涨，即使是对策推动股价上涨，逻辑也是不同的，对应形成股价指数人群环不同，契合的行业板块也会不同。鼎盛时期中标杆象征是以商业社会人气关注的对象——"三价"以及虚拟时期人群跟随契合成长板块为基础进行聚焦的。人口象征主要有三种典型的信任头部8倍先、中、后时间拐点，这三种时间拐点均能够对应到人群跟随的人群环中，分别是8倍快、不足人群环形成的龙头个股三种价值内涵百倍时间拐点；8倍中、正好人群环形成的龙头个股三种价值内涵百倍时间拐点；8倍慢、超过人群环形成的龙头个股三种价值内涵百倍时间拐点。每个成长行业板块都有龙头，也都有8倍的投资空间，由于不同人群环下契合成长行业板块的龙头8倍增值的时间顺序存在差异，因此在现实投资类型选择上一定要先判断三种人群环类型，再去判断契合的成长板块时间拐点先后顺序情况，也就是说不同类型的人群环由于投资对策的不同，人群环的时间长短、速度快慢、2倍、4倍形成的空间、时间快慢也不同，形成的三种价值代表行业板块不一样，轮动的时间顺序也不一样。

个股标杆象征的实现需要投资人对人气的对策、指数人群环契合成长行业板块轮动的时间顺序准确把握，从而判断龙头个股时间拐点形成的投资策略，在头部信任理论的基础上，从抽象思维与具象推理的龙头个股高度来把握奢侈品龙头个股投资买进和卖出价位。如图7-30所示，比如说，在8倍中（2快超过×4快超过）人群环中，是金钱杠杆对策推动股票上涨，2倍快、超过能够顺利实现，是金钱杠杆的首次使用，容易造成股价迅速上涨，4倍实现的时间是快、强度是超过，中间股票指数大幅下跌，共同构成2倍×4倍=8倍人群环，时间中等，强度正好，在2倍快、超过的指数人群环形成时，首先是社会价值板块证券板块4倍先时间拐点龙头形成，其次是经济价值高铁板块龙头4倍中时间拐点形成，最后是文化价值航母板块龙头4倍后时间拐点形成；当金钱杠杆形成4倍快、超过指数人群环时，首先是社会价值证券板块龙头8倍先形成，其次是经济价值高铁板块龙头8倍中形成，最后是文化价值航母板块龙头8倍后形成，实现最大的几何级数绝对价值（8×8×8=512倍）。

从标杆象征龙头价值实现的类型分析中可以看出，人口矩阵的九种类型中只有实现最大倍数的三个8倍，才可以称之为投资龙头个股，2倍、4倍是为了帮助实现8倍，而它们所代表的板块（社会、经济、文化）奢侈品龙头个股识别和把握是实现"8倍先""8倍中""8倍后"的三种人口顶关键。在不同对策作用

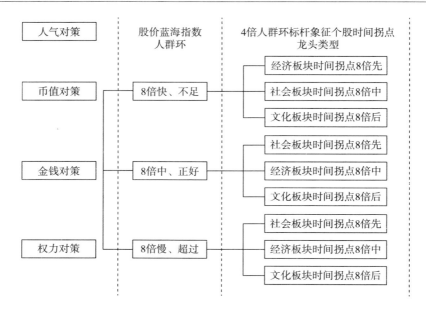

图 7-30　标杆象征时间拐点实现的时间先后顺序及类型

下形成的人群环是不同的，不同价值内涵的龙头个股实现顺序非常明确，错误地判断顺序，标杆象征个股投资就会失误，所以就需要人类运用自己的智慧进行相应策略调整。但是，很多情况下标杆策略只具有参考性与从众性，当绝大多数投资人看清楚股票行情走势的时候，此时龙头基本上8倍已经完成了，或者投资人根本等不及，早早卖出。因此，专业投资人必须具有前瞻性和极好的耐心。由本书前文章节理论得出，龙头个股实现绝对价值需要投资人对头部保持坚定的信任，只有在涨跌的过程中把握时机，才能在恰当的点位卖出。《人口营商学》抉择龙头个股进行研究的道理，就非常明确了。

三、龙头个股的标杆投资

（一）标杆投资策略选择步骤

本章分别从标杆在鼎盛时期中的含义、表现、作用，说明了标杆在鼎盛时期中的运作原理，由于标杆象征变化在鼎盛时期主要是由专业化投资人共同决定的，虽然龙头个股也受到社会发展的人气营商影响、时代变迁的人群营商影响，但是真正受到影响的是鼎盛时期的人口营商理论，通过人口营商理论研究，使龙头个股的不确定投资变得更加确定，形成价值共创。专业投资人对奢侈品龙头个股在不同时期进行集中投资，营商带动产业快速发展，也使更多专业投资人集中在龙头个股上，人口营商的标杆象征策略是促进价值元素产生质变的爆发力。

对于投资人来说，标杆象征投资策略选择步骤一共分为五步，如图 7 – 31 所示。

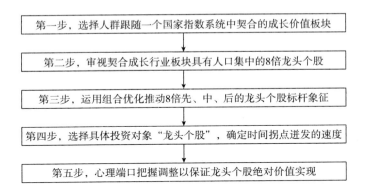

第一步，选择人群跟随一个国家指数系统中契合的成长价值板块

第二步，审视契合成长行业板块具有人口集中的8倍龙头个股

第三步，运用组合优化推动8倍先、中、后的龙头个股标杆象征

第四步，选择具体投资对象"龙头个股"，确定时间拐点迸发的速度

第五步，心理端口把握调整以保证龙头个股绝对价值实现

图 7 – 31　标杆象征投资策略的步骤

第一步，选择人群跟随一个国家指数系统中契合的成长价值板块。在《人群营商学》中已经阐明人群是以跟随指数板块为主要标准进行股价投资的，因此进入股价投资第一步就是选择人气关注国家的不同对策作用下的股价，选择最具有价值共同的指数板块，以及契合该指数上涨的行业成长板块。选择的指数板块不同，上涨的时间节奏不同，契合的行业板块不同，如中国股市，年轻的投资人喜欢和熟悉新型行业，所以选择创业板或者科创板进行投资，属于次板；而中年投资人喜欢主板投资，他们喜欢稳妥，熟悉的行业基本在主板市场上，选择任何一板都不能说是错误的，最好的选择是主板不能上涨时先选择次板，一般投资人很难做到同时兼顾两个板块指数，价值共同性越强的板块投资越稳妥，也就是发展时间长的指数板块投资越安全，只有主板空间实在受到限制，稳妥的投资人才选择次板，也必须长期关注次板，熟悉行业板块，否则也不宜重仓投资。在主板、次板中必须寻找契合本轮行情上涨的成长行业板块，这是人群营商理论的核心章节，必须根据分类、目标确定、定型理论进行契合分析，确定推动指数上涨的三个不同价值内涵的蓝海、成长行业，这是股价投资，更是龙头个股投资的第一步，指数板块不确定、行业板块不确定，就无法确定 8 倍龙头个股奢侈品。

第二步，审视契合成长行业板块具有人口集中的 8 倍龙头个股。审视指数板块中契合成长行业板块具有人口集中的 8 倍龙头个股。选择最合适的指数板块进行具有价值内涵的成长行业龙头人口集中与选择具有价值 8 倍的龙头个股的标杆象征是一致的，但是人口顶是判断标杆象征的起点，只有明晰的人口顶才有可能成为标杆象征。如同有了产品策略才有促销策略，产品离不开促销，人口集中离不开标杆象征。契合指数的成长行业板块，人群营商学研究的核心内容是人气对策作用下产生 8 倍不足（快）、8 倍正好（中）、8 倍超过（慢）形象思维指数人群环，每个成长板块内个股数量众多，多达几十只股票，而板块龙头个股只有一只，只有龙头能够在一定时间内实现 8 倍（可能慢、中、快，可能不足、正好、超过）增值，其他个股是不可能实现的，最后由它带动整个板块上涨，直至大盘指数上涨。在前文的研究基础上可以得知，只有龙头才能集中人口，一旦确认了龙头股，就应该确认介入，而且龙头个股往往抗跌性较强。在龙头的选择过程中，投资者需要注意在上涨过程中会有不同阶段的调整，需要耐心等待，直至 8 倍价值的实现。

第三步，运用组合优化推动 8 倍先、中、后的龙头个股标杆象征。组合优化也是帮助寻求契合的行业成长板块，无论在什么时期，推动指数上涨的行业种类都很多，必须进行组合优化价值排列，才能真正寻找到能够培养的个股，使行业成长板块龙头个股价值元素产生质变。了解价值内涵成长行业板块的每一只股票，着重培养具备 8 倍增值空间的龙头个股，是由龙头个股的价值元素决定的，与指数板块协调一致，引领行业板块上涨和下跌，保持与信任的顶格思维一致的势头，是投资龙头个股，寻找标杆象征的必需步骤，没有促进价值元素产生反应，龙头个股 8 倍增值不可能实现。由前文的研究可以得知，投资人进行龙头个股投资，必须清楚地知道顶格的位置以及人口集中龙头的先后顺序。在价值元素反映投资龙头个股的绝对价值投资过程中，形成三种价值元素类型——价值量变、价值质变以及价值衰变，投资人才会进行投资。时间拐点迸发的速度影响着标杆象征的实现，人口信任是人口营商学研究的核心，而迸发的速度是由人口信任的龙头个股顶格以及 4 个策略的结合分析得出的，是人们投资理论和实践经验的总结。龙头个股的股价是由价值元素决定的，这便是运用标杆象征理论进行投资，使价值元素质变产生龙头个股的选择逻辑，如图 7-32 所示。

第四步，选择具体投资对象"龙头个股"，确定时间拐点迸发的速度。在营商学的研究中，确定具体的投资对象是关键。对于投资龙头个股的价值元素的具体应用，主要是依据顶格思维，同样地，时间拐点迸发的速度不确定，投资人也就很难踩准投资节奏，买进和卖出个股的价位也会犯错误，导致损失时间和金钱，使投资人感到错失良机，个股没有到最高点将股票卖出，股票没有进入 8 倍上涨，买进股票，占用大量资金，浪费时间。正确的时间拐点是标杆象征迸发速度的重要基础，也是价值元素反应的关键保证，根据时间和空间的变化以及上涨顺序的判断，不断进行调整。需要注意的是，龙头个股 8 倍的上涨顺序要尤其注意判断，因为 8 倍上涨可能会有重叠。在本章研究中，只有判断时间拐点迸发的速度，才能保证龙头个股为投资人带来最大的价值增值。在币值平台对策下，形

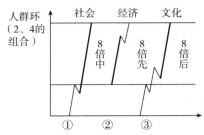

8倍（快、不足）人群环形成的龙头个股时间拐点

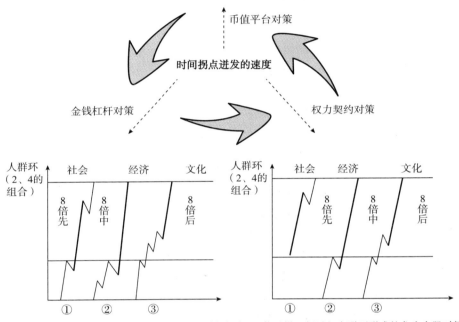

8倍（中、正好）人群环形成的龙头个股时间拐点　　8倍（慢、超过）人群环形成的龙头个股时间拐点

图7-32　时间拐点迸发的速度

成4倍快人群环，8倍个股上涨就会重叠，能够实现 $4 \times 4 \times 4 = 64$ 倍，在龙头个股的4倍价位顺利卖出和买进，时间节奏把握好，几何倍数实现最大。在金钱杠杆对策下，形成4倍快、超过人群环，8倍先 $\times 8$ 倍中 $\times 8$ 倍后 $= 512$ 倍，就是这样清晰的8倍，也会有扰乱投资人的情况发生，无法准确把握，因为在8倍先上涨时，8倍中的个股也在波动，8倍后的个股也在上涨，如何放弃小幅波动，把握8倍增值，就需要投资人的定力和丰富的投资经验，实现绝对价值创造，8倍先个股在实现过程中可能又有2倍与4倍的交叉，不是一步到位，需要把握好2倍快与4倍快、中；把握2倍、4倍的不足、正好、超过，时间快慢、强度大小，

进行高抛低吸，是正确实现 8 倍个股增值的前提，没有把握个股每次增值的时间拐点爆发力，带来具体的个股增值速度分析，投资者也会产生失误或者丧失对龙头个股投资的信心。

第五步，心理端口把握调整以保证龙头个股绝对价值实现。龙头个股 8 倍增值是投资人的心理端口，奢侈品龙头个股的心理端口的把握能力是实现龙头价值创造的重要因素。首先就是要将心理端口的能力把控好，龙头个股人口顶的实现是人口信任以及 4 个策略共同创造价值的结果，因此能够把控的龙头个股时间拐点是投资的首选。龙头个股的心理端口实现过程必须不断进行调整，只要与指数板块上涨协调一致，与行业板块契合，龙头个股的顶格极度没有出现错误就可以实现增值，龙头个股 8 倍心理端口的实现不是一帆风顺的，相信龙头个股的绝对价值一定实现是把握心理端口的关键。在实现标杆象征个股的 8 倍增值心理端口过程中或者是实现后，及时转换龙头个股，力争绝对价值最大化，也就是投资增值倍数的最大化。灵活运用人口信任理论、人口集中理论，针对大盘指数的波动幅度，进行龙头个股心理端口把控，这就是标杆象征策略的最终结果。

只有根据这些步骤，投资人才能更好地在鼎盛时期投资奢侈品创造绝对价值，占得时期演进的先机。

（二）标杆象征龙头个股的投资策略

鼎盛时期中标杆象征所投资个股的策略受 8 倍心理端口的影响。时间拐点迸发的速度直接影响投资人对鼎盛时期奢侈品个股的绝对价值判断。在本书中，标杆象征的投资对象不再是前文中研究的房价、物价和股价"三价"之间比较价值的投资品种的人气关注转移，也不是股价中相对价值的指数、行业人群跟随，而是在股价指数基础上将龙头个股股价作为本书的研究重点。把握投资专业化个股时间拐点，使个股股价绝对价值创造时间损失最短、空间最大。人口投资核心是信任个股股价头部顶格，只有顶格 8 倍的个股，才是龙头个股，标杆象征策略是实现头部顶格的龙头个股的灵活运用。据此，标杆象征策略总结出三个要点，如图 7-33 所示。

要点 1：标杆象征个股的时间拐点 8 倍迸发的爆发力有先、中、后顺序之分，标杆个股 8 倍快、中、慢的上涨速度都需要宽容。

标杆象征个股的增值空间最大，只有通过抽象思维和具象思维分析个股的权力推崇、法律维护、社会聚焦、关键细节，正确识别该个股，专业人士才能领先其他投资人，引领新一轮绝对价值创造。标杆象征个股时间拐点 8 倍迸发的爆发力有先、中、后顺序之分，什么价值内涵的龙头个股先上涨？什么后上涨？根据人气对策不同，人群契合的行业板块是不同的，那么龙头个股的先后顺序也是不同的。如币值平台对策 8 倍先是经济价值内涵龙头个股武汉钢铁，金钱对策 8 倍

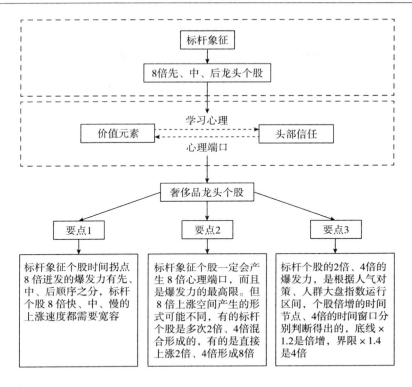

图 7 - 33 标杆象征绝对价值龙头个股投资策略的选择逻辑

先是社会价值内涵龙头个股中信证券。标杆象征个股 8 倍上涨的速度和强度是不确定的,投资人都必须接受。也就是说 8 倍先可以是 8 倍快、中、慢,不一定 8 倍先就是 8 倍快,由于在金钱对策推动的 4 倍指数板块的套牢盘很多,契合的行业板块 8 倍先就成为 8 倍慢了。2020 年指数板块从 2440 点上涨至 5178 点,一路的套牢盘,契合上涨证券板块龙头中信证券就是 8 倍慢,指数板块套牢盘较少,8 倍先就变快了,2005 ~ 2007 年上证指数从 1500 点上涨,套牢盘很少,契合的钢铁板块、证券板块龙头就成为 8 倍快;8 倍先可以是 8 倍不足、正好、超过,8 倍先的强度也是随着指数板块形成的对策作用产生的,如金钱杠杆对策形成的板块资金充足,8 倍先在头部顶格思维个股确定的情况下,不会出现 8 倍不足,2005 ~ 2007 年的行情中,币值平台对策使股票上涨,速度快、时间短,可能出现 8 倍先、不足,8 倍中就开始上涨,必须密切注意,否则错失 8 倍中的投资机会。

要点 2:标杆象征个股一定会产生 8 倍心理端口,而且是爆发力的最高限。但 8 倍上涨空间产生的形式可能不同,有的标杆个股是多次 2 倍、4 倍混合形成的,有的是直接上涨 2 倍、4 倍形成 8 倍。

平台对策推动股价指数上涨时间短、速度快、调整少，标杆个股上涨顺利，标杆象征个股一般都是4倍、2倍组合形成8倍增值，完成8倍心理端口。而金钱杠杆对策下，2倍指数上涨速度快、时间短，标杆个股4倍上涨完成顺利，4倍指数上涨时，情况完全不同，指数上涨套牢盘多，指数上涨慢，推动指数上涨的标杆个股8倍先形成相当慢，2倍与4倍的增值比较难以判断，但是绝对不会影响8倍先个股的心理端口的形成，8倍中、8倍后标杆个股就会快得多，各有利弊，平台对策增值速度快，但是完全赚取3个8倍是很难做到的，金钱杠杆对策实现3个8倍的几何级数增值是完全可以做到的。

各个行业内的标杆个股必然拥有8倍的上涨空间，但是不同的龙头个股上涨形式不一样，有的龙头股个股8倍上涨时间较长，需要2倍、4倍的混合形式上涨，但有的股票快速地直接上涨8倍，实现8倍增值的方式多样，只要实现8倍心理端口，就必须寻求下一个8倍增值标杆个股，只有标杆个股具有8倍爆发力，即使8倍先实现后还有2倍空间也不能投资，因为个股增值的时间和空间大打折扣。

要点3：标杆象征个股拥有的2倍、4倍的爆发力，是根据人气对策、人群大盘指数运行区间，个股倍增的时间节点、4倍的时间窗口分别判断得出的，底线×1.2是倍增，界限×1.4是4倍。

契合指数上涨的行业板块标杆象征个股一定随着指数上涨的节奏，拥有2倍、4倍的爆发力，这是人气关注、人群跟随理论共同作用的结果。标杆象征个股2倍、4倍的爆发力最好的判断就是个股启动的价位，底线×1.2是倍增，界限×1.4是4倍。如2019年后的中信证券14.7×1.2＝17.64，启动个股上涨2倍至27.88元，第二次19.45×1.2＝23.34，启动个股上涨2倍不足34.35元，没有形成4倍的爆发力，必须耐心等待。对于推动指数上涨有一定影响力的其他板块不是推动指数上涨的核心板块，如大消费、大健康板块龙头个股也会产生2倍、4倍上涨，还有可能8倍上涨，如茅台酒个股、比音勒芬个股，但是爆发力明显不足，虽然上涨的倍数是2倍、4倍或者8倍，但不是2倍快、4倍快和中，8倍的先、中、后也不能明确衔接，专业投资人很难把握。如同一个人读书、当官、赚钱三不误，可以兼顾，作为专业投资人一定是要看这个人在某一专业领域中出类拔萃的部分，要么为官，要么做学问，要么赚钱，只有专业，才能优秀，不会混淆分析。

本章练习

一、简答题

1. 简述标杆在三个不同时期中其含义、表现和作用的演变。
2. 简述标杆象征原理。
3. 如何理解爆发力的时间拐点？
4. 如何理解价值元素？
5. 如何运用标杆策略进行绝对价值投资？

二、材料分析题

历经 4 年的股市寒冬，中信证券终于迎来盈利的春天。正当外界对"过分谦虚"的 50% 的业绩预增公告一片质疑之时，作为创新类券商标杆的中信证券刊登出 2006 年上半年的业绩快报。中信证券 2006 年第三季度财报显示，股改一年后该公司前 10 大股东手中至少有 7.7 亿股有限售条件的股处于解禁状态。扣除已售出的 1.12 亿股，尚有 6.58 亿股可随时上市流通，市值高达 196 亿元。

中信证券 2003 年上市，此后，总共出现过 6 次月线级别的上涨，其中月线 MACD 在 0 轴上方出现趋势性上涨的有 4 次，分别是 2003 年、2005 年、2014 年和 2021 年。在这 4 次中，除了 2003 年刚上市那年，大盘只出现了周线级别的上涨，2005 年和 2014 年均是月线级别的牛市。很显然，如果剔除掉新股上市时的特殊环境，中信证券每一次的月线上涨都意味着 A 股大牛市的出现，其走势就是市场趋势变化的风向标。

"特别注意的是从 2005 年 11 月算起，中信证券市值在 2006 年一年时间里已经增加了 8 倍。"资深市场人士张红记告诉记者。如图 7-34 所示，2005 年 11 月，中信证券平均股价仅有 4.17 元，当时的总股本为 24.8 亿股，市值 108 亿元。而到了 2007 年 1 月 4 日，其股价已飙升至 29.8 元/股，这期间受股改和转增股本等影响，总股本增加至 29.8 亿股，市值高达 888 亿元，后又一路狂奔至 2007 年 11 月的 117.89 元附近。

图 7-34　2005～2008 年中信证券股票走势

根据 2020 年业绩快报数据计算，凭借广泛的客户资源、丰富的产品线及完善的风控体系，未来衍生品业务方面收益互换、股权衍生品等创新型资本中介业务将成为中信证券主要增量收入来源。证券公司持续增资扩股，2020 年共有 19 家证券公司进行股权融资，合计募集资金达 1533 亿元。2020 年，随着金融市场的开放和资本市场深化改革的推进，证券行业竞争日趋激烈，行业马太效应渐强，资本实力突出的证券公司占据先发优势，2020 年共有 19 家券商通过首发、非公开定增、配股的方式进行股权融资，合计募集资金达 1533 亿元。所募资金主要为发展公司自营投资、资本中介业务。

作为行业龙头综合实力强劲，中信证券在资本市场深化改革的大环境下将更加受益。短期内公司 ROE、BVPS 受配股影响承压，但不会改变公司作为行业龙头业务不断扩张的趋势。此次配股若顺利完成，中信证券资本实力将得到进一步增强，业务发展不断完善，竞争力持续提升，将继续领跑行业发展。

1. 运用标杆象征策略来分析中信证券能在 2006 年短时间内上涨 8 倍，成为证券行业的标杆象征个股，对于中国鼎盛时期的金融投资发展有何启示？为什么是证券，而不是银行？

2. 2005～2007 年的股票行情，对标杆象征——中信证券个股的 8 倍心理端口如何分析？形成的爆发力时间拐点在什么价位？迸发的速度为什么这么快？

附录 术语表

B

8倍：是由抽象思维形成的，时间需要最短且顺序明确，具有空间最高倍数，容易形成龙头信任的增值倍数。如本科、硕士、博士构成8倍先增值，后面是讲师、副教授、教授8倍中增值。

本质：事物的根本性质，事物固有的内部联系。由事物所包含的特殊矛盾构成，并由其主要矛盾的主要方面决定，与"现象"相对。

保持：指人对事物识记后形成的知识经验在头脑中的存储过程。通过保持，人对识记的信息进行主动的加工，使自己的知识随时间和环境的变化而不断地更新和丰富。

保证：是合同双方当事人以外的第三方向合同关系中的债权方保证合同关系中的债务方全部或部分履行合同债务的担保方式。保证人在被担保的当事人不履行合同时，承担连带赔偿的责任。

标杆：是指道路两旁带有名称的立杆，常用于指示方向或有关限制的标记，杆底部装有尖铁脚的木杆。以标杆为基准进行测量分析与持续改善，最终影响整个时期的演进。

标杆象征：标杆象征是建立在追求绝对价值最大化的基础上的，赢得全球专业投资人的赞美以推动奢侈品演进。它会带来鼎盛时期所有专业投资人的资本集中，产生奢侈品的爆发力，实现绝对价值创造，达到8倍价值投资人共同学习动机的预期效果。

包办婚姻：就是指遵从"父母之命，媒妁之言"达成的婚姻，不考虑男女双方当事人的意见，全权由双方父母做主。包办婚姻是封建社会和奴隶社会的婚姻缔结的主要方式。

板块因素：按照人群营商研究来对后悔龙头进行明显属性细分的因素，还包含价值内涵板块、发展阶段板块、人气对策板块以及主、次指数板块。

爆发力：奢侈品形成的标杆表现就是爆发力，是人们从物质需求进入精神寄托的外在表现。

C

刺激：可以满足内在驱使力的物品。

出身：家庭经济基础所奠定的身份，一个人最初从事的职业和履历造成的身份。

差异：表征事物相互区别和自身区别的哲学范畴，又称差别。

传承人：直接参与人类实践经验的传承、使各地人类特有的实践经验能够沿袭的个人或群体（团体）。

抽象思维：人们在学习活动中运用概念、判断、推理等思维形式，对客观现实进行间接的、概括的反映的过程。

成本因素：是根据付出的多少，决定是否投资龙头，获得绝对价值的细分因素。

初心确定：指个体以最高的目标为标准，旨在追求绝对价值最大化，起到规范、引领的作用。奢侈品价值的创造起始于初心，并且与砥砺、使命确定形成循环往复，相互促进。

承接力：在股票市场上往往通过个股股价和成交量共同反映个股上涨 8 倍的过程中能够实现最高价位的高低。

传播确定：是在沟通和互动的基础上，更加强调龙头个股的绝对价值赞美的确定方式，形成绝对价值共享。在全球范围内利用一定的媒介和途径所进行的、有目的的信息传递活动，投资人借此可以抓住价值共享投资点，巧妙找到证券市场上个股上涨的最好投资时机和最大的绝对价值增值空间的信任头部龙头。

D

多子多孙：子孙后代多，为兴盛时期的人口制度共建形式。

独生子女：一对夫妻生育的唯一孩子，换句话说，没有亲兄弟姐妹。独生子女与非独生子女，具有同样的身心发展规律，为昌盛时期的人口制度共建形式。

鼎盛价值：鼎盛价值是绝对价值的判断，鼎盛价值提升意味着该国各个行业龙头个股绝对价值提升速度大大加快，但是不会使龙头个股同步，有先有后。

鼎盛时期：指在某一时期的国家，在经济、社会、艺术等领域都会出现专业化价值多极，就叫鼎盛时期，表达一种极致的盛世之况。

斗争确定：指在相互角逐过程中，力求战胜对手，而获得龙头地位，是饥饿地位的第二大确定方式，是竞争确定（人气）、力争确定（人群）的延续和提升，以此帮助获得饥饿地位（人口）。

定期：指固定的时间状态。

地位：在社会学或人类学上是指一个人于社会上，因其社会阶层所得到的荣誉和声望，是人们在组织机构中所处的主属关系，以及不同成员之间的等级差别。

顶格思维：人口营商学信任的思维重点，是投资人判断龙头个股投资空间 8 倍的哲学营商思维。

地位：个股中所处的位置，是在成长板块中个股所处的心理期冀龙头位置。

砥砺确定：指在坚持初心的基础上摆好合理位置，一步一个脚印坚持前行，持之以恒，为 8 倍绝对价值创造进行不断积累。

笃信确定：是对于龙头个股的坚信无疑，不能让投资人坚信 8 倍计量的个股是没有投资人愿意投资的，契合成长板块，属于明显个股目标，但是实现目标的阻碍还是很多的，长久地相信需要一个过程，需要时间验证和推动的力度。

顶端分工：属于饥饿地位的价值分工，最稳固，在价值链的价值最确定、影响时间长、空间大的价值分工情形。

低端分工：价值分工最低要求，在价值链的下游，可替代性强、影响力小、价值空间小的价值分工情形。

F

法律维护：是指法律所具有或者赋予的约束力。规范性法律文件与非规范性法律文件都有一定的约束力，要求人们按照法律文件的规定行事。

G

个别：意思是极少数的。少有是鼎盛时期的奢侈品表现形式。

个体：指处在一定社会关系中，在社会地位、能力、作用上有区别的、有生命的个体。

关键细节：是指在标杆象征的个体成长过程中，给结果造成显著影响的细枝末节，通常由其对工作的结果有决定性影响，基本决定了龙头个股的成功与失败、盈利与亏损、高效与低效。

共享确定：是信任确定的核心环节，投资龙头个股价值的真实表现，通过投资，投资人分享个股的绝对价值，可以切切实实地享受到个股创造价值带给投资人的投资收益，增加所有投资人的获得感，可以实现资金向龙头个股的有效集中。

共建确定：鼎盛时期，受顶层设计思维的影响，投资人通过信任头部的顶格思维极度，强调专业人士的赞美与人们学习心理共同投资，创造"百倍"个股价值空间，为实现绝对价值打下坚实的基础。

杠杆因素：投资龙头个股，减少后悔，必须利用金钱撬动资产，包括四个方面：杠杆使用是否合法、合规，杠杆使用的比例是多少，杠杆使用的绝对数额，杠杆使用的得失比较判断。

高度：从地面或基准面向上到某处的距离。

共建共享：是指专业投资人士通过分工协作等方式，优势互补、互利互惠地培养奢侈品龙头，发挥自身优势和潜能，形成新的合作优势，结出更多的合作成果。

H

后悔龙头：投资人对于未能正确抉择营商投资中的龙头个股奢侈品进行投资而感到的遗憾。

会考：指必须通过参加集中的考试，是选拔人才的一种方式。

恒定力：昌盛时期，饥饿地位迫使企业提高自身技术水平，促使人们形成学习赶超的理念，从而形成自身在行业中的永久地位。

后天竞争：是个体或群体间力图胜过或压倒对方的心理需要和行为活动。即每个参与者通过自身努力，最大限度地获得成功的行为，与先天出身相对应。

J

交往：由于共同发展的需要而在人们之间所产生的那种相互接触的频繁和复杂过程。

抉择：指在多个方案或办法中进行的选择，可能影响的程度较为深远，决定创造绝对价值大小。

精品：指拥有尖端技术生产的代表性产品及品牌。

尖端技术：高技术领域中具有前瞻性、先导性和探索性的重大技术，是未来高技术更新换代和新兴产业发展的重要基础，是国家高技术创新能力的综合体现，是龙头个股 8 倍价值创造的技术支撑。

精细：现代汉语中有精致之意。文言文中有精明能干、细心仔细的意思，是指从事农作物生产。

精密：精致细密，精确周密，是指工业产品的制造。

饥饿地位：是指鼎盛时期中呈现出不可替代性，即唯一性的个体。在鼎盛时期，是投资人根据个体绝对价值量多少进行投资的重要基础，直接影响投资人的专业抉择，最终影响整体的价值投资。

绝对价值： 是由于个体学习心理的诱因物、刺激、驱动力三要素的变化形成人口持续集中，进而影响个体自身的成长和变化，代表个体的最高价值。个体绝对价值的形成也使得专业投资人集中投资对象发生变化。由于学习心理的三要素，投资人在选择人口集中时也是根据学习心理的先、中、后来进行投资选择。

　　绝对确定： 是以个体绝对价值的空间大小和形成的时间先后作为人口的确定标准的。人口选择集中对象，总是会对集中的对象进行绝对价值的大小和先后进行判断，选择绝对价值最大的对象进行人口集中。

　　极度： 龙头个股的顶格思维是投资个体的关键，增加信任个体头部就是帮助投资人做出正确的抉择，选择正确的价值投资中的奢侈品——8倍增值最高高度，与底线限度、界限跨度相对应。

　　及第： 指科举考试应试中选，因榜上题名有甲乙次第，代表兴盛时期的等级原则。

　　级别： 等级的区别；等级的高低次序，代表昌盛时期的职务、职称等级原则。

　　极致： 指最佳的意境、情趣；达到的最高程度，代表鼎盛时期的最高原则，这样才能使个体在世界上保持头部，难以被别国超越，进而带动该国及世界全面发展，是最高层次。

　　价值分工： 指的是一个特定社会地位，在社会生产过程中，以创造价值的大小进行的排序，实现人们的心理预估，创造可以实现的顶端、中端、低端价值。

　　价值共享： 是指专业投资人与个股股价之间形成人口价值集中，集中某只龙头个股，可以增强龙头个股的辨识度，龙头个股又同时可以让投资人分享8倍资产增值的心理神往。

　　价值计量： 主要从定性和定量两个角度理解。定性的价值计量都是相对模糊的，这是投资人心中的模糊评价；定量计量是对于龙头个股股价投资的核心依据，通过指数板块的价值衡量和个股价位的计量有机结合，就可以根据历史数据和现实情况判断龙头个股未来的价值空间做出定量预测。

　　价值体征： 是反映个股股票自身的一些价值指标，例如个股现在的价位、最低价位、历史最高价位、业绩如何、行业地位、主业构成、股性特点、行业知名度、地理位置、市盈率等。综合反映在每个龙头个股的价格计量，相对于价值度量的商品品种和价值衡量的指数板块更为细微，不是尺度、量度，形成的是刻度，是有具体价位的。价值指标越来越独特，价值集中就会越来越持久。

　　价值元素： 价值的形成千变万化，不断地起化学反应，但是价值变化的结果类型大致可以分为三种：价值量变、价值质变和价值衰变。

　　价值元素量变： 亦称"渐变元素"，与"质变元素"对称。指事物数量上的

变化，是一种逐渐的、不显著的变化。

价值元素质变：是从一种质态向另一种质态的转变，是事物运动的基本状态之一。同量变相对，又称突变。在量变的基础上发生的，标志着量的渐进过程的中断。

价值元素衰变：价值变化通常都有一定的周期，并且一般不因物理或化学环境而改变，由元素的变化自然发生，即不能预知何时会发生，因此会以发生的概率来表示。

价值多极：是由专业投资人思维共建引起的，是人口集中的根本源泉，学习心理持续过程中产生的思维共建价值的极致，才能形成人口顶。人口价值是具体的、独特的，主要体现为人们价值观念、价值目标、价值评价、价值选择等方面的各自特殊性。

价值单元：所有价值活动参与者依据自身能力来运用可动用的资源，创造价值相互独立的基本单位。

价值展现：个股上涨至历史高位，成为圈子核心的保持鼎盛时期市值不断增大的方法。

价值再现：该个股曾经有过历史高位，再次超过历史高位，至少是倍增的保持鼎盛时期圈子核心个股市值不断增大的方法。

价值再构：该板块内个股价值是企业重组后形成的龙头，个股市值具备 8 倍增值空间的保持鼎盛时期圈子核心个股市值不断增大的方法。

价值再塑：该个股市值不再增长，再次对个股进行塑造，寻求和保持新的龙头地位的保持鼎盛时期圈子核心个股市值不断增大的方法。

集中：人的思想在更大领域聚集、相互碰撞，带来超前思维，这既是全体人心所向，也是形成国际奢侈品的中流砥柱。

具象推理：用具体的形象来表达抽象的思想感情，用个别表现一般，从而引起联想，产生想象，以至诱发灵感和直觉，它是思维方式中最普遍的一种形式，具有形象性、概括性、创造性和运动性的特点。

K

刻度：是量具和仪表等上面所刻或画的表示量值大小的记号和这些记号的总称。

L

领头：是带头，首先起事并带领别人行动。

领先：共同前进过程中走在最前面，在某一方面居第一位或在最前面。

牢度：是指个股心理站位的牢固程度，人们往往通过心理站位夯实的情况来判断如何利用心理站位进行个股正确投资抉择。

伦理确定：是指鼎盛时期的商业伦理、社会伦理，随着鼎盛时期的到来，通过个股的心理站位反映出来。

领军人物：是各行各业中具有崇高的价值追求、出类拔萃的素养、卓越的领导才能，能在复杂的环境中取得巨大成就，享有较高行业美誉度的成功人士。

龙头：龙头有多种意思，一是杰出人物的领袖；二是状元的别称；三是饰有龙头的琴；四是龙船的船头；五是榨床上的酒液出口处；六是自来水管的放水活门；七是帝王的头颅；八是近代三合会、哥老会等的首领；九是自行车的车把；十是火车的机车；十一是怀表上的按钮。

龙头个股：某一时期在股票市场的炒作中对同行业板块的其他股票具有影响和号召力的股票，它的涨跌往往对同行业板块其他个股股票的涨跌起引导和示范作用。

龙头确定：龙头是人群契合的行业中能够在时间损失较小的情况下增值最大化的绝对价值个股，一定是8倍增值加以计量的个股。只有将这些个股作为投资对象才有可能形成人口集中，即成为鼎盛时期的人口，有着较强的人口集中专注力。龙头与明星、蓝海相对应。

历史确定：实现顶格思维的基础，龙头个股的历史价位可以体现出其核心能力积累、未来前景，可以推动其价格上涨，不同时期的个股头部均经过一定时期的积累。只有历史积累，才能使龙头个股真正实现超过过去历史高位上涨，历史高位具有参照物作用。

M

名称：名号称谓，也指事物名，名声。

模仿者：带着不同目的，对人物事物的行为举止或实践规律等进行相近的演绎，以追求相似。

目标确定：选择龙头个股进行投资，心里一定要有一个坚定的想法，它与愿景、参照确定相对应；目标是明确的，没有明确目标，个股龙头投资是有风险的，而且没有投资的意义。

N

内卷单元：是价值单元的一种，指具有最强的资源吸引和利用能力的单元。自身具有最强的承接力和带动力，带动个股市值的心理接口变动范围不断扩大。

逆裂（袭）单元：是价值单元的一种，指具有较弱的资源吸引和利用能力的单元。自身承接能力和带动力弱，带动个股市值的心理接口变动范围有一定局限；值得一提的是，逆袭单元主要指在资源较少、空间较小的情况下有望实现价值内卷的单元，一旦把握不好则会逆袭失败，也就是逆裂情况的发生。

P

培养：以适宜的条件促使其发生、成长和繁殖，也指按照一定的目的长期地教育和训练，使其成长。

Q

潜力确定：有一些标杆由于具有某种未知的、隐蔽的或为大众所忽视的利多因素而存在着标杆个股股价上升的潜在力量。

情景确定：是指一个国家对于行业、地区、指数板块未来发展的奢侈品个股进行具体确定，判断是否能够成为奢侈品。

渠道策略：是整个营销系统的重要组成部分，包含直接渠道、间接渠道、营销策略等，它对降低企业成本和提高企业竞争力具有重要意义，是规划中的重中之重。

圈子核心：是鼎盛时期投资人进行绝对价值创造的思维聚焦，它由金钱杠杆对策、系统动力决策上升至个股奢侈品的投资策略，是基于专业化的绝对价值创造。

缺乏：是指（所需要的、想要的或一般应有的事物）没有或不够。

缺少：指短缺。

契合确定：是动机心理作用下股票指数在各种投资对策（人气、币值、金钱、权力）的作用下产生的人群环，与指数蓝海相对应的所有行业板块的轮动。

权力推崇：是政府和权力部门对个体的认可程度，并且明确态度，支持奢侈品，权力推崇是标杆象征形成的最基本保障，没有权力的保驾护航，个体是很难走远的。

驱动力：是效果力，是合力。一般来说，周期性的外力就可以叫驱动力，当外力 F 满足 $F = Fo \times sin\omega t$（Fo 表示力的最大值）时，F 就是驱动力。物体振动的频率要服从驱动力的频率。

R

人口确定：是要清晰地认识到势头永远向上的个股，是绝对价值创造的核心。人口统计学中将人口定义为是一个内容复杂、综合多种社会关系的社会实体。

人口矩阵：人口矩阵将横、纵轴的内容分别变为增（减）值空间和绝对时间损失，其中增（减）的大小是以 2 倍增（减）、4 倍增（减）以及 8 倍增（减）来确定的，而矩阵中的绝对时间损失分为"先、中、后"三种，人口矩阵不同于其他矩阵，其多划分出 8 倍的价值增（减），这是个股投资具象结果。

人口顶：人口顶是由学习心理驱动形成的具象思考顶点，是在动机心理学形成的 2 倍、4 倍成长板块人群环基础上的一种 8 倍龙头个股思想聚焦，是由诱因—刺激物—驱动力学习心理引起的持续集中，由于人群契合不同成长板块导致龙头个股集中程度变化的结果。

人口组合：鼎盛时期中多极的人口元素的组合，不同种类、不同数量的人口顶组合在一起产生不同的人口组合，这些人口组合可以表现出鼎盛时期的多极性，并且可以被用来分析研究不同的社会问题，与人气线、人群环相对应。

人口模式：较为系统地分析专业投资人集中的价值共创，分析个体奢侈品如何吸引人口集中，针对人口这一专业的、基于人们思维聚焦而存在的概念，为鼎盛时期的绝对价值创造提供思路。

人口：鼎盛时期大背景下所形成的以追求绝对价值最大化为目标的、能够起到集中效应的集合，由所有存在某种联系的个体组成人类集合体。

S

时间拐点：分为内在和外在两种类型，内在主要是指时间运行到一个时间点，便会发生百倍转折；在某一关键时间点，如果对特定事物施加影响或采取某种行动，就能迸发出巨大的爆发力。外在主要包括某些外部因素已经出现明显向上或者向下的转折，导致指数板块或奢侈品个股出现向上或者向下 8 倍的可能，与时间节点、时间窗口相对应。

社交：是指在一定的历史条件下，个体之间相互往来，进行物质、精神交流的社会活动。

时期：是事物发展过程中的一段具有一定特征的、较长的时间。

三甲：从众多个体中挑选出影响力最大的前三个体，代表领域内的最高水平与优势地位。

时间因素：龙头个股不只是板块选择正确、成本付出、杠杆使用这些因素细分清晰，就能够正确投资，投资龙头个股，减少后悔，还要根据时间细分，包括四个方面：等待准备时间多长、开始上涨时间如何确定、上涨持有时间长短确定、转换龙头的时间节奏。

识别力：快速区分、分辨事物名称的能力。

生产力：人实际进行生产活动的能力，也是劳动产出的能力，是具体劳动的生产力。生产力的表现是主产中的主体行为以及这些行为的结果的存在，即劳动产物。

适宜：恰当的，不超过心理预期度的，与某事不冲突的、相吻合的。

上品：是一种地域文化代表性的物品及品种。

奢侈品：在国际上被定义为"一种超出人们生存与发展需要范围的、具有独特、稀缺、珍奇等特点的消费品"，又称为非生活必需品。由学习心理形成的越来越多的专业人士心理抽象，持续喜爱的、长期赞美的具体表现载体。奢侈品是通过专业人士抽象、具象思维，形成人口集中心理依赖的所有物品、产品、商品、品种、品牌、衍生品、上品、精品，有形和无形载体。

社会聚焦：意味着人类往往会把自己看作一切的中心，并且直觉地高估别人对自己的注意程度。聚焦效应其实是每个人都会有的体验，这种心理状态让自己过度关注自我，过分在意聚会或者工作集会时周围人们对自己的关注程度。

势头：情势；个体未来发展的动力大小与趋势，注重未来长时期的走势判断。

"双继"能力："双继"——继续继承，是信任领头的表现所在。没有"双继"能力，作为领头信任是不可能的。"双继"能力既表现信任的起点，也表现信任的延伸，表现在没有"双继"能力，领头信任无法实现。

"双奋"能力："双奋"——奋力奋发的结果，企业在尖端技术的领先是人们信任的前提，尖端技术掌握和拥有企业必须奋力奋发，科研能力培养和科研经费的大量投入，只有这样才能赢得市场信任。

"双共"能力："双共"——共建共享，进入鼎盛时期，是思维的哲学社会科学，更重要的是突出顶格思维共建共享能力，共同建设，共享成果。

使命确定：在整体板块中，作为板块支柱的个股有着使命担当，能够且有潜力成为龙头带领板块整体上涨。

生命力：维持生命活动的能力，生存发展的能力。

T

头部："头部"是一个生物学、生理学、医学名词。这个名词和"头部＋"概念（头部效应、头部公司、头部资源等）近年越来越多地被用于多种学科。世界上任何领域都具有头部的存在，头部的社会影响大、关注度高，容易形成人口的集中，属于营商介值属性的研究范畴。

特色：是一个事物或一种事物显著区别于其他事物的风格和形式，是由事物赖以产生和发展的特定的具体环境因素所决定的，是其所属事物独有的，是兴盛时期上品的表现形式。

特别：意思是不一般、与众不同、格外、特地、特意、尤其，是昌盛时期的精品表现形式。

头部矩阵："头部矩阵"用来帮助如何找到头部。把竞争领域分为高价值和低价值两个维度，把竞争力分为高优势和低优势两个维度。

躺平单元：是价值单元的一种，指具有一定的资源吸引和利用能力，单元之间资源的内卷相对平和，保持在一定范围内，由此价值单元整体具有中等带动力。

W

往来：互相访问，交际。

稳健思维：稳健不关乎状态的好坏，只关乎是否能保持原来的状态，哪怕这个状态并不那么理想。在兴盛时期，人们不用考虑物质生产，也不用考虑价值投资，因为兴盛时期思维的稳健性，稳健意味着失去了改变的可能性，不管这个改变是好的，还是坏的。

X

象征：用具体事物表现某些抽象意义；不可见的某种物（如一种概念或一种风俗）的可以看见的标记；用部分事物代表全体；用来表示某种特别意义的具体事物；迹象，特征。

现实思维：认为一切都是现实，是看得见、摸得着的，不是凭空而来。实践是一个不断发展变化的过程，人类的实践活动以其所处的时代为基点，向历史和未来两个方向发展，永无止境。

先天禀赋：天然资源的拥有量与决定权。

心理站位：心理站位是对于饥饿地位势头可能产生逆转向上的每一个价位，这时人们往往通过心理站位夯实的牢度来判断如何利用心理站位进行8倍正确投资抉择。

心理预估：心理预估来源于心理学研究，在投资中投资者通过比较常用的历史股价高低点来预估盈利空间。

心理期冀：期冀是指人们对未来一段时间内要发生的事情的美好预期和愿望。投资者的心理期冀往往决定了龙头的不同情况，对奢侈品绝对价值龙头实现的速度、强弱、顺序有影响。同时，龙头形成的过程中对投资者心理有所调整。

心理端口：标杆象征决定个股的心理打开的空间，端口的大小决定投资者的投资意愿的高低，端口开口越大，投资者投资意愿越大，反之则越低。物理学上的端口理论为鼎盛时期奢侈品标杆放大投资者的心理端口提供了理论研究基础。

心理持续：以学习心理学为基础，通过影响人们思维的集中，进而使人口的集中呈现持续的趋势，其变化的实证是绝对价值发生变化。

心理接口：影响投资人对于个股的心理承接，体现在龙头个股价位涨跌上，是对于个股绝对价值的增（减）产生作用的市值大小，在该个股市值上人们经常会通过心理接口延展的长度来对下一步的投资策略进行制定，以保证后续的投资是正确且有效的。

心理承接：表示专业投资者对于龙头个股资产市值高低的接受度，是个股市值范围的承接。

心理神往：主要是指投资人对于个股投资回报的期待与向往。投资人心理神往发生变化，即投资人对投资个股回报的期待和向往发生变化，也就是契合的板块构成的共赢共轭对于界限的人群环贡献和作用发生变化。

象征婚姻：是在自由婚姻的前提下发展，选择适合自己、提升自己、精神愉悦的配偶，不会被传统的包办婚姻束缚，各自追求自己受人尊敬的精神生活。

想象力：在大脑中描绘图像的能力，当然所想象的内容并不单单包括图像，还包括声音、味道，以及疼痛和各种情绪体验等五感内容都能通过想象在大脑中"描绘"出来，从而达到身临其境的体验。

向心力：向心力能够将分散的信息、观点和知识进行整合，以支持企业统一行动，它包括内部关联、行动一致性和目标一致性等维度。

Y

缘分：是一种人与人之间无形的联结，是某种必然存在相遇的机会和可能。

诱因物：诱因是指能够激起有机体的定向行为，并能满足某种需要的外部条件。是把态度的形成看作是权衡各种可能情况的趋近和退避后采取最好抉择的过程。外部影响因素诱因在唤起行为时也起到重要的作用，应该用诱因物和有机体的特定的生理状态之间的相互作用来说明。

原产地：原产地的原意是来源地、由来的地方，因此，商品的原产地是指货物或产品的最初来源，即产品的生产地。进出口商品的原产地是指作为商品而进入国际贸易流通的货物的来源，即商品的产生地、生产地、制造或产生实质改变的加工地。

原装地：一般情况下会认为原装地是指制造国。在这基础上，将原装地来源国定义为"消费者将所要购买的产品和品牌联系在一起，考虑产品的原装组装的地方"。

原版地：原版最初指印刷品的最初版本或者还未翻译的著作，如今在此含义上进行发展，解释为产品或事物最有影响力的版本来源地。

抑制确定：是一种手段、态度、气势，有自己追求的明确目标，力排众议，鹤立鸡群。

Z

哲学社会科学：不仅包括哲学学科，也涵盖了诸多相关文科学科，例如经济学、心理学、法学、艺术学、教育学等学科的交叉学科，是尺量人类整体生存在宇宙时空中的意义的工具，是尺量指引国家文明进步道路的工具。

卓越：杰出的，高超出众。

制造力：企业高质量、低成本地生产符合市场需要的产品或服务的能力。

专注力：一种基于人口的集中能力，而不单单形容某一个体，由此将专注力界定为一定时间内，众多个体的心理充分指向并集中于当时应当指向和集中的对象上并表现出持续性的注意形态。

周期：若一组事件或现象按同样的顺序重复出现，则把完成这一组事件或现象的时间或空间间隔，称为周期。

专业化：产业部门或学业领域中根据产品生产或学界层面的不同过程而分成的各业务部分，这个过程就是专业化。

赞美：发自内心地对自身所支持的事物表示肯定的一种表达。

终身进步：指个体出生之后的持续提升与锻炼的过程与路径，只有在生命的各个阶段保持进步的趋势，才能获得最显著的绝对价值优势。

中端分工：饥饿地位较稳固，在价值链的中端，时间中、空间中的价值分工情形。

专属：将系统资源分配给某种特定应用或目的，即某样事物是某人独有的、唯一的。人口模式中的专属指的是某个国家、企业地位的专属特征，分为地域专属、社会专属、技术专属。

自由婚姻：存在的基本前提是男女关系平等，并且爱情可以成为婚姻的基础，是与包办婚姻相对立的。男女平等，都有自己的经济收入，没有从属地位之分，这时的婚姻才真正演变为现实婚姻，人们不只是为了生存，只有双方富裕了，婚姻才可能自由。

第一章术语：定期、周期、时期；鼎盛时期；往来、交往、赞美；专业化；本质规律、尖端技术、哲学社会科学；保持、保证、培养；上品、精品、奢侈品；出身、会考、抉择；包办婚姻、自由婚姻、象征婚姻；精细、精密、卓越；先天禀赋、后天竞争、终身进步；及第、极别、极致；稳健思维、现实思维、抽象思维；龙头个股；双循环；多子多孙、独生子女、领军人物；共建共享。

第二章术语：领头、领先、头部；信任头部；"双继"能力、"双奋"能力、"双共"能力；原产地、原装地、原版地；历史确定、传播确定、共享确定；顶格思维；极度；心理神往；价值共享；头部矩阵；诱因物、刺激、驱动力。

第三章术语：适宜、差异、龙头；后悔龙头；特色、特别、个别；传承人、模仿者、人口；价值计量；8 倍；契合确定、目标确定、笃信确定；板块因素、成本因素、杠杆因素、时间因素；绝对价值；刻度；心理期冀；价值体征。

第四章术语：个体、三甲、集中；人口集中；生命力、恒定力、专注力；绝对确定、龙头确定、共建确定；高度；心理持续、价值多极；人口矩阵；人口顶；人口组合；人口模式；地位、专属、抽象思维、具象演绎。

第五章术语：缺乏、缺少、地位；饥饿地位；生产力、制造力、想象力；人口确定、斗争确定、伦理确定；心理站位；心理预估；价值分工；顶端分工、中端分工、低端分工；势头；牢度；鼎盛价值。

第六章术语：缘分、社交、核心；圈子核心；初心确定、砥砺确定、使命确定；心理接口；心理承接；价值单元；内卷单元、躺平单元、逆裂（袭）单元；价值展现、价值再现、价值再构、价值再塑。

第七章术语：名称、典型、象征；标杆象征；识别力、向心力、爆发力；潜力确定、情景确定、抑制确定；时间拐点；心理端口；力度；价值元素；价值元素量变、价值元素质变、价值元素衰变；权力推崇、法律维护、社会聚焦、关键细节。

参考文献

[1] Berger J. , Rosenholtz S. J. , Zelditch M. Status Organizing Processes [J]. Annual Review of Sociology, 1980 (6): 479 – 508.

[2] Cecilia L. Ridgeway, Joseph Berger. Expectations, Legitimation, and Dominance Behavior in Task Groups [J]. American Sociological Review, 1986, 51 (5): 1 – 9.

[3] Claudia Kuhnle, Marta Sinclair. Decision Mode as an Antecedent of Flow, Motivational Interference, and Regret [J]. Learning and Individual Differences, 2010, 21 (2): 239 – 243.

[4] David E. Bell. Regret in Decision Making under Uncertainty [J]. Operations Research, 1982, 30 (5): 961 – 981.

[5] Dhruv Grewal, Anne L. Roggeveen, Michael Tsiros. The Effect of Compensation on Repurchase Intentions in Service Recovery [J]. Journal of Retailing, 2008, 84 (4): 424 – 434.

[6] Gong W. Chinese Consumer Behavior: A Cultural Framework and Implications [J]. Journal of Academy of Business, 2003, 9 (3): 373 – 380.

[7] H. Kevin Vaziri. Questions to Answer before Benchmarking [J]. Planning Review, 1993, 21 (1): 360.

[8] Hogan Joyce, Holland Brent. Using Theory to Evaluate Personality and Job – performance Relations: A Socioanalytic Perspective [J]. Journal of Applied Psychology, 2003, 88 (1): 100 – 112.

[9] James P. Womack. The Psychology of Lean Production [J]. Applied Psychology, 1996, 45 (2): 119 – 152.

[10] Janet Landman. Regret and Elation Following Action and Inaction [J]. Personality and Social Psychology Bulletin, 1987, 13 (4): 524 – 536.

[11] Joseph Berger, Bernard P. Cohen, Morris Zelditch. Status Characteristics

and Social Interaction [J]. American Sociological Review, 1972, 37 (3): 241.

[12] Loomes Graham, Sugden Robert. Regret Theory and Measurable Utility [J]. North – Holland, 1933, 12 (1): 19 – 21.

[13] Marcel Zeelenberg. Anticipated Regret, Expected Feedback and Behavioral Decision Making [J]. Journal of Behavioral Decision Making, 1999, 12 (2): 93 – 106.

[14] Rappa M. A. The Utility Business Model and the Future of Computing Services [J]. IBM Systems Journal, 2004, 43 (1): 32 – 42.

[15] Nathan C. Pettit, Robert B. Lount. Looking Down and Ramping Up: The Impact of Status Differences on Effort in Intergroup Contexts [J]. Journal of Experimental Social Psychology. 2010, 46 (1): 9 – 20.

[16] Nina Hattiangadi, Victoria Husted Medvec, Thomas Gilovich. Failing to Act: Regrets of Terman's Geniuses [J]. The International Journal of Aging and Human Development, 1995, 40 (3): 175.

[17] Organ D. W., Podsakoff P. M., Mackenzie S. B. Organizational Citizenship Behavior: Itsnature, Antecedents, and Consequences [M]. Thousandoaks: SAGE Pubfications, 2006.

[18] Palmatier R. W., Louis W. S., Ei – ansary A. I., et al. Marketing Channel Strategy [M]. Saddle River: Pearson Prentice Hall, 2014.

[19] Bartels, Deniel M., Bauman, et al. Psychology of Learning and Motivation [M]. The Kingdom of the Netherlands: Elsevier Science & Technology, 2021.

[20] Schneider B. The People Make the Place [J]. Personnel Psychology, 1987, 40 (3): 437 – 453.

[21] Schneider B., Goldstiein H. W., Smith D. B. The ASA Framework: An Update [J]. Personnel Psychology, 1995, 48 (4): 747 – 773.

[22] Schutte F., Ciarlante D. Consumer Behaviour in Asi [M]. London: MacMillan Business, 1998.

[23] Sproles G. B., Kendall E. L. A Methodology for Profiling Consumers' Decision – Making Styles [J]. The Journal of Consumer Affairs, 1986 (20): 267 – 279.

[24] Sproles G B. Kendall E L. From Perfectionism to Fadism: Measuring Consumers' Decision – Making Styles [J]. The Proceedings of the American Council on Consumer Interests, Columbia, 1985 (31): 79 – 85.

[25] Steven L. Blader, Ya – Ru Chen. What Influences How Higher – Status People Respond to Lower – Status Others? Effects of Procedural Fairness, Outcome Favor-

ability, and Concerns About Status〔J〕. Organization Science, 2011, 22（4）：1040 – 1060.

〔26〕 Thaler R. H. Toward a Positive Theory of Consumer Choice〔J〕. Journal of Economic Behavior and Organization, 1980（1）：39 – 60.

〔27〕 Thaler R. H. Mental Accounting Matters〔J〕. Journal of Behavior Decision Making, 1999（12）：183 – 206.

〔28〕 Tsiros Michael, Mittal Vikas. Regret：A Model of Its Antecedents and Consequences in Consumer Decision Making〔J〕. Narnia, 2000, 26（4）：401 – 417.

〔29〕 Will Bartlett, Janez Prasnikar. Small firms and economic transformation in Slovenia〔J〕. Post – Communist Economies, 1995, 7（1）：177 – 195.

〔30〕 Wong H. P. C. Ethnic Assortative Matching in Marriage and Family Outcomes：Evidence from the Mass Migration to the US during 1900 – 1930〔J〕. Journal of Population Economics, 2016, 29（3）：817 – 848.

〔31〕 Yuyan Shen, Shen Yuyan, Qian Yan, Zheng Xiutian. Study on Promotion of the Professional Market Mode and Service Mode in New Economic Times：Take Zhejiang Hai – Gang Intelligent Home City as Example〔J〕. Journal of physics, Conference Series, 2020, 1622（1）：1088.

〔32〕〔美〕艾·里斯，〔美〕杰克·特劳特. 定位〔M〕. 王恩冕，于少蔚译. 北京：中国财政经济出版社，2002.

〔33〕〔美〕菲利普·科特勒. 营销管理〔M〕. 梅清豪译. 上海：上海人民出版社，2003.

〔34〕〔美〕詹姆斯·P. 沃麦克，〔英〕丹尼尔·T. 琼斯，〔美〕丹尼尔·鲁斯. 改变世界的机器：精益生产之道〔M〕. 佘锋，张冬，陶建则译. 北京：机械工业出版社，2015.

〔35〕敖露. 家具行业终端卖场催眠式销售能力的培养〔J〕. 现代营销（学苑版），2011（1）：39.

〔36〕白永秀，王颂吉. 丝绸之路经济带的纵深背景与地缘战略〔J〕. 改革，2014（3）：64 – 73.

〔37〕陈敬东. 基于关系价值的顾客关系层次理论与实证研究〔D〕. 西安：西安理工大学，2010.

〔38〕陈柳之芝. 地方特产品牌形象设计探索〔D〕. 北京：中国美术学院，2018.

〔39〕陈伟，陈银忠，杨柏. 制造业服务化、知识资本与技术创新〔J/OL〕. http：//kns. cnki. net/kcms/detail/11. 1567. G3. 20210603. 1711. 002. html.

［40］陈文涛，罗震东．互联网时代的产业分工与集聚——基于淘宝村与专业市场互动机制的空间经济学分析［J］．南京大学学报（哲学·人文科学·社会科学），2020，57（2）：65－78＋158－159.

［41］陈文旭，易佳乐．习近平"共同价值"思想的哲学解读与现实路径［J］．湖南大学学报（社会科学版），2018，32（5）：7－13.

［42］陈叶烽，林晏清，丁预立，郑浩宇，郑昊力．禀赋不均、信任水平与财富增长——来自实验经济学的证据［J］．经济理论与经济管理，2021，41（4）：27－38.

［43］崔兆玉，张晓忠．学术界关于"全球化"阶段划分的若干观点［J］．当代世界与社会主义，2002（3）：5.

［44］罗国杰．中国伦理思想史［M］．北京：中国人民大学出版社，2008.

［45］戴桃疆．宣纸：纸寿千年，墨润万变［J］．同舟共进，2020（8）：87－88.

［46］戴维·赫尔德．全球大变革——全球化时代的政治、经济与文化［M］．北京：社会科学文献出版社，2001.

［47］邓传军，刘智强．非正式地位对员工主动变革行为的影响机制研究［J］．管理评论，2021，33（4）：215－224.

［48］狄特玛尔·布洛克．全球化时代的经济与国家［A］．全球化时代的资本主义［C］．北京：中央编译出版社，1998.

［49］丁浩，王炳成，苑柳．国外商业模式创新途径研究述评［J］．经济问题探索，2013（9）：163－169.

［50］高冬梅．论人际交往方式从传统到现代网络模式的嬗变［J］．现代交际，2016（10）：39－40.

［51］高曼，池勇志，赵建海，姜远光，付翠莲．基于边际效益分析的 LID 设施组合比例研究［J］．中国给水排水，2019，35（9）：127－132＋138.

［52］高萍．论析企业集团财务政策中的影响因素与应对策略［J］．商场现代化，2018（9）：135－136.

［53］高爽．民国时期高中历史会考研究［D］．长沙：湖南师范大学，2019.

［54］高义夫．北方唐墓出土瓷器的考古学研究［D］．长春：吉林大学，2019.

［55］高园园．论贾平凹《高兴》中的饥饿文化图式［J］．青年文学家，2020（27）：31－32.

［56］韩德强．碰撞——全球化陷阱与中国现实选择［M］．北京：经济管

理出版社，2000.

[57] 郝晓，王林彬，孙慧，赵景瑞．基础设施如何影响全球价值链分工地位——以"一带一路"沿线国家为例 [J]．国际经贸探索，2021，37（4）：19－33.

[58] 俞可平，黄卫平．全球化的悖论 [M]．北京：中央编译出版社，1998.

[59] 何燕华．兄弟姐妹性别构成、婚姻策略与生育行为 [D]．杭州：浙江大学，2020.

[60] 胡兵．移动互联时代新型消费模式的变革：价值提供，价值共享与价值共创 [J]．商业经济研究，2020，796（9）：50－52.

[61] 胡琼晶，谢小云．团队成员地位与知识分享行为：基于动机的视角 [J]．心理学报，2015，47（4）：545－554.

[62] 胡税根．中国名牌发展的政府政策问题研究 [J]．政治学研究，2003（4）：95－103.

[63] 胡昭玲，刘旭．中国工业品贸易的就业效应——基于32个行业面板数据的实证分析 [J]．财贸经济，2007（8）：88－93＋129.

[64] 黄静，王志生．满意情景下的消费者后悔对口传的影响研究 [J]．商业经济与管理，2007（2）：63－68.

[65] 黄依凡．"圈子文化"在网络文化构建中的新发展 [J]．科技传播，2021，13（8）：153－155.

[66] 贾卫红．论教师角色与继续教育 [J]．成人教育，2004（1）：27－28.

[67] 蒋春燕，金丽．百舸争流 独树一帜——记内蒙古新世纪商场在商业零售企业中崛起 [J]．草原税务，2001（1）：21－22.

[68] 金玉芳，董大海．消费者信任影响因素实证研究——基于过程的观点 [J]．管理世界，2004（7）：93－99.

[69] 巨水明．全球化：资本的历史使命 [J]．探索与争鸣，1999（12）：3.

[70] 康渝生，胡寅寅．人的本质是人的真正的共同体——马克思的共同体思想及其实践旨归 [J]．理论探讨，2012（5）：44－47.

[71] 科克．帕累托80/20效率法则 [M]．北京：海潮出版社，2001.

[72] 赖庆晟．增强国有企业市场主体地位的理论基础与实现路径 [J]．商业经济，2021（5）：99－102.

[73] 蓝利萍．生态美学视域下河池传统长寿文化研究 [J]．河池学院学报，2019，39（6）：41－46.

[74] 雷贵帅，时芳芳．工艺美术品的文化价值传承——以陶瓷、丝绸、漆

器为例 [J]．江苏陶瓷，2020，53（1）：3 – 5.

[75] 李海凤．关系营销——双赢渠道模式管理的重中之重 [J]．北方经济，2009（4）：91 – 92.

[76] 李宏艳．FDI 对中国垂直专业化地位的影响 [J]．当代财经，2008（6）：92 – 97.

[77] 李萌．基于价值模式演进的我国旅游企业商业模式发展路径研究 [D]．北京：北京交通大学，2016.

[78] 李强，徐康宁．资源禀赋、资源消费与经济增长 [J]．产业经济研究，2013（4）：81 – 90.

[79] 李雅雯，冯琳，朱芸菲．技术创新、金融风险防范与经济高质量增长的耦合效应研究——来自中国的经验证据 [J]．经营与管理，2021（6）：147 – 152.

[80] 梁柳明．地理环境差异对区域发展的影响 [J]．赤子（上中旬），2016（23）：220 – 221.

[81] 廖鹏飞，雷萌．基于 DEA – AHP 模型的零售业标杆选择 [J]．天津商业大学学报，2017，37（6）：54 – 59 + 65.

[82] 刘定平，申覃．论社会管理创新中统一战线作用的发挥 [J]．湖南商学院学报，2012，19（6）：54 – 58.

[83] 刘金花，刘洁，吉晓光．基于原产地效应的地理标志农产品品牌建设研究 [J]．农业经济与管理，2016（2）：74 – 79.

[84] 刘丽华，李哲，周君明．湖北岑河婴童服饰电商企业供应链研究 [J]．经营与管理，2021（6）：47 – 52.

[85] 刘宁，张爽．团队效能经典模型评述 [J]．南京邮电大学学报（社会科学版），2010，12（4）：1 – 6.

[86] 刘尚明，李玲．论确立绝对价值观念——兼论对价值相对主义与价值虚无主义的批判 [J]．探索，2011（3）：161 – 165.

[87] 刘玉来．特产更需特营销 [J]．江苏商论，2008（10）：52 – 53.

[88] 刘志彪，张杰．全球代工体系下发展中国家俘获型网络的形成、突破与对策——基于 GVC 与 NVC 的比较视角 [J]．中国工业经济，2007（5）：39 – 47.

[89] 卢珊．秦迁陵县军备物资管理研究 [D]．长春：东北师范大学，2019.

[90] 鲁品越，王永章．从"普世价值"到"共同价值"：国际话语权的历史转换——兼论两种经济全球化 [J]．马克思主义研究，2017（10）：86 – 94 + 160.

[91] 陆甦颖，王晓磊．我国制造业参与国际产品内分工影响因素的实证分析 [J]．国际贸易问题，2010（12）：97 – 101.

［92］罗家德，王竞．圈子理论——以社会网的视角分析中国人的组织行为
［J］．战略管理，2010，2（1）：12－24.

［93］吕国忱．从价值冲突到价值共享［J］．深圳大学学报（人文社会科学
版），2008（3）：28－32.

［94］马克思恩格斯选集：第1卷［M］．北京：人民出版社，1995.

［95］聂承静，程梦林．基于边际效应理论的地区横向森林生态补偿研究——
以北京和河北张承地区为例［J］．林业经济，2019，41（1）：24－31＋40.

［96］齐世荣．世界史和世界现代史——古老的历史学中两个年轻的分支学
科［J］．社会科学战线，2008（11）：219－228.

［97］邱涛．金砖国家制造业产业在全球价值链分工地位研究［J］．现代经
济探讨，2021（4）：89－96.

［98］任卫东．全球化时期划分的主要观点及其评析［J］．国际关系学院学
报，2004（6）：1－7.

［99］邱志珊．中国出口产品技术含量升级分析——与发达国家的比较
［J］．云南民族大学学报（哲学社会科学版），2016，33（4）：139－143.

［100］任秀峰．技术赶超中的模仿与创新［D］．昆明：云南大学，2016.

［101］施良方．学习论：学习心理学的理论与原理［M］．北京：人民教育
出版社，1994.

［102］孙健敏，李培凯．圈子理论视角下送礼与行贿行为区别［A］//中国
心理学会．第二十一届全国心理学学术会议摘要集［C］．中国心理学会：中国
心理学会，2018.

［103］孙维峰，温佳璐．价值链分工背景下山西省产业结构变迁研究［J］.
江苏商论，2021（6）：93－98.

［104］孙学敏，刘瑞红．城镇居民消费规模对经济发展的影响分析：基于技
术创新和产业结构升级的中介作用［J］．商业经济研究，2021（11）：45－48.

［105］孙一星．基于数据包络分析的T港拖轮效益研究［D］．大连：大连
海事大学，2016.

［106］索涛，冯廷勇，王会丽，李红．后悔的认知机制和神经基础［J］.
心理科学进展，2009，17（2）：334－340.

［107］唐启富．标杆管理在高速公路工程项目管理中的应用［J］．西部交
通科技，2010（6）：134－137.

［108］唐未兵，傅元海，王展祥．技术创新、技术引进与经济增长方式转变
［J］．经济研究，2014，49（7）：31－43.

［109］滕燕美．恩格斯婚姻观视角下中国"80后"婚姻状况研究［D］．福

州：福建师范大学，2012．

［110］田志龙，盘远华，高海涛．商业模式创新途径探讨［J］．可管理与经济，2006（1）：43 - 45．

［111］王汉君．互联网金融的风险挑战［J］．中国金融，2013（24）：54 - 55．

［112］王璐，李亚．劳动分工与经济增长：从斯密到马克思［J］．山西财经大学学报，2007（1）：21 - 27．

［113］王萍霞．马克思发展共同体思想研究［D］．苏州：苏州大学，2013．

［114］王钦，张雀．中国工业企业技术创新40年：制度环境与企业行为的共同演进［J］．经济管理，2018，40（11）：5 - 20．

［115］王逸舟．全球化时代的国际安全［M］．上海：上海人民出版社，1999．

［116］王政，陈雁．百年中国女权思潮研究［M］．上海：复旦大学出版社，2005．

［117］韦洪涛．学习心理学［M］．北京：化学工业出版社，2011．

［118］吴碧琴．情景条件、决策过程对作为／不作为后悔的影响［D］．杭州：浙江理工大学，2011．

［119］吴森．关系营销和交易营销的演化与兼容［J］．经济管理，2002（10）：41 - 45．

［120］吴晓梅．论后殖民时期的文化身份认同——以本·奥克瑞的小说《饥饿的路》为例［J］．长江大学学报（社会科学版），2015，38（8）：32 - 35．

［121］肖亚超．创新思维："海阔天空"与"九九归一"［J］．销售与市场（管理版），2020（4）：98 - 99．

［122］肖亚超．学营销，从掌握关键点开始［J］．销售与市场（管理版），2019（11）：98 - 99．

［123］徐国庆，黄繁华，郑鹏．价值链分工、技术进步与跨国行业工资差距［J］．国际商务（对外经济贸易大学学报），2021（3）：33 - 47．

［124］许淑君，马士华．供应链企业间的信任机制研究［J］．工业工程与管理，2000（6）：5 - 8．

［125］阳刚毅，戴兴安．论农地制度创新与农业产业化［J］．湖南经济管理干部学院学报，2004（2）：3 - 5．

［126］杨栋旭，于津平．"一带一路"沿线国家投资便利化对中国对外直接投资的影响：理论与经验证据［J］．国际经贸探索，2021，37（3）：65 - 80．

［127］杨高举，黄先海．内部动力与后发国分工地位升级——来自中国高技术产业的证据［J］．中国社会科学，2013（2）：25－45＋204．

［128］杨世新，李永峰．独树一帜的企业文化是成长之魂［N］．现代物流报，2014－12－07（A05）．

［129］杨雪，郑磊，胡小玄，王益文．承诺水平对信任与否的影响——被骗预期的中介作用［J］．心理科学，2021，44（2）：355－361．

［130］姚敏．浅析精密机械加工技术趋势［J］．内燃机与配件，2020（23）：118－119．

［131］于津平，邓娟．垂直专业化、出口技术含量与全球价值链分工地位［J］．世界经济与政治论坛，2014（2）：44－62．

［132］于雁翎．企业实施名牌战略之思考［J］．哈尔滨商业大学学报（社会科学版），2012（4）：70－73．

［133］余金成．论社会规律形态［J］．天津师范大学学报（社会科学版），2012（3）：1－9．

［134］喻国明，王斌，李彪等．传播学研究：大数据时代的新范式［J］．新闻记者，2013（6）：22－27．

［135］喻燕刚，邬家瑛．专业化比多元化更适合于现阶段的家族企业［J］．科研管理，2005（S1）：118－122．

［136］袁祖社．"多元共生"理念统合下的"互利共赢"与"价值共享"——现代"公共哲学"的基本人文理念与实践目标诉求［J］．天津社会科学，2004（5）：28－32．

［137］詹武．用造福全人类的经济全球化替代美国化的经济全球化［J］．当代思潮，2000（2）：25．

［138］张卉．中国古代陶器设计艺术发展源流［D］．南京：南京艺术学院，2017．

［139］张磊．基于Logistic函数的我国城镇居民耐用消费品生命周期研究［D］．马鞍山：安徽工业大学，2012．

［140］张田，罗家德．圈子中的组织公民行为［J］．管理学报，2015，12（10）：1442－1449．

［141］张文彬，尹占华，王晓军．后悔最小化的最优投资策略研究［J］．统计与决策，2009（2）：2．

［142］赵远胜，杨艳．市场营销渠道管理的途径分析［J］．商业经济，2017（1）：80－81＋172．

［143］郑必坚．经济全球化的历史进程与马克思主义的历史发展［J］．理

论前沿，2000（20）：4.

[144] 郑倩．舟山市产业经济核算研究［J］．统计科学与实践，2016（10）：12－15.

[145] 中国军事百科全书编审室．中国大百科全书·军事［M］．北京：中国大百科全书出版社，2007.

[146] 中国现代国际关系研究所．全球化：时代的标识［M］．北京：时事出版社，2003.

[147] 中国心理卫生协会，中国就业培训技术指导中心．心理咨询师（基础知识）［M］．北京：民族出版社，2015.

[148] 周家珍．基于物联网技术的供应链金融业务创新探索［J/O L］．http：//kns. cnki. net/kcms/detail/51. 1587．F．20210531. 1711. 002. html.